Ortner / Ortner · Verhaltens- und Lernschwierigkeiten

Alexandra Ortner / Reinhold Ortner

# Verhaltens- und Lernschwierigkeiten

Ein Handbuch für die Grundschulpraxis

5. Auflage

Beltz Verlag · Weinheim und Basel

*Alexandra Ortner,* Jg. 1964, Studium der Grundschulpädagogik und Theologie, Grundschullehrerin.

*Reinhold Ortner,* Jg. 1930, em. Universitätsprofessor für Grundschulpädagogik und Grundschuldidaktik an der Universität Bamberg, Dr. phil., Diplompsychologe.

Alle Rechte, insbesondere das Recht der Vervielfältigung und Verbreitung sowie der Übersetzung, vorbehalten. Kein Teil des Werkes darf in irgendeiner Form (durch Fotokopie, Mikrofilm oder ein anderes Verfahren) ohne schriftliche Genehmigung des Verlages reproduziert oder unter Verwendung elektronischer Systeme verarbeitet, vervielfältigt oder verbreitet werden.

**Besuchen Sie uns im Internet**
http://www.beltz.de

5., überarbeitete und erweiterte Auflage 2000
Gesetzt nach den neuen Rechtschreibregeln
Lektorat: Peter E. Kalb

© 2000 Beltz Verlag · Weinheim und Basel
Herstellung: Klaus Kaltenberg
Satz: Satz- und Reprotechnik GmbH, Hemsbach
Druck: Druckhaus Beltz, Hemsbach
Umschlaggestaltung: Federico Luci, Köln
Printed in Germany

ISBN 3-407-83145-5

# Inhaltsverzeichnis

Vorwort .................................................... 9

**Verhaltens- und Lernschwierigkeiten
unter allgemein-übergeordnetem Aspekt**

1. Definitionsproblematik ........................................ 14

2. Ursachen.................................................... 18
   - 2.1 Der Komplex endogener Ursachen........................... 18
     - 2.1.1 Erblich bzw. chromosomal bedingte Behinderungen ........ 19
     - 2.1.2 Behinderungen durch Vorfälle während der Schwangerschaft .. 19
     - 2.1.3 Vorkommnisse während und nach der Geburt .............. 20
     - 2.1.4 Entwicklungsstörungen................................. 21
     - 2.1.5 Störungen der endokrinen Drüsenfunktionen .............. 21
   - 2.2 Der Komplex exogener Ursachen............................ 22
     - 2.2.1 Die Familie.......................................... 22
     - 2.2.2 Der Erziehungsstil.................................... 23
     - 2.2.3 Sozioökonomische Verhältnisse ........................ 24
     - 2.2.4 Die Schulsituation .................................... 25
     - 2.2.5 Zeitgeist und Gesellschaftsstruktur ...................... 28
   - 2.3 Theoretische Erklärungsmodelle zur Ursachenfrage ............ 29
     - 2.3.1 Tiefenpsychologische Erklärungsversuche ................ 30
     - 2.3.2 Lerntheoretische Erklärungsmodelle..................... 31

3. Diagnose.................................................... 32
   - 3.1 Die Bedeutung der Diagnose ............................... 32
   - 3.2 Problematik der Diagnose.................................. 32
   - 3.3 Arten der Diagnose....................................... 33
     - 3.3.1 Das Gespräch ........................................ 33
     - 3.3.2 Die Beobachtung ..................................... 34
     - 3.3.3 Das Soziogramm ..................................... 35
     - 3.3.4 Die psychologische Untersuchung (Psychodiagnostik) ....... 36
     - 3.3.5 Die ärztliche Untersuchung............................. 40
     - 3.3.6 Die schulische Untersuchung ........................... 40

4. **Therapie und Hilfeleistung** ............................................. 45
   4.1 Verhaltenstherapeutische Maßnahmen auf der Grundlage
       der Lerntheorien .................................................... 46
       4.1.1 Der Verhaltensaufbau ......................................... 47
       4.1.2 Der Verhaltensabbau .......................................... 48
       4.1.3 Token System und Kontingenzverträge ..................... 48
   4.2 Einzel- und Gruppentherapieverfahren ........................... 50
       4.2.1 Spieltherapie .................................................. 50
       4.2.2 Gestaltungstherapie .......................................... 52
       4.2.3 Musiktherapie ................................................. 53
       4.2.4 Bewegungs- und Sporttherapie .............................. 54
       4.2.5 Motopädagogik ................................................ 55
       4.2.6 Gestalt-Therapie .............................................. 56
   4.3 Autogenes Training .................................................. 58
   4.4 Medikamentöse Behandlung ........................................ 59
   4.5 Schulpädagogische und schulorganisatorische Maßnahmen .... 60
       4.5.1 Psychohygiene und Unterrichtshygiene ..................... 60
       4.5.2 Schulinterne Kooperation .................................... 62
       4.5.3 Externe Kooperation .......................................... 62

## Verhaltens- und Lernschwierigkeiten im Einzelnen, insbesondere im schulischen Alltag

1. **Körperliche Auffälligkeiten und Behinderungen** ................... 69
   1.1 Körperliche Auffälligkeiten allgemein .............................. 69
   1.2 Schwierigkeiten mit den Sinnesorganen .......................... 74
       1.2.1 Hörschwierigkeiten ........................................... 75
       1.2.2 Sehschwierigkeiten ........................................... 78

2. **Funktionale Störungen im Körperbereich** ........................... 82
   2.1 Frühkindliche Hirnschädigungen .................................. 82
   2.2 Minimale zerebrale Dysfunktion (MCD) ........................... 88
   2.3 Epilepsie ............................................................. 93
   2.4 Hyperthyreose ....................................................... 99

3. **Anomale Gewohnheiten im körperlichen Bereich** ................. 101
   3.1 Daumenlutschen ................................................... 101
   3.2 Nägelbeißen ........................................................ 106
   3.3 Haareausreißen .................................................... 111
   3.4 Einnässen ........................................................... 114

4. **Störungen des Gefühlslebens und der Grundstimmung** . . . . . . . . . . . . . . 121
   4.1 Hyperthymie . . . . . . . . . . . . . . . . . . . . . . . . . . . . . . . . . . . . . . . . 121
   4.2 Minderwertigkeitsgefühle . . . . . . . . . . . . . . . . . . . . . . . . . . . . . 122
   4.3 Depression . . . . . . . . . . . . . . . . . . . . . . . . . . . . . . . . . . . . . . . . . 126
   4.4 Angst . . . . . . . . . . . . . . . . . . . . . . . . . . . . . . . . . . . . . . . . . . . . . 132
         4.4.1 Angst (allgemein) . . . . . . . . . . . . . . . . . . . . . . . . . . . . . 132
         4.4.2 Schulangst . . . . . . . . . . . . . . . . . . . . . . . . . . . . . . . . . . 139
   4.5 Sucht . . . . . . . . . . . . . . . . . . . . . . . . . . . . . . . . . . . . . . . . . . . . . 149
         4.5.1 Medikamenten- und Drogensucht . . . . . . . . . . . . . . . . . . 150
         4.5.2 Magersucht und Bulimie . . . . . . . . . . . . . . . . . . . . . . . . 154

5. **Motivations- und Aktivitätsschwierigkeiten** . . . . . . . . . . . . . . . . . . . . 162
   5.1 Antriebsarmut . . . . . . . . . . . . . . . . . . . . . . . . . . . . . . . . . . . . . . 162
   5.2 Tagträumen/Wachträumen . . . . . . . . . . . . . . . . . . . . . . . . . . . . 164

6. **Schwierigkeiten bei der sozialen Integration** . . . . . . . . . . . . . . . . . . . 168
   6.1 Gegen die Umwelt gerichtete Verhaltensweisen . . . . . . . . . . . . . . 168
         6.1.1 Aggression . . . . . . . . . . . . . . . . . . . . . . . . . . . . . . . . . . 168
         6.1.2 Trotz . . . . . . . . . . . . . . . . . . . . . . . . . . . . . . . . . . . . . . 180
         6.1.3 Lügen . . . . . . . . . . . . . . . . . . . . . . . . . . . . . . . . . . . . . 182
         6.1.4 Stehlen . . . . . . . . . . . . . . . . . . . . . . . . . . . . . . . . . . . . 192
         6.1.5 Stören des Unterrichts . . . . . . . . . . . . . . . . . . . . . . . . . 200
         6.1.6 Der negative Star . . . . . . . . . . . . . . . . . . . . . . . . . . . . . 204
   6.2 Absonderung von der Umwelt . . . . . . . . . . . . . . . . . . . . . . . . . . 208
         6.2.1 Absonderung . . . . . . . . . . . . . . . . . . . . . . . . . . . . . . . . 208
         6.2.2 Schüchternheit . . . . . . . . . . . . . . . . . . . . . . . . . . . . . . 211
         6.2.3 Mutismus . . . . . . . . . . . . . . . . . . . . . . . . . . . . . . . . . . 216
         6.2.4 Autismus . . . . . . . . . . . . . . . . . . . . . . . . . . . . . . . . . . 225
   6.3 Von der Umwelt ausgehende negative Einflüsse . . . . . . . . . . . . . . 233
         6.3.1 Überbehütung . . . . . . . . . . . . . . . . . . . . . . . . . . . . . . . 233
         6.3.2 Hospitalismus . . . . . . . . . . . . . . . . . . . . . . . . . . . . . . . 238
         6.3.3 Verwahrlosung . . . . . . . . . . . . . . . . . . . . . . . . . . . . . . 242
         6.3.4 Misshandlung . . . . . . . . . . . . . . . . . . . . . . . . . . . . . . . 244
         6.3.5 Sexueller Missbrauch . . . . . . . . . . . . . . . . . . . . . . . . . . 254
         6.3.6 Bedrohung und Gewaltanwendung durch Mitschüler . . . . . . . . 264
         6.3.7 Kriminelle Brandmarkung . . . . . . . . . . . . . . . . . . . . . . . 271

## 7. Besondere (komplexe) schulische Problemfälle .................... 274
- 7.1 Der Klassenkasper (Clownerie)............................. 274
- 7.2 Anpassung................................................ 278
- 7.3 Konzentrationsschwierigkeiten............................. 280
  - 7.3.1 Konzentrationsschwäche (allgemein) .................... 281
  - 7.3.2 Das hyperkinetische Syndrom (ADS) – Aufmerksamkeitsstörung mit/ohne Hyperaktivität......................... 294
- 7.4 Das sportlich schwache Kind............................... 311
- 7.5 Auffallend überdurchschnittliche Begabung (Hochbegabung) ....... 314
- 7.6 Schuleschwänzen.......................................... 320
- 7.7 Despektierliches Verhalten ................................ 324
- 7.8 Schulversagen ............................................ 328
- 7.9 Vernachlässigung der Hausaufgaben ......................... 332
- 7.10 Disziplinschwierigkeiten.................................. 337
- 7.11 Linkshändigkeit.......................................... 343

## 8. Sprach- und Sprechschwierigkeiten........................... 351
- 8.1 Sprach- und Sprechschwierigkeiten im Allgemeinen............... 351
- 8.2 Sprach- und Sprechschwierigkeiten im Besonderen ............... 355
  - 8.2.1 Verzögerte Sprach- und Sprechentwicklung ................ 355
  - 8.2.2 Dysgrammatismus...................................... 359
  - 8.2.3 Näseln............................................... 362
  - 8.2.4 Poltern .............................................. 364
  - 8.2.5 Stammeln ............................................ 368
  - 8.2.6 Stottern.............................................. 373

## 9. Besondere (komplexe) Lernschwächen .......................... 385
- 9.1 Rechenschwäche .......................................... 385
- 9.2 Lese- und Rechtschreibschwierigkeiten ...................... 390

Literaturverzeichnis ............................................ 406
Quellenhinweise ................................................. 422
Personenregister ................................................ 437
Sachregister..................................................... 441

# Vorwort

*Im Mittelpunkt grundschulpädagogischen Handelns steht das Kind.* Jedes Kind muss im Verlaufe seiner Daseinsbewältigung die ihm existenziell aufgegebene personale Entfaltung vollziehen. Der damit verbundene kontinuierliche Prozess ist elementare anthropologische Notwendigkeit. Zunächst wird dieses Entwicklungsgeschehen weitgehend *spontan* aus der dem Leben innewohnenden *Eigendynamik* gesteuert. Immer mehr aber bedarf es der zwischenmenschlichen Hilfe, insbesondere seitens der in der pädagogischen Verantwortung stehenden Personen und Institutionen. Helfende Zuwendung ist ganz besonders da gefordert, wo der Entfaltungsprozess eines Kindes in Gefahr ist zu stagnieren, blockiert oder geschädigt zu werden. Ist das betroffene Kind im Grundschulalter, sieht sich die *Grundschulpädagogik* in besonderer Verantwortung herausgefordert.

Damit der Entfaltungsprozess eines Kindes angemessen, gut und harmonisch verläuft, bedarf es vor allem der *physischen und psychischen Gesundheit*. Sie zu erhalten oder (falls sich Krankheitserscheinungen eingestellt haben) sie wiederherzustellen ist eine grundlegende Aufgabe zwischenmenschlich-sozialer Hilfe. Pädagogischer Propädeutik, Intervention und Therapie kommt hierbei ein bedeutender Stellenwert zu. Maßnahmen zur Aufrechterhaltung und Wiederherstellung der *physischen Gesundheit* des Schulkindes zählen schon seit Jahrzehnten zur inzwischen gewohnten Selbstverständlichkeit (z.B. schulärztliche Untersuchungen; vorgeschriebene Hygienemaßnahmen). Wo es jedoch um Maßnahmen der Propädeutik und Wiederherstellung der *psychischen Gesundheit* von Kindern geht, ist nicht selten immer noch mangelndes Verständnis, Sorglosigkeit oder einfach Hilflosigkeit von Eltern und Lehrern anzutreffen. Schwerwiegende psychische Nöte und psychische Erkrankungen werden oftmals verharmlost, in ihrer quälenden Belastung falsch beurteilt oder in ihren negativen Auswirkungen auf die körperliche wie psychische Gesundheit verkannt. Dabei bedürfen psychische Beeinträchtigungen, Nöte und Erkrankungen, die sich zusätzlich in Verhaltens- und Lernschwierigkeiten äußern, ebenso dringend therapeutischer und pädagogisch helfender Maßnahmen.

*Die Zahl der davon betroffenen Kinder wächst zusehends.* Kinderärzte, Psychologen und Pädagogen weisen bereits seit Jahren auf diese Entwicklung hin. Nach Angaben des »*Deutschen Kinderschutzbundes*« leidet heute beinahe jedes fünfte Kind an leichteren bis schweren psychischen Erkrankungen, psychischen Nöten und Verhaltensschwierigkeiten. Diese Kinder sind alleine nicht in der Lage, sich aus ihrer Notsituation zu befreien. Eltern fühlen sich durch die vordergründigen Symptome psychischer Erkrankungen und Nöte ihrer Kinder zunächst nur beunruhigt. Sie reagieren hilflos oder weisen dem Kind mit Beurteilungen wie »ungezogen«, »böswillig«, »faul« auch noch Schuld zu. Im Interesse der betroffenen Kinder muss dann die Schule unverzüglich ihre pädagogische Pflicht wahrnehmen. Grundschulpädagogen/Pädagoginnen, denen diese Kinder anvertraut sind, müssen die pädagogisch-fachliche Kompetenz besitzen, die Schwierigkeiten und die Hintergründe der Nöte eines Kindes rasch zu erkennen und darauf abgestimmte pädagogische wie außerschulische Hilfen einzuleiten. Andernfalls besteht die Gefahr, dass sich die Probleme und Krankheitserscheinungen noch weiter verschärfen und festigen. Es mag für unser heutiges überzogenes Leistungsdenken provozierend klingen, aber *für ein Kind ist die Befreiung von quälenden psychischen Nöten persönlich wie existenziell wichtiger und glücklich machender als das Erreichen möglichst vieler schulischer Spitzenleistungen.*

Hierbei geht es auch um die Frage des *Berufsbildes* heutiger Lehrer/innen. Im Bewusstsein der Gesellschaft sind immer noch (überholte) Berufsbilder anzutreffen, welche die berufliche Tätigkeit von Lehrer/innen vorwiegend bis ausschließlich unter der Perspektive unterrichtlicher Wissens- und Leistungsvermittlung sehen. Die Fachfrau und der Fachmann für Grundschulpädagogik müssen sich heute von ihrer Kompetenz und Qualifikation her jedoch zusätzlich (bis vorrangig) in den Handlungsfeldern »Erziehung«, »Beurteilung« und »Beratung« ausweisen können und bewähren. Die Geschichte der Ausbildung von Grundschullehrer/innen mündet heute immer deutlicher in eine Entwicklung *pädagogischer Professionalisierung.* Dies bedeutet, dass pädagogisch selbstständige Kompetenz und eigenverantwortliche Entscheidungen im Interesse der anvertrauten Kinder immer deutlicher in den Vordergrund rücken. Um solches in der Ausbildung und im praktischen beruflichen Handeln zu realisieren, gelten sowohl fundiertes Sachwissen wie auch professionelle praktische Handlungsfähigkeit als unverzichtbar. Dies gilt besonders auf dem Sektor pädagogischer Hilfeleistungen bei Verhaltens- und Lernschwierigkeiten von Kindern. Hierzu gehören differenzierte Kenntnisse hinsichtlich *begrifflich verschiedener Abgrenzungen*, bezüglich der Möglichkeiten von *Diagnose*, des Infragekommens von *Ursachen* bis hin zur Fähigkeit, *pädagogische Hilfen* zur Vorbeugung, Milderung und Heilung anzusetzen.

Die Erfordernis, solche Kenntnisse und eine damit verbundene Kompetenz im Hinblick auf die Problematik von Verhaltens- und Lernschwierigkeiten bei Kindern zu haben, ist für heutige Grundschulpädagog/innen aus einem weiteren Grund wichtig und beruflich unverzichtbar: Der Übergang vom (definitorisch abgegrenzten) Behindertsein eines Kindes zum so genannten »Normalbereich« führt immer über eine »*Randgruppe*«. Es sind dies Kinder, welche nicht »erkennbar« behindert sind. Aber sie haben zum Teil erhebliche Probleme bezüglich des zwischenmenschlichen Verhaltens und schulischen Lernens. Nach »außen« gelten sie als nicht behindert, erhalten also oft nicht das Verständnis ihrer Mitwelt, das für »anerkannte« Behinderte heute weitgehend selbstverständlich geworden ist. Andererseits haben sie von ihrem Verhaltens- und Lernvermögen her aber eindeutig Schwierigkeiten im Sinne eines »leichten« Behindertseins. Die Zahl der Kinder, die dieser Gruppe zuzuordnen sind und die in der Regelschule zwangsläufig durch Benachteiligungen gefährdet sind, nimmt zu. Ihnen muss im schulischen und außerschulischen Bereich durch Sachkenntnis, Verständnis und Annahme pädagogisch geholfen werden. Hinzu kommt, dass in der aktuellen pädagogischen und schulpolitischen Diskussion der Frage nach der *Integration behinderter Kinder in die Regelschule* wachsende Bedeutung zukommt. Auch im Hinblick auf diese Entwicklung sind grundlegende wissenschaftliche Kenntnisse ebenso wie pädagogisch-emotionale Aufgeschlossenheit für die individuelle Persönlichkeitsstruktur jedes einzelnen Kindes notwendig. Von solchen Überlegungen ausgehend, wurde in der vorliegenden überarbeiteten Fassung dieses Buches die Ausrichtung vor allem auf konkrete Hilfen im Rahmen des pädagogisch Praktikablen beibehalten. Einige weitere Kapitel kamen hinzu. *Sinn und Ziel dieses Buches* soll es sein, einen zunächst primär lexikalischen *Überblick* über die am häufigsten auftretenden Verhaltens- und Lernschwierigkeiten im Grundschulalter zu geben. Der Lehrerin und dem Lehrer soll dabei eine Möglichkeit angeboten werden, sich bei auftretenden Fällen in der Schulklasse rasch zu informieren, um dann umso sicherer pädagogische Maßnahmen (auch und vor allem in Kooperation mit den Eltern und fachspezifisch ausgebildeten Personen) in die Wege leiten zu können.

In der Praxis der Beurteilung und Behandlung von Verhaltens- und Lernschwierigkeiten begegnen uns immer wieder *Komplexität und Verflochtenheit* (auch Überschneidungen) der individuellen Problematik. Trotzdem wird im Interesse begrifflicher Klarheit und wissenschaflicher Systematisierung jede einzelne (meist auch in der einschlägigen Literatur voneinander abgesetzte) Schwierigkeit für sich betrachtet. Hierzu dient das in Medizin, Psychologie und Pädagogik bewährte *logische Voranschreiten* in der Reihenfolge »*Begriff*«, »*Symptomatik*«, »*Ätiologie*«, »*Diagnose*« *und (pädagogische) Hilfeleistung (Therapie)*. Um das Ganze in einen etwas umfassenderen Rahmen zu stellen, wird ein allgemein gehaltener Überblick über Ursachenfrage, Diagnostik und therapeutische Ansätze (vorwiegend auch im außerschulischen Bereich) vorangestellt. Die einzelnen Kapitel werden durch *Fallbeispiele* abgeschlossen. Diese sollen die jeweilige Verhaltens- oder Lernproblematik konkretisieren und veranschaulichen, zugleich Sinn und Ziel des gesamten Inhaltes verstärken, ein *Handbuch für die psychologisch-pädagogische Praxis im Grundschulbereich* bereitzustellen.

Besonderer Dank gilt den Grundschulpädagoginnen *Susanne Baumbach, Katja Donath, Ruth Schmidt, Tanja Tuchscherer* und *Susanne Wild* für ihre wertvolle Mitarbeit in Fragen der Organisation und Literaturrecherche. Wir danken Herrn *Dr. Klaus Skrodzki* für fachärztliche Hinweise, Herrn *Dr. Werner G. Leitner* für die kritische Durchsicht der diagnostischen Aussagen und Herrn *Dr. Ulrich J. Ortner* für Beratung in computertechnischen Strukturierungsfragen.

*Alexandra Ortner und Reinhold Ortner*

# Verhaltens- und Lernschwierigkeiten unter allgemein-übergeordnetem Aspekt

# 1. Definitionsproblematik

Der Titel dieses Buches wird vom Begriff »Verhaltens- und Lernschwierigkeiten« bestimmt. Damit wird versucht, Termini auszuklammern oder weitgehend als synonym zu verstehen, welche in der zurückliegenden literarischen Diskussion denselben Forschungsgegenstand (einen außerhalb des »Normalwertes« liegenden Sachverhalt) zu definieren versuchten. Die Festlegung auf die (miteinander verflochtenen) Bezeichnungen *Verhaltensschwierigkeiten* und *Lernschwierigkeiten* soll vor allem eine mögliche Stigmatisierung im Sinne von »asozial«, »charakterlich negativ« oder »minderwertig« von vornherein ausschließen und den Blick stärker auf die Nöte des davon betroffenen Kindes zentrieren.

In früheren Jahrzehnten und Jahrhunderten herrschte im häuslichen wie im schulischen Bereich die Auffassung vor, »störendes« Verhalten und Probleme beim Lernen könnten ausreichend mit den damals üblichen Erziehungsmethoden angegangen werden. Heute hat sich die Erkenntnis durchgesetzt, dass die Behandlung solcher Schwierigkeiten *fachkundig* durchzuführen ist.[1] Diese inzwischen auch gesellschaftlich akzeptierte Erkenntnis ist weitgehend der wissenschaftlichen Diskussion der letzten Jahrzehnte zu verdanken, die zunächst eine terminologische Basis für den gemeinsamen medizinischen, psychologischen und pädagogischen Aufgabenbereich der Verhaltens- und Lernprobleme finden musste. Dabei erwies es sich als schwierig, einen Konsens darüber zu finden, die damit zusammenhängenden Einzelprobleme in einem einheitlichen Begriff zu fassen.[2] Es wurde hierfür eine Anzahl voneinander sich unterscheidender Bezeichnungen verwendet. So findet man bei Domke [1], Kluge [2] und der »GGG« [3] den Ausdruck »abweichendes (deviantes) Verhalten«. Schumann [4] und Bärsch [5] gebrauchen den Ausdruck »schwierig«. Eine Einengung auf das jeweilige pädagogische Handlungsfeld mit »schulschwierig« ist bei Held [6], Kobi [7], Sander [8], Sturny [9] und anderen [10] zu finden. Bleidick [11], Havers [12] und Meyer-Willner [13] sprachen von »erziehungsschwierig« oder »schwer erziehbar«, Bernart [14] von »gemeinschaftsschwierig«. Einen entwicklungspsychologischen Akzent setzte Busemann [15] mit dem

---

1 Bereits in den 60er-Jahren stellt Denk (1967, S. 382) fest, dass sich solche Schwierigkeiten entgegen immer noch verbreiteten Meinungen in den meisten Fällen »nicht mit den üblichen Erziehungsmaßnahmen beheben« lassen.
2 Verstärkt wird diese Unsicherheit von der Tatsache, dass die sich damit auseinander setzenden wissenschaftlichen Disziplinen Pädagogik, Psychologie, Medizin und Soziologie jeweils eigene Erklärungs- und Behandlungsmodelle entwerfen und durch spezifische Terminologie zu untermauern versuchen (vgl. Thoma 1991, S. 20f.).

Terminus »entwicklungsgehemmt und -gestört«. Hanselmann [16] leitete die Begriffe »verwahrlost« bzw. »haltlos« vom psychosozialen Aspekt ab. Aepli-Jomini/Peter-Lang [17] gebrauchten die übergreifende Sammelbezeichnung »psychosoziale Störungen«. Lange Zeit verwendete man in der Pädagogik den seit dem ersten Weltkongress für Psychiatrie (1950) von Psychologie und Psychiatrie eingeführten Begriff »Verhaltensstörung«. Man findet ihn beispielsweise bei Bernart [18], v. Harnack [19], Denk [20], Grossmann/Schmitz [21], Meves [22], Schumacher [23], beim Deutschen Bildungsrat [24], bei Kloehn [25], Wolff [26], Blackham [27], Köck/Ott [28], Kessel/Göth [29], Czerwenka [30], Speck [31], Clinebell [32] und anderen.

Der Vergleich interpretierender Definition der in den zurückliegenden Jahren verwendeten Bezeichnungen ergibt verschiedene Schwerpunktsetzungen in der Betrachtungsweise und hinsichtlich des Ansatzes der Ursachenfrage. Beispielsweise definierte Kloehn Verhaltensstörung als »die äußerlich sichtbare Reaktion des Körpers (vegetative Symptome) oder des Verhaltens (motorische, affektive soziale Symptome) auf belastende, krank machende Erziehungseinflüsse, Umweltsituationen oder auch auf Fehleinstellungen der Umwelt gegenüber versteckten Hirnschädigungen« [33] und betonte damit den Ursache-Folge-Zusammenhang. Solches wird auch aus einer Definition des *Deutschen Bildungsrates* erkennbar, der als »verhaltensgestört« bezeichnete, wer aufgrund »organischer, vor allem hirnorganischer Schädigungen oder eines negativen Erziehungsmilieus in seinem psychosozialen Verhalten gestört ist« [34]. Vielfach wurde »gestörtes Verhalten« als »Abweichung« von einer bestimmten Norm bezeichnet. Als Kriterien hierfür galten schulische oder altersgemäße Normen [35], spezifische soziale Leistungen [36], statistische, funktionale oder Idealnormen [37]. Bald stellte sich die Frage: Welche Normen können als Richtschnur dafür genommen werden, ob ein Verhalten als »normal« oder »gestört« einzustufen ist? Die Übergänge erweisen sich immer noch als fließend. So ist zum Beispiel die Beurteilung des Schülerverhaltens durch den Lehrer oftmals keineswegs objektiv, sondern zeigt sich von subjektiven Einstellungen mitbestimmt [38]. Außerdem lässt sich dasselbe Verhalten je nach individueller Lebenssituation und Handlungserfordernis von der Warte des betroffenen Kindes aus, aber auch aus der Sicht des beurteilenden Pädagogen, als »normal« oder der Normalität »nicht mehr angemessen« bezeichnen (Situationsspezifität) [39]. Hier zeigten sich ungelöste Probleme bei der Definition.

Um den in der Umgangssprache negativ anmutenden und zugleich stigmatisierenden Begriff »Verhaltensstörung« zu vermeiden, wurde später die Bezeichnung »Verhaltensauffälligkeit« eingeführt, so unter anderem bei Schlee [40], Hußlein [41], Fatke [42], Sauter [43], Kluge/Lützenkirchen [44], Bielefeld [45] und Barkey [46]. Letzterer begründet dies zum Beispiel damit, »dass nicht in jedem Fall die verhaltensauffällige Person bestimmte Merkmale aufweist, sondern der Beobachter Verhalten als auffällig wahrnimmt« und damit eben diese Wahrnehmung als ausschlaggebend einbezieht [47]. Dahinter steht die Einsicht, dass »eine Vielzahl subjektiver Momente im Interaktionsprozess« die Beurteilung von Verhalten beeinflusst, [48] Bittner/Ertle/Schmid plädierten für eine mehr »pädagogisch-pragmatische« Orientierung und sprachen von »Problemkindern« oder von »Kindern in besonderen Lebenslagen« [49], die sich »in belastenden pädagogischen Situationen« befinden.

Was den Begriff *Lernbehinderung* angeht, gab und gibt es weitgehende Übereinstimmung. Milhoffer [50] und Bach [51] heben Lernbehinderung als schwerwiegend, lang dauernd und umfänglich hervor. Verschiedentlich (definitorischer Ansatz mehr im Ursachenbereich) spricht man auch von einer Beeinträchtigung der Lernprozesse aufgrund »irreparabler Schäden« [52], »unterdurchschnittlichem Begabungspotenzial« [53] oder »Intelligenzschwäche« [54] im Sinne einer Sonderschulbedürftigkeit.[1]

In der Literatur ist auch der Begriff *Lernstörung* verbreitet. Im weiten Sinn meint man damit »alle Störungen, welche die Aufnahme, Speicherung, Verknüpfung und Weiterverwendung von Wahrnehmungseindrücken und Lernangeboten hemmen« [55]. Die Diskussion über »Lernstörungen« verweist auch auf Zusammenhänge mit den Normen der Schule und spricht von »Erwartungsabweichungen« oder abweichenden »Fehl- oder Minderleistungen« [56]. Sander [57] sieht diesen Begriff relativ zu festgesetzten Normen, z.B. zur »sozialen Bezugsnorm« (Durchschnitt der Klasse), zur »sachbezogenen Bezugsnorm« (allgemeine Lernziele) und zur »personenbezogenen Bezugsnorm« (Vergleich mit vorangegangenen Leistungen). In Abgrenzung zu Lernbehinderungen werden *Lernstörungen* als weniger schwerwiegend, partiell vorübergehend [58] und somit grundsätzlich als behebbar [59] gesehen. Sie können zu Lernbehinderungen werden, wenn sie falsch behandelt oder übergangen werden [60]. Schröder [61] verweist auf den übergeordneten Begriff *Lernbeeinträchtigungen*, welche zum Beispiel Bach [62] durch die Merkmalsdimensionen »Schwere«, »Dauer« und »Umfang« definiert.

Schließlich gibt es auch noch die Bezeichnung *Schulschwäche* als »Sammelbezeichnung für Lernstörungen, Teilleistungsschwächen, Verhaltensstörungen, Sprachschwierigkeiten, drohende und leichtere manifeste Behinderungen aller Art« [63]. Die Verwendung dieses Begriffes ist unabhängig davon, »ob die Beeinträchtigung psychosozial, soziokulturell oder organisch bedingt ist« [64], und trägt der Tatsache Rechnung, dass in der Praxis meist Überlappungen auftreten und dass Verhaltens- und Lernschwierigkeiten sich gegenseitig bedingen oder »aufschaukeln« können. Der Terminus »Schulschwäche« weist von der Ursachenfrage her auch auf die »Schwäche der Schule« bei der Förderung betroffener Kinder hin.[2]

Angesichts der hier nur knapp aufgezeigten Vielfalt und Verflochtenheit der in der Literatur verwendeten Bezeichnungen ist die Entscheidung für einen Sammelbegriff, der sämtliche das Kind und seine Mitwelt belastende Beeinträchtigungen in Verhaltensweisen und Lernvollzügen einbezieht, nicht einfach und sicherlich auch nicht unproblematisch. Trotzdem wird der im Folgenden verwendete Terminus

---

1  Die Abgrenzung und Diagnose einer Lernbehinderung wird meist durch Schuleingangs- oder Intelligenztests vorgenommen. Vgl. hierzu auch Punkt 3.3.6, S. 40ff.
2  Vgl. die bei den einzelnen Verhaltensschwierigkeiten aufgeführten möglichen Ursachen.

»*Verhaltens- und Lernschwierigkeiten*« als Möglichkeit angesehen, der Differenziertheit und Komplexität der Gesamtproblematik gerecht werden zu können. Damit verstehen sich »*Verhaltens- und Lernschwierigkeiten*« als Oberbegriff für alle Verhaltensauffälligkeiten, Lern- und Verhaltensstörungen, abweichende Verhaltensweisen, Lernbehinderungen, Lernhemmungen und Schulschwächen, von welchen das Kind und seine Umwelt betroffen werden. Diese mit der terminologischen Schwerpunktsetzung »Schwierigkeiten« [65] charakterisierte Bezeichnung soll vorrangig auf die (in verschiedenen Schweregraden) auftretenden Nöte der betroffenen Kinder verweisen. Auch wird die mehr »technisch« geprägte Formulierung »Störung« vermieden und der Blick deutlicher auf das Menschlich-Persönliche, auf die individuelle Einmaligkeit und auf die existenzielle Problemlage des Kindes gelenkt. Zugleich wird bei der Verwendung des Ausdrucks *Verhaltens- und Lernschwierigkeiten* auch die Betroffenheit der Eltern, Lehrer oder Erzieher miteinbezogen, die als pädagogische Partner des Kindes dessen Nöte immer auch mitfühlen, ihre (pädagogischen) Schwierigkeiten damit haben bzw. selbst für Schwierigkeiten verantwortlich sein können.

# 2. Ursachen

Zwischen physischen und psychischen Persönlichkeitsbedingungen des Menschen gibt es eine enge Wechselwirkung. Diese steht zusätzlich in Abhängigkeit bzw. unter Beeinflussung geistig-kognitiver und voluntativer Prozesse. Bei der Ursachenforschung im Hinblick auf jeweils spezifische Verhaltens- und Lernschwierigkeiten findet man meist ein individuell geprägtes und daher recht differenziertes Geflecht verschieden entstandener und verschieden zu gewichtender Teilursachen, die mit dem individuellen Sosein jedes einzelnen Kindes eng verflochten sind. Es bedarf daher immer eines sorgfältig diagnostizierten Ursachenbildes, auf welches dann spezifische pädagogische Hilfen abgestimmt werden können.[1] Im Folgenden wird zunächst ein Überblick über die heute diskutierten Ursachenkomplexe bei Verhaltens- und Lernschwierigkeiten gegeben. Die Unterteilung erfolgt in *endogene Ursachen* und *exogene Ursachen*. Beide Ursachenkomplexe werden wiederum in mehrere Aspekte aufgegliedert.

## 2.1 Der Komplex endogener Ursachen

Mit »endogen« werden Ursachen bezeichnet, die primär in der Person des Menschen selbst liegen. Dazu zählen Ursachen, die (unabhängig von der Art ihres Entstehens) als hirnorganische oder sonstige bereits fixierte Mangelzustände angesehen werden müssen [66]. Solche Behinderungen körperlicher, psychischer und geistiger Art werden von der Medizin hauptsächlich auf drei Störungsbereiche zurückgeführt [67]. Sie können chromosomal bedingt, pränatal entstanden oder auf peri- bzw. postnatale Vorkommnisse zurückzuführen sein.

Die im Folgenden aufgeführten Beispiele wollen und können kein vollständiges Bild aller möglichen endogen bedingten Ursachen geben. Einzubeziehen wäre zum Beispiel auch der Gesamtkomplex von Krankheiten, die aufgrund der Wechselwirkung psychosomatischer Erscheinungen immer auch das Verhalten, die Leistungsfähigkeit, die Stimmung, die Antriebsbefindlichkeit usw. eines Menschen mitbeeinflussen. Selbstverständlich ist es für den pädagogischen Bereich auch wichtig, bei der Frage nach den Ursachen auffälligen bzw. veränderten Verhaltens eines Kindes mögliche latente oder akute Krankheiten in die Überlegungen miteinzubeziehen. In

---

1 Vgl. hierzu die im Folgenden bei den einzelnen Verhaltensschwierigkeiten aufgeführten möglichen Ursachen sowie die darauf abgestimmten pädagogischen Hilfen.

Zukunft ist hier im Interesse des Kindes an eine engere Kooperation zwischen Pädagogik, Psychologie und Medizin zu denken. In diesem Sinn sind die folgenden Beispiele endogener Ursachen lediglich exemplarischer Art.

### 2.1.1  Erblich bzw. chromosomal bedingte Behinderungen

Eine wesentliche Anlagenkomponente ist nach derzeitigem Stand der Erkenntnisse offensichtlich bei der »*autistischen Persönlichkeitsstörung*« (Asperger-Syndrom) [68] gegeben. Diese äußert sich in Symptomen wie Abkapselung und Isolierung sowie in einem eigenartigen Interesse für einzelne Gegenstände. Im Gegensatz zum frühkindlichen Autismus ist die Sprache frühzeitig entwickelt.

Der »*Neuropathie*« liegt ein Steuerungsversagen im vegetativen Nervensystem zugrunde [69]. Sie äußert sich in Schlaf-, Herz- und Kreislaufstörungen sowie in gestörter Nahrungsaufnahme, Verdauung und Motorik. Die Leistungsfähigkeit eines Kindes mit neuropathischer Konstitution ist vermindert. Im psychischen Bereich fallen vor allem Reizbarkeit, Empfindsamkeit sowie geringe Konzentration und Ausdauer auf.

Die »*Psychopathie*« äußert sich in einer anomalen Persönlichkeitsstruktur und -dynamik (geringe Fähigkeit, sich umzustellen; Starrheit). Die Dispositionen hierfür sind erblich, erfahren aber erst unter bestimmten ungünstigen Lebensumständen eine Dauerausprägung. Psychopathie wird erst beim Erwachsenen diagnostiziert. Dennoch ist denkbar, dass Ansätze bereits im Kindesalter vorhanden sind, da es sich um »seelische Dauerverfassungen handelt, die auf angeborenen Eigenschaften beruhen« [70].

### 2.1.2  Behinderungen durch Vorfälle während der Schwangerschaft (pränatal)

Im pränatalen Zeitraum erworbene Schädigungen des Kindes sind häufig beim Zustandekommen von Verhaltensschwierigkeiten beteiligt. Solche somatogenen Faktoren sind beispielsweise auf verschiedene Krankheiten der Mutter, auf Medikamente, Strahlen, Gifte, Unfälle und ähnliches zurückzuführen [71]. Durch eine Erkrankung an Röteln während der Schwangerschaft werden beim Kind oft Herzmuskelfehlbildungen, Gehirnschädigungen sowie Defekte im Auge oder Innenohr hervorgerufen. Entwicklungsstörungen lassen sich nicht selten auch auf Erkrankung der Mutter an Windpocken, Masern oder an echter Virusgrippe zurückführen. Massive Missbildungen und schwere Schädigungen des Kindes können durch Einnahme von Medikamenten (vgl. »Contergan«) oder von Alkohol-, Nikotin- oder Drogenmissbrauch (z.B. »crack babies«) verursacht werden [72]. Eine Blutgruppenunverträglichkeit (Rhesus-Inkompatibilität) führt zu einer Agglutinproduktion, bei der die Reifung der Blutkörperchen im Knochenmark unterbunden wird. Dies kann oft eine Schwach- bzw. Minderbegabung des Kindes bewirken. Ebenso können Röntgen- und Radiumstrahlen infolge der durch sie verursachten Schädigung des Zentralnervensystems für embryonale Störungen verantwortlich sein, die sich später beim Kind in Minderbegabung ausdrücken. In mögliche pränatale Ursachen für Schädigungen des Kindes müssen auch Unfälle der Mutter oder ungeklärte Blutungen während der Schwangerschaft miteinbezogen werden. Deren Auswirkungen lassen sich nur recht undifferenziert vorhersagen. Gefahr ist auch dann gegeben, wenn aufgrund von Uteruskrämpfen oder einer ungünstigen Einbettung des Eies in der Gebärmutter Störungen in der Ernährung und Sauerstoffversorgung des Embryos auftreten [73]. Alle hier genannten Beispielen pränataler Schädigung sind als »exogen verursachte Missbildungs-Retardierungs-Syndrome« [74] einzustufen.

## 2.1.3 Vorkommnisse während und nach der Geburt (peri- und postnatal)

Hier ist als Erstes die so genannte »Risikogeburt« [75] zu nennen, welche bei einer zu langen Zeitspanne vom Beginn der Wehen bis zur eigentlichen Geburt (länger als sechs Stunden), durch eine Sturz- oder Notgeburt ohne Versorgung, bei Geburtskomplikationen, Frühgeburt (Schwangerschaftsdauer weniger als 37 Wochen; Geburtsgewicht weniger als 2.500 g)[1] [76] oder Spätgeburt (Übertragung mehr als 14 Tage) gegeben ist. Hirnschäden entstehen mitunter bei der Geburt auch durch unmittelbare Gewalt. Dabei wird das Gehirn durch eine Verengung des Geburtskanals der Mutter oder aufgrund zu heftigen und langen Drucks der Geburtshelferzange bzw. zu langer Anwendung der Saugglocke unmittelbar geschädigt [77]. Auch eine anomale Lage des Kindes (Verschiebung der Schädelknochen) [78] oder ein nicht normaler Verlauf der Wehentätigkeit können zu Dauerschäden beim Kind führen. Sauerstoffmangel (z. B. bei Asphyxie) tritt bisweilen vor oder während der Geburt auf verschiedene Weise ein[2] [79] und hat unter Umständen Hirnschädigungen zur Folge, die eine (oft unerkannte) Ursache für Verhaltensschwierigkeiten darstellen.[3] Zu den möglichen endogenen postnatalen Ursachen von Verhaltens- und Lernschwierigkeiten ist auch ein komplizierter gesundheitlicher Verlauf der ersten Lebensjahre zu zählen. Schwere Krankheiten wie Asthma, Diabetes, Hirnentzündung, Hirnhautentzündung, Stoffwechselkrankheiten, Krämpfe, Impferkrankungen mit hohem Fieber, eine allgemeine starke Krankheitsanfälligkeit, leichte körperliche Behinderungen oder Sinnesbehinderungen sowie eine permanente ärztliche

---

1 Bei einer Frühgeburt werden dem kindlichen Organismus die gewaltigen Anforderungen der Geburt und der ersten Lebenswochen in einem Stadium der Unreife zugemutet. Dies geht oft nicht spurlos am Gehirn vorüber, weshalb bei frühgeborenen Kindern häufig Anzeichen leichter Hirnschädigungen zu finden sind. Oft zeigt sich dies lediglich in einem aufholbaren »Entwicklungsrückstand«, doch können manche Kinder auch Dauerschäden davontragen.
2 Beispielsweise durch zugepresste Nabelschnur, Abschnürung der Atemwege durch Nabelschnurumschlingungen, Behinderung der Atemwege durch Schleim oder Fruchtwasser.
3 Vgl. Kapitel über frühkindliche Hirnschädigungen, S. 81 ff.

Behandlung (als Hinweis auf mögliche organische Krankheiten) sollten bei der Erforschung der Ursachen grundsätzlich in die Überlegungen miteinbezogen werden [80].

### 2.1.4 Entwicklungsstörungen

Bei Entwicklungsstörungen handelt es sich nicht um alters- oder entwicklungsgebundene Verhaltensänderungen (z. B. Trotzphasen), sondern um Reifungsabweichungen von der altersgemäßen Norm [81]. Mit »*Retardierung*« bezeichnet man einen psycho-physischen Entwicklungsstand, der nicht erkennbar hirnorganisch verursacht ist und sich meist als aufholbar herausstellt. Der zu Beginn langsamere psychisch-geistige Entwicklungsverlauf erreicht den durchschnittlich üblichen Reifezustand meistens im 3. Lebensjahrzehnt bzw. nähert sich diesem an [82]. Emotional retardierte Kinder sind häufig sehr zuwendungsbedürftig und benötigen besonderes Verständnis. In der Schulklasse geraten sie leicht in Außenseiterpositionen [83]. Neben solchen *universell retardierten* Kindern weisen *partiell retardierte* Kinder Retardierungen einzelner Organe, bestimmter Funktionssysteme oder der äußeren Gestalt (z. B. kleinkindliche Gestalt bis zum 9./10. Lebensjahr) auf [84]. Die ebenfalls zu den Entwicklungsstörungen zu zählende »*Akzeleration*« bedeutet eine Entwicklungsbeschleunigung oder auch eine Frühreife [85]. Im Zusammenhang mit Verhaltensschwierigkeiten ist hier lediglich auf organisch bedingte und milieubedingte Frühreife einzugehen, durch welche sich Kinder von ihren Altersgenossen abheben. So können zum Beispiel psychische Konflikte infolge eines verfrühten Beginns der Geschlechtsreife auftreten. Milieubedingte psychische Frühreife findet man oft bei Kindern aus autoritätsgebundenen Familien. Sie äußert sich in einem kühlen, distanzierten Wesen des Kindes, welches gleichzeitig ein folgsames, williges, wohladaptiertes und formal gewandtes Verhalten an den Tag legt [86].

### 2.1.5 Störungen der endokrinen Drüsenfunktionen (Endokrinopathien)[1]

*Gestörte Drüsenfunktionen* [87] bewirken einen mehr oder minder großen Mangel an Ausgeglichenheit im Hormonhaushalt des Körpers. Dies führt dann zu Beeinträchtigungen psychischer Befindlichkeiten (emotionale Störungen; Übererregbarkeit usw.). Als spezielle Störungen dieser Art sind unter anderen die »Dystrophia adiposogenitalis«, »Adiposogigantismus« und »hypophysärer Zwergwuchs« zu nennen. *Dystrophia adiposogenitalis* bezeichnet eine Krankheit, die aus einer Unterfunktion der Hypophyse resultiert. Sie äußert sich in ungewöhnlicher Fettleibigkeit, Trägheit, seelischer Labilität, Antriebsarmut und einem großen Geltungsbedürfnis des Kindes, das zumeist nicht erfüllt wird und deshalb nicht selten zu einem Verhal-

---

1 Vgl. auch die Ausführungen beim Kapitel »Hyperthyreose«, S. 98f.

ten der Resignation führt. *Adiposogigantismus* ist ebenfalls auf eine Störung der Hypophyse zurückzuführen. Bei dieser Krankheit trifft Fettleibigkeit mit einem übersteigerten Längenwachstum zusammen. Meist sind Mädchen von dieser Krankheit betroffen. Solche Kinder sind extrem groß und schwer, antriebsschwach, schwer ansprechbar, haben ein übersteigertes Schlafbedürfnis und besitzen wenig Initiative, Kraft und Durchhaltevermögen. *Hypophysärer Zwergwuchs* wird durch Störungen im Vorderlappen der Hypophyse und einem dadurch erzeugten Mangel an Wachstumshormonen hervorgerufen [88]. Diese Krankheit äußert sich in Kleinwuchs, aber auch in einem Zurückbleiben der intellektuellen Entwicklung, in Angstzuständen, Aggressivität, Nervosität und einem starken Geltungsbedürfnis [89].

## 2.2 Der Komplex exogener Ursachen

Mit »exogen« werden diejenigen Faktoren bezeichnet, die von der Außenwelt (vorwiegend mitmenschlicher Umwelt) her auf das Kind einwirken. Schenk-Danzinger hält exogene Störungen in erster Linie für das Resultat von Lebensumständen, in denen es dem Kind an einer ausreichenden Befriedigung seelischer Grundbedürfnisse mangelt [90]. Dies betrifft vorwiegend Familienkonstellation, Erziehungsstil, sozioökonomische Verhältnisse und Schule.

### 2.2.1 Die Familie

Familienpsychologische und systemtherapeutische Befunde machen deutlich, »wie besonders verhaltensauffällige Kinder innerfamiliäre Probleme ausdrücken und deren Opfer werden« [91]. Die Familie als zentraler Bereich kindlicher Lebenswelt ist störanfällig geworden. Problematisch für das Kind sind vor allem die im Zuge der veränderten Kindheit entstandenen, recht unterschiedlichen Familiensituationen [92].

Die *Rumpffamilie* oder *Teilfamilie* (alleinerziehende Elternteile), bei welcher der dem Kind noch zur Verfügung stehende Elternteil meist auch berufstätig ist, bringt relativ häufig Vereinsamung und Mangel an Geborgenheit mit sich. Dies muß jedoch nicht zwangsläufig sein, wenn die elterliche Bezugsperson dem Kind auch in dieser Situation Annahme, Verständnis, Geborgenheit und Liebe schenkt.[1] Ist dies jedoch wenig oder nicht der Fall, stellen sich psychische Deprivationserscheinungen (mangelndes Selbstwertgefühl; soziale Vereinsamung; Überbehütung oder Verwahrlosung)[2] ein. Noch problematischer kann sich die Erziehungssituation bei *Scheidungswaisen* (das Kind kann bei keinem der beiden Elternteile leben) auswirken.

1 Neuere Untersuchungen deuten darauf hin, dass berufstätige Mütter/Väter oftmals ihren Kindern mehr Zeit widmen als nicht berufstätige, deren Bezug zum Kind von eigener Egozentrik überschattet ist.
2 Vgl. das Kapitel über »Verwahrlosung«, S. 238ff.

Die Schwierigkeit der *Stiefvater-/Stiefmuttersituation* liegt meist in der Angst der Erziehungsperson, das Kind falsch zu behandeln. Leicht entsteht so eine allzu nachgiebige oder auch ungleiche Erziehungshaltung. Zusätzlich besteht die Möglichkeit, dass das Kind auf den neuen Partner eifersüchtig ist oder ihn ablehnt. Umgekehrt kann aber auch das Kind abgelehnt werden oder seine Beziehung zum Vater/zur Mutter ein Grund für negative Bezüge sein.

Besondere Schwierigkeiten tun sich bei Kindern auf, die in *zerrütteten Ehen* aufwachsen, deren Alltag von Streit und Konflikten geprägt ist. Meist wird das Kind zwischen Vater und Mutter hin- und hergerissen, denn es kann jeweils nur eine Position ergreifen. Anstatt Liebe und Verständnis zu erfahren, sieht es sich mit Aggression, Streit bzw. Beleidigungen und Tätlichkeiten konfrontiert. So wird die Entfaltung und Festigung einer psychisch stabilen Bindung zwischen Eltern und Kind sehr erschwert.

Verhaltensschwierigkeiten entstehen bisweilen auch aus der Geschwistersituation innerhalb der Familie. Die *Einzelkindsituation* beispielsweise führt oft zu Anpassungsschwierigkeiten, Unselbständigkeit oder Egoismus, weil sich Aufmerksamkeit und (oft überzogene) Fürsorge ungeteilt auf das Kind erstrecken und dieses nicht gewohnt ist, zu Gunsten anderer zurückzustecken und seine »Mittelpunktsrolle« aufzugeben. Ähnliche Probleme treten bei sogenannten »*Nachzüglern*« auf. Meist sind deren Eltern schon älter und legen eine dadurch bedingte größere Ängstlichkeit und Verwöhnung an den Tag, deren Erziehungsergebnis dem bei Einzelkindern gleicht. Mögliche Ursachen für Verhaltensschwierigkeiten können auch durch die *Geschwisterzahl* bedingt werden. Mit zunehmender Familiengröße sinkt das Ausmaß der personalen Zuwendung für das einzelne Kind [93]. Andererseits bietet der Umgang mit Geschwistern auch zahlreiche positive Möglichkeiten sozialen und kognitiven Lernens.

Die Personalstruktur der Familie allein darf nicht isoliert als Ursachenfaktor gewertet werden. Bei der Entstehung auffälligen Verhaltens treffen fast immer mehrere Faktoren zusammen. So muß neben der personell vorgegebenen Familiensituation auch der dort vorherrschende Erziehungsstil untersucht werden.

## 2.2.2 Der Erziehungsstil

Hinsichtlich des Erziehungsstils unterscheidet man insbesondere Übersteuerung, Untersteuerung, Erziehungshärte, Überbehütung, inkonsequente Erziehung, Persönlichkeitsmissachtung und wirklichkeitsfremde Erziehung.

Bei der sogenannten *Übersteuerung* wird das Leben des Kindes in beinahe allen Erscheinungsbereichen von den Erziehungspersonen bestimmt. Dadurch wird das Kind immer unselbständiger, darf kaum Entscheidungen fällen und verhält sich kaum noch spontan. Infolge der Freiheitsbeschränkung entstehen Spannungen, die sich in Trotz oder Abwehr äußern. Auch führt das vom Kind erlebte Vorbild dazu, selbst schwächere Spielkameraden oder Mitschüler zu dirigieren und zu gängeln [94]. Ein gegenteiliger Erziehungsstil ist *Untersteuerung*, bei der das Kind sich selbst überlassen ist und wenig Anregung erfährt. Kinder, die unter solchen Erziehungsumständen aufwachsen, empfinden bereits durchschnittliche Anforderungen an ihr Verhalten als Überforderung. Sie sind passiv, entschlußschwach und unsicher. Sie können aber auch dazu neigen, ihre Umgebung zu beherrschen [95]. Werden als erzieherische Mittel Drohung, Strafen oder abwertende Kritik in den Vordergrund gestellt, während Belohnung, Lob und Anerkennung ausbleiben, führt diese *Erziehungshärte* beim Kind zu Unsicherheit, Zweifel an den eigenen Fähigkeiten oder aber zu Trotz, Resignation und Distanz von gestellten Aufgaben [96]. Wird das Kind extrem unterstützt (besser: gestützt) und erfährt zu viel Hilfe und Wunscherfüllung, spricht man von *Überbehütung*. Diese führt zu Unselbständigkeit oder Anspruchssteigerung.[1]

Bei der *inkonsequenten Erziehung* schwankt der Erzieher zwischen unterschiedlichen Erziehungsstilen, oder verschiedene Erzieher praktizieren verschiedene Erziehungsstile nebeneinander. Dies führt einerseits zu Unsicherheit, Verwirrung und Ängstlichkeit des Kindes, da gleiche Verhaltensweisen unterschiedlich gewertet werden. Andererseits fördert es ein Verhalten, bei dem das Kind nur mehr den eigenen Vorteil sucht und dabei den Erzieher erpresst [97]. Wird ein Kind von den Eltern nicht so angenommen, wie es ist (in seinem individuellen Sosein), und dadurch seine Persönlichkeit missachtet, passt es sich oft den Wunschvorstellungen seiner Erziehungsumwelt an, weil es damit Anerkennung und Liebe findet. Eine Anpassung gelingt jedoch meist nur äußerlich. Das entwickelt dann ein zwiespältiges Persönlichkeitsbild. Der *wirklichkeitsfremde Erziehungsstil* kann in zwei Formen auftreten. Einmal wird das Kind auf eine nicht real existierende ideale Wunschwelt vorbereitet, in der es nichts Negatives und Böses gibt. Im anderen Fall zielen die Erziehungsansätze auf eine als feindlich angesehene Umwelt und legen dabei abhärtende und spartanische Maßnahmen zugrunde. In beiden Fällen prägt sich bei Kindern ein hilfloses Verhalten aus. Sie reagieren falsch und werden nicht selten zu Außenseitern und Einzelgängern.

### 2.2.3 Sozioökonomische Verhältnisse

Zu ungünstigen sozioökonomischen Verhältnissen zählt man beispielsweise beengte Wohnverhältnisse, ungünstige Wohnumgebung (geringe Spielmöglichkeiten der Kinder) und wirtschaftliche Minderbemittlung [98]. Verschiedentlich wird die Meinung vertreten [99], dass psychische Störungen bei sozial unterprivilegierten Gruppen und in Randgebieten der Gesellschaft häufiger auftreten. So zeigte sich bei verschiedenen Untersuchungen verhaltensauffälliger Kinder, dass sowohl frustrierende emotionale wie auch problematische sozioökonomische Verhältnisse im Erziehungsumkreis dieser Kinder vorlagen. Daraus kann jedoch nicht pauschal eine Prä-

---

1 Vgl. das Kapitel »Überbehütung«, S. 229ff.

destination oder Prädisposition zu Verhaltensschwierigkeiten bei Kindern unterer sozialer Schichten abgeleitet werden. Sicherlich aber erhöht sich in solchen Fällen ohne Zweifel die Wahrscheinlichkeit des Zustandekommens von Verhaltensschwierigkeiten, vor allem wenn andere zusätzliche ungünstige Faktoren hinzukommen. Nach Thalmann [100] hängen psychische Erkrankungen bei Kindern mehr von anderen Ursachenfaktoren ab als von der Zugehörigkeit zu einer bestimmten sozialen Gruppe. Weit wichtigere Bedingungen sind die *mütterliche Pflege*, die *Einstellung der Eltern zu Schule und Erziehung* und das *emotionale Klima im Raum der Familie*. In den USA kennt man den Begriff des »marginaly child«, der sich auf Kinder von Minderheiten rassischer oder sprachlicher Art bezieht [101]. Solche Minoritäten gibt es zunehmend auch in unserer Gesellschaft. Es sind dies vor allem Aussiedler, Asylanten und Gastarbeiter. Durch Isolation, Ablehnung oder sogar Bekämpfung dieser Familien geraten deren Kinder leicht in eine Außenseiterrolle und entwickeln dabei Verhaltensschwierigkeiten. Zudem bewirken mangelnde Sprachkenntnisse ein teilweises Schulversagen verbunden mit kontaktmäßiger Isolation dieser Kinder [102].

## 2.2.4 Die Schulsituation

Das Schulkind verbringt einen erheblichen Teil seiner Zeit in der Schule. Es erfährt dabei unter Umständen zusätzliche Belastungen, die im Zusammenhang mit unterrichtlichen und erziehlichen Ansätzen dieser Institution stehen. Faktoren, welche Verhaltensschwierigkeiten mitprägen, sind unter anderem Einschulung, Klassenfrequenz, Leistungsdruck, Schulbusfahren, Schulwechsel, Unterrichtsstil und Lehrerverhalten.[1]

Die *Einschulung* stellt für das Kind eine völlig neue Lebenssituation dar, besonders wenn es zuvor keinen Kindergarten besucht hat. Zur Verpflichtung, jeden Tag zur Schule zu gehen, kommen auch noch ein fester Zeitplan, gültige Regeln und Hausaufgaben, die zu beachten sind. In der Schule muß das Kind sich in eine Gruppe einfügen und sich mit Gleichaltrigen auseinandersetzen. Der Lehrer wird zur neuen Bezugsperson. Er stellt Aufgaben und beurteilt Leistungen und Verhalten. Das Kind erfährt jetzt, dass es neuen Anforderungen (des Lehrers und auch der Eltern) gerecht werden soll. Besonders problematisch kann der Schulanfang für Kinder werden, die einen ausgeprägten Dialekt sprechen. Auch allzu frühzeitige Einschulung (z.B. aus falschem Ehrgeiz der Eltern) begünstigt gelegentlich den Beginn oder die Verschärfung von Verhaltensschwierigkeiten. Insgesamt stellt die Einschulung einen Einschnitt im Leben des Kindes dar, der je nach individueller psychischer Verarbeitung die weitere Schullaufbahn positiv oder negativ beeinflusst.

Eine hohe *Klassenfrequenz* erschwert bei manchen Kindern die soziale Integration. Dem Lehrer ist es kaum möglich, sich intensiv mit jedem einzelnen Kind zu beschäftigen. Allein von der Dauer der zeitlichen Zuwendung her ergeben sich gerin-

---

1  Vgl. auch das Kapitel über »Schulangst«, S. 137ff.

gere Möglichkeiten, je höher die Schülerzahl in einer Klasse ist. Zudem fallen Verhaltensprobleme und psychische Nöte weniger auf oder werden erst (zu) spät wahrgenommen. Innerhalb der Klasse kommt es meist zur Bildung mehrerer kleiner Gruppen, die gelegentlich miteinander rivalisieren. Dies erfordert vor allem bei hoher Klassenfrequenz eine große Durchsetzungsfähigkeit. Gerät ein Kind dabei in die Position eines Außenseiters, so gerät es in die Isolation und erlebt sich hilflos bezüglich seiner sozialen Integration.

Eine Übergewichtung kognitiver Lernziele im Grundschulbereich führt erfahrungsgemäß zu einem Ansteigen der Leistungsanforderungen. Der damit entstehende *Leistungsdruck* und *Konkurrenzkampf* wird von vielen Eltern unterstützt, welche die Schule als Zuteiler von Berufschancen und gesellschaftlichen Aufstiegsmöglichkeiten betrachten und daher einen möglichst qualifizierten Schulabschluß ihrer Kinder anstreben [103]. Manche Kinder vermögen diesen Anforderungen nicht gerecht zu werden. Sie sind dann überfordert und bringen ihre psychische Not durch auffälliges Verhalten verschiedenster Symptomatik zum Ausdruck.

Infolge der *Zentralisierung im Schulbereich* müssen viele Schüler mit dem *Schulbus* zur Schule fahren. Nach Ortner [104] bringt dies für zahlreiche Grundschulkinder gesundheitliche Beeinträchtigungen der verschiedensten Art. Insbesondere psychosomatische Beschwerden wie Übelkeit und Erbrechen, Kopfschmerzen, Ermüdungserscheinungen, Schwindel, Kreislaufbeschwerden, Nervosität, Stress, Bauchschmerzen und ähnliche psycho-vegetative Störungen belasten die vom Schulbusfahren betroffenen Kinder schon vor Beginn des Unterrichts und wirken sich negativ auf die Leistungsphase nach Schulbeginn aus. Andere Umstände des Schulbusfahrens, wie Bedrohung, Gewaltanwendung, Hänseleien oder Bloßstellung durch ältere Mitschüler, führen bei sensiblen Kindern zu Ängsten und zu einer Verstärkung krankmachender Störungen (z. B. Schulangst, Appetitlosigkeit, Schlafstörungen), die bereits vorhandene Schwierigkeiten überlagern bzw. verstärken.

Auch *Veränderungen der Schulsituation* stellen unter Umständen eine Belastungssituation für das betroffene Kind dar. Der Umzug in eine andere Wohnung (und der damit verbundene Schulwechsel) oder der Wechsel der bisherigen Bezugsperson in der Schulklasse (Lehrerwechsel) bringen manches Kind aus seinem psychischen Gleichgewicht [105]. Ebenso kann ein neueingeführtes schwieriges Unterrichtsfach Bewältigungsschwierigkeiten und bisweilen auch der Verlust des bisherigen Freundes oder Freundeskreises Probleme mit sich bringen.

Auch der vorherrschende *Unterrichtsstil* stellt einen Belastungsfaktor dar, wenn durch ihn individuelle Begabungsstrukturen und Persönlichkeitsmerkmale des Kindes zu wenig Berücksichtigung finden. Dominiert der Frontalunterricht oder wird er zu wenig durch differenzierende Maßnahmen, Gruppenbildung, offene Unterrichtsgestaltung oder Freiarbeit aufgelockert, reduziert sich das individuelle Eingehen auf das Kind. Damit ergeben sich weniger interpersonale Bezüge (Kind-Lehrer; Kind-Gruppe), weniger Berücksichtigung individuell notwendiger Lern- und Förderansätze und geringere Chancen für das Kind, persönliche Begabungsschwerpunkte in der schulischen Mitarbeit zu verwirklichen. Auch situative Interessen, biograpische und lebensweltgebundene Erfahrungen sowie momentane Stimmungslagen können bei lehrerzentriertem Unterricht zu kurz kommen [106]. Jedes Kind aber braucht die Vermittlung von Selbstsicherheit, Selbstwerterleben, sozialer Kontaktnahme, Bestätigung, Lob, Anerkennung und Lernen auf der Basis eigener Leistungsfähigkeit, damit es Schule nicht ablehnt und seine Mitarbeit einbringt [107]. Was die *Unterrichtsmethode* angeht, verstärkt sich in neueren Untersuchungen die alte Erkenntnis, »dass es wahrscheinlich *nicht* eine, für alle Schüler geeignete optimale Unterrichtsmethode gibt« [108]. Da Unterrichtserfolg oder -misserfolg in engem Zusammenhang auch mit Lernschwierigkeiten steht, stellen Dominanz oder weitgehende Verabsolutierung von Unterrichtsmethoden eine Gefahr pädagogischer Missachtung der Individualität des Kindes dar. Individuell angepasste Methodenvariation erfordert zwar mehr umfangreicheres didaktisches Wissen und höheren Einsatz des Lehrers, kann aber für das Kind das entscheidende Kriterium für seinen Lernerfolg sein.

Verhaltensschwierigkeiten von Kindern werden gelegentlich auch durch problematisches *Lehrerverhalten* begünstigt. Neben der Gestaltung des Unterrichts bestimmt der Lehrer (die Lehrerin) auch soziale und emotionale Beziehungen sowie das Zusammenleben innerhalb der Klasse mit. Hier können persönliche Eigenarten des Erziehers positive wie negative Auswirkungen mit sich bringen (Gefühlslagen, Stimmungen, Gereiztheit, leicht aufbrausendes Wesen, autoritäres Verhalten usw.) [109]. Die persönliche gesundheitliche Konstitution, das psychische Charakterbild, Begabungsschwerpunkte (»Steckenpferde«), soziale und politisch-weltanschauliche Grundeinstellungen des Lehrers lassen sich in den meisten Fällen auch durch vorgenommene Selbstkontrolle nicht ganz verobjektivieren oder gar ausschalten. So beeinflussen zum Beispiel Vorurteile des Lehrers seine Schülerbeurteilung, ohne dass dies vom betroffenen Kind korrigiert werden könnte. Oder es wird von der Schulleistung auf die Gesamtpersönlichkeit des Schülers geschlossen (Missachtung des individuellen Soseins). Nicht selten werden verhaltensauffällige Kinder gerade wegen ihres den Unterricht störenden Verhaltens diskriminiert und bloßgestellt. Recht schnell leisten Mitschüler dann den entsprechenden »Transfer« und übertragen dabei die Einstellung des Lehrers auf eigenes Verhalten dem Mitschüler gegenüber (Spott, Ablehnung, Minderbewertung) [110]. Untersuchungen [111] zeigen, dass in Klassen, deren Lehrer einen autoritären Führungsstil praktizieren, Verhaltensschwierigkeiten besonders häufig aufzufinden sind. Lehrer sollten daher bei der Untersuchung der Ursachenfrage von Verhaltensschwierigkeiten eines Kindes grundsätzlich auch eine *Selbstanalyse* vornehmen und die Frage untersuchen, ob etwa vorhandene intrapersonale Konflikte (eigene Probleme; Stresssituationen; gesundheitliche Schwierigkeiten) sich mittelbar auf das Verhalten von Schülern auswirken, die dann beim Erziehungs- und Unterrichtsgeschehen in mehr oder minder großem Ausmaß davon betroffen werden.

## 2.2.5 Zeitgeist und Gesellschaftsstruktur

Bei der Erforschung und diagnostischen Verdeutlichung des Ursachengeflechts von Verhaltensschwierigkeiten müssen auch gesellschaftliche Bedingungen in die Überlegungen miteinbezogen werden. Bedingungen und Strukturen gesellschaftlicher Verhaltenstendenzen mit ihren vielfältigen Auswirkungen auf Zusammenleben, Erleben und Verhaltensprägung begünstigen zwangsläufig auch Fehlverhalten von Kindern. Existiert zum Beispiel kein klar umrissenes und allgemein akzeptiertes Werte- und Normensystem, innerhalb dessen sich das Kind eine verläßliche Orientierung verschaffen kann, fehlt ihm die (gerade in den Jahren der Entwicklung und Reifung notwendige) Stützbasis, um eigenes Verhalten ausrichten bzw. überprüfen zu können. Das Kind wird orientierungslos und unsicher innerhalb der Vielfalt sich zum Teil widersprechender Verhaltensweisen, Wertorientierungen und Handlungsansätze seitens seiner Eltern, Erzieher, Lehrer und mitmenschlichen Umwelt. So fühlt es sich überfordert, wenn zum Beispiel in der Schule andere moralisch-ethische Grundsätze und Werte gefordert werden als zu Hause oder in Vorgaben des Fernsehens. Es wird zu ständig neuen und wechselnden Entscheidungen gezwungen, die sich widersprechen und damit direkt Labilität und Orientierungslosigkeit im eigenen Verhalten begünstigen. Verhaltensschwierigkeiten vor allem im sittlichen Bereich (z.B. Lügen, Stehlen, Aggressivität, Egoismus etc.) werden auf diese Weise »vorprogrammiert«.

Ein weiterer Teilfaktor innerhalb des Ursachenkomplexes für Verhaltensschwierigkeiten ist in der Erziehungssituation des häuslichen Umfeldes zu finden. Hier ist auf die Gefahr mangelnder emotionaler Sicherheit, Geborgenheit und Identifikation hinzuweisen, wenn das Kind lange Tages- und Nachtzeiten auf sich allein gestellt ist. Pädagogik, Psychologie und Pädiatrie[1] wissen heute, dass für eine psychisch gesunde Entfaltung des Kleinkindes und Kindes im Vor- und Grundschulalter eine stabile und Sicherheit vermittelnde familiäre Bezugsgruppe, Geborgenheit und möglichst umfassende Zuwendung, Liebe und Annahme notwendig sind. Zunehmend mehr Kinder leiden heute diesbezüglich an einer Mangelsituation. Für sie erhöht sich die Gefahr, eben dadurch in Verhaltensnöte zu geraten.

Eine Konsumgesellschaft, welche das Lustprinzip in den Vordergrund stellt, führt zu einem Leben mit herabgesetztem und nivellierendem Triebverzicht. Lebensäußerungen und Verhalten werden vorzugsweise daran ausgerichtet, den Lebensgenuss zu suchen und möglichst nur mehr Angenehmes zu tun. Das Verhalten der in einem solchen Verhaltensumfeld aufwachsenden Kinder wird davon nachhaltig geprägt. Dies um so mehr, wenn im häuslichen Umfeld kein anderes Vorbild erlebt wird. Reduzierte, nivellierte oder nahezu ausgeschaltete Fähigkeit zum Verzicht aber stellt einen gravierenden Negativfaktor für soziales Verhalten dar.

---

1 Hellbrügge fordert zum Beispiel im Interesse der psychischen Gesundheit des Kindes »Eltern, die rund um die Uhr für ihr Kind da sind« (anlässlich eines Vortrages vor Kinderärzten und Erziehern).

Auf ähnlicher Linie liegt die heute sich breit machende Übersexualisierung im gesellschaftlichen Bewusstsein und Verhaltenstrend. Von den verschiedensten Seiten (insbesondere durch Medien, Talk-Shows, Videokonsum und Internet) werden Kinder mit Bildern, Szenen und Informationen belastet, welche ihren seelisch-geistigen Entwicklungsstand überfordern. Immer wieder wird Sexualität häufig in perverser Form präsentiert und (wahrscheinlich damit zusammenhängend) Kindern im sexuellen Missbrauch aufgezwungen. Werden solche Erfahrungen und Erlebnisse nicht im Gespräch mit Eltern oder den Kindern vertrauten Personen verarbeitet, zurechtgerückt und in ihrer psychisch schädlichen Auswirkung entschärft, resultieren daraus (oftmals zunächst nur verdeckte) emotionale Störungen, Ängste und Fehlentwicklungen im persönlichen, sozialen und (später) partnerschaftlichen Verhalten. In gleicher Weise wirken sich für Kinder auch gewaltverherrlichende Erlebnisse in ihrer Umwelt und im Fernseh- bzw. Videokonsum aus. Störungen des Gefühlslebens und davon beeinflusste Verhaltensweisen sind die Folge.

## 2.3 Theoretische Erklärungsmodelle zur Ursachenfrage

Die Haupteinteilung der Ursachenfrage bei Verhaltensschwierigkeiten in »*endogene*« und »*exogene*« Ursachen entspricht einer heute vielfach verwendeten Praxis im systematischen Zugriff zu diesem Problemkomplex. Sie erleichtert zunächst die Grobunterscheidung, inwieweit genuin somatogene (vererbte, krankheitsbedingte physische, organbedingte) oder umweltbedingte (durch Erziehungseinflüsse erworbene) Ursachen vorliegen. Die Erfahrung zeigt zwar, dass durch Anlage und Umwelt bedingte Wechselwirkungsprozesse in den meisten Fällen ganz wesentlich das Ursachengeflecht bestimmen. Deshalb ist es immer gut, im diagnostischen Verfahren beide Komplexe gründlich zu durchleuchten und in die Ergebnisfindung miteinzubeziehen. Neben der Einteilung der Ursachenfrage in endogene und exogene Faktoren gibt es (mehr als übergreifenden und eigenständigen Ansatz) theoretische Erklärungsmodelle. Von ihnen sind hauptsächlich die »psychoanalytische«, die »individualpsychologische« und die »lerntheoretische« Erklärung zu nennen.[1]

---

1 Daneben bestehen jedoch weitere Erklärungsmodelle: Das *medizinische Erklärungsmodell* versteht abweichendes Verhalten als »Symptom für einen in der Person sich vollziehenden abnormen Prozess« analog eines krankhaften Körperzustandes, jedoch von der organischen Struktur des zentralen Nervensystems (in der Alltagssprache als »Seele«, »Geist«, »Psyche« bzw. »Nerven« bezeichnet) ausgehend (vgl. Thoma 1991, S. 34). Dem *interaktionistischen Erklärungsmodell* (bekannt auch als »implizite Persönlichkeitstheorie«, »Etikettierungsprozess« bzw. »labeling-Ansatz«) liegt ein Interaktionsschema zugrunde, wonach »verhaltensgestört ist, wer von einer sozialen Instanz als normabweichend beurteilt wird«. Gleichzeitig wird unterstellt, dass nicht die verletzte Norm änderungsbedürftig ist, sondern der auffällige Organismus an jene angepasst werden muss. Bekanntestes Beispiel zur Untermauerung dieser Theorie ist der »Pygmalion-Effekt« (Rosenthal/Jacobsen 1971), bei dem Schüler bestimmte Etikettierungen des Lehrers in ihr Selbstkonzept übernehmen. Dies führt wiederum dazu, dass der Lehrer in seinem Annahmensystem bekräftigt wird (vgl. Thoma 1991, S. 37ff.)

### 2.3.1 Tiefenpsychologische Erklärungsversuche

In der Psychologie existieren zur Erklärung verhaltensprägender und -bestimmender Prozesse im Bereich des Unbewussten bzw. Unterbewussten neben anderem besonders das »psychoanalytische« und das »individualpsychologische« Modell.[1]

#### Die psychoanalytische Erklärung (nach Freud)

Das Persönlichkeitsmodell der Psychoanalyse unterscheidet die drei Instanzen »Es«, »Ich« und »Über-Ich«. Am Anfang der Entwicklung des menschlichen Verhaltens wird dieses vor allem vom »*Es*« bestimmt, das aus den Triebkräften »Aggression« und »Sexualität« gespeist wird [112]. Das »*Über-Ich*« bildet sich ab dem 3. Lebensjahr durch eine Internalisierung elterlicher Verbote und Gebote [113].

Ethische, kulturelle und moralische Normen werden im Laufe der Entwicklung verinnerlicht und zu Bewertungskriterien eigenen Verhaltens gemacht. Dem Ich kommt die Aufgabe zu, die Triebimpulse aus dem Es mit den Anforderungen des Über-Ich und der Realität zu koordinieren. Dazu besitzt der Mensch eine gewisse Ich-Stärke, mit deren Hilfe die Triebenergie ertragen und verkraftet werden kann. Werden die Realitätserfordernisse unvereinbar mit den triebhaften Bedürfnissen, und wird der Mensch seinem Ich-Ideal nicht gerecht, resultieren daraus aus psychoanalytischer Sicht Scham und Minderwertigkeitsgefühle. Können triebhafte Bedürfnisse wiederholt nicht befriedigt werden, kommt es zu einer Triebstauung. Der dadurch hervorgerufene Spannungsanstieg kann nicht mehr ertragen werden, und so werden Abwehrmechanismen eingesetzt (Regression; Verdrängung; Verleugnung; Kompensation; Verschiebung; Zwangshandlung) [114]. Eine solche Bildung neurotischer Symptome stellt den Versuch des Individuums dar, sich der Konflikte zwischen Es, Ich und Über-Ich zu erwehren.

#### Die individualpsychologische Erklärung (nach Adler)

Die Individualpsychologie sieht das Individuum in seiner Ganzheit, wobei besonders seine sozial-integrative Verflechtung in den Vordergrund rückt. Das von ihr abgeleitete erzieherische Modell geht daher vorwiegend von der Verknüpfung des Menschen mit seiner sozialen Umwelt aus [115]. Das grundlegende Verhaltensmotiv des Menschen wird in dem Streben nach sozialer Macht, Anerkennung und Überwindung von Minderwertigkeitsgefühlen gesucht [116]. Dieses Streben zielt vor allem darauf ab, biologische und soziale Mängel auszugleichen. Erweisen sich

---

1 Diese Erklärungsversuche haben auch heute noch ihren (wenn auch relativierten) Stellenwert in der Erforschung und Diagnose von Verhaltensschwierigkeiten. Es empfiehlt sich die Auseinandersetzung mit der entsprechenden Literatur. Die folgenden Ausführungen können nur einen stark komprimierten Hinweis geben.

diese Mängel als zu groß, oder verhindert ein negatives Milieu die erstrebte Anerkennung, versucht der Mensch, Aufmerksamkeit und Bestätigung auf Umwegen zu erhalten. Es kommt zur neurotischen Kompensation und zu einer Scheinlösung für den innerpsychischen Konflikt.

## 2.3.2 Lerntheoretische Erklärungsmodelle

Bei den lerntheoretischen Ansätzen werden Verhaltensschwierigkeiten auf einen Lernprozess zurückgeführt. Lernen kann auf *assoziativen Verknüpfungen*, das heißt auf einem Erwerb von Reiz-Reaktions-Verbindungen beruhen (z.B. reaktive Angstauslösung bei Konfrontation mit einer bestimmten Situation oder beim Anblick einer bestimmten Person etc.).[1] Das *instrumentelle Lernen* stellt eine Verbindung von Verhalten und nachfolgender Konsequenz dar. Hier kann man auch von einem »Lernen am Erfolg« sprechen [117]. Im Zusammenhang mit Verhaltensschwierigkeiten bedeutet dies, dass ein Verhalten (positiv oder negativ), das zum Erfolg (z.B. Beachtetwerden; Selbstwerterleben; materieller oder psychisch-geistiger Gewinn) führt, vom Kind immer wieder angewandt wird. Das *Lernen am Modell* setzt von seinem Erklärungsansatz her bei verschiedenen Lerneffekten an. Beim »modellierenden Effekt« werden vom Beobachter Verhaltensweisen erlernt, die bislang in seinem Verhaltensrepertoire fehlten (Modellernen, Lernen nach Vorbild im Hinblick auf neue Verhaltensweisen). Der »enthemmende oder hemmende Effekt« lässt bereits vorhandene Verhaltensweisen (z.B. bei Belohnung bzw. Bestrafung des Modells) leichter auftreten oder (z.B. bei Nichtbeachtung des Modells) zurücktreten. Der »auslösende Effekt« führt dazu, dass vom Beobachter ein bereits erlerntes Verhalten, das bis dahin aber noch nicht deutlich zum Ausdruck kam, dann praktiziert wird, wenn das Modell eine entsprechende Vorbildleistung gibt [118]. Erfahrungen der Lernpsychologie besagen, dass es beim Modellernen von untergeordneter Bedeutung ist, ob es sich um ein Life-Modell handelt oder ob das Modell über ein Medium (z.B. Film, Fernsehen) vermittelt wird [119].

---

1 Annähernd alle menschlichen Verhaltensweisen, sowohl die erwünschten als auch die von der Norm abweichenden, erlernt das Individuum in der Auseinandersetzung mit seiner Umwelt (vgl. hierzu auch Hußlein a.a.O., S. 121; Thoma 1991, S. 35).

# 3. Diagnose

## 3.1 Die Bedeutung der Diagnose

Die Diagnose dient dazu, die spezielle Art einer offensichtlich vorhandenen Schwierigkeit (Störung; Auffälligkeit; Krankheit) zu erhellen, einzugrenzen und hinsichtlich der Aussagerelevanz abzusichern. Während die medizinische Diagnostik vorwiegend (krankhafte) Bedingungen physischer und psychischer Art im Menschen selbst angeht, legt die psychosoziale Diagnostik (auch pädagogische Diagnostik) den Schwerpunkt auf die Lebenswelt des Betroffenen [120]. Es gibt auch Formen pädagogischer Diagnostik, welche eine Trennung von Diagnose und Behandlung vermeiden und dabei Übergänge fließend gestalten (z.B. Spieltherapie) [121] sowie insbesondere *Interventionsgeleitete Diagnostik* im Rahmen *Interventionsgeleiteter Einzelfallhilfe* [122].

Diagnostik im Bereich der Verhaltensschwierigkeiten muß in der Anwendung ihrer Verfahren verschiedene Kriterien erfüllen. So untersucht sie einerseits *Entstehungsbedingungen* und liefert Erkenntnisse über Stand und Umfang der Störungen, andererseits klärt sie auch das konkrete *Zustandsbild*. Daneben bildet die Diagnose eine wichtige Voraussetzung für einzuleitende (auch therapeutische) Erziehungsmaßnahmen [123]. Um wirksame Hilfen ansetzen zu können, muß nämlich Verhalten grundsätzlich diagnostiziert, verstanden und hinsichtlich eines Ursachengeflechts erhellt sein. Dieses Erfassen möglichst aller Symptome und Hintergründe ist meist eine nicht einfach zu lösende Aufgabe.

## 3.2 Problematik der Diagnose

Ziel der Diagnose ist es, möglichst den Gesamtzusammenhang aller Bedingungsfaktoren einer Verhaltensschwierigkeit aufzudecken. Dabei genügt es nicht, die Diagnose auf nur ein Symptom zu gründen [124]. Vielmehr muss ein vorhandener Symptomenkomplex möglichst umfassend angegangen, in seiner Verflochtenheit erforscht und in seinem Ursachenbezug abgeklärt werden. Erschwerend kommt hinzu, dass es in der Regel keinen linearen Zusammenhang zwischen Ursache, Symptom und Schwierigkeit (Störung) gibt, sondern dass gleiche oder ähnliche Symptome auf verschiedene Ursachen zurückgeführt werden können und sich zudem im Erscheinungsbild unterschiedlicher Verhaltensauffälligkeiten äußern. Auch über den Grad der Ausprägung eines Verhaltensproblems gibt die Symptomatik nicht unbedingt Aufschluss. Hier müssen Dauer, Häufigkeit und Intensität des abweichenden Verhaltens in die Diagnostik miteinbezogen werden [125]. Diagnose bedeutet »Erkennung« und muß daher zu einem möglichst objektiven, dem tatsächlichen Sachverhalt entsprechendem Ergebnis kommen. Oftmals wird die Objektivität einer Diagnose zunächst von einem subjektiven Eindruck verfälscht.[1] [126] Daher müssen Ergebnisse immer auch auf mögliche Vorurteile (z.B. Halo- oder Hofeffekt [127]) überprüft werden. Eine Diagnose darf auch nicht dazu führen, ein Kind voreilig mit dem Etikett »verhaltensschwierig« zu versehen und es damit möglicherweise in eine Randposition zu bringen [128].

Jede Diagnose muß sich in ihren Aussagen auf umfangreiche Untersuchungen stützen können, mit deren Hilfe Informationen gesammelt und Ursachen abgeklärt werden. Wichtig ist dabei die Anwendung verschiedener diagnostischer Möglichkeiten. So steigt der Aussagewert der jeweiligen Diagnose mit der Objektivität und der Anzahl angewandter Testverfahren [129]. Im Folgenden wird eine *Auswahl* solcher diagnostischer Möglichkeiten vorwiegend für den psychologischen wie pädagogischen Diagnostikbereich innerhalb der Schule vorgestellt und kurz erläutert.

## 3.3 Arten der Diagnose

### 3.3.1 Das Gespräch

Das Gespräch ist in der Diagnostik von großer Bedeutung. Es kann dem Informationsgewinn sowie der Persönlichkeits- oder Eignungsdiagnostik dienen [130]. Möglichkeiten eines Gesprächs bildet z.B. die *Anamnese*. Dieses Gespräch findet mit Eltern oder anderen dem Kind nahestehenden Personen statt. Es gibt Aufschluss über die Persönlichkeit, die Entwicklung und die Lebenssituation des Untersuchten. Wird das Gespräch direkt mit dem Betroffenen geführt, spricht man von einer *Exploration*. Diese kann frei durchgeführt werden, d.h. die spontane Erzählung tritt in den Vordergrund, die Unterhaltung wird vom Untersuchten gelenkt. Werden vor der Unterredung Fragen vom Versuchsleiter festgelegt, um dem Gespräch eine bestimmte Richtung zu geben, spricht man von einer *halbstandardisierten Befragung*. Im Unterschied dazu werden bei der *vollstandardisierten Befragung* alle einzelnen Fragen, sowie deren Reihenfolge im Gespräch schriftlich festgelegt. Hierzu zählt z.B. auch das *»multiple-choice«-Verfahren* oder spezifische Gesprächsleitfäden.

Von Wichtigkeit bei einem Gespräch ist die Art, eine Frage zu formulieren. Die einzelnen Fragen sollten so kurz wie möglich und leicht zu verstehen sein. Dabei unterscheidet man verschiedene Fragearten wie geschlossene und offene Fragen, direkte oder indirekte Fragen, Einleitungs- und Übergangsfragen sowie Alternativ- und Filterfragen [131]. Während offene Fragen lediglich das Grundthema festlegen, bleibt dem Untersuchten bei geschlossenen Fragen nur die Möglichkeit, zwischen

---

1 Vgl. auch die Ausführungen »Zur Definitionsproblematik«, S. 14ff.

zwei Antworten zu wählen. Direkte Fragen zielen genau auf das ab, worauf es dem Befrager ankommt. Indirekte Fragen haben eine verdeckte Formulierung. Sie werden dann verwendet, wenn Gefühle oder Meinungen des Untersuchten erforscht werden sollen. Ein Gespräch, das mit dem Betroffenen allein durchgeführt wird, ist besonders dann angebracht, wenn private oder häusliche Informationen gewonnen werden sollen, oder wenn ein Kennenlernen erfolgen soll. Eine weitere Möglichkeit stellen Gruppengespräche dar, in die alle Beteiligten (z.B. Eltern, Freunde oder auch Personen, die ähnliche Probleme im Verhaltens- oder Lernbereich aufweisen) einbezogen werden. Auch Gespräche, die nur mit Eltern oder Bekannten geführt werden, können zur Ergebnisgewinnung bei der Diagnose hilfreich sein.

Die jeweils gewählte Methode bei der Durchführung eines Gesprächs ist von verschiedenen Faktoren abhängig, so z.B. von der theoretischen Orientierung oder Ausbildung des Durchführenden, von dessen individuellen Kenntnissen, Erfahrungen oder seiner Persönlichkeit. Auch hängt die Art des Gesprächs von der Problematik ab, die angegangen wird. Bei komplexen Problemen müssen Gesprächsführung und Gesprächsarten variiert werden, bei Informationsdefiziten dagegen genügen oft bereits einige Fragen, um klare Auskünfte zu erhalten [132]. Bei jedem Gespräch ist es wichtig, auf die Persönlichkeit des Gesprächspartners einzugehen. Dies erfordert Anpassung an dessen intellektuelles und sprachliches Niveau und ein Berücksichtigen seiner Empfindungen oder möglicherweise auftretender Widerstände. Gespräche in ihren verschiedenen Arten sollten stets in einer äußeren Atmosphäre (z.B. räumliche Bedingungen) stattfinden, in welcher sich die Anwesenden wohl und ungezwungen fühlen können.

### 3.3.2 Die Beobachtung

Neben dem Gespräch stellt die Beobachtung ein weiteres wichtiges Mittel zur Diagnostik von Verhaltens- und Lernschwierigkeiten dar. Wissenschaftliche Beobachtung ist dabei von alltäglicher Beobachtung abzugrenzen, da sie sich an strenge methodologische Regeln halten muß, um zu überprüfbaren Ergebnissen zu gelangen [133]. Beobachtung dient der aufmerksamen und geplanten Wahrnehmung und Erfassung von Vorgängen an Mitmenschen, die abhängig von bestimmten Situationen auftreten [134]. Die *Fremd- oder Verhaltensbeobachtung* hat als streng empirische Methode bestimmte Kriterien zu berücksichtigen. Sie muß auf einen genau definierten Zweck abzielen. Ihr Ablauf ist vorher in allen Einzelheiten genau zu planen. Die aus ihr gewonnenen Aussagen müssen einer Überprüfung standhalten. Für den unterrichtenden Lehrer fällt dabei eine Doppelbelastung an [135]. Verhaltensbeobachtung kann auf unsystematische oder auf systematische Weise durchgeführt werden. Zur *unsystematischen Verhaltensbeobachtung* zählt z.B. der erste Eindruck eines Schülers, der als Anlass zu genauerer Beobachtung dienen kann. Eine weitere Möglichkeit bieten *Tagebuchaufzeichnungen* des Lehrers, mit deren Hilfe alle Eindrücke und Beobachtungen in schriftlicher Form und am besten während der Beobachtung festgehalten werden [136]. Die Gelegenheitsbeobachtung (event sampling) hält besondere Verhaltenssituationen fest [137] und kann zur Ergänzung von Testergebnissen dienen. Beim exemplarischen Protokoll (speciment record) sollen Verhaltensabläufe im Zusammenhang aufgenommen werden, wobei der Zeitpunkt der Beobachtung vorher genau festgelegt wurde. Soll das Verhalten eines Schülers in verschiedenen Situationen (z.B. Pause; Unterricht) umfassend beobachtet werden, kann dies durch situationsbezogene Verhaltensbeobachtung (anecdotal record) geschehen. Die aus dieser freien Beobachtungsart gewonnenen Ergebnisse und Informationen dienen zur Ergänzung von Testergebnissen [138]. Beobachtungen können in einer Schülerkartei festgehalten werden. Dabei wird für jeden Schüler eine Karte angelegt, auf welcher Beobachtungsergebnisse notiert werden.

Neben diesen Arten der unsystematischen Verhaltensbeobachtung bietet die *systematische Verhaltensbeobachtung* eine weitere wissenschaftliche Möglichkeit der Diagnostik. Deren Vorgehen ist gekennzeichnet durch Erfassung und Auswertung von Verhaltensdaten sowie durch eine geplante Festlegung der Bereiche und Personen, die beobachtet werden. Da diese Methode objektiver als eine unsystematische Beobachtung ist, sollte sie Vorrang haben. Bei einer *standardisierten Beobachtung* wird die Situation, in der sie stattfinden soll, vorher festgelegt. Dabei auftretendes Verhalten der zu beobachtenden Person wird in freier Wortwahl notiert. Das *Kategoriensystem* ordnet stattfindende Beobachtungen einer bestimmten Kategorie zu. Dabei muß darauf geachtet werden, passende Einteilungen zu finden, die nicht wertend sind. Von Puckett [139] stammen Entwürfe für Kategorien wie: »Schüler meldet sich«, »Schüler kam dran, ohne sich gemeldet zu haben«, »Schüler stellte eine Frage«. Ähnlich aufgebaut wie dieses Kategoriensystem sind auch die *Beobachtungsbögen*. Sie bieten jedoch mehr Beobachtungskategorien an und sind somit genauer. Nützlich und geeignet sind sie vor allem für Beobachtungssituationen, die eng umgrenzt sind. Als eine weitere Form systematischer Beobachtung gilt das *time sampling* (fraktionierte Beobachtung), bei dem über einen längeren Zeitabschnitt hinweg täglich zur gleichen Zeit das Verhalten des Schülers über einen bestimmten Zeitabschnitt beobachtet wird [140]. Um Beobachtungsergebnisse so objektiv wie möglich festzuhalten, empfiehlt sich ein beschreibendes Protokoll, das keine Wertung beinhaltet. Auch der Einsatz von Medien (z.B. Tonband oder Videoaufnahmen) kann hilfreich sein.

### 3.3.3 Das Soziogramm

In einem Soziogramm werden vorhandene soziale Beziehungen in einer bestimmten Gruppe dargestellt und erfasst [141]. Für die Diagnose kann seine Auswertung hilfreich sein, da es eine vermutete Position eines Schülers innerhalb der Klasse bestätigt oder neue, vorher unbemerkte Aspekte aufzeigt [142]. Das Soziogramm klärt die Beziehungen der Schüler untereinander, es gibt Aufschluss über Außenseiter, Mitläufer, Führer, Paar- oder Cliquenbildungen [143], jedoch nicht über die Ursachen dieser Positionen. Da ein Soziogramm immer nur eine Situationsanalyse einer Gruppe sein kann, Sozialbeziehungen bei Kindern sich oft rasch ändern und nur Augenblicksentscheidungen der Schüler festgehalten werden, darf es (vor allem bei nur seltener Durchführung) nicht überschätzt werden. Zudem werden vielfach nicht tatsächliche Beziehungen zu Mitschülern wiedergegeben, vielmehr Wunschbilder dargestellt [144]. Bei regelmäßiger Durchführung dieses soziometrischen Verfahrens können jedoch konstante oder sich verändernde Beziehungen gut zum Ausdruck kommen. Ebenso leistet es für die Situationsanalyse einer Gruppe gute Dienste. Eine standardisierte Form der soziographischen Methode für den Schulbereich wurde von Petillon [145] entwickelt [146].

### 3.3.4 Die psychologische Untersuchung (Psychodiagnostik)

Bei der Diagnose von Verhaltensschwierigkeiten muß immer auch die familiäre und individuelle Situation des Kindes berücksichtigt werden. Psychodiagnostik [147] als Sammelbegriff beinhaltet alle Methoden, durch die psychologische Merkmale eines Kindes festgestellt werden. Dabei spielen sämtliche Situationen und Zustände, in denen sich dieses befindet, eine Rolle. Zu den psychologisch-diagnostischen Verfahren zählt man eine Reihe verschiedener Untersuchungen. Bei *Lebenslaufanalysen* werden das (landschaftsbezogene) Milieu des Kindes, die soziale Situation der Familie, Anzahl der Geschwister und die Stellung des Kindes unter ihnen, eventuelle finanzielle oder gesundheitliche Notlagen innerhalb der Familie sowie Fragen nach den Erziehungspersonen (Großeltern, alleinerziehender Elternteil) analysiert. Teilweise sind Informationen dieser Art in den Schülerbögen enthalten. Zusätzliches können Gespräche mit den Eltern oder dem Kind erbringen. Auch ein Informationsaustausch mit dem vorhergehenden Lehrer des Kindes kann für die Lebenslaufanalyse hilfreich sein. Die *typologischen Verfahren* beziehen sich auf die Funktions- und Konstitutionstypen des Kindes. Diese Untersuchung beinhaltet z. B. Feststellungen über Intro- oder Extrovertiertheit, Nervosität, Schüchternheit, Arbeitstempo oder die Stellung des Kindes in der Klassengemeinschaft [148]. Da bei vielen Kindern die Funktions- und Konstitutionstypen noch nicht ausgeprägt sind oder sich erst entwickeln, darf eine diesbezügliche Diagnose nicht vorschnell abgeschlossen werden. Manche Eigenschaften können im Laufe der Entwicklung wegfallen, Verringerung oder Verstärkung erfahren. Längerfristige Beobachtungen des Lehrers in Bezug auf die typologischen Verfahren sollten deshalb durch Auskünfte der Erziehungspersonen gestützt werden.

Verfahren zur Feststellung des individuellen Motivationsbildes beim Kind, *Motivationsdiagnosen*, beziehen sich auf bestimmte Bedürfnisse (z. B. Neugier; soziale Anerkennung; Information; Interesse), Einstellungen (z. B. Sympathie; Antipathie) und Werthaltungen des Kindes. Diese Motive können als Kräfte psychischer Art aufgefaßt werden, die eine Steuerung des Verhaltens [149] und damit auch der Motivation bewirken. Während kurzfristige Motive die Verhaltensweise in aktuellen Situationen bestimmen, liegen langfristig der Persönlichkeitsstruktur des Einzelnen zugrunde. Sie können daher verschieden sein. Möglichkeiten zur Erschließung dieser inneren Triebkräfte des Kindes sind z. B. Gespräch, Beobachtung[1] oder auch eine schriftliche bzw. zeichnerische Darstellung mit gezieltem Thema.

*Interpersonale Verfahren* beinhalten vor allem verschiedene Arten von Gesprächen und Tests, die mit dem Kind selbst oder mit Personen aus seiner Familie bzw. häuslichen Umgebung durchgeführt werden.[2] Bei den *ausdrucksdiagnostischen Verfahren* wird versucht, Persönliches zu analysieren, das sich in verschiedenen Bereichen der Ausdrucksformen niederschlägt. Zu diesen Verfahren zählt man Aufsatzanalyse, Sprechweise, Mimik, Physiognomik, Pantomimik und graphologische Verfahren. Die *Aufsatzanalyse* bietet die Möglichkeit, das Persönlichkeitsprofil des Schülers bei der Auseinandersetzung mit vorgegebenen Themen zu ergründen. Sie kann deshalb auch als offene Befragung gelten. Die Aufsatzthemen beinhalten meist Bereiche wie Erlebnisaufsatz, natürliche Erzählung, Problemaufsatz, Entscheidungsaufsatz, Bild- oder Filmaufsatz [150]. Die Stellung des Aufsatzthemas muss sich nach dem Alter des Kindes richten. Die Auswertung von Aufsätzen dieser Art ist mitunter schwierig, da es oft nicht einfach ist, Objektivität zu wahren. Zudem muß bedacht werden, ob der Schüler ehrlich geschrieben hat oder ob er er das zu schreiben versuchte, was seiner Meinung nach den Erwartungen des Lehrers entspricht. Die *Sprechweise* als Ausdrucksform des Kindes gibt z. B. Hinweise auf Verzögerungen in der Sprachentwicklung, Aussprachefehler oder Stimmschwierigkeiten, die auch für Verhaltensschwierigkeiten (z. B. Minderwertigkeitsgefühle) in Frage kommen. Beobachtungen der *Mimik* lassen Rückschlüsse auf krankheits- oder psychisch bedingte Ursachen zu. Mimik kann hier als eine »äußere Erkennungsform« dienen. Für die *Pantomimik* gilt prinzipiell das Gleiche wie für die Mimik. Deren Beobachtung ergibt möglicherweise z. B. Hinweise auf eine gestörte Motorik. Die *Physiognomik* dient zur Erkennung psychischer Eigenarten von der äußeren körperlichen Beschaffenheit her, besonders aus dem Gesicht [151]. Über das Beobachten von Grimassen, ungewöhnlichen Gesichtszügen oder sonstigen auffallenden Bewegungen ergeben sich Hinweise auf möglicherweise vorhandene Schwierigkeiten. *Graphologische Verfahren* lassen durch Untersuchung der Handschrift möglicherweise Rückschlüsse auf die Persönlichkeit des Schreibers zu. Dabei werden verschiedene Aspekte der Schrift untersucht: Verhältnis von Ober- und Unterlängen, Unterbrechungen, Schriftneigung, Verhältnis der Groß- und Kleinbuchstaben, einzelne Buchstaben, Rundungen und Spitzen sowie der Eindruckscharakter der Schrift. Ebenso spielen hierbei der Schreib- und Griffdruck eine Rolle. Diese Methode wird nur noch selten verwendet, da ihre Auswertungen schwierig sind und ihre Erprobtheit relativ unsicher ist [152]. Für den Bereich der Grundschule ist diese Art der Diagnostik (nicht nur auf Grund der problematischen Aussagegültigkeit) eine Ausnahme.

---

1  Vgl. Punkt 3.3.1, S. 33f., und 3.3.2, S. 34f., des Buches
2  Vgl. Punkt »Das Gespräch«, S. 33f.

Eine weitere Kategorie der psychologisch-diagnostischen Verfahren bilden *Projektive Tests*. Das Prinzip dieser Tests wird von E. Stern folgendermaßen beschrieben: »Anregung durch bildliche Darstellung, Benutzung der gegebenen Elemente, um die ›Projektion‹ der Erlebnisse des Prüflings auf den ›Helden‹ der Geschichte zu ermöglichen« [153]. Dabei kann die Testperson eigene Erlebnisse, Konflikte, Gedanken oder Gefühle darstellen, zumeist ohne sich selbst darüber Rechenschaft abzulegen [154]. Projektive Tests stellen keine alleinige oder ausssschließliche Untersuchungsmöglichkeit dar, da sie wegen der Notwendigkeit der Interpretation nicht den strengen Anforderungen empirischer Forschung entsprechen und für Störgrößen anfällig sind [155]. Sie bieten lediglich die Möglichkeit einer zusätzlichen Diagnose[1] oder sind ein Mittel, um mit der Testperson in Kontakt zu treten. Projektive Tests sind zum Beispiel:

- *Rorschach-Test*. Er wurde von H. Rorschach entwickelt und 1922 veröffentlicht. Der Test soll Aufschluss über die Sicht der Welt durch die Testperson, über Erlebnistypus, den Sinn des Erlebten und über schöpferische und kreative Fähigkeiten der Testperson geben.[2] Er ist in der Kinder- und Schulpsychologie anwendbar, vertieft Intelligenztests und gibt ein Bild über die Gesamtpersönlichkeit des Probanden. Jedoch kann dieser Test keine klinische Untersuchung ersetzen. Er stellt lediglich ein Hilfsmittel dar.
- *Thematik Apperception Test (TAT)*. Der TAT stammt von Morgan und Murray (1935) bzw. von Murray (1943). Mit Hilfe dieses Verfahrens wird versucht, die Persönlichkeit und den Charakters der Versuchsperson zu erfassen. Des weiteren weist er auf Störungen in der Lebensgeschichte und im psychischen Bereich des Kindes hin und berücksichtigt somit das, was im Probanden vorgeht. Der Thematic Apperception Test kann ab dem 8. Lebensjahr angewendet werden.
- *Children Apperception Test (CAT) von Bellak*. Er basiert auf demselbeen ähnlichen Prinzip wie der TAT, ist jedoch speziell auf Kinder abgestimmt. Der CAT kann Ergebnisse über den »inneren Zustand« des geprüften Kindes liefern, seine Interpretation gestaltet sich allerdings oft schwirig und problematisch.
- *Der Sceno-Test*. Dieser Test wurde von G. von Staabs 1939 entwickelt und ist von der Tiefenpsychologie beeinflusst. In diesem Test geht es darum, dass das Kind mit Bausteinen, Puppen und verschiedenen Gegenständen spielend das Abbild (s)einer Lebenswelt entwirft. Aus der Art und Weise des Aufbaus des Spiels können tiefenpsychologische Ergebnisse abgeleitet werden. Der Sceno-Test eignet sich besonders für Kinder (ab 3./4. Lebensjahr), da sie durch ihr Spiel deutlicher auszudrücken vermögen, wie Umwelt und Mitmenschen erlebt werden.

---

1 Die Aussagegültigkeit solcher Testverfahren ist von den Hauptkriterien (Gültigkeit; Zuverlässigkeit; Objektivität) nicht hinreichend abgesichert. In der Hand eines erfahrenen Psychologen ergeben sie jedoch manchmal erstaunlich tiefreichende und weiterführende Aufschlüsse über ein Kind.
2 Dieser und die folgenden projektiven Tests sind entnommen aus Stern (1975).

- *Zeichentests* [156]. Die Bedeutung des Zeichnens liegt darin, dass Kinder ihre Probleme dadurch besser zum Ausdruck bringen können, als es ihnen durch die Sprache möglich wäre. Kinderzeichnungen stellen ein Zeugnis für den Entwicklungsstand des Zeichnens dar. So ist es möglich, Rückschlüsse über die psychophysische Reife zu ziehen. Ein Beispiel für einen Zeichentest stellt der Wartegg-Zeichentest (WZT) dar. Dieser Test, der von E. Wartegg entwickelt wurde, gibt nur geringe Vorgaben und lässt somit einen relativ großen kreativen Freiraum. Für seine Interpretation ist vor allem das Alter der Testperson wichtig, da jedes Alter typische Problematiken und Thematiken beinhaltet. Der WZT eignet sich besonders, um Hintergründe eines Schulversagens bei Kindern zu erforschen. Dabei sollen vor allem psychische Störungen aufgedeckt werden.
- *Der Mann-Zeichen-Test.* Er wird in der kinderpsychologischen Diagnostik unter anderem bei Fragen der Schulfähigkeit und als ergänzendes Testverfahren eingesetzt.
- *Geschichten-Erzählen projektiv (GEp)* [157]. GEp ist ein für Kinder geeignetes projektives Bilderverfahren zur Bearbeitung unterschiedlichster Fragestellungen, zum Beispiel in der (tiefenpsychischen) psychologischen oder psychiatrischen Diagnostik, bei entwicklungspsychologischen, schulpsychologischen, sozialpädagogischen und forensischen Fragestellungen.

Bei allen diesen projektiven Tests, die den Testpersonen mehrdeutige Situationen oder Bilder vorgeben, sie unvollständige Geschichten, Sätze oder Bilder ergänzen lassen, deren Ergebnisse dann interpretiert werden, muss angemerkt werden, dass sie nur ergänzend zu anderen Diagnoseverfahren verwendet werden sollten. Da projektive Tests oft von Einstellungen dem Test gegenüber oder durch dessen Kenntnis beeinflusst werden und sich unmittelbar vor der Testdurchführung zugetragene Erlebnisse [158] im Test niederschlagen können, darf schon allein deswegen die Aussagekraft nicht überschätzt oder verabsolutiert werden. Als Ergänzung zu anderen diagnostischen Verfahren wie Beobachtung und standardisierte Befragung sind projektive Tests jedoch vertretbar und in bestimmten Fällen durchaus sinnvoll.

Bei der Diagnostik von Verhaltensschwierigkeiten ist es wichtig, über die Persönlichkeit des Schülers Kenntnisse zu besitzen, mit deren Hilfe eventuell einige Ursachen vorhandener Probleme geklärt werden können. Zu diesem Zweck wurden unterschiedliche *Fragebogenverfahren* entwickelt [159], so z.B. der Kinder-Angst-Test (KAT), der von F. Thurner und U. Tewes (1969 und 1975) bearbeitet wurde. Er soll bei 9- bis 16-Jährigen die Ängstlichkeit, bzw. den Grad der Angstbereitschaft erfassen. Der *KAT* kann als eine Methode der Motivationsforschung angesehen werden und bietet bei der Aufklärung des Ursachengeflechts von Verhaltensschwierigkeiten eine Hilfe. Die Höhe des Testwerts ist als eine Größe für die Motivationsstärke der Angstabwehr auszulegen, welche Leistungen und Verhaltensweisen eines Kindes beeinflussen kann [160]. Ein weiteres Fragebogenverfahren stellen Persönlichkeits- und Problemfragebögen dar. Ein Beispiel für Persönlichkeitsfragebögen ist der »*Rosenzweig* Picture Frustration Test« (PF-Test), der die soziale Reife diagnostiziert. Bei ihm wird die Reaktionsweise auf vorgegebene Belastungssituationen erfasst. Die für Kinder konzipierte Form 1 des PF Tests, kann ab dem Alter von sechs Jahren eingesetzt werden. Um endgültige Diagnosen erstellen zu können, muss man zur weiteren Präzisierung und Abrundung auf ergänzende Verfahren zurückgreifen, welche in den Hauptgütekriterien hinreichend erprobt sind. (»Psychometrische Persönlichkeitstests« [161], der »Angstfragebogen für Schüler« (AFS) [162] oder der »Persönlichkeitsfragebogen für Kinder 9–14« (PFK 9–14) [163].

### 3.3.5 Die ärztliche Untersuchung

Die vom Arzt vorgenommene Untersuchung [164] dient der Erkennung bzw. dem Ausschluss rein körperlich oder organisch bedingter Krankheiten oder Mangelerscheinungen. Ihre Durchführung empfiehlt sich auch, wenn bei einem Kind Verhaltens- oder Lernschwierigkeiten zu beobachten sind. Sie gibt dann Aufschluss über Krankheiten oder Anomalitäten, bezieht sie als mögliche Ursache ein oder schließt sie aus. Zusätzlich kann es notwendig sein, das Kind zu genaueren Untersuchungen an einen Facharzt zu überweisen. In der Regel zielt die ärztliche Untersuchung bei Kindern vor allem auf folgende Bereiche:

- Exploration der Vorgeschichte des Kindes (früher aufgetretene Krankheiten, Verletzungen und Störungen)
- Beurteilung des körperlichen Gesamteindrucks (Gewicht, Größe, Atmung, Gebiss etc.)
- Diagnose der motorischen Entwicklung (Bewegungskoordination, Gehen, Laufen)
- Untersuchung der Herz- und Lungenfunktion, des Bauchraumes (Milz, Leber, pathologische Resistenzen)
- Zustand und Entwicklungsstand der Geschlechtsorgane
- Untersuchen des Skelettsystems (Wirbelsäule, Gelenke, Anzeichen für Rachitis, Anomalitäten der Fuß- und Handknochen, etc.)
- Befund über das Nervensystem (Sehnenreflexe, vegetatives Nervensystem, psychosomatische Störungen)
- Befund der Sinnesorgane, besonders der Augen und Ohren
- Urinbefund (Zucker, Eiweiß, Sedimente etc.)

### 3.3.6 Die schulische Untersuchung

Die schulische Untersuchung [165] dient primär der Leistungsmessung aus rein *diagnostischen Gründen*. Sie ist somit abzusetzen von schulischer Leistungskontrolle, die auf den Unterricht bezogen ist. Diagnostische Fähigkeits- und Leistungsmessung dient zur Erfassung der Persönlichkeitsstruktur eines Kindes und zur Informationsfindung, auf Grund welcher Hilfeleistungen pädagogischer und psychologischer Art eingeleitet und durchgeführt werden. Zu den diagnostischen Verfahren dieser Art zählen Schulfähigkeitstests, Intelligenz- und Begabungstests, Tests zur Konzentrationsfähigkeit und Gedächtnisleistung sowie Schulleistungstests.

## Tests zur Schulfähigkeit

Mit Schulfähigkeit wird der körperliche, geistige und soziale Entwicklungsstand eines Kindes bezeichnet, der es befähigt, den schulischen Erstanforderungen zu genügen [166]. Die körperliche Schulfähigkeit eines Kindes wird durch eine medizinische Anamnese und gegebenenfalls durch eine schulärztliche Untersuchung ermittelt [167]. Dabei müssen bestimmte körperliche Voraussetzungen wie z. B. Größe und Gewicht erfüllt sein. Eine Befragung der Eltern, die sich auf die Fähigkeit zur sozialen Eingliederung des Kindes bezieht, gibt Aufschluß über die soziale Schulfähigkeit. Ergänzt wird diese Befragung durch die Durchführung von Tests, welche auch die kognitive und motorische Schulfähigkeit des Kindes feststellen [168]. Schulfähigkeitstests überprüfen zum Beispiel »Intelligenz, Differenzierungsfähigkeit, Beobachtung von Teilinhalten, Konzentrationsfähigkeit, Arbeitsbereitschaft, Koordination von Auge und Feinmotorik, Erfassen von Mengen, Zahlen, Verständnis der mündlich gegebenen Instruktion sowie Bereitschaft zur Einordnung in die Gruppe« [169]. Beispiele für solche Tests sind »Duisburger Vorschul- und Einschulungstest (DVET)« [170], der »Kreativitätstest für Vorschul- und Schulkinder (KVS-P)« [171], das »Mannheimer Schuleingangsdiagnostikum (MSD)« [172] und die »Weilburger Testaufgaben für Schulanfänger (WTA)« [173]. Neben speziellen Tests zur Feststellung der Schulfähigkeit können dafür auch Entwicklungstestverfahren verwendet werden. Diese diagnostizieren die Entwicklungsstufe eines Kindes. Auch werden spezielle psychische Bereiche geprüft, wie z. B. in der Staffelmethode von Binet-Simon [174]. Da Schulreifetests/Schulfähigkeitstests nur einen geringen prognostischen Wert für die Schullaufbahn eines Kindes haben,[1] sollten sie nur diagnostisch verwendet werden, d. h. Ansatzpunkte bei der Erkennung von Stärken und Mängeln des einzelnen Schülers bilden [175].

## Intelligenz- und Begabungstests [176]

Intelligenztests stellen wissenschaftliche Verfahren dar, die man zur Messung interindividueller Unterschiede auf dem Gebiet menschlicher Intelligenz verwendet. Dabei werden zumeist allgemeine Intelligenz und spezielle Begabungen und Fähigkeiten gemessen [177]. Die dabei verwendete Maßeinheit, der Intelligenzquotient (IQ), erlaubt, Abweichungen der gemessenen Intelligenz von einem Durchschnitts-

---

[1] Vgl. hierzu die Untersuchungen von Garlichs (1975) und Katzenberger (1982).

wert festzustellen. Somit kann eine quantitative Schätzung der individuellen Intelligenz in Bezug auf die der Altersgenossen stattfinden. Für die Schule sind z.B. folgende Intelligenz- und Begabungstests möglich: »Analytischer Intelligenztest«, »GoodenoughHarris-Drawing-Test«, »Bühler-Hetzer-Kleinkindertest«, »Gesell Development Schedules«, »Binet-Simon-Kramer Intelligenztest«, »Stanfort-Binet Intelligenz-Test«, »Der Kramer-Test«, die »Heidelberger Intelligenztests« für 1. bis 4. Klassen, »Testbatterie für geistig behinderte Kinder«, »Bildertest« (für 1. bis 3. Klassen), »Prüfsystem für die Schul- und Bildungsberatung« sowie die »Raven-Matrizentests«. Intelligenztests können im Rahmen der pädagogischen Diagnostik durchaus als wertvolle Hilfsmittel angesehen werden. Um sichere diagnostische Aussagen zu erhalten, bedürfen sie jedoch einer Ergänzung durch Anamnesen, langfristige Beobachtungen und andere Verfahren [178]. Exemplarisch seien folgende Verfahren aufgezeigt:

- *Hamburg-Wechsler-Intelligenztests für Kinder III (HAWIK-III).* Der Hamburg-Wechsler-Intelligenztest (HAWIK) von Wechsler wurde 1966 speziell für die diagnostische Einzelfalluntersuchung von Kindern entwickelt und kann ab dem 6. Lebensjahr durchgeführt werden. Er ist in spezifische Untertests gegliedert (Bildergänzen; Allgemeines Wissen; Zahlen-Symbol-Test; Gemeinsamkeiten finden; Bilder ordnen; Rechnerisches Denken; Mosaik-Test; Wortschatz-Test; Figuren legen; Allgemeines Verständnis; Symbol-Test; Zahlen nachsprechen und Labyrinthe). Der Test überprüft die praktische, die verbale und die allgemeine Intelligenz im Sinne des Globalkonzepts von Wechsler. Das Testergebnis des HAWIK ist der Gesamt-IQ. Mit Hilfe diagnostischer Ergebnisse innerhalb der Subtests können auch einzelne vorhandene Schwächen bzw. Stärken beim Kind erkannt werden.
- *Kaufmann Assessment Battery for Children (K-ABC)* [179]. Die K-ABC überprüft als Individualtest die Intelligenz und das Niveau der Fertigkeiten von Kindern im Alter von 2;6 bis 12;5 Jahren. Sie eignet sich sowohl für allgemeine psychologische Leistungsprüfungen wie auch zur Überprüfung von Förderungsmaßnahmen und zur Leistungsmessung bei Kindern aus Minderheitengruppen.
- *Prüfsystem für die Schul- und Bildungsberatung (PSB)* [180]. Das PSB ist ein Verfahren zur Intelligenzdiagnostik, bei dem Intelligenzleistung unter Zeitdruck erbracht werden soll. Berücksichtigt ist dabei die Ähnlichkeit zu schulischen Anforderungen. Dem Test sind Vergleichstabellen für die Altersstufen 9 bis 21 Jahre zugeordnet. Das Verfahren ermöglicht Aufschlüsse darüber, ob das Kind seine intellektuelle Leistungsfähigkeit ausgeschöpft hat. Zugleich ermöglicht es, Begabungsschwerpunkte im sprachlichen oder technischen Bereich herauszufinden.
- *Standard Progressive Matrices (SPM)* [181]. Mit den SPM sollen intellektuelle Leistungen erfasst werden. In Absetzung vom PSB handelt es sich um ein sprachfreies Verfahren.[1] Da die SPM Zeitdruck nicht einschließen, die

---

1 Der Testautor Raven (1979) intendiert mit diesem Verfahren eine Erfassung »intellektueller Kapazität« weitgehend unabhängig von kulturellen Einflüssen.

jeweiligen Testaufgaben schulischen Anforderungen weniger gleichen wie z.B. beim PSB, und die Korrelation einiger Subtests zu solchen vom PSB relativ hoch ist, wird eine Kombination beider Verfahren empfohlen. Die SMP können ohne Zeitbegrenzung als Einzel- oder Gruppentest verwendet werden [182].
- *Snijders-Oomen Non-verbaler Intelligenztest (S.O.N.-R $5^1/_2$-17)* [183]. Beim S.O.N.-R $5^1/_2$-17 handelt es sich um einen Intelligenztest für Kinder. Bei seiner Durchführung ist die Verwendung gesprochener Sprache nicht nötig. Daher eignet er sich vor allem für fremdsprachige und sprachkommunikativ behinderte Kinder.

Konzentrationstests

Eine weitere Möglichkeit der schulischen Untersuchung stellen Konzentrationstests dar. Ein Beispiel ist der Pauli Test [184] (R. Pauli 1936; 1970), der ab dem 7. Lebensjahr durchgeführt werden kann. Dieser Test prüft die psychische Antriebskraft, die Ausdauer und den Leistungsverlauf eines Kindes. Die Konzentrationsfähigkeit wird dabei durch möglichst schnelles Addieren von Zahlen getestet. Daneben deckt der Pauli-Test Zusammenhänge zwischen Affekt- und Leistungsdynamik auf. Um die Erfassung von Konzentrationsleistungen über kurze Zeiträume bei Routineaufgaben geht es beim »Aufmerksamkeits-Belastungs-Test« von R. Brickenkamp [185]. Dieser Konzentrationstest kann mit Kindern ab dem 9. Lebensjahr durchgeführt werden.[1] Weitere spezielle Konzentrationstests [186] für den Vor- und Grundschulbereich sind der »Differentielle Leistungstest-KE« (DL-KE), der für die Eingangsstufe der Grundschule konzipiert wurde, der »Differentielle Leistungstest-KG« (DL-KG) für den gesamten Grundschulbereich, die »Frankfurter Tests für Fünfjährige – Konzentration« (FTF-K) und der »Konzentrationstest für das erste Schuljahr« (KT1) [187].

Gedächtnistests

Gedächtnistests überprüfen die Teilaspekte des Gedächtnisses. Dies kann z.B. durch eine Nacherzählung oder durch spezielle Tests, wie z.B. den »Wechsler Memory Scale« (Wechsler Gedächtnis-Test WGT) geschehen. Er zielt darauf ab, die allgemeine Gedächtnisleistung zu erfassen, wobei überwiegend das Kurzzeitgedächtnis geprüft wird. Die Reproduktion der Gedächtnisinhalte erfolgt daher bei diesem Test sofort oder kurz nach der Darbietung [188]. Der »Lern- und Gedächtnistest (LGT 3)« von Bäumler (1974) dient zur Prüfung des mittelfristigen Gedächtnisses, zwei

---

1 Mit der »Normbereichsdifferenzierungsmethode« hat Leitner (1995) ein erweitertes Auswertungsverfahren entwickelt, das die Aussagegültigkeit der Gesamttestwerte gewährleistet.

andere Gedächtnistests, der »Benton-Test« (Benton 1955) [189] und das »Diagnosticum für Cerebralschädigung (DCS)« von Weidlich und Lamberti (1980) können auch Hinweise auf eine hirnorganische Erkrankung liefern [190].

## Schulleistungstests

Schulleistungstests stellen standardisierte Messverfahren dar, welche Kenntnisstand, Fertigkeiten und Fähigkeiten der Schüler ermitteln, welche diese sich durch schulisch organisierte Lernprozesse angeeignet haben sollen [191]. Schulleistungstests können das erwartete Leistungsvermögen in einem bestimmten Fach (besonderer Schulleistungstest) oder als allgemeiner Schulleistungstest das gesamte, eine bestimmte Schulstufe betreffende Leistungsvermögen, prüfen. Zu diesen Tests zählen für die Grundschule z.B. der »Allgemeine Schulleistungstest für die 2. Klasse (AST 2)«, der (ebenso wie »AST 3« und »AST 4«) die Schulleistung umfassend überprüfen will. Der »AST 4« ist gleichzeitig so aufgebaut, dass eine Verwendung als Übergangstest möglich ist. Beim »Göppinger Leistungstest« werden die Mindestkenntnisse am Ende des Schuljahres geprüft. Von ihm gibt es jeweils eine Ausführung für jede Grundschulklasse [192]. *Die besonderen Schulleistungstests* überprüfen Leistungen innerhalb bestimmter Fächer [193]. Zu ihnen zählen Rechtschreibtests (z.B. »Diagnostischer Rechtschreibtest« von R. Müller 1966), Lesetests (z.B. »Zürcher Lesetest« von M. Linder und H. Grissemann), Rechenleistungstests (z.B. »Diagnostischer Rechentest für die 3. Klasse »DRE 3«), Wortschatztests (z.B. WSS 1: »Wortschatztest für Schulanfänger« bzw. für die 1. und 2. Klasse Grundschule), Tests zur Messung der Musikalität [194] (z.B. »Seashore-Test für musikalische Begabung«) und spezielle Tests zum Sachunterricht.

Wie alle anderen Tests bergen manche Schulleistungstests trotz ihrer durch Standardisierung gewährten hohen Zuverlässigkeit und Gültigkeit möglicherweise immer auch Fehlerquellen in sich (z.B. fehlende Berücksichtigung individuellen Arbeitstempos) und sollten in ihrem Aussagewert nicht überschätzt werden [195].

# 4. Therapie und Hilfeleistung

Therapeutische Praxis und die sich damit befassende medizinische, psychologische und pädagogische Literatur kennen ein vielgestaltiges Spektrum der Hilfeleistung in der Behandlung verhaltensschwieriger Kinder. Fundierende Theorien aus der Lernpsychologie, der Tiefenpsychologie, des pädagogischen Teamworks markieren dieses Spektrum ebenso wie speziell konzipierte und erprobte Verfahren der Einzel- wie Gruppentherapie. Es würde Sinn und Aufgabe des vorliegenden Buches übersteigen, eine übergreifende und dabei ausführliche Darstellung aller auffindbaren therapeutischen Verfahren zu geben.[1] Statt dessen werden im Folgenden exemplarisch ausgewählte Ansätze aufgezeigt, die grundlegend bzw. übergreifend bei der Behandlung vieler Verhaltensschwierigkeiten angewendet werden können. Für den in der Schule tätigen Pädagogen ist es wichtig, solche Möglichkeiten zumindest zu kennen, um innerhalb seiner beruflichen Handlungsfelder der Erziehung und Beratung von einem solchen Wissen Gebrauch machen zu können. Je nach pädagogisch-psychologischer Qualifikation kann er selbst möglicherweise punktuell darauf zurückgreifen, bzw. Elemente einzelner Verfahren in seine Erziehungsansätze integrieren. Immer aber wird er in Beratungssituationen (z.B. in der Aussprache mit den Eltern eines Kindes) auf therapeutische Ansätze verweisen können, die innerhalb der privaten Praxis eines Fachmannes (Kinderarzt; Psychotherapeut; Psychologe) oder in Kooperation mit ihm zur Hilfeleistung für ein betroffenes Kind anzusetzen wären. Der folgende Überblick geht also auf Therapiemaßnahmen ein, die vorwiegend im außerschulischen Bereich anzusiedeln sind und übergreifend-grundlegende Funktion haben. Im Interesse eines gezielteren und spezifisch an einer bestimmten Lernschwierigkeit orientierten pädagogischen Hilfeansatzes müssen die entsprechenden Verweise bei der Betrachtung der je typischen Einzelschwierigkeit berücksichtigt werden, wenn konkrete Hilfen pädagogischer wie schulpädagogischer Art im Vordergrund des Interesses stehen.

Therapie und Hilfeleistung bei verhaltensschwierigen Kindern sind von verschiedenen Ansätzen her denkbar. Besonders erwähnt sei der pädagogisch-therapeutische Ansatz, ein integratives Konzept, innerhalb dessen das Erzieherverhalten, das Lebens- und Lernfeld sowie bestimmte pädagogisch-therapeutische Verfahren besonders wichtig sind. Die Basis pädagogisch-therapeutischer Verfahren bilden helfende Einwirkungsmöglichkeiten des Menschen auf andere Menschen bzw. auf sich selbst [196]. Da gibt es zunächst verhaltenstherapeutische Maßnahmen auf der

---

1 Auf die vorhandene Fachliteratur wird verwiesen.

Grundlage von Lerntheorien. Einen breiten Raum nehmen die Einzel- und Gruppentherapieverfahren, wie z. B. Spieltherapie, Gestaltungstherapie, Musiktherapie und Bewegungs- und Sporttherapie ein. Zunehmendes Interesse findet heute das autogene Training. Myschker ergänzt die bereits erwähnten Einwirkungsmöglichkeiten pädagogisch-therapeutischer Verfahren durch Gespräch und verbale Zuwendung [197].

Es gibt berechtigte Vorbehalte gegenüber einer allzu vorschnellen und den sozialpsychologischen wie pädagogischen Aspekt ausklammernden medikamentösen Behandlung von Verhaltensschwierigkeiten. In bestimmten Fällen (vor allem auch im Hinblick auf die Berücksichtigung somatogener Ursachen mancher verhaltensspezifischer Beschwerden eines Kindes) kann und darf jedoch auf die therapierende und andere therapeutische Ansätze unterstützende Behandlung mit bewährten Medikamenten nicht verzichtet werden. Dem Schulpädagogen und allen für Schule verantwortlich zeichnenden Personen ist schließlich der Verweis auf schulorganisatorische Maßnahmen zugedacht, mit deren kindzentrierter Handhabung oftmals entscheidend, zumindest helfend-unterstützend, Verhaltens- und Lernnöte von Schulkindern beeinflusst werden können.

## 4.1 Verhaltenstherapeutische Maßnahmen auf der Grundlage der Lerntheorien

Der von Eysenck [198] eingeführte Begriff »Verhaltenstherapie« steht für die Gesamtheit all jener therapeutischen Verfahren, die auf eine Änderung gegenwärtigen Verhaltens, nicht aber auf das Aufdecken psychischer Konflikte ausgerichtet sind. [199] Dabei wird das medizinische Modell, das Verhaltensschwierigkeiten vor allem auf organische Störungen zurückführt, überwiegend abgelehnt. Statt dessen wird die Umweltabhängigkeit eines jeweiligen Symptomverhaltens betont und das Vorgehen an einem methodologischen Behaviorismus ausgerichtet [200]. Die Analyse des Symptom- oder Problemverhaltens erfolgt in Abhängigkeit von vorwiegend betroffenen Bereichen. Von daher ergibt sich die Entscheidung für eine bestimmte verhaltenstherapeutische Technik. Angriffspunkt der Verhaltenstherapie stellt die Kontrolle oder *Modifikation* unabhängiger Variablen durch Verlernen, Neulernen oder Umlernen[1] dar, die mit Hilfe der Lerntheorien, besonders des *klassischen* oder *operanten Konditionierens*, erreicht werden soll [201]. Durch Methoden der klassischen Konditionierung werden zum Beispiel Schulangst oder soziale Unsicherheiten abgebaut, während Defizite im Verhaltensbereich eines Schülers oder Lehrers durch operantes Konditionieren ausgeglichen werden [202]. Lerntheoretische Grundsätze werden ferner dazu verwendet, »in der Klasse störendes Verhalten

---

1 Die Grundannahme Banduras (1979) besteht darin, dass er abweichendes Verhalten ebenso für erlernt hält wie Normalverhalten. Deshalb ist die Möglichkeit gegeben, es wieder zu verlernen bzw. zu löschen und parallel dazu das erwünschte Verhalten aufzubauen.

durch Verstärkerentzug oder durch negative Konsequenzen abzubauen« [203] und »interaktionsförderndes Verhalten in der Klasse durch Präsentation von Modellen« [204] weiterzuentwickeln.

Der Verhaltensmodifikation kommen als Aufgaben grundsätzlich Aufrechterhaltung und Aufbau von Verhalten sowie Reduktion bzw. Beseitigung von Verhalten zu. Diese Aufgaben greifen häufig ineinander über, da beim Abbau eines Verhaltens gleichzeitig ein Alternativverhalten aufgebaut und gelernt werden muß, »um positive Verstärkung zu erlangen oder persönlich unangenehme Situationen zu vermeiden« [205]. Der Verhaltensmodifikation dienen dazu verschiedene Techniken.

### 4.1.1 Der Verhaltensaufbau

Um ein erwünschtes Verhalten aufzubauen, kann mit sogenannten *positiven Verstärkern* gearbeitet werden. Damit werden Ereignisse oder Maßnahmen bezeichnet, welche die Auftretenswahrscheinlichkeit eines Verhaltens erhöhen. Verstärker dieser Art können materieller[1] und sozialer oder symbolischer Art (z.B. Lob; Anerkennung; Lächeln) sein. Neben den von der Umwelt angewendeten externen Verstärkern gibt es auch interne (z.B. Selbstbestätigung). Bei der Vergabe von Verstärkern muß darauf geachtet werden, dass diese »motivationsadäquat« (Edelmann) sind und beim Kind kein Sättigungszustand eintritt. Um einem solchen Deprivationszustand vorzubeugen, ist es ratsam, Verstärkung *intermittierend* zu verwenden [206]. Der Erfolg einer Verstärkung ist auch davon abhängig, dass Verstärker unmittelbar und planmäßig eingesetzt werden, d.h. dass eine *Kontinguität* zwischen erwünschtem Verhalten und Verstärkung besteht.

Ehe das Verhalten verstärkt werden kann, muss es veranlasst werden [207]. Edelmann bezeichnet diese Phase als »Anregung des zu lernenden Verhaltens«. Die *Verhaltensformung* (shaping) basiert auf dem Prinzip einer Aufteilung komplexer Handlungen in verstärkbare Teilkomponenten [208]. Dabei werden zur Formung eines Verhaltens bereits Verhaltensweisen belohnt, die zu ihm hinführen. In der Phase der »Etablierung« wird möglichst sofort und möglichst oft verstärkt, während in der darauffolgenden Phase der »Formung, Differenzierung und Perfektionierung« (Edelmann) das Verhalten durch differentielle Verstärkung allmählich in Richtung Endverhalten geformt wird, »bis es am Ende in einer spezifischen Situation perfekt ausgeführt werden kann« [209]. Die Verstärkungspläne der Trainingsphase müssen dann sukzessiv ausgeblendet werden, bis sich die Verhaltensweise stabilisiert, d.h. selbst verstärkende Wirkung übernommen hat [210].

---

1 Siehe hierzu die Ausführungen über das »Token-System«, S. 48f.

### 4.1.2 Der Verhaltensabbau

Bei den verhaltensmodifikatorischen Techniken zum Abbau unerwünschter Verhaltensweisen geht es hauptsächlich um Maßnahmen der *Bestrafung*[1] und der *Extinktion*[2]. Bei beiden wird das Verlernen durch die *Verstärkung inkompatibler Verhaltensweisen* unterstützt [211]. Dabei wird ein Verhalten verstärkt, das mit dem unerwünschten unvereinbar ist und somit die Auftretenswahrscheinlichkeit eben dieses Fehlverhaltens verringert bzw. es langsam löscht [212]. Die Auftretenswahrscheinlichkeit eines bestimmten Verhaltens kann auch durch einen *Verstärkerentzug* (response cost) reduziert werden. In diesem Fall versucht man, dem Schüler bei unerwünschten Verhaltensweisen vorher verdiente Verstärker (vor allem Tokens) zu entziehen. Dieses Verfahren sollte jedoch nur bei schweren Verfehlungen angewendet werden [213]. »*Time-out*« stellt ein weiteres, wohl nicht unumstrittenes Verfahren zum Verhaltensabbau dar. Hier wird beim Auftreten unangemessenen Verhaltens sofort kurzzeitig[3] räumlich isoliert, indem das Kind beispielsweise vor die Tür geschickt wird. Dabei wird als wichtig empfohlen, während der Durchführung nicht mit dem Kind zu sprechen, es einfach am Arm zu nehmen und wegzuführen [214]. Auf dem Prinzip der Gegenkonditionierung basieren die Methoden der *Desensibilisierung*, bei denen sich zum Beispiel ein Patient mit hierarchisch angeordneten Angstreizen auseinandersetzen muss. Dabei ist eine gegensätzlich wirkende Reaktion zu finden, welche die Angstreaktion hemmen soll [215].

### 4.1.3 Token-System und Kontingenzverträge

Token-System[4] und Kontingenzverträge stellen zwei größere Einheiten innerhalb der Verhaltensmodifikation dar. Sie wenden verschiedene Lernprinzipien und Techniken an und werden als Programme oder Systeme bezeichnet. Das *Token-System* gilt als Motivationssystem, bei dem Schüler für das Ausführen vorher festgelegter Verhaltensweisen sogenannte *Tokens* erwerben. Diese Tokens können verschiedene

---

1 Nach den Prinzipien der pädagogischen Verhaltensmodifikation ist die *Bestrafung* zur Behandlung von Verhaltensstörungen nur wenig sinnvoll, weil auf diese Weise das Störverhalten nur kurzzeitig und situationsbezogen unterdrückt wird und in keinem Fall ein der betreffenden Situation angemessenes Verhalten aufgebaut werden kann (Goetze/Neukäter 1991).
2 Mit *Extinktion* wird die Auslöschung von erworbenen Verhaltensformen im Sinne eines Verlernens oder Vergessens bezeichnet. Dies geschieht, wenn eine bisher gewohnte Verstärkung nach bestimmten Verhaltensweisen seltener oder nicht mehr stattfindet (Köck/Ott 1994). Nach Liebel (1992) sollte die Löschung nur bei instrumentellem Verhalten, d.h. bei Verhalten, das allein aus einem bestimmten Grund (z.B. Erlangen von Aufmerksamkeit) benutzt wird, geschehen.
3 Liebel (1992) weist ausdrücklich daraufhin, dass längeres Ein- bzw. Aussperren sachlich und moralisch bedenklich ist und eine völlig andere Wirkung als das *Time-out* haben kann.
4 Auch als *Münzverstärkung* bezeichnet. Ein Beispiel hierzu findet sich in Lauth/Schlottke (1993).

kleine Objekte wie Chips, Gutscheine, Münzen oder auch Punkte sein, die gegen verschiedene andere (vorher festgelegte Objekte oder Tätigkeiten, die der Schüler gerne hat) eingetauscht werden. Dabei bestimmt das Kind selbst, wofür es seine Tokens verwenden will. Vor dem Einführen eines Token-Programms muß das in Zukunft verstärkte Verhalten genau definiert [216], die Regeln, wie Tokens erworben werden können, festgelegt und die Eintauschverstärker vorgestellt werden. Bei Kindern beliebt ist besonders die schriftliche Vereinbarung eines Vertrages, der Lehrer und Schüler klar informiert, d.h. die Kriterien für Tokens genau festlegt. Dadurch hat das Kind die Möglichkeit, selbst eine Strichliste zu führen, um diese mit der des Lehrers zu vergleichen. So gewinnt es Kontrolle über sein Verhalten und lernt sich selbst einzuschätzen [217]. Für den Erfolg dieses Programmes ist es bedeutsam, dass es öfter zu einem »fading« (einer Ausblendung der Verstärker) kommt, und dass Eintauschverstärker und Tokens mit sozialen Verstärkern gekoppelt werden. Vorteilhaft an diesem Verfahren ist die Ausdehnung der Zeitspanne zwischen Belohnung und erwünschter Verhaltensweise[1] [218] sowie das Ausblenden von Sättigungseffekten, da es »eine Vielzahl möglicher Eintauschverstärker gibt, die mit den Bedürfnissen der Kinder variieren können« [219]. Token-Systeme bergen die Gefahr in sich, Kinder innerhalb ihrer Sozialgemeinschaft unmündiger zu machen [220]. Außerdem wird »die Reflexion des eigenen Verhaltens und damit die sprachliche Kommunikation und kognitive Auseinandersetzung unter den Modifikationspartnern« [221] unterbunden. Soziale Verstärker, wie Lob und Anerkennung, sind deshalb materiellen Verstärkerökonomien in jedem Fall vorzuziehen. Letztere sind »pädagogisch nur eine Art ›letzte Rettung‹« [222].

*Kontingenzverträge* stellen ebenfalls konkrete Abmachungen zwischen einem oder mehreren Schülern und dem Lehrer dar und sind besonders hilfreich, wenn deren Beziehung gestört ist [223]. Sie legen die Folgen beim Auftreten bestimmter Verhaltensweisen (meist schriftlich) fest, sollten positive Konsequenzen fixieren [224] und neue Verhandlungen nicht ausschließen [225]. Dabei entsteht auch eine Einigung über die Beurteilungskriterien für den Erfolg einer Handlung sowie über den Einsatz bzw. Entzug von Verstärkern [226]. Wichtige Vorbedingungen für den Erfolg eines Kontingenzvertrages sind Verhaltensbeobachtungen, welche dazu dienen, die Voraussetzungen bei den Schülern kennenzulernen. Der Vertrag sollte genau formuliert sein und systematisch durchgeführt werden. Belohnungen oder Strafen müssen unmittelbar und häufig in kleinen Beträgen gegeben werden. Ziel eines Kontingenzvertrages ist die Selbstkontrolle des Schülers [227].

---

1 Nach Eggers/Lempp/Nissen/Strunk (1994) kann dadurch eine bessere Frustrationstoleranz erreicht, die gewünschte Verhaltensänderung verfestigt und strukturiert sowie ein Zuwachs an Autonomie verzeichnet werden.

## 4.2 Einzel- und Gruppentherapieverfahren

### 4.2.1 Spieltherapie

Spieltherapie ist eine Form methodischer psychotherapeutischer Beeinflussung, die der psychischen Eigenart des Kindes angepasst ist.[1] Ziel der Spieltherapie, die sich für Kinder im Alter von 2 bis 12 Jahren eignet, ist eine psychische Wachstumsförderung im Sinne zunehmender Selbstverwirklichung, sowie eine Verbesserung des Problemlösungsverhaltens [228]. Angewandt wird sie vor allem bei Verhaltensnöten, die ihren Ursprung in einer nicht ausreichenden oder unangemessenen Verarbeitung belastender seelischer Erlebnisse haben [229]. Die Spieltherapie eignet sich allerdings nicht zur Behandlung jeder psychischen Schwierigkeit. Am erfolgreichsten ist sie bei ängstlichen und sozial gehemmten Verhaltensweisen.[2] Ebenso erweist sich diese Therapieform als geeignetes Behandlungsverfahren zur Kompensation von Entwicklungsverzögerungen, zur Verbesserung der allgemeinen Lern- und Leistungsfähigkeit bei sozialen, emotionalen und intellektuellen Retardierungen[3], sowie zur Verringerung bzw. zum Abbau von Verhaltensproblemen im sozialen und emotionalen Bereich. Besonders gefördert wird dabei die Fähigkeit zu selbstbewusstem und selbständigem Handeln [230].

In der Spieltherapie wird das Spiel als »elementares Bedürfnis« des Kindes zur Umweltbemächtigung und Lebenserfüllung [231] diagnostisch, therapeutisch und pädagogisch genutzt. Die Spielgeschehnisse werden als Ausdruck tiefliegender psychischer Prozesse gewertet. Das Kind kann im Spiel seine im Alltag als belastend erlebten Gefühle und Konflikte auf einer symbolischen Ebene darstellen und durcharbeiten. Dies kann einen Spannungsausgleich und eine Heilung der psychischen Verletzungen bewirken [232]. Im Spiel (Situation mit relativ hoher Entlastung) können Konflikte, Probleme und Spannungszustände selbstbestimmt bewältigt werden [233]. Nach Schmidtchen [234] hat das Spiel zwei Funktionen: Es ist einerseits ein »Mittel der Informationübertragung und Erlebnisgestaltung« zwischen Kind und Therapeut, d.h. die Spielhandlung dient der Mitteilung wichtiger Erlebnisse, Gedanken, Phantasien etc. Andererseits ist das Spiel auch ein »Mittel der Selbstkommunikation des Klienten«, d.h. die Spielhandlung dient dem Kind zur Verarbeitung unangenehmer Erfahrungen in einer heilungsfördernden Weise und zum Finden realistischer Anpassungsformen an die Außen- und Innenweltanforderungen. Das freie Spielen des Kindes wird durch ein dem Alter angemessenes Spiel-

---

1 Spieltherapie ist eine kindgemäße Therapieform durch die Betonung des Spiels, der Schwerpunktsetzung auf Gefühle und Motive und der großen Bedeutung von Spaß und Freude (Schmidtchen 1986).
2 Spieltherapie bewirkt eine Vergrößerung der emotionalen Stabilität und der Anzahl positiver Äußerungen über sich selbst, eine verbesserte Kontaktfähigkeit bei gehemmten Kindern, sowie eine Abnahme von Angst (Schmidtchen 1986).
3 Die schulische Leistungsfähigkeit kann mit Spieltherapie allein allerdings nicht verbessert werden; spezielle Leistungstrainings sind erforderlich.

material angeregt. Der Therapeut sollte dabei das Kind nur minimal lenken und in seinem Verhalten drei wichtige Faktoren berücksichtigen: »Wertschätzung des Kindes, Zuneigung und gefühlsmäßige Wärme« [235].

Eine eigenständige spieltherapeutische Methode wurde zunächst von Anna Freud, Melanie Klein und Hans Zulliger entworfen. In Anlehnung an Rogers[1] erfuhr die Spieltherapie durch Virginia Axline eine methodische Weiterentwicklung. In der *direktiven Spieltherapie* übernimmt der Therapeut die Verantwortung für die Lenkung und Deutung, er schafft und strukturiert die Spielsituation, wobei er versucht, die unbewussten Prozesse des Kindes hervorzurufen. Das Kind wird also in eine Richtung gelenkt, die als günstig angesehen wird [236]. Die *nicht-direktive Spieltherapie* nach Axline[2] dagegen geht vor allem klientenzentriert vor und vermeidet Verhaltensanweisungen durch den Therapeuten. Die Verantwortung und Richtungsgebung liegt somit beim Kind selbst. Die Freiheit und Eigenverantwortlichkeit der Spielwahl, Spielgestaltung und Spannungsregulation soll heilungsfördernd wirken [237]. Es erfolgt keine diagnostische Voruntersuchung des Kindes. Es wird so angenommen, wie es ist. Auch seine Symptomatik wird nicht beachtet. Ebenso entfallen die Berücksichtigung von Geschehnissen aus der Vergangenheit sowie Deutungsversuche. Dem Kind, das in die Therapiestunde kommt, wird ein großes Sortiment von Spielsachen angeboten. Dabei wird es ihm freigestellt, sich damit zu beschäftigen. Der Therapeut überlässt die Entscheidung also allein dem Kind. Dieses Gewährenlassen des Kindes in konsequenter Anwendung ist konstitutives Prinzip der nicht-direktiven Spieltherapie. Die damit geschaffene Situation soll das Kind zu einer freien Spieldarstellung und zur Kontaktaufnahme mit dem Therapeuten veranlassen, so dass es bedrängende Erfahrungen und Erlebnisse mitteilt [238].

Dührssen unterscheidet bei der Spieltherapie verschiedene Arten von Spielen. [239] Dazu zählen *Beschäftigungsspiele mit konstruktivem Charakter* (Gestalten am Material, z.B. mit Lego- oder Bausteinen), *spielerische Gestaltung nach Erlebnisinhalten* (z.B. durch Psychodrama; Scenotest; Kasperlespiele; Malen; Zeichnen) und *Gemeinschaftsspiele*, welche die soziale Integration fördern (z.B. Ballspiele; Gesellschaftsspiele; Brettspiele; Beweglichkeitsspiele). Sie betont, dass sich jedes Spiel zur Entfaltung der kindlichen Erlebniswelt eignen kann. Immer aber ist eine spielerische oder zurückhaltende Beteiligung des Therapeuten wichtig, so etwa durch ein eingeflochtenes Gespräch, durch Nuancen in Tonfall, Blick oder Mimik [240].

Eine Spieltherapie, die auch im Rahmen der Schule durchgeführt werden kann, ist die *reine Spieltechnik* von Zulliger [241]. Er stieß bei Gesprächen mit Schülern außerhalb der Unterrichtszeiten auf das »produktive Kinderspiel«, das auf der eigenen Erfindung und Ausgestaltung durch das Kind beruht. Wenn der Lehrer eine Rolle in diesem Spiel übernimmt, bietet ihm dies die Möglichkeit eines raschen Eindringens in Konflikte des Kindes. Eine Deutung dieses Spieles stellt dabei keine Not-

---

1 Rogers geht von einer angeborenen Selbst-Verwirklichungstendenz im Menschen aus, die, wenn günstige äußere Bedingungen gegeben sind, für die Weiterentwicklung und Reifung der Persönlichkeit sorgt (Flosdorf 1997).
2 Vgl. im Folgenden Axline 1969, Bd. 1, S. 185–192.

wendigkeit dar. Heilung ist nämlich bereits dann möglich, wenn der Leiter des Spieles um Bedingungen im Unbewussten des Kindes weiß und Klarheit gewonnen hat, weshalb sich bestimmte Symptome zeigen. Diese Einsicht des Helfers in die tieferen Zusammenhänge führt zum Vorschlag eines Spieles, das dem Kind zur Überwindung seiner Schwierigkeiten verhilft [242].

Die Spieltherapie ist heute zu einem vielseitigen Instrument geworden, da der Therapeut durch eine bewusste Steuerung seines eigenen Verhaltens Lernbedingungen und Reizsituationen für angemessenes bzw. erwünschtes Verhalten des Kindes schafft und dabei sich an bestimmten Therapiezielen orientiert [243]. Diese Therapieform schließt immer die Eltern als Bündnispartner und eventuell auch als Verständnishilfe mit ein, um alle symbolischen Handlungen des Kindes auch deuten zu können. Familiengespräche stellen deshalb einen wichtigen ergänzenden Bestandteil der Spieltherapie dar [244]. Spieltherapeutische Prinzipien haben in jüngerer Zeit vermehrt auch Eingang in andere Medien gefunden (z.B. Sport; Werken) und sich dort ebenso bewährt [245].

### 4.2.2 Gestaltungstherapie

Die Gestaltungstherapie stellt ein therapeutisches Verfahren »mittels ästhetischer Materialien« [246] dar. Der Begriff der »Gestaltung« bezeichnet somit sehr deutlich den Inhalt des therapeutischen Vorgehens, denn »seelisches Erleben nimmt sichtbar eine ›Gestalt‹ an« [247] (z.B. als Strich auf weißem Papier, als farbige Ausführung ungegenständlicher Formen oder als plastische Gestaltung). Die Gestaltungstherapie beinhaltet neben anderen auch Elemente der Musik- und Spieltherapie. So wird verhaltensschwierigen Kindern bei der tiefenpsychologisch orientierten Gestaltungstherapie, ähnlich wie in der non-direktiven Spieltherapie [248], ein umfassendes Angebot verschiedener Materialien (z.B. Farben; Ton; Plastilin; Papier) frei zur Verfügung gestellt [249]. Dadurch erhalten diese Kinder die Möglichkeit, ihre Ängste, Gefühle und Konflikte in Bildern und Symbolen auszudrücken [250]. Die Gestaltungstherapie soll »bildnerische Mitteilungsprozesse« [251] anregen, die es ermöglichen, verdrängte und unterdrückte Affekte in symbolischer Form zum Ausdruck zu bringen [252]. Theunissen unterstreicht daneben die Anwendungsmöglichkeiten der Gestaltungstherapie in den Bereichen der Ich-Stärkung und bei der Bewältigung psycho-sozialer Probleme [253].

Die Technik des *Fingermalens*, welche in den USA bereits in den 30er Jahren im Rahmen der Psychiatrie zu Therapie und Diagnose verwendet wurde, kam vor allem in der analytischen Psychotherapie für Kinder zur Anwendung [254]. Nach Pekny ist ein therapeutischer Wert des Fingermalens besonders darin zu sehen, dass es einerseits dem kindlichen Bedürfnis des »Schmierens« entspricht, zum anderen für eine »adäquate motorische Entwicklung des Kindes« bedeutsam ist [255]. Das motorisch gehemmte Kind »kann sich lockern und lösen und zu einem harmonischen Arbeitsrhythmus finden«, das hypermotorische, zappelige Kind »kann sich abreagieren, austoben« [256]. Für Rambert stellt eine Zeichnung nicht nur ein Mittel des Ausdrucks dar, sondern gibt die Möglichkeit des Eindringens in die Tiefe des Unbewussten [257]. Dadurch werden Konflikte bewusst gemacht, das Abreagieren von Affekten ermöglicht, und es tritt eine »Katharsis« ein [258].

Eine Synthese aus Musiktherapie und dem freien Malen stellt das *Musikmalen* dar. Diese Methode wurde in Hamburg entwickelt und hat sich dort an Sonderschuleinrichtungen als effektiv erwiesen [259]. Musikmalen zielt darauf ab, Melodie und Rhythmus direkt in spezifischer Weise in motorisch-körperliche Reaktionen umzusetzen [260].

Das *Arbeiten mit Ton*[1] kann Verhaltensschwierigkeiten so kanalisieren, dass im Laufe der Zeit konstruktive Tonarbeiten entstehen. Ton übt eine anregende Wirkung auf gehemmte Kinder aus. Aggressive Kinder reagieren aufgestaute Affekte z. B. durch Pressen, Boxen, Schlagen, Kneten ab.

Eine andere Komponente der Gestaltungstherapie stellt das Modell von Dohrmann dar [261]. Er betont bei der sogenannten *Fließarbeit* den sozialen Aspekt. Bei dieser Konzeption arbeitet eine Gruppe von Schülern gemeinsam an einem Objekt, wobei jeder diejenige Arbeit als Teil des Gesamtwerkes ausführt, die seinem Könnensstand entspricht. Ziel der Fließarbeit ist eine Motivation von Kindern, welche unzureichendes oder schwieriges Sozialverhalten zeigen.

### 4.2.3 Musiktherapie

Die Musiktherapie benützt das non-verbale Kommunikationsmedium »Musik«. Sie zählt zu den psychotherapeutischen diagnoseabhängigen Behandlungsverfahren und wird bei neuropsychiatrischen, psychotischen, psychosomatischen und neurotischen Erkrankungen angewandt [262]. Sie wird als Einzel- oder Gruppentherapie durchgeführt und ist handlungsorientiert (aktive Musiktherapie) und/oder erlebnisorientiert (rezeptive Musiktherapie) [263]. Als Arbeitsform bietet sich sowohl ein aktives als auch ein rezeptives Vorgehen an [264]. Vom Inhalt her kann man zwei patientenzentrierte Handlungsansätze unterscheiden: den *konfliktzentrierten* und den *verhaltenszentrierten*. Der konfliktzentrierte Handlungsansatz dient einer Aufarbeitung pathologisch bedingter Konflikte unter Einbezug darauf zurückzuführender primärer und sekundärer Symptome. Auf der Basis des stetigen Gegenwartsbezugs des Patienten sollen beim verhaltenszentrierten Handlungsansatz neue Handlungsmodelle erarbeitet sowie Fehlleistungen in Verhalten und Erleben in Verbindung mit deren kausalen Zusammenhängen erkannt werden.

Durch die Beschäftigung mit Musik durch Musikhören, Musiknachgestalten oder durch eigenes freies Improvisieren werden emotionelle Umstimmungen, akti-

---

1 Das Werken im Grundschulbereich bietet neben Ton ein breites Spektrum von Arbeitsmaterialien an. Als Werkstoffe können ebenso Holz, Stein, Knetwachs, Stoff, Papier, Pappe, Metall, Papiermaché verwendet werden.

vierende, lösende oder regulierende Wirkungen eine Erweiterung der Erlebnisfähigkeit sowie eine Verbesserung sozial-kommunikativen Verhaltens erzielt [265]. Während der letzten Jahre wurde die Musiktherapie auch im Bereich der Verhaltensschwierigkeiten anerkannt und ausgebaut [266]. In der *aktiven Musiktherapie* wird Musik zum persönlichen Ausdrucksmittel des Kindes, wobei es seinen Empfindungen freien Lauf lassen kann. Moog nennt dabei als wichtigstes Kriterium die befreiende und entlastende Wirkung des Musizierens, die auch in Verbindung von Musik und Bewegung möglich ist (z. B. reproduktiver Tanz; improvisierte Bewegungen; Malen zu Musik; improvisierte Musik zu Bewegungen) [267]. Zudem bietet gerade Musik(-unterricht) die Möglichkeit der Integration verhaltensschwieriger Schüler, da der natürliche Zugang zur Musik bei jedem Kind vorhanden ist und somit kaum Misserfolgserfahrungen gemacht werden [268]. Palmowski plädiert für eine Aufnahme der Musik in Unterrichtsstunden aller Art. Als Möglichkeit sieht er ein (aktives oder passives) Musikangebot am Beginn einer Unterrichtsstunde, um die Schüler zu beruhigen bzw. sie aufnahmefähig zu machen [269].

### 4.2.4 Bewegungs- und Sporttherapie

Die *Bewegungstherapie*[270] bietet Anwendungsmöglichkeiten für alle Bereiche der Rehabilitation. So wird diese Therapieform z. B. bei neurophysiologischen, neurologischen, geistigen, psychischen, geriatrischen und inneren Erkrankungen oder Behinderungen sowie bei Behinderungen des Stütz- und Bewegungsapparates angewandt. In der Bewegungstherapie soll der Patient durch positive Erfahrungen mit dem eigenen Körper dazu angeregt werden, sein Selbstwertempfinden zu steigern und seine Grenzen zu erweitern. Deshalb ist diese Art der Therapie insbesondere bei depressiven Störungen angebracht [271]. Der Hauptakzent der Bewegungs- und Sporttherapie liegt auf dem Erlernen von Körperkoordination, Rhythmus und rhythmischen Bewegungsabläufen. Die Mittel, die in der Bewegungstherapie Verwendung finden, sind verschiedenster Art, so z. B. Musik[1], Gymnastikgeräte, Rhythmikinstrumente und neuerdings auch Pferde [272]. Dabei sind Rollbretter, Rollschuhe, Skateboards, Bälle und Schwungtücher bei Kindern besonders beliebt [273].

Bei der Bewegungstherapie von Verhaltensschwierigkeiten wird eine Förderung im sozialen und kognitiven Bereich angestrebt. So lassen sich Fehlentwicklungen und Verkrampfungen auflösen. Nach Schumacher fördert eine Schulung der Motorik wahrscheinlich auch die Steuerungsfunktionen (Wille; Konzentration; Selbstdisziplin; Ausdauer) sowie die Leistungsfähigkeit der Intelligenz [274]. Die Bewegungstherapie eignet sich beispielsweise für gehemmte Kinder, die dadurch gebremste oder verschüttete Motorik ableiten können. Die zuweilen explosive Motorik aktiv-aggressiver Kinder kann mit Hilfe dieser Therapieart in geordnete

---

1 Vgl. die Ausführungen über »Musiktherapie«, S. 53.

Bahnen gelenkt werden. Das nach Frostig in Ergänzung mit Scheiblauer entwickelte *Perzeptionstraining* findet vor allem bei Kindern mit minimaler zerebraler Dysfunktion seine Anwendung [275]. Überhaupt lassen sich erfahrungsgemäß hirnorganisch geschädigte Kinder »eher von der Bewegungstherapie ansprechen als andere Verhaltenspatienten« [276].

Auch durch *Sport*[1] ist neben einer Verbesserung von Motorik und Körperkoordination die Möglichkeit des Erlernens sozialer Verhaltensregeln [277] gegeben. So können Selbstdisziplin, Kompromissbereitschaft, Rücksichtnahme, Regulation eigener Ansprüche und das Einhalten von Regeln spielerisch vermittelt [278] sowie Selbstvertrauen und Selbstwertgefühl gesteigert werden [279]. Möglichkeiten der Therapie bestehen bei vielen Sportarten. Dazu gehören nach Rieder [280] Schwimmen, Wandern, Zelten, Radtouren, kleine und große Spiele, Geländespiele, Gymnastik, Turnen, Laufen, Springen, Trampolinspringen, Werfen, Ringen, Boxen, Klettern, Rudern, Schlittenfahren, Eislauf, Schilauf, Bergwandern und Reiten. Dies zeigt, dass dem Kind bereits bekannte oder von ihm betriebene Sportarten heute zur Therapie genutzt und eingesetzt werden. Das Übungsangebot bei Volkamer beinhaltet ebenfalls Schwimmen, daneben aber auch noch Rutschbahnfahren, Trampolinspringen, Schwebebalken begehen und Sprungkasten springen [281]. Sein Sporttraining ist in Anlehnung an die non-direktive Gesprächspsychotherapie[2] konzipiert, d.h. das Kind kann den Sport jeweils selbst frei wählen. Bonfranchi sieht besonders in der Zweikampfsportart Judo therapeutische Möglichkeiten [282], da dabei sowohl für das aggressiv-verhaltensauffällige als auch für das gehemmt-verhaltensschwierige Kind ein geeignetes Verhaltensrepertoire angeboten wird. So werden beim Judo z.B. aggressive Tendenzen in sozial akzeptable Formen umgewandelt [283].

Nach klinischen Beobachtungen kann davon ausgegangen werden, dass Bewegungstherapie bei emotional unausgeglichenen Kindern Erfolge bringt. Jedoch muss die Voraussetzung erfüllt sein, dass sportliche Übungen den individuellen Bedürfnissen des Kindes Rechnung tragen [284].

### 4.2.5 Motopädagogik

Mit dem Begriff »Motopädagogik«[3] wird das »Konzept einer ganzheitlichen Erziehung und Persönlichkeitsbildung über motorische Lernprozesse und Verhaltensänderung« [285] bezeichnet. Im Gegensatz zur Mototherapie, bei der es sich mehr um eine klinische Arbeitsweise handelt, ist die Motopädagogik allgemein pädagogisch zu sehen [286]. Die »Erziehung durch Bewegung« entstand und entwickelte sich seit 1955 in der Praxis mit bewegungsbehinderten Kindern [287], wurde später genera-

---

1 Rieder (zitiert in: Bonfranchi 1980, S. 17) grenzt den Begriff »Sporttherapie« u.a. auch vom Begriff »Bewegungstherapie« ab.
2 Vgl. dazu die nicht-direktive Spieltherapie von Axline.
3 Analog dazu wird der ältere Begriff »Psychomotorik« verwandt (vgl. Irmischer 1987).

lisiert und fand somit auch Eingang in die Normalpädagogik[1]. Die Basis für die Motopädagogik stellt die Erkenntnis dar, dass zwischen Motorik, psychischem Erleben, dem Verhalten, der Intelligenz und dem Denken enge Beziehungen und Wechselwirkungen bestehen [288]. Von daher ist die Motorik für die Gesamtentwicklung des Kindes von großer Bedeutung. Daher erschöpft sich das motopädagogische Konzept nicht in der Bewegungserziehung, sondern zielt auf die gesamte Persönlichkeitsentwicklung des Kindes. Bewegungslernen bedeutet damit die Grundlegung einer »erweiterten, selbsttätigen Handlungsfähigkeit des Menschen« [289]. Bewusste Selbststeuerung und Selbstkontrolle erfahren durch die Bewegungserziehung eine Förderung [290].[2] Im Mittelpunkt jeder motopädagogischen Praxis stehen das Erlernen und Einüben von Wahrnehmungs- und Bewegungsmustern sowie Lerninhalte im emotional-sozialen Bereich. Diese in der Motopädagogik angestrebten Ziele sollen mit Hilfe von speziellen psychomotorischen Übungsgeräten erreicht werden. Mittels Haltungstraining, Spielen, Gymnastikübungen und anderen ähnlichen Maßnahmen kommt man dem natürlichen Bewegungsbedürfnis der Kinder nach, regt ihre Herz- und Kreislauffunktion an und beugt dadurch Haltungsschäden, Ermüdungserscheinungen, Konzentrationsschwierigkeiten und motorischer Unruhe vor. Durch den Erwerb und die Förderung der Fähigkeiten Bewegungssteuerung und -kontrolle, Reaktionsvermögen, physische und kognitive Beweglichkeit sowie emotional-soziales Erleben und Verhalten soll das Kind letztendlich Handlungskompetenz für eine sinnvolle, aktive Umweltbegegnung – das Richtziel der Motopädagogik – erlangen. Damit sind drei in enger Korrelation zueinander stehende Kompetenzbereiche angesprochen:[3]

- »Ich-Kompetenz«, das (kognitive) Erfahren und (affektive) Erleben seiner selbst und des eigenen Körpers
- »Sach-Kompetenz«, die Fähigkeit der Anpassung an die dingliche Umwelt (Akkommodation) sowie das Anpassen der Umwelt an sich selbst (Assimilation)
- »Sozial-Kompetenz«, die Fähigkeit, sich anderen anzupassen, aber auch das Durchsetzenkönnen eigener Bedürfnisse

Bei allen motopädagogischen Maßnahmen erfolgt das Lernen kindorientiert [291], ganzheitlich, handlungsorientiert, altersgemäß, spielerisch und lustbetont.

### 4.2.6 Gestalt-Therapie

Die Gestalt-Therapie stellt eine Sonderform der Psychotherapie dar und kann als Integrationsversuch unterschiedlicher psychologischer, philosophischer und therapeutischer Ansätze bezeichnet werden. Ihr Begründer Fritz Perls hatte das Ziel, eine

---

1 In der Sonder- und Heilpädagogik geht es um forcierte Entwicklung im Nachvollzug, in der Normalpädagogik um motorische Entwicklungsförderung.
2 Die Motopädagogik versucht zur Selbstverwirklichung in sozialer Gemeinschaft beizutragen.
3 Vgl. im Folgenden Kiphard (1979) und Irmischer (1987).

Theorie zu entwickeln, die durch eine Synthese und Zusammenarbeit heute bestehender Schulen alle physischen und psychischen Erscheinungen umfasst [292]. Die erkenntnistheoretische Grundlage für die Gestalt-Therapie bilden die Organisationsgesetze der Gestaltpsychologie (Lewin; Goldstein), als philosophische Basis gilt der Existentialismus. Aus der Verbindung einer Kritik der Psychoanalyse (Freud) mit Einflüssen des Zen-Buddhismus wird das Erleben des Gegenwärtigen zum Kernprinzip gemacht und somit die rein auf die Vergangenheit bezogene psychoanalytische Ausrichtung verworfen [293]. Der Einbezug von Körperreaktionen geht auf die Charakteranalyse (Reich) zurück. Von der Konzeption Morenos wurden verschiedene Techniken des Psychodramas übernommen. Elemente wie die klientenzentrierte Gesprächstherapie nach Rogers und die themenzentrierte Interaktion (Cohn) lassen den Einfluss der amerikanischen »Human Potential-Bewegung« und der damit verbundenen Humanistischen Psychologie erkennen [294]. Trotz dieser äußerst unterschiedlichen Einflüsse ist die Gestalt-Therapie als ein eigenständiger Therapieansatz aufzufassen [295], auch wenn sie prinzipiell keine abgeschlossene Theorie sondern ein »offenes System« [296] darstellt.

Ziel der Gestalttherapie ist es, dem psychisch vereinseitigten und emotional verkümmerten Menschen zu helfen, selbstverantwortlicher und sich seiner bewusster zu werden [297]. Um dies zu erreichen, kommt es darauf an, alle dem Patienten innewohnenden Fähigkeiten und Möglichkeiten zur Lösung seiner Probleme zu entdecken, zu aktivieren und zu fördern. Damit soll er zu einer Erweiterung seiner Handlungsmöglichkeiten geführt werden. Hierzu dienen verschiedene in Einzel- oder Gruppentherapie angewandte Methoden. Dabei nimmt das Experiment eine zentrale Stellung ein und kann sehr vielfältige Übungen enthalten [298]. Bei der Identifikation (z.B. mit einem Gegenstand), der gelenkten oder ungelenkten Phantasiereise und dem Verfahren der Imagination geht es darum, Probleme und innere Vorgänge herauszufinden, auszudrücken und zu verstehen [299]. Das »Feedback« dient der Rückmeldung über ein Verhalten des Patienten durch den Therapeuten oder durch Gruppenmitglieder [300].

Ursprünglich ist die Gestalttherapie von Perls für Erwachsene konzipiert. Seit den 70er Jahren wird sie auch bei Kindern und Jugendlichen angewendet, wobei Spiel und ganz besonders Kreativität einen bedeutenden Platz einnehmen. Dabei wurde der Erfahrung Rechnung getragen, dass Kinder und Jugendliche Verhaltensweisen und Gefühle mehr durch Aktion, Spiel und Phantasien ausdrücken.[1] Dies führte auch zur Verwendung kreativer Medien (z.B. Märchen, Poesie; Pantomime; Arbeit mit Ton; Malen). In den gestalttherapeutischen Ausrichtungen der Kindertherapie will man eine fördernde Umgebung für die Entwicklung des Kindes schaffen. Diese muß neben einer warmen und akzeptierenden Atmosphäre auch klare Kommunikationsmuster bieten. Notwendig ist es auch, die Eltern (sowie deren Einflüsse auf das Kind) in die therapeutischen Sitzungen miteinzubeziehen.

---

1 Vgl. hier und im Folgenden Marcus (1981) und Remschmidt (1984).

Ziel dieser Therapie ist der Individuationsprozeß des Menschen. Zunächst werden stabile und gesunde Persönlichkeitsmerkmale beim Kind gesucht, hervorgehoben und besonders gefördert. Diese sollen dann helfen, bisher ungenutzte Möglichkeiten zu entwickeln. Dazu setzt der Therapeut gezielt Phantasiereisen, Puppenspiele oder den kreativen Umgang mit Materialien ein. Mit deren Hilfe sollen im Unterbewusstsein vorhandene Bedingungen erkannt werden, welche die Entwicklungsmöglichkeiten bisher gehemmt haben. Indem das Kind (mit Hilfe des Therapeuten) so für sich selbst alternative Handlungsstrategien entwickeln kann, setzt sich seine »zerbrochene« Identität allmählich Schritt für Schritt neu zusammen. [301] Weiterhin kann die Gestalt-Therapie Kindern und Jugendlichen beim Aufbau von Selbstwertgefühl helfen sowie die Kontaktfähigkeit stärken.[1]

## 4.3 Autogenes Training

Autogenes Training [302] stellt eine Behandlungsmethode für verhaltensschwierige Kinder[2] dar, die meist durch andere Verfahren ergänzt wird. Einige der Anwendungsgebiete sind Phobien, Tics, Konzentrations- und Aufmerksamkeitsstörungen[3] [303], Koordinationsstörungen, Asthma, Schlafstörungen, Bettnässen, Nervosität, motorische Unruhe, Schulversagen, psychomotorische, psychosomatische und neurotiforme Beschwerden bei Kindern und Jugendlichen [304]. Diese von dem Nervenarzt J.H. Schultz [305] entwickelte *Methode der Entspannung* beruht auf Autosuggestion. Die Entspannung wird dabei vom Durchführenden selbst, also autogen, erzeugt. Autogenes Training kann vom Betreffenden in Belastungssituationen selbständig durchgeführt werden [306].[4] Voraussetzungen dafür sind regelmäßiges, ungestörtes Üben sowie eine gewisse Motivation [307]. Schultz trifft eine Einteilung des autogenen Trainings in eine *Unter–* und eine *Oberstufe*. Die auf der *Unterstufe* durchgeführten Übungen verfolgen das Ziel der »Muskel- und Gefäßentspannung, der Regulation des Atems, der Tätigkeit des Herzens, der Bauchorgane und der Kopfregion« [308], dienen also der Ruhestellung des Körpers. Durch diese Beeinflussung der Körperfunktionen können Schmerz und Schlaflosigkeit überwunden [309], sowie verschiedene Störungen und Beschwerden günstig beeinflusst werden. [310] Die Effekte der spannungs- und krampfmildernden Umstellung körperlicher

---

1 In der Literatur werden Ursprung und manche Inhalte der Gestalt-Therapie auch mit Kritik bedacht (Gassmann 1984).
2 Nach Eggers/Lempp/Nissen/Strunk (1994) kann autogenes Training von Kindern ab dem 7. Lebensjahr erlernt werden. Intelligenzniveau, sind Entwicklungsstand, Persönlichkeit und Umweltbedingungen des Kindes zu berücksichtigen (vgl. hierzu auch Remschmidt/Schmidt 1988).
3 Im Gegensatz dazu schreiben Remschmidt/Schmidt (1984), dass kontaktgestörte, unruhige und konzentrationsschwache Kinder meist nicht die nötigen Voraussetzungen für ein autogenes Training mitbringen.
4 Nach Vaitl/Petermann (1993)ist es eine »Form der Selbstkontrolle sowie eine Methode zur Selbsthilfe«.

Aktivitäten werden durch suggestives Sammeln von Gedanken oder (bei Kindern) von bildhaften Vorstellungen erzielt. Auf der *Oberstufe* des autogenen Trainings geht es um den Erwerb neuer Haltungen durch Vorsatzbildung. Sie hat meditativen Charakter und soll mittels bildhafter Vorstellungen eine intensive »Selbstschau« und »Selbstklärung« erreichen [311]. Oberstufen-Übungen können mit Unterstufen-Übungen kombiniert werden, finden jedoch seltener Anwendung [312] und kommen bei Kindern und Jugendlichen nicht in Betracht [313]. Durch die regelmäßige Durchführung des autogenen Trainings können konzentrative Selbstentspannung, Leistungssteigerungen, eine Verminderung der gespannten Haltung und erholsamer Schlaf [314] erreicht werden.

## 4.4 Medikamentöse Behandlung [315]

Bei den meisten Verhaltensschwierigkeiten spielt medikamentöse Behandlung eine sekundäre Rolle. Zu bedenken ist, dass sie zwar eventuell die Symptome beseitigen kann, jedoch seltener die Ursachen. Deshalb sollte sie, wenn überhaupt, lediglich ergänzend zu anderen therapeutischen Maßnahmen erfolgen und möglichst nur kurzfristig (z. B. bei der Überbrückung von Krisen) eingesetzt werden. Liegen bei einem Kind jedoch spezifisch krankheitsbedingte Störungen vor, ist eine medikamentöse Behandlung sinnvoll. Die vier am häufigsten vorkommenden Indikationsbereiche für Medikamente bei Kindern sind: antriebsüberschüssige, hyperaktive Kinder; antriebsschwache, »retardierte« Kinder; ängstliche, phobische Kinder; depressive Kinder [316].

Bei der ärztlicherseits vorgenommenen medikamentösen Behandlung von Verhaltensschwierigkeiten werden meist Psychopharmaka[1] eingesetzt. Diese psychotropen Substanzen haben psycholeptische (dämpfende), psychoanaleptische (anregende) und psychodisleptische (psychopathologische Phänomene hervorrufende) Effekte [317]. Daraus ergeben sich verschiedene Gruppen von Psychopharmaka. [318] So steigern *Stimulantien* (= anregende Medikamente) kurzzeitig Erlebnis und Leistung und werden vor allem bei der Behandlung des hyperkinetischen Syndroms, sowie bei Aufmerksamkeits- und Lernproblemen verwendet. *Tranquilizer* (= beruhigende Medikamente) werden bei Angst, Phobien, Zwangssyndromen und Schlafstörungen eingesetzt. *Antidepressiva* sind in ihrer Wirkung beruhigend und angstlösend, antriebssteigernd und stimmungshebend. Sie kommen bei endogenen Depressionen, bei der Behandlung von Bettnässern und auch bei »pavor nocturnus« zur Anwendung. *Neuroleptica* (= dämpfende Medikamente) werden hauptsächlich bei endogenen Psychosen, starker innerer Unruhe, psychomotorischer Erregung und aggressivem Verhalten verordnet. *Nootropica* wirken im Gegensatz zu

---

1 Psychopharmaka sind Arzneimittel, die auf die Psyche des Menschen, auf sein Erleben und Verhalten einwirken und einen therapeutischen Nutzen besitzen. Sie beeinflussen u. a. Stimmungslage, Affektivität, Informationsspeicherung und Sozialverhalten.

den erstgenannten Psychopharmaka nicht sedierend, sondern führen zu einer Aktivierung der geistigen Funktionen (Gedächtnis, Lern-, Auffassungs-, Denk- und Konzentrationsfähigkeit).

Alle Psychopharmaka haben Nebenwirkungen, die individuell sehr verschiedene Auswirkungen zeigen. Sie können körperliche Schädigungen hervorrufen, einige beinhalten Suchtgefährdung [319]. Eine Verabreichung dieser Mittel muss genau überlegt und ständig ärztlich kontrolliert werden, da eine unsachgemäße Anwendung mehr schaden als nützen kann.

## 4.5 Schulpädagogische und schulorganisatorische Maßnahmen[1]

Hilfeleistung für verhaltens- und lernschwierige Kinder geschieht im Raum der Schule vorwiegend und zentral auf der Basis der dort gültigen pädagogischen Konzeption und – darin einbezogen – durch den pädagogischen Stil (Erziehungsstil; Unterrichtsstil; Betreuungsstil) der jeweils verantwortlichen Lehrpersonen. Die Respektierung der Personwürde jedes einzelnen Kindes ist dabei ebenso bedeutsam wie die Beachtung des individuellen Soseins und damit der Individualität des Menschen. Hilfeleistung zur personalen Entfaltung des Kindes bedeutet im Falle eines verhaltensschwierigen Kindes immer das bestmögliche pädagogische Bemühen des Erziehers, das betroffene Kind in seinen Nöten zu verstehen und es nach Möglichkeit daraus zu befreien. Pädagogischer Ansatz, pädagogisches Einfühlungsvermögen, pädagogische Qualifikation und pädagogisches Engagement sind dabei unabdingbare Komponenten schulischer Therapie und Hilfeleistung.[2] Eng verflochten mit der jeweiligen pädagogischen Konzeption und der pädagogischen Grundhaltung einer Schule und der an ihr tätigen Personen sind Maßnahmen der *Psychohygiene* und *Unterrichtshygiene* sowie *personelle und institutionelle Kooperationsmöglichkeiten* im Interesse von Propädeutik, Therapie und Hilfeleistung.

### 4.5.1 Psychohygiene und Unterrichtshygiene

Nach Katzenberger [320] ist unter »Schulhygiene« als übergreifendem Begriff zu Psychohygiene und Unterrichtshygiene die »Schaffung und Förderung gesunder und Vermeidung bzw. Abwehr ungesunder psycho-physischer Lebensbedingungen im Raum der Schule« zu verstehen. Nach Ortner [321] ist *Psychohygiene* in der Schule nicht als Ersatz, sondern vielmehr als »Teilaspekt der Schulpädagogik« zu sehen. Im Hinblick auf die seelisch-geistige Gesunderhaltung stellt sie »eine Grund-

---

1 Die folgenden Ausführungen sind von der Gliederungsstruktur her und hinsichtlich wesentlicher inhaltlicher Aussagen teilweise entnommen aus Ortner (1986, S. 23–27).
2 Hier wäre eine gründliche Auseinandersetzung mit pädagogischen Konzeptionen erforderlich. Diese kann hier verständlicherweise nicht geleistet werden. Daher sei auf die entsprechende Fachliteratur verwiesen.

voraussetzung echter personaler Entfaltung« [322] dar und wird so »zum zentralen Ansatz verschiedener Disziplinen in dem Bemühen, dem in seiner psychischen Gesundheit zusehends stärker bedrohten Kind zu helfen« [323]. Nach der Einteilung von Mierke [324] ist eine *präventive, restitutive* und *kurative* Psychohygiene zu unterscheiden. Für den Bereich der Schule kommen vor allem die beiden ersteren Formen infrage. *Präventive Maßnahmen* (z. B. Schutzmaßnahmen pädagogischer und schulorganisatorischer Art zur Vermeidung psychisch-geistiger Schädigungen) stellen nach Ortner den »Hauptansatz für die Psychohygiene im Schulalltag« [325] dar. Bei der *restitutiven Psychohygiene* im Schulbereich geht es vornehmlich »um die Wiederherstellung eines gefährdeten oder schwankenden seelischen Gesundheitszustandes bei Kindern« [326]. Einbezogen dabei sind therapierend-helfende Ansätze zum Beispiel bei Verhaltensschwierigkeiten durch den Lehrer, den Schulpsychologen, den Sonderpädagogen oder eine sonstige Fachkraft. Als Schwerpunkte des psychohygienischen Aufgabenbereichs in der Schule gelten [327] Schaffung und Aufrechterhaltung positiver interpersonaler Begegnung und Beziehung zwischen Lehrer und Kind und Kindern untereinander und äußerer Bedingungen, die das psychische Befinden des Kindes positiv beeinflussen. Hinzu kommen müssen Verständnisbereitschaft und individuelles Eingehen auf Kinder mit schwierigem Verhalten, fortwährendes Bemühen um Wiederherstellung des Gesundheitszustandes von Kindern, die sich in einer psychischen Krise befinden, und verschiedene Arten von personeller und institutioneller Kooperation, wie sie im Folgenden noch aufgezeigt werden.

*Unterrichtshygiene* umfasst nach Ortner [328] »didaktische, organisatorische sowie physiologisch-psychologische Überlegungen und Maßnahmen zur Vermeidung gesundheitlicher Schäden des Schülers im Verlauf des täglich und wöchentlich sich fortsetzenden Unterrichtsgeschehens«. Solche Überlegungen und Maßnahmen wirken sich immer auch positiv bzw. negativ auf den psychosomatischen Gesundheitszustand eines Kindes aus. Dieser wiederum stellt einen nicht zu unterschätzenden Ursachenfaktor bei einer ganzen Reihe von Verhaltensschwierigkeiten dar. Es steht fest, dass sich die Berücksichtigung unterrichtshygienischer Erkenntnisse sowohl propädeutisch wie auch erleichternd, helfend und therapierend auf mögliche Verhaltensnöte von Kindern auswirkt.

Nach Katzenberger [329] und Ortner [330] handelt es sich bei Fragen der Schul- bzw. Unterrichtshygiene, bei denen die psychophysische Gesundheit des Kindes beeinflusst wird, vorwiegend um Aspekte curricularer Planung (Lerninhalte; Methoden; Sozialformen; Artikulation des Unterrichts), um das arbeitsphysiologische Phänomen der *Ermüdung* und *Überforderung*, um den funktionalen Einsatz von *Unterrichtsmedien*, um *zeitlich-organisatorische Aspekte* der Jahres-, Wochen- und Tagesplanung und um eine pädagogisch und gesundheitlich wohldosierte und dem Kind angemessene *Wiedereingliederung in das Schulleben* nach Versäumnissen der Unterrichtszeit. Neben solchen unterrichtshygienisch vorrangigen Aspekten gibt es noch andere Situationen der Unterrichtsgestaltung (z. B. Pausendauer und Pausenrhythmus innerhalb eines Schultages) und des Schullebens (z. B. Klassenfrequenz;

Erholung; Freizeit; Hausaufgaben; Schulfrühstück; Raumklima; Beleuchtung usw.), welche sich grundsätzlich auf gesundheitliche Belange der davon betroffenen Kinder auswirken und dabei direkt oder auch indirekt (oft unbemerkt) die psychische Konstitution beeinflussen.[1]

### 4.5.2  Schulinterne Kooperation

Schulinterne Kooperation betrifft Zusammenarbeit, gemeinsame Aussprache und aufeinander abgestimmte pädagogische Ansätze innerhalb des Bereiches einer Schule. Hierbei bieten sich besonders das kollegiale Miteinander und die wechselseitige Absprache mit der Schulleitung an. Klassenlehrer, Fachlehrer, Religionslehrer und Förderlehrer können zum Beispiel in der Form regelmäßiger Arbeitssitzungen sich gegenseitig Beobachtungen und Erfahrungen über einzelne Kinder mitteilen, über pädagogische Hilfen beraten, ein gemeinsames Konzept entwickeln und von diesem Ansatz her eine gezielte Betreuung und Förderung des einzelnen Kindes durchführen. Regelmäßig aufgezeichnete Beobachtungen erleichtern und rationalisieren gemeinsame Aussprachen.

Erfahrungsberichte vom pädagogischen Umgang mit einem betroffenen Kind stellen das kollegiale »Teamwork« in ein kontinuierliches und aufeinander abgestimmtes Konzept gemeinsamer Hilfen. Da manche verhaltensschwierige Kinder besonders in außerunterrichtlichen Veranstaltungen selbstwertstärkende oder sozialintegrative Förderung erhalten, bezieht sich die hier angesprochene schulinterne Kooperation auch auf mögliche morgendliche Feiern (»Assembly«), monatliche Feiern[2] oder Projekte[3]. Ein möglichst problemloser Ablauf der genannten Aktivitäten an einer Schule ist am Besten in Kooperation mit der Schulleitung garantiert. Diese fördert, auch im Hinblick auf die pädagogische Betreuung verhaltens- und lernschwieriger Kinder, entsprechende Ansätze durch Gespräche und Anregungen und bemüht sich um die Aufrechterhaltung der notwendigen interkollegialen Atmosphäre.

### 4.5.3  Externe Kooperation

In einer Zeit, in welcher allein vom wissenschaftlichen, technischen und wirtschaftlichen Bereich her Kooperation, Arbeitsteilung und interdisziplinärer Erfahrungsaustausch immer notwendiger werden, kann sich die Schule nicht auf eine Insel pädagogischer Selbstzufriedenheit und unangefochtenen Selbstverständnisses zurückziehen. Das Bemühen um möglichst umfassende Zusammenarbeit mit außer-

---

1  Auf die Fachliteratur wird verwiesen.
2  Hierbei zeigt z. B. jede Klasse einmal monatlich etwas aus ihrer Unterrichtsarbeit (eine gelungene Spielszene, einen selbst gedrehten Film, ein Singspiel, ein Musikstück etc.).
3  Zum Beispiel Gestaltung des Schulhofes, Aktivitäten für den Umweltschutz und Ähnliches.

schulischen Personen und Institutionen (zum Beispiel im Interesse und zur Betreuung verhaltensschwieriger Kinder) wird daher immer dringender gefordert. Manche dieser Kooperationsmöglichkeiten haben sich bereits seit langem bewährt, so zum Beispiel der Kontakt mit den Eltern, die Zusammenarbeit mit dem schulärztlichen Dienst und mit dem Schulamt. Andere befinden sich im Aufbau und sind bereits weitgehend anerkannt. Hierzu zählen die Kooperation mit dem »Schulpsychologischen Dienst«, mit dem Kindergarten und Einrichtungen der Sonderförderung. In Zukunft gilt es, weitere zusätzliche Möglichkeiten zu erproben, beziehungsweise auf bereits erwähnte Erfahrungen in anderen Ländern zurückzugreifen. Hierzu zählen Zusammenarbeit mit dem Hausarzt eines Kindes, die Hinzunahme von Fachkräften in den pädagogischen Wirkungsbereich der Schule (z.B. Logopäden; Heilgymnasten) und die Etablierung neuer Berufsbilder innerhalb des Berufsfeldes »Schule« (z.B. »Visiting Teachers«[1]; »Recreational Leaders«[2]; Schulsozialberater (in Ansätzen vergleichbar mit den bei uns tätigen »Sozialarbeitern«) pflegen den sozialen Kontakt zur Familie eines Kindes und versuchen, mithilfe der »Entschärfung« negativer familiärer Sozialisationserfahrungen des Kindes und in Kontaktaufnahme mit der Schule, die persönliche Situation eines Kindes von der familiären Ursachenfrage her zu unterstützen und zu verbessern. Einige der hier erwähnten externen Kooperationsmöglichkeiten werden im Hinblick auf eine sich daraus ergebende Hilfeleistung für verhaltensschwierige Kinder im Folgenden kurz andiskutiert.[3]

Kontakt mit den Eltern

Das Schulkind verbringt sein tägliches Leben zeitlich-schwerpunktmäßig in seiner häuslichen Umwelt und in der Schule. Hier ereignen sich zahlreiche individuelle Betroffenheiten hinsichtlich des eigenen persönlichen Selbst und im Hinblick auf soziales, zwischenmenschliches Geschehen. Eltern wie Lehrer lernen das Kind in seinem Verhalten von ihrer eigenen pädagogischen Warte aus kennen. Eltern haben darüber hinaus in der Regel einen großen Erfahrungsschatz über die vorschulische Entwicklung des Kindes, über durchgemachte Krankheiten, persönliche Eigenarten, Interessen und Freizeitaktivitäten. Es ist im Interesse aller am pädagogischen Prozess Beteiligten, vor allem aber im Interesse der personalen Entfaltung des einzelnen Kindes, wenn Eltern und Lehrer einen regelmäßigen Kontakt mit Aussprache und wechselseitigem Erfahrungsaustausch pflegen. Dies gilt insbesondere bei einem verhaltensschwierigen Kind, wenn es darum geht, gemeinsam die Nöte des Kindes zu

---

1 In den USA pflegen diese den Kontakt mit den Eltern und Lehrern und besuchen kranke Schüler.
2 Diese ebenfalls in den USA an Schulen eingesetzte Berufsgruppe kümmert sich um außerschulische Betätigungsmöglichkeiten der Kinder und um deren Freizeitaktivitäten.
3 Zu Fragen der einzelnen Kooperationsmöglichkeiten gibt es relativ umfassende Literatur. Auf diese sei hier ganz allgemein verwiesen.

verstehen und entsprechende Hilfen anzusetzen. Sprechzeiten des Lehrers, Elternsprechtage, aber auch Hausbesuche des Lehrers[1] gelten hierbei als bewährte Möglichkeiten.

### Zusammenarbeit mit dem schulärztlichen Dienst

Schulärztliche und schulzahnärztliche Untersuchungen gehören bereits seit langem zur gesundheitlichen Betreuung des Kindes. In neuerer Zeit werden zunehmend von ärztlicher Seite aus Forderungen angemeldet, diese Betreuung auf eine breitere pädagogische Basis zu stellen. Wissenschaftliche Erprobungen von Kooperationsmodellen [331] und deren Ergebnisse ermutigen zu einer verstärkten Zusammenarbeit zwischen Schulärzten und Schulzahnärzten einerseits und Lehrern wie Eltern andererseits. Gegenseitiger Austausch von fachlichen Informationen und gemeinsam angesetzte pädagogische Maßnahmen zur Erhaltung und Förderung der Gesundheit des Kindes können Früchte einer solchen Kooperation sein, die sich nicht nur auf körperlich-physiologische Krankheitsaspekte beziehen, sondern ebenso psychovegetativ bedingte Verhaltensschwierigkeiten mit einbeziehen können. Ähnliche Kooperationsmöglichkeiten sind auch mit dem Hausarzt eines Schülers oder mit dem Facharzt denkbar (vorausgesetzt, dass die Einwilligung der Eltern vorliegt).

### Einrichtung und Erweiterung des schulpsychologischen Dienstes

Im Hinblick auf Diagnose und Therapie verhaltensschwieriger Kinder stellt sich die Forderung nach einem vermehrten Einsatz von Schulpsychologen. Der Schulpsychologe ist Anlaufstelle für Eltern, Schüler und Lehrer, welche Schwierigkeiten lösen oder vermeiden möchten. In seiner Tätigkeit ist er dabei »weder einseitig der Schule verpflichtet noch vertritt er einseitig die Interessen der Schüler oder deren Eltern« [332]. Vielmehr wird eine Zusammenarbeit mit allen Beteiligten und, wenn notwendig, mit anderen Beratungsdiensten (z.B. Erziehungsberatungsstelle; Familienfürsorge; Sozialpädagogen) angestrebt [333]. Zu den Hauptaufgaben des schulpsychologischen Dienstes gehören *Individual-* und *Systemberatung*. Die individualpsychologische Beratung bei Verhaltensschwierigkeiten basiert auf psychologischen Diagnoseverfahren. So kann der Schulpsychologe die erforderlichen therapeutischen Maßnahmen in die Wege leiten, die er nicht unbedingt selbst durchführt[2], sondern auch an anderweitige Fachkräfte weiter empfiehlt. Die Systemberatung findet in der heutigen Praxis der Schulpsychologie relativ selten statt. Zu ihr gehören

---

1 Hausbesuche waren beispielsweise im Schulsystem der ehemaligen DDR verpflichtende Aufgabe des Lehrers.
2 Therapeutische Aufgaben für den schulpsychologischen Dienst sind z.B. in Deutschland nicht in allen Bundesländern vorgesehen (Angor 1997).

unter anderem die Beratung bei Unterrichtsstörungen oder das Ausarbeiten von Beobachtungsaufgaben. Wünschenswert ist eine Beratungstätigkeit des Schulpsychologen direkt in der Schule. Dies gewährleistet die von den kooperativen Erfordernissen her notwendige Zusammenarbeit mit dem Lehrer. Zudem ist der Schulpsychologe am »Ort des Konflikts«, also an der einzelnen Schule, für Schüler und Lehrer leichter erreichbar, und eine Betreuung von Schülern kann konsequenter und effektiver durchgeführt werden [334].

Kooperation Kindergarten – Grundschule

Dieses Kooperationsmodell ist inzwischen durch Schulrecht, aber auch im Hinblick auf wichtige pädagogische Erfordernisse des Übergangs vom Kindergarten in die Grundschule zur Praxis geworden [335]. Wechselseitige Hospitationen von Grundschullehrern und Erziehern fördern das Verständnis von den verschiedenen spezifischen pädagogischen Ansätzen dieser beiden Bildungs- und Erziehungsbereiche. Gemeinsame Veranstaltungen der Grundschulanfängerklasse mit den Kindergartenkindern, Hinweise der Kindergartenerzieher zur Schulfähigkeit und -bereitschaft einzelner Kinder und die Weitergabe von Beobachtungen über das Individual- und Sozialverhalten des Vorschulkindes erleichtern nicht nur den Kindern das Hinüberwechseln vom Kindergarten in die Grundschule, sondern vermitteln dem Grundschullehrer zusätzlich wichtige Informationen zum Verhalten der neu in die Grundschule aufzunehmenden Kinder. Es braucht dabei pädagogischen Sachverstand und persönliche Verantwortung von Lehrern und Erziehern, dass diese Informationen nicht zur »Stigmatisierung« eines Kindes oder zu einem Vorurteil führen, sondern im Hinblick auf pädagogische Hilfeleistung (z.B. für ein Kind mit Verhaltens- oder Lernschwierigkeiten) ausgewertet werden.

Einsatz von Förderschullehrern an der Grundschule

Für Kinder mit Verhaltens- und Lernnöten erweisen sich immer wieder spezielle Hilfen als notwendig. Da manche davon vom Grundschullehrer nicht geleistet werden können, sollten hierfür die speziellen Fachkenntnisse der Lehrer an Förderschulen in Anspruch genommen werden.[1] Dabei wäre einerseits an eine Leistungsnachhilfe in *Förder- und Stützgruppen* und (bei Störungen im Sozialverhalten) an eine Förderung durch Trainingsprogramme (z.B. in Spiel- und Lerngruppen), andererseits an den Abbau z.B. psychosozialer Konflikte durch gezielte Therapie zu denken. Da therapiewirksame Maßnahmen meist nur in kleineren Gruppen oder in Kleinstgruppen durchführbar sind, kann dies (ähnlich wie im Bereich der Lernstörungen und Lernbehinderungen [336]) durch den Einsatz von *Therapie- und För-*

---

1  Vgl. im Folgenden Hußlein (1976).

*dergruppen* geschehen. Diese Förder- und Therapiemaßnahmen sind sowohl außerunterrichtlich wie auch während des Unterrichts durch Fachkräfte, zum Beispiel durch Sonderschullehrer, in eigens dafür vorgesehenen Räumen möglich. Fördergruppen bieten sich insbesondere auch zur Betreuung von Kindern an, die im »sozialen Bezug« Schwierigkeiten haben, »an Frustrations- und Minderwertigkeitserleben leiden« oder »einer ständigen Lern- und Leistungsanregung bedürfen« [337]. Bei Förderstunden erscheint es wichtig, den so genannten »Zuwendungseffekt« auszunützen, mit dessen Hilfe dem Kind durch individuelle Zuwendung eine Steigerung seines Selbstwertgefühls und seiner Leistungsmotivation ermöglicht wird [338]. Gemeinsame Kollegiumssitzungen, gegenseitige Aussprachen (z.B. über spezielle Fördermaßnahmen oder über die Behandlung von Lern- und Verhaltensschwierigkeiten von Kindern) vermögen die Kooperation zwischen Grundschule und Förderschule [339] zu stützen.

# Verhaltens- und Lernschwierigkeiten im Einzelnen, insbesondere im schulischen Alltag

Im vorangegangenen Teil wurden allgemein grundlegende Fragen zur Ätiologie, Diagnose und Therapie von Verhaltensschwierigkeiten angesprochen. Zugleich wurde versucht, einen exemplarischen Überblick über verschiedene Theorien zur Ursachenfrage, über diagnostische Möglichkeiten (vor allem psychologisch-pädagogischer Art) und verschiedene unterstützende Maßnahmen zur pädagogischen Hilfeleistung zu geben. Damit sollte die nun folgende Einzelsystematik zunächst auf eine breite Verständnisbasis gestellt werden. Der hier eingeleitete zweite Teil der Thematik bringt Aussagen und Hinweise zu je spezifischen Schwierigkeiten, welche erfahrungsgemäß im Bereich der pädagogischen Betreuung von Grundschulkindern anzutreffen sind. Durch die systematische Aufgliederung in »begriffliche Abklärung«, »Ursachen und Hintergründe«, »Diagnose« und »Therapie und pädagogische Hilfeleistung« soll ein rascher Verständniszugang zu Problemfällen ermöglicht werden, die im pädagogisch-psychologischen Umfeld praktischer Berufsausübung vorkommen und pädagogische Antwort erfordern. Besonders bei der jeweiligen Rubrik »Pädagogische Hilfeleistung« wird verstärkt der schulpraktische und familienrelevante Bezug in den Mittelpunkt gestellt, weniger Maßnahmen, welche in den Therapiebereich außerschulischer Berufsgruppen gehören. Hinweise auf Letztere lassen sich zum Teil dem vorhergehenden grundlegenden Überblick entnehmen. Nach Bedarf müssen diesbezüglich kooperative Wege mit außerschulischen Personen und Institutionen gesucht werden.

Die im Folgenden aufgeführten Verhaltensschwierigkeiten werden durch Fallbeispiele verdeutlicht. Diese sind infolge der Verflochtenheit zahlreicher Verhaltensschwierigkeiten untereinander nicht immer ausschließlich als typisierend zu betrachten. In diesem Zusammenhang ist auch darauf hinzuweisen, dass in der Praxis sehr selten eine Verhaltens- oder Lernschwierigkeit in isolierter Spezifität auftritt. Meistens deuten Symptome und Ursachen auf benachbarte und ähnliche Schwierigkeiten hin. Trotzdem werden in der folgenden Zusammenstellung die einzelnen Problembereiche voneinander getrennt aufgeführt. Dies geschieht auf Grund der besseren Übersicht und aus bewährter literarischer wie praxisorientierter Gepflogenheit. Systematisierung und Einordnung der einzelnen Schwierigkeiten geschehen dabei unter folgenden übergeordneten Aspekten:

- Körperliche Auffälligkeiten und Behinderungen
- Funktionale Störungen im Körperbereich
- Anomale Gewohnheiten im körperlichen Bereich
- Störungen des Gefühlslebens und der Grundstimmung
- Motivations- und Aktivitätsschwierigkeiten
- Gegen die Umwelt gerichtete Verhaltensweisen
- Absonderung von der Umwelt
- Von der Umwelt ausgehende negative Einflüsse
- Besondere (komplexe) schulische Problemfälle
- Sprach- und Sprechschwierigkeiten
- Besondere (komplexe) Lernschwächen.

# 1. Körperliche Auffälligkeiten und Behinderungen

## 1.1 Körperliche Auffälligkeiten allgemein

### Definition

Aussehen und Funktionstüchtigkeit des Körpers eines Kindes können infolge von Vererbung, Krankheit oder Unfall beeinträchtigt sein. Hinsichtlich des Aussehens handelt es sich um Merkmale, die von denen eines »normal« gestalteten Menschen abweichen. Behinderungen (vor allem leichterer Art) sind dann gegeben, wenn durch sie eine Abweichung von funktionalen oder körperlichen Leistungsnormen vorliegt. Beide Bereiche greifen oftmals hinsichtlich der Auswirkungen für Lernfähigkeit und soziale Interaktion ineinander. Als körperliche Auffälligkeiten und Behinderungen werden hier alle jene Beeinträchtigungen des körperlichen Aussehens und der körperlichen Funktionseinschränkung (z. B. Gehbehinderungen, Haltungsschäden) bezeichnet, denen zufolge das betroffene Kind Schwierigkeiten mit dem schulischen Lernen und im sozialen Bezug zu seinen Mitschülern erfahren kann.

In Abgrenzung vom Begriff »Körperbehinderung«, welche die Bewegungsfähigkeit eines Menschen vorübergehend oder für immer einschränkt und bei der sich der Betroffene ohne Hilfe und Hilfsmittel oft nicht allein bewegen kann [340], sind bei dem hier verwendeten Begriff »körperliche Behinderungen« alle jenen leichteren Formen zu verstehen, bei denen Kinder für das Lernen keiner gesonderten und speziellen schulischen Betreuung bedürfen.

### Beschreibung und Symptomatik

#### Körperlich sich äußernde Symptomatik

Körperliche Auffälligkeiten können von vielfältiger Gestalt sein. Eine etwas abweichende Nasenform, abstehende Ohren, geringe Körpergröße, dicke oder dünne Körperformen, Missbildungen der Zähne oder des Gaumens bis hin zu Auffälligkeiten in der Bewegung (z. B. Schlaksigkeit) sind nicht selten Anlass für Spott oder Ablehnung unter den Mitschülern.

Körperliche Behinderungen haben bereits mehr pathologischen Charakter. Zu nennen sind hier Haltungsschäden verschiedener Art, zum Beispiel Rückenschiefheit (Skoliose), Wirbelsäulenverkrümmung nach hinten (Rund- und Spitzbuckel),

Wirbelsäulenverkrümmung nach vorne (Lordose) [341] und Gehbehinderungen, z. B. Hüftgelenksverrenkungen, Fußfehler oder Gangauffälligkeiten.

**Psychisch sich äußernde Symptomatik**

Insbesondere körperliche Auffälligkeiten sind unter Kindern immer wieder Anlass zu Spott und Hänseleien. Davon betroffene Kinder, besonders sensible und selbstunsichere, leiden sehr darunter, wenn sie eine körperliche Auffälligkeit besitzen, die sie vor den anderen nicht verbergen können. Kinder im Grundschulalter orientieren sich sehr häufig an Äußerlichkeiten und sind aufgrund ihrer noch geringen menschlich-sozialen Reife relativ wenig in der Lage, sich mitfühlend in den anderen hineinzuversetzen. Solches kann manchmal bis zu vordergründiger seelischer Grausamkeit reichen. Erst in der Pubertät wird das seelische »Mitfühlenkönnen« ausgeprägter. Soziale Stigmatisierung, Abgelehntwerden und Verspottetwerden führen dann nicht selten beim betroffenen Kind zu Kontaktschwierigkeiten, Minderung des Selbstwertgefühls, Minderwertigkeitsgefühlen, Resignation, Depressivität, Frustration, aber auch zu Aggressivität, wobei sich das Kind in verzweifelten »Befreiungsschlägen« aus seiner Notsituation heraushelfen möchte.

### Ursachen und Hintergründe

Die Frage nach den Ursachen für körperliche Auffälligkeiten und Behinderungen erübrigt sich im Hinblick auf die je individuelle genetische und umweltbedingte Persönlichkeitskonstellation des Kindes. Die Hintergründe für die psychisch sich äußernde Symptomatik sind in der Hauptsache einschneidende psychische Verletzung des Kindes, Beeinträchtigung und Labilität des Selbstwertgefühls und das (meist verdrängte) Gefühl der Ausweglosigkeit angesichts eines körperlichen Soseins, für das man keine Verantwortung trägt, das man auch nicht ändern oder ablegen kann.

### Untersuchungsverfahren und Diagnose

Beobachtung, Aufsatz- und Zeichnungsanalyse, projektive Testverfahren und Gespräch sind wesentliche Verfahren, mit deren Hilfe vor allem die Schwere einer möglichen seelischen Verletzung des von körperlichen Auffälligkeiten betroffenen Kindes aufgehellt werden können. Möglicherweise kann ein Soziogramm aufschlussreiche Hinweise liefern.

## Pädagogische Hilfen

Da kein Mensch ein genormtes Aussehen besitzt, sondern immer auch körperliche Individualität, können manche Ausprägungen dieser Individualität in besonderer Deutlichkeit auftreten und so die Wirkung der Andersartigkeit erhalten. Ein Kind, das erst im Verlaufe seiner Entwicklung zur Stabilisierung kommt, ist sehr schnell aus dem Gleichgewicht gebracht, wenn eine solche »Andersartigkeit« zum Anlass des Verspottetwerdens oder des sozialen Ausschlusses wird. Kleine »seelische Nadelstiche« bleiben von der Umwelt oftmals unbemerkt, und so ist es für den Lehrer schwierig, den Grund für das sich verändernde Verhalten eines Kindes rechtzeitig zu finden. Deshalb ist es wichtig, ein »Gespür« dafür zu entwickeln, wo und wann sich innerhalb der Klasse möglicherweise negative Beziehungen anbahnen. Das (meist recht sensible) Kind, welches sich infolge einer solchen Auffälligkeit belastet fühlt, braucht Hilfe. Es empfehlen sich folgende pädagogische Hilfen:

- Vertrauen gewinnen und Verständnis zeigen
- In einem persönlichen Gespräch einfühlsam, freundlich und gegebenenfalls humorvoll die Spannungen und Hemmungen des Kindes lösen
- Ohne auf den speziellen Fall des betroffenen Kindes in der Klasse einzugehen, sollte in einer Unterrichtseinheit das Thema »Auffälligkeit« angesprochen, behandelt und ausdiskutiert werden.
- Dem Kind Möglichkeiten eröffnen, sich zu behaupten (z. B. Klassenämter; organisatorisches Amt bei einer Klassenfeier)
- Lob, Anerkennung und Selbstbestätigung schenken

## Fallbeispiele

### »Marga« [342]

Bei Marga bildete sich seit früher Kindheit eine körperliche Missbildung an der rechten Gesichtshälfte, von der besonders die Augenhöhle betroffen war. Das durchschnittlich begabte und gesunde Mädchen erlitt dadurch eine Verzerrung ihrer Gesichtsproportionen, was sich auf ihre äußere Erscheinung recht unvorteilhaft auswirkte. Marga wurde von den Eltern ängstlich von anderen Kindern abgehalten und wuchs in der sorgenden Atmosphäre des Elternhauses auf. Der Schuleintritt musste bei ihr wie ein Schock gewirkt haben. Sie wurde angestarrt, gemieden und von ihren Mitschülern abgelehnt. Nach der Schule rannten sie ihr nach und schrien: »Hexe! Alte Hexe!« Zuerst suchte sie sich zu verteidigen und schlug auf die lautesten und aufdringlichsten Schreier ein. Im Laufe der Zeit aber resignierte sie, weinte still vor sich hin und lief auf dem kürzesten Weg nach Hause.

Infolge ihrer Gesichtsmissbildung, durch die sich auch der Mund etwas verzog, konnte Marga nicht sehr deutlich sprechen. Verschiedene Konsonanten bereiteten ihr besondere Schwierigkeiten beim Sprechen und Vorlesen. Sie hatte immer Angst, in dieser Beziehung aufzufallen. In ihrem Bemühen, Marga zu helfen, tat die Lehrerin nun offensichtlich etwas Falsches. Marga durfte besonders begehrte Klassendienste verrichten, wurde häufiger als andere gelobt und bekam schließlich eine besondere Bank im Klassenzimmer. Dadurch wurde das Kind vollends zum Außenseiter gestempelt. Dies wurde umso schlimmer, als die Lehrerin daranging, diejenigen Kinder zu bestrafen, die Marga nach der Schule verspotteten. Das Mädchen fing an, ihre Mitschüler zu verpetzen und genoss es sichtlich, als diese ihre Strafe abbekamen. Sie wiederum bekam dafür umso häufiger die Abneigung der anderen zu spüren.

Im Verlauf ihrer Schulzeit blieb Marga in ihrem ganzen Verhalten ihrer Außenseiterrolle treu. Wohl blieb ihr Lernerfolg im Rahmen eines guten Durchschnitts, doch schaffte sie es nie, sich in die Gemeinschaft einzugliedern. Dieser für sie so wichtige seelisch-soziale Lernerfolg blieb ihr bedauerlicherweise versagt. Hätte die Lehrerin gleich bei Schulbeginn in einer Stunde das Thema »Körperliche Behinderung« zusammen mit der Klasse sachlich und mit dem nötigen Fingerspitzengefühl geklärt, hätte sie Marga nicht so auffällig bevorzugt, sondern versucht, das Mädchen freundlich, bestimmt und objektiv als vollwertiges Mitglied der Klasse zu behandeln, so wäre Margas Leben in anderen Bahnen verlaufen.

### »Johannes« [343]

Johannes war, als ich ihn kennen lernte, ein schmächtiger und schüchterner Junge von 8 Jahren. Da er gut Fußball spielen konnte, war er unter seinen Mitschülern recht beliebt. Auch in der Schule zeigte er überdurchschnittlich gute Leistungen. So war ich überrascht, als ich ihn eines Tages am Rande einer Wiese stehen sah, während seine Kameraden Fußball spielten. Ich sprach ihn deswegen an. Da fing er leise zu weinen an, wandte sich ab und entfernte sich langsam. Auch als ich ihn nochmals ansprach, sagte er nichts. Einige Tage später traf ich ihn wieder und fragte ihn, was denn gewesen sei. Da brach es dann aus ihm heraus: Ein wesentlich robusterer Mitschüler, der nur halb so gut Fußball spielen konnte wie er und deshalb von den anderen in der Mannschaft lediglich geduldet wurde, hatte offenbar einen Weg gefunden, seinen Neid abzureagieren. Johannes hatte abstehende Ohren. Sie waren ihm bis dahin als das Selbstverständlichste auf der Welt vorgekommen. Aber dieser Mitschüler verpasste nun keine Gelegenheit, Johannes wegen seiner Ohren zu hänseln, sogar während des Fußballspielens, und dies stieß das sensible Kind aus seinem Selbstbewusstsein heraus. Es gab Tage, an denen Johannes früh um keinen Preis mehr zur Schule gehen wollte. Er stand, wie er erzählte, jetzt häufig vor dem Spiegel und schämte sich seiner »Hässlichkeit«. Nachts legte er sich sorgfältig so ins Bett, dass das Ohr, auf das er sich legte, ja nicht umgebogen würde. So hoffte er, seine Ohren anliegender zu machen. Sein Kummer – so geringfügig er einem Erwachsenen auch vorkommen mag – war durchzogen von tiefem seelischen Schmerz, den er in sich hineinfraß.

Bald wurden auch die Leistungen in der Schule in Mitleidenschaft gezogen: Seine Schrift wurde fahrig und unordentlich, er war »nicht mehr bei der Sache«

und hatte sich von einem bisher fröhlichen in einen »bockigen« Schüler verwandelt. Auch der Lehrer merkte jetzt, dass das Verhalten von Johannes offensichtlich belastet war.

Die Therapie gelang rascher als vorauszusehen war. Es war sicherlich Zufall, dass mir ein Fußballstar aus der Bundesliga auffiel, der abstehende Ohren hatte. Ich besorgte mir ein Bild und fragte Johannes: »Kennst du den X?« – »Ja.« – »Wie ist der?« – »Der ist Klasse!« – »Sieh dir einmal seine Ohren an!« – Nach einer Weile zog ein langsames, befreiendes Lächeln über das Gesicht von Johannes. Dies war der Auslöser dafür, sein Selbstbewusstsein wieder zurückzufinden. Ein Übriges taten einige weitere Gespräche, in deren Verlauf der Junge seinen Kummer löste und sich mit seiner Auffälligkeit unbeschwert auseinandersetzte. Als er schließlich über alle möglichen anderen Ohrenformen lachen konnte, hatte Johannes wieder »Tritt gefasst«.

## »Brigitte«

Brigitte hatte bereits seit der Geburt eine körperliche Behinderung. Die Hände waren gleich am Ellenbogen angewachsen, an jeder Hand fehlte jeweils der Daumen. Laufen lernte Brigitte erst mit 3 1/2 Jahren. Sie war wegen zu weicher Knochen lange Zeit eingegipst. Da ihre Mutter das Kind ledig hatte und wieder heiratete, war das Kind zuerst in einem Kinderheim, bis sich die Familiensituation festigte. Hier besuchte Brigitte auch den angeschlossenen Kindergarten, in dem sie neben den anderen »normalentwickelten« Kindern betreut wurde. Sie fühlte sich akzeptiert, hatte Freundinnen, und niemand störte sich an ihrer Behinderung. So ist es nicht verwunderlich, dass sie die 1. Klasse gut absolvierte.

Mittlerweile sollte eine Eingliederung in die Familie erfolgen, worauf sich Brigitte sehr freute. Nachdem Rektor und Lehrer sich von ihren Kenntnissen überzeugt hatten, sollte sie die zweite Klasse besuchen. Bald tauchten die ersten Schwierigkeiten auf. Brigitte wurde vielfach abgelehnt, da die Eltern unbewusst ihre Kinder beeinflussten, nicht mit »der« zu spielen. Andere Kinder hielten Abstand, weil sie nicht wussten, wie sie auf Brigitte zugehen und sich verhalten sollten. Für Brigitte war die Situation ebenso neu und erschreckend, denn sie hatte kaum Kontakt zu Freundinnen. In dieser Zeit war Brigitte verschlossen und deprimiert. Ihre Schulleistungen sanken ab, und so hielten es alle Beteiligten besser für sie, die Klasse zu wiederholen. Schließlich besserte sich die Situation. Brigitte lebte sich ein. Auch hatte sie jetzt Schulfreundinnen und Spielkameraden.

In der Schule fand das Mädchen sich gut zurecht. Sonderrechte wurden ihr jedoch nicht eingeräumt. Trotz allem machte ihr das Lernen Freude, und es trat keine Schulangst auf. Dadurch, dass sie sich in der Familie geborgen und angenommen fühlte, hatte sie die Kraft, sich durchzusetzen. Erneute Probleme gab es bei der Arbeitssuche. Es gab Angebote, in die Behindertenwerkstatt zu gehen. Dies lehnten die Eltern mit der Begründung ab, dass sie nach der Lehre keine Arbeitsstelle finde.

Eine am Ort ansässige Fabrik lehnte es ab, Brigitte einzustellen, obwohl von der Betriebsgröße her gesehen Behinderte eingestellt werden mussten. Kurz vor Schulbeginn wurden dann drei Stellen zur Ausbildung angeboten, und Brigitte sollte sich zum Probearbeiten einfinden. Es stellte sich heraus, dass sie sehr geschickt war. Sie wurde eingestellt. Mittlerweile arbeitet sie dort bereits zwei Jahre. Es macht ihr Freude, die Arbeit ist abwechslungsreich, und sie ist zufrieden.

Wie die Mutter des Mädchens berichtete, gab es in der Schulzeit im Gegensatz zu jetzt weniger Probleme. Seit die Freundinnen ausgehen und einen Freund haben, lebt Brigitte sehr zurückgezogen. Obwohl sie weggehen möchte, sitzt sie meist daheim, liest oder sieht fern. Sie hat kaum noch Freundinnen, mit denen sie Kontakt pflegt, und ist sehr empfindsam, ernst und leicht verletzlich geworden.

## 1.2 Schwierigkeiten mit den Sinnesorganen

Der Mensch lernt zu einem hohen Prozentsatz mithilfe des Sehens und des Hörens. Sind diese Funktionen beeinträchtigt, leiden auch Lernprozess und Lernerfolg. Gelegentlich bemerken Eltern und Lehrer die Seh- und Hörschwierigkeiten eines Kindes nicht oder erst relativ spät. Mitunter ist ein solches Kind oft schlechter gestellt als ein Kind mit einer offensichtlichen schweren Behinderung, da Letzteres sofort in eine Spezialschule gebracht wird, während das Kind mit der unerkannten Schädigung oft lange Zeit über seine Auffassungskräfte hinaus im Unterricht der Regelschule belastet wird. Es kann vorkommen, dass Kinder mit unerkannten oder fehleingeschätzten Behinderungen der Sinnesorgane als »unintelligent«, »faul« oder »unaufmerksam« bezeichnet und getadelt werden. Kinder selbst können ihre Schwierigkeiten nicht als Abweichung erkennen, da sie keinen »normalen« Vergleich haben und von frühester Kindheit an nicht anders gesehen oder gehört haben. Es liegt an der Aufmerksamkeit und Sachkenntnis des Lehrers, ob solche Schwierigkeiten beim Kind frühzeitig erkannt und ihm dadurch Folgeschäden wie Verhaltensnöte, vermeidbare Misserfolge im Lernen oder Verschlechterung der bisherigen Benachteiligung erspart werden können. Aussprache mit den Eltern und Anraten einer ärztlichen Überprüfung des Kindes sind Maßnahmen, die der Lehrer auf keinen Fall versäumen darf. Ein Zuviel ist im Interesse des Kindes hier immer besser als ein Zuwenig.

*1.2.1 Hörschwierigkeiten*

## Definition

Die akustische[1] und/oder auditive[2] Hörfähigkeit ist in unterschiedlicher Stärke beeinträchtigt. Dadurch wird die Fähigkeit, akustische Umweltsignale und Gesprochenes schnell und deutlich aufzufassen und zu entschlüsseln, vermindert oder in verschiedenen Stärkegraden behindert.

## Beschreibung und Symptomatik

- In der Schule sitzen Kinder mit Hörschwierigkeiten häufig »unaufmerksam« oder »wie zerstreut« da.
- Aufforderungen, die an die Klasse gerichtet werden, wie z. B. »Aufstehen!« oder »Hersehen!« befolgen diese Kinder immer mit einer leichten Verspätung [344].
- Oft fallen sie auch dadurch auf, dass ihre Aufmerksamkeit allzu angespannt ist, um ihren Mangel an Hörfähigkeit auszugleichen. Sie »hängen« dann am Mund des Lehrers und »lesen ab«.
- Das Kind mit Hörschwierigkeiten könnte auch an entzündlichen Prozessen im Bereich der Rachenmandeln leiden, wodurch die Hörfähigkeit beeinträchtigt wird. Solche Kinder fallen auf, weil sie mit offenem Munde atmen und schon in den ersten Schulstunden einen müden und abgespannten Eindruck machen. Eine ärztliche Behandlung kann überraschende Erfolge bringen.
- Die Sprache eines hörbehinderten Kindes zeigt charakteristische Mängel: Sprechunlust, unklare Laute, unscharfe Konsonanten, Fehlen von »nuancenreicher Modulation« und »Musikalität« [345].
- Immer wieder kommt es vor, dass von nicht vorgebildeten Lehrern das Gesamtverhalten eines schwerhörigen Kindes als »Intelligenzmangel« oder als »Geistesschwachheit« missverstanden wird.

## Ursachen und Hintergründe

Ursachen von Hörschwierigkeiten können im akustisch-physiologischen Bereich (z. B. organische Funktionsdefizite; Erkrankungen; Verletzungen; Gehörgangverunreinigung) oder im auditiv-zentralen Bereich (z. B. Reizübertragungsblockierungen; genetische oder entwicklungsbedingte Defizite in der Entschlüsselungs-, Identifikations- oder Verstehensleistung der Reize im auditiven Gehirnzentrum) liegen.

1 Der Begriff »akustisch« betrifft Hören als Vorgang und Ergebnisprodukt von Schallübertragung und physiologischer Reizaufnahme und -verarbeitung durch die Gehörorgane.
2 Der Begriff »auditiv« betrifft »Hören« als zentralen (von Gehirnzentren geleisteten) Wahrnehmungs- bzw. Verstehensvorgang.

## Untersuchungsverfahren und Diagnose

Die Überprüfung der Hörfähigkeit gehört in die Hand des Facharztes. Dieser prüft die Hörleistung mit verschiedenen Methoden und verschiedenen Audiometern. (z. B. elektroakustischer Audiometer; Impedanzaudiometer). Für den schulischen Bereich ist nicht nur die Wahrnehmungsfähigkeit von Lautstärken und -höhen bedeutsam, sondern auch die Diskriminationsfähigkeit von Lauten (Vokale; Konsonanten). Beobachtungen des Lehrers beim Lese-, Rechtschreib- und Sprachunterricht können erste Hinweise erbringen, ob und inwieweit die Unterscheidung von Lauten (z. B. Verwechslung von »a« und »o«, »e« und »i«, »m« und »n«) beeinträchtigt ist. Zur weiteren Überprüfung hat sich eine so genannte »Lauttreppe« bewährt. Diese ordnet jedem Vokal und Konsonanten Testwörter zu, bei denen der jeweilige Laut am Wortanfang, in der Wortmitte und am Wortende enthalten ist. Zur Überprüfung der Laut-Verstehensleistung spricht man die Worte vor und fordert das Kind auf, diese nachzusprechen bzw. zu schreiben. So werden Fehlleistungen an betreffender Stelle angemerkt und bei anschließenden Übungen verbessert. Die Lauttreppe ermöglicht eine individuelle Überprüfung des auditiven Hörens im sprachlichen Bereich. Ihr Einsatz hat sich auch bei Leseschwierigkeiten bewährt.

## Pädagogische Hilfen

Die Schwierigkeiten leicht hörbehinderter Kinder werden häufig nicht erkannt, und diese geraten leicht in den Verdacht, unaufmerksam, zerstreut oder kontaktarm zu sein. Schwierigkeiten erwachsen ihnen besonders im Unterrichtsgespräch und im Umgang mit den Mitschülern. Letzteres kann schnell dazu führen, dass sie in die Isolation oder in eine Außenseiterposition gedrängt werden. Da eine gute Hörleistung eine wesentliche Voraussetzung für den Schulerfolg ist und in besonderer Weise auch Sprech- und Sprachentwicklung eines Kindes davon abhängen, sollte eine vorhandene Hörschwierigkeit so frühzeitig wie möglich erkannt werden. Je eher sie festgestellt wird, umso höher ist der Erfolg von Rehabilitationsmaßnahmen.

Meisten wissen nicht einmal die Eltern von einer vorhandenen Hörschwierigkeit ihres Kindes. Sie sollten darauf aufmerksam gemacht werden, dass es heute Möglichkeiten gibt, die Hörfähigkeit eines Kindes schon im Säuglings- oder frühen Kleinkindalter überprüfen zu lassen. Mittels Ton- und Sprachaudiometer und spezieller Zusatzgeräte kann nicht nur der Grad der Hörbehinderung, sondern auch der Ort der Hörstörung ermittelt werden. Bei Verdacht, dass ein Kind nicht gut hören kann, sollte unverzüglich Kontakt mit den Eltern aufgenommen und ihnen geraten werden, das Kind audiometrisch untersuchen zu lassen. Bei festgestellter stärkerer Hörbehinderung muss das Kind einer Sonderbehandlung und Sonderschulung unterzogen werden. Bei anderweitigen Hörschwierigkeiten sollte der Lehrer bemüht sein, das Kind in die Klassengemeinschaft zu integrieren. Das Kind mit

Hörschwierigkeiten neigt dazu, sich von den anderen zurückzuziehen und sich abzusondern. Schon hier muss die pädagogische Hilfeleistung ansetzen. Das Kind sollte ermutigt werden, sich den anderen Kindern anzuschließen, mit ihnen zu sprechen und sich an den gemeinsamen Spielen zu beteiligen. Zugleich ist es wichtig, dass es seine Schwierigkeiten akzeptiert und keine Minderwertigkeitsgefühle entwickelt. Im Einzelnen können folgende Hinweise sinnvoll sein [346]:

- Das Kind sollte seinen Platz dort haben, wo es die Sprechenden am besten sehen und hören kann.
- Von Fall zu Fall sollte es dem Kind erlaubt werden, im Klassenzimmer umherzugehen, um das akustische Geschehen besser verfolgen zu können (z.B. bei der Freiarbeit, bei Projekten oder bei offener Unterrichtsgestaltung).
- Die Lehrersprache sollte klar und deutlich sein. Wichtige Einzelheiten können besonders hervorgehoben werden.
- Der Lehrer könnte regelmäßig sein Sprechen mit Gesten begleiten, die zum Verständnis des Gesprochenen beitragen.[1]
- Wichtige Ergebnisse des Unterrichts sollten grundsätzlich auch schriftlich an der Tafel fixiert werden. Dies erleichtert den Lernerfolg.
- Zeigt das Kind mit Hörschwierigkeiten Anzeichen von Verständnisproblemen, sollte das Gesprochene wiederholt oder mit anderen Worten erklärt werden.
- Die Klagen eines Kindes, dass es schlecht höre, sind immer ernst zu nehmen. Kinder im Grundschulalter »simulieren« kaum. Meist liegt ein pädagogisch ernst zu nehmender Hintergrund vor.
- Legasthene Schwierigkeiten (Schwierigkeiten des Kindes in der auditiven Differenzierungs-, Durchgliederungs- und Merkfähigkeit) können bisweilen durch Hörschwierigkeiten mitbedingt sein.

## Fallbeispiel

**Der Junge, der als »schwer erziehbar« galt [347]**

Hanselmann berichtet von folgendem Fall: »Ich habe einen neunjährigen Jungen kennen gelernt, der durch den Lehrer übermäßig körperlich gezüchtigt worden war. Eine Untersuchung wurde durchgeführt, und ich bekam den Auftrag, mich gutachtlich über den Grad der Geistesschwachheit und Schwererziehbarkeit und über die weiteren Fürsorgemaßnahmen zu äußern. Der Junge saß noch in der ersten Klasse und wurde mir vom Lehrer als äußerst boshaft, unterrichtsstörend und dumm- schlau geschildert. Ganz nebenbei bemerkte der Lehrer: Und dann behauptet der Kerl immer noch, er höre nicht gut. Eine Prüfung wurde nie durchgeführt.

---

[1] Eisenson/Ogilvie (1971) berichten von einem hörbehinderten Kind, das dankbar feststellte: »Miss Wilson kann man leicht verstehen, weil sie mit ihrem Gesicht und mit ihren Händen spricht«.

> Die mit Widerspruch von Eltern und Lehrer vorgenommene ohrenärztliche Untersuchung ergab nun, dass der rechte Gehörgang vollständig verstopft war durch eine offenbar im Kleinkindalter schon eingeführte Bohne, die von Ohrenschmalz vollständig umgeben war. Auf der linken Seite lag eine Durchlöcherung des Trommelfelles als Restzustand einer durchgemachten Mittelohrvereiterung vor. Die Mutter hatte Ohrenfluss zwar bemerkt, aber angenommen, das gehöre zum Zahnen. Der Junge erwies sich in einem heilpädagogischen Heim sehr bald als intelligent. Er lernte nach anfänglichen Schwierigkeiten sehr gut und hat nach anderthalb Jahren sich bis zum guten Durchschnitt seiner dem Alter entsprechenden Schulklasse emporgearbeitet. Seine weitere Entwicklung war einwandfrei.«

### 1.2.2 Sehschwierigkeiten (Myopie; Hyperopie; Strabismus)

#### Definition

Die optische[1] und/oder visuelle[2] Sehfähigkeit ist in unterschiedlicher Stärke beeinträchtigt. Dadurch wird die Fähigkeit, optische Umweltsignale und Geschriebenes schnell und deutlich aufzufassen und zu entschlüsseln, vermindert oder in variablen Stärkegraden behindert.

Bei *Myopie* oder *Kurzsichtigkeit* liegt ein Mangel an Sehschärfe für die Ferne vor, bei *Hyperopie* oder *Übersichtigkeit* mangelnde Sehschärfe für die Nähe. Bei *Strabismus* oder *Schielen* handelt es sich um eine Abweichung der Blickrichtung eines der beiden Augen beim Blick in die Ferne.

#### Beschreibung und Symptomatik

Dem *kurzsichtigen Kind*, dessen Sehschwierigkeit nicht erkannt wurde, bereitet es große Mühe, z. B. Texte an der Tafel oder aus der Overhead-Projektion zu entschlüsseln. So ist es häufig nicht in der Lage, schriftsprachliche Fixierungen vorzulesen oder diese rechtschriftlich einwandfrei abzuschreiben. Es kommt vor, dass solche Kinder für »schlechte Rechtschreiber« gehalten werden oder für »unkonzentriert«. Schwierigkeiten ergeben sich für kurzsichtige Kinder auch beim Sport.

*Übersichtigkeit* ist ein Sehfehler, der vor allem bei Schulanfängern häufiger nicht erkannt wird. Daher ist es nicht auszuschließen, dass viele übersichtige Kinder nur deshalb schlechtere Schüler werden, weil sie beim Lesen und Schreiben schneller ermüden und leicht Kopfschmerzen bekommen [348]. Übersichtige Kinder werden häufig als »unkonzentriert« beurteilt, wenn ihre Sehschwierigkeit unerkannt bleibt.

---

1 Der Begriff »optisch« betrifft Sehen als Vorgang und Ergebnisprodukt von Lichtübertragung und physiologischer Reizaufnahme und -verarbeitung durch das Augensystem.
2 Der Begriff »visuell« betrifft »Sehen« als zentralen (von Gehirnzentren geleisteten) Wahrnehmungs- bzw. Verstehensvorgang.

Die schulischen Schwierigkeiten eines Kindes, welches an *Strabismus* leidet, liegen auf der Hand. Fächer wie z. B. Schreiben, Werkunterricht oder Sport können zum Problem werden. Nicht zu vergessen sind mögliche psychisch-soziale Probleme innerhalb der Gruppe. Für das Vorhandensein von Sehschwierigkeiten insgesamt können folgende Beobachtungen Hinweise geben:

- Auffallend viele Fehler beim Abschreiben von der Tafel, während beim Abschreiben vom Buch weniger Fehler gemacht werden (auch im umgekehrten Falle)
- Klagen des Kindes über Kopfschmerzen und Müdigkeit
- Fehler beim Lesen und Rechtschreiben
- Unsicherheiten beim Sport, Werkunterricht und bei der Handarbeit
- »Konzentrationsschwierigkeiten«, Übermüdungserscheinungen, Gehemmtheiten, unerklärbare Minderleistungen
- Häufiges Zusammenkneifen oder Reiben der Augen
- Das Kind rückt zu dicht an den Fernsehschirm
- Es schreibt und liest »mit der Nase«
- Es schreibt im Heft unter oder über der Linie

### Ursachen und Hintergründe

Die Ursachen von Sehschwierigkeiten können optisch (ererbte oder erworbene organische Funktionsdefizite bei den Augen; Erkrankungen; Verletzungen) bedingt sein oder im visuell-zentralen Bereich (z. B. Entschlüsselungsleistungen, begrifflich-assoziative Vorgänge; Speicherschwierigkeiten; Gestaltdifferenzierungsschwierigkeiten) liegen. Solche visuell zentralen Identifikations- und Verstehensleistungen spielen eine wichtige Rolle beim Leselernprozess. Deren Beeinträchtigung führt in der Regel zu Leseschwierigkeiten (z. B. bei der multiplen Verursachung von Legasthenie).[1]

*Myopie* ist auf ein Missverhältnis zwischen Strahlenbrechung und Achsenlänge des Auges zurückzuführen. Ursache hierfür ist häufig ein anormales Wachstum des Auges (meist erblich bedingt) oder eine einseitig erzwungene Anspannung des Auges durch vieles Lesen oder Schreiben bei ungünstigem Augenabstand. Bei Kurzsichtigen werden infolge der zu langen Achse des Auges die aus der Ferne in das Auge kommenden parallelen Strahlen auf der Netzhaut nicht scharf abgebildet. Naheliegende Gegenstände und Abbildungen werden dagegen scharf abgebildet und somit auch deutlich gesehen.

Kindern mit *Hyperopie* mangelt es an Sehschärfe für die Nähe. Zurückzuführen ist dies wie bei Kurzsichtigkeit auf ein Missverhältnis zwischen Strahlenbrechung im Auge und Achsenlänge des Auges. Der Augapfel ist zu kurz. Der Weitsichtige kann Gegenstände in der Ferne deutlich sehen. Allerdings braucht er hierzu bereits den Akkomodationsvorgang (Anpassung der Augen), den der Normalsichtige nur

---

1 Vgl. die Ausführungen im Kapitel »Leseschwierigkeiten«, S. 386ff.

zum Nahesehen benötigt. Beim Sehen in die Nähe müsste dann der Akkomodationsvorgang noch stärker vorgenommen werden. Dies gelingt nur schlecht oder gar nicht.

*Strabismus* ist meist auf eine fehlerhafte Ausbildung der Augenmuskeln zurückzuführen. Es kann aber auch eine Unfähigkeit vorliegen, die von beiden Augen ins Gehirn geleiteten »Bilder« dort »zur Deckung« zu bringen. Dabei wird durch eine unbewusst vorgenommene Korrektur ein Auge gewissermaßen »ausgeschaltet«. Es »macht nicht mit«, um ein scharfes Bild zu ermöglichen. Es schielt.

Untersuchungsverfahren und Diagnose

Die Überprüfung der physiologischen Sehfähigkeit ist Aufgabe des Facharztes. Dieser prüft die organische Gesundheit und die Sehleistung und empfiehlt aufgrund des Ergebnisses entsprechende Sehhilfen. Die Überprüfung der visuellen Wahrnehmungsfähigkeit durch Beobachtung des Kindes und mittels Testdiagnose ist in der Regel Aufgabe des Psychologen und Pädagogen. In der Schule geschieht dies häufig im Zusammenhang mit der Diagnose der verschiedenen Faktoren der Lesefähigkeit.[1]

Kinder mit korrigierten Sehschwierigkeiten werden in der Regel in der Normalschule unterrichtet. Regelmäßige Sehleistungsprüfungen durch den Arzt werden mittels »Sehzeichen« und »Sehtestgeräten« vorgenommen. Diese kontinuierlichen Überprüfungen ermöglichen dem Kind ein relativ ungestörtes Lernen. Bei einer Sehschärfe »von nur noch 1/4 bis 1/25 des Normalen« ist die Überweisung in eine *Sehförderschule* angebracht. Bei noch geringerem Sehvermögen muss das Kind in eine *Blindenschule* [349].

Pädagogische Hilfen

In den meisten Fällen von Sehschwierigkeiten sind die Chancen für eine Besserung gut, wenn das Problem rechtzeitig erkannt wird. Leider kennen oft nicht einmal die Eltern die vorhandene Sehbeeinträchtigung ihres Kindes. Der Aufmerksamkeit des Lehrers könnte manches Kind die Befreiung von seinen Schwierigkeiten verdanken. Ein schielendes Kind zum Beispiel muss möglichst frühzeitig in ärztliche Behandlung, damit Schwachsichtigkeit verhütet werden kann. Schielen führt nämlich leicht dazu, dass das Sehvermögen des nicht voll benützten Auges schwächer wird oder eine einseitige Erblindung auftritt. Auch das räumliche Sehen kann verloren gehen. Es geht bei einer rechtzeitigen Behandlung auch darum, dem schielenden Kind psychische Probleme zu ersparen, die ihm aus seinem Sehfehler erwachsen können.

---

1 Vgl. die diagnostischen Verweise im Kapitel »Leseschwierigkeiten«, S. 392ff.

Fallbeispiel

## »Peter«

Peter besuchte den 3. Schülerjahrgang. Er war ein sehr guter Schüler. Er arbeitete sorgfältig und gewissenhaft. Seine Schulhefte waren mustergültig geführt. Dem Lehrer fiel nur auf, dass Peter, wenn er in der Schule aufgerufen wurde, hin und wieder »unaufmerksam« war und Ergebnisse, die zuvor an die Tafel geschrieben wurden, recht oberflächlich wiederholte. In letzter Zeit kam es einige Male vor, dass sich der Lehrer von Peter »auf den Arm genommen« fühlte, als er wiederum an der Tafel fixierte Ergebnisse wiedergeben sollte. Er sagte einfach irgendwelche Zahlen, worauf die Klasse in großes Gelächter ausbrach. Peter lachte mit. Der Lehrer konnte sich Peters Verhalten nicht erklären. Einige Wochen später unternahm die Klasse einen Unterrichtsgang. Ein nahe der Stadt gelegenes Berggelände sollte betrachtet werden. Am Stadtrand deutete der Lehrer auf die deutlich sichtbaren Hügel. Als er Peter aufforderte zu berichten, was er sehe, fragte der Junge, wo denn die Hügel seien. Alle lachten. Peter lachte zuerst nach alter Gewohnheit wieder mit. Als der Lehrer ihn aber scharf zurechtwies, fing Peter zu weinen an und erklärte, dass er wirklich nicht wisse, welche Hügel gemeint seien.

Der Arzt stellte bei dem Jungen eine nicht sehr schwere, aber doch eindeutig zu diagnostizierende Kurzsichtigkeit fest. Peter erhielt eine Brille und erzählte, dass er auf einmal Dinge genau sehen könnte, die er zuvor niemals so erfasst habe. Weder die Eltern noch die Lehrer der ersten zwei Schuljahre hatten von der Kurzsichtigkeit des Jungen eine Ahnung gehabt. Peter erklärte, dass er früher einfach nicht gewusst habe, dass »man auch anders sehen könne«. Dass seine Kameraden in der Schule immer wieder lachten, wenn er etwas sagte, das er einfach zu erraten suchte, sei für ihn zwar beunruhigend gewesen, aber dann habe er einfach mitgelacht und so getan, »als ob er einen Witz gemacht« habe.

# 2. Funktionale Störungen im Körperbereich

## 2.1 Frühkindliche Hirnschädigungen

### Definition

Der Sammelbegriff »frühkindliche Hirnschädigungen« umfasst verschiedenartige Störungsbilder, die sich jedoch alle auf eine mehr oder minder gravierende Schädigung des sich noch in der Entwicklung befindlichen Zentralnervensystems des Kindes beziehen [350]. Dabei handelt es sich um Störungen der Entwicklung, des Lernens und spezifischer Leistungen [351].

Eine einheitliche Terminologie von Hirnschädigung ist bis heute noch nicht gelungen. Synonym gebraucht werden Begriffe wie »Hirnfunktionsstörungen«, »psychoorganisches Syndrom«, »organisches Psychosyndrom«, »exogenes Psychosyndrom« oder »Hirnstörungen« [352]. Unter anderem kann zerebrale Kinderlähmung (infantile Zerebralparese) ein Folgezustand einer pränatalen (vorgeburtlichen), perinatalen (während der Geburt erfolgten) oder postnatalen (nachgeburtlichen) Hirnschädigung sein, die auf verschiedene Ursachen zurückzuführen ist [353].

### Beschreibung und Symptomatik

Frühkindliche Hirnschädigungen stellen innerhalb des Komplexes der Verhaltensschwierigkeiten, die auf körperliche Ursachen zurückzuführen sind, die häufigste, oft nicht erkannte Ursache dar. Die Krankheitssymptome frühkindlicher Hirnschädigungen können körperlicher, geistiger und emotionaler Art sein und in der Stärke der Ausprägung variieren [354]. Das so genannte »Little-Syndrom« (eine infantile Zerebrallähmung) äußert sich in Bewegungsstörungen, bei denen vor allem die Beine häufig von einer doppelseitigen spastischen Lähmung betroffen sind, in artikulatorischen Sprechstörungen und in geistiger Behinderung verschiedener Ausprägung. Anzeichen einer zerebralen Kinderlähmung sind fortschreitende Störungen der Statomotorik, die bis hin zu Krampfanfällen reichen können [355], Entwicklungsverzögerungen des Haltungs- und Bewegungsapparates, deren Verlauf oft verdeckt ist, Reflexanomalie und Muskelatonie (Schlaffheit, Erschlaffung der Muskulatur). Dabei auftretende Störungen im Bewegungsablauf werden durch Ataxie (Störung im geordneten Zusammenwirken der Muskelgruppen) [356] oder durch spastische Lähmungen [357] hervorgerufen. Weitere Symptome zerebraler Kinderlähmung stellen Tremor (Muskelzittern), Sehstörungen sowie geistige Behinderung dar [358]. Neben diesen schweren Fällen frühkindlicher Hirnschädigungen, die frühzeitig zu erkennen sind, treten auch leichtere Formen auf, deren Symptomatik oft nicht mit der dahinterstehenden Ursache in Verbindung gebracht wird.

Auffälligkeiten im *körperlichen Bereich* stellen vor allem Beeinträchtigungen der Motorik (z.B. mangelnde Koordination zwischen Auge und Extremitäten) oder ungeschickte Feinmotorik dar [359]. Das betroffene Kind erscheint oftmals hyperaktiv, wird im Verlaufe seines Verhaltens aber schnell müde und wirkt dann erschöpft [360].

Die Symptomatik im *emotionalen Bereich* äußert sich in Impulsivität, in einem stark eingeschränkten Selbstwertgefühl, in Mangel an Selbstbeherrschung und in auffallenden Stimmungsschwankungen (z.B. Weinerlichkeit) [361]. Weitere Symptome sind beispielsweise verminderte Angstbildung, Reizüberempfindlichkeit, Distanzstörung, Empathiestörung, Affektstauungen, Affektentladungen und Affektverarmung [362]. Als Folgen solcher Disponiertheit ergeben sich vielfach Schwierigkeiten in der sozialen Anpassung, die bis zu sozialem Versagen führen können [363].

Die Intelligenzskala von Kindern mit frühkindlichen Hirnschädigungen reicht von »debil« bis »hochintelligent« [364]. Es kann deshalb nicht von vornherein auf eine Behinderung im *geistig-kognitiven Bereich* geschlossen werden, wenn ein Kind von einer solchen Schädigung betroffen wurde. Andererseits treten als Folgeerscheinungen auch Beeinträchtigungen der Wahrnehmung, Begriffsbildung, der Abstraktionsfähigkeit und sprachlicher Fähigkeiten auf [365]. Dies kann zu Schwierigkeiten in der Unterscheidung wichtiger und unwichtiger visueller und auditiver Reize führen, was zu einer Verwirrung des Kindes im Erkennungsprozess und im klaren gedanklichen Zugriff beiträgt. Besondere Probleme entstehen dabei in der »Figur-Hintergrund-Differenzierung«, in räumlicher Orientierung und in der Gestaltauffassung[1] [366]. Im sprachlichen Bereich bereiten vor allem eine verminderte Fähigkeit zur Lautunterscheidung und eine daraus resultierende falsche Artikulation der gehörten Worte Schwierigkeiten [367]. Daneben treten vielfach Konzentrations- und Aufmerksamkeitsstörungen auf, die mit erhöhter Ablenkbarkeit einhergehen. Ebenso können daraus auch extreme Schwankungen im Leistungsverhalten des Kindes erwachsen. An weiteren Symptomen wären noch zu nennen die Tendenz, eine Handlung oder eine Tätigkeit zu wiederholen (Perseveration) [368], eine Verlangsamung des Denkens sowie die Schwierigkeit des Kindes, komplexe Situationen angemessen zu beurteilen [369].

In den Bereich der frühkindlichen Hirnschädigung gehört auch die »minimal cerebral dysfunction« (MCD)[2], für die in der Literatur auch die Begriffe »leichte frühkindliche Hirnschädigung«, »minimale zerebrale Paralysis« oder »frühkindliches exogenes Psychosyndrom« synonym gebraucht werden [370].

1 Vgl. mögliche Schwierigkeiten von Kindern im Erlernen des Lesens, S. 388f.
2 Vgl. das Kapitel über »Minimale zerebrale Dysfunktion«, S. 87f.

## Ursachen und Hintergründe

Frühkindliche Hirnschädigungen entstehen während der Schwangerschaft, der Geburt oder im Säuglings- bzw. Kleinkindalter. Schädigungen, die während der Zeit der vierten Schwangerschaftswoche bis zum vierten Schwangerschaftsmonat entstehen, so genannte »Embryopathien« [371], werden meist durch Virusinfektionen oder Stoffwechselerkrankungen der Mutter ausgelöst (z. B. Röteln; Mumps; Grippe; Masern) [372]. Fetopathien, das sind nach dem vierten Schwangerschaftsmonat eintretende Schädigungen, die durch Erkrankungen der Mutter (z. B. Geschlechtskrankheiten; Toxoplasmose) oder durch Unverträglichkeit des Rhesus-Faktors bei den Eltern bedingt sind [373], stellen eine weitere pränatale Ursachenquelle dar. Weiterhin können bestimmte Ernährungsfaktoren (z. B. Fehlen von Spurenelementen, Vitaminmangel), chemische (z. B. Strahlen, Medikamente) oder mechanische Faktoren (z. B. Verletzungen, Abtreibungsversuche) Schäden vor der Geburt verursachen [374].

Perinatale Schäden treten vor allem bei Frühgeburten oder komplizierten langwierigen Geburten auf. Sie werden meist durch mechanische Schädigungen, Durchblutungsstörungen bei Mutter oder Kind, entzündliche Erkrankungen oder Asphyxie (Stillstand der Atemtätigkeit) [375] und daraus resultierendem Sauerstoffmangel hervorgerufen. Man schätzt, dass rund 70 Prozent aller Hirnschädigungen durch Geburtstraumata verursacht werden [376]. In der Zeit vom elften Lebenstag bis zum Ende des sechsten Lebensjahres eintretende Schädigungen des Hirns sind durch Ernährungsstörungen [377], Hirnhautentzündungen, Hirnverletzungen, Gehirnerschütterungen, Hormonstörungen, Stoffwechselerkrankungen oder Kinderkrankheiten, die mit hohem Fieber einhergehen bzw. auf das Gehirn übergreifen, bedingt [378]. Ebenso kann eine schwere affektive Vernachlässigung bei Hospitalismus als Ursache angesehen werden [379]. Verstärkend auf eine frühkindliche Hirnschädigung können sich Umwelteinflüsse wie z. B. Fehlerziehung oder mangelnde Nestwärme auswirken [380].

An dieser Annahme, dass frühkindliche Hirnschädigungen ihre Ursache in Störungen der prä-, peri- und postnatalen Gehirndifferenzierung haben, ist nach Steinhausen [381] allerdings noch einiges hypothetisch. Da als typisch angesehene Risikofaktoren auch bei Kindern ohne Hirnfunktionsstörungen auftreten, muss die zukünftige Forschung zunächst herausfinden, welche Risikofaktoren auch tatsächlich zu den jeweils spezifischen Funktionsstörungen führen. Nach Steinhausen handelt es sich bei der frühkindlichen Hirnschädigung »um eine Interaktion von Auswirkungen« bestimmter prä- und perinataler Risikofaktoren, potenzieller genetischer Faktoren und Umweltbedingungen, welche »vom Hirn vermittelt werden« [382].

## Untersuchungsverfahren und Diagnose

Schwer motorisch oder geistig behinderte Kinder, deren Beeinträchtigung durch eine frühkindliche Hirnschädigung hervorgerufen wurde, sind in der Grundschule kaum anzutreffen, da deren Behinderung meist vorher erkannt wurde. Bei leichteren Schädigungen erfolgt oftmals eine Überlappung primär durch Hirnschädigung bedingter Störungen mit sekundären Verhaltensauffälligkeiten, deren Trennung meist sehr schwierig ist. Können im Verhalten eines Kindes über einen längeren Zeitraum hinweg Veränderungen beobachtet und andere (z.B. soziale) Ursachen ausgeschlossen werden, oder fallen Störungen der Motorik oder sonstige Symptome einer möglichen Hirnstörung auf, sollte ein Gespräch mit den Eltern erfolgen. Besteht danach (z.B. durch Hinweise auf Krankheiten; Geburtstrauma) der Verdacht zur Annahme einer frühkindlichen Hirnschädigung als Ursache, muss eine fachärztliche Untersuchung erfolgen[1]. Durch einen Kinderpsychiater oder einen Facharzt für klinische Psychologie können primäre und sekundäre Folgen der Schädigung geklärt und gegeneinander abgegrenzt werden [383]. Die Diagnose umfasst dabei die Symptomatik im Verhaltensbereich, neurologische Symptomatik und testpsychologische Befunde (besonders Störungen in der Gestaltauffassung) [384]. Die psychologische Anamnese hat dabei einen hohen Stellenwert, da sie Aufschluss über Anlagebedingtheit oder Neurotisierung der Störungen sowie Hinweise auf gezielte Hilfen geben kann [385].

## Pädagogische Hilfen

Die Prognose für Kinder mit frühkindlichen Hirnschädigungen ist relativ günstig. Selbst bei einem spontanen Verlauf verlieren viele der Störungen oder Beeinträchtigungen an Intensität und treten seltener auf [386]. Dennoch sollte eine gezielte Übungsbehandlung für das betroffene Kind angesetzt werden, die je nach Bedarf den sprachlichen, motorischen oder Wahrnehmungsbereich besonders berücksichtigt.

Bei der speziellen Betreuung des Kindes im *motorischen Bereich* kommt bewegungstherapeutischen[2], feinmotorischen und rhythmischen Übungen sowie dem Körperbalancetraining große Bedeutung zu. Hierzu bieten sich auch Spiel-, Sport- und Musiktherapie an. In den Unterrichtsfächern, die für das Kind motorische Schwierigkeiten beinhalten (z.B. Sportunterricht), muss differenziert auf das Kind

---

1  In den letzten Jahren ist man mit der Diagnose einer frühkindlichen Hirnschädigung vorsichtiger geworden, nachdem auf Grund sorgfältiger empirischer Untersuchungen Zweifel an der Einheit des Syndroms und an seiner Häufigkeit geäußert wurden.
2  Frostig und Scheiblauer entwickelten eine neue Form der Bewegungstherapie (Perzeptionstraining), welche in Form einer Kooperation von Krankengymnasten, Ergotherapeuten und Psychologen Gruppen- und Einzeltherapie ansetzt und vor allem Kinder mit minimalen zerebralen Dysfunktionen betreut.

eingegangen werden. Besondere Probleme mit der Feinmotorik treten besonders im Deutsch-, Kunst- und Werkunterricht sowie in der Textilarbeit auf. Sie müssen ebenso wie Schwierigkeiten bei schriftlichen Klassenarbeiten pädagogische Berücksichtigung finden. Durch gezielten Einsatz von Lernmaterialien (z. B. Buchstaben zum Nachzeichnen) und geduldiges Üben kann die Feinmotorik erheblich verbessert werden [387]. Da dies nicht nur während der Unterrichtszeit geschehen kann, muss eine Kooperation mit den Erziehungsberechtigten erfolgen, um lern- und erziehungsbezogene Maßnahmen zu koordinieren. Hierzu ist eine ausreichende Information über Art und Ausmaß der frühkindlichen Hirnschädigung wichtig.

Auf medizinischen Kenntnissen aufbauende individuelle pädagogische Maßnahmen sollten nach Möglichkeit in Absprache mit dem Facharzt erfolgen. Diese Beratung muss auch die Eltern miteinbeziehen, da Übungen zu Hause das Fördertraining in der Schule richtig ergänzen müssen. Wichtig ist es dabei, dem Kind Situationen vorzugeben, die überschaubar sind und keine Überforderung durch zu viele Aufträge oder Umweltreize zur gleichen Zeit darstellen. Hilfreich ist eine feste Ordnung durch konsequente Anwendung von Geboten und Verboten sowie eine Stärkung des Selbstbewusstseins durch intensive Zuwendung [388]. Je nach dem Grad der Schädigung sollte zusätzlich zur schulischen und elterlichen Betreuung eine spezielle ärztliche und psychologische Behandlung erfolgen. Auch Pharmakotherapie kann sich durchaus als sinnvoll erweisen (z. B. Stimulation mit dem Ziel einer Symptomabschwächung bei Hyperkinese). Ärztlich richtig angewandt sind Medikamente zumindest eine Unterstützung und Starthilfe für pädagogisch-psychologische Maßnahmen [389].

Die Bemühungen des Lehrers, dem Kind im *emotionalen Bereich* pädagogische Hilfe zu leisten, gründen vor allem auf einem taktvollen Umgang im interpersonalen Bezug. So kann zum Beispiel bei Erregungszuständen das Kind an einen ruhigen Ort gebracht oder ihm eine neue Tätigkeit angeboten werden [390]. Sozialbezogene Anforderungen an das Kind sollten auf ihre Realisierbarkeit überprüft werden, sodass eine Überforderung vermieden wird. Anfallende notwendige Aussprachen sollten nicht vor den Augen der Klasse während des Unterrichts erfolgen, sondern nach Möglichkeit in einer gelockerten Atmosphäre (Pause; Schulbeginn). Um das (oft eingeschränkte) Selbstwertgefühl des Kindes zu stärken, bieten sich verhaltensmodifizierende Maßnahmen (z. B. lobende Anerkennung schon kleiner Erfolge) an.

Schwierigkeiten im *geistig-kognitiven Bereich* lassen sich durch gezielte Trainingsprogramme verringern. Dabei ist darauf zu achten, dass das Kind nicht überfordert wird. Lernspiele und Lernmaterialien können Differenzierungsfähigkeit, Raumorientierung und Gestaltauffassung verbessern. Um einer zu großen Ablenkung des Kindes durch Umweltreize vorzubeugen, kann es in eine mittlere Bankreihe neben einen ruhigen und ausgeglichenen Schüler gesetzt [391] und mehrmals in der Stunde in die Unterrichtsarbeit integriert werden. Je früher Hilfen für das Kind eingeleitet werden, desto besser lassen sich Lern- und Verhaltensschwierigkeiten als Sekundärstörungen vermeiden.

## Fallbeispiel

### »Rolf« [392]

Obwohl Rolf die zweite Klasse wiederholt, liegen seine Leistungen im unteren Drittel. Er arbeitet sehr langsam. Trotzdem macht er viele Fehler. Dabei beginnt er meist ordentlich und konzentriert, dann jedoch lässt seine Aufmerksamkeit nach. Die Fehler häufen sich und die Arbeit wird unordentlich. Dem Diktat kann er nicht folgen, bei Arbeitsanweisungen muss er immer wieder nachfragen. Beim Abschreiben vergisst er Wörter im Text. Andererseits zeigt Rolf, wenn er nicht abgelenkt wird, eine gute Arbeitshaltung und scheint ein aufgeweckter Junge zu sein. Im Sportunterricht ist er recht ungeschickt aber trotzdem wagemutig. Seinen Mitschülern gegenüber verhält er sich feindselig und streitsüchtig. Er provoziert schwächere Schüler, um dadurch Schlägereien anzufangen.

Rolf ist das jüngste Kind in der Familie. Er hat noch zwei ältere Schwestern. Die Familie erscheint intakt, weist ein gepflegtes Milieu und gute finanzielle Verhältnisse auf. Der Vater ist sehr korrekt, ruhig und ausgeglichen, die Mutter lebhaft und spontan. Jedoch wirkt die Familie Rolf gegenüber etwas verunsichert. Seine Schwestern machen sich sogar teilweise über ihn lustig.

Rolf litt als Kind von Geburt an (diese dauerte sehr lange) viel an Bronchitis und hohem Fieber. Seine Entwicklung verlief insgesamt etwas langsamer als die seiner Schwestern. Er war immer unruhig und schreckhaft, weinte lange und viel und schlief schlecht. Auch konnte er nie eine längere Zeitspanne bei einem Spiel verweilen, fing Zeichnungen und Bastelarbeiten an und ließ sie unvollendet liegen. Ruhig sitzen zu bleiben, stellte ebenfalls ein Problem für ihn dar.

Ständig erhob er sich, lief umher oder schaukelte auf dem Stuhl. Im Kindergarten stand Rolf am ersten Tag nur still in der Ecke, am nächsten Tag weinte und schrie er, weil er nicht mehr dorthin gehen wollte. Mit der Zeit wurde er im Kindergarten zum Außenseiter. Er reagierte auf Annäherungsversuche anderer Kinder mit Wutausbrüchen, und deshalb mied man ihn mit der Zeit.

Als Rolf eingeschult wurde, hatte er von Anfang an besonders mit dem Schreiben Mühe. Deshalb musste er zu Hause viel üben. Manchmal gelangen ihm dann einige ordentlich geschriebene Zeilen. Nach den Worten seiner Eltern bedeutete dies, dass der Junge »konnte, wenn er wollte«. Deshalb forderte der Vater beim Üben eine gewisse Leistung von Rolf, was bei ihm häufig zu Tränen führte, wenn es lange dauerte. Oft saß der Junge zu Hause stundenlang vor seinen Hausaufgaben, ohne weiterzukommen, und träumte vor sich hin.

Das Ergebnis eines Intelligenztests erbrachte einen durchschnittlichen IQ, wobei die Fähigkeiten zu schlussfolgerndem, abstraktem Denken über dem Durchschnitt lagen. Die sprachlichen Fähigkeiten hielten sich knapp im mittleren Bereich. Die Differenzierung von Formen und Zeichen bereitete Rolf Schwierigkeiten. Andere Tests zeigten seine Unsicherheit und seine Minderwertigkeitsgefühle sowie ein starkes Bedürfnis nach Geborgenheit und Zuwendung bei gleichzeitig großer Angst vor neuem Versagen und Zurücksetzung. Organikertests, die für die Abklärung der Frage nach einer leichten frühkindlichen Hirnschädigung angesetzt wurden, ein durchgeführtes EEG, Zeichnungen, weitere Persönlichkeitstests und Rolfs Verhalten zeigten offenkundig das Vorliegen einer frühkindlichen Hirnschädigung.

## 2.2 Minimale zerebrale Dysfunktion (MCD)[1]

### Definition

Der Begriff »Minimale zerebrale Dysfunktion« setzt sich aus »zerebral« (= das Großhirn betreffend) und »Dysfunktion« (= Störung im funktionalen Ablauf) zusammen. Man versteht darunter eine frühkindliche Hirnfunktionsstörung geringfügiger Art, bei der keine gravierende Schädigung vorliegt. Vielmehr handelt es sich um Störungen, »die zwar qualitativ und quantitativ von Normvarianten unterschieden werden können, aber keine motorischen oder psychischen Defekte darstellen« [393]. Als Alternativbezeichnungen für die minimale zerebrale Dysfunktion findet man in der Literatur auch noch die Begriffe *leichtes frühkindliches exogenes Psychosyndrom*, *hirnorganisches psychisches Achsensyndrom*, *frühkindliches psychoorganisches Syndrom* oder *psychoneurologische Lernschwäche* [394]. MCD wurde früher synonym mit dem Begriff *Hyperkinetisches Syndrom* gebraucht.[2]

### Beschreibung und Symptomatik

Kinder, die von minimaler zerebraler Dysfunktion betroffen sind, können durch verschiedenartige Symptomatik auffallen. Hierzu gehören Hyperaktivität, Konzentrations- und Aufmerksamkeitsstörungen[3], für die keine milieubedingten Ursachen infrage kommen. Nach Görke [395] handelt es sich hier um eine Anlagestörung, die es dem Kind unmöglich macht, längere Zeit stillzusitzen oder sich konzentriert und konsequent mit einem gestellten Problem zu beschäftigen. Eine weitere Symptomengruppe sind die Wahrnehmungsstörungen. Obwohl davon Betroffene keine Seh- oder Hörstörung aufweisen, findet man bei ihnen Mängel in der visumotorischen Koordination und in der auditiven Koordinationsfähigkeit[4]. Weiter kann sich eine vorhandene minimale zerebrale Dysfunktion auch in einer »Verlangsamung von Denkabläufen« [396] zeigen. Dies kann sich beispielsweise bei einem ansonsten normal intelligenten Kind durch »Begriffsstutzigkeit« [397] äußern, wobei Erklärungen des Sachverhaltes vom Kind nur mit großer Mühe verarbeitet werden können. Störungen der Grob- und Feinmotorik sowie der feinmotorischen Koordinati-

---

1 MCD = Minimal Cerebral Dysfunction.
2 Dies gilt heute als überholt.
3 Görke (1983) gibt hierfür einen Wert von 5 Prozent an.
4 Dies wirkt sich gerade beim Leselernprozess als gravierender Störfaktor aus.

on sind weitere Symptome der »MCD«. Diese auch als »minimale Zerebralparese« (Zerebral bedingte Muskelschwäche) [398] bezeichnete Störung der Motorik kann sich z. B. dadurch äußern, dass das betroffene Kind ungeschickt in feinmotorischen Fertigkeiten (Schuhe zubinden; Mantel zuknöpfen) ist. Dies wirkt sich beim Sport ebenso aus wie beim Schreiben. Trotz persönlichen Bemühens gelingt es dem Kind nur in geringen Ansätzen, eine gefällige Handschrift zu produzieren. Infolge einer Schwäche der Lendenwirbelsäulenmuskulatur [399] sitzen solche Kinder oft mit Rundrücken in der Bank.

Für das entscheidende Kennmerkmal der MCD hält Fritz [400] eine feststellbare Lernschwäche, die sich »in der Diskrepanz zwischen Lernfähigkeit und Lernerfolg, d.h. zwischen Lernpotenzial und erreichtem Leistungsniveau« ausdrückt. Minimale zerebrale Dysfunktion kann bei durchaus normalem Seh- und Hörvermögen, bei guter emotionaler Anpassung und bei durchschnittlicher bis hoher Intelligenz vorliegen und unterscheidet sich dadurch z. B. von »Lernbehinderung« oder »manifester Spastik« [401].

Ursachen und Hintergründe

Die Diskussion um die Ursachen für die minimale zerebrale Dysfunktion ist noch nicht klärend abgeschlossen [402]. Mangel an »synaptischem Überträgerstoff« (Görke) im Gehirn, Beeinträchtigung der Informationseinlagerung als Folge »geringer Speicherkapazität des Kurzzeitgedächtnisses« (Fritz) und Entstehen von Bewegungsstörungen während der Entwicklung der Willkürhandlungen im ersten bis zwölften Lebensmonat werden in der Fachliteratur als mögliche Ursachenquellen aufgeführt. Dahinter können eine Anlageanomalie, eine Schwangerschaftserkrankung, eine komplizierte Geburt oder Infektionskrankheiten im Säuglingsalter stehen.

Untersuchungsverfahren und Diagnose

Die Diagnose beim Verdacht auf eine MCD steht dem Arzt zu. Allerdings haben wir es hier mit einem Fall notwendiger Kooperation zwischen Eltern, Lehrer und Arzt zu tun. Da minimale zerebrale Dysfunktion vorwiegend mittels einer Ausschlussdiagnose erkannt werden kann, benötigt der untersuchende Arzt Beobachtungsergebnisse des Lehrers und der Eltern. Die Diagnose »MCD« lässt sich durch eine normale neurologische Untersuchung nicht zwingend stellen [403], da das Kind nur in Ausnahmesituationen »versteckte Störungen des normalen Bewegungsablaufes« zu erkennen gibt [404]. Es muss also der Gesamtdiagnose eine situationsbedingte Diagnose zu Grunde gelegt werden (Tests; Laufenlassen). Die im Zusammenhang mit der MCD auftretenden Teilleistungsstörungen sind mit hierzu geeigneten psychologischen Tests genauer zu erfassen.

Pädagogische Hilfen

Minimale zerebrale Dysfunktion kann erfolgreich mithilfe einer Kombination medikamentöser Therapie und pädagogischer Behandlung angegangen werden. Während je nach Ausprägungsform der MCD variable ärztliche Behandlung mit Medikamenten anzusetzen ist, richten sich pädagogische Hilfen auf die Person des Kindes insgesamt. Zunächst ist es für das betroffene Kind wichtig, dass der Lehrer auf Grund seiner Beobachtungen die Eltern verständigt und ihnen rät, eine ärztliche Untersuchung vornehmen zu lassen. In Kooperation mit dem behandelnden Arzt sind folgende Hilfen sinnvoll:

- Grundlegende medikamentöse Betreuung
- Verbessern von Teilleistungsschwächen (z. B. auditives Konzentrationstraining; Konzentrationsspiele; Wahrnehmungstraining)
- Das Fehlverhalten des Kindes sollte nicht dramatisiert und (durch Schelte oder Bestrafung) herausgehoben werden (mögliche Neurotisierungsursache).
- Lob, Anerkennung und Ermutigung bei der Bemühung des Kindes um erwünschtes Verhalten und Leistungsbereitschaft sollten die tragende pädagogische Grundlage abgeben
- Berücksichtigung des Bewegungsdranges des Kindes (Abreagierungsmöglichkeiten durch Pausen; wechselnde Tätigkeiten; Entspannungsübungen)
- Bei Kindern mit verlangsamten Denkabläufen sind viel Geduld, wiederholtes Erklären, schrittweises Vorgehen mit deutlicher Veranschaulichung notwendig.
- Kranken- und heilgymnastische Förderung
- Keine Beschneidung der Freizeit (differenzierende Hausaufgaben)

Fallbeispiel

»Otto« [405]

Otto (8 Jahre) ist für sein Alter relativ groß, schlank, hat einen schmalen Kopf, ein ansprechendes Gesicht und lange Arme. Die Hände hält er recht verkrampft. Sein Gang ist schlenkernd, sodass man den Eindruck hat, er stolpert im nächsten Moment über seine Füße. Beim Eintritt ins Klassenzimmer wirft er seine Schultasche schwungvoll in die Richtung seines Platzes. Eine Plastiktüte mit seinen Zeichensachen fliegt hinterher. Um seinen Tisch herum liegen allerhand Zettel, leere Tintenpatronen, Stifte etc. Der Junge hat zu seinen Mitschülern keine sehr engen Kontakte. Er sitzt in der letzten Reihe im Eck. Neben ihm sind 2 Plätze frei. Diese Sitzordnung wurde nicht vom Lehrer angeregt, sondern freiwillig von Otto so gestaltet, weil er (nach eigener Auskunft) mehr Platz braucht und nicht »so eingezwängt« dasitzen möchte. Gibt Otto eine falsche Antwort oder braucht er bei einer Tafelanschrift übermäßig lang, werden Ausrufe der Klasse wie »Ach der Otto!« oder »Otto, schau halt auf dein Blatt!« laut.

Ottos Vater ist seinem Sohn gegenüber sehr streng. Schläge als Erziehungsmittel sind ihm nicht fremd. Der Lehrer beschreibt ihn als »typischen Erfolgsmenschen, der auch an Otto sehr hohe Leistungsansprüche stellt und erwartet, dass er sie erfüllt.« Der Vater ist für Otto eine Autoritätsperson, vor der er sich bisweilen sogar fürchtet. Mit der Mutter dagegen macht Otto »was er will«. Sie kann sich ihm gegenüber nicht durchsetzen und hat sehr unter seinem »aufsässigen und aggressiven Wesen« zu leiden.

Der 14-jährige Bruder besucht die Realschule und hat keinerlei auffällige Schulschwierigkeiten. Die Lehrerin, die Otto in den ersten beiden Schuljahren hatte, schildert ihn als einen richtigen Zappelphilipp. Er konnte einfach nicht stillsitzen. Ständig musste um ihn herum etwas in Bewegung sein. Er zappelte mit den Beinen, wedelte mit den Armen in der Luft herum, schüttelte wie wild den Kopf, sprang unvermittelt auf. Kurzum, er machte normalen Unterricht fast unmöglich. Es kam auch öfter vor, dass sich Otto rundheraus weigerte, einen Auftrag auszuführen. Die Lehrerin stand ihm dann machtlos gegenüber. Schließlich setzte sie ihn in die hinterste Ecke des Klassenzimmers alleine an einen Tisch, weil sie so vermeiden wollte, dass er die anderen Schüler mit ablenkte. Sie gesteht, dass sie diese Maßnahme im Nachhinein nicht mehr gut findet, da Ottos Außenseiterposition dadurch noch verstärkt wurde. Als er alleine saß, machte er noch massiver auf sich aufmerksam. Es kam öfter vor, dass er sich – wie es schien völlig ohne Anlass – einfach auf den Boden legte, schrie und um sich schlug. Durch seine enorme motorische Unruhe und seine große Ablenkbarkeit konnte Otto nicht bei der Sache bleiben, und deshalb lagen seine schulischen Leistungen auch unter dem Klassendurchschnitt, obwohl er intelligenzmäßig durchaus mehr leisten könnte »wenn er nur wollte«.

Als Otto in die dritte Klasse kam, war er schon bekannt und »berüchtigt«. Der Lehrer beschloss, Otto besser in die Klasse zu integrieren und ihm Aufmerksamkeit zu schenken. Er berichtete, dass er zu Otto am ersten Schultag sagte: »Otto, du bist mein Freund. Wir müssen zusammenarbeiten und ich will dir bei deiner Arbeit helfen.« Der Lehrer sagt von Otto heute, dass er »gar nicht so übel sei und dass man ihn nur richtig anpacken« müsse. Vor allem müsse er ihn sehr oft drannehmen, bestärken und seine Leistungen vor der ganzen Klasse loben. Auch körperlichen Kontakt habe Otto sehr nötig, deshalb streichelt er ihn häufig über den Kopf, legt seine Hände auf Ottos Schulter oder setzt sich neben ihn, wenn er alleine arbeiten soll.

Meist dauert es einige Minuten, bis Otto sich daran gewöhnt, dass die Stunde schon begonnen hat. Er braucht zwar länger als der Klassendurchschnitt, bis er still und bereit dasitzt, um Neues aufzunehmen. Doch nach dieser gewissen »Anlaufzeit« arbeitet Otto ohne wesentliche Schwierigkeiten mit. Der Blickkontakt mit der Lehrkraft wird in der ersten Stundenhälfte nur selten durch »schaukeln« oder »vom Platz aufstehen« unterbrochen. Soweit zu beobachten ist, meldet sich Otto in der ganzen Stunde sechsmal. Otto kann, wenn er sich meldet und nicht drankommt, sein Wissen einfach nicht für sich behalten. Es sprudelt förmlich aus ihm heraus. Wird er nicht aufgerufen, so redet er halblaut vor sich hin. Was aber noch auffälliger ist: Gibt Otto eine falsche Antwort, so hat er das dringende Bedürfnis, sich zu rechtfertigen. Er murmelt – wie es scheint verärgert – vor sich hin oder schüttelt den Kopf. Der Lehrer reagiert auf dieses Verhalten oft so, dass er ihn anspricht und ihn direkt fragt, warum er vor sich hin murmele. Er fordert ihn dann auf, noch einmal gründlich nachzudenken und dann die richtige Lösung zu geben. Gleichzeitig hebt er aber irgendetwas an Ottos Verhalten lobend heraus, etwa: »Du hast das jetzt zwar falsch angeschrieben, aber du hast sehr schön mitgesprochen.«

Im zweiten Stundenabschnitt steigt Ottos motorische Unruhe rapide an. Schaukeln und rhythmisches Wackeln mit dem Oberkörper nehmen stark zu, ebenso wie das Spielen mit Fingern, Haaren oder einem Gegenstand. Parallel dazu nimmt der Blickkontakt mit dem Lehrer ab. Zum Schluss der Stunde meldet sich Otto nicht mehr, und es festigt sich der Eindruck, dass er »abgeschaltet« hat, ja sich vielleicht sogar langweilt. Er schaut jetzt lieber im Raum umher, dreht sich zu seinem Nachbarn, schneidet Grimassen, dehnt sich oder legt sich halb auf die Schulbank.

Er scheint richtig aufzuatmen, als die Stunde zu Ende ist und die Kinder sich aufstellen dürfen, um einen Kanon zu singen. Nach Meinung des Lehrers ist nicht auszuschließen, dass Otto sich wirklich oft langweilt. Der Junge ist ein sehr intelligenter Schüler, der, wenn er sich noch besser konzentrieren könnte und nicht bei jedem kleinen Außenreiz sofort reagieren würde, bestimmt zu einem der Besten in der Klasse zählen würde. Durch viel Lob und Anerkennung kann man Otto richtig mitreißen. Solange der Lehrer Otto das Gefühl vermittelt, wichtig zu sein und im Mittelpunkt zu stehen, arbeitet er vorzüglich mit.

Man merkt deutlich, dass Otto sich sehr wohl dabei fühlt, wenn er im Mittelpunkt steht. Er braucht sehr viel Aufmerksamkeit, die der Lehrer ihm nach seinen Kräften gibt. Das gefällt Otto, er »blüht auf« und arbeitet voll mit. Als am Ende des Schultages die Hausaufgabe gestellt wird, fragt die Lehrkraft, ob dies zu viel Arbeit sei. Darauf Otto: »Nein, das ist doch alles leicht, das sind zu wenig Hausaufgaben!«

Mit seinen Mitschülern kommt er nicht besonders gut zurecht. Der Lehrer bezeichnet ihn als »Einzelkämpfer«. In der Pause kann man bemerken, dass Otto recht unbeholfen versucht, in Kontakt mit den anderen zu kommen. Er rempelt fast alle Kinder an, die ihm begegnen. Die meisten Kinder rennen, er aber schlendert und schlurft kreuz und quer über den Hof. Einige Schüler stehen in einer Gruppe zusammen. Otto drängt sich recht massiv dazwischen.

Der Lehrer erzählt, er müsse Otto oft vor der übrigen Klasse in Schutz nehmen. Otto macht gerne Flüchtigkeitsfehler (bei Diktaten lässt er Buchstaben aus, vergisst i-Punkte, t-Striche, Kommas und Schlusspunkte), verliert leicht den Überblick, wenn er an der Tafel steht, oder lässt sich ablenken und vergisst seine Antwort. Dann reagieren die anderen Schüler meist ungeduldig, rufen dazwischen und verunsichern Otto dadurch noch mehr.

Nach Feststellung einer minimalen zerebralen Dysfunktion (Hauptsymptomatik »Hyperkinese«) durch den Facharzt erhält Otto medikamentöse Behandlung. Zugleich streben die Eltern eine psychotherapeutische Behandlung bei ihrem Kind an. In Zusammenarbeit mit dem (pädagogisch sehr engagiert auf Otto eingehenden) Lehrer und unter Einbeziehung der Eltern in die so begonnene therapeutische

Teamarbeit setzt sich die Behandlung der Lern- und Verhaltensschwierigkeiten des Jungen fort. Nach einem Jahr ist bei Otto eine deutlich erkennbare Besserung seines motorisch unruhigen Verhaltens, seiner Lernschwächen und seiner sozialen Kontaktschwierigkeit festzustellen.

## 2.3 Epilepsie

Definition

Epilepsie (Fallsucht) ist der Sammelbegriff für eine Gruppe anfallsartig auftretender Krämpfe, die durch verschiedenartige Störungen im ZNS verursacht werden [406]. Diese komplexe Reizerscheinung des kortikalen motorischen Systems des Gehirns [407] kann Wesens-, Verhaltens- und Intelligenzveränderungen [408] sowie Demenz (Abbau des apperzeptiven Denkens) [409] mit sich bringen. Epileptische Anfälle stellen keine Krankheit, sondern das Symptom einer Funktionsstörung des Gehirns dar [410]. Erst wenn diese Anfälle chronisch werden, spricht man von einer Epilepsie [411].

Unterschieden werden gemeine, idiopathische Epilepsie (erhebliche Fallsucht ohne nachweisbare organische Hirnschädigung) und symptomatische Epilepsie (Krampfanfälle im Gefolge einer Hirnschädigung)[1] [412].

Beschreibung und Symptomatik

**Epileptische Anfälle (Primäre Symptome)**

Epileptische Anfälle treten in unterschiedlicher Form auf. Schwere und Häufigkeit des Anfalls verlaufen nicht gleichmäßig. Die Abstände können Tage, Wochen, Monate und sogar Jahre betragen [413]. Epilepsie tritt in jedem Alter auf, gehäuft jedoch bei Kindern und Jugendlichen[2]. Ursprung der Anfälle ist ein krankhafter Erregungszustand im Gehirn. Durch häufige Anfälle kommt es dann zu einer Gewöhnung. Dieser Erregungszustand läuft immer leichter ab, und die Anfälle treten öfter auf und werden schwerer. Ein solcher *grand-mal* (großer Krampfanfall) wird von einer Aura (Angst, Unruhe, Halluzination [414]) eingeleitet, beginnt mit Stöhnen oder einem Schrei, der Betroffene stürzt zu Boden und bleibt mit krampfhaft versteiften Muskeln, weit aufgerissenen, verdrehten Augen und verzerrtem Gesicht liegen (tonische Krämpfe) [415]. Das Gesicht verfärbt sich blau-rot, da die Atmung kurzfristig stockt. Nach ca. 20 Sekunden kommt es dann zu heftigen stoßweisen Zuckungen der Arme, Beine und Gesichtsmuskeln (klonische Krämpfe). Befindet

---
1 Symptomatische und ideopathische Epilepsie stehen im Verhältnis von 2:1 zueinander.
2 Die Hälfte aller Fälle tritt bereits vor dem 10. Lebensjahr auf, zwei Drittel vor dem 20. Lebensjahr. Insgesamt leiden etwa 0,5% aller Menschen an Epilepsie (Lamprecht 1990).

sich der Anfall auf dem Höhepunkt, sind die Pupillen verengt, die Sehnenreflexe fehlen, vor dem Mund bildet sich Schaum, der durch Bisse auf die Zunge blutig sein kann, und oft kommt es zum Abgang von Stuhl und Urin [416]. Der Vorgang dieses Anfalles beträgt bei Kindern 1–15 Minuten. Darauf folgt tiefer Schlaf, Benommenheit oder Erinnerungslosigkeit. Bei Kindern treten nicht selten Erbrechen, Kopfschmerzen und Abgeschlagenheit auf. Fand der Anfall während der Nacht statt, so resultieren daraus meist Reizbarkeit und Zerschlagenheit am Morgen danach. Treten solche Anfälle gehäuft auf, spricht man von einem »status epilepticus«.

Bei den *petit-mals*, den kleinen epileptischen Anfällen, handelt es sich um Bewusstseinsverluste, bei denen die Krampferscheinungen reduziert sind oder ganz fehlen [417]. *Bewusstseinspausen* [418] (Absencen; Pyknolepsie) stellen dabei die häufigsten kleinen Anfälle dar. Meist treten sie zwischen dem 4. und 8. Lebensjahr auf, bei Mädchen doppelt so häufig wie bei Jungen. Das Bewusstsein setzt plötzlich für etwa 5–20 Sekunden aus, das Kind blickt dabei starr auf einen Punkt und zeigt keinerlei Reaktionen. Manchmal sind im Verlauf dieser Bewusstseinspausen auch Nestel-, Lippen- oder Zungenbewegungen zu beobachten. Ebenso unvermittelt kehrt das Bewusstsein wieder zurück [419]. Ein petit-mal dieser Art wird sehr häufig mit Unaufmerksamkeit, Verträumtheit oder Schwerbesinnlichkeit verwechselt. Bei den *Ruck- und Sturzanfällen* [420] (myoklonisch-astatisches petit-mal) sind ruckartige Stöße in Schultern, Armen, Händen und auch mit dem Kopf zu beobachten, die oft nur Sekundenbruchteile dauern und in denen der Betroffene kurzzeitig seine Haltungskontrolle verliert [421]. Erkennbar wird dies oft an Aufsatz- oder Diktatheften aus charakteristischen Fehlern. Sie werden oft als Fahrigkeit, Zappeligkeit, Nervosität oder Schreckhaftigkeit missverstanden.

*Dämmerattacken* [422] (psychomotorische Anfälle) werden oft mit Kreislaufstörungen, Ohnmachten, Nachtwandeln oder Migräne verwechselt. Bei ihnen fällt der Betroffene durch sein sonderbares Verhalten auf: Er macht Schluck-, Schleck- oder Schnüffelbewegungen, seine Hände sind fahrig, nesteln herum, er redet zusammenhanglos und unverständlich oder läuft ziellos umher. Auch Wut- oder Erregungsausbrüche können auftreten. »Nach Abklingen des Anfalls wirkt der (Betroffene) verwirrt (und) verlegen«[1] [423] und weist für die zurückliegende Zeitspanne (bis zu 20 Minuten) eine Bewusstseinslücke [424] auf. Kleinere Anfälle gehen oftmals im Laufe der Zeit in Grand-mals über oder treten in Verbindung mit ihnen auf.

### Folgen epileptischer Anfälle (Sekundäre Symptome)

Epilepsie verändert nicht zwangsläufig die Intelligenz- und Persönlichkeitsstruktur [425] des Betroffenen. Vielmehr bewirken viele große Anfälle, die unmittelbar aufeinander folgen, intellektuellen Abbau. Durch den Sauerstoffmangel im Gehirn, der bei einem Grand-mal auftritt, sterben Gehirnnervenzellen ab. Der Epileptiker ver-

---

1 Retrograde Amnesie.

ändert sich dann allmählich in seinem Gesamtwesen. Er wird langsam, weitschweifig, schwerfällig, fast immer sehr ich-bezogen und dadurch sozial immer schwieriger, was bis zur Kriminalität reichen kann [426].

Kinder, deren Handlungen in jeder Beziehung verlangsamt verlaufen, werden als *enechetisch* [427] bezeichnet. Ihre Denkvorgänge und ihr Sprechen erfolgen mühsam und zähflüssig. Sämtliche Reaktionen und Aktionen laufen schwunglos ab, und die Bewegungen sind ungelenk. Enechetische Kinder sind meist schüchtern und gehemmt, woraus Kontaktschwierigkeiten oder eine Außenseiterposition erwachsen können. Dazu kommt, dass die Langsamkeit dieser Kinder oft der Anlass für Spott und Ausgelachtwerden darstellt. Dadurch wird ein solches Kind nur noch schüchterner, gehemmter und kontaktscheuer. *Erethische* Kinder dagegen fallen durch lebhaftes Verhalten und ständigen Bewegungsdrang auf [428]. Sie reagieren spontan, sind vorlaut, aufdringlich und zu fast jedem Risiko bereit. Trotz ihrer Überaktivität haben sie nur ein geringes Schlafbedürfnis.

Im Unterricht können Epileptiker durch viele verschiedene Störungen auffallen, die oft aus dem falschen Verhalten der Umwelt ihrer Krankheit gegenüber resultieren. Wird das Kind abgelehnt, so zieht es sich oft von der Außenwelt zurück oder es reagiert aufsässig und aggressiv. Die Angst um das epileptische Kind kann zu einer Überbehütung oder Verwöhnung durch die Eltern führen, die sich beim Kind in Bequemlichkeit, Wehleidigkeit, Empfindlichkeit, Unselbstständigkeit und Unbeholfenheit äußert. Es kann ebenso sein, dass sich die Angst der Eltern auf das Kind überträgt. Auch trotziger Widerstand gegenüber Verboten kommt vor, da Epileptiker nicht alle Dinge tun dürfen, die anderen Kindern erlaubt sind. Deshalb versucht das Kind, durch Aufsässigkeit Verbote zu übergehen, weil es sich nicht »anders« fühlen will. Da bei Epileptikern häufig eigene überschießende Aktivität unkoordiniert hervortritt, sind sie meist zappelig oder schwatzhaft, unruhig und unkonzentriert. Durch die Konzentrationsschwäche und die Unruhe werden oft Unterricht und Leistung beeinträchtigt. Besonders bei längeren Arbeiten häufen sich dann nach einiger Zeit Fehler, das Schriftbild baut ab und wird gegen Ende immer unleserlicher und krakeliger. Die Verlangsamung der Abläufe im Körper des Kindes kann oft zu Lücken in den Arbeiten führen. Zudem ist erworbenes Wissen meist nicht voll verfügbar, und beim Reproduzieren treten Schwierigkeiten auf. Probleme haben viele an Epilepsie leidende Kinder beim Abstrahieren, Erkennen von Zusammenhängen, bei der Einprägung von Wort- und Satzbildern und mit dem Vorstellungsvermögen von Mengenbegriffen und Zahlen. Auch Minderbegabung bei eigenständigem Denken und Apperzeptionsstörungen liegen häufig vor. Es ist also auf geistigem Gebiet nicht so sehr die eigentliche Intelligenz betroffen, sondern deren Voraussetzungen wie Aufmerksamkeit, Konzentration, Gedächtnis und Ausdauer [429].

## Ursachen und Hintergründe

Der Sitz der Störungen, durch die Epilepsie bedingt wird, ist immer das Gehirn[1]. Dabei können unterschiedliche Reize wie Vergiftungen oder Sauerstoffmangel die Auslöser für das Eintreten dieser kurzfristigen Funktionsstörung der Nervenzellen des Gehirns sein [430]. Ursachen für die Epilepsie im Kindesalter sind einerseits abgeschlossene cerebrale Erkrankungen vor der Geburt (z.B. Krankheit, Unfall oder Vergiftung der Mutter) oder während des Geburtsvorganges (Sauerstoffmangel; Geburtskomplikationen; Frühgeburt) [431]. Andererseits können Hirnverletzungen beim Kleinkind auch aus prozesshafter Erkrankung des Zentralnervensystems wie Hirnschädigungen durch Tumor, Hirnstoffwechselerkrankungen, Multiple oder Cerebralsklerose, Paralyse und Intoxikation [432] resultieren. Krankheiten wie Mumps, Keuchhusten, Masern oder Windpocken, in deren Verlauf Gehirn- oder Hirnhautentzündungen auftreten, können ebenso die Ursache einer Epilepsie darstellen. In manchen Familien besteht die Neigung zu epileptischen Anfällen. Es muss dabei jedoch keine Epilepsie vorliegen. Diese Tatsache führte oft zu der Annahme, dass die Krankheit erblich bedingt ist [433]. Jedoch sind nach Lamprecht die Ursachen epileptischer Anfälle »in vielen Fällen auch heute noch nicht« [434] geklärt. Unter bestimmten Bedingungen (Vergiftung; Sauerstoffmangel) kann jeder Mensch einen epileptischen Anfall erleiden [435].

## Untersuchungsverfahren und Diagnose

Fallen einem Lehrer bei einem Schüler Symptome auf, die den Verdacht auf eine Epilepsie begründen, ist ein Gespräch mit den Eltern des betroffenen Kindes nötig. Zur genauen Diagnose dieser Krankheit müssen von ärztlicher Seite hirnelektrische Erhebungen [436], d.h. eine Elektroencephalographie (EEG) durchgeführt werden, die die Aktivität der Nervenzellen aufzeichnet. Dadurch kann eine Irregularität der Hirnaktivität, die bei Epileptikern häufig auch zwischen den Anfällen erkennbar ist, nachgewiesen werden. Auch Tumore oder Entzündungen sind durch ein EEG auszumachen [437]. Bei Anfällen ist das genaue Beobachten der einzelnen Symptome und des zeitlichen Ablaufes sowie das Festhalten aller Einzelheiten wichtig, damit durch fachärztliche Diagnose der Anfallstypus und die Erkrankungsursache festgestellt werden können. Der Arzt ist deshalb auf eine genaue Beobachtung Dritter angewiesen, da der Betroffene auf Grund der mit dem Anfall einhergehenden Bewusstseinsstörung selbst keine Angaben zum Anfallsgeschehen machen kann [438]. Auch die Krankheitsgeschichte muss analysiert werden. Oft vergehen zwischen einer für Epilepsie verantwortlichen Krankheit und dem Auftreten der Anfälle Jahre, sodass beides kaum miteinander in Verbindung gebracht wird.

---

1 Über die Hälfte der symptomatischen Epilepsie-Fälle hat Hirnschäden als Ursache, bei den restlichen sind Hirnveränderungen ohne erklärbare Ursachen erkennbar (Sowa/Metzler 1989).

## Pädagogische Hilfen

Die bei einer Epilepsie auftretenden Anfälle können nur von ärztlicher Seite durch die Einnahme von Antiepileptika verhindert werden[1]. Falls dennoch ein Anfall auftritt, muss der Lehrer wissen, welche Maßnahmen zu ergreifen sind. Bei kleinen epileptischen Anfällen müssen keine besonderen Vorkehrungen getroffen werden. Hier genügt die Beobachtung und das Festhalten von Einzelheiten. Bei einem Grand-mal ist es wichtig, die Ruhe zu bewahren. Das für einen Laien akut-lebensbedrohlich wirkende Bild dieses Zustandes [439] kann oft Panik hervorrufen. Deshalb ist es wichtig zu wissen, dass ein einzelner epileptischer Anfall ungefährlich ist. Beim Grand-mal sollten beengende Kleidungsstücke geöffnet und das Kind nicht eingeengt oder festgehalten werden. Um Bisse auf die Zunge oder in die Wangen zu vermeiden, kann ein Kork oder ein Taschentuch zwischen die Zähne des Kindes geschoben werden. Es darf dabei jedoch nicht versucht werden, Verkrampfungen zu lösen. Tritt eine Speichelabsonderung auf, sollte der Kopf auf die Seite gelegt werden, damit das Kind sich nicht verschluckt [440]. Außerdem sollten Gegenstände aus der Umgebung des Betroffenen entfernt werden, um Verletzungen zu vermeiden. [441]. Bei dem nach dem Anfall auftretenden Erschöpfungs- oder Schlafzustand dürfen keine »Aufweckversuche« gemacht werden. Das Kind sollte man bequem niederlegen und es ausschlafen lassen [442]. Dauert ein Einzelanfall länger als 10 Minuten oder treten mehrere Anfälle hintereinander auf, muss unbedingt ein Arzt verständigt werden, »denn längerdauernde Krämpfe oder eine Folge von Krämpfen können lebensbedrohlich sein« [443]. Nach jedem Grand-mal ist es notwendig, die Eltern oder den Arzt zu informieren, und die Art, die Dauer und die Begleitumstände des Anfalls mitzuteilen. Auch darf ein Kind, das einen Anfall erlitten hat, niemals allein nach Hause geschickt werden [444]. Während der Unterrichtszeit auftretende Anfälle sollten für ein klärendes Gespräch hergenommen werden. Das gilt auch für kleinere Anfälle, die Anlass zum Spott der Mitschüler sind [445]. Treten die Anfälle nicht in der Unterrichtszeit auf (z.B. durch die Wirkung von Antiepileptika), müssen die Mitschüler nicht über die Krankheit aufgeklärt werden. Dies verhilft zu einem ungezwungeneren Umgang miteinander.

Ein Kind, das an Epilepsie leidet, darf nicht wie ein gesundes Kind behandelt werden. Das heißt jedoch nicht, dass die Krankheit aufgebauscht oder jede Ungezogenheit mit dem Kranksein entschuldigt wird. Es muss vielmehr Rücksicht genommen werden auf die möglicherweise mit der Epilepsie einhergehenden Verhaltens- und Leistungsstörungen sowie auf krankheitsbedingte Verbote, z.B. beim Sport[2].

---

1 Um die regelmäßige Einnahme der Medikamente auch während der Unterrichtszeit zu gewährleisten, schlagen Sowa und Metzler das Führen eines Anfallskalenders, Bereitstellen einer Pillenbox mit einzelnen Tagesrationen, regelmäßige Einnahme zu einer bestimmten Tageszeit und das Aufhängen eines Planes dazu in der Klasse für z.B. Vertretungslehrer vor (Sowa/Metzler 1989).
2 Erlaubt sind rhythmische Gymnastik, Lockerungsübungen, Spiele und Ähnliches, jedoch nicht das Turnen an Geräten, Klettern oder Leistungssport (Sowa/Metzler 1989).

Um hier eine Überbehütung oder ein aus Angst erwachsendes Übermaß an Verboten zu vermeiden, ist es nötig, sich bei den Eltern oder beim Arzt genau über die Dinge zu informieren, die für das Kind schädlich sein könnten. Um die beim Kind vorhandenen Ängste zu lösen, sollte der Lehrer ihm Selbstbewusstsein und Selbstannahme vermitteln. Der Schüler darf deshalb weder über- noch unterfordert werden. Wenn es sich um ein erethisch-hyperkinetisches Kind handelt, darf seine Bewegungsunruhe nicht bestraft werden, sondern muss in sinnvolle Aktivitäten gelenkt werden. Das kann z. B. durch Pausen, Gymnastik, durch Aufforderung zum Tafelwischen oder durch die Bitte, etwas zu holen, geschehen. Bei einem enechetischen (verlangsamten) Kind sind besonders Wettbewerbssituationen, bei denen das Kind unweigerlich versagen muss, zu vermeiden. Stattdessen sollte der Lehrer Situationen schaffen, in denen sich dieses Kind bewähren kann und somit eine positive Verstärkung erfährt. Da an Epilepsie leidende Kinder meist weniger Ausdauer und Konzentrationsfähigkeit besitzen, bedeuten Extraaufgaben zur Übung oder Förderkurse eine Forderung, die über ihre Kraftreserven hinausgeht. Das bezweckte Ziel kann so nicht erreicht werden. Vielmehr wirkt es sich für das Kind schädigend aus, weil notwendige Erholungs- und Entspannungszeit verringert wird. Treten Leistungsstörungen auf, so sind bei isolierten Lernschwächen (Rechnen/Schreiben/Lesen) oftmals heilpädagogische Maßnahmen notwendig [446]. Bei Versagen des Kindes, das manchmal erst auftritt, wenn z. B. mehr eigenständiges Denken verlangt wird, sollte man den Übertritt in eine Sonderschule nicht verzögern.

Epileptiker sind häufig empfindlicher als andere Kinder, da sie sich oft zurückgesetzt fühlen. Durch gezielte Arbeitshilfen kann ihnen ein Lehrer zu häufige Versagenserlebnisse ersparen und versuchen, ihre krankheitsbedingten Verhaltens- und Lernschwierigkeiten auszugleichen. Empfehlenswert ist es, den Schüler am Anfang der Stunde, wenn er noch leistungsfähig ist, öfter aufzurufen, um damit schlechtere schriftliche Noten auszugleichen. Auch die Zuweisung eines guten Arbeitsplatzes, der unnötige Ablenkung verhindert, stellt für das Kind eine Hilfe dar.

Des Weiteren ist es wichtig, dass im Klassenzimmer bzw. in der Erstehilfe-Station der Schule ein auf das betroffene Kind abgestimmtes Merkblatt aufbewahrt wird. Darauf sind die vom Arzt und von den Eltern mitgeteilten Verhaltensregeln bei einem Krampfanfall (Sofortmaßnahmen vonseiten der Lehrperson und Behandlungshinweise für den Notarzt) und die Telefonnummern der näheren Bezugspersonen (Eltern; Großeltern;) und des Hausarztes festgehalten. Allgemein gültige Erste-Hilfe-Maßnahmen bei epileptischen Anfällen sind:

- Wenn das Kind gestürzt ist, sofort auf Verletzungen achten
- das Kind in stabile Seitenlage bringen (Ohnmacht)
- den Mund frei halten
- die Atmung beobachten und ermöglichen
- nach etwa 10 Minuten Beobachtungsphase das Kind ansprechen und Reaktionen hervorrufen (sicherstellen, dass der Anfall vorbei ist)
- für ungestörten Nachschlaf (ca. 2 Stunden) sorgen und öfters nachsehen

Fallbeispiele

**»Gregor« [447] (Psychomotorischer Anfall/Dämmerattacke)**

»In der Schulstunde steht der 9-jährige Junge plötzlich auf, läuft auf den Lehrer zu, beschimpft ihn mit den übelsten Kraftausdrücken, spuckt ihn wütend an und zerrt ihn am Anzug. Nach 1/2 Minute schaut er verwirrt um sich, wird höchst verlegen und setzt sich mit schamrotem Gesicht wieder auf den Platz.«

**»Gertrud« [448] (Enechetisches Kind)**

»Gertrud ist ein 7-jähriges, etwas dickliches Mädchen, das im Anschluss an eine Encephalitis an einer symptomatischen Epilepsie erkrankte. Die Anfälle wurden durch die medikamentöse Behandlung bald beseitigt. In ihrem Wesen ist sie jedoch verlangsamt, antriebsarm und umständlich; auch die Bewegungen sind plump und ungeschickt. In ihren intellektuellen Leistungen erreicht sie nur knapp das, was man vom Durchschnitt ihrer Altersstufe erwartet.

Die ehrgeizige, für das Unvermögen des Kindes blinde Mutter setzt trotz ärztlichen Abratens Gertruds Aufnahme in die 1. Grundschulklasse durch. Wie zu erwarten war, treten bald Schwierigkeiten auf, und das Kind bleibt gegenüber dem Klassendurchschnitt zurück. Die Mutter arbeitet nun Tag für Tag 4–5 Stunden (!) mit dem Kind und versucht mit unnachsichtiger Strenge, ihm den Stoff beizubringen. Zum Spielen bleibt keine Zeit mehr, abends sinkt das Kind überanstrengt zu Bett. Der Appetit wird schlechter, Gertrud wirkt gedrückt und missmutig, da sie nirgends eine Selbstbestätigung erfährt, sondern nur die Erbitterung der Mutter über ihr Versagen bekümmert empfindet. Die an sich vorhandene Wesensveränderung des Kindes wird in dieser unerfreulichen häuslichen Atmosphäre noch durch weitere Erscheinungen wie Lustlosigkeit und Minderwertigkeitsgefühle verstärkt.«

**»Jens« [449] (Komplex-partieller Anfall)**

»Ein 9-jähriger Grundschüler steht während einer Schulstunde völlig unvermittelt auf und hüpft wie ein Hase durchs Klassenzimmer. Danach setzt er sich wieder auf seinen Platz und kann sich anschließend an nichts mehr erinnern.«

## 2.4 Hyperthyreose

Definition

Hyperthyreose ist eine Regulationskrankheit der Schilddrüse, bei der infolge einer Überfunktion dieser Drüse (vermehrte Ausschüttung von Schilddrüsenhormon) eine Stoffwechselsteigerung mit nervöser und vegetativer Übererregbarkeit auftritt [450].

### Beschreibung und Symptomatik

Das medizinische Krankheitsbild ist gekennzeichnet durch Symptome wie gesteigerte psychische und neuromuskuläre Erregbarkeit, Schlafstörungen, Schweißneigung und Herzstörungen (Basedow Krankheit) [451]. In der Schule fällt das betroffene Kind durch Unkonzentriertheit, Labilität, Unruhe und hypermotorisches Verhalten auf. Infolge seines unkontrollierten Aktivitätsdranges stört es häufig den Unterricht.

### Ursachen und Hintergründe

Eine Überfunktion der Schilddrüse (oftmals erblich bedingt) bewirkt eine gesteigerte Produktion und Sekretion des Schilddrüsenhormons. Dadurch wird das hormonale Gleichgewicht (Störung des Rückkopplungsmechanismus zwischen den Hormonen TSH bzw. T3 und T4) beeinträchtigt. Es kommt zu nervöser und vegetativer Übererregbarkeit.

### Untersuchungsverfahren und Diagnose

Die Diagnose ist ausschließlich Aufgabe des Arztes. Beobachtungen des schulischen Verhaltens können Anlass zum Gespräch mit den Eltern sein, die dann eine ärztliche Untersuchung veranlassen.

### Pädagogische Hilfen

Ein Kind, das an Hyperthyreose leidet, kann selbst bei bestem Willen sein Verhalten nicht in dem von der Schule gewünschten Sinn von sich aus ändern. Verständnis für die Situation des Kindes, Ermöglichung von viel Bewegung und unterrichtliche Differenzierungsmaßnahmen sind wünschenswerte pädagogische Ansätze und Hilfen für das Kind. Medikamentöse Unterstützung kann auf eine Normalisierung der Schilddrüsenfunktion hinwirken.

# 3. Anomale Gewohnheiten im körperlichen Bereich

## 3.1 Daumenlutschen

Definition

Daumenlutschen (auch Fingerlutschen) ist eine beim Säugling und Kleinkind als normal zu betrachtende Verhaltensweise. Im Durchschnitt ist das Ende des »normalen« Daumenlutschens mit 3,8 Jahren anzusehen [452]. In späteren Jahren (Kind ab 5 Jahre und Jugendlicher) jedoch gilt Daumenlutschen als von der Normalität abweichende Auffälligkeit [453] und kann unter Umständen als »neurotisches Symptom« [454] angesehen werden. Nicht selten führt Daumenlutschen zu einem »lutschoffenen Biss« (vertikale Aufbiegung der frontalen Zahnreiheneckschnitte insbesondere am Oberkiefer) [455].

Beschreibung und Symptomatik

Finger- oder Daumenlutschen wird bei vielen Kindern bis in die Grundschulzeit beobachtet. Es ist häufiger bei Mädchen als bei Knaben anzutreffen [456]. Besonders bei Schulanfängern spielt es noch eine große Rolle. Harnack meint, dass neun von hundert Kindern im Grundschulalter öffentlich oder vor dem Einschlafen Daumen lutschen [457]. Daumenlutschen ist als »die früheste Manifestationsform stereotyper kindlicher Manipulationen am eigenen Körper« [458] zu bezeichnen. Die Beobachtung zeigt, dass Säuglinge unmittelbar nach dem Geburtsvorgang am Daumen lutschen, nach neueren Erkenntnissen auch bereits Kinder im pränatalen Zustand. Im Säuglingsalter ist die Fortsetzung des Saugens an der Brust der Mutter und an der Flasche dahingehend zu beobachten, dass das Kind am Daumen oder am Finger weitersaugt. Solches wird nicht selten bis hinein ins dritte Lebensjahr fortgesetzt, beim Einschlafen aber auch bis in spätere Jahre hinein. Zum Lutschen und Saugen können alle Finger, manchmal auch die ganze Hand, die Zehen sowie die Zunge benutzt werden [459]. Der Daumen wird auf Grund »seiner optimalen Abduktions- und Oppositionsstellung« [460] jedoch bevorzugt. Das Verhalten des Daumenlutschens kann sich auch bis hinein ins Schulalter fortsetzen oder zu irgendeiner Lebenssituation deutlich wieder auftreten. Häufig spielen dabei »unlustgetönte Situationen« (Nissen) wie z. B. Hunger, Langeweile, Angst, Einschulung bzw. überhaupt existenzielle Ängste (z. B. Trennung von der Mutter) eine Rolle [461].

Ein Vergleich mit der Tierwelt zeigt, dass bei nicht wenigen Tieren das Lutschen an der Pfote zu beobachten ist. So stellten beispielsweise Fischel und Haerdtle folgendes bei Schimpansenjungen fest [462]: Die Mutter eines Schimpansenjungen starb bald nach dessen Geburt. Das Junge musste von einer menschlichen Pflegeperson groß gezogen werden. Kurz nach dem Tode der Mutter fing es an, spontan am Daumen zu lutschen. Ein anderes Schimpansenjunges hingegen, dem die Mutter in der »frühen Kindheit« erhalten blieb, zeigte solches Verhalten nicht. Das Spektrum der Symptomatik des Daumenlutschens ist im Einzelnen wie folgt zu kennzeichnen:

- Daumenlutschen wird oftmals bevorzugt bei Ermüdung, bei passivem Trotz oder bei Langeweile vorgenommen.
- Daumen- oder Fingerlutschen ist besonders bei jüngeren Kindern häufig mit Nägelbeißen und Haareausreißen gekoppelt.
- Das Kind hat Schwierigkeiten beim sozialen Kontakt und wird leicht in eine Außenseiterposition gebracht.
- In der Gesamtcharakteristik des Kindes tritt Furchtsamkeit, Gehemmtheit, wenig Selbstvertrauen auf.
- Eine Variante des Daumenlutschens ist das Saugen an Kleidungsstücken und ständiges Spielen der Finger am Mund.

Ursachen und Hintergründe

Ausgehend von Beobachtungen über Verhaltensweisen des Lutschens wie sie auch in der Tierwelt vorkommen, kann man zunächst einmal feststellen, dass damit Mangelerlebnisse »im Bereich der Zärtlichkeitsbedürfnisse« [463] und im Zusammenhang damit auch Unruhezustände kompensiert bzw. abreagiert werden. Tierpsychologen behaupten, dass Daumenlutschen eine »angeborene Verhaltensweise« ist, welche »durch einen auftretenden Mangelzustand provoziert wird« [464]. Besonders mutterlos gewordene Tiere reagieren häufig mit dieser Verhaltensweise. Saugen an der Brust der Mutter, Hautwärme und Körperkontakt sind offenbar für das Junge so wichtig, dass es beim Verlust dieser elementaren Bedürfnisse mit dem Ersatzverhalten »Lutschen« reagiert. Jedoch wird auch beobachtet, dass ein stärkeres Hungergefühl, das nicht rasch genug beseitigt werden kann, bei Säuglingen und Tieren (z. B. Affen und Welpen) mit dem Saugen an allen möglichen gerade erreichbaren Teilen des Körpers »befriedigt« werden soll [465]. Weiter gilt es zu beachten, dass gerade in der frühen Kindheit der Mund »das wichtigste Abfuhrorgan für lust- und unlustgetönte Spannungen« [466] ist. So hat Saugen und Lutschen zugleich auch die Funktion einer »Spannungsabfuhr« (Spitz) bzw. stellt eine »Selbstberuhigungsmaßnahme« (Göllnitz) dar. Die Nahrungsaufnahme des Säuglings dient also sowohl der Befriedigung des Hungergefühls wie auch der Reduzierung vorhandener Spannungszustände. Nach Yarrow [467] besteht zwischen frühem Abstillen und Daumenlutschen ein Zusammenhang. Bei 20 Säuglingen, die nicht gestillt wurden, lutschten 15 am Daumen. Bei 6 Säuglingen, die über 6 Monate hinweg gestillt wurden, lutschte nur einer für kurze Zeit. Lutschen und Saugen vermitteln gleichzeitig ein Lusterlebnis, welches vor allem für die Phase der frühen Kindheit ein sinnvolles Elementarbedürfnis ist. Lutscht ein älteres Kind noch häufig am Daumen, so kann dies bedeuten, »dass dieses Kind irgendetwas entbehrt, dass ihm irgendetwas fehlt, für das es sich mit dem Daumenlutschen einen Ersatz schafft« [468]. Das Kind sucht gewissermaßen Trost bei sich selbst. Es geht »aus dem Kontakt zu anderen heraus und zieht sich auf sich selbst zurück« [469]. Eine Verbindung zu sexuellen Lusterlebnissen ist unverkennbar (Saugvorgänge beim Küssen). Die Industrie kommt dem Bedürfnis vieler Kinder (und auch Erwachsener) im Hinblick auf das Lutschen entgegen (Lutscher; Bonbons; Eis etc.). Auch beim Zigarre-, Pfeifen- und Zigarettenrauchen sind immer wieder unbewusste Rudimentärformen des Lutschens unverkennbar.

Bleibt Daumenlutschen bis in die Schulzeit hinein und noch länger als Verhaltensweise bestehen, so sind hierfür hauptsächlich folgende Ursachenkomplexe in Betracht zu ziehen:
- Unbefriedigtsein des Kindes in Bezug auf Zärtlichkeit, Haut-, Wärme- und Körperkontakt vonseiten der Mutter[1]
- Ein seelischer Mangelzustand des Kindes, möglicherweise hervorgerufen durch Fehlverhalten der Mutter (z. B. Ablehnung) oder durch allzu große Abwesenheit der Mutter[2]
- Eine mit einer Entwicklungsstörung zusammenhängende Regression auf eine frühkindliche Entwicklungsstufe (z. B. orale Stufe) [470]
- Beibehaltung eines in der frühen Kindheit erworbenen Reaktionsschemas für orale Ersatzbefriedigung

Als weitere mögliche Ursachen sind in Betracht zu ziehen:
- Daumenlutschen in der Hauptsache als orale Bedürfnisbefriedigung
- Fehlen der Mutter (Trost suchen bei sich selbst)
- autoritärer und zu strenger Erziehungsstil
- mangelnder sozialer Kontakt (häufiges Alleinsein des Kindes)
- Einengung (ständige Verbote, Ermahnungen und Vorhaltungen verhindern den natürlichen Bewegungsdrang)
- gestörte psychische Entwicklung
- tiefe Angst- und Beunruhigungsgefühle
- frühkindliches Unbefriedigtsein beim Stillvorgang durch die Mutter [471]
- Ernährungsschwierigkeiten in früher Kindheit [472]

---

1 Dührssen (1992) schreibt: »… dass unsere derzeitigen sozialen Lebensgewohnheiten und Lebensnotwendigkeiten eine Reihe von Bedürfnissen der Kleinkinder und Säuglinge nicht voll befriedigen können« und dass Daumenlutschen »in diesen Rahmen einzuordnen wäre« (vgl. auch Hanselmann 1976).
2 Göllnitz (1992) stellt fest, dass Daumenlutschen durch »Aufwachsen in einem emotionellen Mangelmilieu« sowie durch »mangelhafte Beschäftigung des Kleinkindes« gefördert wird.

- »Erregungsabfuhr« einer in der frühen Kindheit durch verdrängte Impulse entstandenen Affektstauung [473]
- tief eingeschliffener »Automatismus aufgrund häufiger Wiederholung« [474]
- mehr unbewusst sich vollziehende Zurückversetzung auf eine frühkindliche Entwicklungsstufe (Gefühl, den altersgemäßen Forderungen nicht gewachsen zu sein) [475]
- Retardation der Entwicklung, verursacht durch Erziehungseinflüsse (Überversorgung und »Duldung frühkindlicher Unselbstständigkeit«) [476]

Untersuchungsverfahren und Diagnose

Zur Aufhellung der Hintergründe empfiehlt sich zu Beginn die Klärung folgender Fragen: Seit wann, wie oft, in welchen Situationen lutscht das Kind am Daumen? Wie reiht sich das Daumenlutschen in die psychische Gesamtkonstitution ein? Musste das Kind Mangelerlebnisse (z. B. im familiären Umfeld)[1] hinnehmen? Exploration, Gespräch und Beobachtung bieten hierzu grundlegende diagnostische Mittel. Persönlichkeitstests und projektive Verfahren dienen zur Erhellung unbewusster Erlebnisse und Spannungen.

Pädagogische Hilfen

Früher hat man Daumenlutschen zum Teil mit angsterregenden Drohungen zu beseitigen (Struwwelpeter) bzw. auch mit dem Erziehungsmittel »Belohnung« anzugehen versucht. Nach heutigen Erkenntnissen ist damit kein nennenswerter Erfolg zu erhoffen. Die meisten Kinder möchten selbst von ihrer lästigen und von der Umwelt nicht selten verspotteten Verhaltensweise befreit werden. Es fehlt also nicht an gutem Willen. Auch mechanische Maßnahmen wie z. B. Bestreichen der Finger mit einer übel riechenden Flüssigkeit oder das Anziehen von Handschuhen und Festbinden der Hände »brachten keinen nennenswerten Erfolg und sind inzwischen wieder verlassen worden« [477]. Die Ursache liegt meistens in tieferen psychischen Schichten. Dies ist schon daraus ersichtlich, dass Kinder, die auf diese Weise »behandelt« werden, auf Ersatzhandlungen des Lutschens (Zungen-, Gaumenlutschen) ausweichen »oder eine tieferreichende Symptomverschiebung erfolgt, die zu anderen neurotischen Manifestationen führt«[2] [478].

Wichtiger ist es also, den jeweils vorliegenden Ursachen auf den Grund zu gehen und die möglicherweise vorliegende gestörte psychische Gesamtsituation des Kindes in die Therapie einzubeziehen. Hierzu kann einmal die günstige Beeinflussung

---

1 Innerhofer u. a. (1988) empfehlen diesbezüglich eine »Diagnostik der familiären Interaktion«.
2 Innerhofer u. a. (1988) beschreiben die aversive Geschmackstherapie und erwähnen das Zusammenkleben der Finger mit Leukoplast und die Verwendung von Gaumenspangen.

der Milieusituation (Beratung der Eltern) gehören, zum anderen die Behandlung des Kindes in Gruppen- oder Einzeltherapie. Ermunternde und das Selbstwerterlebnis des Kindes positiv beeinflussende erziehliche Hilfeleistungen sind in jedem Fall als flankierende Maßnahmen nützlich.

Daumenlutschende Kinder sollten nicht von vornherein als »pathologische Fälle« betrachtet werden. Heute mehr als früher behalten Kinder, die in die Grundschule kommen, über bestimmte Zeiten hinweg das in der Vorschulzeit gewohnte Daumenlutschen bei. Beim einen oder anderen Kind legt sich diese Verhaltensweise früher oder später möglicherweise von selbst. Nur in offensichtlich deutlichen Fällen sollte ein Gespräch mit den Eltern geführt werden, die dann weitere Maßnahmen ergreifen können. Verlachen, Verspotten, Schimpfen oder Bestrafen kann pädagogisch nur einen negativen Effekt haben. Auch ständiges Korrigieren führt mehr zu Frustrationserlebnissen des Kindes. Gelegentliche Impulse vonseiten des Lehrers (nach einem freundlichen Gespräch zwischen Lehrer und Kind), etwa durch ein unauffälliges Signal (Blick; Nicken; Handbewegung) verbunden mit einem Lob- und Bestätigungserlebnis, können dem Kind Hilfen für eine kontinuierliche Selbstkorrektur sein.

Im Einzelnen ist noch an folgende Hilfen zu denken:
- Dem Kind Wärme und Zuneigung schenken [479]
- Geborgenheitserlebnisse vermitteln [480]
- Hilfen zur Entwicklung altersgemäßer Selbstständigkeit geben [481]
- Das Kind möglichst wenig allein lassen und zum Spiel mit Gleichaltrigen anregen [482]
- Keine Vorhaltungen machen [483]
- Kein Bestreichen des Daumens mit bittern Mitteln[1]
- Methode der »Overcorrection«[2]
- Ausgleich der in der frühen Kindheit erlittenen Entbehrungen durch »über längere Zeit eingestreute zusätzliche Verwöhnungen« [484]
- Lob und Bestätigung im Rahmen eines »Token-Programms« vermitteln[3]

---

1 Trapmann/Liebetrau/Rotthaus (1990) meinen, dass sich diese Maßnahme sogar »verstärkend auf das Daumenlutschen« auswirkt.
2 Wird das Kind beim Daumenlutschen beobachtet, so versucht man im Sinne der Methode der »Overcorrection« diese Tätigkeit durch eine andere sinnvolle zu ersetzen (Innerhofer 1988).
3 Token-Programm = ein Programm, bei dem positive Verstärkung mithilfe kleinerer Teilleistungen und dadurch erzielter Belohnungen (die erwarteten Leistungen werden einzeln mit Wertmarken [engl. = »tokens«] verstärkt) durchgeführt wird. Vgl. auch »Token-System und Kontingenzverträge«, S. 48f.

Fallbeispiel

**»Klaus«** [485]

Klaus, 9 Jahre alt, leidet an Einnässen, Nägelbeißen und Daumenlutschen. Die Eltern von Klaus mussten bis zur Mündigkeit warten, bis sie heiraten konnten. Beide erklärten, dass sie, als der Junge geboren wurde, den Wunsch hatten, man solle ihnen auf keinen Fall nachsagen, sie seien selbst noch halbe Kinder und nicht in der Lage, selbst schon Kinder zu erziehen. Sie hatten die Vorstellung, dass daher ihre Erziehungsmethoden »mit etwas Druck« vor sich gehen müssten. Es wurde also verhältnismäßig sehr viel gescholten und auch sehr viel geschlagen. Insbesondere wurde die Sauberkeitserziehung von Anfang an mit Klapsen oder auch heftigeren Schlägen schon bei dem sehr kleinen Kind mit einem 3/4 Jahr begonnen. Wenn das Kind zwischendurch einmal weinte oder gar nachts unruhig wurde, wurde konsequent und strikt darauf geachtet, dass dem Kind keinerlei Zuspruch oder Anteilnahme zuteil wurde, und zwar auch dann nicht, wenn das Kind offenkundig kränkelte. Die Mutter meinte zudem, dass sie selber Zärtlichkeitsbedürfnisse selten verspüre und dass sie daher das »Schmusen« des Jungen nicht besonders angenehm empfinde und dass sie ihn meist abweise, wenn er ähnliche Bedürfnisse anmelde.

Klaus hat das Daumenlutschen lange beibehalten. Aus der Gesamtkonstellation seiner Entwicklung ließ sich deutlich entnehmen, dass das kühle und unzärtliche Verhalten seiner Mutter hier die wesentlichste Ursache war. Die Mutter hatte sich zwar beraten lassen, dass Strenge, Härte und dauerndes Ermahnen für den empfindsamen Jungen nicht die angemessensten Erziehungsmethoden waren, sie hatte sich umgestellt, und Enuresis und Nägelknabbern waren allmählich verschwunden. Sie war jedoch nicht im Stande, ein ausreichendes Maß an Zärtlichkeiten und warmherziges Eingehen auf die Anlehnungsbedürfnisse des Jungen aufzubringen.

### 3.2 Nägelbeißen

Definition

Nägelbeißen (Onychophagie) ist ein zur Verhaltensgewohnheit gewordenes Abreißen und Abkauen der Fingernägel, das besonders häufig bei Kindern der ersten Schuljahre vorkommt.

Beschreibung und Symptomatik

Beim Nägelbeißen werden die Nägel der Hand oder auch nur einiger Finger angeknabbert, abgeknabbert, zerkaut und anschließend ausgespuckt bzw. geschluckt. Nägelbeißen ist nach Nissen [486] die verbreitetste Form kindlicher Körpermanipulationen. In der Schule wird dieses Symptom häufig in den ersten Schuljahren, aber auch noch in späteren Jahren, beobachtet. Nissen legt den Häufigkeitsgipfel zwischen das achte und elfte Lebensjahr [487]. Im Zusammenhang mit »Druck- und Spannungssituationen, bei Strafangst, bei Lösung schwieriger Aufgaben und in Konfliktsituationen« [488] ist eine Zunahme dieser Aktivität zu beobachten. Nach einer Untersuchung, die Harnack an 10- bis 11-jährigen Großstadtkindern durchführte, sind 20% der Knaben und 25% der Mädchen Nägelkauer [489].

Die Haupt- oder Begleitsymptomatik ist wie folgt zu kennzeichnen:
- Beißen oder Reißen an den Fingernägeln, gelegentlich auch an den Zehennägeln
- Motorisch unruhiges und nervöses Verhalten
- Vorhandensein weiterer Verhaltensweisen, die auf innerpsychische Konflikte hinweisen
- Geringe Konzentrationsfähigkeit
- Hemmungen bei der Aufforderung, die Finger oder die Hand vorzuzeigen
- Nägelkauen gehört neben dem Daumenlutschen und Haareausreißen zu den gewohnheitsmäßigen Manipulationen am eigenen Körper und tritt meist mit diesen zusammen oder abwechselnd auf (Symptomwanderung)

Ursachen und Hintergründe

Nägelkauen kann grundsätzlich eine »nervöse« Verhaltensstörung sein. Hanselmann hält es für einen Onanie-Ersatz [490]. Es wird aber auch als Abreagieren eines Aggressionsstaues bezeichnet. Nägelkauen braucht nicht immer eine gravierende Störung anzuzeigen, wenn es nicht extrem praktiziert wird. In zahlreichen Fällen handelt es sich »um eine motorische Abreaktion vorhandener Spannungen«, die im Sinne eines Circulus vitiosus abläuft: »Die aufgefaserten Nagelränder wirken störend, verlangen neue Korrektur – und so fort. Davon zeugen nicht nur sämtliche bis auf den Hautansatz kurz abgebissenen und gepulten Fingernägel sondern gelegentlich sogar die Zehennägel« [491].

Altersmäßig tritt Nägelbeißen etwa ab dem 4. bis 5. Lebensjahr auf. Die Häufigkeit nimmt etwa im 7. Lebensjahr deutlich erkennbar zu und erreicht eine Spitze um das 11. Lebensjahr [492]. Als Ursache für diese Verhaltensweise nimmt man den Drang zur Abreaktion von Spannungen und Konflikten an, welche infolge der Belastungen einer Anpassung an familiäre und schulische Zwänge verstärkt in der Phase vom 4. bis 11. Lebensjahr auftreten. Verschärfend wirken hier vonseiten der Umwelt Einengungen und Frustrationen, die von z.B. überängstlichen Müttern oder selbst seelisch kranken Bezugspersonen des Kindes verursacht werden. Neben solchen umweltbedingten Faktoren sind beim Nägelbeißen auch konstitutionelle Faktoren mitbestimmend. So neigen besonders hyperaktive und impulsive Kinder dazu, entstehende Spannungen auf diese Weise abzureagieren. Vielfach sieht man auch in der Ursachenforschung hinsichtlich des Nägelbeißens einen Vergleich mit ähnlichen Verhaltensweisen bei Tieren. Nach Dührssen [493] findet man solches bei Tieren, die in ihrem Bewegungsdrang längere Zeit behindert wurden. Diese reagieren dann in Form einer »Übersprungbewegung« (z.B. Herumbeißen an den Rändern der Futterkrippe; »sinnlose« Pickbewegungen eines Hahnes). Ursache für solche Übersprungbewegungen ist meist eine Situation, in der die motorische Entladung eines aufgetretenen sehr intensiven Affekts durch eine von außen auferlegte Blockierung verhindert wird (z.B. gefangen gehalten werden; Abblocken eines aggressiven Verhaltensablaufes). »Es besteht ein hoher Grad an Wahrscheinlichkeit«, so Dührssen, »dass die biologische Existenz von Übersprungbewegungen nahe verwandt ist« mit solchen und ähnlichen Verhaltensweisen von Kindern. In nicht wenigen Fällen könnte man also Nägelbeißen als eine solche Art von »Übersprungbewegung« bei der »Verdrängung von oralen und aggressiven Impulsen« interpretieren [494]. Nissen [495] sieht zusätzlich die Möglichkeit einer »Ersatzbefriedigung für verbotene oder nicht gewagte Aggressionen«, eine »Selbstbestrafung bei starken Schuld- und Angstgefühlen« oder einen »Ausdruck gegen sich selbst gerichteter sadomasochistischer Tendenzen«. Aber auch »aggressive Tendenzen gegen einen Elternteil«, die vom Kind nicht offen zum Ausdruck gebracht werden können, werden als Ursachen genannt [496]. Allerdings lässt sich nach Thalmann [497] bislang die These nicht signifikant erhärten, dass Kinder mit Aggressionshemmungen häufiger an den Nägeln kauen. Im Einzelnen können noch folgende mögliche Ursachen herausgestellt werden:

- Mangelnder Bewegungsausgleich bei leistungsstarken, ehrgeizigen und intensiv lernenden Kindern
- Ungenügende Befriedigung frühkindlicher Bedürfnisse
- Starke Einengung des Kindes im Erziehungsgeschehen
- Mangel an Selbstsicherheit [498]
- Übermäßige Ver- und Gebote autoritärer Eltern [499]
- Übertrieben hohe ethische Forderungen [500]
- Selbstbefriedigung im Sinne einer »Wollustgewinnung« [501]
- Stresssituationen und innere Spannungen
- Konflikt in einer das Kind bedrängenden allgemeinen Unlustsituation

Untersuchungsverfahren und Diagnose

Zur Erstellung einer Diagnose empfiehlt sich die Klärung folgender Fragen: Wie stark, wie oft, wie lange schon manipuliert das Kind an seinen Nägeln? In welchen Situationen tritt es bevorzugt auf? Welche Schwierigkeiten hat das Kind im familiären Umfeld oder in der Schule? Tritt das Nägelkauen als vereinzeltes Symptom oder im Verbund mit anderen Auffälligkeiten auf? Systematische (z.B. Strichliste) und unsystematische Beobachtungen, Gespräch mit dem Kind und dessen Eltern, Persönlichkeitstests und tiefenpsychologische Verfahren tragen zur individuellen Diagnose bei.

## Pädagogische Hilfen

Bei der Behandlung des Nägelbeißens sind vorzugsweise zwei Aspekte ins Auge zu fassen. Einmal geht es darum, die der Symptomatik zugrunde liegenden Ursachen zu beseitigen (z.B. einengende, frustrierende existenzielle Situation) bzw. die aktive und bewusste Auseinandersetzung des Kindes mit diesen Ursachen herbeizuführen, wobei es eventuell auch nötig sein kann, eine vorhandene neurotische Erkrankung therapeutisch anzugehen. Zum andern gilt es, eine im Verlaufe von Monaten und Jahren eingeschliffene Gewohnheitshandlung aufzulösen, die vielfach bewusst gar nicht mehr registriert wird. Ärztlicherseits wird hier eine Bepinselung mit übelschmeckenden Substanzen empfohlen [1]. Jedoch auch psychologisch geschickt angebrachte Anreize wie z.B. aufmerksam machen auf das unschöne Aussehen der Finger, Geschenk eines Nageletuis oder Anregung gemeinsamer Nagelpflege in der Familie können miteinbezogen werden.

Wird bei einem Kind längerdauerndes Nägelbeißen beobachtet, ist zunächst jegliche Dramatisierung (zum Beispiel »Struwwelpeter«) unangebracht. Es empfiehlt sich ein Gespräch mit den Eltern mit Hinweisen auf eventuelle Ursachen. Gemeinsame Hilfen für das Kind können abgesprochen werden. Die Konsultierung eines Arztes oder eines Psychotherapeuten ist zu erwägen. Weitere mögliche Hilfen sind:

- Die überschießende Aktivität des Kindes in sinnvollere Abläufe lenken (Sport; Spiel; Malen; Werken)
- Vermeiden von Vorwürfen und Strafen
- Das Selbstverständnis des Kindes (schönes Aussehen der Finger) zu wecken versuchen
- Mit dem Kind ein Zeichen vereinbaren, das ihm zu verstehen gibt, dass es gerade seine Gewohnheit des Nägelbeißens wieder aufgenommen hat
- Aufstellen eines »Token«-Programms
- Ursächliche Härtefaktoren in der Umwelt des Kindes nach Möglichkeit beseitigen
- Mobilisierung aggressiver Möglichkeiten und deren konstruktive Verarbeitung [502]
- Dem Kind größere Freiheiten einräumen [503]
- Einschränkung des TV-Konsums
- Förderung körperlichen Ausgleichs

---

1 Hier ist allerdings zu fragen, ob nicht durch oberflächliche Konditionierung die eigentlichen psychischen Ursachen übergangen werden. Sollte es sich allerdings beim Nägelbeißen nur mehr um eine eingefahrene Gewohnheit handeln, könnte dieses Verfahren sicherlich zum erwünschten Erfolg beitragen.

Fallbeispiele

### »Kurt«

Kurt (9 Jahre) wurde geboren, als seine Mutter 16 Jahre alt war. Seinen Vater kannte er nicht. Der Junge machte einen unruhigen, fast gehetzten Eindruck, wenn er mit einem sprach. Sein Blick war unstet. Ab und zu durchbrach seinen sonst recht ernsten Gesichtsausdruck ein gequältes Lächeln. Kurts Fingernägel waren bis tief ins Nagelbett hinein abgenagt. Beim Sportunterricht stellte seine Lehrerin fest, dass auch die Zehennägel an manchen Stellen tief abgebissen waren. Da der Junge auch sonst Schulschwierigkeiten hatte (keine Hausaufgabe; keine Aufmerksamkeit; aggressiv; schnell weinerlich), empfahl die Lehrerin der Mutter, ihren Jungen zur Beratungsstelle zu bringen. Ein Gespräch mit der Mutter brachte zu Tage, dass Kurt an zahlreichen Abenden und Nächten in der Wohnung der Mutter allein gelassen wurde. Die Mutter hatte wechselnde Freunde, die sie nach Lokalbesuchen ab und zu auch mit nach Hause brachte. Während dieser langen Stunden des Alleingelassenwerdens saß Kurt, wenn er sich nicht mit Fernsehen beschäftigte, in seinem Bett und biss sich die Finger und die Zehen wund. Einmal musste er sogar deshalb in ärztliche Behandlung, weil die Zehen bluteten. Kurt hatte seitens seiner Mutter kaum zärtlich-verständnisvolle und liebende Zuwendung erhalten. Da er die Mutter an den Vater erinnerte (der sie schon während der Schwangerschaft im Stich gelassen hatte), übertrug sie ihre nachträglichen Aggressionen gegenüber ihrem ehemaligen Freund auf den Jungen. Kurt war lediglich geduldet. Auch hinderte sein Vorhandensein die Mutter bei ihren wechselnden Bekanntschaften. Ein depressiver Grundzug ging durch das Wesen des Jungen. Unterdrückte bis verdrängte Aggressionen den Menschen seiner Umwelt gegenüber und Selbstaggressionen machten ihn zu einem verhaltensschwierigen Kind. Sein intensives Finger- und Zehennägelbeißen war Ausdruck einer tiefgreifenden existenziellen Notsituation.

### »André« [504]

»André gibt sich von Anfang an in der Schule alle erdenkliche Mühe. Der Erfolg seines offensichtlichen Fleißes ist aber gering. Seine Leistungen sind und bleiben ungenügend, werden mit der Zeit sogar immer schlechter. Der früher fröhliche Bub wird immer gedrückter; er wirkt unspontan und weinerlich. Die Eltern sind besorgt. Sie helfen bei den Hausaufgaben, so gut es geht. Der Vater sieht das Schulversagen seines Sohnes ungern, straft ihn aber deswegen nicht etwa ungerecht. Im zweiten Jahr ist André häufig krank. Er leidet unter Einschlafstörungen, kaut seine Nägel und nässt auch gelegentlich wieder ein. Vor dem Turnen ängstigt er sich. Mit seinen Kameraden hat er – abgesehen von Freund Karl – wenig bis keinen Kontakt. Die schulpsychologische Untersuchung diagnostiziert eine leichte Debilität und beginnende neurotische Reaktionen, die auf die eindeutige schulische Überforderung und eventuell noch auf die Überlastung mit häuslichen Arbeiten zurückgeführt werden.«

## 3.3 Haareausreißen

### Definition

Haareausreißen als Verhaltensauffälligkeit betrifft Manipulationen an den eigenen Haaren, wobei diese an verschiedenen Stellen des Körpers (meist Kopfhaare) oftmals mit selbstaggressiver Tendenz ausgerissen werden. Haareausreißen (Trichotillomanie) tritt meist im 3. oder 4. Lebensjahr zum ersten Mal auf.

### Beschreibung und Symptomatik

Das Kind zupft in bestimmten Situationen ständig an seinen Haaren und reißt diese einzeln oder auch büschelweise aus. Dies führt zu einem diffusen Haarverlust an einzelnen oder mehreren Stellen und kann in schweren Fällen bis zur tonsurartigen Glatzköpfigkeit führen. Einige Kinder verschlucken die ausgerissenen Haare, sodass sich im Magen größere Haarknäuel bilden, die gegebenenfalls operativ entfernt werden müssen [505]. Begleitsymptomatik ist oftmals Nägelkauen und Daumenlutschen. Meist kann das Kind keine Erklärung für seine Verhaltensweise geben. Begründungen wie »Juckreiz« oder »Kopfschmerz« betreffen nicht die dahinterstehende psychisch bedingte Motivation für dieses Verhalten. Das offensichtlich selbstaggressive Ausreißen der Haare wird vom Kind vorrangig nicht ausschließlich als Schmerz, sondern als positives Gefühl empfunden [506].

### Ursachen und Hintergründe

Das Haareausreißen ist bis auf seltene Fälle, denen eine hirnorganische Schädigung zu Grunde liegt, psychisch bedingt [507]. Es ist zunächst einmal Ausdruck einer sehr starken inneren Erregung, die dabei abreagiert wird. Dabei steht ein »aggressives Verhalten gegen den eigenen Körper« [508] im Vordergrund der Ursachenfrage. Ein Stau an negativen Gefühlen (z.B. Wut oder Eifersucht) kann nicht in Richtung menschlicher Umwelt entladen werden und richtet sich gegen den Betroffenen selbst. Hintergrund des Haareausreißens ist eine »auffällige Koppelung von verdrängten Wutimpulsen oder Aggressionsbereitschaften einerseits und sehr intensiven Zärtlichkeits- und Anlehnungsbedürfnissen andererseits« [509], welche allerdings nicht ausreichend befriedigt werden. Die Kinder müssen in der frühen Kindheit oder in der aktuellen Situation starke Entbehrungen bezüglich Zuwendung, Zärtlichkeit und Mutter-Kind-Beziehung hinnehmen.

Das Haareausreißen wird auch als Ersatz für den Prozess der Ichfindung gedeutet. So interpretiert Dührssen [510] das Körperempfinden, das sich das Kind beim Ausreißen der Haare selbst zufügt, als »einen kurzen Augenblick der Bestätigung der eigenen Existenz«. Insgesamt aber kann man davon ausgehen, dass Haareausreißen insbesondere bei solchen Kindern auftritt, die auf Grund »zum Teil angeborener Erlebniskonstanten« [511] (z. B. starkes Bedürfnis nach Hautwärme, Zärtlichkeit, Geborgenheit) nicht die individuell verstärkt erforderliche soziale Zuwendung erfuhren. Infolge dieses »Mangels an Zärtlichkeitsbeweisen im Säuglingsalter« [512] sind die davon betroffenen Kinder anfälliger und empfindsamer für echte oder vermeintliche Zurücksetzungen (z. B. Neid auf Geschwister; strenge Erziehung; Alleingelassenwerden) und reagieren dann mangels der Fähigkeit und Möglichkeit person- oder objektbezogener Aggression ihre verdrängten Impulse an der eigenen Person ab.

### Untersuchungsverfahren und Diagnose

Im Zusammenhang mit der Erfassung der Hintergründe bei Beobachtung dieser Verhaltensauffälligkeit ist vorrangig das familiäre bzw. soziale Umfeld des Kindes zu untersuchen. Gespräche mit den Eltern, Exploration hinsichtlich der frühkindlichen Entwicklung und Situation, Überprüfung, ob andere Verhaltensauffälligkeiten (z. B. Nägelbeißen) damit gekoppelt sind, und diagnostische Verfahren zur Erhellung der persönlich-psychischen Situation des Kindes bieten sich an. Außerdem empfiehlt sich die Klärung folgender Fragen: Wie stark reißt sich das Kind die Haare aus (Intensität der Verhaltensschwierigkeit)? Gibt es besondere Situationen, in denen Haareausreißen verstärkt auftritt (z. B. Angst-, Stress-, Versagenssituation)? Gibt es aktuelle Schwierigkeiten (familiär oder schulisch) des Kindes?

### Pädagogische Hilfen

Da die Ursache des Haareausreißen in sehr vielen Fällen ein Mangel an sozialer Zuwendung ist, bieten sich vorrangig emotional ausgleichend-therapierende Maßnahmen an, die in erster Linie von den Eltern und nahen Erziehern vorgenommen werden sollten. Vermeiden von überzogenem Tadel und von Strafe für das Verhalten sind dabei ebenso wichtig wie lange und intensive Zuwendung, Besserung der Kind-Elternbeziehung, echte Bereitschaft zu Annahme und liebevoller Bestätigung.

Psychotherapeutisch wird ein Abbau der inneren Spannungen durch geeignete Verhaltenstherapie empfohlen. So befürworten z. B. Trapmann/Liebetrau/Rotthaus [513] eine »Mobilisierung aggressiver Möglichkeiten und deren konstruktive Verarbeitung«. Ärztlicherseits verordnete (medikamentöse) Ruhigstellung kann wohl zusätzliche Unterstützung bringen, jedoch kaum die »Wurzel« dieses anomalen Verhaltens angehen. Tägliche Entspannungsübungen, ausgleichende Gymnastik und rhythmisch-musikalische Bewegungstherapie können für einen Abbau des Aggressionsstaus sorgen. Auch ein »Token«-Programm ist angebracht. Vonseiten des Lehrers kann mit dem Kind ein Zeichen vereinbart werden, das ihm zu verstehen gibt, dass es dabei ist, mit den Fingern Haare auszureißen (abblockender Impuls).

## Fallbeispiele

### »Kerstin« [514]

»Kerstin (6 Jahre alt), die eine Zwillingsschwester hat, rupft sich die Haare aus (Trichotillomanie). Im Kindergarten spielt das Kind meistens für sich allein, von den gleichaltrigen Spielkameraden wird es nicht akzeptiert und quasi ausgestoßen. Auch innerhalb der Familie liegt seine Rolle im Abseits. Die Zwillingsschwester ist unauffällig, der drei Jahre ältere Bruder neigt zu dissozialem Verhalten. Die Mutter ist eine motorisch übererregte, hektische Frau ohne Geduld für ihre Kinder. Der Vater ist leitender Ingenieur in einem Großbetrieb und kann sich nicht um die Familie kümmern. Vater und Mutter fehlt es an Einfühlungsvermögen, insbesondere an Mikro-Empathie in die Welt ihrer Kinder. So wie sich das Kind von der Familie ausgeworfen fühlt, so behandelt es sein Kopfhaar.«

### »Franz« [515]

»Der Knabe habe bis zum 5. Lebensjahr Daumen gelutscht, zeige sonst keinerlei Verhaltensstörungen und bekomme nie Streit. Die Mutter bemerkte das Haareausreißen erst nach unserem Hinweis, gibt den Beginn der Alopecie aber auf den Tag genau an. Es bestand damals folgende Situation: Sein von ihm geliebter Vater ging im Herbst 1969 beruflich ins Ausland. Der Junge, er sei ein ›Papakind‹, trauerte. Ende 1969 besuchte die Mutter ihren Mann. Das Kind war in dieser Zeit bei der Großmutter, die sich bis dahin gut mit ihm verstanden hatte. In dieser Zeit betrug sich der Knabe erstmals auffällig. Er befolgte keine Anweisung, zerstörte viel und begann mit dem Haareausreißen (aggressiver Durchbruch). Als die Mutter zurückkam, wurde er wieder folgsam, aber der Haarschwund blieb. Lediglich in den sieben Wochen eines gemeinsamen Besuchs beim Vater im Sommer 1970 ›fiel kein einziges Haar aus‹. Inzwischen hat sich der Haarschwund wieder verstärkt. Im Interview spricht die Mutter pausenlos. Der Junge hat dabei gar keine Gelegenheit, sich ebenfalls zu äußern. Mit Blicken verfolgt er die Mutter. Sie selbst hat bewusstseinsnahe Schuldkomplexe und verteidigt sich dem Untersucher gegenüber ohne angegriffen worden zu sein.«

## 3.4 Einnässen

Definition

Unter Einnässen (Fachsprache: Enuresis; synonym: Bettnässen / Kleidernässen) versteht man das unbeabsichtigte, unwillkürliche, unbewusste Harnlassen bei Nacht (in gravierenden Fällen bei Tag) bei Kindern, die älter als 3 Jahre sind[1] [516]. Symptomatologisch ist beim Einnässen zu unterscheiden zwischen dem Einnässen in der Nacht (Enuresis nocturna) und dem Einnässen bei Tag (Enuresis diurna). Hinsichtlich der Entstehungsgeschichte trifft man die Unterscheidung zwischen primärem Einnässen (Enuresis persistens) und sekundärem Einnässen (Enuresis aquisita). Von sekundärer Enuresis spricht man dann, wenn das Kind bereits längere Zeit (mindestens sechs Monate [517]) trocken war. Bei primärer Enuresis war das Kind noch nicht trocken. Grosse [518] unterscheidet weiterhin zwischen permanentem (allnächtlichem) und sporadischem (gelegentlichem) Einnässen. Der Begriff »Enuresis« kommt vom griechischen Ausdruck »en-ourein« (= einharnen). Enuresis ist von einem Einnässen infolge körperlicher Erkrankungen abzugrenzen [519].

Beschreibung und Symptomatik

Etwa 70–80 Prozent der betroffenen Kinder nässen nur nachts ein [520]. Enuresis diurna (auch Hosen- oder Kleidernässen genannt) findet sich etwa bei 20–25 Prozent der Fälle. Insgesamt etwa 5 bis 8 Prozent der Kinder sind bei der Einschulung noch nicht trocken [521].

Nach Untersuchungen von Pinkert [522] liegt jedoch der Anteil von Schulanfängern, die einnässen, bei mehr als 15 Prozent. Insgesamt findet man bei den Enuretikern mehr männliche als weibliche Kinder. Pinkert spricht davon, dass jeder fünfte Junge, aber nur jedes zwölfte Mädchen einnässt [523]. Einnässende Kinder können eine ganze Reihe möglicher hinzukommender oder gekoppelter Verhaltensauffälligkeiten aufweisen. Im Einzelnen sind dies:
- Ängstlichkeit
- Pavor nocturnus
- Selbstunsicherheit, Minderwertigkeitsgefühle
- Nägelbeißen, Haareausreißen
- Tics
- Eifersuchtsgefühle, krankhafter Geltungsdrang
- Nervöse Verspannung

1 Roche Lexikon Medizin. Dort wird definitorisch auf »jenseits des 4. Lebensjahres« eingegrenzt. Stegat (1980) bezeichnet es als wiederholtes und nicht bemerktes Harnablassen in einem Alter von mehr als drei Jahren. Grosse (1993) geht davon aus, dass die nächtliche Kontrolle der Blasenfunktion dem Großteil der Kinder erst mit fünf Jahren gelingt.

- Versteckte Aggressivität
- Lernschwierigkeiten
- Das Kind lässt erkennen, dass es liebesbedürftig ist.

## Ursachen und Hintergründe

Der Erwerb der Blasenkontrolle wird durch das Zusammenspiel organischer, reifungsbedingter, psychischer und sozialer Faktoren bestimmt [524]. Nach Kluge/Kleuters ist die Frage, ob die Ursachen der Enuresis mehr organischer oder vorwiegend psychischer Art sind, noch nicht geklärt [525]. Jedoch lassen sich die Ursachen für Einnässen nach Harbauer [526] entweder als mehr psychofunktioneller oder als mehr somatofunktioneller Art einteilen. Dies gilt sowohl für die primäre wie auch die sekundäre Enuresis. Im Folgenden wird nur auf das sekundäre Einnässen eingegangen. Bei der somatofunktionellen Art spielen teilweise konstitutionelle Momente mit herein [527], bei der psychofunktionellen vorwiegend familiäre bzw. umweltbedingte Faktoren. Es ist davon auszugehen, dass körperliche und psychische Ursachen ineinander greifen können [528]. Nach Eberlein [529] ist es bei Fällen von Einnässen wichtig, immer die frühe Kindheit dahingehend zu untersuchen, ob hier etwa tiefgreifende und gravierende Erlebnisse unverarbeitet im Unbewussten lagern. Mangel an Nestwärme gehört ebenso hierzu wie beispielsweise ein einschneidendes psychisches Erlebnis, Konflikte mit den Eltern oder mangelnde Bestätigung in der Geschwisterstellung, Enttäuschungen aus subjektiv erlebtem Liebesentzug durch die Mutter, häufiger Wechsel der Kontaktpersonen, Berufstätigkeit der Mutter und Erziehungssituationen, die von Spott, Bestrafung, Schlägen begleitet sind [530]. Nicht selten tritt plötzliches Einnässen bei Kindern auf, in deren Familie ein neues Geschwisterchen geboren wurde oder eine neue Erziehungsperson (Stiefmutter; Stiefvater) auftritt. Das Kind empfindet unbewusst die neue Situation als »Bedrohung« seines bisherigen Geliebtwerdens bzw. der bisherigen Geborgenheit. So »zwingt« das Kind durch dieses Symptom »seine Umwelt zu größerer Zuwendung und Beachtung« [531]. Enuresis ist »Ausdruck einer akuten seelischen Belastungssituation« [532] mit verschiedenen Konstellationen: »Benachteiligungsgefühl« jüngeren Geschwistern gegenüber, Entfremdung eines Elternteils, »Eifersucht«, »Proteststimmung« [533], »aggressives und sexuelles Verhalten«[1] oder »belastende Tageserlebnisse«[2]. Insgesamt kann man sagen, dass *innere Spannungen, Reaktionen auf Angsterlebnisse* (bei autoritärem Stil übermäßige Strenge, Drohung, Druck, Leistungsstress usw.), *Schreck*, eine *depressive Grundhaltung* des Kindes oder auch eine *Trotzreaktion* zum Einnässen z.B. in der Schule führen können.

---

1 Da Sexualreiz und Blasenentleerung nahe beieinander liegen, kann entsprechend ähnlich empfunden werden (Kluge/Kleuters 1984, S. 24).
2 Belastende Tageserlebnisse können das Kind beim Einschlafen mit Angst und Erregung quälen, was zu angstmachenden Träumen führen und dabei für eine unwillkürliche Harnabgabe Anlass sein kann (Haug-Schnabel 1983, S. 155).

Aus Befunden bei Untersuchungen von Heimkindern und verwahrlosten dissozialen Kindern ergibt sich, dass »fehlende Geborgenheit und Sicherheit der ersten Lebenszeit« ein wesentlicher Ursachenkomplex für diese Symptomatik ist. Solche Kinder nässen oftmals in der Zeit der Einschulung noch mit einer Häufigkeit von 60–80 Prozent ein [534].

Hinsichtlich der Ursachenfrage sind außerdem folgende Gesichtspunkte zu berücksichtigen:
- Bettnässen als Mitsymptom in Fällen von Verwahrlosung [535]
- Störungen des Geborgenheitsbedürfnisses des Kindes (oftmals Ursache für Einnässen) auf Grund vorzeitiger oder allzu strenger Reinlichkeitserziehung [536]
- Schulbedingte psychische Ursachen aus Angst vor Leistungsdruck
- Trotzreaktionen oder Schock durch die Einschulungssituation
- Einnässen als »Hilferuf« nach Zuwendung und Liebe (unbewusste Wünsche in Richtung kleinkindhafter Geborgenheit und kleinkindhaften Verhaltens [537])
- »Propulsive Auseinandersetzung mit der Rolle kleiner Jungen« (bei Mädchen) oder zwiespältig erlebte Geschlechterrolle [538]
- Unangemessene Verzichtsforderungen
- Krankhafter Geltungsdrang
- Tod eines Haustieres / Verlust eines Spielzeugs
- Einnässen als Ausdruck einer existenziellen Notsituation (Wohnungswechsel; Trennungsangst; Scheidung der Eltern; Tod)
- »Nässen als Erpressung« [539] (z. B. um einer belastenden Situation zu entkommen; Ausdruck eines Protests)
- »Nässen aus Vernügen« [540] (Zuneigungsersatz für nicht erfahrene Zuwendung und Liebe; Wasserlassen als innere Befriedigung)
- »Nässen, um bestraft zu werden« [541] (Bestrafung als Zuwendungsersatz; Gefahr der Weiterentwicklung zum Masochismus)

### Untersuchungsverfahren und Diagnose

Zur Fundierung und primären Abklärung diagnostischer Ergebnisse sollten im individuellen Fall zunächst folgende Maßnahmen abgeklärt werden:
- Liegt dem Einnässen eine organische Erkrankung zugrunde?
- Wie häufig und bei welchen Gelegenheiten nässt das Kind ein?
- Ist Einnässen Teil einer Konstellation mehrerer Verhaltensauffälligkeiten?
- Welche Schwierigkeiten hat das Kind (zu Hause; in der Schule)?
- In jedem Fall muß eine ärztliche Untersuchung die Frage organischer Ursachen abklären.
- Einer psychologisch-pädagogischen Diagnose dienen neben bewährten Testverfahren vor allem Gespräche mit dem betroffenen Kind, Gespräche mit den Eltern, Beobachtung und wechselseitig beratende Kooperation im medizinisch-ärztlichen und psychologisch-pädagogischen Bereich tätiger Personen.

## Pädagogische Hilfen

Bei der Einleitung von therapeutischen Hilfen ist es wichtig, die zugrundeliegende psychische Ausgangslage zu kennen, derzufolge das Kind unbewusst in diese Verhaltensweise gebracht wurde. Da das Erscheinungsbild des Einnässens grundsätzlich als mögliche »psycho-physiologische Störung« [542] gilt (psychische und physische Behandlungen können miteinander verknüpft sein), ist an einen Behandlungsansatz von zwei Seiten aus zu denken, nämlich ärztlicherseits verordnete medikamentöse oder apparative Behandlung und psychologisch-pädagogisch angegangene therapeutische Ansätze. Medikamentöse Ansätze zielen in der Regel auf antidepressive Wirkungen, Einwirkung auf die Schlaftiefe, Beeinflussung der Blasenkapazität oder Erschweren der Spontanentleerungen [543]. Apparativ gestützte Behandlung setzt großenteils mit Mitteln operanten Lernens und klassischen Konditionierens an (z.B. Schließung eines Stromkreises mit Ingangsetzung einer Klingel bei Nässe; Feed-back durch Belohnung; Bettnässermatte; Bettnässerhose).

In vielen Fällen erfordert Einnässen (sekundäre Enuresis) vorzugsweise pädagogisch-psychologische Maßnahmen und psychotherapeutische Ansätze, in welche die Eltern bzw. die in der Erziehung maßgebenden Personen miteinzubeziehen sind (Familientherapie). Dabei muss eine Aufklärung darüber stattfinden, dass Einnässen nicht etwa eine »Bösartigkeit« oder ein willentliches Sichwidersetzen darstellt, sondern eine meist im Unbewussten sich abspielende Verhaltensweise, die vom Kind willentlich nicht beeinflusst werden kann. Damit sind Strafen sinnlos, ja sogar zusätzlich verschärfend. Früher praktizierte Maßnahmen, wie z.B. Flüssigkeitsentzug, Prügel, Einsperren, öfteres nächtliches Wecken oder etwa örtliche Eingriffe und Manipulationen sind ebenso schädlich wie Spott, Bloßstellung und Erzeugen von Schuldgefühlen [544]. Der Erfindungsreichtum früherer Zeiten trieb dabei zum Teil recht abartige Blüten. So erprobte man bei bettnässenden Kindern z.B. Hochstellen des Bettendes, warme Sitzbäder vor dem Zubettgehen, Elektrisieren der Blasengegend, Knoten im Nachthemd, Aufkleben einer Briefmarke auf den Nabel und Anstreichen des Unterbauches mit Jod. Zweifelsohne steckten dahinter mit magischen Vorstellungen[1] verbundene Suggestivmaßnahmen [545].

Nach Erfahrung von Kinderärzten werden einnässende Kinder nicht selten von ihren Erziehern geschlagen, weil diese glaubten, körperliche Züchtigung könne dieser »Unart abhelfen« [546]. Harbauer [547] empfiehlt, im Elterngespräch das Symptom der Enuresis zunächst als »krankheitsnahe Störung« darzustellen und den Eltern und Erziehern eine »sachliche Erziehungshaltung vor einem verständnisvoll liebevollen Erziehungshintergrund« zu empfehlen.

Die in der Erziehungsverantwortung stehenden Personen (vor allem die Eltern) sollten, wenn das Kind einnässt, diesem Geschehen keine zu große Bedeutung zumessen. Das Enuretikerkind findet seine Schwierigkeit selbst peinlich. Pädagogisch besser ist es in jedem Fall, mehr dem Kind in seinem individuellen Sosein Beach-

---

1  Harbauer erwähnt hier auch das Urinieren durch das Schlüsselloch einer Kirche.

tung und Zuwendung zu schenken. »Das Kind selbst«, so Hoeltzel, »muß überzeugt sein, dass man an seine Heilung glaubt und bereit ist, ihm zu helfen« [548]. Bei begleitenden psychotherapeutischen Behandlungsmaßnahmen wird auch mit Hilfe gruppentherapeutischer Kurse für die Eltern deren Verhalten miteinbezogen. Gerade die familiäre Umweltsituation ist nämlich oft der verschärfende Auslöser für Verhaltensschwierigkeiten. Grosse führt einen nicht unerheblichen Teil an »Spontanheilungen« auf eine neue Einschätzung des gesamten problemzentrierten Kontexts, eingeschlossen eine positive Erwartungshaltung sowohl auf Seiten der Eltern als auch auf der des Kindes, zurück [549].

Ein Kind, das einnässt, leidet darunter. Solches hat auch Auswirkungen auf das Selbstwertgefühl und führt dann nicht selten zu schulischem Versagen. Zur Abstimmung schulischer Hilfen sollte der Lehrer über diese Verhaltensauffälligkeit des Kindes Kenntnis erhalten.

Grundsätzlich ist anzumerken, dass die Schule in regelmäßigen Abständen kurze Pausen im Rahmen des Unterrichts einplanen muss. Je jünger das Kind, in um so kürzeren Abständen sollten Pausen stattfinden [550]. Kinder sollten auch immer bei Bedarf den Raum verlassen dürfen, um das WC aufzusuchen. Es ist ein (leider immer wieder anzutreffendes) menschlich und pädagogisch falsches Lehrerverhalten, dass Kinder in der Schule während des Unterrichts nicht den Raum verlassen dürfen, bis das Pausezeichen ertönt. Hier kommen vor allem jüngere Kinder häufig in arge Bedrängnis. Ist ein Kind nicht krank und nässt es während des Unterrichts ein, obwohl es den Raum verlassen dürfte, sollte die Lehrkraft wenig Aufhebens davon machen und dem Kind über sein Missgeschick unauffällig hinweghelfen. Nässt ein Kind öfter ein, sollte ein Gespräch mit den Eltern stattfinden und womöglich eine therapeutische Behandlung begonnen werden. Da gerade auf diesem Gebiet auch wenig seriöse Hilfen angeboten werden, sollten die Eltern unbedingt einen Fachmann aufsuchen (Psychotherapeut; Psychologe; Heilpädagoge; Kinderarzt) [551].

Im Einzelfall ist weiter an folgende Hilfen zu denken:
- Entschärfung der Belastungssituation durch Gespräche [552]
- Bewusstmachen, dass eine Krankheit vorliegt, nicht etwa eine Ungezogenheit [553] (Keine Vorwürfe, keine verächtlichen Bemerkungen, kein Lächerlichmachen und keine Strafen vornehmen)
- Aufbau eines gesunden Selbstbewusstseins; Vermittlung von Selbstbestätigung durch Sport, Spiel, körperliche und geistige Anstrengung
- Liebevolle Zuwendung, Verwöhnung und besondere Aufmerksamkeit beim Zubettgehen [554]
- Aufmunterung zum regelmäßigen Aufsuchen der Toilette
- Verschwiegenheit von Seiten der Eltern, Lehrer und Erzieher
- Anbahnen eines Vertrauensverhältnisses zwischen Erzieher und Kind, Vermitteln eines Gefühles der Geborgenheit
- Keine Appelle an »Gewissen« oder »Schamgefühl«

- Geduld zeigen
- Obwohl ein direkter Einfluss auf die Ursachen des Einnässens von seiten des Lehrers in nur geringen Fällen möglich ist, sollte die Schule in Kooperation mit Elternhaus und therapeutischer Fachkraft die für das Kind notwendigen pädagogischen Maßnahmen (z.B. Zuwendung; Annahme; Verständnis; Stärkung des Selbstbewusstseins) ergänzen und vertiefen.

## Fallbeispiele

### »Roland« [555]

Roland war »primärer Enuretiker«. Eine mögliche Ursache für sein Verhalten war offensichtlich im Persönlichkeitsbild seiner Mutter zu suchen. Sie besaß wenig Einfühlungsvermögen, sich verständnisvoll mit ihrem Kind zu beschäftigen. Sie nahm es wenig auf den Arm und fand auch sprachlich nicht den richtigen Zugang zu ihm. So musste Roland die für ihn notwendige liebende Zuwendung entbehren. Verschärft wurde die Situation des Jungen, dass die Mutter ihn sofort schimpfte oder sogar schlug, wenn er sich nicht so verhalten hatte, wie sie es gerne wollte. Der Mutter tat es hinterher immer wieder gleich leid. Dann nahm sie Roland auf den Arm und versuchte, ihn zu trösten. Ebenso verhielt sie sich, wenn er das Bett eingenässt hatte. Dies führte offensichtlich bei dem Jungen zu einem sich einschleifenden Verhaltensmechanismus (Zuwendung und Tröstung immer dann, wenn eingenässt wurde). Roland war 5 Jahre alt, als sein jüngerer Bruder zur Welt kam. Die stärkere Zuwendung seiner Mutter zum Bruder weckte Eifersuchtsgefühle und eine Verstärkung des Sich-zurückgesetzt-Fühlens. Der Junge fing in dieser Lebenssituation an, verstärkt ins Bett zu nässen.

Ein einschneidendes Lebensereignis war der Tod der Mutter. Roland, inzwischen 10 Jahre alt, begann wieder damit, häufiger einzunässen. Überhaupt war festzustellen, dass es Phasen gab, in denen er für längere Zeit nicht einnässte und Zeitabschnitte, in denen er verstärkt diese Verhaltensauffälligkeit zeigte. Beobachtungen zufolge und auf Grund von Gesprächen mit den Erziehungsverantwortlichen stellte sich heraus, dass dies immer dann besonders der Fall war, wenn seinem ausgeprägten Bedürfnis nach Kontakt und Zuneigung nicht entsprochen wurde.

Roland ist inzwischen 14 Jahre alt. Es lässt sich eine Besserung feststellen. Doch wirkt der Junge immer noch sehr zurückhaltend und menschenscheu. Vollständig ist das Problem des Bettnässens allerdings noch nicht gelöst.

### »Stefan«

Stefan ist das zweite von drei Kindern einer Handwerkerfamilie und zum Zeitpunkt des Beginns seiner Verhaltensauffälligkeit 6 Jahre alt. Der Junge macht einen körperlich gesunden Eindruck, ist aber zurückhaltend bis verschlossen, wortkarg und schüchtern. Die Eltern sind in Sorge, weil Stefan seit einiger Zeit beinahe jede Nacht bettnässt. Eine Analyse der Familiensituation zeigt folgendes Bild: Der ältere Bruder geht schon seit ein paar Jahren zur Schule. Seine Leistungen werden täglich von den Eltern gebührend gelobt. Stefan, der noch vor dem Schuleintritt steht, hat nichts Entsprechendes vorzuweisen. Dann gibt es da auf der anderen Seite den einjährigen Bruder. Auch ihm wird von Bekannten und Verwandten gebührende Aufmerksamkeit, Zuwendung und Liebkosung zuteil. In der Familie lebt noch eine alte Frau, die sich als einzige um Stefan kümmert. Sie »überzieht« aber offensichtlich ihre Fürsorge, verwöhnt den Jungen mit Spielsachen und Süßigkeiten und nimmt ihm vieles ab, was ein Junge seines Alters eigentlich selbst erledigen sollte. Seit Stefan einnässt, ist das »Mitleid« dieser Frau noch ausgeprägter. Der Junge bekommt mit, dass von ihm als von einem »armen und zurückgesetzten Kind« gesprochen wird, das jetzt auch noch mit dem Bettnässen belastet sei. Jeden Morgen wird sein eingenässtes Bett mit Mitleidsausdrücken bedacht. Stefan hat bald heraus, dass sein Verhalten ihm endlich die gebührende Mittelpunktsstellung bringt.

Auf das regressive Verhalten des Jungen angesprochen, versichern die Eltern, immer ihr Bestes getan zu haben. Sie könnten auch nicht verstehen, dass Stefan eifersüchtig auf das kleine Brüderchen sei, wo er sich doch so zärtlich und liebevoll mit ihm abgebe. Die Feststellung, dass dies vonseiten eines 6-jährigen Kindes auch nur nachgeahmt sein kann, ohne innere Gefühle auszudrücken, macht die Eltern verständnisbereiter. Eine psychologische Untersuchung ergab, dass Stefan (trotz seines äußerlich eher »verdeckten« Verhaltens) starke Aggressionen gegen seine Geschwister hegt. »Die Eltern«, so meint er, »haben das Baby lieb. Aber mich haben sie nicht richtig gern.« Angst vor endgültigem Liebesverlust ließ den übrigens recht sensiblen Jungen in eine Verhaltensschwierigkeit ausweichen. Eine Weiterverfolgung des Lebensweges des Jungen ergab, dass Stefan sein Bettnässen bis ins Alter von 16–17 Jahren nicht endgültig ablegte, obwohl nach Aussage der Eltern ihre Zuwendung sich »gleichmäßig« auf alle Kinder verteile.

# 4. Störungen des Gefühlslebens und der Grundstimmung

## 4.1 Hyperthymie

Definition

Hyperthymie bezeichnet einen psychischen Zustand, der sich in heiterer Gemütslage, Selbstüberschätzung und übermäßiger, gesteigerter psychomotorischer Aktivität ausdrückt [556]. Hyperthymie reicht jedoch nicht an die Überaktivität manischer Zustände heran.

Beschreibung und Symptomatik

Das Kind fällt durch seine oft übertriebene Fröhlichkeit, Betriebsamkeit und eine phasenweise Steigerung der Aktivität auf, die manchmal beinahe erethischen Charakter trägt[1]. Dieser gesteigerte Antrieb lässt sich jedoch kaum auf eine sinnvolle Tätigkeit lenken und bewirkt deshalb auch keine erhöhte Arbeitsleistung. Das hyperthyme Kind wirkt oftmals aufgeregt und leicht gehetzt, neigt zu Streitsucht und zeigt in seiner vordergründig fröhlichen Betriebsamkeit unkritisches Verhalten. Die Ruhelosigkeit kann sich im Unterricht störend auswirken.

Ursachen und Hintergründe

Hyperthymie hat meist organische Ursachen (fehlende natürliche Rückbildung des Thymus). Die Übergänge zu normaler Fröhlichkeit und damit verbundener aktiver Leichtblütigkeit sind fließend.

Untersuchungsverfahren und Diagnose

Nur eine fachärztliche Untersuchung kann hier eine genaue Diagnose liefern. Beobachtungen der Eltern und des Lehrers sind wichtige Hinweise für den untersuchenden Arzt.

---

1   erethisch = gereizt; erregt.

Pädagogische Hilfen

Das Verhaltensbild der Hyperthymie kann durch Medikamente beeinflusst werden. Von der pädagogischen Hilfe her ist Verständnis für das (oft fast zwangsläufig ablaufende) unruhige Verhalten des Kindes grundlegend. Angemessene Beschäftigung (aktive Beschäftigung im Unterricht; Klassenämter), verhaltenskontrollierende Maßnahmen (Bewusstmachung; Belohnung und Bestätigung) und viel körperliche Bewegung sind ausgleichende und dämpfende Maßnahmen.

Fallbeispiel

»Manfred«

Manfred, 10 Jahre alt, fällt im Alltagsleben, während des Unterrichts in der Schule und in den Pausen durch ausgelassene Fröhlichkeit und gesteigertes Unruheverhalten auf. Immer ist an ihm etwas in Bewegung, und es vergeht kein Tag, an dem er sich nicht im Unterrichtsgespräch vorlaut in den Mittelpunkt bringt und erheiternde Beiträge liefert, die oft mit dem Unterrichtsinhalt nur am Rande etwas zu haben. Stillarbeit unterbricht er durch heitere Kommentare. Er steht dabei oft vom Platz auf, geht zum Lehrer und erzählt ihm unter fröhlichem Lachen, was ihm zur Stillarbeit Lustiges eingefallen ist. Manfred bringt immer wieder erhebliche Unruhe in die Klasse. Er wirkt oft wie »aufgedreht« und ist in seiner dann an den Tag gelegten Unruhe (im Erzählen und hinsichtlich körperlicher Aktivität) kaum zu »bremsen«. Seine Mitmenschen blickt er mit offenem Blick und froh wirkendem Zutrauen an. Man kann ihm daher, auch wenn er zu viel Wirbel, Ablenkung und Unruhe bereitet, kaum »böse« sein. Unter seinen Mitschülern ist Manfred beliebt, vor allem, weil er immer wieder zu neuen Streichen aufgelegt ist und – wie eine Mitschülerin es formuliert – »immer wieder Leben in die Bude bringt«.

## 4.2 Minderwertigkeitsgefühle

Definition

Der Begriff »Minderwertigkeitsgefühl« (Insuffizienz) trat besonders durch die Individualpsychologie Adlers [557] in die pädagogische Diskussion. Mindwertigkeitsgefühle entstehen durch die Meinung, anderen körperlich, psychisch, geistig oder moralisch unterlegen zu sein [558]. Dabei entsprechen diese Empfindungen keineswegs den wirklichen Fähigkeiten [559]. Werden Minderwertigkeitsgefühle als andauernder, bedrohlicher und durch die Vernunft nicht mehr kontrollierbarer Tatbestand erlebt, ergibt sich daraus ein Minderwertigkeitskomplex, der sich auf die Überzeugung völliger Unzulänglichkeit stützt [560].

## Beschreibung und Symptomatik

Minderwertigkeitsgefühle stellen für ein Kind existentiell sehr tiefgreifende Nöte dar. Sie bringen das Selbstverständnis eines Kindes so weit aus dem Gleichgewicht, dass es glaubt, keinen persönlichen Wert zu haben und daher allen anderen unterlegen zu sein. Minderwertigkeit kann schließlich so stark erlebt werden, dass das Kind unter ständiger Selbstherabsetzung sein eigenes So-Sein hasst. In extremen Fällen führt dieser Selbsthass bis zum Selbstmord.

Minderwertigkeitsgefühle zeigen sich vor allem in einem stark geschwächten Selbstwertgefühl des Kindes und einer daraus resultierenden großen Selbstunsicherheit. Das davon betroffene Kind fällt besonders durch Ängstlichkeit oder Schüchternheit Menschen gegenüber auf. Seine Selbstunsicherheit führt dazu, dass es sich schwächer gibt, als es eigentlich ist [561]. Jeder erlebte Misserfolg, jede Demütigung oder Herabsetzung führt für das Kind zu der Bestätigung, minderwertig zu sein. Dadurch kann es, was die Schule angeht, zu einer resignierenden Misserfolgsängstlichkeit kommen [562]. Minderwertigkeitsgefühle sind beim Schüler auf drei Ebenen anzutreffen[1]. *Intellektuell* hält sich das Kind für vollkommen unfähig und erwartet, dass es keine Erfolge verbuchen kann. *Emotional* ist es von Angst- und Spannungszuständen sowie von Unzufriedenheit gekennzeichnet. Auf seine *Handlungen* wirkt sich die Selbstunsicherheit so aus, dass es wirklich versagt. Somit geht auch die reale Beziehung zu sich selbst verloren. Durch eine Misserfolgsmotivation, welche Erfolge nicht mehr erwarten lässt, werden letztere, wenn sie tatsächlich vorhanden sind, einfach ignoriert.

## Ursachen und Hintergründe

Minderwertigkeitsgefühle entstehen aus dem Bewusstsein, anderen unterlegen, weniger wert als andere zu sein. Diese Empfindungen sind dem Kind jedoch nicht angeboren, sondern entstehen dadurch, dass es sich selbst oder dass andere es mit den von der Umwelt gesetzten Normen vergleichen. Oft sind überzogene oder unrealistische Erwartungen der Eltern daran schuld, dass das Kind seinen Selbstwert als niedrig erlebt. Bewusst oder unbewusst spürt es, dass es den Erwartungen der Eltern nicht entspricht. So werden z. B. seine schulischen Erfolge mit denen von Geschwistern oder Kameraden verglichen. Hat das Kind dann schulische Misserfolge bei erwünschten Leistungen (Sprechen; Lernen; Zensuren; Fertigkeiten) setzt sich bei ihm das Gefühl fest, die Eltern zu enttäuschen oder ein Versager zu sein. Dazu kommen nicht selten die Selbstzweifel des Kindes bei Lernproblemen. Ihm fällt das schwer, was für andere kein Problem darstellt. Es vergleicht sich selbst mit den Mitschülern, stellt seine erbrachten Leistungen den von ihm erwarteten gegenüber und findet es so bestätigt, »unfähig« zu sein. Zudem werden Kinder auch oft wegen kör-

---

1 Vergleiche im Folgenden Kessel/Göth 1984, S. 96.

perlicher Auffälligkeiten von anderen, besonders von Mitschülern oder Kameraden, gedemütigt. So wird z. B. die Aufmerksamkeit der Umwelt durch Spitznamen auf ein Körpermerkmal (Größe; Zähne; Ohren; Statur) gerichtet, das der Betroffene doch selbst am liebsten verbergen würde. Das Kind passt sich schließlich seinem Spitznamen an und sieht sich selbst so. Es wird ihm mehr und mehr unmöglich, Selbstwertstabilität zu entwickeln, da die Umwelt über es lacht [563]. Mangelndes Feingefühl ist jedoch nicht nur bei Kindern vorhanden. Vielfach bekommen auch weniger begabte Kinder in der Schule zu spüren, dass sie den Erwartungen nicht entsprechen. So werden z. B. beim Sport Gruppen gebildet, und es dauert nicht lange, bis die Schüler erkennen, dass in einer Gruppe alle Unsportlichen sind. Ebenso herabgesetzt fühlt sich ein Schüler, wenn ihm der Lehrer vor der Klasse seine Fehler vorhält oder ihn sogar als abschreckendes Beispiel hinstellt. Diese Demütigung des Kindes durch den Lehrer ist besonders schwerwiegend, da sich dies als »Vorbildfunktion« auf die restliche Klasse überträgt und nachgeahmt wird. Hier werden meist kognitive Fähigkeiten überbewertet, Misserfolge durch schlechte Noten bestraft und die Schüler nach Erfolgen beurteilt. Dies muß natürlich nicht unweigerlich zu Minderwertigkeitsgefühlen führen, aber es bildet Ansätze hierzu. Wenn zusätzlich einem Kind vorher alle Hürden aus dem Weg geräumt wurden und es deshalb Probleme oder Frustrationen nicht bewältigen kann, dann resultieren aus diesen Versagenserlebnissen leicht Minderwertigkeitsgefühle oder ein Minderwertigkeitskomplex.

### Untersuchungsverfahren und Diagnose

Um vorhandene Minderwertigkeitsgefühle zu erkennen, bieten sich vor allem Aufsatz- oder Zeichnungsanalyse an. Auch die Durchführung des Sceno-Tests kann Anhaltspunkte ergeben. Wird dabei festgestellt, dass das Kind ein angegriffenes Selbstwertgefühl besitzt, sollten mit viel Einfühlungsvermögen und Geduld Gespräche mit dem Kind geführt werden, in denen versucht wird, die Ursachen zu ergründen. Auch in Gesprächen mit den Eltern sind nicht selten mögliche Versagensängste oder Selbstzweifel des Kindes, die als Hintergrund für seine Minderwertigkeitsempfindungen in Frage kommen könnten, aufzudecken.

### Pädagogische Hilfen

Jedes Kind findet sich innerhalb der ihm von Anlage und Umwelt gesetzten Grenzen vor, die es nur sehr bedingt durch Arbeit an sich selbst zu ändern vermag. Dazu gehören Begabung, körperliche Erscheinung, physische Grundausstattung, die Menschen, mit denen es lebt, deren Sprache und finanzielle Möglichkeiten.

Da das Kind diese Grenzen nicht sprengen kann, darf von ihm nicht mehr erwartet werden, als es geben kann. Zu hohe Erwartungen, die Beurteilung nach seinem Äußeren oder das Messen des Wertes des Kindes an seinen Leistungen werden deshalb seiner personalen Würde nicht gerecht. Aufgrund dieses Wertes als Person muß jedes Kind, auch das, das den gesetzten Leistungs-, Fähigkeits- oder Kenntnisnormen nicht gerecht wird, gleich angenommen werden und ihm dieselbe Zuwendung wie anderen zuteil werden. Gerade Kinder, die auf Wissens- oder Fertigkeitsgebieten weniger erfolgreich sind, brauchen Selbstwertbestätigung. Sie sollten nie als Versager oder schlechtes Beispiel hingestellt werden. Stattdessen benötigen gerade diese Kinder Anerkennung zum Beispiel für kleine Fortschritte, für ihren Fleiß, für Anstrengungsbereitschaft, Kreativität, Hilfsbereitschaft, handwerkliches Können oder für soziale Bereitschaft. Jeder Erfolg sollte bei ihnen positiv angemerkt werden. So kann beim Diktat, auch wenn die Note gleichgeblieben ist, angemerkt werden, dass weniger Fehler gemacht wurden. Gerade Kinder, die an Minderwertigkeitsgefühlen leiden, brauchen Bestätigung und vor allem das Gefühl, trotz oder gerade wegen ihres So-Seins angenommen zu werden. Für den Lehrer ist im Umgang mit Schülern besonders Takt- und Feingefühl notwendig. Was ein Schüler problemlos bewältigt, kann für einen anderen, dessen Selbstwertgefühl bereits angeschlagen ist, schon eine Bestätigung für sein Minderwertigkeitsempfinden darstellen. Unsichere oder schüchterne und gehemmte Kinder sollten niemals gewaltsam in den Mittelpunkt der Aufmerksamkeit gebracht werden. Auch das Hinstellen eines Musterschülers als Beispiel für die ganze Klasse ist pädagogisch nicht immer sinnvoll. Ein weniger begabtes Kind ist für sein So-Sein nicht verantwortlich, und es weiß meist, dass es nie wie dieser Musterschüler sein wird. Für dieses Kind ist es schmerzhaft, dass der andere Schüler besonders gelobt wird, und es kann sich herabgesetzt fühlen. Minderwertigkeitsgefühle werden durch gezielt angesetzte Ermutigungen meist kompensiert. Bei einem Minderwertigkeitskomplex dagegen ist vielfach eine psychotherapeutische Behandlung notwendig [564].

## Fallbeispiel

### »Martina«

Als Martina mit 6 Jahren zur Schule kam, war sie ein vor Aktivität sprühendes und frohes Mädchen. Und sie brannte darauf, in der Schule etwas zu lernen. Sie war ihrer Eltern einziger Stolz, und vor allem der Vater hatte große Pläne mit ihr. Sie sollte es einmal im Leben zu etwas bringen. Schon des öfteren hatte sie ihren Vater abschätzig von »Versagern« reden hören, die in der Schule das Schlußlicht bildeten, und mit denen man daher im späteren Berufsleben nicht viel anfangen konnte. So hatte sich schon frühzeitig in ihr Herz der Vorsatz eingesenkt, ihren Eltern als Schülerin Freude zu bereiten. Und eines wollte sie auf keinen Fall werden: ein Versager. Als die ersten Monate ihres neuen Schuldaseins vorübergegangen waren, teilte die Lehrerin der Klasse mit: »Heute bekommt ihr Noten darauf, wie gut ihr schon schreiben könnt.« Martina konnte es kaum mehr erwarten, ihre Note den Eltern zu zeigen. »Papa, Mami«, rief sie, »stellt euch vor, heute habe ich eine Note bekommen. Und die Note sagt, wie gut ich schon schreiben kann.« Voll freudiger Erwartung präsentierte sie dem Vater ihr Schreibheft. Der blickte ins Heft. Aber statt des erwarteten Lobs umwölkte sich seine Stirn. Er bekam einen roten Kopf und sagte ärgerlich: »Das ist ja eine ›4‹. Etwas Besseres hast du nicht fertiggebracht? Eigentlich solltest du dich schämen!« Dieses Ereignis war Martinas erste tiefeinschneidende Enttäuschung. In der Folgezeit erlebte sie nun immer wieder, dass ihr Vater mit ihren Leistungen nicht zufrieden war. Immerfort verglich er sie mit anderen Kindern. Und obwohl Martina sich ernsthaft bemühte, ihre Eltern durch ihre Schulleistungen nicht zu enttäuschen, gelang ihr dies nur ganz selten. Im Verlaufe der ersten drei Schuljahre erlebte sie ihre Schulleistungen als ständige Demütigungen. Und mit der Zeit setzte sich in ihr das Gefühl fest, weniger wert zu sein als andere. Als sie wieder einmal angesichts eines nicht sehr guten Ergebnisses in einer Prüfungsarbeit in Tränen ausbrach und die Lehrerin sie trösten wollte, schluchzte sie: »Wissen sie, Frau Gebhard, ich bin doch ein Versager.« Aus der ursprünglich lebensfrohen und lernbejahenden Martina war ein mit tiefen Minderwertigkeitsgefühlen belastetes kleines Mädchen geworden.

### 4.3 Depression

Definition

Depression kommt vom lateinischen Wort »depressus« = herabgedrückt. Sie gilt als gravierende Beeinträchtigung einer produktiven Alltags- und Lebensbewältigung [565]. Bei depressivem Verhalten handelt es sich um einen ernsthaften Verstimmungszustand in Richtung Gedrücktheit, Traurigkeit, Schwermut und Hoffnungslosigkeit, der oft gekoppelt ist mit Hemmungen des Gedankenablaufs, der sozialen Kontaktaufnahme und Problembewältigung, Antriebsschwäche, Entschlußunfähigkeit und Selbstabwertung.

Vielfach wird in unserer Gesellschaft der Begriff »Depression« falsch angewendet und ist fast ein Schlagwort für verschiedenstes emotionales Befinden geworden. Zu unterscheiden sind daher (überwiegend endogen verursachte) phasenhafte Verstimmungen (in Abwechslung mit manischem Verhalten) von isolierten (verschieden lange dauernden) depressiven Zuständen. Von der tiefer sitzenden qualvollen echten depressiven Erkrankung abzusetzen sind (weitgehend dem Normal-Erlebnisbereich zuzuordnende) leichte Verstimmungen oder die natürliche Trauer als normale Reaktion zum Beispiel auf Verlusterlebnisse.

## Beschreibung und Symptomatik

Die Menschen unserer Gesellschaft sind es (noch) nicht gewohnt, Depressionen bei Kindern und Jugendlichen so zu akzeptieren wie bei Erwachsenen. Dies kommt auch daher, dass das Symptomenbild bei ihnen im Vergleich zu den Erwachsenen andere Ausprägungen haben kann. Dieses tritt zum Beispiel auch als »Schulschwierigkeiten« verschiedener Art auf und wird zunächst vom realen Krankheitshintergrund her nicht erkannt. Depression bei Kindern zeigt jedoch auch die für Erwachsene typische Symptomatik depressiven Verhaltens. Dieses äußert sich im pädagogischen Bereich vorwiegend im Ausdruck innerer Befindlichkeiten und im sozialen Verhalten.

### Innere Befindlichkeiten

Der innere Zustand des depressiven Menschen (auch des Kindes) ist geprägt von einem variablen Symptomenkomplex bestehend aus trauriger Verstimmtheit, Leere, Schwermut, Gedrücktheit, Hoffnungslosigkeit, Hemmung des Denkflusses und der Antriebssphäre, Entschlussunfähigkeit und Weinerlichkeit. Depressive Verstimmungszustände äußern sich weiter in einem Grübelzwang (häufig seufzend), in Gereiztheit, Angst, Selbstmitleid, Minderwertigkeitsgefühlen und immer wieder auftauchenden Selbstmordgedanken. Die solchermaßen deutlich durchschlagende psychische Belastung des Betroffenen bringt eine Reihe somatischer Störfaktoren mit sich. So stellen sich nicht selten Schlafstörungen, Appetitstörungen, Bettnässen, pavor nocturnus, Magen- und Darmbeschwerden, Bauchweh, Kopfweh, Schlafstörungen und andere psycho-vegetative Belastungen ein.

### Soziales Verhalten

Das soziale Verhalten ist Ausdruck der inneren gedrückten Gestimmtheit des depressiven Menschen. Kontaktstörung und Kontaktschwäche gefährden das depressive Kind in Richtung sozialer Isolation. Ängste und Hemmungen bewegen das Kind zum Schuleschwänzen oder zur Flucht in die Einsamkeit. Manchmal ist Depressivität auch mit mutistischem Verhalten gekoppelt. Vordergründig betrachtet scheint das depressive Kind gleichgültig und »faul« zu sein. Es meldet sich wenig im Unterricht, kann sich nicht über längere Zeit hinweg auf eine Aufgabe konzentrieren, zeigt also recht fluktuierende Aufmerksamkeit. Irgendwie fehlt ihm der Mut und die Freude am Lernen und am aktiven Zugriff zu den Problemen seiner Umwelt. Nicht zuletzt wegen sporadischer aggressiver Ausbrüche (im Wechsel mit Weinkrämpfen) gilt das depressive Kind als »erziehungsschwierig«.

Bei jüngeren Schulkindern äußern sich Depressionen noch überwiegend durch psychosomatische Syndrome (Einnässen, Nägelbeißen usw.), doch häufen sich auch bereits psychische Störungen (Traurigkeit, Gereiztheit, Unsicherheit usw.). Mit zunehmendem Alter beginnt die Symptomatik sich der Erwachsenen-Depression anzupassen, es häufen sich depressive Merkmale wie Selbstvorwürfe, Grübeln, Selbstwertprobleme, Stimmungsschwankungen, tiefe Schwermut usw. [566].

Depressionen gehören heute zu den häufigsten psychosomatischen Erkrankungen, mit denen der Arzt konfrontiert wird [567]. Untersuchungen der WHO (Weltgesundheitsorganisation) zufolge haben die Depressionen in den letzten 20 Jahren drastisch zugenommen. 10 bis 20 Prozent der Patienten, die den Arzt aufsuchen, leiden an Depressionen [568]. Kinder bilden hinsichtlich des Ansteigens von Depressionen keine Ausnahme. Man nimmt an, dass die Häufigkeit des Vorkommens bei Kindern nicht geringer ist als die bei Erwachsenen[1]. Da Kinder aber noch wenig in der Lage sind, sich auf Grund von Selbstbeobachtung und kritischer Eigenanalyse ihres Befindens sich dem Erzieher, Arzt oder Psychologen gegenüber zu artikulieren, werden Kinderdepressionen oft als Ausdruck organischer Leiden oder anderweitiger Verhaltensschwierigkeiten missdeutet. Im pädagogischen Sektor besteht die Gefahr, dass man Depressionen bei Kindern undifferenziert als »Schul-, Entwicklungs- oder Erziehungsschwierigkeiten« wertet und sie unter Umständen mit Erziehungsmaßnahmen wie Strafen angeht. Durch solches Nichterkennen eines tatsächlich vorhandenen Krankheitsbildes werden daher depressive Kinder immer wieder medizinisch falsch[2] und pädagogisch ungerecht behandelt. Depressionen bei Kindern werden von der Mitwelt weitaus weniger akzeptiert als bei Erwachsenen. Daher wird vor allem die Begleitsymptomatik als Verhalten beurteilt, welches in die Kategorie des »Nur-nicht-Wollens« eingeordnet wird.

Kinder, welche erstmals in eine depressive Phase fallen, erleben sich oft als unverstanden und völlig alleingelassen. Dieses Erleben ist nicht selten auch mit dem Gefühl des Ungeliebtseins verbunden. Liebesverlust erlebt das Kind in der Tiefe seiner Psyche aber als existenziell bedrohlich. Daher muss man in solchen Situationen mit kindlichen Suizidversuchen rechnen.

Ursachen und Hintergründe

Wie bei vielen anderen Krankheitserscheinungen treffen bei der Depression häufig anlagebedingte Konstitution (genetische Disponiertheit)[3] und psychisch negative Umweltbedingungen aufeinander und lösen so das gesamte depressive Verhaltens-

---

1 Auf Grund mehrerer Untersuchungen von Beratungsstellen für Erziehung, Ehe und Familie leiden in der Bundesrepublik bereits Sieben- bis Neunjährige an depressiven Verstimmungen, die bis zur Resignation dem Leben gegenüber führen.
2 Bei einer Verkennung des tatsächlichen Krankheitsbildes stellen Kinderärzte ihre Diagnosen oft einseitig auf Organveränderungen und behandeln beim Fehlen von pathologischen Prozessen das betroffene Kind mit sedierender Medikation. Von daher erhalten heute bereits viele Kinder unter zehn Jahren regelmäßig Psychopharmaka, die zwar vordergründig die Symptomatik angehen, aber kaum in der Lage sind, das oft psychisch bedingte Ursachengeflecht zu bekämpfen.
3 Dies belegen neue Untersuchungen von Forschern der Washington University School of Medicine (Focus 1998, S. 212).

bild mehr oder minder gravierend aus. Dabei kann der Einfluss der einen oder anderen Bedingung (Konstitution oder Umwelt) verschieden schwerwiegend sein.

Da das konstitutive Moment beim derzeitigen Stand der Wissenschaft nur in Grenzen therapierbar ist und ausschließlich in ärztliche Kompetenz fällt, wird hier vorwiegend der pädagogisch-psychologische Aspekt bei der Ursachenfrage herausgestellt. Milieubedingte Ursachen für das Auftreten von Depressivität sind nicht selten im Zeitraum der frühen Kindheit zu suchen. Mangelnder Gefühlskontakt im Säuglingsalter, unzureichende Versorgung des Säuglings [569], Entbehrungen und Mängel in der personalen Zuwendung, ungünstige äußere Familienverhältnisse (z.B. Verlust der Eltern oder eines Elternteils; überforderte Eltern; gestörte Familienharmonie) oder bestimmte Lebensumstände der modernen Gesellschaft[1] stehen häufig als Anfangsursache für aktuelles oder erst später auftretendes depressives Verhalten. Nach Angaben der WHO ist die Zunahme der Depressionen bei Kindern auf »den Bruch mit Traditionen, den wachsenden Verlust religiöser Bindungen, den oftmals krassen Materialismus mit Missachtung der Gemütskräfte, insbesondere aber auch auf den Zerfall der Familie und den Mangel an echten zwischenmenschlichen Kontakten« [570] zurückzuführen.

Bei Waisen- und Heimkindern, welche über längere Zeit hinweg den Geborgenheitsraum einer Familie entbehren mussten, hat man, vor allem bei »Begünstigungen vom Anlagetyp her« [571], depressive Gefährdungen bis hin zur Manifestation depressiver Lebensgrundstimmung gefunden. Gibt es im Elternhaus depressive Bezugspersonen, so kann eine »instinktive Übernahme der Affektlage und der Lebensbereitschaft der Beziehungsperson« (Dührssen) [572] das Kind in depressives Verhalten lenken.

Zu solchen Einflüssen der frühen und späteren Kindheit kann ein ganzes Bündel aktueller Lebensanlässe zu depressivem Verhalten führen. Minderwertigkeitserlebnisse, Verlustängste (z.B. bei Scheidungsabsicht der Eltern), Gefühle des Zurückgesetztwerdens, Schockerlebnisse (z.B. Bedrohung oder Vergewaltigung), Abgelehntwerden, schulische Misserfolge bei strenger Bestrafung und ähnliche tief greifende und tiefsitzende Erlebnisse können zu Auslösern depressiver Stimmung und daraus resultierenden Verhaltensauffälligkeiten werden. Ist eine entsprechende Dispositionsbereitschaft (z.B. durch Konstitution und frühkindliche Zuwendungsdeprivation) vorhanden, können solche aktuellen (zum Teil gar nicht gravierenden) Auslöser einschneidende und ernsthafte depressive Verhaltensveränderungen bewirken.

Hinsichtlich des Ursachenkomplexes depressiver Erscheinungsweisen werden in neuerer Zeit auch Erklärungsansätze der sozialen Lerntheorie[2] und Zusammenhänge von Depression und Geschlecht, Gesellschaft, Alter, Landschaft und Kultur untersucht.

---

1 Als Auslöser der Krankheit nennen Mediziner unter anderem den Dauerstress (Focus 1998, S. 212).
2 Häcker/Stapf 1998, S. 175. Auf die religiöse Schuldthematik wird hier nicht eingegangen, da sie erfahrungsgemäß bei Kindern kaum eine auslösende Rolle bei der Entstehung von Depressionen darstellt.

## Untersuchungsverfahren und Diagnose

Wesentliche diagnostische Verfahren im Hinblick auf Depressivität sind Beobachtung, Gespräch mit den Eltern und dem betroffenen Kind und die Analyse und Interpretation von Kinderzeichnungen und Aufsätzen. Tiefpsychologische Verfahren wie »CAT« oder »Rorschach« können ebenso zur Erhellung der Ursachenfrage dienen wie der »Depressionsfragebogen für Kinder« [573], der »MDZT« (Mehrdimensionaler Zeichentest [Bloch/Meier/Schmid 1971]) oder die »SDS« (Self-Rating Depression Scale [Zung 1965]). Als Zusatztests können der »K-A-T« (Kinder-Angst-Test [Thurner/Tewes 1972]) und der »AFS« (Angstfragebogen für Schüler [Wieczerkowski/Nickel/Janowski/Fittkau/Rauer 1975]) hilfreich sein. Eine ärztliche Untersuchung ist in jedem Fall geboten.

## Pädagogische Hilfen

Zur Therapie ernsthafter Depression verfügt heute die Medizin über eine ganze Reihe guter Medikamente, welche Ängste, Verstimmungen und psychische Verkrampfungen aufzulösen in der Lage sind. Chemotherapie sollte aber gerade bei Depressionen nicht der alleinige Ansatz zur Hilfeleistung sein. Grundlegend bis zusätzlich bietet die Psychotherapie die Möglichkeit, z. B. frühkindlich verursachte Störungen negativer Umwelteinflüsse zu entschärfen und so den Heilungsprozess an der Ursachenwurzel anzusetzen. Psychotherapeutische Behandlung schließt heute die Familie in ihre Arbeit mit ein [574], da Primärursachen häufig im Umfeld der engeren Bezugspersonen zu suchen und zu finden sind. Ähnliches gilt auch im Hinblick auf die Schule. Man versucht, Umfeld-Beziehungsstrukturen (Mutter; Vater; Geschwister; Mitschüler; Lehrer) in die Behandlungsstrategie einzubeziehen. Gute Erfolge erzielt man in Psychotherapie und Heilpädagogik auch durch Spiel und soziale Kontaktnahme in der Einzel- und Gruppenbehandlung. Auch Erklärungsansätze der sozialen Lerntheorie[1] gewinnen heute in der Behandlung depressiven Verhaltens zunehmend an Einfluss.

Vonseiten der Schule und der pädagogischen Hilfeleistung sollten folgende Maßnahmen beachtet werden:
- Das Kind muss das Gefühl und die Gewissheit haben, dass es (auch in seinem quälenden Erleben und dem daraus resultierenden schwierigen Verhalten) akzeptiert und ihm Verständnis und Einfühlungsvermögen entgegengebracht wird.
- Depressive Kinder sind (vor allem aus Gründen des »Gefangenseins« in ihrem niedergedrückten Zustand) für Rat, Ermunterung oder (im negativen Fall) für Drohungen nur wenig zugänglich. Jedoch registrieren sie dankbar jede herzliche, warme und mitfühlende Zuwendung.

---

1 Vgl. das Verstärkerverlust-Konzept (Lewinson) oder das Konzept der gelernten Hilflosigkeit (Seligmann)

- Kinder, die zum ersten Mal eine stärkere depressive Verstimmung erleben, fühlen sich häufig völlig alleingelassen [575] und unverstanden. Hoffnungslosigkeit und Angst erleben sie als tiefwirkende existenzielle Bedrohung. Suizidversuche und Suizidverdacht darf man daher nicht auf die leichte Schulter nehmen. Taktvolles Einfühlungsvermögen und das Anbieten zwischenmenschlicher Geborgenheit helfen dem Kind über seine schwierigen Stimmungstiefs hinweg.[1]
- Aufmunterung, gelöstes Unterrichtsklima, Verständnis und Hilfsbereitschaft bieten ein Gegengewicht zur depressiven Unausgeglichenheit des Kindes.

Fallbeispiel

**»Herb«** [576]

»Herb war ein ruhiges Kind, etwas überängstlich und gewissenhaft. Seine Anpassungsschwierigkeiten hätten niemals zu so schweren Depressionen führen müssen, wenn ihn die Eltern besser verstanden hätten.

Der gut entwickelte, gesunde Junge war drei Jahre lang der Stolz seiner Eltern gewesen, bis Bud kam. Der Kleinere war drollig, immer vergnügt, und alle fanden ihn unwiderstehlich. Er wurde verwöhnt, und Herb fand sich etwas zurückgesetzt.

Weitere Kinder kamen. Herb und Bud waren sich mehr oder weniger selbst überlassen. Bud entwickelte sich zu einem aggressiven Kind, das niemand bändigen konnte. Als einzigen Ausweg schickte die überarbeitete Mutter die beiden älteren Buben zum gemeinsamen Spiel ins Freie. Die Familie wohnte auf einem Bauernhof, und Herb liebte die Tiere und die Natur. Aber Bud attackierte ihn unentwegt, er quälte ihn und ließ ihm keine Ruhe.

Die Eltern waren der Meinung, dass Kinder mit ihren Problemen selbst fertig werden müssten. Schließlich sei Herb kein kleines Kind mehr, er könne sich sehr gut selber helfen. Es war nicht leicht, ihnen begreiflich zu machen, dass Bud mehr Disziplin und Überwachung brauchte und dass sie von Herb die Bewältigung einer Situation erwarteten, die ihnen selbst zu schwierig war.

Herb war überzeugt, dass ihn die Eltern nicht liebten und dass alle ihn im Stich ließen. Oft hatte er das Gefühl, dass er für nichts zu gebrauchen sei und ebenso gut nicht auf der Welt zu sein brauche ...«

---

1 Die Suizidrate bei Kindern und Jugendlichen ist heute bereits relativ hoch (vgl. Statistiken der WHO).

## 4.4 Angst

*4.4.1 Angst (allgemein)*

Definition

»Angst« ist abgeleitet vom lateinischen Wort »angustus« = eng bzw. vom Verb »angere« = (die Kehle) zuschnüren, (das Herz) beklemmen. Im weitesten Sinne ist Angst eine »Vorwegnahme, aktuelle Empfindung oder Erinnerung einer subjektiv bedeutsamen realen oder vorgestellten Unsicherheit bzw. Bedrohung (Versagen, Schmerz, Gefahr)« [577] Angst kann gekennzeichnet werden als *Lebensgefühl*, das von Beengung, Erregung[1], Spannung bis hin zu Verzweiflung geprägt ist. Akute und zeitlich vorübergehende Angst bezeichnet Sörensen als »Zustandsangst«. Ist die Angst dagegen von geringerer Intensität und unbestimmter Dauer, so ist sie zum »Wesenszug« einer Person geworden. Diese reagiert »relativ häufig auf Situationen mit Zustandsangst« [578]. Im Allgemeinen sind folgende Arten von Angst zu unterscheiden:

**Angst als Gefahrenschutzinstinkt**

Hierbei handelt es sich um ursprüngliche Gefühlszustände und Triebkräfte von Lebewesen insgesamt. Aus dem Gefahrenschutzinstinkt erwachsende Angst tritt »teils in akutem Ausbruch, teils in schleichend quälender Form« [579] auf und bewirkt dabei elementare Erschütterung in verschiedenen Abstufungen.

**Objektbezogene Angst**

Diese Art der Angst richtet sich auf eine Person oder ein Objekt, von welchem eine (reale oder vermeintliche) Bedrohung körperlicher oder psychischer Art ausgeht (z. B. Prüfungsangst). Verschiedentlich wird hier zwischen Angst und Furcht unterschieden. Angst ist im Gegensatz zur Furcht diffus und ungerichtet, während sich Furcht auf etwas Konkretes bezieht, d. h. die Gefahrenquelle eindeutig ist und Fluchtverhalten auslöst [580].

**Dispositionelle Angst**

Angst kann aus *unbewusster Tiefe* aufsteigen und für den Außenstehenden keinen unmittelbar erkennbaren realen Grund haben. Sie kann teils *krankheitsbedingt* (z. B. bei Depression), teils *eigenschaftsbedingt* (»Trait-Angst«) sein und führt zu Erlebens- und Verhaltensweisen, bei denen der Betroffene eine objektiv wenig gefährli-

---

1 Schwarzer ist der Ansicht, dass nicht psychologische Erregung, sondern Aufgeregtheit (»emotionality«) und Besorgtheit (»worry«) das Angsterleben ausmachen (Sörensen a. a. O., S. 64).

che Situationen als Bedrohung wahrnimmt. Angst kann so auch als »fundamentaler Persönlichkeitsfaktor« gesehen werden [581].

Angst kann sich zu einem Angstsyndrom auf neurotischer Basis ausweiten. Dann spricht man von einer »*Angstneurose*« (übersteigerte Angstbereitschaft).

Auchter (1990) führt im Zusammenhang mit Verhaltensauffälligkeiten bestimmte Formen kindlicher Angst auf [582]. Während jüngere Kinder eher unter Nacht-, Trennungs- und Verlustangst leiden, tritt bei Jugendlichen vermehrt Zukunftsangst, Angst in Verbindung mit körperlichen Symptomen, Versagensangst, Angst vor Krankheiten und Angst sterben zu müssen auf. Zu weiteren kindlichen Angstformen gehört die Angst vor Ärzten und ärztlichen Untersuchungen, vor dem Alleinsein, vor dem Vater und sonstigen Personen, Verfolgungsangst sowie Schulangst [1].

## Beschreibung und Symptomatik

Es gibt kaum einen Menschen, der es nicht schon einmal »mit der Angst zu tun« hatte. Angst kann ein leises Gefühl sein, aber auch bis hin zu einem Punkt anschwellen, wo die angsterregende Bedrohung das existenzielle Sein erschüttert. Angst ist ein (in verschiedenen Schweregraden auftretender) »Verlust der personalen Mitte« (v. Gebsattel). Dabei ruht der Mensch nicht mehr stabil in sich, sondern ist »aus dem Lot« seines Selbstverständnisses und Selbstvertrauens gekommen. Jasper bezeichnet Angst als »Durchgang zum Geborgensein im Sein«. So verstanden kann (vor allem existenzielle) Angst den Sinn haben, den Menschen auf den Grund und das Ziel seines Seins, seiner Existenz zu führen (z.B. durch Reflexion, Suchen und dem quälenden Gedrängtwerden nach Geborgenheit). In diesem Zusammenhang sehen Klages und Heidegger in der Angst stets auch einen Ansatz der »Todesangst«. Jeder Liebesverlust, jedes Nichtangenommenwerden im zwischenmenschlichen Bereich kann zur Angst werden, die letztlich in der (angedeuteten) existenziellen Angst wurzelt. Es ist eine Angst, die sich in einem Verlorensein in Verbindung mit einem »Sich-selbst- überlassen-sein« offenbart. Angst nimmt dann von einem Menschen Besitz, »wenn der Bedrohung nicht ausgewichen werden kann, Flucht nicht als möglich erscheint, ein Angriff als sinnlos gelten muss und wenn sich keine anderen Möglichkeiten zur Bewältigung der als bedrohlich interpretierten Situation anbieten« [583].

Die Symptomatik der Angst ist auf drei verschiedenen Beobachtungsebenen feststellbar, auf Grund *physiologischer Indikatoren*, im *emotional-subjektiven Erleben* und in *beobachtbaren Verhaltensweisen und motorischen Reaktionen* [584]. Hinzu kommt eine bestimmte *konstitutionelle Symptomatik*.

---

[1] Siehe hierzu 4.4.2 »Schulangst«, S. 137ff.

### Physiologische Indikatoren

Physiologisch beobachtbare und messbare Symptome der Angst sind Pulsbeschleunigung, Herzklopfen, Zittern, Schweißausbruch, beschleunigte Atmung, Erröten, verstärkte Darmperistaltik, Harndrang und erhöhte Anspannung der Muskeln. Angst zeigt sich hier sehr deutlich von vegetativen Symptomen begleitet.

### Emotional-subjektives Erleben

Dieser Symptomkomplex umfasst ein ganzes Bündel von Gefühls-Erlebnisqualitäten. Zunächst ist die Empfindung von Angst da. Diese kann verbunden sein mit einem Gefühl des Getriebenwerdens, der Unsicherheit oder Ausweglosigkeit. Schwindelgefühl, Brechreiz, Appetitstörungen, Magenbeschwerden, Kopfweh, Bauchweh und innere Erregungszustände sind weitere Symptome subjektiven Angsterlebens.

### Beobachtbare Verhaltensweisen und motorische Reaktionen

Aufkommende oder angestaute Angst drückt sich in verschiedenen Verhaltensweisen aus, die bei oberflächlicher Betrachtung zunächst nur als isolierte Verhaltensauffälligkeiten erscheinen, in Verbindung mit vorhandenen Angstgefühlen aber in den Symptomkreis von Angst einzureihen sind. Als erstes wäre das so genannte *Vermeidungsverhalten* anzuführen. Dabei geht der Betroffene Angstsituationen einfach aus dem Weg. Er »läuft davon« (z. B. Schuleschwänzen; Krankspielen) und versucht, »gefährlichen«, angstbeladenen Situationen auszuweichen. Schweigen, Unauffälligmachen und Unterlassen von Handlungen, die sich als Gefahr oder Forderung entpuppen könnten, kennzeichnen das Vermeidungsverhalten. Angst drückt sich weiter in Verhaltensweisen wie pessimistischem Reden, Weinerlichkeit, unkontrollierten Bewegungen (z. B. Nase zupfen; Haare streichen), Sprachablaufstörungen (Stolpern; Stottern), Störungen des Wahrnehmens und Denkablaufs (Gedanken überstürzen sich) und Störungen der Motivation (Leistungsverweigerung) aus. Auch Aggression, depressives Verharren und in gravierenden Fällen Selbstmordversuche können Ausdruck von Angst sein. Als motorische Reaktionen sind nervöse Unruhe, Zittern oder starres Angespanntsein festzustellen.

### Konstitutionelle Symptomatik

Für Angst empfängliche Menschen sind häufig psychisch labil (Labilität des vegetativen Nervensystems), sehr sensibel und wenig belastbar.

## Ursachen und Hintergründe

Jeder Mensch ist grundsätzlich für Angst empfänglich (Angsterregbarkeit als im Menschen angelegte Schutzfunktion). Treten angstbesetzte oder individuell angsterregende Umwelteinwirkungen ins Bewusstsein, so wird in der Regel dadurch ein Angstgefühl hervorgerufen. Dieses wirkt sich umso stärker aus, je mehr der davon Betroffene bereits konstitutionell (z. B. gesteigerte Sensibilität)[1], erfahrungsmäßig (z. B. in der frühen Kindheit häufiger von Angstsituationen betroffen) oder aktuell (Herabsetzung des Lebensgefühls durch eine Krankheit) vorbelastet ist, und je weniger er (z. B. im Kindesalter) rational Angst bewältigen kann.

Angstauslösende Ursachen können sein:
- psychische Traumen (Nachwirken unbewältigter Schock-Erlebnisse z. B. bei sexuellem Missbrauch)
- Fixierung an belastende Grunderfahrungen aus der frühen Kindheit (z. B. gestörte Mutter-Kind-Beziehung)
- Geborgenheitsverlust (z. B. nicht intakte Familie; Ablehnung; Fehlen der Geborgenheit und Zuwendung; Alkoholismus; Streit)
- unverarbeitete Konflikte
- Erziehungsverhalten der Eltern [585]
- Verwöhnung und Überbehütetsein (Anforderungen und Belastungen des Lebens nicht gewachsen sein)
- häufige Erfahrung angstbesetzter Situationen (Bedrohtwerden durch ältere Schüler; Umstände des Schulbusfahrens [586]; autoritärer Erziehungsstil)
- Lehrerverhalten oder Verhalten der Mitschüler [587]
- Nichtakzeptiertwerden durch die Gruppe (Zurückweisung)
- Einflüsse von Medien (unverarbeiteter übermäßiger Konsum von angsterregenden Filmen oder Computerspielen)
- Schuldgefühle (Nichtbereinigtsein eines Ereignisses, bei dem sich das Kind als »Schuldiger« fühlt)
- »Lern- und Prüfungsbedingungen« [588]
- Leistungsdruck verbunden mit Entmutigung (»Das kannst du nicht. Dazu bist du zu dumm«) [589]
- Liebesentzug (Strafen; Abgelehntwerden, »Enttäuschtsein« der Eltern)
- mangelnder Kontakt zu Personen, von denen sich das Kind abhängig fühlt (z. B. Lehrer, Betreuungsperson) [590]
- Unzulänglichkeits- und Minderwertigkeitsgefühle
- Überforderungen (z. B. durch zu hohe Erwartungen und Ansprüche der Eltern)
- allzu rigoroses Beschneiden der für die personale Entfaltung wesensnotwendigen Eigeninitiative, Selbstständigkeit und Selbstverantwortung [591] (Lebensunsicherheit und -ängste)

---

1 Zum Beispiel »konstitutionelle Erregbarkeit« (Häcker/Stapf 1998, S. 40).

- Fehlen verlässlicher Maßstäbe und Orientierungshilfen (z.B. auch soziale Normen) zur Bewältigung von Lebenssituationen [592]
- Beobachtung von angstbesetztem Verhalten und Imitation (Modellernen; ängstliche Vorbilder bei Bezugspersonen; Prägung durch das emotionale Klima im Elternhaus)

Untersuchungsverfahren und Diagnose

Um die Genese von Angst und Angstverhalten eingrenzend diagnostizieren zu können, sollte zunächst eine ärztliche Untersuchung (Kinder-; Nervenarzt) vorgenommen werden. Vom pädagogisch-psychologischen Ansatz her erfolgt eine erste einfache Überprüfung der Angst durch Beobachtung und Gespräch. Letzteres ist sowohl mit dem betroffenen Kind wie auch mit den Eltern oder Betreuungspersonen zu führen. Zur Erfassung allgemeiner Angst kann der »Kinder-Angst-Test« (KAT) von (Thurner/Tewes 1969)[1], der »Angstfragebogen für Kinder« (AFS) von Wieczerkowski (1974)[2] oder die Übersetzung des »Test-Anxiety-Scale for Children« (Schwarzer 1975) verwendet werden[3]. Analyse von Zeichnungen, Aufsatzanalyse (»Wovor ich am meisten Angst habe«) oder weitere psychologische Tests (z.B. »Sceno«-Test; »CAT«) können die Diagnose vorhandener Ängste abrunden. Dabei ist zu beachten, dass Angst ein hypothetisches Konstrukt ist, welches wahrgenommen und beschrieben, nicht aber gemessen werden kann. Messbar sind nur die Auswirkungen von Angst.

Pädagogische Hilfen

Eine der grundlegenden Hilfen bei vorhandener Angst ist es, zunächst einmal das individuelle Ursachengeflecht zu kennen, um von daher gezielte Maßnahmen treffen zu können. Je nach Fall verschiebt sich der Schwerpunkt der Hilfeleistung auf *allgemein pädagogische*, *milieubezogene*, *schulbezogene* und *therapeutische Hilfen*.

**Allgemein pädagogische Hilfen**

Hier ist der Aufbau einer positiv interpersonalen Atmosphäre wichtig. Emotionale Wertschätzung und Wärme, Anerkennung und Selbstwertbestätigung bilden die Grundlage, um den instabilisierenden Ängsten eine stabile Persönlichkeitsbasis entgegenstellen zu können. Hierzu muss das Kind auch in seinem Sosein akzeptiert werden. Alles, was positive Verstärkung bewirkt, z.B. persönliche Gespräche, Vermittlung von Vertrauen und Zuversicht, Ermutigung, Lob und Anerkennung, setzt

---

[1] Konzipiert für das 9. bis 16. Lebensjahr.
[2] Konzipiert für Kinder und Jugendliche zwischen dem 3. und 10. Schülerjahrgang.
[3] Ein Verzeichnis der wichtigsten Angstfragebogen findet sich in Sörensen a.a.O., S. 118f.

der unsicher machenden Angst ein auf Selbstsicherheit abzielendes Gewicht entgegen. Dann kann man das Kind von seiner Angst erzählen lassen und damit Vorgänge psychischer Verarbeitung einleiten. Empfohlen werden auch aktive Auseinandersetzung mit erkannten Angstobjekten im Spiel, Erzählen von Märchen[1] [593] oder planendes Voraussprechen ängstigender Situationen [594]. In einem kontinuierlich durchgeführten Selbstbehauptungstraining (im Umgang mit Erwachsenen und Gleichaltrigen) kann das Kind offen über seine Gefühle sprechen und Umgangsmuster des Verhaltens erproben. Jüngeren Kindern kann man »angstmindernde Schutzsymbole« [595] (z. B. ein Plüschtier) schenken, die als Übergangslösung Gefühle des Schutzsuchens und des emotionalen Abreagierens auf sich ziehen können.

**Milieubezogene Hilfen**

Das Elternhaus bzw. die häusliche Umgebung ist in nicht wenigen Fällen der Ursachenhintergrund für die Angst eines Kindes. Ob in der Familie eine harmonisch-freundliche Atmosphäre herrscht oder ob Streit, Gewalt, Drohungen und Strafen diesen Lebensraum vergiften, kann zum entscheidenden Kriterium für Auslösen oder Nichtauslösen von Angst werden. Pädagogisch-psychologische Hilfen müssen daher immer auch Wirkursachen aus diesem Bereich abzumildern oder auszuschalten versuchen. Freundliche beratende Gespräche mit den Eltern oder den Erziehungspersonen sind hierbei der erste Ansatz. Die Dazwischenschaltung eines Arztes oder Psychologen empfiehlt sich oftmals gerade wegen ihrer »neutralen« Funktion.

**Schulbezogene Hilfen**

Ängste eines Kindes, die nicht direkt schulbezogen sind, wirken sich aber dennoch auf schulisches Lernen und auf das Schulleben aus und vermischen sich oft mit daraus erst entstehenden Schulängsten. Es ist somit wichtig, dass dem mit Angst behafteten Kind auch und vor allem in der Schule eine möglichst angstfreie Atmosphäre geboten wird. Der positive interpersonale Bezug zwischen Lehrer und Kind bringt emotional befreiendes Zutrauen. Angst- und pressionsfreies Lernen, Bemühen um Integration des Kindes in die Gruppe, kinderfreundliche Ausstattung des Schulraumes, dem Leistungsniveau des Kindes angepasste individuelle Hausaufgaben und Abbau von Prüfungsängsten sind einige wesentliche schulbezogene Hilfen für Kinder mit Ängsten. Da der Schulanfang bzw. der Übertritt vom Vorschulbereich in die Schulanfängerklasse latente Trennungsängste zu verschärfen vermag, zugleich auch gruppengerichtete und personenbezogene Ängste (Lehrerin als fremde Person) auslösen kann, sind gerade in dieser Phase sorgfältige Beobachtung und pädagogische Betreuung der Kinder von Bedeutung.

---

1 Nach Bittner eignen sich Märchen gut zur Angstauflösung, weil hier Schreckereignisse zu einem guten Ende geführt werden.

**Therapeutische Hilfen**

Neben ärztlicher Therapie (krankheitsbedingte psycho-physische Schwächung; Vorhandensein einer Depression) kommen hier vor allem psychoanalytische Verfahren, Gruppentherapie, Familientherapie oder autogenes Training infrage. Eine Kooperation zwischen Elternhaus, Therapeut und Lehrer ist ebenso wünschenswert wie notwendig, um Angstzustände eines Kindes zu mildern oder zu beheben.

Fallbeispiele

**»Helen«** [596]

Während einer Spiel- und Therapiesitzung, bei der die 8-jährige Helen das erste Mal anwesend war, getraute sich das Mädchen kaum zu bewegen. Ängstlich blieb sie auf dem Stuhl sitzen, ohne sich mit den Spielsachen direkt zu beschäftigen. Schrittweise, nachdem man ihr reichlich Zeit und einige Dinge zum Spielen gegeben hatte, fing sie an, mit dem Spielzeug zu hantieren. Da fiel bei einem solchen Versuch ein metallener Lastwagen zu Boden. Helen zuckte zusammen, als ob sie geschlagen worden wäre, und schaute ängstlich auf den Therapeuten. Als dieser keinen Kommentar abgab und auch scheinbar keine Notiz davon nahm, konnte man das Mädchen flüsternd sagen hören: »Mann, hier darf man ja eine Menge Krach machen!« Eine Analyse der häuslichen Situation ergab, dass es im Hause von Helen eine Großmutter gab, die recht böse wurde, wenn die Kinder laut waren. Die Mutter strafte Helen und die anderen Geschwister aus solchen Anlässen heraus und setzte sie ständig unter Druck, sich ruhig zu verhalten. Dies ging so schon über Jahre hinweg. Im Laufe der Zeit hatte sich bei Helen eine regelrechte Angst davor entwickelt, laut zu sein oder gar Lärm zu machen. Diese Angst wirkte sich als Unsicherheit und Ängstlichkeit im Umgang mit Erwachsenen aus. Im Verlaufe der Spieltherapie gelang es, Helens aus Angst resultierende Gehemmtheit schrittweise abzubauen.

**»Gabriella«** [597]

Die achtjährige Gabriella, Tochter eines türkisch-italienischen Elternpaares, war in hohem Maße ängstlich und eingeschüchtert. Ihr drohte das »Sitzenbleiben« nach einem sehr schlechten Halbjahreszeugnis. Das Mädchen hatte mittlerweile jegliche Lust verloren, in die Schule zu gehen. Die Eltern waren daher sehr aufgebracht und wollten eine Wiederholung der Klasse auf jeden Fall vermeiden, da dies – wie sie sagten – dem Ansehen der Familie schaden würde. Im Verlauf eines Gesprächs berichtete Gabriella, dass sie oft Albträume habe, in denen sie von Ungeheuern verfolgt würde. Da gab es aber auch Träume, in denen das Mädchen mehrere Klassen der Schule übersprang und bereits aus der Schule entlassen wurde. Wie tief die vom Erwartungsverhalten und dem Leistungsdruck der Eltern hervorgerufene Angst bereits saß, kann an ihrer Aussage gemessen werden: »Am liebsten möchte ich tot sein.« Nach langen Gesprächen zwischen Lehrerin und Eltern, konnten diese überzeugt werden, dass ihr Umgang mit Gabriella, ihre Strenge und die Schärfe ihres Tadelns das Mädchen in einen Ohnmachtskreis der Angst gedrängt hatten.

Im Verlauf einer ständigen Kontaktnahme zwischen Eltern und Lehrerin löste sich die Angst des Mädchens langsam. Eine Hausaufgabenbetreuung, zu der sich die Eltern entschlossen, einfühlsames Üben, Ermutigen, Aufmuntern und Bestätigen führten schließlich nach ein paar Monaten zu ersten kleinen Erfolgen in der Schule und stimmten Gabriella froher und zuversichtlicher.

### 4.4.2 Schulangst

#### Definition

Von Schulangst spricht man, wenn bei Kindern und Jugendlichen *Angst* in ihren verschiedenen Formen und Ausdrucksweisen *im Rahmen des Bezugsfeldes »Schule«* auftritt. Schulangst kann dabei *aktuell situationsbezogen* (Prüfungen; Leistungsnachweis; Schulbusfahren), *personbezogen* (Lehrer; Mitschüler; Hausmeister) oder als *dispositionelle Angst* [598] (Schulumwelt wird ständig als bedrohlich und gefährlich erlebt) auftreten. Letztere kann sich zu irrationalen Angstzuständen verdichten und als Ergebnis schwerwiegende psychische Fehlreaktionen hervorrufen. Erscheinungsweisen von Schulangst treten nicht nur in der konkreten angsterzeugenden Situation auf, sondern können auch durch vorstellungsmäßige Vorwegnahme bedrohlicher Situationen oder durch Erinnerung an solche hervorgerufen werden [599].

#### Beschreibung und Symptomatik

Schulangst ist eine unter Kindern und Jugendlichen weit verbreitete Verhaltensschwierigkeit, die sich in gravierenden Fällen weiter zur psychischen Krankheit verschärfen kann. In der Literatur ergeben sich je nach definitorischer Abgrenzung Häufigkeitsdaten von Schulangst zwischen 5 und 60 Prozent [600]. Auch nimmt Schulangst im Verlauf der Schulzeit zu [601]. Sie befällt Jungen und Mädchen gleichermaßen und kommt in allen gesellschaftlichen Schichten vor.

Schulangst äußert sich bezüglich der psychosomatischen Symptomatik in nahezu gleicher Weise wie andere Angstzustände auch. Herzklopfen, Magenbeschwerden, Erbrechen, Schweißausbrüche, Kopfschmerzen, Schwindel, Kreislaufstörungen oder depressive Zustände kennzeichnen die gesamte Palette möglicher Symptome. Diese haben ihre Entstehung einer Angst vor der Schule (Bezugsfeld »Schule«) zu verdanken, die vom Kind teilweise begründet werden kann, teilweise aber auch als undefinierbares »dumpfes« Angstgefühl (abgedrängte psychische Mechanismen) erlebt wird. Letzteres ist umso häufiger dann anzutreffen, je jünger das

Kind ist. Kleine Kinder sind nämlich noch kaum in der Lage, Schulsituationen kritisch zu analysieren und ihre Angst davon abzuleiten.

Das Kind mit Schulangst hat oftmals ein »negativ getöntes Selbstbild« [602], nimmt in der Peer-Gruppe eine Randposition ein und ist nicht selten sozial isoliert[1]. Oft handelt es sich um sensible und psychisch labile Kinder, die recht hohe Anforderungen (möglich durch Einfluss der Eltern) an sich stellen, aber angesichts des Nichterreichens entsprechender Ergebnisse mit sich unzufrieden sind und sich in einem nicht zu durchbrechenden Kreis mangelnden Selbstvertrauens, geringen Selbstwertgefühls und Hilflosigkeit erleben. Kinder mit einem solchen Persönlichkeitsbild geraten verständlicherweise schneller in Leistungs-, Versagens- und Strafängste.

Neben den rein psychosomatischen Symptomen der Schulangst gibt es eine ganze Reihe beobachtbarer Verhaltensweisen, aus denen man auf das Vorhandensein von Schulangst schließen kann. Als Beispiele seien genannt:

- Das Kind zeigt »Fluchtreaktionen« (Schuleschwänzen).
- Es weigert sich, das Haus zu verlassen, um zur Schule zu gehen und schützt »Krankheitssymptome« (Bauchweh, Kopfschmerzen etc.) vor.
- Die tägliche Symptomatik ist zu Zeiten verschwunden, an denen das Kind nicht zur Schule muss (z. B. Wochenende; Ferien).
- Das Kind wünscht die Begleitung der Eltern auf dem Schulweg.
- Die Angst steht in Zusammenhang mit bestimmten Personen (z. B. Lehrer; Mitschüler) oder mit Umständen des Schulweges (Bedrohung durch ältere Mitschüler; Belästigung im Schulbus) [603].
- Das Kind lässt Vorformen [604] der Schulangst erkennen (Aufgeregtheit; Schulunlust; abwertendes Reden über die Schule; gestörter Bezug zu Schulsachen und Hausaufgaben).
- Unsicherheit, Aufgeregtheit, Ängstlichkeit bei schulisch gestellten Aufgaben können Hinweise auf latente Schulangst sein.

Ursachen und Hintergründe

Bei ausgeprägter Schulangst treffen fast immer mehrere Faktoren zusammen. Kinder, die davon befallen werden, sind häufig sensibel, emotional wenig belastbar, gewissenhaft und ängstlich. Dies kann von ihrer körperlich-psychischen Gesamtkonstitution herrühren, aber auch aus ungünstigen häuslichen Milieueinflüssen resultieren. Begegnen solche Kinder einem Schulalltag, der geprägt ist von Leistungsdruck, Überbewertung von Zensuren, autoritärem Stil, Überbetonung rational-kognitiver Lernsektoren, aber auch von negativen interpersonalen Bezügen zwischen Lehrer und Kind (Abneigung; Ablehnung; Abwertung; Schelte; Strafe),

---

1 Löser (zitiert in Sörensen a. a. O., S. 76) definiert Schulangst als umfassende Erfahrung, bei der eine soziale Bedrohung im Mittelpunkt steht.

zwischen Kindern untereinander (Außenseiter; Hänseln; Spott; körperliche Brutalität) und überzogenen Forderungen des Elternhauses, dann kann zunächst beim betroffenen Kind eine Aversion gegen die Schule entstehen.[1] Diese Abneigung verschärft sich langsam oder plötzlich unter dem Zwang, in diese Schule gehen zu müssen, zur Schulangst. Findet das Kind niemanden, mit dem es sich darüber aussprechen kann, getraut es sich nicht, darüber zu sprechen, oder vermag es einfach nicht, seine Ängste zu artikulieren, dann kommt es zu den verschiedensten psychosomatischen Krankheitserscheinungen, von leichten Magenbeschwerden bis hin zur Kurzschlusshandlung des Selbstmordes.

Die Ursachen von Schulangst lassen sich in
- Versagensangst,
- Stigmatisierungsangst,
- Trennungsangst,
- Strafangst,
- Personenangst,
- Institutionsangst und
- neurotische Angst

systematisieren und aufgliedern [605].

### Versagensangst

Manche Eltern richten zu hohe Erwartungen an ihre Kinder, drohen mit Strafen oder mit Liebesentzug, wenn das Kind nicht die entsprechenden Leistungen erbringt. Eine solche hohe Fremderwartung kann aber auch zusammen mit einer hohen Selbsterwartung des Kindes in Verbindung stehen. Eltern und Kind überschätzen die Leistungsgrenzen und erwarten ein dementsprechend hohes Leistungsniveau. Das betroffene Kind lebt so in einer kontinuierlichen Angst vor schlechten Zensuren, in der Angst, etwas nicht leisten zu können, nicht »mitzukommen« oder in Prüfungen zu versagen. Die Ursachen der Versagensangst sind also wesentlich umweltbedingt und in vielen Fällen auf fehlmotivierte und fehlgesteuerte Erziehungsmaßnahmen im häuslich-elterlichen Bereich zurückzuführen [606].

### Stigmatisierungsangst

Innerhalb dieser Ängste spielen sich bei Kindern geradezu dramatische Erfahrungen ab. Stigmatisierungsangst steht in Beziehung zu körperlichen Auffälligkeiten (z. B. abstehende Ohren; Körpergröße; Hasenscharte etc.) oder zu Begabungsdefiziten (mangelnde Begabung in Prestige-Lernbereichen). Kinder im Grundschulalter besitzen noch nicht oder nur in geringem Maße die emotionale Reife, sich in die

---

[1] Vgl. hierzu auch die sechs relevanten Variablen für Schulangst nach Rost/Haferkamp (zitiert in Sörensen, M. a.a.O., S. 76)

Nöte anderer hineinversetzen zu können. Spott, Verlachen und Hänseleien reißen daher nur allzu leicht in den sozialen Umgang miteinander ein. Besonders Kinder mit labilem Selbstwertgefühl leiden stark unter solchen Bloßstellungen. Wird dem nicht Einhalt geboten, nistet sich beim betroffenen Kind die Angst ein, immer wieder bloßgestellt zu werden, sich zu blamieren, verspottet, abgelehnt, verlacht zu werden. Angst vor Prestigeverlust oder vor dem Stigma, als »dumm«, »faul« oder »schlecht« angeprangert zu werden, treibt dann in die Angst vor allem, was mit Schule zu tun hat. Die existenzielle Erfahrung, aus seinem Sosein nicht herauszukönnen, aber wegen dieses Soseins Spott und Ablehnung ertragen zu müssen, hinterlässt gerade bei Kindern tief schmerzende psychische Spuren, die dann zur Abwehrhaltung »Schulangst« führen.

**Trennungsangst**

Kinder, die beim Eintritt in die Schule noch nicht aus einer starken emotionalen Unselbstständigkeit herausgefunden haben, hängen noch sehr an ihren primären Bezugspersonen. Kommt eine gewisse überbehütende Erziehung hinzu, ist das Kind einfach noch nicht reif genug, sich von zu Hause zu lösen. Bei Schuleintritt entsteht somit eine typische Trennungsangst, deren Ursachen darauf zurückzuführen sind, dass das Kind sich vom Elternhaus trennen und auf die Umsorgung und Unterstützung bislang vertrauter Personen verzichten muss. Die Angst, nunmehr auf sich gestellt zu sein und einen bedrohlichen Verlust zu erleiden, macht das Kind hilf- und orientierungslos. Es reagiert mit Ängstlichkeit, Weinerlichkeit und verschiedenen psychosomatischen Störungen. Gelegentlich kommt Trennungsangst auch bei Kindern vor, die einen engen emotionalen Bezug zu ihrer Lehrerin aufgebaut haben und nunmehr (z. B. durch Umzug; Versetzung der Lehrerin) diese Bezugsperson verlieren. Geborgenheitsverlust weitet sich so zur Angst aus.

**Strafangst**

Angst vor dem Bestraftwerden gehört zu den ganz normalen psychischen Regungen eines Kindes. Diese sind in der Regel situationsbezogen und lösen sich nach der Bereinigung der Strafsituation wieder auf. Strafangst kann aber zur Schulangst werden, wenn die vom Kind erlebten Umstände des Schulbesuchs über lange Strecken hinweg von Strafsanktionen begleitet sind. Angst vor schulischen und häuslichen Strafen, Angst vor Strafarbeiten, Tadel, Liebesentzug und Ungerechtigkeit stellen in solchen Fällen eine Kette von angstbesetzten Situationen dar, aus der das Kind kaum mehr herausfindet. Schule ist damit auf Grund dauernden Erlebens von Strafe zu einer Angstquelle geworden, die so starke Unlustgefühle produziert, dass damit die Erträglichkeit überschritten wird. Das Kind beginnt, sich mit Angst zu wehren und flüchtet unter Umständen in irrationale, nicht mehr objektbezogene Schulangst.

## Personenangst

Bei der Personenangst fühlt sich das Kind in seinem Selbstverständnis und in seinem persönlichen Selbstwert von Personen bedroht, die in der Schule oder im Umfeld der Schule anzutreffen sind. Angst vor Mitschülern (Spott; körperliche Gewalt), Lehrern (autoritärer Erziehungsstil; Strafen; vermeintliches Bedrohtsein) [607], vor dem Schulleiter oder dem Hausmeister (Schelte; autoritäres Gebaren) wird so zur Schulangst, denn dort begegnet das Kind den Personen, von denen die Bedrohung ausgeht. Angst vor (älteren) Mitschülern, die mit Gewaltanwendung drohen (Erpressung) oder diese auch anwenden, nimmt an unseren Schulen zu. Da das jüngere Grundschulkind oftmals eingeschüchtert wird und nicht über die Bedrohung zu sprechen wagt, sind sorgfältige Beobachtung und vertrauensvolle Gesprächsführung gerade bei Schulangst als Personenangst notwendig.

## Institutionsangst

Hier hat das Kind Ängste im Zusammenhang mit der Institution »Schule«. Fehlen einer geborgenen Atmosphäre, Mangel an Überschaubarkeit des Schulkomplexes, Erleben eines anonymen »Massenbetriebes« oder eines emotional kalten Klassenklimas führen zu teilweisem Verlust individuell-persönlichen Selbstverständnisses. Dies wiederum führt vor allem bei sensiblen Kindern zu nicht weiter erklärbaren Angststimmungen und -haltungen[1]. Auch Angst vor zu langem Stillsitzenmüssen, physiologisch unzweckmäßiges Schulgestühl, schlechte Licht- und Lüftungsverhältnisse sind oftmals der Anlass zu einer sich entwickelnden Institutionenangst.

## Neurotische Angst

Neurotische Angst hat zunächst keine unmittelbar erkennbaren Ursachen im Umfeld »Schule«. Vielmehr handelt es sich dabei um nicht näher objektivierbare Ängste, die auf die psycho-vegetative Konstitution des Kindes oder auf aktuelle Krankheitserscheinungen zurückzuführen sind. Depressive und zwangsneurotische Ängste können zu einem Angstbild führen, das zwar auf schulische Ursachen hinweist, jedoch auch in jeder anderen Situation in den Vordergrund getreten wäre. In der Schule verflechten sich unangenehme Erlebnisse mit neurotischen Ängsten und entfalten eine schwierig zu diagnostizierende traumatische Wirkung [608]. Hierbei wird die an und für sich bereits vorhandene neurotische Angst auf die Schule übertragen.

---

1 In letzter Zeit mehren sich die Stimmen, die anstatt der großen zentralisierten Mammutschulen wieder die kleinere, überschaubare und ein Gefühl der Geborgenheit vermittelnde (wenn nötig auch wenig gegliederte) Schule fordern.

### Untersuchungsverfahren und Diagnose

Gerade wegen der Vielschichtigkeit von Schulangst empfehlen sich bei der Diagnose, die ja vor allem die Ursachenfrage erhellen soll, sorgfältige Beobachtungen, Gespräche und Befragungen. Diese können durch Ergebnisse aus z. B. folgenden Untersuchungsverfahren gestützt werden [609]:
- Selbstreferenzen des Kindes (Fragebogen; freie Erzählung)
- Zeichnen angsterregender Situationen
- Verhaltenseinschätzungen durch Lehrer, Eltern und Mitschüler
- gezielte Beobachtung des Kindes in seinem Verhalten innerhalb des sozialen Umfeldes (Schulweg; Pause; Freizeit; Klassenzimmer)
- »Kinder-Angst-Test« (K-A-T) von Thurner/Tewes
- »Angstfragebogen für Schüler« (AFS) von Wieczerkowski et al.
- psychologische Untersuchung mithilfe von Persönlichkeitstests

### Pädagogische Hilfen

Zeigt ein Kind typische Merkmale von Schulangst, dann ist es zunächst wichtig, das dahinterstehende Ursachengeflecht aufzudecken. Da Schulangst in relativ vielen Fällen eine personen- oder objektbezogene Angst ist, kann durch eine Beseitigung oder Milderung der auslösenden Faktoren bereits ein wichtiger Schritt zur Hilfeleistung getan werden. Schwieriger ist es, die Prägung eines Kindes durch Unsicherheit, labiles Selbstwertgefühl, überstarke Empfindlichkeit und Ängstlichkeit aufzulockern. Solche meist durch jahrelange Umwelteinwirkungen fixierten oder durch endogene Faktoren bewirkten Negativprägungen bedürfen einer langen Zeit pädagogisch positiver Verstärkung oder psychotherapeutischer Behandlung. Bei einem Kind auftretende Schulangst ist immer individuell anzugehen. Pädagogische Hilfen berücksichtigen die jeweils spezifische Konstellation der Ursachen vorhandener Ängste und bringen von daher gezielte Behandlungsansätze. Versucht man, eine Gesamtübersicht möglicher Hilfen bei Schulangst zu erstellen, so sind im Wesentlichen drei Schwerpunkte zu setzen, nämlich *Schule*, *Elternhaus* und *Therapie*.

#### Hilfen auf dem Sektor Schule und im schulischen Umfeld

In einer Schule, in der das Kind in seinem individuellen Sosein im Mittelpunkt pädagogischer Bemühungen steht, in der es in diesem Sosein anerkannt, angenommen und gefestigt wird und in der es auch emotional ein Zuhause findet, wird nur in seltenen Fällen Schulangst entstehen. Damit eine solche positive Atmosphäre zum Tragen kommt, sind unter anderem folgende Hinweise von Bedeutung:
- Strafe, Leistungsdruck, Drohung mit schlechten Zensuren erzeugen Furcht und Angst. Angst ist die vom pädagogischen Ansatz her schlechteste Art zu motivieren.

- Das Kind ist primär in seiner personalen Würde und Besonderheit zu sehen und zu achten. Seine gesunde personale Entfaltung hat unbedingt Vorrang vor lehrplanabhängigen oder ehrgeizbedingten Leistungsnachweisen.
- Jedes Kind braucht Lob, Anerkennung und Bestätigung. Wo ein Kind diese nicht erlebt, gerät es in Unsicherheit und nach und nach in existenzielle Angst.
- Jeder Mensch unterliegt der Gefahr, persönliche Schwierigkeiten, Abneigungen oder Vorurteile in andere Personen »hineinzusehen« (projizieren). Gerade der Lehrer sollte in dieser Beziehung ein wachsames und selbstkritisches Bewusstsein haben, um nicht ungerechtfertigterweise einen negativen Bezug zu einem Kind herzustellen.
- Nicht nur die menschliche Atmosphäre (Lehrer-Schüler-Bezug; Schüler-Schüler-Bezug) spielt eine Rolle dabei, ob in der Schule ein angstfreies Klima anzutreffen ist. Auch äußere Bedingungen sind von Bedeutung: Geringe Klassenfrequenz, helle und freundliche Räume, Bewegungsfreiheit, Pausen und Auflockerungsübungen tragen zur täglichen Entspannung bei [610].
- Das Kind braucht motivierende Hilfe, damit es seine Gefühle in Worte fassen kann. Ein tägliches Gespräch mit dem Kind kann dazu beitragen, dass es leichter über vorhandene Ängste hinwegkommt.
- Ein Lehrer, der im Umgang mit seinen Schülern Sinn für Humor, Frohsinn und Verständnis zeigt, trägt viel dazu bei, ein schüchternes, ängstliches Kind Sicherheit und Zutrauen finden zu lassen.
- Ein ängstliches Kind fürchtet sich davor, bei neuen Aktivitäten oder Spielen als erstes drangenommen zu werden. Der Lehrer sollte ihm Zeit zum Beobachten lassen, wie andere sowohl Erfolg wie Misserfolg haben können, und es erst dann zu eigener Aktivität ermutigen [611].
- Man sollte das Kind anregen, im Spiel seine Ängste zu artikulieren und sich von seinen Ängsten freizuspielen [612].
- Individualisierende Fördermaßnahmen stärken das Kind in seinem Leistungsbewusstsein und in seinem Selbstverständnis.
- Klassenarbeiten und Prüfungen sollten durch häufigere kleinere Leistungsnachweise ersetzt werden. Die Prüfungssituation wird so entschärft und verliert an Angstgewichtung. Prüfung als Selbstkontrolle reduziert die Angst vor Leistungsbewertung [613].
- Rechtzeitige Kooperation Kindergarten-Grundschule und eine frühzeitige Kontaktaufnahme der Erstklasslehrerin mit den Eltern der Schulanfänger und mit den Kindern selbst schaffen eine Atmosphäre des Vertrauens. Einbeziehung der Eltern in Unterricht und Schulleben ist eine zusätzliche Hilfe.
- Die Anwendung kooperativer Arbeitsformen (z. B. Partnerarbeit; Gruppenarbeit; kooperative Spiele) gibt auch gehemmten und ängstlichen Kindern die Möglichkeit, sich einzubringen, sich in der Gruppe sicherer zu fühlen, Rückfragen an die Gruppe zu stellen und persönlichen Erfolg zu erleben.
- Die Beobachtung des Schulweges des Kindes trägt dazu bei, Ängste aufzudecken, die z. B. im Zusammenhang mit dem Schulbusfahren auftreten.

### Hilfen durch das Elternhaus

Schulangst hat nicht selten ihren Ursachenhintergrund im Verhalten und in den Anforderungen der Eltern dem Kind gegenüber. Schulerfolg, ein bestimmtes Leistungsniveau und gute Zensuren gelten zu Unrecht in unserer Gesellschaft nach wie vor als Werteskala eines Menschen. Eltern fühlen sich von den Leistungen ihres Kindes persönlich betroffen. Die Begründung, »nur das Beste für das Kind zu wollen«, führt immer wieder dazu, das Kind in den Erfolgszwang zu jagen. Hier liegen die ersten Ursachen für Ängste im Zusammenhang mit der Schule. Ist nun ein Kind infolge seiner individuellen Begabungsstruktur nicht in der Lage, den hohen Erwartungen der Eltern gerecht zu werden, gerät es in Versagensängste und in Angst vor Liebesverlust. Dies aber ist eng verbunden mit einem Absinken des Selbstwertgefühls, einem Zunehmen von Minderwertigkeitsgefühlen und dem Verlust des Gefühls existenzieller Sicherheit. Solche Arten von Schulangst lassen sich nur unter Einbeziehung der Eltern in die Hilfsmaßnahmen angehen. Im pädagogischen Gespräch sollte der Lehrer die Eltern dahingehend beeinflussen, dass sie ihr Schulangst förderndes Verhalten ändern. Sie müssen einsehen, dass ihr Kind weder an einer körperlichen Krankheit leidet noch einen Mangel an gutem Willen aufweist.

An Einzelmaßnahmen im Elternhaus wäre anzuführen:
- Die Ängste des Kindes müssen ernst genommen werden. Die Hilflosigkeit eines Kindes wird noch größer, wenn es wegen seiner Ängste verlacht oder geschimpft wird. Eltern sollten davon Abstand nehmen, ihr Kind zu tadeln oder ihm die Angst ausreden zu wollen.
- Eine entspannte Atmosphäre zu Hause ist die Grundlage des Geborgenheitsgefühls, welches das Kind mit Schulangst dringend benötigt.
- Eltern müssen Zeit und den Willen haben, ihrem Kind zuzuhören. Dann wird es auch über seine Ängste sprechen.
- Repressionsfreie Erziehung, Anpassen der Erwartungen an die Leistungskapazität des Kindes, Verständnis, Zuwendung und Liebe sind Grundvoraussetzungen zur Vermeidung und Minderung kindlicher Ängste.
- Unter Umständen kann eine gute Hausaufgabenbetreuung Lernhilfen und Lernmotivation vermitteln.
- Eine Intensivierung des Kontaktes zwischen Elternhaus und Schule gibt dem Kind das Gefühl, in seinen Nöten besser verstanden zu werden.

### Therapeutische Maßnahmen

Wenn der Grad der Angst so groß und tief ist, dass schulpädagogische Maßnahmen nicht mehr greifen, muss an die Möglichkeit einer psychologischen oder ärztlichen Therapie gedacht werden. Hierbei bieten sich kindzentrierte gesprächstherapeutische Ansätze, Spieltherapie, individual-psychologische Beratung, psychoanalytisch orientierte Spiel- und Familientherapie, therapeutische Modelle der Angstreduktion (Angstlöschung) oder medikamentöse Behandlung mit Psychopharmaka an [614]. Vor allem, wenn eine Angstneurose vorliegt, müssen Arzt und Psychologe eingeschaltet werden. In letzter Zeit wurden z. B. für Schulphobie spezielle Behandlungsprogramme entwickelt[1].

### Fallbeispiele

#### »Günther« [615]

Günther, 9 Jahre alt, ging in den 4. Schülerjahrgang. Er war ein kräftiger, munterer und zu allerlei Streichen aufgelegter Junge. Die Eltern wollten ihren einzigen Sohn unbedingt aufs Gymnasium schicken. Dazu benötigte er entsprechend gute Zensuren in Deutsch und Mathematik. Günther wohnte in einer kleineren Ortschaft und musste jeden Tag mit dem Schulbus in die benachbarte Zentralschule fahren.

Das Drama begann an einem Morgen im ersten Schuljahresdrittel. Günther war an diesem Tag besonders gut aufgelegt und feixte mit seinen Kameraden an der Bushaltestelle. Als der Omnibus kam, war der Junge so richtig »aufgedreht«. Im Bus stellte er sich vorne hin und rief: »Jetzt bin ich der Lehrer X!« Dabei ahmte er einige Angewohnheiten seines Klassenlehrers nach. Alle klatschten Beifall und johlten. Das brachte Günther noch mehr in Fahrt. Er fuhr fort: »Ich bin der Lehrer X und komme jetzt mit meinem Auto! Unser Lehrer kann aber gar nicht fahren, weil er keinen Führerschein hat. Und da fährt er an die Schulhausmauer. Bums!« In diesem Stil fuhr Günther fort, angestachelt von seinen Mitschülern, und er merkte gar nicht, dass er in seinem Eifer übers Ziel hinausschoss.

Einige Mitschüler hinterbrachten dem Lehrer X den ganzen Vorfall. Dieser tat nun das Verkehrteste, was er machen konnte. Er fühlte sich in seiner Ehre gekränkt und hielt vor der Klasse »Tribunal«. Günther wurde in Grund und Boden verdonnert, seine Eltern zur Sprechstunde gebeten. Eine Beleidigungsklage wurde angedroht. Die Eltern versuchten, Günthers Verhalten als das hinzustellen, was es eigentlich war, ein übermütiger Jungenstreich ohne bewusste oder gar gezielte beleidigende Absicht. Als der Lehrer nicht einlenkte, wurde auch der Vater erregt, und man trennte sich in tiefer Unstimmigkeit.

Wie sich später herausstellte, konnte Lehrer X von diesem Tag an seine Abneigung gegen Günther schlecht verhehlen. Er tat zwar nichts, was rein gesetzlich unkorrekt gewesen wäre. Aber er strafte den Jungen bei allen möglichen Anlässen mit verächtlichmachenden Bemerkungen und überbewertete schlechte Leistungen oder ein gelegentliches Versagen von Günther. Mit der Zeit schwenkte auch die Klasse in eine solche Haltung ein. Günthers Leistungen ließen nach. Er fertigte nachlässige Hausaufgaben, schrieb schlechte Arbeiten und machte in der Schule nicht mehr

---

1 So hat z. B. die Abteilung für »Psychiatrie und Neurologie des Kindes- und Jugendalters« der FU Berlin stationäre bis ambulante Behandlungsprogramme entwickelt, welche vor allem auch die Familien- und Schulberatung miteinbeziehen.

richtig mit. Der Teufelskreis begann. Die Eltern reagierten gereizt auf die schlechten Zensuren, denn der Junge sollte ja ins Gymnasium. In ihrer Betroffenheit und Aufregung tadelten sie Günther und warfen ihm schließlich in ihrer Erregung auch den Vorfall im Bus vor.

Günther klagte in der Folgezeit immer häufiger über Magenschmerzen, wenn er früh aufstand. Der Arzt konnte nichts feststellen, und so glaubten die Eltern dem Jungen seine Beschwerden nicht. Schließlich erbrach sich Günther öfter nach dem Frühstück, klagte über Appetitlosigkeit und Schwindel und wollte nicht mehr zur Schule.

Die Eltern fanden, dass dies nicht mehr so weitergehen könne, und suchten die Psychologische Beratungsstelle auf. Der Befund war ziemlich eindeutig: Günther hatte Schulangst, eine Angst, die sich dumpf durch sein Denken zog, wenn er nur an die Schule dachte. Tiefenpsychologisch betrachtet, wurde diese Angst getragen von dem Verlust des Anerkanntseins, der Minderung seines Selbstwertgefühls, der Angst vor dem Liebesverlust seitens der Eltern, der Furcht vor Versagen und der Feststellung, all diesen quälenden Umständen nicht mehr entrinnen zu können. Wäre Günther sensibler gewesen, die ganze Angelegenheit hätte weitaus schlimmer enden können.

Leider konnte rechtlicherseits nichts unternommen werden, denn niemand konnte dem Lehrer ein anfechtbares Vergehen ankreiden. Auch ein Gespräch mit dem Lehrer nützte nichts. Er sah die Sache ganz anders. Ein Wechsel in eine andere Schule war wegen der mangelnden Fahrgelegenheit und wegen der Weigerung des Schulamtes nicht erreichbar. Das Mindeste, was erreicht werden konnte, war, dass die Eltern ihre Haltung dem Jungen gegenüber positiver gestalteten und ihm seelische Stabilität durch Anerkennung aller seiner Leistungen gaben. Günther musste bis zum Ende des Schuljahres in eine Schulklasse gehen, deren interpersonales Klima für ihn eine Qual bedeutete. Den Übertritt ins Gymnasium schaffte er nicht.

### »Ingeborg« [616]

Ingeborg, 6 Jahre, ging in den 1. Schülerjahrgang. Das schmächtige, sensible, noch etwas verspielte, aber hochintelligente (IQ = 130) Mädchen kam aus guten familiären Verhältnissen. Sie war das mittlere von fünf Kindern und hatte ein außergewöhnlich gutes Verhältnis zu den Eltern, von denen sie durchaus liebevoll und freundlich behandelt wurde.

Acht Wochen nach der Einschulung fiel Ingeborg den Eltern dadurch auf, dass sie nur mehr wenig aß, im Schlaf schrie und jeden Morgen nach dem Aufstehen weinte. Dieses Weinen verstärkte sich, bevor sie sich auf den Weg zur Schule machte, auf dem sie dann immer noch eine Weile still vor sich hinschluchzte.

Die Eltern suchten die Lehrerin auf und erfuhren, dass Ingeborg »offensichtlich ein unreifes Kind« sei, da sie dauernd mit den Beinen zapple und auch nicht mitmache. Man müsse sie immerfort ermahnen, und nun sei sie in die letzte Bank gesetzt worden. Die Lehrerin riet den Eltern, das Mädchen zurückstellen zu lassen, wenn es sich nicht ändere, denn »so ein Kind sei eben noch nicht reif für die Anforderungen der Schule«.

Die Eltern brachten Ingeborg zur psychologischen Untersuchung. Zunächst etwas schüchtern und ängstlich, dann aber aufgeschlossen mitarbeitend, zeigte das Mädchen im Schulreifetest und im Intelligenztest weit überdurchschnittliches Können. Als im Anschluss daran das Gespräch auf die Schule kam, kapselte sich Ingeborg sichtlich ab. Auf die Frage, ob sie Angst vor der Schule habe, schaute sie zu Boden und weinte schließlich. Dann bekannte sie, dass sie nicht gerne in die Schule ginge, könne aber nicht sagen, warum.

Anderntags versuchten wir mithilfe projektiver Verfahren, der offensichtlichen Schulangst auf den Grund zu kommen (CAT; Sceno-Test). Die Durchführung der Tests bereitete keine Schwierigkeiten, da das Mädchen aufgeschlossen und gesprächsbereit mitmachte. In der Projektion gelang es Ingeborg, wesentliche Hemmfaktoren abzubauen. Wie sich herausstellte und wie wir dann auch im persönlichen Gespräch mit der Lehrerin merkten, fühlte sich das Mädchen zum ersten Mal in seinem Leben abgelehnt. Der recht robuste, barsche und zum Teil verletzende Umgangston der Lehrerin war eine echte Frustration. Ingeborg schaffte keinen Kontakt zur Lehrerin, die aber in der Schule die dominierende Person war, die Lob und Tadel verteilte und Bewertungen aussprach. Als das ängstliche Verhalten von Ingeborg und ihr Weinen von der Lehrerin mit Tadel und sogar Spott beantwortet wurden, war das Mädchen so in seinem Selbstverständnis angeschlagen, dass sie die Schule im Vergleich mit ihrem Elternhaus als eine Stätte seelischer Qual betrachten musste, in die sie täglich hineinzugehen gezwungen war. Da sie sehr sensibel und offensichtlich wenig belastbar war, traten bald die ersten psychosomatischen Krankheitssymptome auf: Appetitlosigkeit, Schlafstörungen, Angstzustände. All dies wirkte sich auch auf das schulische Leistungsvermögen aus.

Wir konnten der Lehrerin kaum ihr offensichtlich pädagogisch unbefriedigendes Verhalten vorwerfen. Es war einem glücklichen Zufall zu verdanken, dass die Familie bald darauf in eine andere Wohngegend zog. Ingeborg erhielt einen Lehrer, der sich humorvoll, ruhig und verständnisvoll gab. Das Mädchen fand spontan Kontakt und lebte sich gut in die Klassengemeinschaft ein. Die Angstsymptome waren allesamt verschwunden. Ingeborg zeigte auch in den folgenden Schuljahren ausgezeichnete schulische Leistungen.

## 4.5 Sucht

Der Überbegriff »Sucht« kann definiert werden als (in verschiedenen Stärkegraden auftretendes) nicht mehr beherrschbares Verlangen nach einem als positiv erlebten Gefühls- und Bewusstseinszustand, welcher zum Beispiel durch psychotrope Substanzen (Alkohol; Drogen, Medikamente; Rauchen) oder bestimmte Verhaltensweisen (Hungern; Erbrechen; Essen; Spielen; sexuelle Befriedigungen) herbeigeführt werden kann. Eine echte Sucht ist dann eingetreten, wenn die Kontrolle über das

Befriedigungsverhalten (auch angesichts damit verbundener körperlicher, psychischer und sozialer Schädigungen) verloren gegangen ist und die Abhängigkeit in das gesamte Leben des Betroffenen eingreift [617]. Der Begriff »Droge« umfasst jede Substanz, deren Gebrauch im Organismus eine oder mehrere seiner Funktionen zu verändern vermag [618]. In diese Definition sind auch Alkohol und Medikamente eingeschlossen [619].

Obwohl Suchtverhalten in verschiedenen Varianten bereits in das Kindesalter vordringt (zunehmend bei Kindern in Entwicklungsländern und Elendsvierteln von Großstädten weltweit), liegt der Kern dieses Problems immer noch in späteren Altersbereichen. Trotzdem darf nicht übersehen werden, dass die Wurzeln für späteres Suchtverhalten sehr oft in der Kindheitsphase des Betroffenen und bei dazu prädestinierenden gesellschaftlich-sozialen Bedingungen zu finden sind. Daher sind neben sozialpolitischen Grundsatzforderungen auch allgemeine Überlegungen zu Pädagogik und Erziehung im Vor- und Grundschulbereich wichtig, die möglicherweise Suchtverhalten begünstigen. Vorrangig ist dabei die Propädeutik.

### 4.5.1 Medikamenten- und Drogensucht

#### Definition

Das betroffene Kind ist an die Einnahme von psychotropen Substanzen (z. B. Stimulantien; Tranquilizer; Alkohol; Schnüffelstoffe) so gewöhnt, dass es in seiner Lebensfreude und Leistungsfähigkeit nachhaltig beeinträchtigt wird, wenn es diese nicht (zum Teil in immer kürzeren Abständen) zu sich nimmt.

#### Symptomatik

Neben körperlichen und psychischen Abhängigkeitserscheinungen zeigt vor allem die alltägliche soziale Lebensführung eine Ungeordnetheit, welche auch den schulischen Bereich mitbetrifft. Im Einzelnen sind zu nennen:
- Zunehmende Einengung des sozialen Bezugs
- Abnehmende Motivation; abnehmende Interessen
- Schwaches Selbstwertgefühl
- Unselbstständigkeit
- Mangelnde Eigenverantwortung
- Psychische und physische Entzugserscheinungen
- Konzentrationsschwierigkeiten
- Mangelnde Mitarbeit im Unterricht
- Depressives Verhalten
- Schuleschwänzen
- Unregelmäßigkeiten bei den Hausaufgaben

In manchen Ländern ist schon seit Jahren das Problem der »*Crack Babys*« und »*Crackgeschädigten Kinder*« zu einem drängenden Suchtproblem geworden. Kokaingeschädigte Kinder stammen von Müttern, die während ihrer Schwangerschaft Drogen konsumieren. Diese Kinder werden bereits vorgeburtlich süchtig und müssen postnatal Entziehungsmaßnahmen über sich ergehen lassen. Rist [620] beschreibt deren späteres schulisches Verhalten folgendermaßen:
- In der typischen Umgebung eines Klassenzimmers sind sie stark ablenkbar.
- Sie ziehen sich in sich zurück oder werden wild und sind schwer zu bändigen.
- Sie sind »beispielhaft überempfindlich«.
- Sie haben enorme Schwierigkeiten, Beziehungen aufzubauen.
- Sie zeigen eine große Unfähigkeit zum freien Spiel.

Ursachen und Hintergründe

Die Wurzeln eines Suchtverhaltens reichen im Wesentlichen in drei Komplexe [621], in die *persönliche Entwicklungsgeschichte*, die *Wirkstruktur der jeweiligen Droge* und die *gesellschaftlichen Bedingungen*.

### Die persönliche Entwicklungsgeschichte

Neben genetischen Faktoren und den daraus resultierenden körperlichen Grundbedingungen ist die Entwicklungsgeschichte eines Kindes von Bedeutung für eine mögliche spätere Suchtbetroffenheit. Negative Vorbedingungen für ein späteres Suchtverhalten können bereits im vorschulischen Erziehungsgeschehen liegen. Eine wesentliche Rolle spielt dabei die Frage, ob die psychischen Grundbedürfnisse des Kindseins erfüllt wurden. Hierzu zählen Liebe, Annahme, Geborgenheit, Lob, Anerkennung und Stärkung des Selbstwertgefühls. Auch die Erziehung zu einer gesunden Frustrationstoleranz ist wichtig. Bei diesbezüglich stärkeren Defiziten ist das Kind mehr prädisponiert für eine eventuelle spätere Flucht in die Sucht.

### Die Wirkstruktur der jeweiligen Droge

Suchtmittel haben jeweils spezifische Wirkpotenziale, die sich auf den Konsumenten sowohl drogen- wie auch persönlichkeitsspezifisch auswirken. Wirkweise der Drogen, individuelles Reagieren und Verarbeiten, die Höhe der Dosis oder die Dauer des Konsums sind wesentliche Wirkfaktoren von Suchtmitteln.

### Die gesellschaftlichen Bedingungen

Die Ursachenwirkungen der gesellschaftlichen Bedingungen beginnen bei den sozialpolitischen Werten und Lebensbedingungen derjenigen Gesellschaft, in welcher Kinder aufwachsen. Stehen diese Rahmenbedingungen der Verwirklichung der

Grundbedürfnisse des Kindseins entgegen oder missachten sie die Rechte des Kindes auf seine naturnotwendige personale Entfaltung, so vermindert sich (da die persönliche Entwicklungsgeschichte in Interdependenz mit dem gesellschaftlichen Umfeld steht) auch die Möglichkeit, wirksame Suchtpropädeutik durchzuführen. [622] Hinzu kommt die Frage, ob und inwieweit in einem Gesellschaftssystem die Verfügbarkeit, Verbreitung und Werbung in Bezug auf Drogen etabliert sind, welchen Stellenwert diese im Alltagsleben einnehmen und ob und wie man möglicherweise als Kind problemlosen Zugriff zu ihnen hat (z.B. Alkohol; Tabletten; Schnüffelstoffe).

## Diagnose

Der Befund darüber, ob bei einem Kind durch Drogen (Suchtmittel; Alkohol; Medikamente) verursachte Abhängigkeit verbunden mit physischen, psychischen oder kognitiven Beeinträchtigungen vorliegt, muss mit medizinisch-diagnostischen Verfahren vom Arzt erstellt werden.

## Pädagogische Hilfen

### Grundlegende pädagogische Hilfen

Grundlegende pädagogische Hilfen beziehen sich vorwiegend auf propädeutische und restitutive Maßnahmen, welche im Rahmen von Erziehung, Unterricht und Beratung möglich sind. Solche Maßnahmen kommen zu spät, wenn sie erst im Jugendalter (Pubertät mit ihrem höheren Risiko der Anfälligkeit) angesetzt werden. Drogenpropädeutik beginnt bereits in der Vorschulzeit und muss dann mithilfe schulpädagogischer Ansätze im Grundschulbereich verstärkt und ausgebaut werden. In allen Altersstufen stellt die Berücksichtigung der Bedürfnisse des Kindseins im Zusammenhang mit einer Förderung der Entfaltung seiner Persönlichkeit und die Stärkung des Selbstwertgefühls und der Selbstachtung die pädagogische Grundbasis dar. Suchtprävention ist heute »Teil des stetigen Bildungs- und Erziehungsauftrages der Schule« [623]. Diese muss dabei nicht nur Wissen vermitteln, sondern in der Herstellung und Aufrechterhaltung eines entsprechenden Schulklimas im Umgang miteinander anthropologische Grundwerte zum Maßstab nehmen. Folgende Ansätze sind diesbezüglich besonders wichtig:
- Zuwendung, Liebe, Geborgenheit, Lob und Anerkennung zur psychischen Heilung und Stabilisierung
- Verständnisbereitschaft; vertrauensvoller Umgang zwischen Lehrern und Kindern
- Gesprächsoffene Schulatmosphäre
- Entwicklung eines »Wir-Gefühles«

- Vermittlung von Freude am Leben; Erlebnisfähigkeit
- Sachliche und erziehliche Aufklärung über Wirkungen und Gefahren des Drogenkonsums
- Zusammenarbeit mit den Bezugspersonen des Kindes
- Unterrichtliche und erziehliche Ansätze zur Konfliktbewältigung
- Entwicklung der Fähigkeit, Bedürfnisse aufschieben zu können
- Hilfen zur Selbstkontrolle; »Nein« sagen können
- Kritische Auseinandersetzung mit der Werbung

**Weitere Hilfen**

- Enttäuschungen verarbeiten lernen
- Vermeiden verängstigender Erziehungsmaßnahmen
- Vorbild der Erwachsenen positiv gestalten
- Auf bestimmungsgemäßen Gebrauch von Medikamenten hinweisen
- Zusammenarbeit mit den Erziehungsberechtigten
- Elternaufklärung (Elternbeirat; Elternversammlungen; Elternbriefe; Infos)
- Einen Drogenkontaktlehrer bestimmen (Schlüsselperson, Multiplikator und Koordinator für Drogenfragen)
- Organisieren von Schulveranstaltungen zum Thema »Drogen«
- Schulexterne Kooperation (Eltern, Fachärzte, Schulpsychologen, Drogenberater, Polizeibeamte)
- Für bereits vorgeburtlich oder im Kindesalter schwerer geschädigte Kinder sind spezielle Hilfeleistungen notwendig. Da zum Beispiel kokaingeschädigte Kinder auch massiv soziale Schwierigkeiten haben, ist für sie eine kontinuierliche soziale Bindung in Familie (kein ständiger Wechsel der betreuenden Familie) und Schule bedeutsam. Solche Kinder stellen hohe Anforderungen an Geduld, Verständnis und Zuwendung seitens der Erziehungspersonen.

### Fallbeispiel

#### »Jane«

Der Schicksalsweg von Jane ist stellvertretend für Kinder, die schon vorgeburtlich durch die Drogenbelastung (Suchtmittel; Alkohol; Medikamente) ihrer Mütter Beeinträchtigungen ihres körperlichen wie psychischen Gesundheitszustandes erfuhren. Jane kam als kokaingeschädigtes Mädchen auf die Welt. Sie war klein und hatte Untergewicht. Während der ersten drei Monate war sie kaum zu beruhigen, zeigte reizbares, ängstliches und empfindliches Verhalten. Infolge des pränatalen Drogeneinflusses war es für das Kleinkind schwierig, die normalen Aktivitäten und Umweltreize zu verarbeiten. Jane wuchs in der Folgezeit in einer als chaotisch zu bezeichnenden häuslichen Atmosphäre auf. Sie erhielt dort wenig körperliche und psychische Zuwendung. Bis zum Eintritt in die Schule wuchs sie nacheinander bei fünf Pflegefamilien auf, die sie immer wieder abgaben, weil sie sich durch das Verhalten des Kindes ständig überfordert fühlten. Es entwickelte sich jedes Mal ein »Teufelskreis« kommunikativer Beziehungen: Die Unfähigkeit der Pflegefamilie, Jane zu beruhigen und zufrieden zu stellen, brachte die Erwachsenen in Frustrations-, Versagens- und schließlich Aggressionsgefühle. Dies spürte das sensible Kind sofort und reagierte noch heftiger. Das Abgeschobenwerden des Kindes an wieder eine andere Familie verstärkte die Schwierigkeiten des Mädchens, dauerhafte und heilende psychosoziale Beziehungen aufzubauen. Die körperlichen und psychischen Lebensbedürfnisse des Kindes erhielten kaum positive, viel mehr negative Antworten. Jane fiel durch ihre typische Blickvermeidung auf, sie vermied jeglichen Blickkontakt zu den Erziehungspersonen.

Als Jane in die Grundschule kam, reagierte sie extrem auf die typische Umgebung eines Schulklassenzimmers. Die vielen Geräusche, das Stimmengewirr, der Unterricht, die vielen Fragen bewirkten, dass sich das Kind abwechselnd vollkommen in sich zurückzog oder auch wilde Bewegungsausbrüche zeigte. Jane benötigte sehr viel Anleitung und individuelle Aufmerksamkeit seitens der Lehrerin. Die pädagogische Integrationsarbeit erlitt laufend Fehlschläge. Förderunterricht war nicht die erhoffte Lösung. Jane befindet sich heute in einer pädagogischen Förderinstitution in einem Heim. Ihr Lebensweg ist zweifelsohne enorm vorbelastet.

### 4.5.2 Magersucht und Bulimie

#### Definition

Magersucht, die »Anorexia nervosa« [624], ist eine schwerwiegende Störung des Essverhaltens, die mit Nahrungsverweigerung, Unterernährung und psychosomatischen Krankheitserscheinungen einhergeht. Bei der Ess- (Fress-)sucht, »Bulimia nervosa« [625], wird Essen in sich hineingestopft und anschließend wieder erbrochen. Es handelt sich dabei um einen Ess-Brech-Zwang. Eingeschliffene Essstörungen sind »circuli vitiosi«, die sich schwer durchbrechen lassen.

#### Beschreibung und Symptomatik

Von Magersucht oder Bulimie werden bislang kaum Kinder im regulären Grundschulalter betroffen. Meist findet der eigentliche Krankheitsbeginn erst in der Pubertät statt. Jedoch reicht das Ursachengeflecht eindeutig auch in die Phase des Grundschulalters. Von daher sind Magersucht und Bulimie zwar keine spezifischen Verhaltensschwierigkeiten des Grundschulkindes, jedoch unzweifelhaft Folgeerscheinungen einer vor allem im Selbstwertbereich negativ verlaufenen Persönlichkeitsentwicklung, welche erst später auf Grund einer Auslösesituation aufbrechen.

Es ist wichtig, grundlegende Zusammenhänge schon in der pädagogischen Betreuung des Vor- und Grundschulkindes zu berücksichtigen. Wenn im Folgenden das Krankheitsbild von Magersucht und Bulimie entfaltet wird, geschieht dies aus propädeutischen Gründen, um Eltern wie Lehrern Zusammenhänge aufzuzeigen, deren Kenntnis vorbeugende Erziehung einsichtig machen kann.

An Magersucht und Bulimie Erkrankte leiden ständig an Ruhelosigkeit. Nach den Mahlzeiten suchen sie meistens die Toilette auf. Ein vorher ausgeglichenes Verhalten schlägt mit einem Mal in Stimmungsschwankungen um. Soziale Isolierungstendenzen mit dem Wunsch, nicht mehr unter Menschen sein zu wollen, treten auf. An Essschwierigkeiten Erkrankte ziehen sich von ihrem Freundeskreis zurück. Mahlzeiten werden vermieden, bisweilen tritt totale Essverweigerung auf. Allmählich werden Abmagerungssymptome erkennbar, zum Beispiel:

- Anomale Gewichtsabnahme (mindestens 15% unterhalb des normalen Gewichts [626])
- Gesteigerte Kälteempfindlichkeit
- Verringerte körperliche Belastbarkeit
- Früher Knochenschwund
- Zeitweilige Schädigung von Herz, Leber oder Gehirn
- Dauerhafte Schädigungen der Nieren.

Die psychische Begleitsymptomatik ist gekennzeichnet von depressiven Zuständen, Konzentrationsschwäche und Müdigkeit. Bei vertiefter Depressivität ist auf Selbstmordtendenzen zu achten. Als weitere mögliche Symptome sind zu erwähnen:

- Angst vor Gewichtszunahme
- Fressanfälle
- Depressive Zustände
- Ausbleiben der Regelblutung
- Perfektionismus
- Gefühl der eigenen Wertlosigkeit
- Anomale Kälteempfindlichkeit
- Schmerzen im Hals, in der Speiseröhre, im Magen- und Darmtrakt
- Zahnschmelzzerstörungen
- Psychische Labilität

Nur ein Zehntel der an Magersucht oder Bulimie Erkrankten sind männlichen Geschlechts. Es handelt sich dabei um eine Krankheit, die vorwiegend Mädchen und Frauen betrifft[1]. Bevorzugt in der Pubertät fühlen sich Jugendliche zahlreichen psychisch belastenden Einflüssen ausgesetzt. Wenn sie damit nicht mehr fertig werden, flüchten sie in die Krankheit. Betroffene stammen häufig aus Familien der Mittel- und Oberschicht. Sie sind meist intelligent und haben gute Schulleistungen.

---

1 Man schätzt die Zahl der in Deutschland an Magersucht Erkrankten auf ca. 100.000, die der an Bulimie Erkrankten auf etwa 500.000.

## Ursachen und Hintergründe

### Mangel an Zuwendung

Vielfach herrscht die Meinung vor, man müsse magersüchtige Menschen nur mit kalorienreicher Kost füttern. Neuere Erkenntnisse kommen jedoch zu dem Ergebnis, dass die Ursachen der Magersucht letztlich nicht in einem Mangel an Kalorien, sondern in einem Defizit des eigenen Selbstverständnisses und Selbstwertgefühls liegen. Das Verhalten, das sich in der Magersucht ausdrückt, ist sehr oft in einem psychisch erlebten Mangel an Zuwendung in jungen Jahren zu suchen. Dies setzt den tief sitzenden Drang frei, die innere psychische Leere durch Essen zu füllen. Werden Mädchen im Jugendlichenalter sich auf einmal dieses Dranges bewusst, erschrecken sie und bekommen Angst vor sich selbst, dass sie ihre Beherrschung verlieren könnten. So setzen sie sich mit unglaublicher Willensanstrengung selbst unter Druck und beginnen zu hungern. Schließlich wird daraus ein selbstkonditioniertes Verhalten, eine Sucht, aus der viele nicht mehr herausfinden.

### Identitätsprobleme

Wir finden heute eine zunehmende Zahl von Menschen mit Identitätsproblemen. Das Urvertrauen innerhalb ihres existenziellen Daseins ist verschüttet oder kam aus mangelnder Zuwendung von Liebe und Geborgenheit gar nicht erst zu Stande. Daraus resultiert auch ein Mangel an Selbstvertrauen, Selbstverständnis und Selbstbestätigung. Die Menschen stehen nicht mehr in sich selbst. Sie entbehren die stabile Sicherheit eines festen Vertrauens zu sich und zu ihrem Lebenssinn. Minderwertigkeitsgefühle stellen sich ein, und die Menschen erleben ihren eigenen Wert nicht in ihrem unangreifbaren Personsein, sondern leiten ihn von ihrem äußeren Erscheinungsbild ab. Bei Jungen schlägt dieses Defiziterleben eher in aggressive Verhaltensweisen wie Raub und Diebstahl um. Bei Mädchen kommt es eher zu depressiven Verhaltensreaktionen. Eine davon ist die Magersucht (in gewissem Sinn ein gravierend selbstaggressives Verhalten).

Ein Teil der von Magersucht Betroffenen klammert sich an ein (von der herrschenden Mode vorgegebenes) Ideal äußerlicher Merkmale, die sie selbst nicht haben und die ihrer natürlichen Konstitution auch zuwiderlaufen. Die in jedem Menschen tief verwurzelte Sehnsucht, einen Wert zu haben, geliebt zu werden, Anerkennung zu finden, schlägt fehlgeleitet in das suchthafte Verlangen um, wenigstens einem Schönheitsideal zu entsprechen, mit dem man zumindest vordergründig die eigene Wertigkeit beweisen kann. Solches kann zum Abhungern von Pfunden und zum krankhaften Hungerzwang führen. Obwohl hungrig, halten Magersüchtige streng an der selbstgewählten Diät fest. Sie meinen, damit ihren Körper und ihr Leben gezielt kontrollieren zu können. In ihrer Tiefenpsyche aber verweigern sie das Erwachsenwerden. Vor allem wenn sexuelle Überforderung und sexueller Missbrauch mit im Spiel sind, wollen von Magersucht und Bulimie betroffene Mädchen das dünne Kind ohne sichtbare Geschlechtsmerkmale bleiben.

## Angst vor den eigenen Gefühlen

In der Ursachenerforschung der »anorexia/bulimia nervosa« begegnet man mitunter auch Ängsten der Betroffenen, welche mit unbewältigten Gefühlen zu tun haben. Angst kann in ihrem inneren Kern auch eine Angst vor dem eigenen Selbstsein, vor der eigenen als unverstehbar und unheimlich empfundenen Gefühlswelt. Nicht-umgehen-können mit den eigenen Gefühlen hat sehr häufig seinen Ursprung in der mangelnden Gefühlszuwendung seitens der Erziehungspersonen in der Kindheit. Dahinter kann unter anderem auch ein nicht mehr naturgemäßes Verhalten der Mütter stecken, die ihre Säuglinge nicht mehr zur Brust nehmen. Kinder mit zu wenig Körperkontakt (der vor allem beim Stillen intensiv erlebt wird) gehen mit emotionalen Defiziten aus der Säuglingszeit und Kindheit hervor. Kommt der junge Mensch in die Pubertät, wird er sich erstmals ganz stark seiner Gefühlswelt bewusst. Ist er nun mit Mangelerlebnissen der emotionalen Zuwendung und des Wiederschenkens von Gefühlen behaftet, bekommt er Angst vor seiner ihn überwältigenden Gefühlswelt. Das Hungergefühl stellt ein triebhaftes Gefühlserleben dar, das in der Lage ist, andere Gefühlsregungen zu unterdrücken. Unterdrücken und »Besiegen« des Hungergefühls bedeutet nun für den Betroffenen eine scheinbare Befreiung von seiner ihn ängstigenden Gefühlswelt. Dies kann sogar zu dem euphorischen Glücksgefühl führen: »Ich habe mich selbst im Griff.« Daher begegnet einem bei Magersüchtigen mitunter strahlender Glanz in den Augen, welcher Ausdruck des »selbstzerstörerischen Sieges« des Willens über sich selbst ist.

## Erziehliche Unterdrückung und verhinderte Selbstständigkeit

Erziehungsstile in der frühen und weiteren Kindheit können den Grund für psychische Fehlentwicklungen des davon betroffenen Kindes legen. Eltern oder Erziehungspersonen, welche einen stark dominierenden, autoritären und unterdrückenden Erziehungsstil über Jahre hinweg praktizieren, nehmen damit dem Kind den Mut und den Durchbruch zum Selbstständig- und Erwachsenwerden. Es ist aber eine fundamentale anthropologische Grundnotwendigkeit, dass jeder Mensch in einer laufenden kindlichen und jugendlichen Verselbstständigungslinie schließlich mündig, eigenverantwortlich und selbstständig werden muss. Hierzu gehören frühzeitige erziehliche Ansätze, dass ein Kind eigene Bedürfnisse artikulieren und vertreten darf und sich in einem kontinuierlichen Prozess der Ablösung von den Eltern körperlich, psychisch und geistig »freischwimmen« kann. Überbehütend dominierendes Elternverhalten ist dabei ebenso schädlich wie vernachlässigende Erziehung.

Eltern sollten auch rechtzeitig zu einer Bewusstseinshaltung finden, dass Kinder nicht zuerst für die »Selbstverwirklichung« der Eltern da sind, sondern dass es vielmehr die naturnotwendige Aufgabe und Verantwortung der Eltern ist, den Kindern nach Kräften und uneigennützig zu helfen, ihren oftmals beschwerlichen Weg ins Erwachsensein und in die Selbstständigkeit zu bewältigen. Hierzu gehört, dass Eltern und Erziehungspersonen eigene selbstbezogene Interessen und Gefühle zurückstecken, mit denen sie ihre Kinder pädagogisch verhängnisvoll binden, gängeln und in ihrer zur Verselbstständigung drängenden Loslösung behindern. Schon gar nicht dürfen Kindern mit Schuldgefühlen belastet und konditioniert werden, wenn sie sich etwa egozentrischen Wünschen der Eltern nicht unterordnen können. Wer hierbei zwingen will, entfremdet sich dem Herzen des Kindes. »Dankbarkeit« der Kinder erhält man nicht durch erziehlich zwingende und unterdrückende Aufrechterhaltung gewünschten Verhaltens, sondern im liebenden Verständnis für das naturnotwendig anthropologische Bedürfnis des Kindes und Heranwachsenden, eigenständig und selbstverantwortlich in der Geborgenheit eines wechselseitigen Vertrauensverhälnisses aufwachsen und mündig werden zu dürfen.

**Verletzung der Intimsphäre**

Fühlt sich ein Kind fortwährend in seiner Intimsphäre und in seinem Schamgefühl verletzt, beginnt es nach und nach, seinen Körper abzulehnen. Dies kann bis zum Selbsthass gehen. Das Gefühl setzt sich fest, dass der Selbstbesitz des eigenen Körpers nicht respektiert wird und es kein Verfügungsrecht über den eigenen Körper gibt. Dadurch wiederum prägt sich ins Unterbewusste die Grundhaltung ein, der »Besitz« anderer zu sein. Die spätestens in der Pubertät aufbrechende anthroplogische Entwicklungsnotwendigkeit, selbstständig zu werden und für sich selbst zuständig zu sein, bricht bei vorangehender schwerwiegender Persönlichkeitsverletzung in der Phase des Kindseins oder bei »Besitzansprüchen« seitens der Eltern auch noch in der Pubertät (und später) in der Form aggressiver Brechanfälle aus. Noch schwerer wirkt sich sexueller Missbrauch aus. Er vergewaltigt Körper und Psyche des Opfers, prägt das Gefühl angstbesetzter Verfügbarkeit ein und verfestigt das Erleben ohnmächtiger Hilflosigkeit in dem Bemühen, endlich eine selbstständige Persönlichkeit zu werden. Auftretende Brechanfälle sind dann in Wirklichkeit ein (eigentlich an die Erwachsenen gerichteter) Notschrei, den der von Bulimie Betroffene als »Selbstbestrafungstendenz« schließlich auf sich selbst richtet.

**Diagnose**

Die Diagnose der »anorexia/bulimia nervosa« stützt sich zunächst auf das Beobachten und Erkennen von Symptomen, welche vor allem physisch (Körperbild; Mangelerscheinungen; Auffälligkeiten in physiologischen Funktionen) mit dieser Krankheit parallel laufen. Verhaltensbeobachtung im psychischen Bereich tritt hinzu. Verdichten sich beide Beobachtungskomplexe, ist die Diagnose in der Regel eindeutig. Damit darf die Diagnose aber noch nicht vereinfachend beendet sein. Notwendig ist eine detaillierte Ursachen- und Motivationsanalyse (Defizite in der Entwicklung; spezifische Ängste; psychische Retardierungen; Schockerlebnisse etc.), da Magersucht und Bulimie immer ein individuelles Wurzelgeflecht haben, das klar erkannt werden muss, um Verständnis und entsprechende Hilfen zu erbringen.

## Pädagogische Hilfen

Magersucht und Bulimie zu heilen ist eine mühsame und mitunter langwierige Aufgabe. Bedeutsam für therapeutische und helfende Ansätze ist zuallererst ein tiefreichendes Verstehen der Gedankenwelt der Betroffenen. Ihr meist zwanghaftes Denken kreist um die Vorstellungen von Essen, Hungergefühl oder die Angst vor dem Dickwerden. Grundlegende Therapie beginnt mit einem (nachholenden) Ausgleich des frühkindlichen Mangels an Geborgenheit, Anerkennung, Nähe, Liebe und Verständnis. Dabei darf man sich keine allzu raschen Erfolge erhoffen. Was über lange Jahre der Kindheit hinweg versäumt wurde, lässt sich nur mit Geduld, Verständnis und kontinuierlichem Bemühen aufholen. Liebevolles Verständnis und bedingungslose Annahme bilden die geistig-emotionale Grundtherapie. Sind erste positive Veränderungen zu erkennen, kann man (ähnlich wie bei anderen Suchtkranken) Selbsthilfegruppen organisieren. Gespräche über gemeinsame Erfahrungen und Nöte sind dabei ein wichtiges psychisches Heilverfahren.

Betroffenen muss man, wo und wie immer es möglich ist, Bindung und Geborgenheit innerhalb einer positiven Familienatmosphäre ermöglichen. Erst nach dem »Aufsaugen« dieser so lange entbehrten und für die persönliche Entfaltung so unabdingbar notwendigen Erlebenswelt kann der an Magersucht erkrankte junge Mensch sein Leben immer mehr selbst in die Hand nehmen.

In unserer technisierten Leistungsgesellschaft herrscht noch vielfach die Meinung vor, Lebensprobleme vor allem mit logischem Verstand und kühler Kalkulation zu planen und bewältigen zu können. Solches gilt leider auch für die Erziehung, die leicht in ein Fahrwasser des Organisierens gerät, anstatt mit dem Herzen wahrgenommen zu werden. Daher treten schon in der frühkindlichen Beziehung Mängel an Gefühlserleben und Gefühlsverarbeitung auf. Gefühle werden beiseite geschoben, unterdrückt und rational verkrustet. Dies muss direkt zur Selbstentfremdung führen, denn das Emotionale gehört ebenso gleichwertig zum Menschsein wie das Rationale.

Eltern und Lehrer sollten, auch was die Verhaltensnot Magersucht/Bulimie angeht, bereits in der frühen Kindheit, im Grundschulalter und in den darauf folgenden Jahren propädeutisch die ihnen anvertrauten Kinder in echter (d.h. auch selbstloser) zwischenmenschlicher Liebe annehmen, ihnen Vertrauen vermitteln und Annahme, Geborgenheit und Sicherheit schenken. Gerade die Verhaltensschwierigkeit und Verhaltensnot der Magersucht und Bulimie ist das Endergebnis einer jahrelangen pädagogisch fehlgeprägten Entwicklung in der Kindheit. In schwerwiegenden Fällen ist die Heilung in einer Spezialklinik angebracht.

Fallbeispiele

**»Regina«**

Regina war elfeinhalb Jahre alt, ein wohlgenährtes, sympathisch und nett anzusehendes Mädchen. Ihre bisherige Entwicklung war dadurch geprägt, dass sie zu Hause ängstlich und autoritär zugleich überbehütet wurde, kaum Eigeninitiative entwickeln durfte und sich elternkonform verhalten musste. Bemerkungen wie »das kannst du sowieso nicht« und »du bist selbst an allem schuld« gehörten zu ihrem täglichen Lebensumfeld. Ihr Selbstbewusstsein war daher denkbar negativ. Sie entwickelte Tendenzen zu Selbsthass und Selbstablehnung. Eines Tages machte ihr Lehrer die taktlose (und pädagogisch unmögliche) Bemerkung: »Mensch, du bist ja wie ein Panzer gebaut!« Das war der Auslöseschock für den totalen Einbruch des Selbstverständnisses des Mädchens. Zu Hause angekommen, stellte sie sich vor den Spiegel und schrie: »Ich bin fett, fett, fett…« Von diesem Tag an stellte sie beinahe das Essen ein. Anfangs wog sie 61 Kilogramm. In der Folgezeit durchlitt sie die Qualen der Magersucht, des Nichtessens um des eigenen Selbstverständnisses willen. Nach wenigen Jahren wog sie nur mehr 42 Kilo. Sie musste ins Krankenhaus und ließ eine Zwangsernährung über sich ergehen. Kaum zu Hause, war bald wieder alles abgehungert. Es folgte die totale Essverweigerung. Am Schluss wog Regina nur mehr 24 Kilo.

**»Giselle«**

Giselle wurde unter schwierigen Umständen geboren und musste sofort in der Klinik in den Brutkasten. Erst nach Wochen konnte die Mutter sie nach Hause nehmen. Sauerstoffmangel bei der Geburt hatte leichte zerebrale Schädigungen zur Folge. In den ersten Lebenswochen lag auch die Ursache für eine Schädigung der Augenkoordination. Giselle, ein äußerst sensibles Kind, wurde im Elternhaus nach äußerst strengen Verhaltensregeln erzogen, erlebte kaum emotionale Wärme und musste unbedingten Gehorsam zeigen. Der Vater erwähnte zum Beispiel, mit dem Wort »Liebe« könne er nichts anfangen. Alles im Leben sei machbar, und an Fehlschlägen sei man selber schuld. Giselle wuchs in dieser erdrückenden Atmosphäre auf, zog sich immer mehr in sich zurück und entwickelte große Minderwertigkeitsgefühle und Schuldkomplexe. Um dennoch die Liebe der Eltern zu erhalten, entwickelte sie schulische Anstrengungen, die ständig weit über ihre Leistungsgrenze gingen. Bezeichnend für ihr krankes Selbstwertgefühl war, dass die Eltern sie niemals in Schutz nahmen, sondern immer fremden Menschen zustimmten, während sie ihrem Kind sagten: »Du bist ungezogen. Du musst dich besser anstrengen. An deinen Schwierigkeiten bist du selbst schuld.« Dies alles bewirkte einen gravierenden Liebes- und Geborgenheitsverlust. Einmal wurde sie von der Lehrerin wegen eines Rechtschreibfehlers (später stellte die Lehrerin selbst fest, dass es tatsächlich keiner war) ungerecht zensiert. Als sie es schüchtern wagte, die Lehrerin darauf hinzuweisen, stellte sie diese vor der Klasse bloß und beschimpfte sie als ungezogenes Kind. Hierauf bekam Giselle einen Heulkrampf, wurde zum Rektor geschleppt und dort nochmals getadelt. Die Eltern glaubten der Lehrerin und bestraften ihr Kind hart.

Bis zur Pubertät musste Giselle zahlreiche ähnliche Erlebnisse vor allem zu Hause über sich ergehen lassen. Auslöser für den Beginn ihrer Magersucht war ein Vorfall mit dem Musiklehrer, der sie sexuell belästigte (was ihr die Eltern wiederum nicht abnahmen). Mit einem Mal bekam sie Hass auf ihren Körper, konnte sich nicht mehr im Spiegel anschauen und wollte nicht mehr duschen oder baden. Da begann sie mit dem Hungern, um auch in ihrer äußeren Gestalt ein Kind bleiben zu können. Essen erbrach sie regelmäßig auf der Toilette. In späteren therapeutischen Gesprächen gab Giselle zu erkennen, dass sie sich dadurch zum einen vor sich selbst stark zeigen konnte, zum anderen ihre ganzen aufgestauten Minderwertigkeitsgefühle (gepaart mit Aggressionen und Frusterlebnissen) »hinauskotzen« konnte. Giselle hat bis ins Erwachsenenalter ihre Magersuchts- und Bulimieprobleme nicht völlig überwinden können.

# 5. Motivations- und Aktivitätsschwierigkeiten

## 5.1 Antriebsarmut

Definition

Antrieb beruht auf einer Funktion emotionaler Prozesse, die darauf hinwirken, dass eine erwünschte Handlung begonnen und durchgeführt wird [627]. Antriebsarmut ist in diesem Sinne ein (verschieden großer) Mangel an Antriebskräften bzw. ein Abgeblocktsein von Antriebsfunktionen, die für eine Bewältigung durchschnittlicher Lebensleistung (schulischer Lernleistung) notwendig wären. Häcker/Stapf unterscheiden *Antriebsmangel* als Mangel an Spontaneität mit vielfältiger Verursachung und *Antriebsstörung* als eine mehr krankhafte (z.B. bei Psychopathen und Hirnverletzten auftretende Verarmung der Antriebsseite) »Abweichung vom normalen Antriebsverlauf« [628].

Beschreibung und Symptomatik

Antriebsarme Kinder fallen durch Entschlusslosigkeit, geringe Spontaneität, wenig Eigeninitiative und leichte Resignation auf. Sie ermüden leicht bei geistiger Arbeit, zeigen verlangsamtes Denken und affektive Labilität. Weitere Symptome sind
- Vermeiden von Entscheidungssituationen
- Impulsiver Abbruch von ebenso impulsiv begonnenen Handlungen [629]
- Stilles und zurückgezogenes Verhalten
- Mangel an Aufmerksamkeit
- Gestörte Feinmotorik (z.B. in der Handschrift)
- Scheinbar absichtliche »Faulheit«
- Schwierigkeiten beim Auswendiglernen
- Störungen der Merkfähigkeit

Ursachen und Hintergründe

Für Antriebsarmut können verschiedene (endogene wie exogene) Ursachen infrage kommen. Nach Kluge/Kleuters [630] sind hauptsächlich organische Hirnschäden, eine »depressive, resignierende Grundeinstellung zum Leben«, Überforderung, eine (bei Kindern allerdings selten vorkommende) endogene Psychose und eine übermäßige Trotzhaltung in Betracht zu ziehen. Das Fehlen eines positiv emotionalen Kontaktes zwischen Lehrer und Kind kann schulbedingte Antriebsarmut begünstigen. Fehlende unterrichtshygienische Maßnahmen, z.B. altersspezifische Pausengestaltung, genügend Frischluftzufuhr, Wechsel von Anspannung und Erholung [631], oder didaktisch mangelhaft (überfordernder; unterfordernder; motivationsloser) geplanter und durchgeführter Unterricht sind schulische Bedingungen, die bei Kindern natürliche Unlust und Antriebsarmut bewirken. Auch an eine vorhandene Krankheit ist bei spontan auftretender Antriebsarmut zu denken.

Untersuchungsverfahren und Diagnose

Antriebsarmut kann je nach Fall entweder vorwiegend durch medizinische Diagnostik oder pädagogisch-psychologische Untersuchung in ihrem Ursachengeflecht erhellt werden. Ärztlicherseits erfordert die Diagnose vor allem eine genaue körperliche und eine klinisch-neurologische Untersuchung (z.B. EEG). Pädagogischerseits bieten sich Beobachtung (am besten mit Beobachtungsbogen und kontinuierlichen Aufzeichnungen), Gespräch, Anamnese und eine Reihe von Testverfahren (Benton Test; Konzentrationstests; Subtests des HAWIK) an.

Pädagogische Hilfen

Antriebsarme Kinder schaffen aus sich heraus nur unvollkommen die notwendige Arbeitsinitiative, Arbeitslust und Arbeitsfreude. Sie brauchen daher bevorzugt Fremdanregung und Impulse von außen. Pädagogisch stützende Maßnahmen wie Verständnis, Lob, Anerkennung sind in jedem Fall undifferenzierten Erziehungsmaßnahmen (Strenge; Freizeitentzug; Bestrafung) vorzuziehen. Hilfen sind:
- Vermeiden von Überforderung und Unterforderung
- Abbau von Spannungen, die sich durch die schulische Konfliktsituation bei antriebsarmen Kindern ergeben
- Keine Unterstellung, dass das Kind »faul«, »unfolgsam«, »böswillig« sei
- Anpassung des Unterrichtstempos
- Berücksichtigung unterrichtshygienischer Maßnahmen
- Klar aufgebauter und emotional motivierender Unterricht
- Durch den Arzt verordnete aktivierende Medikamente können von Fall zu Fall zur Besserung beitragen.
- Stärkung des Selbstvertrauens
- Differenzierender Unterricht
- Einplanen von Entspannungsmöglichkeiten
- Transparentmachen des Zusammenhangs von Anstrengung, Arbeit und Erfolg
- Zusammenarbeit mit den Eltern (Wecken von Verständnis)

> **Fallbeispiel**
>
> **»Kirstin«**
>
> Kirstin (8 Jahre) besuchte den 2. Schülerjahrgang. In der Klasse fiel sie dadurch auf, dass sie sich fast nie bei der Beantwortung von Fragen meldete. Schriftliche Arbeiten ging sie langsam an. Schon nach kurzer Zeit unterbrach sie die Durchführung ihrer Aufgabe, indem sie in ihrer Schultasche kramte, Bleistift spitzte oder zu ihrer Banknachbarin blickte. Ermahnungen halfen nichts. Kirstin wurde nie in der vorgegebenen Zeit mit ihrer Aufgabe fertig. Irgendwer in der Klasse hatte für das Mädchen den Spitznamen »Transuse« aufgebracht. Kirstin schien dies nicht zu beachten. Meist saß sie still, ein wenig verträumt und entschlusslos an ihrem Platz. Spontane Fröhlichkeit zeigte sie kaum. Ihr ganzes Verhalten drückte eine Skala von Gleichgültigkeit bis depressiver Resignation aus.
>
> Kirstins Eltern waren sehr wohlhabend. Sie war ein Einzelkind und wurde in ihrer Kindheit wegen einer durchgestandenen schweren Mittelohrentzündung umsorgt und geschont. Sie brauchte keine Aufgaben zu erledigen und wurde stattdessen mit Spiel- und Naschsachen verwöhnt. Zur Zeit des Schulbesuchs gab es bei den Eltern des Mädchens heftige Streitigkeiten, die zur Scheidung führten. Kirstin wurde daraufhin über Monate hinweg von einem Kindermädchen betreut. Zur Überverwöhnung und zum Nichtgefordertsein durch Aufgaben in der Familie kam jetzt die Belastung durch die Scheidung der Eltern hinzu. Kirstin geriet offensichtlich in eine depressiv-traurige Grundstimmung, welche ihre durch die Umwelt begünstigte Antriebslosigkeit noch psychisch verstärkte. Das Mädchen ließ, was schulische Forderungen anging, nunmehr ganz »die Flügel hängen«. Es resignierte und zeigte sich von der schulischen Konfliktsituation in ihrer Resignation bestätigt. Nur dem Verständnis der Lehrerin, welche das Kind in persönlichen Gesprächen auflockerte, dem Kind Zuwendung, Lob, Aufmunterung schenkte und es mittels geschickt gegebener Impulse, besonderer Aufgaben und differenzierender Anforderungen in ihrem Selbstverständnis förderte, war es zu verdanken, dass Kirstin nach und nach akzeptable schulische Erfolge erzielte.

## 5.2 Tagträumen/Wachträumen

Definition

Beim Tagträumen (synonym Wachträumen) handelt es sich um das fantasiemäßige Vorstellen, Ausmalen und Ausdenken von unwirklichen Situationen, die sich der Betroffene wünscht oder vor denen er sich fürchtet [632]. Der Tagträumer lässt sich von Stimmungsbildern forttragen [633], flieht aus einer als Belastung erlebten Umwelt in die Welt der Fantasie.

## Beschreibung und Symptomatik

Ein Kind, das in der Schule tagträumt, schaltet seine Aufmerksamkeit auf sich selbst und auf sein Fantasieleben um und setzt sich dadurch von den Anforderungen ab, denen es sich z. B. im Unterricht stellen müsste. Das Kind fällt dadurch auf, dass es abwesend, wortkarg und unansprechbar ist. Anweisungen werden nicht beachtet, gestellte Aufgaben werden nicht ausgeführt. Nicht selten ist der Tagträumer ein Einzelgänger, der in seinen Träumen so viel Befriedigung findet, dass nur wenig Bedürfnis nach Freundschaft aufkommt. Eine Störung der zwischenmenschlichen Kontakte kann die Folge sein. Infolge des verträumten Verhaltens wird das Kind oft von seinen Mitschülern verspottet. Es zieht sich dann noch mehr zurück und kann zum Außenseiter werden.

## Ursachen und Hintergründe

Grundlegend für das Verständnis tagträumerischen Verhaltens eines Kindes ist die Einsicht, dass Tagträumen die Flucht aus einer Umwelt darstellt, die als bedrohlich, belastend oder überfordernd erlebt wird. In fantasiemäßig ausgeschmückten Wachträumen kann sich das Kind in Leistungen erleben, die ihm in der Vorstellung Bestätigung und Anerkennung bringen, während es diese im wirklichen Leben nicht erfährt. Nach Schmid [634] weicht es Bewährungsproben der Realität durch Flucht in die Fantasie aus.

Dahinter stehen wiederum Primärursachen, die individuell von verschiedenen Wirkansätzen ausgehen. Hintergründe können sein:
- Einengende Erziehung (Das Kind ist der Spannung zwischen den Erwartungen der Erzieher und den eigenen Wünschen nicht gewachsen.)
- Verwöhnung (Das Kind entwickelte sich in Bezug auf seine Umweltbewältigung zu passiv und zu bequem.)
- Minderwertigkeitsgefühle (Die permanent psychisch schmerzlich erlebte Unterlegenheit im schulischen oder außerschulischen Sozialbezug wird durch fantastische Leistungen kompensiert.)
- Einsamkeitsgefühle (Fehlen einer engen Bezugsperson)
- Aschenputtel-Situation (Das Kind fühlt sich benachteiligt, nicht akzeptiert, auf die Seite gedrängt.)
- Psychische Konflikte [635]
- Schockerlebnisse
- Sexuelle Fantasien
- Individuelle Persönlichkeitsstruktur (z. B. Introvertiertheit; Sensitivismus; künstlerische Begabung) [636]
- Äußere Notzustände (Eintönigkeit und Langeweile) [637]
- Überforderung durch die Eltern
- Selbstüberschätzung (andere beherrschen können)

- Mangel an Schlaf (Müdigkeit verleitet zur Flucht aus der Realität)
- Unausgewogene Ernährung (Fehlen lebensnotwendiger Nahrungsgrundlagen führt zu Müdigkeit und Abschalten)
- Unverarbeiteter Fernsehkonsum

Untersuchungsverfahren und Diagnose

Das Vorhandensein von Tagträumen wird grundlegend durch Beobachtung dokumentiert. Zur Aufhellung der Hintergründe bieten sich Analyse der familiären Situation, ärztliche Untersuchung, tiefenpsychologische Untersuchungsverfahren (CAT; SCENO; Zeichnungsanalyse; Aufsatzanalyse) und Gespräch an.

Pädagogische Hilfen

Grundlegende Hilfe versucht, die stark introvertierten Gedanken und Fantasien des Kindes in die Realität nach außen zu lenken. Dies könnte zunächst dadurch geschehen, dass mithilfe von Zeichnung, Spiel oder szenischer Darstellung die Träume objektiviert werden und dass man darüber gemeinsam spricht. Nach und nach kann versucht werden, beim Kind realistische Zielvorstellungen zu wecken, mit deren Hilfe ein echtes Erfolgserlebnis verbunden ist (Pläne für den Alltag; Berücksichtigen einer etwa vorhandenen besonderen Begabung). Aktivitätshemmende psychische Bedingungen (Minderwertigkeitsgefühle; Resignationstendenzen) sollten nach Möglichkeit abgebaut werden. Selbstverständlich ist es besonders wichtig, die individuell zugrunde liegende Problematik zu erkennen, auf Grund derer das Kind sich in seine Traumwelt flüchtet. Kontinuierliche Impulse, angemessene Aufgabenstellung, Lob, Bestätigung, Anerkennung für vollzogene Aktivitäten sind dazu geeignet, das Kind aus seiner irrealen Wunsch- und Traumwelt herauszuholen. Die Beantwortung folgender Fragen kann für den Lehrer hinsichtlich seiner Hilfeleistung bedeutsam sein:
- Welche versteckten Wünsche hat das Kind?
- Ist es so zurückgezogen, weil sich bislang niemand die Zeit genommen hat, ihm zu helfen?
- Ist das Kind in der aktuellen Schulsituation überfordert? Ist es von seiner Leistungskapazität her in der angemessenen Jahrgangsstufe [638]?

## Fallbeispiel

### »Susan« [639]

Susan, paß auf, was hier im Schulzimmer passiert und nicht was draußen los ist! – Ja, Miss Norris. Susan wandte sich vom Fenster ab, und sie wurde rot, als sie sich über ihr Buch beugte. Das Mädchen schien in seiner eigenen privaten Welt zu leben und davon zu träumen. Die meiste Zeit starrte sie geistesabwesend aus dem Fenster oder saß nur so da. Fragte man sie, was sie tat und worüber sie nachdachte, erwiderte sie immer: Nichts!

Ihre Leistungen waren durchschnittlich. Doch die Lehrerin wusste, dass die Leistungen besser sein konnten. Immer wenn Susan eine Aufgabe erledigte, die sie selbst interessiert anpackte, arbeitete sie ausgezeichnet. Nach Aussagen der Mutter saß Susan oft stundenlang da und schaute in die Luft. Forderte man von ihr, Besorgungen zu erledigen, vergaß sie dies gewöhnlich. Und oftmals versicherte sie dann, sich nicht daran erinnern zu können, dass sie überhaupt darum gebeten wurde.

# 6. Schwierigkeiten bei der sozialen Integration

## 6.1 Gegen die Umwelt gerichtete Verhaltensweisen

### 6.1.1 Aggression

#### Definition

Der Bereich der mit den Begriffen »Aggression« und »Aggressivität« bezeichneten Sachverhalte kann nicht exakt eingegrenzt werden. Je nachdem, wie eng oder wie weit das Spektrum von Verhaltensweisen, die als Aggressionen bezeichnet werden, aufgefasst wird, welche Theorie oder Einstellung zugrunde liegt, ergeben sich verschiedene Definitionen. In nahezu allen Begriffsbestimmungen wird der »Aggressivität« oder »Aggression«, die nach Blattert [640] »im herkömmlichen Sprachgebrauch synonym verwendet« werden, ein absichtliches schädigendes Verhalten zugesprochen, so bei Blattert [641], Heinelt [642], Köck/Ott [643], Selg [644], Häcker/Stapf [645], Ross und Petermann [646]. Damit ist Aggressivität im übergreifenden Sinn als ein Verhalten zu verstehen, das »bei gleichzeitig vorhandenem Verhaltensdefizit in alternativen Handlungsweisen« [647] unter dem dranghaften Antrieb steht, Personen oder Objekte in verletzender oder zerstörerischer Absicht anzugreifen und ihnen verbal oder körperlich Schaden zuzufügen, der sich bei Personen psychisch oder physisch auswirken kann.

#### Beschreibung und Symptomatik

**Formen der Aggression**

Aggressives Verhalten tritt in verschiedenen Formen auf. Unterschiede liegen darin, wogegen es sich richtet und in welcher Ausdrucksweise dies geschieht. Zu unterscheiden sind:
- Körperliche Aggression,
- verbale Aggression,
- expressive Aggression,
- Aggression gegen Objekte,

- Aggression gegen die eigene Person,
- verdeckte Aggression und
- identifikative Aggression.

Die *körperliche Aggression* ist gegen Personen gerichtet. Die Erscheinungsformen dieser Art der Aggression sind zahlreich. Rohheitsdelikte wie Schlagen, Beißen, Prügeln, Stoßen, Boxen, Treten und Spucken sind ebenso wie die Tötungshandlung inbegriffen [648]. Im menschlichen Alltag, der stark von verbaler Kommunikation bestimmt ist, spielt die *verbale Aggression* eine bedeutende Rolle. Ihre Ausdrucksformen sind Ironie, Beschuldigungen, Beschimpfungen, Widerworte, patzige Antworten und herabsetzende Bemerkungen (Rufmord, Ehrabschneidung). Die *expressive Aggression* äußert sich ebenso in vielfältigen Formen. Gestik, Gebärden, Mimik und die Sprechstimme unterstreichen oft verbale Äußerungen. Heftige Aggressionen werden bevorzugt durch Gesten wie Ausspucken, Fäusteballen, Vogelzeigen, lange Nase machen, Zunge herausstrecken und Drohgebärden ausgedrückt [649]. Bei *Aggression gegen Objekte* wird oft die Aggression, die sich ursprünglich auf einen Menschen richtete, auf ein wehrloses Objekt übertragen, da dadurch ein Erfolgserlebnis (z. B. eine Entlastung von einem inneren Druck) vorprogrammiert ist. Diese Form der Aggression äußert sich in allen Arten der Sachbeschädigung und Zerstörung sowie in Tierquälerei. Primär richtet sich Aggression gegen andere Personen oder Gegenstände. Wird sie durch äußere Widerstände gehemmt oder wegen gesellschaftlicher Forderungen und zum Zweck sozialer Anpassung verdrängt, kann sich *Aggression* sekundär *gegen die eigene Person* richten (sog. Autoaggression) [650]. Ausdrucksweisen der Selbstaggression reichen vom Nägelbeißen, Haareausreißen, Wundenaufkratzen bis zu Masochismus und Selbstmord. Bei der *verdeckten Aggression* werden aggressive Tendenzen zu überdecken versucht, die aggressive Einstellung ins Gegenteil verkehrt, indem man sich besonders liebenswürdig und höflich gibt oder sich jemandem besonders zuwendet. Solches nimmt oft die Form eines Täuschungsmanövers an. Bei sozialisierten Formen aggressiven Verhaltens fällt ihr destruktiver Charakter weg. Als Beispiel dafür werden meist Durchsetzung, Arbeitswut oder Zivilcourage angeführt [651]. *Identifikative Aggressivität* [652] bzw. *Gruppenaggression* [653], bei denen das Individuum neue Verhaltensstile und Aggressionsvarianten im Rahmen je verschiedener Gruppennormen erprobt und sich einverleibt, wird z. B. für Krieg unter Völkern verantwortlich gemacht. Bei den so genannten *Aggressionsfantasien*, die nur in der Vorstellung (Traum) ausgeführt werden und deshalb nicht beobachtbar sind, ist noch nicht geklärt, ob es sich um echte Aggressionen handelt.

## Aggressionen im schulischen und außerschulischen Bereich

Untersuchungen berichten, dass Lehrer in aggressiven Akten und Verletzungen moralischer Normen die Besorgnis erregendsten Verhaltensprobleme bei Schülern sehen. Bei Befragungen nahmen Aggressionen, Verletzungen sozialer Normen, Zerstörung von Lernmitteln, Schwänzen und Unverschämtheiten die oberen Plätze der Liste ein [654]. Aus kinderpsychiatrischen Erkenntnissen geht hervor, dass Rohheitsdelikte bei 7- bis 14-jährigen Schülern zugenommen haben und bei mindestens 20 bis 30 Prozent von Kindern im Grundschulalter vorkommen. Auch die Selbstmordrate in dieser Gruppe hat sich erhöht. Aggressive Handlungen gegen andere und gegen sich selbst stellen bei dieser Altersgruppe ein zunehmendes Problem dar.[1] Unterschiede im Ausmaß und in der Häufigkeit von Aggressionen bestehen zwischen den unterschiedlichen Schularten sowie hinsichtlich der Einzugsgebiete der Schulen [655].[2]

Im schulischen und außerschulischen Bereich sind alle Erscheinungsformen aggressiven Verhaltens anzutreffen. Gegenüber dem Lehrer äußern sie sich in aktivem oder passivem Trotz, in absichtlichem Stören des Unterrichts (verbale Äußerungen; expressive Aggressionsformen bis hin zu körperlicher Aggression), offen zur Schau gestelltem Desinteresse, Herumwandern im Klassenzimmer oder in der kollektiven Aggressivität der ganzen Schulklasse, bei der sich die Schüler gegenseitig beeinflussen. Körperliche Aggression gegen den Lehrer findet sich jedoch selten [656].

Gegenüber den Mitschülern tritt aggressives Verhalten in Positionskämpfen, Bandenbildung, Verpetzen, Diebstahl, absichtlichem Stören während des Unterrichts (z. B. Kritzeln ins Heft; Wegnehmen von Gegenständen; herabsetzende Bemerkungen etc.) und in Formen der körperlichen Aggression (Auflauern und Verprügeln auf dem Schulweg; Rangeleien im Schulbus und in der Pause) auf.

Aggressionen der Schüler gegen Sachen lassen sich in der Zerstörung von Lernmitteln und Schuleinrichtungen, dem absichtlichen Herunterwerfen von Dingen (z. B. Mäppchen; Bücher), dem Zerreißen von Papier oder Heften und in der Zerstörung oder Beschädigung von Eigentum des Lehrers oder der Mitschüler (Schultaschen; Fahrräder) beobachten. Kinder, deren Verhalten als aggressiv charakterisiert wird, sind daneben oft weinerlich, depressiv, unkonzentriert, zappelig, unruhig und stimmungslabil.

---

1  78. Tagung der Deutschen Gesellschaft für Kinderheilkunde in Heidelberg, 1982.
2  Neben der Sonderschule, bei der das Ausmaß an aggressiven Handlungen (körperliche Aggression) außerordentlich hoch ist, sind Haupt- und Realschule sowie Berufsschule am stärksten von aggressiven Verhaltensweisen betroffen. Im Gymnasium sind körperliche Aggressionen seltener, ebenso in der Grundschule. Auch die relativ hohe Gewaltbereitschaft ausländischer Kinder und Jugendlicher, die an Grund-, Haupt- und Sonderschulen überrepräsentiert, an Realschulen und Gymnasien hingegen erheblich unterrepräsentiert sind, ist zu verzeichnen. Eine deutliche Häufung der Delikte ist in Städten (München als »Spitzenreiter« in Bayern) zu verzeichnen; kaum betroffen sind hingegen Schulen in ländlichen Gegenden mit homogener Bevölkerungsstruktur, wenig Wanderbewegung und weitgehend ungebrochener Tradition in Lebensweise und Lebensform (Bayerisches Staatsministerium a.a.O., S. 13f., 16ff.).

## Ursachen und Hintergründe

### Ursachenmodelle von aggressiven Verhaltensweisen

Die Theoriediskussionen in der Aggressionsforschung bewegen sich innerhalb der Begriffe »Trieb«, »Instinkt« und »soziales Lernen«. Die unterschiedlichen Auffassungen über die Entstehungsbedingungen aggressiven Verhaltens und die daraus resultierenden verschiedenen Erklärungsansätze müssen auf dem Hintergrund der Triebtheorien der Aggression (Frustrations-Aggressions-Hypothese, Dollard et al., 1939), der psychoanalytischen Triebtheorie (Freud 1940), der ethologischen Theorien (Lorenz 1963) und der Theorie des sozialen Lernens (Bandura 1979) gesehen werden [657].

*Die Frustrations-Aggressions-Hypothese* [658]
Diese Theorie wurde vor allem von Dollard und Miller, Forschern der Yale-Universität, vertreten. Sie verstehen Aggression als ein reaktives Verhalten, das auf eine vorausgehende Störung einer zielgerichteten Aktivität eines Menschen (= Frustration) zurückgeht. Ihrer These zufolge ist Aggression stets eine Folge von Frustration, und Frustration führt stets zu irgendeiner Form von Aggression. Dabei stellt jede Verhinderung einer aggressiven Handlung ihrerseits eine Frustration dar, die den Reiz zu weiteren Aggressionen erhöht. Jeder aggressive Akt vermindert umgekehrt den Anreiz zu weiteren Aggressionen. Diese Annahmen konnten mit der Zeit nicht mehr aufrechterhalten werden und führten zu einer Neufassung der Hypothese. Demnach ruft Frustration eine Erregung zu verschiedenen Reaktionen hervor, von denen eine die Erregung aggressiver Tendenzen darstellt. Frustration kann demnach zu Aggressionen führen, die dann in einer offenen Auseinandersetzung oder in Ersatzreaktionen abgebaut werden.

*Die psychoanalytische Triebtheorie*
Freuds Erklärungsansatz des menschlichen Lebens setzt das Zusammen- und Gegeneinanderwirken zweier in ihrer Richtung entgegengesetzter Triebe voraus, des Lebenstriebes und des Todestriebes. Da eine unmittelbare Befriedigung des Todestriebes für den einzelnen Menschen seine Selbstvernichtung bedeuten würde, wird dieser unter dem Einfluss der von außen her auf den Menschen einwirkenden Kultur »nach außen gerichtet und macht sich als Aggressionstrieb geltend« [659].

*Die ethologische Theorie*
Lorenz sieht in der Aggressivität eine angeborene Verhaltensweise des Lebewesens. Aggressive Handlungen werden so der Klasse der Instinkthandlungen zugeordnet. Dieser Instinkt wird durch artspezifische Auslöser aktiviert. Kann das notwendige Maß an Aggressionen nicht in Handlungen abreagiert werden, führt dies zu einer Reizschwellenerniedrigung mit Übersprunghandlung, d.h. es wird nach Situationen gesucht, welche die Möglichkeit zum Abbau aufgestauter Aggression bietet.

Seine tierpsychologischen Betrachtungen werden von Lorenz auf den Menschen übertragen, wobei er die destruktive, zerstörerische Aggressivität und die menschliche Grausamkeit als eine Fehlentwicklung betrachtet [660].

*Die Theorie des sozialen Lernens*
Diese Theorie geht davon aus, dass aggressive Verhaltensweisen Lernprozesse darstellen. Hier sind besonders Skinner mit dem Prinzip des operanten Konditionierens (= Lernen durch Erfolg) und Bandura mit dem Prinzip des Imitationslernens (= Lernen durch Nachahmung) zu nennen.

Nach Skinner liegt dem aggressiven Verhalten ein Lernprozess zugrunde, d.h. dieses wird gelernt, wenn es von einem Erfolg, von einer positiven Verstärkung begleitet ist. Dadurch erhält das Verhalten die erhöhte Wahrscheinlichkeit, in ähnlichen Situationen wiederholt zu werden [661]. Beim Lernen durch Nachahmung sind Modellpersonen oder Vorbilder für das menschliche Handeln bestimmend. In der Umwelt wahrgenommene Bilder und Vorbilder sind demnach verantwortlich für das Entstehen aggressiver Neigungen. Wegen der Genauigkeit muss unterschieden werden zwischen dem Erwerb des Modellverhaltens und der tatsächlichen Realisierung, also zwischen dem Vorhandensein potenzieller Verhaltensweisen aggressiver Natur und der aktualisierten Aggression[662].

**Schulische und außerschulische Ursachen**

Auslösende Ursachen für das Entstehen von Aggressionen bei Kindern können sowohl im außerschulischen als auch im schulischen Bereich liegen.

*Außerschulische Ursachen*
Die Frage danach, unter welchen Bedingungen aggressives Verhalten entsteht, kann nicht einfach damit beantwortet werden, dass die Schuld allein bei Eltern oder anderen Erziehungspersonen zu suchen ist. Vielmehr müssen die Gründe in der gesamten Umwelt des Kindes gesucht werden. Eine Teilschuld am Anstieg aggressiver Verhaltensweisen liegt sicher bei den Massenkommunikationsmitteln (Lektüre; Kino; Video; Fernsehen; Computerspiele). Sie machen Kinder vertraut mit verschiedensten Grunddelikten, stumpfen das Mitgefühl ab und führen zu einer Desensibilisierung destruktiven Geschehnissen gegenüber. Ein Mangel an der Darstellung von aggressivitätskonträren, positiven Modellen führt ebenso zur Aneignung aggressiven Verhaltens, da positive Verhaltensweisen, die nachgeahmt werden könnten, nicht aufgezeigt werden.

Eine Verhärtung aggressiv-destruktiven Geschehnissen gegenüber hat Auswirkungen auf den Sozialisationsprozess des Kindes. Die zwischenmenschliche Sensibilität erfährt dabei eine Abschwächung, ein Abbau destruktiv-aggressiven Sozialverhaltens wird erschwert.

Ein Lernen am Modell kann auch durch das Erziehungsverhalten der Eltern ausgelöst werden. Ausübung einseitiger Macht [663], körperliche Strafen als Problembewältigung oder der Wechsel zwischen autoritärem und Laissez-faire-Verhalten seitens der Erziehungsperson können dem Kind als Vorbild für aggressive Handlungen dienen. Diese werden dann in einem Sozialisationsprozess gelernt [664].

Ein Mangel an Vermittlung von Selbstwertgefühl in der Erziehung stellt eine weitere Ursache für die Aggressivität dar. Da zwischen Selbstwertgefühl und Frustrationstoleranz ein enger Zusammenhang besteht, bedingt das Fehlen des Selbstbewusstseins eine niedrige Frustrationsschwelle [665].

Weitere mögliche außerschulische Ursachen für Aggression sind:
- Mangelnde Zuwendung durch die Mutter (Erziehungsperson) im Kleinkindalter
- Pädagogische Fehler während der Trotzphase des Kindes (verständnislose Zwangsmaßnahmen)
- Das Erleben von Frustrationen wie mangelnde Anerkennung, Verletzung der Gerechtigkeitsgefühle, Angst, Wut, Eifersucht, Rachegefühle, körperlicher Schmerz, Einschränkung des Aktivitätsbedürfnisses
- Entwicklungskrisen oder aktuelle Schwierigkeiten des Kindes
- Aktivitätsüberschuss (Langeweile; Unausgefülltsein)
- Soziale Ablehnung der Familie des Kindes
- Fehlendes oder mangelhaftes Selbstwertgefühl des Kindes
- Gesundheitliche Schädigungen aktueller Art oder als chronische Behinderung (z.B. leichtere cerebrale Schädigungen; psychisch-organische Vorschädigungen)
- Eine schulfeindliche Haltung der Eltern, die sich auf das Kind überträgt
- Projektion, bei der Konflikte mit den Eltern unbewusst auf die Person des Lehrers übertragen werden
- Ständige Demütigung durch die Umwelt des Kindes auf Grund äußerlicher Auffälligkeiten
- Erfolgsbestätigung bei Gewaltanwendung (Lernen am Erfolg)
- Das Kind hegt Abscheu vor sich selbst. Deshalb rächt es sich an der Umwelt oder entwickelt selbstzerstörerische Tendenzen (Selbstaggression).
- Aggressionen als an die Umwelt gerichtete Bitte, die eigene Person zu bejahen
- Vernachlässigung (z.B. Abschieben) des Kindes durch die Eltern
- Individualisierung der Lebensführung (Schwächung der die Menschen verbindenden und stützenden sozialen Strukturen wie Familie, Verwandtschaft, Nachbarschaft, u.a.) [666]
- Veränderung der Familienstrukturen (fehlende Kommunikation zwischen den Generationen, fehlende Erfahrungen des sozialen Lernens) [667]
- eingeschränkte Wohn- und Lebensbedingungen (nicht genügend Entfaltungsmöglichkeiten) [668]

*Schulische Ursachen*
Jede Schulklasse stellt ein künstlich organisiertes Gruppengebilde dar, in dem, wie in jeder Gruppe, ein gewisses Maß an Aggressionen vorhanden ist. Heinelt bezeich-

net die Schulklasse als ein »aggressives Potenzial« [669]. Dahinter stehen folgende Gründe:

Der Schüler hat weder Einfluss auf die Wahl des Lehrers noch auf dessen Interaktionsstil. Lernleistungen, die vom Schüler erwartet werden, entsprechen nicht in jedem Fall seinen Neigungen, jedoch wird von ihm erwartet, immer in Form zu sein. Für weniger begabte Schüler kann der Unterricht deshalb zur Qual werden. Da die Lehrpläne meist durch eine Fülle von Stoff gekennzeichnet sind, wird die Eigentätigkeit oder das Neugierverhalten der Schüler oft stark zurückgedrängt. Persönliche Schwierigkeiten oder Entwicklungskrisen finden kaum Berücksichtigung.

Ein großer Teil der Schüler, die als auffällig empfunden werden, leidet bereits in den ersten Klassen an Anpassungsschwierigkeiten, die aus mangelhafter oder fehlender Vorbereitung und Einordnung des Kindes in das schulische Leben resultieren. Nach Reiser [670] entwickelt sich aggressives Verhalten durch die fehlerhafte Reaktion auf Drohungen und Strafen. Ursachen, die im Verhalten des Lehrers liegen, sind z. B. ein autoritärer Erziehungsstil, ein aggressives Lehrerverhalten (als Antwort auf Aggressivität des Schülers oder umgekehrt), das nachgeahmt wird, ein Laissez-faire-Stil im schulischen Geschehen (z. B. das Fehlen verbindlicher Regeln) oder auch das Desinteresse des Lehrers an der Förderung lernschwacher Kinder. Hier sind auch Fehlreaktionen des Erziehers (z. B. parteiliche Stellungnahmen; Hilflosigkeit Problemen gegenüber oder der Verlust des eigenen inneren Gleichgewichts [671]) sowie Störungen in der Lehrer-Schüler-Beziehung zu nennen.

In der Ursachenfrage ist noch an Folgendes zu denken:
- Versagenserlebnisse (wie z. B. schlechte Zensuren) beim Schüler
- Das Suchen nach Bestätigung seitens der Mitschüler in einer Außenseiterposition
- Innerhalb der Schulklasse existierendes Konkurrenzdenken oder Leistungsdruck
- Frustrationen, die durch die Übergewichtung kognitiven Lernens, durch Überforderung (besonders bei lernschwachen Schülern), Einschränkung des Bewegungsbedürfnisses oder zu langes Stillsitzenmüssen entstehen
- Fehlende Lernmotivation (z. B. nur durch Fremdbestimmung) [672]
- Der Wunsch nach Zuwendung und Anerkennung durch den Lehrer (auch Scheinaggressionen sind aus diesem Grund möglich)
- Eine mangelnde Geborgenheitsatmosphäre in der Schule, die z. B. durch zu hohe Klassenfrequenz, Wanderklassen, ein großes Schulsystem oder häufigen Lehrerwechsel bedingt sein kann
- Aggressive Reaktionen des Kindes mit einer grundsätzlichen Abwehrhaltung aus dem subjektiven Gefühl des Angegriffen-Seins heraus, also auf Grund falscher Wahrnehmung sozialer Geschehnisse in der Schule [673]

## Untersuchungsverfahren und Diagnose

Da Aggressionen ein multidimensionales und hochkomplexes Gebilde darstellen und nicht jedes aggressiv anmutende Verhalten auch eine Aggression ist, müssen in jedem einzelnen Fall Motive, sozialer Kontext und äußere Anlässe analysiert und berücksichtigt werden. Zugleich sollten neben dem unerwünschten Verhalten, seinen Auslösebedingungen und Konsequenzen auch »positive, akzeptierte Verhaltensweisen und deren situative Kontingenzen« [674] analysiert werden. Zur Erkundung der sozialen Entwicklung und des sozialen Umfeldes bieten sich Gespräche mit den Eltern und dem Schüler an. Als Untersuchungsverfahren eignet sich auch jede Form der Verhaltensbeobachtung, z.B. minutenweise freie Beobachtung (MFB) oder die Beobachtung in relevanten Situationen (BIRS). Daneben können verschiedene Analysen wie Aufsatz- bzw. Zeichnungsanalyse oder eine soziometrische Befragung der Schulklasse Aufschlüsse über Hintergründe für Aggressionen und die Stellung des Schülers innerhalb der peer-group geben. Weitere Testverfahren sind:

- Der Petermann/Petermann-Test: »Erfassung aggressiven Verhaltens in konkreten Situationen« (EAS) [675] (gibt Aufschluss, welcher Art die Aggressionen sind und in welchen Situationen sie auftreten)
- Der Rosenzweig P-F Test [676]
- Der Sceno-Test

## Pädagogische Hilfen

### Pädagogische Konsequenzen aus den Theoriemodellen der Aggression

Aus dem Frustrations-Aggressions-Modell ergibt sich eine Erziehung zur Frustrationstoleranz, die das Kind Schwierigkeiten und Unlusterlebnisse bewältigen lässt, ohne dass es dabei neurotisch und aggressiv reagiert. Bei den Trieb-Instinkt-Modellen erfahren die erzieherischen Möglichkeiten eine Begrenzung, da höchstens Strategien und Vorschläge entwickelt werden können, die der Umwandlung der Bereitschaft zu aggressiven Verhaltensweisen in sozial konstruktive Tätigkeiten und Äußerungsformen dienen. Aggressives Verhalten wird dabei neutralisiert, sublimiert und sozialisiert. Geht man von den Lerntheorien aus, wäre die aus ihnen zu ziehende Konsequenz, aggressive Verhaltensweisen möglichst nicht in das optische Feld des Kindes zu bringen. Die Möglichkeit, aggressives Modellverhalten völlig fern zu halten, bleibt hierbei allerdings fraglich. Das Lernen am Erfolg wäre dadurch auszuschalten, dass auf aggressive Verhaltensweisen keine Verstärkung erfolgt.

Wenn die Theoriemodelle auch keine konkreten Vorschläge und Regeln für die Bewältigung aggressiven Verhaltens liefern können, so bieten sie dennoch eine Orientierungshilfe, denn im pädagogischen Umgang mit Aggressionen sollten sämtliche Möglichkeiten der Bewältigung ins Auge gefasst werden.

### Konkrete Hilfen zur Aggressionsbewältigung

Im Umgang mit Aggressionen sind pauschalierende Konzepte für den Erzieher kaum möglich. Ein Ausweichen auf eine unterwerfende ›Ordnungspädagogik‹ (Reglementierung und Bestrafung) »setzt das Kind ins Unrecht und vergrößert (entgegen dem eigentlich anzustrebenden Ziel) die beidseitige soziale Distanz und Abwehr« [677]. Einige übergreifende Richtlinien können jedoch als grundlegend angesehen werden. Die Voraussetzung für eine Erfolg versprechende Therapie ist die genaue Exploration der Faktoren, welche die Aggressionen auslösen. Dies kann durch obengenannte Testverfahren oder z.B. durch psychoanalytische Vorgehensweise geschehen. Wichtig ist in jedem Fall die Zusammenarbeit zwischen Lehrer, Eltern, Familie, Schulpsychologe und Arzt.

Beim Versuch, aggressivem Verhalten richtig zu begegnen oder es abzubauen, sind eine ganze Reihe von Faktoren zu beachten. Einen davon stellt ein fehlendes Selbstwertgefühl des Betroffenen dar, das den Abbau von Aggressionen erschweren kann. Die Grundlage für den Aufbau von Selbstbewusstsein und Selbstsicherheit sind erzieherische Hilfen zur Selbstakzeptierung. Sieht der Schüler seine eigene Person in einem positiven Licht, gelingen ihm eher nüchterne, ruhigere und planvollere Entscheidungen. Notwendigkeiten und gegebene Möglichkeiten werden dadurch wirklichkeitsnäher gesehen, und ein permanentes Wetteifern sowie der Vergleich mit anderen gewinnt nicht so sehr an Bedeutung. In diesem Zusammenhang helfen besonders Entspannungstraining, da aggressive Kinder häufig einer andauernden psychischen Anspannung durch das Gefühl, von anderen bedroht zu werden, ausgesetzt sind, und Wahrnehmungsförderung, da »bei der Entstehung von Verhaltensstörungen die verzerrte Selbst- und Fremdwahrnehmung eine zentrale Rolle spielt« [678]. Dies bringt einige positive Konsequenzen mit sich:

- Ein voreiliges Sich-Gedrängt-Sehen zur Verteidigung tritt weniger oft auf, da der andere nicht so leicht als Bedrohung aufgefasst wird.
- Die richtige Einschätzung eigener Kräfte und Fähigkeiten führt zum Aufzeigenkönnen eines bestimmten und klaren Durchsetzungsvermögens.
- Auch das eigene Verhalten wird von anderen eindeutiger aufgenommen, wodurch diese sich weniger leicht bedroht fühlen [679].
- Zwischen Selbstwertgefühl und Frustrationstoleranz existiert ein enger Zusammenhang. Deshalb hat ein gesundes Selbstbewusstsein eine hohe Frustrationstoleranz zur Folge.

Da Selbstwertgefühl dem Menschen nicht angeboren ist, sondern durch Erziehung vermittelt und entwickelt wird, steht es im Aufgabenfeld des Erziehers, dazu beizutragen. Dabei ist besonders der *Erziehungsstil* und die daraus resultierende Qualität der Lehrer-Schüler-Beziehung [680] entscheidend. Beim autoritären Erziehungsstil wird geformt und gelernt, ohne dass dabei die Vorstellungen des Betroffenen berücksichtigt werden. Das Gegenteil davon stellt der Laissez-faire-Stil dar, bei welchem dem Kind sein freier Wille gelassen wird. Ein sozial-integratives Erzieherverhalten beinhaltet Elemente beider genannter Stile. Die Notwendigkeit des Lenkens und Formens wird dabei genauso berücksichtigt, wie die des persönlichen Entfaltungsfreiraumes. Dies bildet die »Voraussetzung für den Aufbau eines guten Selbstwertgefühls« [681]. Der autoritäre Erziehungsstil andererseits stellt für das Kind eine Dauerbedrohung dar, die das Erlernen gesunden Durchsetzungsverhaltens erschwert. Der Laissez-faire-Stil wiederum vermittelt zwar Durchsetzungsverhalten, verhindert jedoch den Aufbau von Frustrationstoleranz. Ein so Erzogener wird leicht zu einer Dauerbedrohung für seine Umwelt und erfährt deshalb zu wenig Zuwendung, um ein ausreichendes Selbstwertgefühl zu entwickeln.

Ein weiteres Ziel pädagogischer Hilfeleistung sollte die *konstruktive Handhabung der Aggressivität* sein. Damit wird die notwendige Bedingung zur Befriedigung berechtigter Ansprüche geschaffen. Da Verdrängung keine Lösung dazu darstellt, Aggressivität zu verhindern, sollte man das Austragen von Konflikten nicht scheuen. Aber ebenso wenig sollte man Anlässe zum Streit nur um der Erhaltung des Friedens willen vorschnell akzeptieren. Weil das Verhalten des Erziehers für das Kind immer Modellcharakter hat, sollte dieser stets auf seine eigene Aggressionsneigung im Umgang mit anderen achten. Lernhilfen zur Anerkennung sozialer Gegebenheiten und zur Auseinandersetzung mit ihnen sind grundlegend für die Bewältigung von Aggressionstendenzen. Das Kind lernt dabei, dass es sich in seinen Bedürfnissen und Affektverhältnissen auf diejenigen der anderen einstellen muss und nicht nur eigenen Wünschen nachgeben darf. Eine weitere Hilfe kann der Ansatz der *Verhaltensmodifikation* darstellen [682], der von lernpsychologischen Erkenntnissen ausgeht. Dabei ist jede Veränderung des Verhaltens in die Richtung des gewünschten zu verstärken«. Dabei wird Lob und Anerkennung verteilt. Dies kann in Form von Worten, expressiven Formen der Zuwendung (Nicken; Lächeln), Vergünstigungen und materiellen Belohnungen (z. B. Prämien) geschehen. Unerwünschtes Verhalten sollte, wenn möglich, ignoriert werden, da es so an Attraktivität verliert und dadurch die Wahrscheinlichkeit, dass es nicht mehr auftritt, gegeben ist [683]. Ebenso gehört hierzu das Angebot positiver Vorbilder (z. B. Film, Modellverhalten des Lehrers) und das Fernhalten von bzw. die kritische Auseinandersetzung mit negativen Vorbildern. Auch das Reduzieren und Beseitigen von reaktionsauslösenden Faktoren wäre hier noch anzuführen. Die Verhaltensmodifikation erweist sich besonders bei Einzelfällen als nützlich, vor allem dann, wenn aggressives Verhalten bereits vorhanden ist und bewältigt werden muss.

Anonymität innerhalb der Schulklasse löst oft Aggressionen aus. Deshalb sollte der Erzieher den Schülern *Hilfen zur sozialen Integration* geben. Hierzu gehören eine qualitative Intensivierung und eine quantitative Ausdehnung der Kommunikation zwischen Lehrer und Schüler sowie zwischen den Schülern untereinander. Bei auftretenden Problemen sollte der Lehrer stets Gesprächsbereitschaft signalisieren. Das Lernen von sozial-integrativem Verhalten, d. h. von Rücksichtnahme, Toleranz und Konfliktlösungsstrategien, sollte auch in den Unterricht Eingang finden. Grenzen und Regeln, die in der Schule eingehalten werden müssen, können gemeinsam vereinbart werden. Der Versuch, aggressive Schüler in die Gemeinschaft aufzunehmen

(z. B. durch Umgruppierung oder Umstrukturierung), sollte auf jeden Fall unternommen werden. Solche Hilfen zur sozialen Integration eignen sich besonders dazu, aggressivem Verhalten, das beim Lehrer-Schüler-Verhältnis entstehen kann, von vornherein den Boden zu entziehen. Kombiniert mit der Verhaltensmodifikation ist der Erfolg noch höher anzusetzen.

Weitere pädagogische Hilfen sind:
- Dem Bewegungsdrang des Kindes sollte Rechnung getragen werden. Es sollte sich austoben und sich im Freien bewegen können. Hierzu bietet sich sowohl die Pausengestaltung als auch die Artikulation des Unterrichts durch Bewegungsspiele und rhythmische Gymnastik an.
- Der Erziehungsstil des Lehrers muss von positiven interpersonalen Beziehungen geprägt sein. Humor dient dabei als Spannungsentschärfung.
- Die Schüler sollte man so häufig wie möglich aktiv am Unterricht beteiligen, wozu sich besonders Formen des schülerorientierten Unterrichts anbieten (Ermöglichen einer positiven sozialen Hervorhebung [684]).
- Der verständnisvollen Begegnung zwischen Lehrer und Schülern dienen insbesondere Phasen vor dem Schulbeginn, Spiele, Feiern, Pausen, Wandertage.
- Der Lehrer sollte niemals gegenaggressiv auf Aggressionen eingehen oder das aggressiv reagierende Kind unnötig bloßstellen.
- Aufsätze, Filme, Erzählungen, Gruppendiskussionen, Rollenspiele geben Gelegenheit, über Gefühle (auch über aggressive) zu sprechen.
- Eine vom Kind falsch interpretierte Situation wird richtig gedeutet.
- In einem Gespräch können unauffällige Impulse (körperliche Berührung; »Code-Wort«; Geräuschzeichen) abgesprochen werden, die es immer wieder zur Kontrolle seines Verhaltens motivieren (Herstellen eines Verpflichtungsgefühls; gezielte Rückmeldungen und Bekräftigungen [685]).
- Das Kind braucht das Gefühl des Angenommen- und Akzeptiertwerdens (Aufbau einer vertrauensvollen Beziehung [686]).
- Situationen, die das Kind überfordern, sind zu vermeiden.
- Mit den Eltern könnte ein klärendes Gespräch für (nicht gegen) das Kind geführt werden.
- Das Einrichten eines »Briefkastens« (Sorgen- und Nötekiste) im Klassenzimmer kann Informationen über Probleme der Schüler liefern.
- Es können Möglichkeiten geschaffen werden, aggressive Impulse zu kanalisieren (z. B. beim Sport).
- Dem Kind muss erlaubt werden, vorhandene aggressive Gefühle auf eine akzeptable Art auszudrücken.
- Die Kreativität (schöpferische Aktivität als Gegenbegriff zur destruktiven Aggression) des Kindes ist zu fördern. Dies kann z. B. bei der gemeinsamen Gestaltung des Klassenzimmers geschehen. Dies verhilft dazu, die Geborgenheitsatmosphäre in der Schule zu verstärken.
- Eine Entfrachtung der Lehrpläne, die stärkere Betonung des affektiven und psy-

chomotorischen Bereichs und Erziehung als vordringliche Aufgabe des Lehrers bilden den pädagogischen Rahmen, innerhalb dessen das Entstehen von Aggressionen reduziert wird.
- Bei extrem aggressiven Reaktionsformen eines Schülers empfiehlt sich die Konsultation eines Schulpsychologen, eines Verhaltenstherapeuten oder Arztes.

Fallbeispiel

**»Ulrich«** [687]

»Ulrich ist 10 Jahre alt und heißt mit Nachnamen Averdung. Er ist ein lebhaftes Kind, das wegen aggressiver Verhaltensstörungen in der Schule auffällt. Das heißt, er hat mehr Streitereien mit Klassenkameraden als andere Kinder, er wird gegen den Lehrer ausfällig und reagiert auch in harmlosen Situationen zornig. Ulrich wird dadurch häufig ermahnt, bestraft oder ausgeschimpft. Lehrer und andere Erwachsene, aber auch Gleichaltrige, haben ihn als reizbar und in seinen Reaktionen unangemessen eingestuft.

Der Klassenlehrer beobachtet in der Pause, dass Ulrich häufig Kinder, die an ihm vorbeizugehen scheinen, anfällt und durchprügelt. Bei einem dieser Vorfälle schreitet der Lehrer ein, schnappt sich Ulrich und will wissen, wieso er das tut. Ulrich schreit weinend und völlig erhitzt von dem Kampf: »Die nennen mich immer Averstunk!«

Ulrich hat sich in diesem Fall berechtigt dagegen gewehrt, dass sein Name und damit seine Person laufend abfällig behandelt werden. Sein Durchsetzungsverhalten ist verständlicherweise heftiger als bei einem Kind, das allgemein weniger leicht in Wut gerät. Der Lehrer sollte in diesem Fall das aggressive Durchsetzungsverhalten von Ulrich zunächst dulden. Er sollte darauf achten, wann wieder Schüler ihre Scherze mit seinem Namen treiben und sollte diesen Schülern dann versuchen klarzumachen, wie tief sie mit solchen Scherzen treffen und wie berechtigt das Durchsetzungsverhalten des Getroffenen ist. Keinesfalls sollte der Lehrer Ulrich bestrafen. Der Lehrer kann versuchen mit Ulrich noch andere Formen des Durchsetzungsverhaltens als Schlagen vorzubesprechen, auszuprobieren und einzuüben. Er kann die Eltern entsprechend informieren und sie mit dem Kind direkt an besseren Verhaltensweisen arbeiten lassen.

Dieses Beispiel zeigt besonders deutlich, wie leicht die Umwelt ihr Urteil verallgemeinert: »Ulrich ist der Schläger der Klasse!« Dadurch wird dann nicht mehr nach der Verursachung der einzelnen Verhaltensweise gefragt. Unterschiedliche Verursachungen werden übersehen, und das betroffene Kind wird zunehmend stärker in eine entsprechende Rolle gedrängt. Es sieht sich im Laufe der Zeit genauso falsch, wie seine Umwelt es einordnet. Das Verhalten kann dann nur noch mit fachlicher Hilfe geändert werden.«

*6.1.2 Trotz*

Definition

Trotz stellt eine Form der Ichbehauptung dar [688], die durch das Verneinen fremder Gebote und Verbote gekennzeichnet ist. Dieses widersetzliche Verhalten wird auch »Negativismus« [689] genannt. Trotz äußert sich in einer Abwehr fremder Autoritäten, wobei die Intention inhaltlich nicht bestimmt ist [690], und steht häufig in Verbindung mit Affektausbrüchen, die zum Beispiel aus angestauter Wut resultieren. Der dabei gezeigte Unwille richtet sich fast immer gegen Personen, seltener gegen Sachen [691].

Beschreibung und Symptomatik

Trotz tritt besonders in der frühen Kindheit, gehäuft im 3. und 4. Lebensjahr (Trotzalter), auf [692]. Nach neueren Erkenntnissen müssen so genannte Trotzphasen nicht zwangsläufig auftreten, sie können (sozial bedingt) auch ausbleiben [693]. Somit stellen sie keine unabdingbare Entwicklungsstation des Kindes dar [694]. Innerhalb gewisser Toleranzgrenzen kann trotziges Verhalten als normal angesehen werden. Es wird dann zur Verhaltensauffälligkeit, wenn es von Kindern noch im Schulalter als Mittel eingesetzt wird, um die Durchsetzung eigener Ziele zu ermöglichen. Trotz besteht dabei aus einer Mischung von Versuchen, sich offensiv zu wehren und den gestellten Anforderungen passiv zu entgehen [695].

Zu unterscheiden sind offener und verdeckter Trotz. Offener Trotz äußert sich in Schreien, Toben, Sich-auf-dem-Boden-Wälzen und anderen zum Teil unkontrollierten Erregungszuständen wie Stampfen, Um-sich-Schlagen, Beißen und Spucken. Auch Atemnot, die bis zum Bewusstloswerden reichen kann, tritt gelegentlich auf. [696] Neben diesen mehr aggressiven Verhaltensweisen sind passive Abwehr- und Protesthaltungen wie Sich-Abwenden, Schmollen und finsteres Schweigen symptomatisch für Trotzäußerungen [697]. Häufig verliert das Kind bei Trotzreaktionen die Kontrolle über sich selbst und kann dann weder das eigene Verhalten noch die daraus resultierenden Folgen erkennen [698]. Beim so genannten »verdeckten« Trotz fügt sich das Kind scheinbar allen Anforderungen, entwickelt dabei aber unter Umständen sehr starke innere Sperren. In Schulklassen kann es auch zu induziertem Trotzverhalten kommen, bei dem der Trotz eines dominierenden und mit Anerkennungs-Prestige versehenen Schülers auf die ganze Klasse übergeleitet wird und diese dann gemeinsam trotzt [699].

## Ursachen und Hintergründe

Die Ursachen trotzigen Verhaltens liegen vorwiegend in einer »Übermacht« der Erwachsenen, an die das Kind gebunden, von denen es abhängig ist und gegen die es sich kaum wehren kann [700]. Durch störende Eingriffe übermächtiger Erwachsener werden Pläne und Erwartungen des Kindes durchkreuzt [701], und seine Aktivität erfährt eine Einschränkung. Erlebt das Kind, dass es auf Schranken von Geboten und Verboten stößt, während es seine Umwelt erforschen möchte, und stellt es dann fest, dass es aus diesem Grund das eigene Vorhaben nicht bewältigen kann, wird es leicht mit trotzigem Verhalten reagieren. Trotz auslösende Situationen sind zum Beispiel unangemessene Forderungen der Eltern bei der Sauberkeitserziehung, Unverständnis für den Entwicklungsstand des Kindes, zu frühe Forderungen zu intellektuellen Entscheidungen [702], autoritäres Erzieherverhalten das den kindlichen Willen allzu sehr einengt, Entscheidungsnöte, Sachzwänge oder »Tücken des Objekts«, denen sich das Kind nicht unterwerfen will. Nicht selten wird ein im Kleinkindalter erworbenes Trotzverhalten, mit dem sich das Kind durchzusetzen vermochte, auch später beibehalten. Schulische Ursachen für trotziges Verhalten liegen manchmal in unterrichtlichen Maßnahmen, die der Lehrer als unbedeutend ansieht, die aber auf das eine oder andere Kind als selbstwertverletzende, einengende oder provozierende Situation wirken können [703].

## Untersuchungsverfahren und Diagnose

Da Trotz und Widerspenstigkeit verhältnismäßig leicht zu erkennen sind, müssen zur Klärung dieses Verhaltens vor allem die Umstände und Situationen überprüft werden, in denen es zu beobachten ist. Daraus kann dann auf die Hintergründe dieser Verhaltensauffälligkeit geschlossen werden. Zu einer detaillierteren Klärung der Ursachen empfehlen sich Gespräche mit dem betroffenen Kind, mit den Eltern und nach Möglichkeit projektive Testverfahren.

## Pädagogische Hilfen

Trotzigem Verhalten sollte zunächst nicht mit der Androhung von Strafen oder mit Schimpfen begegnet werden. Solches führt eher zu einer Verhärtung des Trotzes. Stattdessen sollte dem Kind sein problematisches Verhalten in einer seinem Alter angemessenen Form bewusst gemacht werden. Am besten geschieht dies außerhalb der affektgeladenen Trotzreaktion [704]. Hilfen, wie zum Beispiel vereinbarte Zeichen oder Worte, geben dem Kind unauffällige Anstöße, sein Verhalten zu überdenken. Überhaupt ist es besser, auf Trotz eine ausgeglichene und ruhige Reaktion zu zeigen. Vorhandene Spannungen lassen sich freundlich und humorvoll beseitigen, sodass sich »Machtkämpfe« erübrigen. Hinsichtlich der Aufgabenstellung sollte man dem Kind deren Sinn und Notwendigkeit aufzeigen. Wenn es Probleme hat, muss es spüren, dass diese ernst genommen werden und dass seine Eigenpersönlichkeit respektiert wird. Forderungen, die an das Kind gestellt werden, sollten auf den jeweiligen psychischen und geistigen Entwicklungsstand Rücksicht nehmen und keine Überforderung mit sich bringen. Autoritäres Erzieherverhalten kann unter Umständen ein ständiges Trotzen mit aggressiven Verhaltensweisen nach sich ziehen oder zu einer Überangepasstheit führen. Treten Trotzreaktionen gelegentlich auf, so sollten sie zunächst so gut wie möglich ignoriert werden, um ihren Bedeutungsgehalt nicht noch mehr zu akzentuieren. Tritt Trotz gehäuft auf, so darf nicht versucht werden, ihn zu brechen. Besser ist es, dem Kind die Konsequenzen seiner Reaktion sachlich klarzumachen. Ein sachlicher (und nicht emotional aufgeladener) Ton seitens des Erziehers lässt das Kind erkennen, dass sich dessen Position nicht gegen seine Person richtet, sondern auf eine sachgemäße Konfliktlösung abzielt [705]. Ablenkung oder die Motivation zu einem Spiel sind gute Hilfen dafür, dass das Kind nach einem Trotzanfall rascher zu sich und zur Umwelt zurückfindet.

*6.1.3 Lügen*

Definition

Lügen ist das bewusste Aussprechen einer Unwahrheit. »Wahrheit« ist ein (auch und vor allem in der Erziehung) zeitlos gültiger Wert, der im gesamten menschlichen Leben für den eigenerfahrenen Lebensvollzug bedeutsam ist [706]. Lügen sind bewusst falsche Darstellungen von Sachverhalten und Erlebnissen. Sie dienen dazu, andere zu täuschen, sich bestimmte Vorteile zu verschaffen bzw. bestimmten Nachteilen zu entgehen [707]. Das Verbreiten von Lügen in Bezug auf Mitmenschen bezeichnet man als Verleumdung. Während sich der Erwachsene mit der praktischen Brauchbarkeit der Lüge häufig auseinandersetzt, lehnt er die Lüge bei anderen, den Lügner und insbesondere ein lügendes Kind ab [708]. Lügen ist fast immer sozial determiniert und wird in Stufen, wie Schwindeln, Flunkern, Prahlen, Verheimlichen oder Mogeln, unterteilt.

Beschreibung und Symptomatik

Die Symptomatik des eigentlichen Lügens ist, sofern dahinter die Unwahrheit erkannt wird, einfach und deutlich. Nun tritt Lügen fast immer im Verbund mit anderen Verhaltensauffälligkeiten auf, welche großenteils ins Mitursachenfeld des Lügens gehören. Somit ist es wichtig, auch den Symptomenkomplex des Lügens zu kennen, um Hintergründe und darauf aufbauende pädagogische Hilfen präziser erfassen zu können.

Symptome im Zusammenhang mit Lügen können sein:
- Minderwertigkeitsgefühle
- Angst und Ängstlichkeit
- Tagträumen
- Schuleschwänzen
- Streunen
- Lernschwierigkeiten
- Neid- oder Eifersuchtsgefühle
- Geltungsbedürfnis (Prahlerei)
- mangelnde Kontaktfähigkeit
- »schlechtes Gewissen« (dem Kind ist die Lüge bewusst)
- kein »schlechtes Gewissen« (das Kind glaubt selbst was es erzählt; es ist ihm gleichgültig, ob es lügt oder nicht)
- »Schauspielerei« (Kind wirkt unecht, verschlossen oder prahlerisch. Nach außen tut es »als ob«, aber in Wirklichkeit verbirgt sich etwas anderes hinter seiner Fassade) [709].

### Ursachen und Hintergründe

Kinder in jungen Jahren sind kaum zu einer Lüge fähig. Wohl sagen sie manches, was objektiv nicht der Wahrheit entspricht, jedoch ist dies fast nie beabsichtigt, geschweige denn bösartig gemeint. Vielmehr bereitet es diesen Kindern große Schwierigkeiten, zwischen Realität und Fantasie zu unterscheiden. Auch Zusammenhänge innerhalb von Geschehnissen sind für sie wenig fassbar. So haben beispielsweise gleichzeitig ablaufende Vorgänge für sie eine innere Verbindung. Im Bemühen, sich Geschehnisse und Zusammenhänge in seiner Umwelt zu erklären, nimmt das Kind seine Fantasie zu Hilfe und deutet so das Umwelterleben. Realität und Fantasie greifen daher oftmals ineinander über und werden vor den Augen des Erwachsenen zu »unwahren« Aussagen. Die Fantasielüge des Kindes ist also keine eigentliche Lüge, denn es fehlt das klare Bewusstsein, etwas Unwahres zu sagen, bzw. die Täuschungsabsicht.[1]

»Das kleine Kind«, so Hanselmann [710], »kann lange nicht das wirkliche Sein und den bloßen Schein voneinander unterscheiden. Auch das, was es sich nur denkt, einbildet, hat für das Kind volle Wirklichkeit«. Ein weiterer zu beachtender Aspekt ist die in jungen Jahren vorhandene sprachliche Entwicklung des Kindes, welches von seinem geringen Sprachniveau nur recht wenig in der Lage ist, einen

---

1 Eine solche »pseudologia fantastica« ist nicht als Lüge im eigentlichen Sinne zu bezeichnen, wobei die Differenzialdiagnose im konkreten Fall oftmals schwierig ist (Häcker/Stapf 1998, S. 511). Ekman (1990, S. 103) dagegen ist der Ansicht, dass Kinder bereits in frühen Jahren nicht einfach Fantasie und Realität verwechseln oder einen Irrtum begehen, sondern »versuchen bewusst zu täuschen«.

differenzierten Vorgang mit sprachlicher Differenziertheit zu beschreiben. Solches trägt nicht selten zu Missverständnissen und vermeintlichem Lügen bei[1].

Manches, was Kinder im subjektiven Bewusstsein der Wahrheit erzählen, kann auch auf Erinnerungstäuschungen beruhen. Kleine Kinder irren sich häufig in ihren Erinnerungen an Gesehenes, Gehörtes und Erlebtes [711].

Generell ist die Tragweite der »Lügen« kleinerer Kinder nicht besonders groß, da diese meist nur versuchen unangenehmen Pflichten zu entkommen bzw. begehrte Objekte zu erlangen [712]. Ist das Kind älter (beginnend mit etwa 6–7 Jahren), können die Ursachen von Lügen recht vielschichtig sein. Man kann dabei hauptsächlich vier Formen der Lüge unterscheiden:

### »Lügen« auf Grund mangelnder Unterscheidungsfähigkeit

Die Übergänge von Kleinkind- bzw. Vorschulkindalter ins Grundschulalter sind im Hinblick auf die persönliche Entwicklungsreife fließend. »Lügen« können daher auch beim Schulkind noch auf mangelnder Fähigkeit, Realität und Fantasie zu unterscheiden, beruhen. Auch eine allgemeine Entwicklungsverzögerung bewirkt eine mangelnde Unterscheidungsfähigkeit zwischen Fantasie und Realität [713]. Ein noch unausgebildetes Zeit-, Raum- und Zahlvorstellungsvermögen kann zu subjektiven Täuschungen führen, die dann Grundlage für eine »Falschaussage« sind [714].

### Die einzelne (gelegentliche) Lüge

Hier ist das Kind in eine persönliche Notsituation geraten. Mithilfe einer Not- oder auch »Zwecklüge« (Göllnitz) versucht es, den entstandenen Konflikt zu lösen, sich aus der Affäre zu ziehen. Entwickelt das Kind dabei »geschickte Daseinstechniken« (Göllnitz), ist dies bedenklich. Ursache des Lügens sind in diesem Fall meist Erziehungsfehler [715]. Hintergründe können sein:
- situative Angst vor Bestrafung [716]
- situative Angst vor Liebesentzug
- Selbstschutz gegen allzu harte Anforderungen [717]
- Vermeiden von Beschämung
- mangelnde Fähigkeit, Unannehmlichkeiten auf sich zu nehmen und durchzustehen
- Geltungsbedürfnis [718] (kann zur Prahlerei führen)

---

1 Hanselmann bemerkt hierzu: »Wenn ein Kind einen Mann ohne Hals zeichnet, lassen wir das doch auch als kindliche Sichtweise stehen und behaupten nicht: Deine Zeichnung lügt.«

## Gewohnheitsmäßiges Lügen

Tritt Lügen häufiger auf[1] oder hat es sich zum Gewohnheitslügen eingefahren, sind die Ursachen tiefer anzusiedeln. Man darf dann hinter dieser Symptomatik mehr als ein isoliertes Fehlverhalten vermuten, nämlich eine komplexe Notsituation. Lügen wird hier als gewohnheitsmäßiges Verhalten zum Mittel, um den eigenen Selbstwert zu erhöhen, bzw. um sich einen psychischen Ausgleich zu verschaffen. Im Einzelnen können ursächlich sein:

- Kompensation von Minderwertigkeitsgefühlen durch Prahlerei, Aufschneiderei [719]
- mangelnde Zuwendung; Anerkennungs- und Liebesdefizit [720]; Liebesentzug; Abgelehntwerden [721]
- psychische Disharmonie durch verschiedene Lebensumstände
- harte Bestrafungen
- zu wenig Selbstkompetenz in der Konfliktbewältigung
- negatives Erziehungsmilieu (falsche Vorbilder)[2] [722]
- Angst auf Grund einer entsprechenden Grundhaltung von Eltern, Schule und Erziehern
- Vertrauensverlust (langzeitig eingegrabenes Misstrauen[3] macht das Kind unfähig, zu vertrauen, sich zu öffnen, etwas zuzugeben und zu sich selbst zu stehen)
- Angst vor Kränkung der Eltern [723]
- Erwartungsangst vor der immer strafenden Erziehungsperson (oft von den Eltern auf den Lehrer übertragen) lässt das Kind psychisch verhärten und seine Gewissensbildung verkümmern [724].
- Einengung des Lebensraumes durch die Eltern (hohe Anforderungen [725] und Erwartungen seitens der Eltern) zwingen das Kind, immer etwas Besonderes zu leisten oder etwas Bestimmtes darzustellen. Schauspielerei verbunden mit Lügen wird dann Ausdruck einer Kompensation, die halten möchte, was real nicht geht.
- Nichtanerkanntwerden in seinem Sosein, in seinen Begabungsgrenzen und in seinem Fühlen bringen das Kind dazu, zu schwindeln, um sich vordergründig

---

1 Nach Göllnitz (a.a.O., S. 488) ist genau zu prüfen, ob tatsächlich häufiges Lügen vorliegt oder ob dies dem Kind nicht einfach unterstellt wird.
2 Nach Göllnitz ( a.a.O., S. 488) entwickelt sich ein Kind »erst durch Fehlverhalten der Umwelt zum Lügner«. Deshalb sollte, seiner Meinung nach, geklärt werden, »ob in der Umwelt dieses Kindes auf Wahrheit und Wahrhaftigkeit Wert gelegt wird«. Denn schon Pestalozzi sagte: »Die Lügen der Kinder sind das Werk der Eltern« (zitiert in Eggers/Lempp/Nissen/Strunk a.a.O., S. 109).
3 Besonders davon betroffen sind kontaktgestörte, ängstliche, unsichere und empfindsame Kinder. Diese Kinder lügen »aus dem nachwirkenden oder immer erneut bestätigenden Misstrauen« und zugleich »aus ihrer Unfähigkeit, auch nur leichte Einbußen an Liebe hinzunehmen« (Eggers/Lempp/ Nissen/Strunk a.a.O., S. 108). Auch Trapmann/Liebetrau/Rotthaus (a.a.O., S. 110ff.) geben als mögliche Ursache des Lügens »mangelndes Vertrauen« an.

den Anstrich des von seiner Umgebung gewünschten Menschenbildes zu geben. Hier beginnt eine falsche Lebenshaltung zur Dauerlüge zu werden [726].
- Neurotische Ängste, d.h. Ängste auf Grund früherer Erfahrung, die sich als unbewusster Komplex eingenistet haben, können zu einer (oft irrealen) Angsthaltung führen, auf Grund derer es zum Lügen kommt [727].
- Geschädigte emotionale Kontaktfähigkeit kann zur Lüge aus einer Abwehrhaltung heraus führen [728].
- Aggressive Gehemmtheit zeitigt Lügen als Ersatzangriffshandlung [729].
- Das in unserer Gesellschaft praktizierte »diplomatische Verhalten« (vermeiden von Unhöflichkeit oder möglichen Anstoßens) färbt auf das Verhalten von Kindern ab, die in ähnlicher Weise durch Täuschung, Halbwahrheiten, Gefälligkeitslügen »das Gesicht« im Umgang mit anderen »wahren« wollen [730].

**Lügen als Verleumdung**

Ein Kind, das sich zurückgesetzt fühlt, Neidkomplexe, Eifersuchtsgefühle oder eine Art Vergeltungs- und Rachsucht in sich spürt, kann vor diesem Hintergrund eine Unwahrheit über jemanden erzählen, der damit »bestraft« oder »herabgesetzt« werden soll.

Insgesamt ist davon auszugehen, dass das Schulkind, vor allem ab etwa 8 Jahren, bereits im eigentlichen Sinne lügen kann [731], da es mit wachsender Altersreife ermessen kann, dass die Unwahrheit eine Situation, über die es Aussagen macht, zum Schaden anderer verfälscht. Darüber hinaus fehlt dem Kind im Grundschulalter noch weitgehend das Verständnis für den (religiös) sittlichen Wert einer bewussten Falschaussage.

Dieses bildet sich erst deutlicher in der Vorpubertät und Pubertät heraus im Zusammenhang mit dem Bestreben des Jugendlichen, sich einen Rahmen für geistigsittliche Orientierung zu verschaffen [732]. Bis dahin ist die Falschaussage für das Kind mehr eine pragmatische Angelegenheit, um sich selbst Vorteile zu verschaffen, bzw. um Kameraden zu schützen.

Untersuchungsverfahren und Diagnose

Bei der Diagnose des Verhaltens eines Kindes, das allem Anschein nach lügt, kommt es wesentlich auf die Untersuchung und Aufhellung der Hintergründe für das Lügen an. Hierzu ist zunächst die Klärung folgender Fragen von Bedeutung:
- Wie häufig ist das Lügen?
- Was will das Kind damit bezwecken?
- In welchem Umfang ist dem Kind sein Lügen bewusst?
- Wann hat es mit dem Lügen begonnen?
- Nimmt das Kind Strafen für das Lügen in Kauf? (wenn ja, was sind die Hintergründe dafür?)

- In welcher Entwicklungsphase steht das Kind (Vorschulkind; Vorpubertät)?
- Ist das Lügen Teilsymptom innerhalb eines größeren auffälligen Symptomenkomplexes (Verhaltensauffälligkeits-Syndrom)?
- Wie ist die Fantasietätigkeit des Kindes (Tagträumer; häufig unkonzentriert und geistig abwesend)?

Zur weiteren Diagnose empfehlen sich vorzugsweise Beobachtung, Gespräch (mit Kind und Eltern), tiefenpsychologische Tests (z.B. CAT; Sceno-Test; Zeichnungsanalyse etc.) oder Aussagenanalyse (Mitschüler).

Pädagogische Hilfen

Gezielte pädagogische Hilfeleistung beim Lügen eines Kindes bedarf weniger des erhobenen moralischen Zeigefingers als vielmehr der genauen Erforschung der Hintergründe für das Verhalten, also des Ursachengeflechts, das immer auch individuell zu sehen ist. Von daher müssen dann darauf abgestimmte Hilfen angesetzt werden. Zunächst einmal ist die Unterscheidung wichtig, ob das Kind nur gelegentlich lügt oder ob Lügen zu einem gewohnheitsmäßigen Dauerverhalten geworden ist. Im ersteren Fall sollte man keine »Szene« machen, das Kind jedoch merken lassen, dass seine Lüge erkannt ist. In einem Gespräch unter vier Augen kann man dem Kind klarmachen, dass die Konsequenzen der Wahrheit nicht schlimmer sind als das schlechte Gewissen oder die möglichen Folgen für andere. Es soll erfahren, dass ihm Lügen keinen echten Vorteil verschafft, und dass es eigentlich Lügen nicht nötig hat. Hierzu muss die Schule allerdings eine Atmosphäre schaffen, die dazu ermutigt, offen und ehrlich die Wahrheit zu sagen, ohne befürchten zu müssen, dass man Tadel, Strafe oder Blamage in ungerechtfertigter Weise einstecken muss. Der Lehrer sollte den Kindern durch das eigene Verhalten Mut machen und ein Beispiel dafür geben, dass es richtig ist, sein Verhalten und Handeln zu verantworten [733]. Selbstverständlich vermeidet der Lehrer Halbheiten und Lügen genauso, wie er es von seinen Schülern fordert. Kinder haben ein feines Gespür, ob ihre Erzieher das, was sie fordern, auch selbst leben. Es dürfte einen gewaltigen negativen Eindruck auf ein Kind machen, wenn es einen Erzieher beim Lügen ertappen würde [734]. Ist ständiges Lügen bei einem Kind zu beobachten, muss die Hilfeleistung auch umfassender angesetzt werden. Zunächst würde dauerndes Schimpfen und Bestrafen das Verhalten des Kindes nur weiter verschlimmern und eine stärkere Abschirmung und Verschlossenheit zur Folge haben. Kooperation mit dem Elternhaus und (in gravierenden Fällen) mit dem Psychologen oder Psychotherapeuten bilden hierbei eine grundsätzliche Ausgangslage.

Im Einzelnen wäre an folgende pädagogische Ratschläge zu denken:
- Bringen Sie der psychischen Notsituation des Kindes Verständnis entgegen. Bei aller Deutlichkeit des Nichtakzeptierens von Lügen muss das Kind spüren, dass

ihm der Lehrer nicht seine Liebe, Zuwendung und Wertschätzung entzieht. Zeigen Sie dem Kind im persönlichen Gespräch Vertrauen [735].[1] »Verurteilen« Sie es nicht, führen Sie aber ein klärendes Gespräch unter vier Augen.
- Machen Sie dem Kind klar, dass Lügen keine echte Konfliktlösung darstellt, und dass Lügen vielmehr die eigene Glaubwürdigkeit herabmindert. Helfen Sie dem Kind mit gemeinsamen Überlegungen zur Konfliktbewältigung [736]. Hierzu ist es wichtig, dass innerhalb der Schulklasse keiner ausgelacht, verspottet oder »verurteilt« wird, der zu seinem Verhalten steht. Dazu gehört auch die Ermutigung, selbst in unangenehmen Situationen die Wahrheit zu sagen. Machen Sie vor allem kein »öffentliches Tribunal«, wenn ein Kind bei einer Lüge entdeckt wird.
- Stärken Sie die Selbstsicherheit des Kindes. Geben Sie ihm die Chance, seine Verlässlichkeit durch Erledigung verschiedener Aufgaben zu beweisen. Mut, Sicherheit, Selbstverständnis und der Aufbau eines stabilen Selbstwertgefühls sind die Grundlage anderen gegenüber auch zu seinem Verhalten zu stehen.
- Geben Sie dem Kind nicht das Gefühl, dass man ihm jetzt, wo es gelogen hat, nicht mehr glaubt. Der Spruch »Wer einmal lügt, dem glaubt man nicht …« ist pädagogisch falsch. Schaffen Sie vielmehr verständnisvolle Möglichkeiten, das durch Lügen Angerichtete wieder gutzumachen. Akzeptieren Sie z.B. Entschuldigungsgründe für nicht erledigte Hausaufgaben, da das Kind sonst zum Lügen herausgefordert wird.
- Halten Sie das Kind möglichst frühzeitig zu genauer Beobachtung und Beschreibung (ohne vorwurfsvollen und kritischen Unterton) an [737], geben Sie Hilfen bei der Zuordnung des vom Kind Gesagten entweder in den Bereich der Realität oder ins Reich der Fantasie [738].
- In schwerwiegenden Fällen empfehlen sich eine gründliche Diagnose der persönlichen psychischen und milieubedingten Situation des Kindes durch eine Fachberatungsstelle und darauf aufbauende therapeutische Behandlungen, in die immer auch die Umgebung des Kindes (Familie; Schule) miteinzubeziehen ist.

### Fallbeispiele

#### »Klaus« [739]

Der elfjährige Klaus warf zusammen mit seinem kleinen Bruder Steine nach einer Blechbüchse. Letzterer traf dabei die Fensterscheibe eines Wohnhauses. Er bekam Angst vor den Folgen seiner Ungeschicklichkeit und brach in Tränen aus. Dies veranlasste Klaus, wie er glaubte, zu einer heldenhaften Tat. Er tröstete seinen kleinen Bruder: »Du brauchst keine Angst zu haben. Ich sage einfach, dass ich es war.« Dies tat er dann auch, nahm Unannehmlichkeiten und Strafe auf sich und fühlte sich innerlich als Held.

---

1 Trapmann/Liebetrau/Rotthaus (a.a.O., S. 114ff.) schreiben, dass sich der Erzieher um konsequentes Verhalten bemühen sollte.

## »Peter« [740]

Peter, 9 Jahre, fiel in der Schule dadurch auf, dass er im Kreise seiner Kameraden ständig prahlte und angab. Er erzählte, dass er schon ganz alleine Auto gefahren sei und neulich ein kleines Mädchen vor dem Ertrinken gerettet habe. Außerdem habe er einen reichen Onkel, der ihm alles gebe, was er wolle. Es war uns klar, dass Peter log. Aber warum? Peter, so stellte sich heraus, litt sichtlich darunter, dass er sich seinen Kameraden gegenüber unterlegen fühlte. Er hatte starke Minderwertigkeitsgefühle, da seine Leistungen in der Schule am Ende der Klassen-Rangskala waren.

Peter fühlte sich minderwertig. Er hatte seinen Vater niemals gekannt. Seine Mutter hatte wechselnde Freunde. Dies alles trug dazu bei, dass der Junge sich in einer recht schwierigen seelischen Lage befand. So versuchte er, sein angeschlagenes Selbstwertgefühl dadurch zu heben, dass er von Dingen erzählte, die ihm vor den Augen seiner Kameraden mehr Geltung verschaffen sollten. Mit Geduld und Einfühlungsvermögen gelang es dem Lehrer über Monate hinweg, dass Peter allmählich seine wirklichen Leistungen akzeptierte. Lob und Anerkennung seitens des Lehrers bewirkten hierbei sehr viel. Übrigens war er in Sport und in praktischer Arbeit sehr gut, sodass es dem Lehrer von diesem Ansatz her gelang, sein Selbstvertrauen zu stärken. Lügen und Angeben legte er zwar nicht ganz ab, doch kam es nur mehr selten vor.

## »Erwachsenenlüge« [741]

»Ein kleiner Junge von knapp 6 Jahren ist bei seiner Base auf Besuch. Die beiden sitzen in der Stube. Plötzlich sagt die Base von ihrem Fensterplatz aus: ›Jesses, jetzt chunnt Die wieder … eim cho d'Stube versaue … bei dem Wetter!‹ – Die Base schimpft noch einiges dazu und der Bub bekommt langsam ritterliche Gefühle und nimmt sich vor, beim Hinauswerfen dieser unbeliebten Ruhestörerin jedenfalls kräftig mitzuwirken. Und als der Besuch eintrat, sprang der Junge auf ihn zu und rief: ›Fort mit dir!‹ Die Base schimpfte ihn jedoch tüchtig aus und jammerte über das ungezogene, freche Kind und heuchelte zur Besucherin gewandt: ›Grad plangeret han i, bis du an wieder a mal chunnst … jetzt aber gleitig absitze und nüt grad wieder fortspringe …‹ Der unverständige freche Bub aber musste zur Strafe in die Nebenstube.«

## »Helmut«[1]

»Als ich den achtjährigen Helmut zum ersten Mal sah, kannte ich ihn schon aus den Schilderungen von Klassenkameraden und Nachbarn. Helmut hatte eine blühende Fantasie. Angeblich besaßen seine Eltern eine Jacht am Mittelmeer und eine Farm in Mexiko, er selbst ritt einen feurigen Hengst und hatte im Sommerhaus in der

---

1 Dieser Fall (übernommen aus: Behler 1971, S. 353f.) zeigt die Komplexität eines Verhaltensproblems und dessen Verflochtenheit mit verschiedenen Verhaltensschwierigkeiten.

Schweiz einen Affen. Aus jeder Schramme, die er an seinen Beinen hatte, machte er ein Abenteuer mit Gangstern oder wilden Tieren.

Wenn Helmut seine Münchhausiaden erzählte, schaute er den Zuhörenden an mit einem flackernden Flehen in den Augen, ihm doch zu glauben. Denn die Pseudologie des Jungen bildete den hektischen Versuch, seine Unsicherheit und seine Angst zu übertönen. Helmut glaubte nicht nur nicht an sich, er hatte auch das Gefühl, nichts zu taugen, ja schwerer Strafen würdig zu sein.

Er stammte aus einer zerrütteten Ehe. Der Vater des Jungen war selten zu Hause, sodass er schon als Vier- bis Fünfjähriger erlebte, dass die Mutter weinte und es Szenen gab zwischen den Eltern. Die Mutter hatte das Kind mehr und mehr an sich herangezogen, schließlich auch dem Vater das Schlafzimmer verboten und stattdessen Helmut bei sich schlafen lassen. Helmut hatte viele Zärtlichkeiten mit der Mutter tauschen dürfen, ihr beim Anziehen und Frottieren helfen und sie über den bösen Papi trösten dürfen.

Bei einem Arztbesuch war dann zufällig bei Helmut eine Phimose festgestellt worden, und der Arzt hatte kurzerhand und ohne Vorbereitung des Jungen eine Operation vorgenommen. Seitdem litt der Junge unter einer Fülle von Ängsten: Er konnte kein Blut sehen, ohne dass ihm übel wurde, er weigerte sich zum Arzt – besonders zum Zahnarzt – zu gehen, und schreckte des Nachts mit heftigen Schreien aus Angstträumen auf. Er fürchtete sich, abends im Dunkeln allein im Bett zu liegen, und weigerte sich, ohne seine Mutter im Hause zurückzubleiben.

Hier wurde das Verhaltensproblem durch eine erotisierte und zu enge Bindung an den gegengeschlechtlichen Elternteil hervorgerufen. Das pflegt bei kleinen Jungen am Beginn des Schulalters nicht selten der Fall zu sein. Regelmäßig aber tritt in solchen Fällen eine Gewissensangst des Kindes in Aktion und untergräbt mithilfe von Strafängsten eine zu enge Bindung an die Mutter. Erfahrungsgemäß erreichen die Ängste solcher Kinder jedoch pathologische Grade, wenn die Mutter die Fixierung schürt und durch unvorbereitete Operationen die Strafängste der Kinder eine Bestätigung scheinen. Kinder, die in diesem Alter und in solcher Situation ohne Erklärung am Genitale operiert werden, leiden nicht selten an der Furcht, kastriert zu werden. Dieser so genannte Kastrationskomplex kann bei kleinen Jungen im Übrigen auch auf anderem Wege, etwa durch Kastrationsdrohungen oder als Folge von Strafen nach Manipulationen am Genitale, entstehen. Gelegentlich wird die Kastrationsfurcht unbewusst zum Ausdruck generalisierter Strafängste, die auf dem Wege über den bedingten Reflex bei zufälligem Auftauchen des Themenkreises: Operation, Zahnexstirpation usw. automatisch aktiviert werden und inadäquate Furchtreaktionen auslösen.«

»Luis« [742]

Luis (9 Jahre) ist das einzige Kind einer gut situierten Familie, die keine finanziellen Sorgen kennt. Neben seinen Eltern hat der Junge noch die Großmutter, die ihn betreut und miterzieht. Zwischen der Großmutter und den Eltern kommt es laufend zu Reibereien wegen der »richtigen Erziehung« des Jungen. Luis wird daher keine konsequente Erziehung zuteil. Dauernd wird er hin- und hergerissen. Verbietet ihm z. B. die Mutter etwas, so wird es im Nachhinein von der Großmutter erlaubt.

Bereits im Kleinkindalter und auch im Kindergarten waren bei Luis zum Teil gravierende Verhaltensschwierigkeiten zu beobachten. Auch in den ersten beiden Grundschulklassen hat sich diesbezüglich kaum eine positive Veränderung ergeben. Im Unterricht fällt der Junge durch mangelnde Konzentrationsfähigkeit auf. Wenn er z. B. eine schriftliche Arbeit ausführen soll – nebenbei bemerkt ist Luis auch Linkshänder –, so beginnt er wie seine Mitschüler zu arbeiten, legt jedoch nach einigen Minuten seinen Stift weg, schaut in der Gegend umher, wird unruhig und zeigt kein Durchhaltevermögen.

Luis wirkt insgesamt sehr unruhig und nervös. In der Klasse gilt er als Außenseiter, vor allem bedingt durch sein auffälliges und störendes Verhalten. Dies äußert sich zeitweise darin, dass er recht vorlaut ist. Man merkt dann aus der Situation, dass der Junge im Mittelpunkt stehen möchte. Um dies zu erreichen, erzählt er oft die unglaublichsten Geschichten von seinen »Heldentaten«. Er möchte als »der Größte« in der Klasse gelten, auch wenn er dies mit vielfältigen (meist störenden) Tricks erreichen will.

Die Klassenlehrerin lässt den Jungen zeitweise allein an einem Tisch sitzen, weil er dauernd versucht, seinen Neben-, Hinter- oder Vordermann zu stören oder mit ihm sich zu unterhalten. Luis macht insgesamt einen sehr verspielten Eindruck. Fast ununterbrochen spielt er mit schulischem Material wie z. B. Radiergummi, Bleistift usw. Manchmal wirft er damit auch im Klassenzimmer herum. Einmal verletzte er einen Mitschüler dabei am Arm. Auffällig ist, dass Luis auch stiehlt und die gestohlenen Gegenstände dann versteckt. Er kann z. B. Geld »nicht liegen sehen«. Auf Grund eines inneren Dranges, wie er sagt, »muss« er einfach Geld an sich nehmen. Wird er zur Rede gestellt, so lügt er und behauptet entschieden die Unwahrheit. Dabei legt er einen »treu-ehrlichen« Blick an den Tag, versucht mit Fantasiegeschichten von sich abzulenken und schiebt den Diebstahl einem Mitschüler in die Schuhe.

Seit Ende des 2. Schülerjahrgangs zeigt Luis Selbstbestrafungstendenzen. Dabei zieht er sich Hautfetzen aus der Hand, beisst sich in den Finger und zieht sich an den Haaren. Neben diesem selbstaggressiven Verhalten richtet er Aggressivitäten auch auf Mitschüler, vorzugsweise während der Unterrichtspausen. Ganz offensichtlich ist dies der Ausdruck seines Bemühens, einen sozialen Kontakt herzustellen, der ihm vonseiten seiner Mitschüler großenteils versagt blieb. Luis drängt sich seinen Mitschülern förmlich auf, greift sie an, wenn sie sich von ihm abwenden, prügelt sich mit ihnen und schlägt bisweilen hart zu.

Während des Unterrichts gibt der Junge ab und zu »freche« und »dumme« Antworten auf Lehrerfragen. Auch hierbei möchte er offensichtlich auffallen und auf sich aufmerksam machen. Beim Zeichnen ist es keine Seltenheit, dass er sich selbst, Tische, Stühle und Wände mit Farbe bespritzt. Auffallend ist, dass er bei der Ausgestaltung seiner Bilder ausschließlich mit dunklen Farben (vorzugsweise schwarz) malt.

> Luis leidet mit hoher Wahrscheinlichkeit an einer multikausalem Verhaltensproblem, dessen Hintergründe neben (vielleicht vorgeburtlich verursachten) minimalen zerebralen Funktionsstörungen die ungünstige Erziehungssituation im häuslichen Bereich darstellt. Unruhiges, hyperkinetisches Verhalten paart sich dabei mit Überverwöhnung und dem Defizit eines vom Elternhaus gesetzten Erziehungs- und Verhaltensrahmens. So fehlt ihm ein »Verhaltens-Leitfaden«, der ihm von Kindheit an Orientierung im sozialen Umgang hätte vermitteln können. Es gelingt dem Jungen nicht, sich in die soziale Gruppe einzufügen. Seine geradezu verzweifelten Versuche, sozialen »Kontakt« herzustellen, werfen ihn stattdessen noch tiefer in den Strudel angeschlagener Gefühle des Akzeptiertwerdens und des Selbstwertes. Damit kommt Luis in die Außenseiterposition, schneidet auf, prahlt, lügt, um die tief im Innern seiner Psyche ersehnte Anerkennung zu erhalten. Als ihm dies nicht gelingt, »rächt« er sich durch Lügen, das nahe an Verleumdung heranreicht.
>
> Es erscheint schwierig, Luis zu einem Verhalten zu motivieren, das ohne die Fehler aus seiner vorschulischen Erziehung auskommen würde. Sein Fehlverhalten ist in Gefahr, zur Gewohnheit zu werden. Angesichts des Alters des Jungen wird es höchste Zeit, ihm gezielte Hilfen anzubieten. Diese bestehen im Wesentlichen in kontinuierlichen Versuchen, ihn in die Gruppe zu integrieren, persönliche Gespräche zu führen, ihm Mut zu machen, seinen Selbstwert zu bestätigen und ihm die Chance zu geben, sich zunehmend selbst zu bewähren. Lob, Anerkennung und verständnisvolle Zuwendung bilden das Gegengewicht zur Not des Jungen, sich eine soziale Position in der Gruppe zu verschaffen. Zur Milderung bzw. Beseitigung der zerebralen Dysfunktionen (möglicherweise einem hyperkinetischen Syndrom) ist ein Besuch beim Facharzt dringend geboten.

### 6.1.4 Stehlen

#### Definition

Stehlen ist ein unberechtigtes Sichaneignen von Objekten aus fremdem Besitz bzw. eine Handlung, bei der einem anderen ohne seine ausdrückliche Zustimmung etwas weggenommen wird [743]. Stehlen in seiner krankhaften Form bezeichnet man als (meist triebhaft hervorgerufene) »Kleptomanie«.

#### Beschreibung und Symptomatik

Zunächst ist festzustellen, dass Stehlen in der eigentlichen sozialen und ethischen Bedeutung nur dann vorliegt, »wenn ein Kind schon bewusst zwischen Mein und Dein unterscheiden kann und wenn es trotzdem sich etwas aneignet, was ihm nicht gehört, um einen Vorteil zu haben« [744]. Es gibt selten ein Kind im Grundschulalter, das etwa in bösartiger (bewusst die Schädigung eines anderen in Kauf nehmender) Absicht jemandem etwas wegnimmt. Um vorkommendes Verhalten von Stehlen zu differenzieren, empfiehlt es sich, folgende Arten zu unterscheiden [745]:

### Normaler oder gelegentlicher Diebstahl

Gemeint ist damit ein gelegentliches Stehlen ohne gravierende Komponente. So nimmt jedes Kind einmal Süßigkeiten aus dem Küchenschrank der Mutter oder eignet sich ein kleineres Spielzeug von einem Mitkind an. Diese im Grund harmlose Form des »Stehlens« geschieht vonseiten des Kindes meist ohne lange Überlegung. Es nimmt, »was ihm gerade fehlt oder was es im Moment gerade möchte« [746].

### Subkultureller oder sozialisierter Diebstahl

Unter dieser Form ist eine Art von Diebstahl zu verstehen, die für Kinder vor allem aus bestimmten sozialen Schichten charakteristisch ist, wenn z. B. Diebstahl in Banden dort als »normal« angesehen wird oder Einzeldiebstahl als Mutprobe gilt. Stone und Church betrachten diese Form des Diebstahls als nicht kriminell [747].

### Stehlen aus einer psychischen Notlage heraus

Diese Form, in der Literatur bei schwerwiegenden Fällen auch »neurotischer Diebstahl« genannt, bedarf in besonderem Maß der psychologischen Diagnose und pädagogischen Betreuung.

### Aggressiver Diebstahl

Darunter versteht man die Form des Diebstahls, die oftmals mit Gewalttaten verbunden ist. Bei Kindern im Grundschulalter kommt solches weniger vor.

### Kleptomanie

Diese krankhafte Form des Stehlens aus einem zwanghaften Trieb heraus kommt im Grundschulalter nicht oder nur in seltenen Ausnahmefällen vor. Die Symptomatik des Stehlens ist an und für sich recht offensichtlich. Entweder wird ein Kind unmittelbar beim Wegnehmen eines Gegenstandes beobachtet oder verschiedene Begleitsymptome weisen auf ein mögliches Diebstahlverhalten hin. Solche Begleitsymptome können auffälliges Mehrbesitzen, freigebiges Verschenken von Süßigkeiten oder Spielsachen, Verfügen über größere Geldbeträge oder der Besitz von Gegenständen sein, die ein Kind in der Regel nicht besitzt. Ein Verdachtssymptom kann es auch sein, wenn ein vorher mehr zurückgezogenes oder isoliertes Kind plötzlich auffällig gut in die Gruppe integriert erscheint, weil es womöglich freizügig Dinge verschenkt.

Immer wieder ereignen sich Fälle, wo z. B. in der Turnhalle, in Umkleideräumen oder im Klassenzimmer Gegenstände (z. B. Geldbeträge) gestohlen werden. Diesen Diebstählen muss nachgegangen werden, Verdachtsmomente objektiv, vorurteilsfrei und mit dem nötigen Fingerspitzengefühl untersucht werden. Die Grenze zwischen psychisch bedingter Notlagenmotivation und »krimineller« Ansätze ist nur sehr schwer zu ziehen. Im Interesse eines betroffenen Kindes sollten daher immer Symptomatik und Motivation genau untersucht werden.

Ursachen und Hintergründe

Wenn ein Kind stiehlt, so sind in der Regel fehlender Eigentumsbegriff, Verführung, Mangel an Zuwendung und Anerkennung oder Mangel an Selbstwerterleben und Durchsetzungsfähigkeit beteiligt, seltener in der sozial abgesicherten Gesellschaft Mangelerlebnisse an lebensnotwendigen Dingen.

**Fehlender Eigentumsbegriff**

Kleine Kinder und auch Kinder im Grundschulalter haben oftmals noch keinen ausgeprägten und gefestigten Begriff von Eigentum. Das Bewusstsein von Mein und Dein entwickelt sich erst im weiteren Verlauf des Lebensalters. Man kann daher in solchen Fällen, wo der Eigentumsbegriff nur schwach ausgebildet ist, nicht im engeren Sinn von Diebstahl sprechen. Solche Kinder nehmen dann einfach etwas weg, ohne sich große Gedanken über abgegrenzte Besitzverhältnisse zu machen. Ein Gespräch mit dem Kind kann aufdecken, ob und wieweit der Eigentumsbegriff bereits ausgebildet ist. In diesem Zusammenhang ist auf überbehütete Kinder zu verweisen, die von ihren Eltern verhätschelt, verzogen und im Habenwollen verwöhnt wurden. Alles, was sie wollten, haben sie von ihren Eltern erhalten oder konnten es sich zu Hause nehmen. Die Schulsituation stellt für solche Kinder erstmals eine ganz neue Verhaltenssituation dar, auf die sie nicht vorbereitet sind. Es kann aber auch Kinder geben, die aus Familien kommen, in denen der Eigentumsbegriff eine moralisch wenig bewertete Rolle spielt, sodass Stehlen gewissermaßen als »normales« Verhalten angesehen wird. Dies alles ist in Überlegungen zur Ursachenfrage bei fehlendem Eigentumsbegriff einzubeziehen.

**Verführung**

Meist auf Grund des Anhaltens zum Stehlen durch ältere Freunde oder damit zusammenhängender Nachahmung werden Kinder zu kleineren bis größeren Diebstählen verführt. Banden von Kindern und Jugendlichen machen oftmals das Durchführen eines Diebstahls zu einem »Ehrencodex«, den ein Mitglied der Bande zu erfüllen hat. Auf diese Weise werden Kaufhausdiebstähle oder kleinere Raubüberfälle auch schon von Grundschulkindern mitgetragen.

Die Verführung der Kinder durch eine raffiniert angelegte Werbung tut heute ein Zusätzliches. Tagtäglich hämmert die Konsumwerbung auf das noch nicht gefestigte sittliche Bewusstsein der Kinder ein: »Du brauchst dies!« – »Man hat …« – »So bist du modern!« usw. Im Gefolge dieser Werbung werden Wünsche nicht nur wachgerufen, sondern verstärken sich nicht selten zum unbewussten Drang. Da das Taschengeld zur Befriedigung dieser Wünsche meist nicht ausreicht, lässt man den begehrten Gegenstand einfach »mitgehen«. Auf ältere Kinder und Jugendliche übt sicherlich auch ideologisch motivierte Agitation einen Einfluss aus, sodass es im Bewusstsein eines »Rechtsverhaltens« zur Wegnahme von Eigentum kommt.[1] Auch Neid und der Wunsch, ein begehrtes Objekt zu besitzen, können zum Diebstahl motivieren.

### Mangel an Zuwendung und Anerkennung

Kinder, die sich ungeliebt fühlen, zu wenig liebevolle Zuwendung seitens der Eltern bekommen und deshalb ein gesteigertes Streben nach Anerkennung aufweisen, können Diebstähle ausführen, damit sie endlich einmal beachtet werden. Um dies zu erreichen, stehlen sie oft so, dass sie erwischt werden. Auch wenn dann die erhoffte Zuwendung nur in Form von Strafe geschieht, nehmen sie diese doch in Kauf, um überhaupt Beachtung zu finden. Gestohlene Gegenstände dienen auch gleichsam als materieller Ersatz für den Mangel an Liebe. Kinder überladen sich dann mit gestohlenen Süßigkeiten und verschaffen sich damit einen Ausgleich für den aus dem Unbewussten sich bemerkbar machenden Mangel. Dührssen [748] spricht in diesem Zusammenhang von der Ursache des »mangelhaften emotionalen Kontakts«, Blackham [749] von der »Kompensation des affektiven Entzugs«.

### Mangel an Selbstwerterleben und Durchsetzungsfähigkeit

Mangel an Selbstbestätigung und Selbstwerterleben infolge eines überstrengen, autoritären und unterdrückenden Erziehungsstils kann ein Kind dazu bringen, Stehlen aus dem Motiv der Gegenaggression zu praktizieren. Das Kind fühlt sich in einer ausweglosen und negativen Erziehungssituation und beginnt, sich angesichts seiner Not zu wehren und zu rächen. Infolge seiner körperlichen Unterlegenheit oder angesichts der institutionell stärkeren Position von Elternhaus oder Schule weiß es keinen anderen Ausweg, als sich zu rächen. Dies geschieht, indem es dem Vater heimlich etwas »wegnimmt«, oder indem Ersatzpersonen bestohlen werden, weil die Person, die es treffen sollte, zu »mächtig« ist. So kommt das Stehlen in oftmals verflochtene Bahnen der Hintergrundmotivation, die nicht so ohne weiteres aufzudecken sind. Neben diesem Motiv der Rache kann auch das Motiv des Sich-durch-

---

1 So meinte ein 12-jähriges Mädchen: »Die Kaufhausbosse machen sich sowieso nur auf unsere Kosten fett. Ich finde es ganz richtig, dass ich mir zum Ausgleich hin und wieder einmal etwas unter den Nagel reiße.«

setzen-Wollens eine Rolle spielen. Wo in der Erziehungssituation übermäßig Verbote aufgestellt werden, die das Kind stark einengen, macht sich unter Umständen der Durchsetzungsdrang dadurch Luft, dass sich ein Kind gerade das aneignet, worauf ein Verbot ruht.

Innerhalb dieses Ursachenkomplexes spielt wiederum der Drang eine Rolle, sich innerhalb der Gruppe gleichaltriger Anerkennung durch freigebiges Verschenken von Gegenständen (Süßigkeiten; Spielzeug etc.), die zuvor gestohlen werden, zu verschaffen. Das Kind will sich damit gewissermaßen in die Gemeinschaft einkaufen. Dies gelingt jedoch in dieser Form der sozialen Bezugnahme nur vordergründig, weil letztlich die echte Anerkennung vonseiten der Gruppe fehlt. Auch Bandendiebstahl verschafft einem in seinem Selbstwert angeschlagenen Kind die sehnlichst gesuchte Anerkennung.

**Mangelerlebnisse an notwendigen Dingen**

Ein Kind, dem es an der notwendigen Nahrung oder an Dingen des elementaren Lebensbedarfs fehlt, wird zur Erhaltung seines Lebens gegebenenfalls stehlen. Hunger und Kälte sind dabei die auslösenden Hintergründe des Not-Diebstahls. In unserer weitgehend vom Überfluss gekennzeichneten Gesellschaft dürfte diese Ursache selten infrage kommen. Unter Umständen kann Taschengeldentzug oder Nichtzuteilung von Taschengeld zum »Notdiebstahl« führen. Auch die »Unfähigkeit, um etwas zu bitten«, weil das Kind aufgrund vorausgegangener schlechter Erfahrungen nicht an eine Wunscherfüllung glaubt [750], kann möglicherweise ein Kind dazu bringen, sich das Erwünschte direkt zu verschaffen.

**Symbolisches Stehlen**

Beim symbolischen Stehlen dient ein weggenommener Gegenstand als Ersatz für die Nähe oder den Besitz einer geliebten Person. So kann jemand ein Bild stehlen, um die bewunderte oder erträumte Person »bei sich haben zu können«.

### Untersuchungsverfahren und Diagnose

Die Diagnose hat in erster Linie die Motiv-Hintergründe in den Blick zu nehmen. Hierzu erfolgen am besten Gespräche mit dem Kind, mit den Eltern und mit den Mitschülern. Testverfahren zur Erhellung der Extra- oder Introvertiertheit, der Motivation, möglicher Aggression oder Ängste (Persönlichkeitstests) ergänzen Gespräch und Beobachtung. Wichtig erscheinen Aufschlüsse über das Alter des Kindes, die Häufigkeit der Diebstähle, den Wert der gestohlenen Gegenstände und das Ausmaß der Strafen, die das Kind des Stehlen wegen zu akzeptieren bereit ist.

## Pädagogische Hilfen

Pädagogische Hilfen müssen immer die individuelle Hintergrundsituation berücksichtigen und dürfen sich nicht auf vordergründiges »Kurieren« des Symptoms (Strafe; Bloßstellung; Brandmarkung etc.) beschränken. Die vollständige oder teilweise Einstellung der Ursachen wird damit zur vornehmlichen Aufgabe der Hilfeleistung, aber auch zugleich zur bisweilen recht schwierigen, wenn die außerschulische Umwelt des Kindes in das Ursachengeflecht verwickelt ist.

Fehlt bei einem Kind der Eigentumsbegriff, so gilt es, diesen kontinuierlich zu entwickeln. Hierzu müssen Eltern und Lehrer zusammenhelfen. Durch aufklärende Informationen und Gespräche, durch Analogvergleiche bezüglich »mein« und »dein« und durch Gewährung eines Eigentumsraumes zu Hause (Zimmer; Arbeitsplatz) entwickelt sich allmählich der Begriff von Eigentum und Fremdeigentum. Das regelmäßig in angemessener Höhe gewährte Taschengeld ist eine Grundlage, auf der sich der Eigentumsbegriff entwickeln lässt, sofern dem Kind freie Verfügbarkeit über dieses Geld eingeräumt wird.

Beim Stehlen durch Verführung bieten sich vor allem das vertrauliche Gespräch mit dem Kind, die Stärkung seines Selbstwertgefühles und das Aufzeigen der Unrechtssituation mit ihren polizeilich-juristischen Folgen an. Zusammenarbeit mit den Eltern kann für das betroffene Kind den notwendigen Schutzraum liefern.

Ist Mangel an Zuwendung und Anerkennung die Motivationsgrundlage beim Stehlen, so ist gerade hier eine vordergründige Bestrafung fehl am Platz. Nur das Gespräch mit den Eltern und deren Aufklärung über die psychische Notsituation des Kindes können hoffen lassen, dass eine Verhaltensänderung eintritt. Zuwendung von Zärtlichkeit, Lob, Anerkennung, Geborgenheit würden das Fehlverhalten des Stehlens bei einem Kind meist bald beseitigen. Ähnliches gilt, wenn Mangel an Selbstwerterleben und Durchsetzungsfähigkeit das Stehlen begünstigt. Hier können kleinere und größere Aufgaben innerhalb der Klassengemeinschaft in der Schule das Selbstbewusstsein stärken und dem Kind das Gefühl einer persönlich anerkannten sozialen Position geben. In allen Fällen gilt es, die persönliche Situation des Kindes im Hinblick auf zentrale psychische Mangelerlebnisse zu erkennen und Hilfeleistung von daher anzusetzen. Im Einzelnen können noch folgende Hinweise hilfreich sein:

- Der Lehrer sollte beim Vorkommen eines Diebstahls in der Klasse den entdeckten »Täter« nicht bloßstellen und nicht versuchen, die Gründe für den Diebstahl vor der Klasse zu erörtern. Besser ist die Klärung der Angelegenheit in einer Aussprache unter vier Augen.
- Das Kind sollte die Möglichkeit bekommen, den gestohlenen Gegenstand unauffällig wieder zurückzugeben.
- Verständnisbereitschaft seitens des Lehrers, Zuwendung, Anerkennung und Lob bereiten den Boden, das Fehlverhalten zukünftig zu vermeiden.
- Ist das Kind in eine Bandenbildung geraten, empfehlen sich Kontaktaufnahme mit den Eltern der betroffenen Kinder und notfalls Maßnahmen konsequenten

Einschreitens (Zerschlagen der »Bande«; Bewusstmachen, dass deren Anonymität nicht mehr gegeben ist).
- Förderung der sozialen Integration und Kontakt zu den Mitschülern helfen dem Kind, eine anerkannte Stellung in der Gruppe zu finden, die keine Diebstahlshandlungen zur Selbstbestätigung erforderlich macht [751].

Fallbeispiele

**»Der 9-jährige Junge, der alles stahl, was nicht niet- und nagelfest war«** [752]

»Vor einigen Jahren wurde mir ein damals 9-jähriger Junge zugeführt, von dem der Vater in heller Verzweiflung sagte, dass er alles stehle, was nicht niet- und nagelfest sei. Die Untersuchung zeigte aber, dass dem gar nicht so war, denn er stahl nur an gewissen Orten und bestahl nur bestimmte Personen, vor allem den Vater selbst und dessen Freunde und die Kinder der mit dem Vater befreundeten Männer. Dieser Vater, ein nach seiner Meinung sicher rechtschaffener und gutwilliger Mann, war, genau besehen, doch ein schlechter Erzieher. Zunächst war er, obwohl äußerlich in Frieden lebend, ein unglücklicher Gatte. Er gab mir später zu, dass er nicht aus Liebe geheiratet hatte, sondern wegen des Geldes, und lange hoffte, es werde dies und das von selber schon gut werden.

Die Leute hatten nur dies eine Kind und der Vater stürzte sich nun gleichsam auf den Jungen, er floh zu ihm und wollte an ihm all das erleben, was ihm die Ehe mit seiner Frau nicht bieten konnte. Er wollte auch, dass sein Kind es besser habe, als er es einst hatte, vor allem aber schmeichelte es seinem Ehrgeiz, dass der Sohn studieren würde und einst ein berühmter Mann werden sollte, was er selbst wegen der äußeren Verhältnisse nicht werden konnte. Darum musste das Kind ganz so sein, wie er es haben wollte, wie es seinem Ideal entsprach; das Kind selbst galt nichts. Er ging mit dem Kind z. B. oft an der Universität vorbei und sagte ihm: »Da kommst du einmal hinein, da wirst du studieren! Vor der Schulpflichtzeit des Jungen schon übte er mit ihm Lesen und Rechnen und ließ ihn nicht frei spielen, damit er nur ja ernst und gewissenhaft werde.

Der Junge kam dadurch in eine eigentliche innere Dauer-Seelen-Not. Er durfte nicht Kind sein. Immer musste er, nie durfte er; er fühlte sich in dem väterlichen Wunschgebäude keineswegs so wohl, wie der Vater meinte. Nun war der Vater in einer Stellung, in welcher es auf Ehrlichkeit und Treue ganz besonders ankam; immer wieder sprach er mit dem Jungen davon, dass Stehlen das Schlimmste wäre, was ihn, den Vater, treffen könnte. Der Kleine, ein sehr aktiver Bursche, wählte aus seiner Seelennot nun aber nicht den Ausweg in die zwiespältige Verlogenheit. Nein, er wehrte sich, ging gleichsam zum Angriff auf den Vater über und bestahl ihn nun in der angegebenen Weise.

Eine längere Entfernung vom elterlichen Hause brachte nach und nach guten Erfolg. Der Junge nahm nach 5 Monaten am fremden Ort nichts mehr, während mehr als einem Jahr. Plötzlich fing er aber wieder an zu stehlen, und zwar nahm er nun Kameraden und Pflegeeltern Sachen weg. Diesmal war der Grund ein anderer und doch derselbe. Der Vater hatte ihm nämlich bei einem Besuch angedeutet, dass er den Jungen nun bald wieder heimnehme, da er gebessert sei. Der Junge wollte aber nicht heim und wollte durch seine neuen Diebstähle dem Vater und uns gleichsam beweisen, dass er noch immer den gleichen Fehler habe und darum noch länger fortbleiben müsse.«

### »Siglinde«

Siglinde (12 Jahre alt) war in eine Gruppe etwas älterer Mädchen geraten, die in einer Art Geheimbund Kaufhausdiebstahl betrieben. Bald fiel es ihren Schulfreundinnen auf, dass sie ständig Geld besaß und recht freigebig mit Kosmetiksachen umging. Von der Lehrerin daraufhin angesprochen, gab sie offen zu, dass sie diese Sachen »gemopst« habe und zum Teil billig weiterverkaufe. Als ihre Freundinnen ihr vorwarfen, dass das, was sie tue, Diebstahl sei, antwortete sie: »Die Kaufhauskonzerne haben doch genug davon. Was macht es denen aus, wenn ich ab und zu einmal mich an ihrem Gewinn beteilige?«

### »Negative Projektion der Mutter« [753]

»Der Junge war sieben Jahre alt, als er das erste Mal wegen Diebstahls an mich verwiesen wurde. Er hatte etwa ein Jahr lang in regelmäßigen Abständen gestohlen und zwar gewöhnlich Geld, Süßigkeiten, Brause oder andere Dinge zum Essen und Trinken. Die Untersuchung des Kindes und eine Unterredung mit seiner Mutter erbrachten die folgenden aufschlussreichen Informationen. Das Kind war durchschnittlich intelligent und hatte normale Schulleistungen aufzuweisen. Es ordnete sich gut in die Gruppe seiner Altersgenossen ein und schien keine besonderen Schwierigkeiten in seinen Beziehungen zu Lehrern zu haben. Die Lehrer beschrieben es als liebenswert, obgleich sie sich natürlich über sein Stehlen Sorgen machten. Der Junge war der ältere von zwei Kindern. Die Familie schien stabil zu sein, die Mutter war jedoch zum zweiten Mal verheiratet. Das Kind stammte aus der ersten Ehe, die sehr dramatisch verlaufen war, und die Mutter hegte noch sehr viel Groll gegenüber ihrem ersten Mann. Obwohl die Familie eigentlich der oberen Unterschicht angehörte, machte sich ein starker Zug zur Mittelschicht bemerkbar. Die Mutter, die die Familie zu beherrschen schien, hatte ziemlich starre Maßstäbe bezüglich Recht und Unrecht, hielt streng auf Disziplin und erwartete viel von ihren Kindern.

Die Analyse der Testergebnisse und der Eltern-Kind-Beziehungen führte zu folgenden Ergebnissen über die Motive des Jungen zum Stehlen: Der Junge hatte eine bemerkenswerte Ähnlichkeit mit seinem Vater und weckte in der Mutter immer von neuem den Groll auf ihren ersten Mann. Daher brachte sie unbewusst ihren Ärger dem Sohn gegenüber zum Ausdruck. Abgesehen von dem auf das Kind übertra-

> genen Ärger hinderten sie ihre überhöhten Maßstäbe und die strenge Disziplin daran, zu ihm eine bejahende Beziehung zu entwickeln. Unter diesen Umständen konnte sich das Kind von seiner Mutter nicht angenommen und geliebt fühlen und auch kein Gefühl für seinen persönlichen Wert entwickeln. Sein Stehlen war sowohl ein Protest (ein Mittel, seiner Enttäuschung Luft zu machen) als auch eine Bitte um Zuwendung. Das Stehlen brachte seine Mutter in Verlegenheit und verminderte gleichzeitig seine Angst, die sich aus dem affektiven Mangel ergab.
>
> In einer Reihe von Gesprächen gewann die Mutter schrittweise die Einsicht in die Dynamik des Verhaltens des Kindes. Als sie in der Lage war, den Ärger über den ersten Mann auszusprechen und die Beziehung zwischen diesem Gefühl und ihrer Behandlung des Sohnes zu erkennen, konnte sie auch eine engere Beziehung zu dem Kind entwickeln. In der Tat stahl der Junge nicht wieder, als seine Mutter ihn wegen eines Diebstahls nicht mehr strafte.«

### 6.1.5 Stören des Unterrichts

#### Definition

Eine konkrete oder potenzielle Unterrichtsstörung umfasst alles, was dazu führt oder führen kann, den Prozess oder die Beziehungsgefüge von Unterrichtssituationen zu unterbrechen [754]. Auf das Verhalten eines Schülers bezogen betrifft Stören des Unterrichts alle Aktionen und Reaktionen, mit denen dieser sich bewusst über schulische Normen und Regeln hinwegsetzt. Das Störverhalten richtet sich dabei gegen den Lehrer, die Mitschüler oder gegen den Unterrichtsverlauf.

#### Beschreibung und Symptomatik

Während jeder Unterrichtsstunde treten mehr oder weniger Störungen auf. Diese Unterrichtsstörungen sind ein Wesensbestandteil von Unterricht [755]. So werden gelegentliche Störungen, die kaum bewusst initiiert sind (z. B. Frage an den Nachbarn; Kramen im Federmäppchen) niemals ganz aus dem unterrichtlichen Geschehen verschwinden. Davon abzusetzen ist permanentes Störverhalten eines Schülers, der sich der daraus entstehenden Folgen bewusst ist.

Formen dieser Art von Störungen sind Lernverweigerung, Passivität, Disziplinstörungen, akustische und optische Dauerstörungen. Die Ausdrucksformen dabei sind sehr vielfältig. So äußert sich Stören des Unterrichts zum Beispiel in:
- Schwätzen
- Kramen in der Schultasche
- Spielen oder Werfen mit Gegenständen
- Herumlaufen; unter den Tisch kriechen
- Zappeln; Schaukeln mit dem Stuhl

- Essen/Trinken
- Sich anderweitig beschäftigen (malen; basteln; Blätter sortieren)
- Herumalbern/Clownerie
- Zwischenbemerkungen machen
- Aus dem Fenster sehen
- Mitschüler necken; sie absichtlich von der Mitarbeit abhalten
- Aufforderungen des Lehrers nicht nachkommen
- Verweigerung einer aufgetragenen Arbeit

Bei fast allen Schülern, die den Unterricht permanent stören, sind absinkende Leistungen zu beobachten. Dabei kann eine Minderleistung in der Schule sowohl die Ursache des Störverhaltens sein wie auch dessen Folge. Meistens tritt eine gegenseitige Steigerung der negativen Verhaltens- und Leistungsprozesse im Sinne eines »circulus vitiosus« ein, der die Auffälligkeiten im Leistungs- und Verhaltenssektor verstärkt [756].

Ursachen und Hintergründe

Wie bereits angesprochen, kann die Ursache für das chronische Störverhalten eines Schülers in einer schulischen Minderleistung liegen. Überforderung während des Unterrichts, aber auch Unterforderung, welche Langeweile bewirken, sowie Motivationsverlust können Schüler dazu verleiten, sich anderweitig zu beschäftigen. Eine geistig-kognitive Überbeanspruchung durch zu lange Aufmerksamkeitsspannen ohne Pausen und zu langes Stillsitzenmüssen führt besonders bei jüngeren Kindern zu Unruhe und zu gesteigertem Bewegungsdrang, der schließlich im Störverhalten Ausdruck findet. Vielfach spielt auch das Mitteilungsbedürfnis des Schülers eine Rolle. Imponiergehabe, um sich die Anerkennung der Mitschüler zu sichern, führt oft zu Herumalbern und zur Herausforderung des Lehrers. Gelingt es dem Schüler durch sein Störverhalten die Beachtung und Bewunderung der Mitschüler auf sich zu lenken, so wird er in seinem Verhalten bestärkt und wendet es noch häufiger an. Auch ein Mangel an Du-Erfahrungen [757] kann einen Schüler zum Dauerstörenfried machen. Dieses Verhalten wird selbst dann praktiziert, wenn der dahinterstehende »verborgene Hilferuf« nach Zuwendung weitere Strafen provoziert. Andererseits kann durch Stören des Unterrichts auch die Ablehnung des Lehrers durch den Schüler zum Ausdruck gebracht oder ein Racheakt verübt werden. Auch Probleme des Kindes [758] stellen gelegentlich den Hintergrund für das Stören des Unterrichts dar, so zum Beispiel neue Geschwister, Trennung oder Scheidung der Eltern und andere Probleme in der Familie. Außerschulische Bedingungen wie die soziale Schicht, der Erziehungsstil der Eltern oder deren Werthaltungen können ebenso als Ursachen angesehen werden. Vielfach liegt der Grund für Stören des Unterrichts jedoch auch im innerschulischen Bereich. Lernverhalten und die Lehrmethode geben dann den Anlass zu Störungen. Bringt ein Lehrer dem Störverhalten seiner Schüler nicht genügend Widerstand entgegen, so werden diese sich immer häufiger darauf einlassen. Die Ursache dafür liegt in solchen Fällen in einem zu eng begrenzten Verhaltensrepertoire des Lehrers bzw. in dem Umstand, dass der Lehrer nur über wenige Variationen von Handlungsstrategien verfügt [759].

Untersuchungsverfahren und Diagnose

Bei chronischer Unterrichtsstörung eines Schülers müssen vor allem die Ursachen, die zu diesem Verhalten führen, aufgedeckt werden. Erst dann kann man gezielte Hilfeleistungen ansetzen.

Es empfiehlt sich, einen Beobachtungsbogen anzufertigen, auf dem die Art der Störungen, die Häufigkeit, die Zeit sowie die Situationen, in denen sie auftreten, festgehalten werden. Um möglichst umfassende Beobachtungen anstellen zu können, ist die Zusammenarbeit mit anderen Lehrern, die diesen Schüler unterrichten, notwendig.

Als Untersuchungsverfahren eignet sich auch der »Diagnosebogen bei Unterrichtsstörungen« von R. Winkel. Er hilft bei der Beurteilung der Form, der analytischen Ebene (auf der die Störung als solche definiert wird), der Störungsrichtung, der Störungsfolgen und der Ursachen [760].

Pädagogische Hilfen

Eine mögliche Hilfe zur Bewältigung des Störverhaltens eines Schülers stellt die Verhaltensmodifikation dar. Sie basiert auf der Lerntheorie, die davon ausgeht, dass sowohl erwünschtes als auch unerwünschtes Verhalten gelernt wird und deshalb auch wieder verlernt werden kann. Zur Verhaltensmodifikation gehört das bewusste Ignorieren einer Störung. Aufmerksamkeit kommt dem Schüler nur bei erwünschtem Verhalten zu [761]. Wichtig ist es, auf Störungen angemessen zu reagieren. Wenn es die Situation ermöglicht, kann Humor dazu verhelfen, die Lage zu entspannen. Das störende Kind sollte dabei jedoch niemals vor den Mitschülern lächerlich gemacht werden. Vor jeder Reaktion auf eine Unterrichtsstörung ist eine kurze Besinnungspause einzulegen [762], die zu heftige oder emotional aufgeladene Maßnahmen verhindern hilft. In jeder Klasse sollten gemeinsam verbindliche Regeln aufgestellt werden, die eine begründete Ordnung verlangen und das soziale Klima in der Klasse fördern [763]. Schülerorientierter Unterricht, Selbsttätigkeit der Schüler und Projektunterricht fördern die Motivation der Schüler und helfen somit Störungen zu reduzieren. Leistungsschwächere Schüler können dadurch besser pädagogisch betreut und ermuntert werden. Besonders Grundschulkinder haben einen großen Bewegungsdrang. Deshalb sollten, wenn Anzeichen von Ermüdung oder Unruhe festzustellen sind, kleine Pausen eingelegt werden, in denen sich die Schüler Bewegung verschaffen.

Dies verhindert motorische Unruhe mit all ihren Störungen während des Unterrichts. Fällt besonders ein Schüler durch permanentes Stören auf und beeinflusst er dadurch Mitschüler (z. B. Schwätzen), so ist ein Umgruppieren der Schüler hilfreich. Maßnahmen, die getroffen werden, um die chronischen Störungen eines Schülers zu verringern, sollten in Zusammenarbeit mit dem Lehrerkollegium angegangen werden. In jedem Fall ist es wichtig, dass der Lehrer Sensibilität für die »Appelle« der Schüler erwirbt, denn hinter den meisten Störungen verbergen sich Mitteilungen [764].

## Fallbeispiel

### »Lisa«

»Lisa, bitte dreh' dich nach vorne!« Wohl in jeder Schulstunde ist Lisa (6 Jahre) der Anlass für Störungen im Unterrichtsverlauf. Sie blickt aus dem Fenster, schwätzt mit Nachbarin, Vorder- und Hintermann, kramt im Mäppchen, schaukelt mit dem Stuhl oder steht plötzlich auf, um aus dem Fenster zu sehen. Ihr Bewegungsdrang erscheint der Lehrerin übermäßig. Ständig zappelt sie. Doch nicht nur die Lehrerin beklagt Lisas Störverhalten, auch die anderen Schüler leiden unter Lisas Aktionen. Sie neckt, boxt andere, stößt ihre Schultaschen um oder verwickelt sie immer wieder in Unterhaltungen. Durch ihre ständige Unaufmerksamkeit verschlechtern sich Lisas Leistungen immer mehr. Weder das Ignorieren ihrer »Untaten« noch das Lob für ordentliches Verhalten sind auf die Dauer von Nutzen. Lisa kann sich nicht lange an die schulischen Ordnungen halten. Ihre Mutter hatte sie gegen den Rat der Kindergärtnerin einschulen lassen, obwohl diese Lisa als noch zu verspielt und sozial zu unreif beurteilt hatte. Doch die ehrgeizigen Eltern wollten nicht wahrhaben, dass ihr Kind noch ein Jahr auf die Einschulung warten sollte. Lisa fühlte sich aus der Spielwelt des Kindergartens jäh herausgerissen. Dort lief sie am liebsten umher, fuhr Fahrrad oder malte. Sie war erst mit 5 Jahren in den Kindergarten gekommen, weil sie einen kleinen Bruder bekommen hatte. Vorher hatte sie es infolge der ständigen Umzüge ihrer Eltern nie gelernt, sich in eine Gruppe einzufügen. Das Jahr im Kindergarten bot hierzu auch nicht genügend Hilfe. In der Schule aber war sie dazu gezwungen, sich einzuordnen. Diese Tatsache überforderte Lisa ebenso wie das Lesen lernen. Sie konnte mit den anderen nicht Schritt halten, war ständig überfordert und beschäftigte sich so mehr und mehr anderweitig während des Unterrichts.

*6.1.6 Der negative Star*

Definition

Beim »negativen Star« handelt es sich um ein Kind, das im Mittelpunkt der Bewunderung und des Interesses seiner Klassenkameraden steht, dabei aber diese Position mit einer negativen Haltung dem Lehrer und der Schule gegenüber verbindet und diese Einstellung in entsprechenden Aktivitäten verbaler oder verhaltensmäßiger Art ausdrückt. Da sich nicht selten ein großer Teil der Klasse daran orientiert, übt der negative Star einen pädagogisch problemträchtigen Einfluss auf die Gesamtgruppe aus [765].

Beschreibung und Symptomatik

Der negative Star hat von seinem Persönlichkeits- und Charakterbild her zunächst einige attraktive Eigenschaften. Sei es, dass er insgesamt mit guten Schulleistungen glänzt, sei es, dass er auf irgendeinem Gebiet (bei Jungen oft im Sport; bei Mädchen manchmal vom äußeren Erscheinungsbild her) Bewunderung erregt. Aus bestimmten Gründen oder Motiven heraus tritt er aber in Opposition zum Lehrer und zur Institution Schule und artikuliert diese ablehnende Haltung entweder vor den Augen der Klasse oder zum Beispiel in Abwesenheit des Lehrers während der Pause. Abfällige Bemerkungen, störende Zwischenrufe, den Unterricht störendes Verhalten (z. B. Schaukeln mit dem Stuhl; Hinunterwerfen eines Gegenstandes; lautes Gähnen) oder Verweigerung einer Antwort und Nichtbeachten einer Anordnung können dies verdeutlichen. Für manche seiner Mitschüler wird der negative Star damit zum Vorbild. Sein Verhalten wird nachgeahmt, übernommen und mit neuen Akzenten versehen. Ob es sich um das Gemeinschaftsleben in der Schule, um unterrichtliche Mitarbeit oder um die Erledigung der Hausaufgaben handelt, immer wird der negative Star das erzieherische und unterrichtliche Handeln des Lehrers zumindest teilweise stören und blockieren können.

Ursachen und Hintergründe

Die Ursachenfrage ist hier eng gekoppelt mit der Motivationsfrage. Aus welchen Motiven heraus setzt ein Schüler den positiven interpersonalen Bezug zum Lehrer aufs Spiel, riskiert Schwierigkeiten und möglicherweise Bestrafung? Ist der negative Star von seinen Schulleistungen her nicht in der Lage, sich Erfolg und Anerkennung zu verschaffen, so kann es leicht sein, dass er durch negative Aktivitäten sein Ansehen »aufpolieren« möchte.[1] Mangelnde Zuwendung, Beachtung, Selbstbestätigung

---

1 Vgl. hierzu die Ausführungen beim Kapitel »Der Klassenkasper«, S. 270ff.

und damit minderes Selbstwerterleben drängen dabei zur Kompensation auf negativem Hintergrund. Handelt es sich aber um ein Kind, das von seinen schulischen Erfolgen her keine Schwierigkeiten hat, ist die Motivation für das negative Verhalten möglicherweise in einer Verletzung des sozialen Bezugs zu suchen. Allzu strenge, lieblose Erziehung im Elternhaus, Ablehnung oder mangelnde Geborgenheit können auch ein hoch begabtes Kind in seinem Selbstwerterleben so angeschlagen haben, dass es soziale Bestätigung unter Mitschülern sucht. Dabei wäre auch daran zu denken, dass ein von der Familie geprägtes negatives Mutter- oder Vaterbild auf die Lehrerin oder den Lehrer übertragen wird.[1] Selbstverständlich kann auch ein gestörter interpersonaler Bezug Kind-Lehrer (etwa durch erfolgte Bestrafung, Bloßstellung) zu den Ursachen für das Verhalten des »negativen Stars« gezählt werden. Gesellschaftspolitische Einflüsse (etwa ideologisch geprägte prinzipielle Ablehnung von Vorgesetzten und Schule) dürften im Grundschulbereich kaum eine Rolle spielen.

### Untersuchungsverfahren und Diagnose

Zur diagnostischen Erhellung der Ursachen- und Motivationsfrage sind neben den allgemein nützlichen Verfahren der Beobachtung, des Gesprächs mit dem Schüler und den Mitschülern und der Erkundung der Familiensituation (Gespräch mit den Eltern oder Erziehungsberechtigten) insbesondere Motivationstests (z. B. Rosenzweig P-F-Test; CAT; Aufsatzanalyse) und die Erstellung eines Soziogramms hilfreich.

### Pädagogische Hilfen

Aufbauend auf sorgfältig diagnostizierte Ergebnisse zu den (von Fall zu Fall verschiedenen) Motivationshintergründen beim Verhalten des negativen Stars sollte zunächst versucht werden, ein möglicherweise im Verlauf der Zeit entstandenes Spannungsverhältnis zwischen Schüler und Lehrer abzubauen. Freundliche und verständnisvolle Gespräche mit dem Kind tragen dazu bei, einen nach und nach positiven Kontakt herzustellen. Zugleich sollten in einem Unterrichtsgespräch zusammen mit der Schulklasse klare Regeln für gruppensoziales Verhalten und unterrichtliche Mitarbeit aufgestellt werden, deren Einhaltung mit entsprechenden (von allen gemeinsam getragenen) Sanktionen abgesichert wird. Bestätigung und Lob bei erwünschtem Verhalten bieten Motivationsanreize. Sind klassenintern somit klare Grenzen für das gruppensoziale Verhalten gezogen, geht es darum, mittels gezielter pädagogischer Zuwendung (Verständnisbereitschaft; laufende Kurzgespräche; Bestätigung; Lob; Anerkennung) den »negativen Star« in das gemeinschaftliche Ver-

---

1  Vgl. hierzu tiefenpsychologische (psychoanalytische) Erkenntnisse.

halten zu integrieren. Dabei sollte man ihm immer wieder Gelegenheit zu echter Leistung verschaffen und ihm damit helfen, seinen Eigenwert zu erkennen und sein etwa angeschlagenes Selbstwertgefühl aufzubauen. Bei einem gestörten Vater-Mutter-Kind-Bezug und einer möglicherweise vorhandenen Übertragung (Projektion) auf den Lehrer oder die Lehrerin, kann versucht werden, solche negativen Spannungen im Aufbau positiver Bezüge (Vaterersatz; Mutterersatz) zu entschärfen. Je nach Fall ist auch an weiterführende genuine psychologische bzw. psychotherapeutische Maßnahmen zu denken.

### Fallbeispiel

#### »Karl«

Karl (10 Jahre) war das zweite Kind einer gut situierten Familie. Der ältere Bruder besuchte bereits das Gymnasium, Karl war im 4. Schuljahrgang einer Grundschule. Der Junge war schon in den vorhergehenden Jahren seinen Lehrer/innen durch seine Leseschwäche und Rechtschreibschwierigkeiten aufgefallen. Dies hatte sich wenig gebessert, sodass Karl schlechte Leistungen innerhalb des Kernbereichs der Leistungsschulfächer (Deutsch; Mathematik; Sachunterricht) erbrachte. Im Sport dagegen glänzte er in nahezu allen Disziplinen. Im Ballspiel, Laufen, Schwimmen und Geräteturnen war er stets der Beste. Sogar bei den jährlichen Schulsportfesten war er viel bewunderter Sieger in Wettkämpfen. Karl hatte eine Art sympathischer Ausstrahlung und besaß reichlich Taschengeld. Dies blieb auf einen Großteil seiner Mitschüler nicht ohne Eindruck. Sie suchten seine Freundschaft, und in der Pause scharte Karl stets eine Gruppe Kameraden um sich.

Wie die Lehrerin berichtete, war Karl innerhalb der letzten Monate zusehends »schwieriger« geworden. Er fertigte seine Hausaufgaben nur recht lückenhaft oder gar nicht. Dann bemerkte er vor der Klasse »provozierend«: »Die habe ich eben nicht gemacht!« Beim Sportunterricht kam es vor, dass er Anordnungen einfach nicht befolgte und sagte, dies alles sei für ihn viel zu langweilig. Beim Völkerballspiel stellte er sich untätig hin, ließ sich abwerfen, griff aber dann nach dem Ball und führte Fußballkunststückchen vor. Als die Lehrerin einen Videofilm im Unterricht zeigte, rief Karl dazwischen, dass er kürzlich einen viel besseren mit mehr Spannung gesehen habe. Seine Mitschüler petzten einmal der Lehrerin, dass Karl sich über ihre Frisur lustig gemacht hätte. Mit der Zeit übertrug sich das Verhalten Karls auf mehrere seiner Mitschüler, die ihn zum Vorbild nahmen und sich unter seiner »Führung« zu Störenfrieden entwickelten.

Was war mit Karl los? Offensichtlich lag ein gestörter Bezug zwischen ihm und der Lehrerin vor. Aber aus welchem Grund? Die Lehrerin konnte sich nicht erinnern, etwas gravierend Falsches unternommen zu haben. Wir bestellten die Eltern zu einem Gespräch. Es ergab sich, dass Karl innerhalb der Familie deutlich im »Schatten« seines älteren Bruders stand, der ausgezeichnete schulische Leistungen erbrachte. Dies wurde ihm von den Eltern gelegentlich vorgehalten und ihm erklärt, dass er sich eben besser anstrengen müsse. Infolge einer schwierigen Geburt hatte der Junge leichte zerebrale Schädigungen davongetragen, die möglicherweise auch mitursächlich für seine Lese-Rechtschreibschwäche waren, welche ihm wie ein »Klotz am Bein« die bisherige Schulzeit lang verfolgt hatte.

Wir ließen Karl eine Zeichnung zum Thema »In der Schule« anfertigen. Darauf stellte er sich als »Lehrer« dar, während die Lehrerin in der ersten Bank saß und lesen musste. Mit einer Sprechblase forderte er sie auf: »Kannst du nicht besser lesen?« Eine Motivationsanalyse mittels des CAT erbrachte ein erheblich gedrücktes Selbstwertgefühl bei Karl, das durch aggressive Ausbrüche kompensiert wurde. Diese Aggressionen richteten sich vor allem gegen den Bruder und die Mutter, die offensichtlich den Älteren emotional und mittels Worten deutlich bevorzugte. Ein Gespräch mit Karl ergab, dass er sich von seiner »neuen Lehrerin« (nach dem Übertritt in den 4. Jahrgang) bloßgestellt und benachteiligt fühlte. »Frau B.«, so sagte er, »hat sich voriges Jahr viel mehr mit mir beschäftigt, meine Rechtschreibfehler nicht so wichtig genommen und mich nicht deswegen getadelt.« Aus der Rücksprache mit der Lehrerin Karls ergab sich, dass sie von allen Kindern eines vierten Schülerjahrganges erwarten könne, dass Lesen und Rechtschreiben altersgemäß beherrscht werden. Sie habe es deswegen auch nicht für nötig befunden, besonders auf Karl Rücksicht zu nehmen. Er müsse in seinem Alter einfach mit seiner Schwäche zurechtkommen.

Damit war die Ursachenkonstellation einigermaßen geklärt. Karl besaß auf Grund umweltbedingter Schädigung eine ausgeprägte Lese-Rechtschreibschwäche, die er nicht überwinden konnte. Dies und die Bevorzugung seines Bruders prägten ihm ein Minderwertigkeitserleben ein. In den vorhergehenden Klassen seines Schulbesuchs wurde dies offensichtlich pädagogisch recht geschickt von seinen damaligen Lehrer/innen berücksichtigt und ihm Gelegenheit gegeben, nicht nur im Sport zu glänzen, sondern auch in anderen Fächern »sein Gesicht zu wahren«. Seine neue Lehrerin in der 4. Klasse aber hatte ihn (bewusst oder unbewusst) in dieser Hinsicht bloßgestellt. Versteckte Aggressionen gegen Mutter und Bruder ließ er nun offen gegen die Lehrerin zum Ausdruck kommen, zumal er damit bestätigende Bewunderung seitens seiner Mitschüler erfuhr und zugleich seine Minderleistungen auf die Seite zu schieben gedachte. Damit war der »negative Star« geboren, und es hätte nicht mehr viel Zeit gebraucht, um in der Schulklasse eine pädagogisch negative und verfahrene Situation entstehen zu lassen.

Wir empfahlen der Lehrerin, Gespräche mit Karl zu führen, ihm Verständnis, Zuwendung und Annahme zu zeigen. Bloßstellende Situationen im Zusammenhang mit seiner Leistungsschwäche sollten zukünftig vermieden werden. Gruppendifferenzierender Unterricht sollte es Karl ermöglichen, kooperativ Rechtschreibfehler zu vermeiden. Lob und Anerkennung für seine Leistungen im Sport ermöglichten in der Folgezeit die notwendige Kompensation in der Einschätzung seines Selbstwertes. Weiter empfahlen wir der Lehrerin, zusammen mit der Klasse Ordnungsregeln für das gruppensoziale Verhalten und das Verhalten im Unterricht zu erarbeiten und die Schüler zu motivieren, sich konsequent daran zu halten. Ein Gespräch mit den Eltern gab ihnen Einsicht in die psychische Situation ihres Jungen, und Vorschläge zu einem veränderten Verhalten in Zuwendung und Selbstbestätigung wurden gemacht. Inwieweit sich die sozialintegrative Familiensituation änderte, konnte wenig festgestellt werden. Die Lehrerin sprach nach drei Monaten von einer »erheblichen« Besserung der Situation innerhalb der Schulklasse.

## 6.2 Absonderung von der Umwelt

### 6.2.1 Absonderung

#### Definition

Unter Absonderung versteht man ein Verhalten, das geprägt ist von einem Sich-Ausgrenzen aus der mitmenschlichen Gemeinschaft, z. B. aus der Gruppe der Mitschüler. Der Betroffene zieht sich gewissermaßen in sich selbst zurück und isoliert sich körperlich wie psychisch von anderen.

#### Beschreibung und Symptomatik

Ein Kind, welches sich absondert, gibt dies vor allem im Freizeitbereich deutlich zu erkennen. In der Schulpause macht es beim gemeinsamen Spielen und Umhertoben nicht mit, sondern stellt sich in einen Winkel des Schulhofes, in dem es mit anderen möglichst wenig in Berührung kommt. Es beteiligt sich am Unterricht, verhält sich jedoch reserviert und verschlossen, wenn es mit anderen in einer Gruppe mitarbeiten soll. Es hat meist keinen engeren Freund und bewältigt auch den Schulweg möglichst alleine. Absonderung wirkt häufig bis hinein in den außerschulischen und häuslichen Bereich. Auch hier beschäftigt sich das Kind am liebsten mit sich allein und meidet außerhäusliche Kontakte.

#### Ursachen und Hintergründe

Die Frage, warum sich ein Kind absondert, ist nur auf Grund einer individuellen Analyse des Persönlichkeitsbildes des Kindes und seiner Umweltbezüge zu beantworten. Häufig handelt es sich um recht sensible, schüchterne, gehemmte und in ihrem Selbstwertgefühl labile Kinder. Eine auf solche konstitutionelle Faktoren zurückzuführende Kontaktscheu und -schwäche bereitet grundsätzlich Schwierigkeiten, sich für andere zu öffnen und diese in den eigenen Lebenskreis einzulassen. Verschärft werden kann diese Kontaktscheu durch negativ verlaufende Erlebnisse in der Begegnung mit der menschlichen Umwelt. Um solche Erlebnisse nach Möglichkeit zu vermeiden, geht das Kind anderen aus dem Weg, zieht sich in die Isolation zurück, sondert sich ab. Derartige negativ verlaufende und empfundene Erlebnisse können in Zusammenhang stehen mit Verspottetwerden aufgrund körperlicher oder psychisch auffallender persönlicher Eigenschaften, mit Minderwertigkeitsgefühlen und niederem Selbstwertgefühl (hervorgerufen z.B. durch unterdurchschnittliche Schulleistungen), mit gewalttätigen Belästigungen seitens der Mitschüler, mit Ablehnung durch die Klassengemeinschaft, aber auch mit einem schockartigen Erlebnis (z.B. sexuelle Gewaltanwendung oder Verführung; gestörte oder zerstörte Familienatmosphäre).

Ein Kind, das sich absondert, kann oder will sich nicht in die Gemeinschaft einbringen. Oftmals verhindern eine gewisse lähmende Resignation im Bereich sozialer Gefühle, eine sich einschleichende depressive Lebensgrundstimmung und mangelndes Selbstbehauptungsstreben die befreiende Integration in die Mitwelt. Nicht selten fehlt dem Kind die Antriebskraft, von sich aus die entscheidende Überwindung der Hemmschwelle vorzunehmen. Es braucht daher immer pädagogische Hilfe.

Untersuchungsverfahren und Diagnose

Dem in der pädagogischen Verantwortung Stehenden fällt schon nach kurzer Zeit auf, wenn ein Schüler Symptome des Sich-Absonderns zeigt. Grundlegendes Verfahren zur Diagnose ist daher die Beobachtung. Zur Aufdeckung der Hintergründe und ursächlichen Zusammenhänge werden vom Fachmann (Psychologen) vorzugsweise projektive Testverfahren, Exploration oder soziometrische Verfahren angewandt. Die Miteinbeziehung der sozial-familiären Situation im häuslichen Bereich in die Fallanalyse ist selbstverständliche Notwendigkeit.

Pädagogische Hilfen

Absonderung eines Kindes ist immer ernst zu nehmen. In den meisten Fällen steckt eine aktuelle oder schon manifest gewordene psychische Not dahinter. Ein freundliches, zwangloses Gespräch kann dazu helfen, die ersten Barrieren der Isolierung zu durchbrechen. Gruppenpädagogisches Vorgehen (Integrationsbemühungen der Gruppe hin zum Einzelnen und des sich absondernden Kindes hin zur Gruppe) gehört zu den grundlegenden pädagogischen Hilfen. Je nach individueller Konstellation des Falles empfehlen sich Lob, Bestätigung, Motivation zu außerschulischen freundschaftlichen Beziehungen, kontinuierliche Ermunterung und soziometrisch begründete Gruppierungsmaßnahmen. In schwierigen Fällen sind verhaltenstherapeutische Maßnahmen als Basisbehandlung notwendig.

## Fallbeispiel

### »Herbert«

Der neunjährige Herbert fiel zu Beginn seines vierten Schuljahres der Lehrerin dadurch auf, dass er regelmäßig im Pausenhof eine bestimmte Gebäudenische aufsuchte, dort sein Brot verzehrte und stehen blieb, bis die Pause vorbei war. Hernach setzte er sich still und unauffällig auf seinen Platz. Er sprach kaum mit seinem Nachbarn in der Schulbank.

Bei Schulschluss war er meist der Letzte, der den Raum verließ. Dann trödelte er langsam und bedächtig seinen Weg nach Hause. Ansonsten aber war Herbert während des Unterrichts ein aufmerksamer Schüler. Durch engagierte Mitarbeit und allerlei Aufmerksamkeiten versuchte er Wohlwollen und Lob seitens der Lehrerin zu erfahren. Es war, als ob er dadurch seine offensichtliche Nichtbeachtung im Kameradenkreis kompensieren wollte.

Die Lehrerin beschloss, ein wachsames Auge auf Herberts Situation innerhalb des Klassenverbandes zu haben. Zunächst sprach sie den Jungen nach dem Unterricht an und fragte ihn, warum er denn während der Pause in der Gebäudeecke stehe. Zuerst sagte er, dass er das selbst nicht wisse. Später erklärte er sein Verhalten damit, dass er den anderen lieber zuschauen wollte.

Aber das war selbstverständlich nur eine vorgeschobene Begründung, wie sich bald herausstellte. Durch Zufall erfuhr die Lehrerin, dass eine Gruppe von sieben Jungen ihrer Klasse eine Art »Geheimbund« gegründet hatten, den sie den Bund der »Wudu« nannten. Inspiriert von Videofilmen hatten die »Wudus« auch Feinde, die »Rokkos«, denen sie nachstellten. Aus nicht näher erklärbaren Gründen, offensichtlich durch bestimmte Merkmale seines Aussehens, war Herbert zu einem »Rokko« erklärt worden und musste seit Wochen Verspottungen, Pöbeleien und sogar Tätlichkeiten über sich ergehen lassen. Er wurde ausgeschlossen, abgelehnt und mit Hänseleien bedacht. Da die genannte Gruppe starkes Ansehen bei den Schülern innerhalb der gesamten Grundschule genoss, wurde Herbert, ohne dass er etwas dafür konnte, zum Außenseiter, der sich nur durch Absonderung vor weiteren Selbstwertverletzungen bewahren konnte. Der äußerst sensible Junge gestand schließlich ein, dass er unter psychischen Qualen litt. Ängste des Verfolgtwerdens, des Spotts und des Abgelehntwerdens belasteten ihn bis in den Schlaf hinein. Aber weder seinen Eltern noch seiner Lehrerin hatte er bis dahin etwas zu sagen gewagt, weil das eine Sache sei, die er ganz allein aushalten müsse. Ernsthafte Gespräche der Lehrerin mit den Jungen des »Geheimbundes«, unterrichtlich-erzieliche Verarbeitung der Gruppensituation der gesamten Klasse und geschickte Versuche der Integration von Herbert in wechselnde Gruppierungen der Mitschüler lösten nach relativ kurzer Zeit die für den Jungen untragbar gewordene Situation. Heute ist Herbert ein fröhlicher, offener und in der sozialen Gruppe weitgehend anerkannter Schüler.

### 6.2.2 Schüchternheit

**Definition**

Schüchternheit ist eine Hemmung in der sozialen Kontaktnahme zu Mitmenschen, die sich in Scheu, Unsicherheit, Ängstlichkeit, Reserviertheit oder Verlegenheit ausdrückt und häufig besonders fremden, gefürchteten (Autoritätspersonen) oder auch verehrten Personen gegenüber wirksam wird. Schüchternheit kann auch als »Hemmung des spontanen unmittelbaren Verhaltens gegenüber anderen Menschen« [766], als »herabgesetzte Kontaktfähigkeit bis Ängstlichkeit« [767] oder als »Ausdruck seelischer Gehemmtheit durch Mangel an Selbstbewusstsein« [768] bezeichnet werden. Schüchternheit ist eng verwandt mit Gehemmtheit. Wie Letztere kann sie in leichten Formen (natürliche Zurückhaltung) bis hin zu gravierenden Erscheinungsweisen auftreten, die als »Anzeichen krankhafter seelischer Störungen« [769] einzustufen sind.

**Beschreibung und Symptomatik**

Schüchternheit kann zunächst ein (ganz normales) Zeichen von Zurückhaltung sein, die sich bei näherer Kontaktaufnahme vollständig verliert. Schüchternheit als Ausdruck gestörter Sozialbeziehung aber muss im Interesse des davon betroffenen Kindes in ihrer Symptomatik erkannt und nach Möglichkeit gemildert oder behoben werden. Ein schüchternes Kind ist von seinen Persönlichkeitsmerkmalen her gehemmt, verschlossen, still, kontaktarm, in sich gekehrt (introvertiert), ängstlich und sensibel. Es steht kaum im Mittelpunkt seiner Mitschüler, ja es versucht, Abstand zu ihnen zu halten. Es hat geringes Selbstvertrauen und entwickelt von daher wenig Spontaneität und Vitalität. Schüchternheit ist eine Art »Schutzmantel« der Umwelt gegenüber, der möglichst wenig von der eigenen Person nach »außen« lässt, um der Gefahr eines Gefordertseins, einer Niederlage, eines Fehlverhaltens vorzubauen. Schüchterne haben daher ein erhöhtes Risikobewusstsein. Sie resignieren leicht, stecken schnell zurück und ziehen sich psychisch in ihr »Schneckenhaus« zurück. Der schüchterne Schüler spricht nicht gerne vor der Klasse, meldet sich selten, setzt Ausdrucksmittel (z. B. in der Mimik oder in unterrichtlich gewünschten szenischen Darstellungen) nur widerwillig ein und möchte am liebsten nicht aufgerufen werden. Da Schüchterne meist recht sensible Menschen sind, reagieren sie auf Situationen, in denen sie sich der Umwelt stellen müssen, mit Erröten, Herzklopfen, Schweißausbruch und Blockierung des Gedankenflusses.

### Ursachen und Hintergründe

Schüchternheit hängt eng zusammen mit dem subjektiven Gefühl der eigenen Minderwertigkeit. Das schüchterne Kind erlebt sich gestellten Anforderungen gegenüber nicht oder nicht voll gewachsen. Die Ursachen hierfür können verschiedener Art sein. Nicht selten war das Kind einem unterdrückenden Erziehungsstil ausgesetzt, der verhinderte, dass durch Selbststeuerung und eigene Aktivitäten sein Selbstwert stabilisiert wurde. Als negative Ursachen in diesem Zusammenhang sind zu nennen:

- Zu hohe Ansprüche der Eltern an das Kind
- Übermäßige Kritik am Verhalten und an den Aktivitäten des Kindes
- Verunsicherung durch inkonsequente Erziehungsmaßnahmen
- Unfähigkeit der Eltern, eine bejahende Beziehung zum Kind herzustellen
- Fehlende emotionale Beziehung im Elternhaus
- Überängstlichkeit der Eltern (das Kind wird furchtsam und erlebt die Welt als gefährlich)
- »Nesthäkchen-Erziehung« (Das Kind wird möglichst lange umsorgt und als »Kleinkind« behandelt. Es werden ihm Verantwortung und Aufgaben abgenommen. In der Schule muss dies zu Misserfolgserlebnissen führen. Um diesen zu entgehen, zieht sich das Kind in sich zurück) [770].
- Überfordernde Erziehung (z. B. in Bezug auf Reinlichkeit und schulische Leistungen)
- Entmutigende Erziehung (übermäßige Kritik; Nörgelei; kein Lob; keine Anerkennung)

Die Wurzeln der Schüchternheit liegen häufig in frühkindlichen Umwelteinflüssen, die sich negativ vor allem auf die emotionale Entwicklung des Kindes auswirken. Wurde zum Beispiel ausreichender körperlicher Kontakt vor allem zur Mutter versagt, gab es einen Mangel liebevoller Zuwendung (z. B. Streicheln; Liebkosen), so konnten leicht Störungen in der Entwicklung des Gefühlslebens auftreten, welche die emotionale Öffnung zur Umwelt verhinderten [771]. Ähnliches kann bei der Heranbildung von Lebensfreude, Spontaneität und Aktivität auftreten, wenn sich Eltern dem Kleinkind nicht freudig, zuwendebereit, aktiv, aus einem eigenen Glücksgefühl heraus zuwenden, sondern dem Kind unbewusst eine verzweifelte, depressive oder resignierende Stimmung vermitteln [772]. Trapmann u. a. [773] weisen darauf hin, dass Störungen bei der Entwicklung des Antriebs- und Durchsetzungsvermögens auftreten können, wenn Eltern sich dem Säugling erst nach langer Zeit zuwenden, wenn er durch Schreien ein Bedürfnis zum Ausdruck bringt. Dadurch lerne das Kind, dass es sich nicht lohnt, Aktivität zu entfalten, etwas zu fordern oder zu wünschen. Auch Blackham [774] weist auf diese Zusammenhänge hin, die noch dadurch verschärft würden, wenn auch in späteren Jahren das Kind durch überzogene Forderungen nach Gehorsam, Konformität und Aggressionslosigkeit gezwungen würde, seine Impulse zu unterdrücken.

Im Einzelnen wären noch aufzuführen:
- Nichtbefriedigen des natürlichen Wunsches nach Besitz (Spielzeug; Taschengeld)
- Allzu starke Einengung des kindlichen Bewegungsdranges
- Unfähigkeit der Eltern, ihre eigenen Hemmungen zu überwinden (Vorbild; Verstärkerfunktion)
- Die Möglichkeit des Vorhandenseins von Schulangst [775] oder ein Zustand andauernder erhöhter Angstbereitschaft
- Eine vorhandene Sprach- oder Sprechstörung (befürchtete »Blamage«, wegen dieses Fehlers verspottet zu werden) oder eine körperliche Auffälligkeit
- Ein unverarbeiteter Schock (Unfall; Vergewaltigung; Misshandlung)

Untersuchungsverfahren und Diagnose

Hinsichtlich der Diagnose ist es wichtig, zunächst folgende Fragen zu klären:
- Seit wann fällt das Kind durch Schüchternheit auf?
- Ist es immer oder nur in bestimmten Situationen schüchtern?
- Ist es nur bestimmten Personen gegenüber schüchtern?
- Wie ist die Beziehung Eltern – Kind, Lehrer – Kind?
- Welche Ängste hat das Kind?
- Wie ist das gruppensoziale Verhalten?

Weiterführende, differenzierende Verfahren sind Beobachtung, Gespräch, Aufsatzanalyse, Zeichnungsanalyse, »Rosenzweig PF-Test«, Sceno-Test, CAT.

Pädagogische Hilfen

Um einem schüchternen Kind aus seinen Schwierigkeiten herauszuhelfen, geht es im Wesentlichen um folgende pädagogisch-psychologische Ansätze:

*Es muss versucht werden, dem Kind kontinuierlich Selbstsicherheit und Selbstwertgefühl zu vermitteln:*
- Aufbau eines gesunden Selbstvertrauens durch Ermutigung
- Anerkennung und Lob für erbrachte Leistungen
- Pädagogische Maßnahmen zur Verbesserung der Stellung des Kindes im Klassenverband [776]
- Positive Verstärkung aller Ansätze von Eigeninitiative und selbstständig-aktivem Verhalten
- Ermöglichung von Erfolgserlebnissen durch Übertragung verantwortungsvoller Aufgaben (z. B. Pflanzenbetreuung; Medienbereitstellung u. a.)
- Förderung von Begabungsschwerpunkten (z. B. in musischen Bereichen), um Erfolgserlebnisse zu vermitteln

- Zusammenbringen mit Schülern, die eine ähnliche Persönlichkeitsstruktur haben [777]

*Erkennbare Ängste müssen gemildert und gelöst werden*
- Das Kind zu einer Aussprache über seine Sorgen und Nöte ermuntern
- Dem Kind Möglichkeiten bieten, seine Gefühle auszudrücken (z. B. Malen; Puppenspiel; Pantomime)
- Geborgenheitsgefühl vermitteln
- Eine angstfreie Atmosphäre in der Schule schaffen und eine vertrauensvolle Beziehung aufbauen
- Das Kind so akzeptieren, wie es ist
- Unterrichtliche Thematisierung allgemein ängstigender Probleme und der Schulangst

*Das Kind muss behutsam in die Gemeinschaft integriert werden*
- Erstellen eines Soziogramms (Erkennen der Beziehungsstruktur)
- Bei der Gruppenbildung das Kind in keine Gruppe mit dominierenden, impulsiven, aggressiven Kindern bringen
- Zunächst mit einem Partner zusammen arbeiten lassen, dann allmählich die Zweiergruppe vergrößern [778]
- Das Kind ermutigen, anderen Kindern durch eine spezielle Begabung oder Leistungsfähigkeit zu helfen
- Defizite im Sozialverhalten durch einfache Rollenspiele abbauen und Hilfestellung in realen Situationen geben [779]
- Wettbewerbs- und Konkurrenzdenken der Schüler untereinander neutralisieren
- Integrationsversuche in die Gruppe im außerunterrichtlichen Bereich (Pause; Sport; Spiel; Hausaufgabe)

*Etwa vorhandene personenbezogene Schwierigkeiten müssen gemildert oder behoben werden*
- Sprach- und Sprechschulung (-therapie)
- Körperliche Auffälligkeiten im Gespräch mit dem Kind und mit der Klasse emotional entschärfen
- Gespräche mit dem Kind über Erlebnisse und persönliche Schwierigkeiten führen
- Informationen über die familiäre Situation des Kindes einholen
- Versuch, durch Gespräche mit den Eltern, eine etwaige ungünstige familiäre Situation zu verändern

*Besondere unterrichtliche Maßnahmen können dem schüchternen Kind Hilfen sein*
- Dem Kind Aufgaben genau erklären und sich vergewissern, ob diese verstanden sind (nicht selten ist das Kind aufgeregt, versteht nicht sofort und getraut sich nicht, zu fragen)

- Gestellte Aufgaben durch eine Tätigkeit beantworten lassen (z.B. zeigen; zeichnen; Experiment durchführen)
- Unter geduldiger Hilfestellung zu Leistungen anregen
- Dem kindlichen Bewegungsdrang Rechnung tragen
- Partnerarbeit und Gruppenunterricht in den Dienst sozialintegrativer Maßnahmen stellen

*In schwerwiegenden Fällen müssen therapeutische Maßnahmen angeregt und eingeleitet werden*
Sehr starke Schüchternheit ist möglicherweise nur mit psychotherapeutischen Maßnahmen zu lockern. Inner- und außerschulische Kooperation mit fachkompetenten Personen (Arzt; Psychologe; Beratungslehrer; Erziehungsberatungsstellen) ist dabei zu empfehlen.

## Fallbeispiel

*»Susanne«*

Susanne (8 Jahre alt) ist ein körperlich normal und gesund entwickeltes Mädchen, das zurzeit den 2. Schülerjahrgang einer Grundschule besucht. Auf Veranlassung der Lehrerin suchen die Eltern den Psychologen auf, damit dem Kind aus seinen schulischen Schwierigkeiten herausgeholfen werde. Letztere sind vor allem gekennzeichnet durch »mangelnde Mitarbeit«, »geringe Aufmerksamkeit« und Misserfolge, wenn bei Susanne Lernstoff abgefragt wird. Bei der Vorstellung drückt sich Susanne an die Mutter und gibt auf Fragen kaum direkte Antworten. Sie schaut stattdessen die Mutter an, flüstert etwas, worauf ihr die Mutter die Antwort abnimmt. Dabei errötet das Mädchen und spielt nervös an ihrem Gürtel. Die Mutter berichtet, dass Susanne schon seit einiger Zeit schlecht schläft, nachts verängstigt aufwacht und auch hinsichtlich des Essens Kummer bereitet.

Susanne ist ein Einzelkind. Sie wuchs in ihrer Vorschulzeit weitgehend ohne Spielgefährten auf. Meist spielte sie allein zu Hause oder unter Mitwirkung ihrer Mutter. Sie wurde mit Spielsachen verwöhnt und auch sonst in vielen Beziehungen übersorgsam behütet. Auf die Frage, warum sie ihre Tochter nicht mit anderen Kindern habe spielen lassen, meinte die Mutter, dass sie Susanne nicht schlechtem Einfluss haben aussetzen wollen. Auch sei ihr Kind sehr empfindsam und anfällig gegenüber Krankheiten und möglichen Aggressionen anderer. Der Vater achtete sehr darauf, dass Susanne einmal eine gute Schülerin werde. Er habe gewollt, dass sein Kind vorzugsweise Lernspiele erhalte. Wenn sie diese nicht auf Anhieb bewältigen konnte, habe er ihr vorgehalten, dass »man mit Dummheit im Leben keinen Erfolg hat«. Der Vater, so die Mutter, sei auch sehr jähzornig. Körperliche Strafen, Züchtigungen, Anbrüllen und Süßigkeitsentzug gehörten zu seinen Erziehungsmethoden. Susanne wurde dazu angehalten, peinlich genau »Anstandsregeln« einzuhalten. Ein häufig gebrauchter Ausspruch des Vaters sei: »Wenn Erwachsene reden, hat ein Kind absolut still zu sein.«

Susanne hat im Verlauf ihres Lebens unter dem autoritären Druck des Vaters und innerhalb der Überbehütung ihrer Mutter eine tief sitzende Schüchternheit erworben, die sie vor allem bei Erwachsenen auf Distanz gehen lässt. Wird sie in der Schule aufgerufen, gerät sie in Ängste, errötet, wird unsicher und fürchtet, sich zu blamieren. Da sagt sie lieber gar nichts, blickt zu Boden und lässt es über sich ergehen, dass die Lehrerin meint, sie habe nicht aufgepasst oder nichts gelernt. »Aber«, so Susanne in einem der Behandlungsgespräche, »ich weiß immer alles. Jedoch bringe ich nichts heraus.« Dabei aber leidet das Mädchen unter den daraus sich ergebenden nicht gerade guten Noten. Denn sie weiß, dass sie dadurch den Vater enttäuscht, der sie nicht selten deswegen auch ausschimpft.

Susanne braucht einen dreifachen Therapieansatz. Da sind zunächst die Eltern, die von einer Änderung ihres Erziehungsverhaltens überzeugt werden müssen. Eingefahrene Verhaltensweisen sind in kurzer Zeit sicherlich schlecht zu korrigieren. Aber die Eltern müssen ernsthaft davon überzeugt werden, dass ihr Kind Anschluss an Gleichaltrige, Lob, Bestätigung, Freiraum für eigene Interessensentfaltung braucht. Da ist andererseits die Schule. In einem Kurzgutachten über Susanne wird der Lehrerin das Verhalten des Mädchens erklärt. »Mangelnde Mitarbeit« ist weder auf desinteressiertes Verhalten noch auf mangelnde Aufmerksamkeit oder auf »Nichtskönnen« zurückzuführen, sondern beinahe ausschließlich Ergebnis einer ausgeprägten Schüchternheit. Auch der Schule werden Lob, Ermunterung, Anerkennung, Hilfen zur sozialen Integration und weitere pädagogische Maßnahmen zur Herausführung des Mädchens aus ihrer durch Schüchternheit bedingten Isolation empfohlen. Der dritte Therapieansatz vollzieht sich in der Behandlungspraxis des Psychologen. Hemmungslösende Gespräche, Spiel, Zeichnungen und Situationssimulationen ergänzen Susannes Lösung aus der Schüchternheit.

### 6.2.3 Mutismus

#### Definition

Mutismus ist vom lateinischen Wort »mutus« (still; stumm) abgeleitet. Mutismus bedeutet also im eigentlichen Sinn des Wortes »Stummheit«. Im medizinischen und psychopathologischen Sprachgebrauch verstand man früher darunter alle Formen der Stummheit, z.B. auch Stummheit infolge von Taubheit, Schwachsinn oder zerebral bedingter Schäden. Heute tendiert die Fachterminologie zur Aussage, dass Mutismus ein Schweigen infolge irgendeines abweichenden bis krankhaften psychischen Zustandes eines Menschen ist, der grundsätzlich sprechen gelernt hat und sprechen kann. Mutismus kann damit definiert werden als ein Stummbleiben trotz vorhandenen Sprechvermögens oder als ein »Verstummen nach weitgehendem Abschluss der Sprachentwicklung und bei erhaltenem Sprechvermögen« [780].

Manche Autoren grenzen diese Definition von Mutismus auf Kinder ein und verstehen darunter dann eine Sprechverweigerung bei Kindern. Mutismus ist allerdings immer von allen Formen gravierender Verzögerung der Sprachentwicklung zu unterscheiden. Während Kinder mit Sprachverzögerungen versuchen, Kontakt aufzunehmen und sich zu artikulieren, dabei aber nicht zu angemessenen Sprachäußerungen kommen, vermeiden mutistische Kinder Blickkontakt und verbale Interaktion [781]. Alternative Ausdrücke für Mutismus sind »Affekt-Aphasie« (Hanselmann), »freiwilliges Schweigen« (Tramer), »Sprechverweigerung« (Schenk-Danzinger), »elektiver Schulmutismus« (Zuckrigl).

Weitgehend einig ist man sich heute in der Unterscheidung zwischen 2 Hauptformen, dem »totalen Mutismus« und dem »elektiven Mutismus«. Erstere Form tritt meist schlagartig auf und ist nicht selten auf eine abnorme Erlebnisreaktion zurückzuführen. Die zweite Form ist eine freiwillige Sprachverweigerung, die sich auf bestimmte Personen oder Situationen erstreckt.

Mutismus ist offensichtlich schon im Altertum vorgekommen. So beschrieb Herodot das Verhalten des Sohnes des Krösus mit Beispielen, die Symptome des Mutismus aufweisen [782].

Beschreibung und Symptomatik

Zunächst sind Formen mutistischen Verhaltens in bestimmten Entwicklungsphasen als durchaus normal zu bezeichnen (z.B. zu Beginn des Trotzalters; »Fremdeln«). Häufig verweigern Kinder in solchen Entwicklungsphasen, obwohl sie sprachorganisch völlig gesund sind, den Sprachkontakt mit anderen Menschen (z.B. auf die Aufforderung hin, einen Besuch zu begrüßen). Als nicht mehr der normalen Entwicklung entsprechend kann eine Sprachverweigerung bezeichnet werden, die über diese Phase hinaus wirksam wird.

Zahlen über die Häufigkeit mutistischen Verhaltens liegen in abgesicherter Form heute kaum vor. Man kann davon ausgehen, dass leichtere Fälle bei der Konfrontation von Kindern mit der Schulsituation, besonders in der Einschulungsphase, relativ häufig vorkommen.[1] Typisch ist dabei, dass die Kinder im familiären Rahmen nicht allzu auffällig wurden und auch eine nur mäßig retardierte Sprachentwicklung durchliefen. Im Kindergarten bzw. in der Schule werden sie dann mit erhöhten sozialen und intellektuellen Anforderungen sowie mit erzwungenen Kontakten mit fremden Personen konfrontiert. Infolgedessen verweigern die Kinder den sprachlichen Umgang und geraten so in eine ausgeprägte Außenseiterrolle [783]. Leichtere Formen von Mutismus verbinden sich dabei mit Symptomen der Schüchternheit und Gehemmtheit. Nach Strunk [784] kommt elektiver Mutismus bei Mädchen häufiger vor. Überwiegend tritt er bei durchschnittlich begabten Kindern auf. Unter diesen, so stellt Strunk fest, »finden sich häufig erhöhte Empfind-

---

1 Vgl. das Beispiel »Charly«, S. 233f.

samkeit und Ängstlichkeit, Neigung zu depressiver Verstimmung, aber auch hartnäckige, eigensinnige Charakterzüge, die sich in einem beachtlichen Beharrungsvermögen, trotzigem Rückzug, gewitzter Durchsetzungsfähigkeit, auch ausgeprägt negativistischem Verhalten«, artikulieren können [785].

Symptome im Einzelnen sind:
- Verweigerung von Sprachkontakt (z. B. auf die Aufforderung hin, zu einer anderen Person etwas zu sagen)
- Sprachverweigerung bestimmten Personen gegenüber oder in bestimmten Situationen
- Sprechscheu ist oftmals mit Symptomen der Schüchternheit und Gehemmtheit gekoppelt.
- Das Kind fällt auf durch Schweigen, Sperrung, Ängstlichkeit, Verschlossenheit, Einsilbigkeit, Ungeselligkeit und Sich-zurückziehen auf Reaktionen des Schweigens, wenn ein Problem nicht bewältigt werden kann.
- Neigung zu depressiven Verstimmungen
- Beharrungsvermögen beim Schweigen
- Trotzverhalten
- Kinder mit mutistischem Verhalten sind nicht selten recht ehrgeizig und gewissenhaft.

### Ursachen und Hintergründe

Welche psychischen Vorgänge und Zusammenhänge stehen eigentlich hinter einer »Sprechverweigerung«? Man kennt solches ja auch in vielfältigen Nuancen im täglichen Leben. Jemand spielt den Beleidigten und spricht nicht mehr mit dem Anderen. Sprechen ist Dialog, ist Kommunikation des »Ich« mit dem »Du« auf sprachlich-geistiger Basis. Beim Sprechen gehe ich auf den anderen ein. Ich gebe ihm etwas von dem, was mich bewegt und ich nehme ihn ernst in dem, was ihn bewegt. Im Dialog stelle ich mich auf die gleiche Stufe mit ihm. Ich zeige ihm, dass er für mich gleich viel wert ist wie ich mir selbst. Sprechen mit jemandem ist vergleichbar mit »jemandem Vertrauen schenken«, ihn akzeptieren, auf seine Meinung Wert legen. Sprechverweigerung kann von all dem das Gegenteil bedeuten. Nichtsprechen kann ausdrücken wollen: Ich mag dich nicht. Ich verachte dich. Ich hasse dich. Es ist unter meiner Würde, mich mit dir abzugeben. Oder auch: Ich habe Angst vor dir. Du bist mir unheimlich. Ich habe kein Zutrauen zu dir. Bei einem Kind können unbewusst und unterbewusst solche und ähnliche Hintergründe in den vielfältigsten Schattierungen und Verflochtenheiten eine Rolle spielen. Für den pädagogisch Verantwortlichen ist es wichtig, die jeweils spezielle Motivation aufzuspüren. »Totaler Mutismus« kann sich im Verlauf einer endogenen Psychose entwickeln [786]. Ebenso kann ein psychisches Trauma den Abbruch des Sprachkontaktes verursachen. Mögliche Ursachen für den »elektiven Mutismus« sind einerseits individuell-konstitutionelle Bedingungen, andererseits das familiäre Milieu, aus dem das Kind kommt. Nach einer Untersuchung von Rösler (1981) finden sich mutistische Kinder fast ausschließlich in der Landbevölkerung bei wenig sprechfreudigen und oft dialektsprechenden Eltern, die zurückgezogen und kontaktarm leben. Das Kind erlebt in der Familie kaum offene Gespräche und Unterhaltungen, erhält von der Mutter zwar viel Zuwendung, wird allerdings von Außenkontakten abgeschirmt [787]. Die Aufnahme in den Kindergarten oder in die Grundschule stellt häufig eine auslösende Situation für den elektiven Mutismus dar. In der Scheu zu sprechen bleibt das Kind dann nicht selten wochen- bis monatelang fixiert. In der Regel genügen hierbei aber pädagogische Maßnahmen, um das mutistische Verhalten zu ändern. Weitere Ursachen für das Entstehen von Mutismus können sein:

- Erbliche Belastung (umstritten) [788]
- Angeborene Eigenschaften wie Sensibilität, Weichheit, Gemütsreichtum, stille Zurückgezogenheit, Resignation [789]
- Depressive Grundstimmung mit oralen Gehemmtheiten [790]
- Erhebliche affektive Mangelerlebnisse im Säuglingsalter, Enttäuschungserlebnisse »des weinenden und schreienden Säuglings« [791]
- Mangel an affektiver lautlicher Kommunikation im Verlauf der frühkindlichen Entwicklung
- Neurotische Reaktionen, verursacht durch negative Milieueinflüsse, Fehlhaltungen der Eltern (z. B. sexueller Missbrauch)
- Die Mutter des Kindes verhält sich dominierend, überprotektiv oder ängstlich
- Tief verwurzelte Scheu und Distanz Fremden gegenüber
- Selbstunsicherheit
- Hörschwäche

### Untersuchungsverfahren und Diagnose

Als pädagogisch-psychologische Untersuchungsverfahren bieten sich vor allem situative Beobachtungen und tiefenpsychologische Tests (hier vor allem der Sceno-Test) an. Bei unerklärbarem Auftreten mutistischen Verhaltens muss eine ärztliche Untersuchung vorgenommen werden, um eventuell vorhandene schwerwiegende Krankheitsursachen rechtzeitig zu erkennen.

### Pädagogische Hilfen

Neben ärztlicherseits vorgenommenen therapeutischen Maßnahmen empfehlen sich in schwierigen Fällen besonders sonderpädagogische, heilpädagogische und psychotherapeutische Maßnahmen, deren Art und Intensität vom individuellen Einzelfall abhängen. Eng damit verbunden sind heilpädagogische Beratung, Elternberatung (besonders bei gestörtem Mutter-Vater-Kind-Verhältnis), Milieuwechsel und Spieltherapie [792]. Verhaltenstherapeutische Maßnahmen beziehen zum Teil die Verwendung eines Tonbandgerätes mit ein, wobei der Therapeut zunächst abwesend, dann schrittweise persönlich anwesend ist. Das Grundmuster von Plänen zur Behandlung des elektiven Mutismus besteht darin, dass Situationen, in denen das Kind spricht, schrittweise in solche Situationen umgewandelt werden, in denen es zunächst nicht spricht, sodass allmählich auch in diesen eine Bereitschaft zu Sprechen entsteht. Dabei durchläuft die Therapie nacheinander folgende vier Behandlungsstufen: Zunächst spielt das Kind mit seiner Mutter alleine. Allmählich wird eine fremde Person hinzugezogen, die Mutter ausgeblendet. Anschließend erfolgen Generalisationsübungen (verschiedene fremde Personen, unterschiedliche Räume, Erproben von Alltagssituationen) [793].

Weitere pädagogische Hilfen im Schulalltag sind mit folgenden Ratschlägen verbunden:
- Schon »normalen« Kindern mit sensibler Konstitution fällt es schwer, in sprachlichen Kontakt zu Erwachsenen und Fremden zu kommen. Das muss noch nichts mit »Mutismus« zu tun haben. Bei ungeschicktem Verhalten der Erwachsenen oder Erzieher (Strafe; Schelte; Spott; Strenge) können sich solche Kinder noch mehr »in sich zurückziehen« und schließlich zu einem mutistischen Verhalten kommen. Wichtig ist dabei immer, dass der Erzieher solchen Kindern stets freundlich, humorvoll, verständnisbereit entgegenkommt und das Kind Vertrauen fassen lässt.
- Prägt sich bei einem Kind ein »Schul-Mutismus« aus, der unter Umständen lange Zeit anhalten kann, so sollte man jeden allzu direkten Beeinflussungsversuch (Lob; Strafe; Lächerlichmachung; sich wiederholende Mahnungen und Aufforderungen) vermeiden. Dies würde das Kind nur noch mehr in seine Isolierungstendenz und Verkrampfung hineintreiben. Man sollte schriftliche Arbeiten und Äußerungen des Kindes bewerten und zunächst auf verbale Äußerungen verzichten.
- Mutistische Kinder sind häufig sehr ehrgeizig und gewissenhaft. Man sollte von dieser Basis aus deren Vertrauen zu gewinnen versuchen.
- Innerhalb der Klassengemeinschaft sollte man die Situation eines mutistischen Kindes nicht dramatisieren, sondern nach Möglichkeit entspannen und verobjektivieren. Gelegentlich kann durch geschickte Integrierungsversuche des Kindes in die Gemeinschaft die Sprechverweigerung entkrampft oder sogar beseitigt werden.
- Der Versuch, das Kind in einer Spielgruppe »aufzulockern« und zu entkrampfen (z.B. im Rahmen des Sportunterrichts bei Wettspielen), kann möglicherweise zu Anfangserfolgen führen.
- Bewährt haben sich auch die Beteiligung des Kindes am Schulorchester oder am Schulchor, der Abbau vorhandener Hemmungen vor allem im Rahmen der musischen Fächer, der Versuch der Auflockerung innerhalb einer Spielgruppe und der pädagogische Informationsaustausch mit den Eltern.

- Viel hängt vom psychologischen Einfühlungsvermögen des Lehrers und von seinem pädagogischen Geschick ab, ob sich ein Abbruch der Sprechverweigerung anbahnen lässt.

## Fallbeispiele

### »Charly«

In meiner Zeit als Junglehrer wurde ich auf ein einsames und abgeschiedenes Dorf versetzt. Die Bevölkerung ging meist der Landwirtschaft nach. Umgangssprache war ein starker Dialekt. Die Kinder wuchsen mehr oder weniger unberührt vom »Segen« städtischer Zivilisation auf, hatten ein enges Verhältnis zu den Tieren, mit denen sie aufwuchsen, und waren überhaupt stark naturverbunden. Die Schule, an der ich unterrichtete, war einklassig. Zu Schuljahresbeginn kamen zwei Jungen als Schulneulinge in den 1. Schülerjahrgang. Einer davon war Herbert. Alle im Dorf aber nannten in »Charly«. Charly war ein gesunder und kräftiger Junge. Er kam von einem etwas abgelegenen Bauernhof. Zu Hause hatte er noch eine jüngere Schwester.

Charly war vom ersten Schultag an insofern ein Problem, als er nicht ein Wort sagte. Er war weder beim Schulgebet zum Mitbeten zu bewegen, noch gab er auf Fragen eine Antwort. Auf jede Aufforderung, etwas zu erzählen, eine Frage zu beantworten oder im Erstleseunterricht ein Ganzwort zu lesen, reagierte Charly sofort damit, dass er die Lippen zusammenkniff, auf den Boden blickte und nur gelegentlich einmal den Lehrer anschielte. Sonstigen Aufforderungen, etwa zu malen, abzuschreiben, kam er nach. Aber er sprach im Klassenzimmer kein Wort, auch nicht zu seinen Mitschülern. Kaum aber war er nach der Schule auf der Straße, so änderte sich sein Verhalten schlagartig. Hier balgte er mit anderen Jungen, schrie, lachte und unterhielt sich. Es ging schon auf Weihnachten zu, und Charly entwickelte sich für mich als jungen Lehrer zum pädagogischen, vor allem zum unterrichtlichen Problem. Wie konnte ich wissen, wie weit etwa seine Leistungen im Lesen, in Deutsch, in der Heimatkunde waren? Ich versuchte es mit den verschiedensten Tricks. Ich schickte ihn zu einem älteren Mitschüler, einem Freund von ihm, damit er diesem die Antwort sage. Ich lockte mit Hausaufgabenbefreiung und drohte mit Strafen. Kein Erfolg. Charly kniff die Lippen zusammen und »strafte« mich und die gesamte Institution »Schule« mit Sprechverweigerung. Ich gab auf. Gelegentlich bemerkte ich nur: »Charly, ich nehme an, du willst wieder nicht mit mir reden.«

Eines Tages jedoch sollte sich alles schlagartig ändern. Es war ein Schultag wie jeder andere. Wir hatten die zweite Schulstunde, und ich war gerade dabei, der Oberstufe (5.–8. Jahrgang) eine einstimmende Hinführung für ein Gedicht zu geben. Alles war still und gespannt im Klassenzimmer, als plötzlich hinter meinem Rücken hell und eindringlich eine Stimme in höchster Not schrie: »He! He! He du! Ich muss mal ...!« Es war Charly. Bei vielen Menschen »hilft Not beten«, wie das Sprichwort sagt. Bei Charly half Not sprechen. Als Charly wieder von draußen kam, klopfte ich ihm auf die Schulter und sagte: »Mensch, Charly, du kannst ja reden!« Da ging ein Grinsen über sein ganzes Gesicht. Und jedes Mal, wenn ich ihn an diesem Vormittag ansah, grinste er mich in voller Breite an. Von diesem Tag an sprach Charly in der Schule. Er hatte eine tiefe in ihm verwurzelte Scheu und Distanz einem Fremden gegenüber (der ich als Lehrer ja war) und eine ihm von zu Hause eingetrichterte Furcht (»Warte nur, bis du in die Schule kommst! Der Lehrer gibt dir's schon!«) durchbrochen. Charly hatte sich schließlich selbst ausgetrickst.

### »Karola«

Karola ist 12 Jahre alt und besucht jetzt den 4. Schülerjahrgang. Ihre Situation in der Schule ist dadurch gekennzeichnet, dass sie vor allem nicht spricht. Dieses mutistische Verhalten hat sie seit der Einschulung beibehalten. Neben diesen Schwierigkeiten ab dem 1. Schuljahr hatte sie anfangs vor allem auch Mühe beim Erlernen des Schreibens. Karola wiederholte den 2. Schülerjahrgang. Ihre sonstigen schulischen Leistungen leiden einerseits unter dem erwähnten Sprachverhalten, werden aber durch häuslichen Fleiß und Einsatz wieder einigermaßen ausgeglichen. In letzter Zeit lässt das Mädchen gelegentlich depressive Verstimmungen erkennen. Die sehr um das Wohl des Kindes besorgten Eltern wollen ihrer Tochter die bestmöglichen Lebenschancen eröffnen und suchen nach therapeutischen bzw. pädagogisch-psychologischen Ansätzen zur Förderung der persönlichen Entwicklung des Kindes. So wurde bereits in der Vorschulzeit, etwa ab einem Alter von 4 Jahren, Karola logopädisch behandelt und betreut, da ihre Sprachentwicklung offensichtlich sowohl stark verzögert als auch unter (von der Ursache her nicht näher erkennbaren) Schwierigkeiten stand. Karola wurde auch bereits psychologisch getestet (Intelligenztest), neurologisch untersucht und in Zusammenarbeit mit den Eltern spieltherapeutisch betreut. Nach Angaben der Eltern wurden die Schwierigkeiten im Erlernen des Sprechens etwa im Alter von 2 Jahren erstmals bemerkt. Beim Eintritt in die Schule sprach Karola von Anfang an kein Wort. Die Lehrer haben sich inzwischen daran gewöhnt und respektieren das Kind in seinem Verhalten, wobei der stete Kontakt der Eltern zur Schule sicherlich hilfreich war.

Karola erweist sich bei der Vorstellung als freundliches, etwas schüchternes Mädchen. Sie ist körperlich für ihr Alter relativ gut entwickelt und hat offensichtlich auch zu den Eltern ein gutes Verhältnis. Der Aufforderung zur Durchführung des Sceno-Tests[1] kommt sie willig nach, und es macht ihr offensichtlich Spaß, eine Szene darzustellen. Diese ist dominierend von Personen geprägt, in deren Kreis sie sich selbst eingliedert. Während ein weites Verwandten- und Bekanntenspektrum aufgebaut wird, kommen darin die Mutter und der jüngere Bruder nicht vor.

Das Mädchen gibt auf Fragen bereitwillig Antwort, ist stets freundlich und lacht gelegentlich. In ihren Antworten spricht sie ganze Sätze. Man merkt jedoch, dass sie

---

1 Angewandte Verfahren: Gespräch; Sceno-Test, TAT (Auswahl).

dabei nicht in gelockerter und zwangloser Umgangssprache spricht, sondern sich bemüht, ihre Antworten in Satzkonstruktionen zu bringen, etwa nach einem erlernten Schema. Solches macht ihr sichtlich auch etwas Mühe. Lieber beschäftigt sie sich mit dem »sprachfreien« Testmaterial. Um das Kind sprachlich nicht zu überfordern, muss auf näheres Interpretieren der gestellten Testsituation verzichtet werden. Auch im »TAT« muss nach kurzen Antworten abgebrochen werden. Hier und im anschließenden Gespräch über die Schule scheint sich eine Art unbewusster Ängstlichkeit vor den an sie gestellten Forderungen bemerkbar zu machen. Dies könnte der Fall sein, wenn sie in der Schule merkt, dass sie manchen Anforderungen nicht entsprechen kann. Solches ist möglicherweise auch der Fall (siehe TAT, 1. Bild), wenn sie zu Hause zu Schularbeiten aufgefordert wird (z.B. von der Mutter), lieber etwas anderes tun möchte, dann jedoch dem entsprechenden Wunsch der Eltern Folge leistet.

Aufgrund der (aus Überforderungsgründen) begrenzten Untersuchung kann die aktuelle Lebenssituation des Kindes wie folgt interpretiert werden: Aus medizinisch offensichtlich nicht geklärten Gründen fand bei Karola eine stärker retardierte Sprachentwicklung statt. Da die Fähigkeit, Sprache altersspezifisch verwenden zu können, eng gekoppelt ist mit der Entwicklung von bestimmten Begabungsstrukturen, erlitt Karola auch insgesamt eine Verzögerung bzw. Einschränkung ihrer psychischen und geistig-kognitiven Entwicklung. Logopädische Behandlung erzielte zwar wichtige Korrekturen und Kompensationen, konnte aber verständlicherweise keinen vollständigen Therapieerfolg bringen. So musste sich das Kind von Schulbeginn an immer schon als teilweise Unterlegene fühlen und feststellen, dass bei ihr nur stärkerer Einsatz zu durchschnittlichen Erfolgen führt. Ob ihr mutistisches Verhalten in engem Zusammenhang mit der Sprachentwicklungsschädigung steht oder ob das sensible und ängstliche Kind sich von allem Anfang an in der Schule nicht bloßstellen wollte, kann nicht festgestellt werden. Karola kommt jetzt in ein Alter, in dem sich der junge Mensch zusehends mehr mit sich selbst beschäftigt. Ihre verstärkte Selbstbeobachtung bringt ihr die Schwierigkeiten, mit denen sie sich in der Schule konfrontiert sieht, verstärkt ins Bewusstsein. Ihre derzeit beobachtbaren depressiven Gedankengänge können hier durchaus ihre Ursachen haben. Der Sicherheit halber sollte hier aber eine nervenärztliche Untersuchung nicht versäumt werden, um mögliche andere Ursachen auszuschließen.

Karola fühlt sich wahrscheinlich häufiger (mehr oder minder bewusst bzw. unbewusst) überfordert. Dies bringt Entmutigung mit sich, und dadurch zieht sie sich in der Schule noch mehr hinter den mutistischen »Schutzwall« zurück, wo sie sich sicherer fühlt. Es bleibt zu fragen, ob die Familiensituation (mögliche Rivalität zum jüngeren Bruder, der sozusagen »normal« vorankommt; Angst vor Liebesentzug durch stärkere Zuwendung der Mutter zu diesem Bruder; vielleicht das Gefühl, etwa von der Mutter zu stark gefordert zu werden) das sensible Kind zusätzlich belastet. Da Karola in der Vorphase der Pubertät steht, dürften sich manche dieser Probleme in nächster Zeit noch verschärfen.

- Karola braucht nach wie vor das starke Gefühl von Geliebtwerden und Geborgenheit. Das Elternhaus war darum schon immer besorgt und wird in diesen Bemühungen auch in Zukunft nicht nachlassen. Dasselbe Bindungsgefühl benötigt Karola aber auch vonseiten der Schule. Das Mädchen darf nicht nur »neutral« akzeptiert werden, sondern muss spüren, dsß es menschlich in seiner Schwäche akzeptiert wird. Gespräch (wenn auch einseitig), Aufmunterung, Lob (z. B. in der Pause oder nach der Schule) sollten verstärkt angewendet werden.
- Spieltherapie in einer Gruppe geeigneter Kinder, in welcher Karola ihren eigenen Wert besser erkennen kann und sich bestätigt sieht, darf als das zentrale Anliegen der aktuellen Behandlungssituation angesehen werden. Es wäre gut, wenn eine solche Gelegenheit eröffnet werden könnte.
- Überforderung, welcher Art auch immer, sollte vermieden werden. In Zusammenarbeit mit der Schule sollten die Eltern darauf achten, dass Karola nicht übermäßig viel Freizeit auf häusliche Schularbeiten verwenden muss. Weniger Aufgaben mit Erfolgserlebnis sind besser als viele Aufgaben mit Freizeitverlust.
- Karola sollte nochmals von einem guten Kinderarzt (eventuell auch Nervenarzt) untersucht werden. Von dort verordnete Medikamente (die nur einer vorübergehenden Entkrampfung und Auflockerung dienen) könnten möglicherweise die aktuelle Situation der Entmutigung zusätzlich positiv unterstützen. Etwa latente Krankheitsansätze müssen ausgeschlossen werden (Hinweis: Phasenartig auftretende Tiefs innerhalb eines Jahres).
- Karola kann vor fremden Menschen sprechen. In der Testsituation gab sie Antwort und konnte ihre Gedanken sprachlich (wenn auch mit leichten Schwierigkeiten) artikulieren. Die Lehrerin könnte (etwa in einer Förderstunde) versuchen, mit dem Mädchen langsam in sprachlichen Kontakt zu kommen, der dann auf die Schulklasse ausgedehnt werden könnte. Hierzu braucht es viel Ermutigung und Lob. Der Versuch, ein Tonband einzusetzen, auf welches Karola allein in einem Nebenraum etwas aufspricht (vorliest) und damit dokumentiert, dass sie auch in der Schule sprechen »kann«, sollte gemacht werden.
- Nichtverbale Kommunikation (etwa im Verlauf der Zeit eingeschliffene und gewohnte Gesten) im Kontakt mit dem Kind sollten nach und nach reduziert werden, damit Karola ständig die Notwendigkeit der Sprache erkennen lernt.
- Medien (Schallplatten; Tonbandkassetten) mit Sprachaufzeichnungen (z. B. Märchen; Abenteuer etc.) können bei zwanglosem Anbieten dem Kind wertvolle Hilfen zum Speichern von Sprachstrukturen und Sprechabläufen sein und so die Fähigkeit und Bereitschaft, Sprache selbst anzuwenden, fördern.
- Karola ermüdet schneller und wird dadurch bei längeren Unterrichts- oder Arbeitsphasen eher überfordert als andere Kinder. Die Schule sollte ihr die Möglichkeit kürzerer Erholungspausen eröffnen.
- Sehr zur Stabilisierung des Selbstwertgefühles tragen auch Situationen bei, in denen das Kind sich in sprachfreien Tätigkeiten bewähren kann (Kunsterziehung; Sport; Klassenämter). Ihre Leistungen auf diesen Gebieten sollten wohldosiert gelobt und anerkannt werden.

*6.2.4 Autismus*

Definition

Autismus ist vom griechischen Wort »autós« (selbst) abgeleitet. Autismus ist ein Sammelbegriff für Denk-, Sprach-, Affekt- und Verhaltensstörungen, bei denen die Richtung des Bezugs vorwiegend bis ausschließlich auf das eigene Selbst läuft, hingegen die Beziehungen zur realen Umwelt gestört und abgeblockt erscheinen [794]. Bei dieser »personalen Beziehungsarmut« [795] ignoriert der Betroffene seine menschliche Umwelt und kapselt sich in einer emotionalen und geistigen *Eigenwelt* ab. Der Begriff wurde von Bleuler in der Psychiatrie eingeführt und von anderen Autoren (Binswanger; Creak; Rutter; Kanner) hinsichtlich der Erscheinungsweise und Ursachenfrage verschieden interpretiert [796]. Tritt diese Verhaltensschwierigkeit bei Kleinstkindern und im Kindesalter auf, spricht man von »frühkindlichem Autismus«. Bach [797] unterscheidet dabei zwischen der Kanner'schen und Asperger'schen Form des frühkindlichen Autismus. Erstere entspricht einer schweren allgemeinen psychischen Entwicklungsstörung (mit fehlender oder stark gestörter Sprachentwicklung, Kontaktvermeidung, Objektfixierung, Veränderungsangst), während letztere in der Regel erst im Schulalter diagnostiziert wird und auch bei überdurchschnittlich guter Begabung bestehen kann. Die Höhepunkte einer frühkindlich autistischen Erkrankung liegen zwischen dem 3. und 8. Lebensjahr.[1] Von kindlicher Schizophrenie, die ähnliche Verhaltensmuster aufweisen kann, ist der frühkindliche Autismus diagnostisch abgrenzbar, wenngleich mit Überlappungen (bis zu 10 Prozent der kindlichen Schizophrenien sind Autismen) gerechnet werden muss [798].

Beschreibung und Symptomatik

Das typische Verhalten von autistischen Kindern entwickelt sich erst allmählich während der ersten Lebensjahre. Manche Kinder zeigen während der ersten beiden Lebensjahre kaum diesbezügliche Auffälligkeiten. Im Säuglingsalter äußert sich das autistische Syndrom bei manchen Kindern so, dass sie übermäßig viel schreien und kaum zu beruhigen sind. Bei anderen zeigt sich ein auffallend ruhiges und friedliches Verhalten, wobei sogar das Schreien nach Nahrung häufig unterlassen wird. Autistische Kleinkinder kratzen z. B. stereotyp am Wagendach, schaukeln mit dem Kopf oder schlagen ihn gegen irgendein Hindernis. Lichter und Dinge, die glänzen, erregen ihre Faszination. Andererseits zeigen sie sich desinteressiert an Dingen, welche normalerweise die Aufmerksamkeit eines gesunden Kleinkindes erregen. Neugierverhalten ist beinahe gänzlich ausgeschaltet, Blickkontakt unterbleibt meist.

---

1 Schriftenreihe der Akademie für öffentliches Gesundheitswesen in Düsseldorf 1981.

Das autistische Syndrom bei Kleinkindern und Kindern wird vorwiegend durch acht Problembereiche charakterisiert, durch *Sprachprobleme, Probleme der auditiven* und *der visuellen Wahrnehmung*, durch *Auffälligkeiten in anderen Sinnesbereichen*, durch *Bewegungsanomalien, anomales, auffälliges Verhalten, emotionale Probleme* und *Erscheinungsweisen intellektueller Retardation* [799].

**Sprachprobleme**

Die Sprachprobleme autistischer Kinder sind zunächst durch *Störungen in der Sprachentwicklung* gekennzeichnet. Bei manchen Kindern entwickelt sich Sprache gar nicht, bei anderen findet nach anfänglicher Entwicklung ein Rückgang statt, der bis zum Verlust der Sprache reicht. Beginnt die Sprachentwicklung wieder Gestalt anzunehmen (z. B. im Alter von 5 Jahren), ist diese mit Defiziten belastet. Auffallende *Sprachabnormitäten* sind stereotype Wortwiederholungen, »Echolalie« (der letzte Ausdruck oder das letzte Wort, das gesagt wurde, wird ständig wiederholt) [800] und »verzögerte Echolalie« (Wiederholung von Wörtern und Sätzen, die das Kind früher einmal gehört hat). Das besondere Problem autistischer Kinder ist jedoch weniger die Aneignung der Sprache, als vielmehr ihre Verwendung in der Kommunikation.[1]

Sprachauffälligkeiten bei autistischen Kindern sind:
- Durcheinanderbringen der Reihenfolge der Buchstaben innerhalb eines Wortes (z. B. »Blirre« anstatt »Brille«)
- Verdrehung der Wortfolge in Sätzen (z. B. »Fahre mit dem Weg auf dem Rad«)
- Satzgebrauch im Telegrammstil (z. B. »Tasse – Milch-trinken«), kontextarme Sprache [801]
- Erfinden eigener Begriffe
- fehlerhafte Aussprache und schlechte Kontrolle der Stimmstärke [802]
- Neigung zu Selbstgesprächen
- weitgehend fehlendes Sprachverständnis
- Sprache bleibt lange Zeit »kleinkindlich«
- pronominale Umkehr (z. B. »du« anstatt »ich«) [803]. Häufig vermeiden es autistische Kinder, sich selbst mit »ich« oder »mich« zu bezeichnen. Stattdessen benutzen sie ihren Namen oder bezeichnen sich selbst als »du«, eine andere Person mit »ich« [804]. Auch zur Bildung von besitzanzeigenden Fürwörtern kommt es auffallend spät [805].
- »Spielen« mit Wörtern (Das autistische Kind »wendet Wörter hin und her, kehrt sie um und hat Spaß an verrückten Wortkombinationen« [806]. Dabei wird aber die Mitteilungsfunktion von Wörtern nicht realisiert.)
- Bejahung wird durch Wiederholung der Frage zum Ausdruck gebracht.

---

1 Steinhausen/von Aster a. a. O., S. 14f. Demzufolge entwickeln etwa die Hälfte der autistischen Kinder keinen kommunikativen Sprachgebrauch.

## Probleme der auditiven Wahrnehmung

Die Reaktion auf akustische Reize ist ungewöhnlich [807]. So wird z. B. von einem autistischen Kind das Angesprochenwerden ignoriert, ebenso fehlt eine Reaktion auf sehr laute Geräusche. Andererseits werden oftmals erstaunlicherweise leise Geräusche mit Zuwendung zur Geräuschquelle beantwortet. Manche akustische Wahrnehmungen empfindet das Kind als qualvoll, andere (z. B. Klopfen) erregen Interesse. Das Kind hat meist Freude an Musik und Singen.

## Probleme der visuellen Wahrnehmung

Charakteristisch ist die häufige Vermeidung des Blickkontakts[1], und eine größere räumliche Distanz zu anderen Personen [808]. Das autistische Kind schaut die Person, die zu ihm spricht, nicht direkt an. Der Blick geht »vorbei« oder »durch die Person hindurch«. Gegenstände werden oft nur mit einem kurzen Blick bedacht. Insgesamt besteht die Schwierigkeit, das Wahrnehmungsbild differenziert zu erfassen. Aufmerksamkeit erregen insbesondere bewegte Gegenstände.

## Auffälligkeiten in anderen Sinnesbereichen

Viele autistische Kinder zeigen eine relative Unempfindlichkeit gegen Schmerz und Kälte. Hierbei könnte eine »Flucht in die Reizausschaltung« dahinterstehen. Auch scheint der Tastsinn gestört zu sein (Berührungen können oft nicht lokalisiert werden). Die Kontaktaufnahme zur Umwelt wird mit Vorliebe durch Betasten, Beriechen oder Belecken hergestellt. Bestimmte Gerüche können besonderes Interesse erregen. Die Verarbeitung der Sinnesreize bereitet Probleme [809]. Es kommt sehr schnell zu einer Reizüberflutung. Es kann auch erhöhte Sensibilität vorhanden sein (z. B. beim Hören).

## Bewegungsanomalien

Charakteristisch für autistische Kinder sind auffällige Bewegungen mit den Armen und Händen, aber auch mit dem Körper insgesamt (Wedeln; Grimassen schneiden; sich im Kreise drehen). Finger und Gegenstände werden vor den Augen verdreht, um sie zu betrachten. Die manuelle Geschicklichkeit ist in der Regel sehr gut ausgeprägt. Die Kinder wirken oft agil und anmutig. Sie sind geschickte Kletterer. Und wenn sie fallen, verletzen sie sich selten. Andererseits treten im Verlauf stereotyper Bewegungsketten (z. B. Kopfschlagen) leicht Verletzungen auf.[2] Manche Kinder haben Schwierigkeiten, im Gleichgewicht zu gehen und (z. B. beim Sportunterricht und bei Gymnastik) die Reihenfolge von Bewegungen

---

1 Steinhausen/von Aster (a.a.O., S. 14f.) schreiben, dass dies zwischen dem 2. und 4. Lebensjahr besonders auffällig ist. Vgl. auch Innerhofer/Klicpera a.a.O., S. 113f.
2 Innerhofer/Klicpera (a.a.O., S. 140ff.) sprechen von selbstverletzendem Verhalten.

zu koordinieren. Offensichtlich Spaß macht autistischen Kindern Schaukeln, Sich-Wiegen, Rutschen oder Sich-Drehen. Auch Störungen der Feinmotorik können auftreten.

**Auffälliges Verhalten**

Auffällig ist ein gewisses zwanghaftes Beharren auf *Eintönigkeit* des Verhaltens. Autistische Kinder »beschäftigen sich stereotyp mit derselben Art von Gegenständen« [810], die sie genau kennen und zielsicher auffinden. Da das Orientierungsverhalten autistischer Kinder geringer ist [811], geraten sie in panische Angst , wenn ihre gewohnte Umgebung verändert wird [812] oder wenn alltägliche Gewohnheiten (z.B. Sitzordnung beim Essen; gewohnte Wege) eine Änderung erfahren. Dies ist bei ihrer *Neigung zu Ritualen* und *zwanghaften Reaktionen* [813] nicht ungewöhnlich. An bestimmten, ihnen lieb gewordenen Dingen hängen sie sehr. Sie legen sich auch gerne eine Sammlung von Gegenständen zu, die sie dann ordnen. An Stelle eines normalen Spielverhaltens (komplexes, konstruktives, logisch-sinnhaftes Spielen) [814] bevorzugen sie Stereotypen des Tuns (z.B. Schaukeln; Drehen der Hände; Kreiseln mit Gegenständen.

**Emotionale Probleme**

Verschlossenheit und Unzugänglichkeit des Kindes (»autistische Isolation«) verhindern weitgehend eine emotionale Öffnung zur menschlichen Umwelt. Ziehen sie sich nicht völlig von ihrer menschlichen Umwelt zurück, so binden sie sich entweder symbiotisch an eine bestimmte Person oder gehen mit ihren Mitmenschen um, als ob diese Gegenstände seien. Will man ihre Zuwendung und Aufmerksamkeit erzwingen, so reagieren sie ungehalten und gereizt [815]. Dies bessert sich erst etwa ab dem 5. Lebensjahr.[1] Charakteristisch sind Zornausbrüche bei nicht immer erkennbaren Anlässen, unerwartete und unbegründete Aggressionen (Stechen; Schlagen), »Bedürfnis nach Bestrafung« [816], teils Waghalsigkeit, teils unbegründete Ängste und Stimmungsschwankungen. Der Gesichtsausdruck autistischer Kinder ist gewöhnlich ernst, traurig, versonnen und gelegentlich von einem unmotivierten Lächeln oder Lachen geprägt. Autistische Kinder zeigen oft Furcht vor harmlosen Dingen, lassen aber andererseits die zur Selbsterhaltung notwendige Furcht vor echten Gefahren vermissen. Manche autistische Kinder glauben, kein Recht auf Leben zu haben. Dies kann sich unter Umständen in Selbsthass und Selbstbestrafung äußern. Autistische Kinder erleben teilweise ihr Leben als »Dauerstress«. Emotionale Gefühlsqualitäten eskalieren bisweilen in Angst, Panik oder »Nervenzusammenbruch«.

---

1 Nach Steinhausen/von Aster (a.a.O., S. 14f.) nimmt die Zurückgezogenheit und Irritation bei sozialen Kontakten zwar meist wieder ab, jedoch bleibt eine zum Teil deutliche Passivität bestehen.

### Erscheinungsweisen intellektueller Retardation

Vor allem die *sprachliche Abkapselung* (Ignorieren des gesprochenen Wortes) verhindert, dass das autistische Kind selbst normal sprechen lernt. Da sprachliche Fähigkeiten eng mit der Entfaltung der Intelligenz verbunden sind, ist beim autistischen Kind die Gefahr intellektueller Retardation immer gegeben. *Desinteresse an der Umwelt* bringt einen Mangel an Erfahrungen, die wiederum Voraussetzung zur denkenden und begrifflichen Erfassung der Realität darstellen. So besitzen autistische Kinder häufig im Hinblick auf eine mögliche komplexe Intelligenzentfaltung nur Teilleistungsbereiche, die sich vorwiegend sprachunabhängig entwickelt haben (z.B. musikalische Fähigkeiten; gutes Ortsgedächtnis; gute Erinnerungsfähigkeit [817]; Umgehen mit Zahlen; mechanische Lesefähigkeit [818]; spezielles Können in einzelnen Lernbereichen [819]).

### Ursachen und Hintergründe

Die Ursachenfrage für den kindlichen Autismus ist noch nicht klar beantwortet. In der Literatur finden sich hauptsächlich Theorien, welche angeborene biologische Faktoren und Umwelteinflüsse in gleicher Weise einbeziehen. Aber es gibt auch verschiedene Schwerpunktsetzungen. Während manche Autoren anlagebedingte und erbgenetische Ursachen in den Vordergrund rücken (Wing, L.; Wing, J.K.; Dorsch), schlagen andere einen Ursachenkompromiss (O'Gorman) oder eine Kombination verschiedener Elemente in dieser Frage (Jensen) vor. O'Gorman erklärt Autismus als »psychosomatische Erkrankung, in der emotionale und somatische Reaktionen sich wechselseitig beeinflussen, sodass zirkuläre Mechanismen in Gang gesetzt werden« [820]. Jensen zieht eine ganze Reihe endogener wie exogener Ursachenfaktoren in Betracht [821]. Inzwischen steht fest, »dass es sich um eine sehr frühe, vielleicht sogar pränatale Störung handelt« [822]. Da zum Beginn der Störung Soma und Psyche wenig voneinander differenziert gewesen seien, sei eine einseitige somatische oder psychogene Betrachtungsweise bezüglich der Ätiologie nicht möglich [823]. Das bei autistischen Kindern zu beobachtende Sich-zurückziehen in die eigene Welt, könnte psychologisch als »Flucht vor Überforderung« (Entspannung), aber auch als »Gefängnis« (soziale Vereinsamung) oder als »zwangsweise selbst gemachter Hospitalismus« interpretiert werden, unter dem diese Kinder aber grundsätzlich leiden.

Im Einzelnen können folgende mögliche Ursachen für Autismus aufgeführt werden (wobei meist mehrere Ursachen zusammenkommen):
- organische Hirnstörung; Beteiligung zerebralorganischer Faktoren
- Unreife der Gehirnentwicklung (Retardierung in der Entwicklung)
- Gehirnleistungsstörungen (kurze Ausfälle, die im EEG nachweisbar sind; verminderte Aufnahme- bzw. Speicherkapazität; die Reizselektion ist behindert)
- schwere Stoffwechselstörung

- organische Erkrankungen des Zentralnervensystems
- konstitutionelle Ursachen[1]; erbgenetischer Faktor [824]
- Anomalien im Hypophysen- und Nebennierensystem [825]
- Zusammentreffen erbbedingter Veranlagung mit negativen Umwelteinflüssen (somatisch und psychisch)
- Vernachlässigung und lieblose Betreuung im ersten Lebensjahr
- gestörte Mutter-Kind-Beziehung
- gestörte Umweltbeziehungen während der ersten Lebensjahre
- »Mechanisierte und perfektionierte Erziehung« [826] durch ihrerseits emotional gestörte Eltern.

### Untersuchungsverfahren und Diagnose

Außerhalb der ärztlich-medizinischen Diagnose gibt es keine spezifischen pädagogischen Untersuchungsverfahren. Es bleiben Beobachtung (dabei ist die Früherfassung sehr wichtig) und so genannte Merkmalslisten zur Summationsdiagnose, die sich in der Praxis vermehrt durchgesetzt haben.[2]

### Pädagogische Hilfen

Autismus zu behandeln, ist schwierig. Da schon die Diagnose Probleme bereitet (Fehlen exakter und ätiologisch signifikanter Verfahren), ist eine auf Diagnose aufbauende spezifische Behandlung erschwert. In der Praxis führen oft Standardbehandlungsmethoden wie Spieltherapie, Psychoanalyse oder Verhaltenstraining zu nicht voll befriedigenden Ergebnissen. Ärztliche Therapieversuche (z.B. mittels Tranquilizer, Elektroschock, Dauernarkosen oder Insulinpräparaten) lassen oft nur die Symptome verschwinden, ohne die tieferliegenden Ursachen zu beseitigen. Im Einzelnen bewähren sich folgende Hilfen:
- Verhaltenstherapie (operantes Lernen), bei der schrittweise ein dem Mitmenschen zugewandtes Verhalten aufgebaut wird
- Trainingsprogramm, das aus Perioden nicht verbaler und verbaler Übungen zusammengesetzt ist [827]
- Sorgfältig strukturiertes Lern- und Trainingsprogramm, das auf individuelle Schwierigkeiten ausgerichtet ist
- Sensomotorische Übungsbehandlung
- Erforschung und Behandlung hintergründiger körperlicher Schädigungen

---

[1] Nach Steinhausen/von Aster ( a.a.O., S. 14) weisen darauf auch Zwillingsuntersuchungen sowie eine familiäre Häufung hin.
[2] Entwickelt z.B. von der »Hilfe für das autistische Kind e.V.«. Lüdenscheid. Hierbei führt erst die Summierung »bestimmter« Einzelmerkmale zur Diagnose des frühkindlichen Autismus. Vgl. hierzu auch Dzikowski/Vogel 1993, S. 13.

- Gezielte Förderung in Sonderschulen, in denen nicht nur autistische Kinder sind (Eingliederung in normale Schule als Ziel)[1]
- Musik- und Bewegungstherapie [828] sowie Sprachspiele[2]
- Zusammenarbeit von Familie und Fachkraft bei der »Ansteuerung kontaktmäßiger Erziehung« [829]
- Geduld, Toleranz, Verständnis für die Schwierigkeiten des Kindes
- Bei Selbstbeschädigung oder Autoaggression Ignorieren des Schlagens oder Isolation (time-out) mit der therapeutischen Absicht, soziale Verstärkung auszuschalten und allmähliche Abnahme des Fehlverhaltens zu ermöglichen
- Bemühen des Lehrers, sich eingehend über die Probleme des individuellen Falles zu informieren
- Miteinbeziehen der Eltern in pädagogische Förderungsansätze (Fortsetzen der Techniken zu Hause)
- Behandlungsbeginn so früh wie möglich (Kindergarten; Sonderbetreuung)
- Autistische Kinder brauchen in der Regel eine feste Bezugsperson
- Diese Kinder sind sehr liebesbedürftig, benötigen Wärme, Zuwendung, Lob und viel Geduld.
- Ihr Selbstwerterleben muss ständig aufgebaut und stabilisiert werden.

Für den Lehrer und Erzieher schlägt Wing [830] vier wichtige Erziehungsziele vor, die im Hinblick auf die Therapie autistischer Kinder vorrangig von Bedeutung sind. Diese Ziele sind *Verbesserung des sozialen Verhaltens* (Erleichterung des Lebens in der Gruppe), *Beibringen möglichst vieler Fertigkeiten des täglichen Lebens* (Selbstpflege; praktisches Leben; schulisches Leben), *Entwicklung der für Beschäftigung und Freizeitverhalten notwendigen Fähigkeiten und Hilfen für ein besseres Weltverständnis* und *Lebensfreude*. Für das Verständnis des autistischen Kindes ist auch noch die Hypothese von Finger bemerkenswert, derzufolge der »autistische Rückzug« des Kindes als Versuch zu verstehen ist, »eine halluzinatorische Autonomie gegenüber einer Umwelt zu erhalten, die als unbeeinflussbar und unabänderlich gefährlich« erlebt wird [831]. Wir müssen akzeptieren, dass ein autistisches Kind immer ein besonderes Kind mit eigenem Schicksal ist, und nicht nur ein »autistisches Syndrom« [832]. Dem autistischen Kind zu ermöglichen, »sich selbst gegenüber der Welt erleben zu lernen« [833] und dabei auch die Welt des autistischen Kindes zu erfahren, ist ein Weg zur Synthese des Verständnisses beider Welten. Ein Anerkennen des Anders-Seins, ein Respektieren eigener Unzulänglichkeiten sowie ein Erkennen auch des Positiven spezifischer autistischer Verhaltensweisen sind unentbehrlich [834].

---

1 Nach Steinhausen, H.-C./von Aster, M. G. (a.a.O., S. 38ff.) hat sich die schulische Integration autistischer Kinder bewährt.
2 Diese nicht-verbalen Verständigungsmöglichkeiten sind, vor allem im Hinblick auf eine nicht vorhandene oder gestörte Sprache autistischer Kinder, besonders wichtig (Schuhmacher a.a.O., S. 1).

## Fallbeispiele

### »Peter« [835]

»Dieser Junge wurde in eine vorschulische Fördereinrichtung aufgenommen, nachdem zwei Kinderkrankenhäuser ihn als mehr oder weniger hoffnungslosen Fall aufgegeben hatten. Zu dieser Zeit hatte er zu keinem Menschen Beziehung, nicht einmal zu seiner Mutter. Er aß niemals feste Nahrung, sondern trank nur aus der Flasche. Er konnte nicht sprechen, war nicht sehr sicher auf den Beinen und verbrachte die meiste Zeit des Tages auf dem Rücken liegend auf der Erde. Er schlug ständig den Kopf, schrie Tag und Nacht und war äußerst ungebärdig. Seiner Mutter wurde gesagt, sie solle sich damit abfinden, dass er für die Regelschule ungeeignet sei.

Die Fortschritte bei diesem Jungen sind enorm. Schon nach einem Jahr hat er gelernt, feste Nahrung anzunehmen und sich mit dem Löffel füttern zu lassen. Er ist fast sauber. Die Sprache entwickelt sich schnell. Er hat eine hübsche Stimme mit gutem Tonfall und ein gutes Gedächtnis für Melodien. Die Handgeschicklichkeit bessert sich. Er kann jetzt einfache Anweisungen ausführen. Sein körperlicher Zustand hat sich erheblich gebessert, weil er jetzt gut durchisst. Es besteht die Hoffnung, dass dieses Kind sich soweit entwickeln wird, dass im 7. oder 8. Lebensjahr der Besuch einer Regelschule möglich ist.«

### »Jeanette« [836]

»Jeanette konnte keinen Kontakt zu anderen Kindern finden, da sie ganz für sich in einer Traumwelt lebte. Ihr Verhalten trug die ersten Anzeichen einer Schizophrenie, deswegen wurde sie auch von den anderen Kindern als irgendwie eigenartig empfunden. Sie war 6 Jahre alt und in der ersten Klasse. Man hielt sie für klug, weil sie gut plaudern konnte. Die Eltern waren stolz auf den außergewöhnlichen Wortschatz, den das Kind früh erworben hatte. Jedem, der es hören wollte, pflegte sie verworrene Geschichten über Blumen, Tiere und über Fantasiewesen mit eigenartigen Namen zu erzählen. Trotzdem führte Jeanette nie ein wirkliches Gespräch mit irgendeinem Menschen und tat auch nie etwas mit einer anderen Person zusammen. Die Kinder nannten sie verrückt, lange bevor die Erwachsenen den krankhaften Charakter ihres Innenlebens bemerkt hatten. Allmählich verlor sie so sehr den Kontakt mit allem, was um sie herum geschah, dass sie nicht in der Schule bleiben konnte.«

## 6.3 Von der Umwelt ausgehende negative Einflüsse

### 6.3.1 Überbehütung (Overprotection)

**Definition**

Mit Überbehütung (»overprotection«) bezeichnet man eine übertriebene Zuwendung der Eltern zu ihrem Kind, die weit über das normale Maß hinausreicht. Die eigentlichen Motive für dieses Fehlverhalten sind den Eltern meist nicht bewusst. Zu unterscheiden sind zwei Grundtypen der Überbehütung [837], denen jeweils verschiedene Ursachen zugrunde liegen: Die echte Überbesorgtheit und die kompensierende (schuldbewusste) Überbehütung. Bei ersterer stehen äußere Gegebenheiten oder biologisch-hormonelle Faktoren der Mutter im Vordergrund (besonders starkes Bedürfnis, das Kind zu umsorgen), bei Letzterer verdeckte bis offene ablehnende (bisweilen auch feindliche) Gefühle dem Kind gegenüber, die dann durch extreme Besorgnis und Zuwendung kompensiert werden. Von Überbehütung ist auch zu sprechen, wenn ein misserfolgsängstlicher Schüler durch Erzieher oder Lehrer allzu deutlich von Aufgaben verschont wird [838].

**Beschreibung und Symptomatik**

Jedes Kind strebt mit wachsendem Alter nach zunehmender Selbstständigkeit. Normalerweise nimmt dabei die Umsorgung durch die Erziehungspersonen allmählich ab. Steht das Kind aber unter einer ständig beherrschenden und kontrollierenden Beobachtung seitens der Eltern oder Erziehungsverantwortlichen, so sind seine Möglichkeiten, selbstständig zu werden, entscheidend blockiert (Hemmung der Individuation). Das Kind ist unfähig, Konflikte auszutragen, es hat Hemmungen und ein mangelndes Selbstvertrauen. Sein auffallend unselbstständiges Verhalten führt zu Schwierigkeiten bei der Kontaktaufnahme (mangelnde Du-Kompetenz), und es kann sich weder anpassen noch durchsetzen. Infolge der gewohnten ständigen Zuwendung durch die Eltern erwartet das Kind immerfort Aufmerksamkeit und Hilfe. Sein Verhalten äußert sich anspruchsvoll und egoistisch. Es ist darauf bedacht, sich selbst in den Mittelpunkt zu stellen. Aus demselben Grund kann sich ein solches Kind auch einer Autorität gegenüber widersetzen. Überbehütung kann beim betroffenen Kind Schuld-, Angst- und Minderwertigkeitsgefühle begünstigen.

Kinder, deren Eltern absoluten Gehorsam fordern, scheinen zunächst unauffällig, ordentlich, gehorsam, einsichtig und höflich zu sein. Erkennbar wird dabei jedoch eine gewisse Ängstlichkeit, da ihr Bestreben darauf ausgerichtet ist, sich der Umwelt anzupassen. In der Schule haben sie kaum größere Schwierigkeiten. Oft sind sie »Musterschüler«. Symptome für Überbehütung sind:
- Das Kind neigt zu unterwürfigem, passivem und abhängigem Verhalten.
- Es entwickelt kaum Eigeninitiative.

- Es blickt Hilfe suchend zum Lehrer und hofft auf Zuwendung und Anleitung.
- Es ist nicht in der Lage, bestimmte Handgriffe (z. B. Schuhebinden) auszuführen.
- Es erwartet, dass ihm Aufgaben abgenommen werden.
- Es zeigt einen Mangel an schöpferischer Kraft und Originalität.
- Es tut sich schwer, Verantwortung zu übernehmen und Entscheidungen zu treffen.
- Es versucht, den Lehrer in die Rolle des verwöhnenden Elternteils zu drängen.
- Das Kind versagt aus Angst vor den Anforderungen.
- Es nimmt eine Außenseiterposition ein (»Muttersöhnchen«).
- Es reagiert auf Widerstand mit Trotz und Aggression.
- Es hat kaum Leistungsehrgeiz entwickelt, da es gewohnt ist, zu empfangen, ohne zu geben.
- Gelegentlich hat ein überbehütetes Kind einen körperlichen Mangel (Grund für die Überbehütung).

Ursachen und Hintergründe

Ursachen für Überbehütung können in der Individualität des Kindes, in einer problematischen Auffassung von Erziehung und in verschiedenen Umwelteinflüssen liegen.

### Ursachen, die in der Individualität des Kindes liegen

Kinder, die lange Zeit krank waren, werden häufig von ihren Eltern geschont. Das verwöhnende Verhalten (z. B. jede Anstrengung abnehmen) setzt sich auch dann noch fort, wenn die Kinder wieder gesund sind. In ähnlicher Weise werden auch Kinder, die auf Grund ihrer körperlichen oder psychischen Konstitution krankheitsanfällig sind oder nicht so gut mit ihrer Umwelt zurechtkommen, häufig zu sehr beschützt und umsorgt, einerseits als Trost (Zuwendung als Ersatzausgleich), andererseits als Abschirmung gegenüber der Außenwelt (Bewahren vor negativen Erlebnissen).

### Ursachen, die in einer problematischen Auffassung von Erziehung liegen

Hierbei wird die Erziehungsaufgabe missverstanden oder falsch gewichtet. Im Bemühen, Schädliches oder Unangenehmes vom Kind fern zu halten, wird ein Schonraum geschaffen. Dabei herrscht die Meinung vor, Verhaltensweisen und Kräfte, welche in einer von negativen Einflüssen »gereinigten« und positiv präparierten Kinderwelt erworben werden, seien auf die Lebensrealität übertragbar. Häufig entsteht auch aus Ängstlichkeit, Herrschsucht (Dirigismus) oder einem »Zwang zur Aufopferung« für das Kind eine solche Fehlform der Erziehung [839]. Dabei wird das Kind bevormundet, und Angelegenheiten, die es bereits selbst erledigen könnte, werden ihm abgenommen. Das Kind wächst so nicht in verantwortliches Handeln hinein. Auch schrankenlose Nachsicht kann hier als Ursache angeführt werden. Diese kennzeichnet ein Verhalten, bei dem Eltern alles tun, was das Kind verlangt, um seine Liebe und Zuneigung zu erfahren. Eltern oder Elternteile wollen so oftmals eigene emotionale Bedürfnisse nachholen, die sie selbst in ihrer Kindheit entbehren mussten.

**Ursachen, die in Umwelteinflüssen zu suchen sind**

Hierbei spielen besonders die Familienverhältnisse des Kindes eine entscheidende Rolle. Langes Warten der Mutter auf eine Schwangerschaft, Aufwachsen als Einzelkind, als Nachzügler [840], Tod eines Geschwisters oder eines Elternteils, Scheidung, Alleinerziehung oder längere Abwesenheit eines Elternteils können zu übertriebener Umsorgung des Kindes oder zu einer Übertragung der Zuwendung führen. Auch das Aufwachsen eines Kindes bei seinen Großeltern birgt grundsätzlich die Gefahr der Verwöhnung und Überbehütung in sich. Kinder aus reichen Familien werden oft davon abgehalten, sich mit Mitschülern anderer Schichten anzufreunden, »da sie etwas Besseres sind«. Sie werden deshalb von den Mitschülern auch nicht akzeptiert und in die Rolle eines Außenstehenden gedrängt.

**Untersuchungsverfahren und Diagnose**

An Untersuchungsverfahren zur Erhellung vor allem der Ursachen von Überbehütung bieten sich Beobachtung, Gespräche mit Kindern und Eltern, Motivationstests oder Aufsatzanalysen an.

**Pädagogische Hilfen**

Eine vorrangige Hilfe für das überbehütete Kind ist es, Selbstvertrauen zu entwickeln und Verantwortung für sich selbst und sein Tun zu übernehmen. Hierzu muss es schrittweise geführt werden, indem jedes selbstständige Verhalten verstärkt wird. Gleichzeitig gilt es, Möglichkeiten zu schaffen, die es dem Kind erleichtern und ihm Gelegenheiten bieten, eigene Ideen zu verwirklichen. Ebenso wichtig ist der Abbau eines (möglicherweise vorhandenen) Egoismus, auf Grund dessen das Kind bestrebt ist, sich in den Mittelpunkt zu stellen. Der Lehrer könnte im Unterricht das Problemfeld des überbehüteten Kindes im Themenbereich »Sachunterricht« aufgreifen (z.B. »Allmähliche Gewöhnung an schulische Verhaltensformen« oder »Grundformen des Miteinanderlebens in der Schule«). Durch die Beteiligung aller Schüler am Gestalten schulischer Ereignisse (z.B. Feste; Klassenfeiern; Theateraufführungen) und durch das Eingehen auf die vom Schüler individuell vorgebrachten

Ideen kann ein Mangel an schöpferischer Kraft und Originalität ausgeglichen werden. Solches bietet ebenso wie verstärkte Partner- und Gruppenarbeit im Unterricht eine Hilfe, um das Kind in den Klassenverband besser zu integrieren und die gegenseitigen Hilfeleistungen der Schüler untereinander zu fördern. Wesentlich erscheint es auch, das Kind zu einer natürlichen und sachlichen Einstellung dem Lernen gegenüber zu führen. Dies geschieht am besten über den Abbau von Ängstlichkeit, Unsicherheit und Gehemmtheit.

Um die Folgewirkungen der Überbehütung abzubauen und das Kind in seiner Selbstständigkeit und in seinem Selbstvertrauen zu stärken, bieten sich noch folgende Maßnahmen an:
- Übertragen eines Klassenamtes, bei dem das Kind seine Helfer selbst aussuchen kann [841], die Verantwortung jedoch ihm übertragen bleibt.
- Förderung von Freundschaften zwischen dem betroffenen Kind und anderen Kindern.
- Versuch, das Kind für die Mitarbeit in einer Spiel-/Sportgruppe zu gewinnen.

Man sollte bei dieser Problematik auch noch an mehr indirekte Hilfen denken, die z. B. Elternabende und Gespräche mit den Eltern bewirken können. So bietet sich zum Schulanfang unter dem Thema »Selbstständigkeit« eine Aussprache mit den Eltern bei einem Elternabend an. Dabei sollte versucht werden, den Erziehungspersonen einsichtig zu machen, dass das Kind alt genug ist, persönlich übertragene Arbeiten selbstständig zu erledigen (z. B. Schultasche packen; Schuhe binden; An- und Auskleiden beim Sportunterricht). Auch sollte das Kind zu Hause für bestimmte Aufgaben selbst zuständig sein (z. B. Ordnung im Zimmer; Erledigen bestimmter lebenspraktischer Aufgaben), um Verantwortung zu lernen, ohne dabei immer unter der Kontrolle der Erzieher zu stehen. Erfolg versprechend ist eine Behandlung des Kindes nur, wenn es sowohl von den Eltern wie auch vom Lehrer in seinem Bemühen um Selbstständigkeit unterstützt wird und wenn die Eltern ihre übergroße Ängstlichkeit und Zuwendung abbauen.

### Fallbeispiele

#### »Heinz« [842]

Heinz (9 Jahre alt) wurde wegen schulischer Schwierigkeiten zur Beratung vorgestellt. Die psychologische Untersuchung ergab das Gesamtbild eines retardierten, minderbegabten (IQ 71), neuropathischen Kindes, das gehemmt, unsicher, ängstlich und unselbstständig wirkte. Die Schule hatte die Leistungsschwäche als Faulheit und Bequemlichkeit des Jungen fehlgedeutet, sodass Heinz Nachhilfeunterricht erhielt und in seiner Freizeit nicht spielen durfte. Die Eltern, die ihren Sohn überbehüteten und ihn auf Grund seiner vielen Krankheiten umsorgten, belasteten den Jungen durch dieses Übermaß an Erziehung und schulischem Ehrgeiz. Vor allem die Mutter korrigierte ständig sein äußeres Verhalten, wodurch er auch in seiner persönlichen Freiheit eingeengt wurde. »Das tut man nicht! Das macht man nicht so, sondern so!« waren stereotype Verhaltensmaßregeln, die den Jungen psychisch überforderten.

Bei Heinz waren zwei Ursachenkomplexe bedeutsam: Einmal wurde seine Minderbegabung weder von der Schule noch vom Elternhaus erkannt und als Faulheit und Bequemlichkeit missgedeutet, und er erhielt deshalb noch Nachhilfeunterricht. Zur schulischen Überforderung kam auch noch, dass er zuhause »gedrillt« wurde. Eltern wie Lehrer waren überzeugt, dass er »schon könnte, wenn er nur wollte«.

Zum anderen wurde er auch noch durch seine Mutter psychisch überfordert, indem sie ihn ständig maßregelte. So kam es zu deutlichen Erscheinungsweisen von Regression, Angst, Hemmungen, Unselbstständigkeit und Unsicherheit.

## »Andrea«

Die 7-jährige Andrea besucht den 1. Schülerjahrgang der Grundschule. Der Lehrerin fiel das Mädchen schon zum Schulbeginn dadurch auf, dass es große Schwierigkeiten hatte, Kontakte zu anderen Kindern herzustellen. Auch war sie offensichtlich noch recht unselbstständig. Ihre Mutter brachte sie jeden Morgen zur Schule und holte sie mittags wieder ab. Während des Unterrichts war Andrea sehr darauf bedacht, alles richtig zu machen, war aber dazu nur in der Lage, wenn sich die Lehrerin besonders um sie kümmerte. So erwartete Andrea beispielsweise, dass die Lehrerin ihr die Hausaufgabe aufschrieb, die Schultasche packen half, Reißverschlüsse zumachte und ihr beim Schuhebinden behilflich war. Wurde sie einmal nicht gleich beachtet, reagierte sie beleidigt, trotzig oder aggressiv. Im Sportunterricht verhielt sich das Mädchen ängstlich und abwartend. Während ihre Mitschüler/innen kletterten und umherrannten, stand sie oft abseits, blickte Hilfe suchend umher und wartete auf die Unterstützung der Lehrerin. Aus eigenem Antrieb nahm sie nie einen Ball oder ein anderes Sportgerät. Nur wenn ihr dies befohlen wurde, tat sie es.

Als Andrea auch nach dem ersten Halbjahr noch keinen Anschluss zu ihren Mitschülern gefunden hatte und die Gefahr bestand, dass ihre Außenseiterposition sich festigte, beschloss die Lehrerin, mit der Mutter zu sprechen, da sie das Kind noch nicht für sozial schulfähig hielt. Im Verlauf der Aussprache stellte sich heraus, dass Andrea das einzige Kind der Mutter war. Jahrelang, so berichtete die Mutter, hätte sie auf ein Kind gewartet und schließlich Andrea und ihre Zwillingsschwester Paula zur Welt gebracht. Paula starb dann im Alter von 6 Wochen. Andrea war von da an das »Ein und Alles«. Sie wurde sehr verwöhnt, und da die Mutter recht ängstlich war, dass ihrem Kind etwas zustoßen könnte, hielt sie es von anderen Kindern fern und widmete ihr ihre ganze freibleibende Zeit. Andrea gewöhnte sich daran, in allem zuerst die Mutter zu fragen. Unangenehme Dinge wie z. B. Aufräumen oder Abtrocknen überließ sie der Mutter, die dies als »Liebesbeweis« gerne übernahm.

So hatte es Andrea nie gelernt, Rücksicht zu nehmen oder aus eigenem Antrieb Mühe machende Arbeiten zu übernehmen. Sie war daran gewöhnt, dass ihr das meiste abgenommen und ihr alles genau erklärt wurde. Zu Hause stand sie immer im Mittelpunkt und übertrug diese Position bei Schuleintritt auch auf diese neue Lebenssituation. Doch nun wurde dieser »Kokon« der Überfürsorge, Überängstlichkeit und Verwöhnung durch die Eltern zu einem Hindernis für Andreas Sozialisation, aus dem sie sich schlecht befreien konnte. Infolge der Absonderung wuchs das Mädchen in die Rolle der Außenseiterin und des »Angsthasen«. Die Folgezeit in der Schule erwies sich für Andrea recht schwierig im Hinblick auf die Integration in die Gemeinschaft und auch für das selbstständige Lernen. Es gelang ihr nur teilweise, ihr von früher Kindheit an geprägtes Überbehütetsein nach und nach zu Gunsten von Eigeninitiative und Selbstvertrauen abzustreifen.

## 6.3.2 Hospitalismus

### Definition

Die Bezeichnung »Hospitalismus« (Synonym: Affektentzugssyndrom; Gefühlsmangelkrankheit) dient als Oberbegriff für physische[1] und psychische[2] Schäden, die auf Grund einer *emotionalen Mangelsituation* (Deprivation)[3] in der frühen Kindheit entstehen. Hospitalismus entsteht meist durch längeren oder dauerhaften Aufenthalt in Krankenhäusern und Heimen oder auch durch Vernachlässigung des Kindes innerhalb der Familie [843].

### Beschreibung und Symptomatik

Wird ein Kind vom Hospitalismus betroffen, ist vielfach eine verlangsamte Entwicklung feststellbar. Diese kann im physischen Bereich auftreten (gehemmte Motorik; starke motorische Unruhe; verzögertes Laufenlernen [844]), sich auf geistig-kognitive Prozesse beziehen (Verzögerung des Sprechenlernens [845]; verlangsamte Sprach- und Sprechentwicklung [846]) oder psychische Auswirkungen haben (depressive Zustände; Unfähigkeit, zwischenmenschliche Beziehungen einzugehen;

---

1 Physische Schäden entstehen durch körperliche Beeinträchtigung (ungenügende Pflege, falsche Ernährung) sowie durch Ausbreitung pathogener Keime (infektiöser Hospitalismus) (Innerhofer/Klicpera/Rotering-Steinberg/Weber 1989, S. 294).
2 Psychische Schäden finden ihre Ursache in anhaltenden oder zahlreichen kurzdauernden emotionalen Frustrierungen im frühen Kindesalter (Innerhofer/Klicpera/Rotering-Steinberg/Weber a.a.O., S. 294).
3 Eggers/Lempp/Nissen/Strunk (1994, S. 106f.) bezeichnen den »psychischen Hospitalismus« als »Deprivationssyndrom«. Bezeichnungen, wie Separationssyndrom, Verlassenheits- oder emotionales Frustrationssyndrom, Frühverwahrlosung oder Verkümmerungssyndrom sind ihrer Meinung nach differenzialpsychologisch nur bedingt brauchbar, drücken aber ausnahmslos die Dominanz der Milieu- oder Umweltfaktoren als Ursache des psychischen Hospitalismus aus.

Kontaktverweigerung [847]; verminderte Fähigkeit zu tiefer emotionaler Zuneigung). Intensität und Art der psychischen Schäden sind abhängig vom Alter des Kindes bei der Trennung von der Mutter, von der Dauer und Schwere der frustrierenden Ereignisse, von der konstitutionellen Disposition des Kindes sowie vom Zeitraum, der seit der Frustrationsperiode vergangen ist [848]. Bedingt durch den Mangel an Zuwendung flüchtet sich das Kind oft in Ersatzbefriedigungen wie Nägelbeißen, Haareausreißen, Daumenlutschen oder anderweitigen »Leerlaufhandlungen« [849] oder in aggressive Verhaltensweisen (Einnässen; frühkindliche Trotzphase). Wichtig zu erwähnen sind auch Stereotype[1], die sich wie folgt äußern können: Hin- und Herrollen des Kopfes beim Liegen, Bewegungen der Extremitäten, kreisförmige Bewegungen der Hand oft verbunden mit dem Drehen an einer Haarlocke, Vor- und Zurückschaukeln des Oberkörpers beim Sitzen und Rutschen auf dem Gesäß [850]. Oft zeigt das Kind geringes Interesse an der Umwelt, wirkt antriebsarm, langsam, schwerfällig, apathisch [851] und fällt durch abwehrende Verhaltensweisen auf, durch die es sich von der Umwelt isoliert. Solches führt meist auch zu Anpassungsschwierigkeiten in der Schule [852]. Diese äußern sich in einer Abwehr von Leistungsanforderungen, einer Gespanntheit, einer überstarken Abhängigkeit von Bestätigung, einer besonders starken Angst, Fehler zu machen sowie einer Abgelenktheit [853]. Von Hospitalismus betroffene Kinder besitzen zumeist eine geringe Frustrationstoleranz, die sich in der Tendenz zu aggressiven Verhaltensweisen oder in Weinerlichkeit äußert. Aufgrund der Entwicklungsstörungen auf geistiger, emotionaler und sozialer Ebene sowie den Auffälligkeiten im motorischen Verhalten kann es zur Pseudodebilität, zu Schulversagen und häufig auch zu kindlicher und jugendlicher Delinquenz kommen [854]. Ein schlechter Gesundheitszustand des Kindes (z. B. erhöhte Anfälligkeit für Infektionen [855]) ist ebenfalls zu beobachten.

Ursachen und Hintergründe

Hospitalismus wird in erster Linie durch langfristige Aufenthalte des Kindes besonders in den drei ersten Lebensjahren an Pflegeorten (Krankenhaus; Heim) oder durch Vernachlässigung innerhalb der Familie hervorgerufen. Dadurch entsteht ein Mangel oder zeitweiliger Entzug der emotionalen und körperlichen Zuwendung [856] seitens der primären Bezugspersonen (insbesondere gravierend bei langen Trennungen von Mutter und Kind in der Zeit vom 6. bis 12. Lebensmonat und bei Verlust der Eltern durch Tod [857]. Das elementare Bedürfnis des Kindes nach Gefühlsaustausch und emotionaler Wärme wird somit nicht befriedigt. Ähnliches kann auch auftreten, wenn das Kind im Säuglingsalter oder in der frühen Kindheit auf Grund disharmonischer Familienverhältnisse oder gestörten Familienzusam-

---

1 Stereotype = gleichförmige, immer wiederkehrende, scheinbar sinnlose Bewegungen, auch Leerlaufhandlungen oder Tics.

menhalts (Scheidung) vernachlässigt oder misshandelt wurde [858]. Auch eine lern- und reizarme Umwelt, ein eingeschränktes Blickfeld, beschränkte Bewegungsmöglichkeiten, fehlendes Spielzeug [859] sowie mangelnde sprachlich-kommunikative Anregung kommen als Mitverursacher für Hospitalismus in Frage.

Untersuchungsverfahren und Diagnose

Zur Klärung der Hintergründe bei beobachtbarem Hospitalismus kann eine Anamnese, eine Aufzeichnung der körperlichen, sprachlichen und sozialen Entwicklung nützlich sein. Diese wird durch Beobachtung, Studium aller erreichbaren Unterlagen (Geburts- und Klinikberichte, Heim- und Fürsorgeakten) [860], Gespräche mit den Erziehungsberechtigten, Gespräche mit dem Kind und spezielle Entwicklungstests nach Altersstufen [861] vorgenommen.

Pädagogische Hilfen

Untersuchungen von Schenk-Danzinger [862] zeigen, dass bei Heimkindern, selbst wenn sie noch im Kleinkindalter in geordnete Familienverhältnisse gebracht wurden, im Schulalter gewisse emotionale Entwicklungsrückstände zu beobachten sind, die kaum mehr aufgehoben werden können. Bestimmte Schädigungen und Störungen sind weitgehend irreversibel. Von grundlegender Bedeutung für das betroffene Kind ist eine möglichst liebevolle Familienatmosphäre und ein entsprechendes Verhalten der engen Bezugsperson. Dadurch lassen sich innerhalb variabler Erfolge bisherige Schäden rückgängig machen oder zumindest verringern. Bei Kindern, die auf Grund zerrütteter Familienverhältnisse Schaden erlitten haben, müsste das soziale Umfeld verändert werden (eventuell durch Familientherapie). Intensiviert werden sollte die affektive Zuwendung (z. B. durch nahestehende Menschen; im schulpädagogischen Bereich).

Gute Erfahrungen machte man mit der zusätzlichen Einweisung der Mutter ins Krankenhaus, wenn ein dortiger längerer Aufenthalt des Kindes notwendig wurde [863]. Stellt sich heraus, dass das Kind von seiner Mutter abgelehnt wird, bietet sich eine therapeutische Behandlung der Mutter an. Spieltherapie, psychoanalytische Therapie oder die Unterbringung des Kindes in Hausgemeinschaften von Kinderdörfern mit dortigen festen Bezugspersonen [864] sind weitere Möglichkeiten pädagogischer Hilfeleistung.

## Fallbeispiel

### »Anna«

Die 7-jährige Anna besuchte den 1. Schülerjahrgang einer Grundschule. Im Vorjahr war sie kurz nach der Einschulung zurückgestellt worden, da ihr nach Aussagen des Lehrers die notwendige altersgemäße seelische und geistige Reife fehlte. Von Anfang an fiel Anna der Lehrerin dadurch auf, dass sie nicht dazu zu bewegen war, neben einem anderen Kind Platz zu nehmen. Das Mädchen saß lieber allein und abseits von den anderen. Meist folgte sie teilnahmslos und ohne eigenen Beitrag dem Unterrichtsgeschehen, ging weder auf Fragen der Lehrerin ein noch erledigte sie Arbeitsaufträge. Auch während der Pause hielt sie ihre Distanz aufrecht und beteiligte sich nicht an den Gesprächen und Spielen der Mitschüler. Aufforderungen hierzu beantwortete sie mit Schweigen oder abwehrendem aggressiven Verhalten.

Allmählich schien Anna sich an den Schulbetrieb zu gewöhnen. Sie erledigte ihre Hausaufgaben, hielt ihren Arbeitsplatz in Ordnung, war aber immer noch nicht zu aktiver Teilnahme zu bewegen. Mit der Zeit gelang es der Lehrerin durch gutes Zureden und viel Lob wenigstens kleinere Erfolge zu verbuchen. Anna murmelte zum Beispiel während einer Aufgabe: »Das kann ich nicht.«

In der Folgezeit sprach Anna ab und zu kurze Sätze, aber auch nur dann, wenn sie mit der Lehrerin alleine war. Spontanes oder lautes Sprechen war immer noch nicht zu erreichen. Außerdem war Annas Sprache stark dialektgeprägt. Die Lehrerin vermutete, dass das Mädchen die Schriftsprache wenig beherrscht und es deshalb manche Worte und Ausdrücke nicht versteht. Mit Einverständnis der Eltern wurde mit Anna eine psychologische Untersuchung durchgeführt. In der Testsituation erwies sich Anna ebenfalls wenig gesprächsbereit. Gestellte Fragen beantwortete sie meist flüsternd. Die Ergebnisse eines Entwicklungstests zeigten eine deutliche Entwicklungsverzögerung an. Infantile Symptome wie z.B. leichtes Abgleiten von der Arbeitshaltung in spielerische Aktionen, kleinkindhafte Sprachformulierungen und soziale Kontaktscheu deuteten auf die Möglichkeit des Vorhandenseins von Hospitalismus hin. Intellektuelle Rückstände vor allem im begrifflichen Denken und im Erfassen von Kausalzusammenhängen verstärkten diese Vermutung.

Eine Anamnese ergab, dass Annas Sprachentwicklung von Anfang an von Verzögerungen belastet war. Erste Worte sprach das Mädchen am Ende des zweiten Lebensjahres, Sätze ansatzweise im 4. Lebensjahr. Bei einem Gespräch mit der Mutter war zu erfahren, dass das Mädchen im Alter von 7 Monaten wegen eines Nierenleidens längere Zeit im Krankenhaus verbracht hatte.

Im 2. und 4. Lebensjahr waren wegen eitriger Mittelohrentzündungen weitere Krankenhausaufenthalte notwendig geworden. Während dieser Zeit wurden Annas zwei Brüder geboren, denen sich sowohl der Vater als auch die Mutter viel mehr zuwendeten, da sie sich von Anfang an einen Jungen gewünscht hatten. Anna wurde daher auch zu Hause vernachlässigt und bekam wenig Lernanregungen sprachlich-kommunikativer Art.

> Durch die intensiven Bemühungen der Lehrerin konnte Anna in den 2. Schülerjahrgang aufsteigen. Ihre Lernerfolge blieben aber unterdurchschnittlich. Ein Übertritt in eine Sonderschule ließ sich nicht umgehen.

*6.3.3. Verwahrlosung*

Definition

Als verwahrlost gelten Kinder, die aus einer schützenden, sie tragenden Lebensordnung herausgefallen sind [865] und deren Verhalten erhebliche Fehlentwicklungen [866] (den vorherrschenden Erwartungen unangepasste Verhaltensweisen) [867] aufweist. Verwahrlosung kann auch als »abgesunkener Gesamtzustand der Persönlichkeit« [868] bezeichnet werden.

Beschreibung und Symptomatik

Nach Dührssen äußert sich Verwahrlosung in einer weitgehenden »Beziehungsarmut zur mitmenschlichen wie zur gegenständlichen Welt« [869]. Diese gestörte Beziehung des Kindes zur Umwelt kann im schulischen Bereich zu Versagen führen, da der Schüler der Arbeit gegenüber negativ oder desinteressiert eingestellt ist. Auch Schuleschwänzen tritt gelegentlich in diesem Zusammenhang auf. Das Kind ist labil, Belastungen nicht gewachsen und zieht das (gewohnte) Streunen und Vagabundieren der schulischen Situation vor. Auf Konflikte reagiert ein solches Kind mangels einer ausreichenden Frustrationstoleranz oft mit Aggressivität Personen und Objekten gegenüber. Ebenso sind häufig masochistische Tendenzen (Selbstaggression) zu beobachten. Verwahrloste Kinder haben wegen ihrer Unzuverlässigkeit und Bindungslosigkeit oft Kontaktstörungen innerhalb der Klasse. Außerhalb der Schule sind sie daher vielfach an Bandenbildungen beteiligt, in deren Verlauf es zu kriminellen Handlungen (Eigentumsdelikte; Zerstörungen) sowie zu frühzeitigem Genußmittel- und Drogenkonsum kommen kann. Dieses Risikoverhalten dient sehr häufig dazu, von der Umwelt beachtet zu werden, auch um den Preis der Bestrafung. Weitere Symptome der Verwahrlosung stellen die Flucht vor der Realität in Traumwelten und ein vernachlässigtes äußeres Erscheinungsbild des Kindes dar.

Ursachen und Hintergründe

Die Hauptursache der Verwahrlosung liegt in der teilweisen oder vollständigen erzieherischen Vernachlässigung bezüglich der Persönlichkeitsentwicklung und der Entwicklung sozialer Fähigkeiten [870]. Dies hängt meist mit der familiären Situation, in der das Kind aufwächst, zusammen. Dabei kommen sowohl eine aktiv vernachlässigende, abstoßende oder lieblose Erziehung als auch das Fehlen einer Bezugsperson und ein disharmonischer oder gestörter Familienzusammenhalt in Frage. Inkonsequente Erziehung mit einem Wechsel von brutaler Härte (auch Misshandlungen) und allzu fürsorglicher Zuwendung [871] sowie das Vorenthalten psychischer Zuwendung infolge Vernachlässigung der Pflege des Kindes [872] stellen weitere Ursachen für die Verwahrlosung eines Kindes dar. Dadurch und durch schlechtes Vorbild der Eltern oder ungünstige Einflüsse Gleichaltriger oder älterer Freunde auf das (häufig alleingelassene) Kind, kann eine Orientierung an Werten und Normen nicht oder nur mangelhaft stattfinden [873]. Diese primären Ursachen hängen oft sekundär mit schlechten Wohnverhältnissen, ungünstiger sozialer Situation, sehr beengten wirtschaftlichen Verhältnissen oder der geringen Fähigkeit für planvolle Wirtschaftsführung der Eltern zusammen [874]. Neben den familiären Ursachen können auch solche schulischer Art eine Rolle spielen, so der einseitige Intellektualismus und die Lebensferne des Unterrichts oder auch die einseitig ausgeübte autoritäre Disziplin des Lehrers [875].

## Untersuchungsverfahren und Diagnose

Um die Hintergründe der Verhaltensabweichungen des Kindes aufzudecken, müssen die frühe Kindheit sowie die aktuellen Familienverhältnisse des Kindes analysiert werden. Hierfür ist vor allem das Gespräch mit dem Betroffenen und mit seinen Eltern oder Erziehungsberechtigten notwendig. Zusätzlich unterstützend bieten sich psychoanalytische Verfahren an.

## Pädagogische Hilfen

Da die Ursachen für Verwahrlosung hauptsächlich in der familiären Umwelt des Kindes liegen, muß eine aktive Zusammenarbeit mit den Eltern erfolgen. Wenn dies nicht möglich ist, oder der Zustand des Kindes auf Misshandlungen oder vollständige Vernachlässigung hinweist, sollte das Jugendamt eingeschaltet werden. Durch den Einsatz von Sozial- und Erziehungshelfern kann eine materielle und ideelle Unterstützung der Eltern bei der Kindererziehung [876] sowie eine Familientherapie eingeleitet werden. Da auch Schule zur Umwelt des betroffenen Kindes gehört, sollten auch von dieser Seite helfende Impulse ausgehen, so z. B. eine kontaktorientierte Betreuung des Betroffenen durch den Lehrer und die Mitschüler. Vor allem der Lehrer sollte versuchen, sich dem Kind liebevoll zuzuwenden, um eine positive Beziehung zu ihm aufzubauen. Dabei sollte er die Leistungen des Kindes anerkennen, auf seine Probleme eingehen und versuchen, es in die Schülergemeinschaft einzugliedern. Ebenso wichtig ist es, dem Kind Hilfen zur Entwicklung sozialer Fähigkeiten zu geben und ihm positive Vorbilder anzubieten. Das Kind sollte niemals etikettiert («asozial«) oder kriminell gebrandmarkt werden. Falls das Kind einen Freundeskreis mit schlechtem Einfluß hat, kann über schulische Aktivitäten am Nachmittag (wie z. B.: Chor; Theatergruppe; Sport; Basteln) versucht werden, die Freizeit des Kindes mitzugestalten. Hierbei bietet sich die Chance, dass das Kind neue Freunde findet. Auch das gemeinsame Erledigen der Hausaufgaben mit einem Mitschüler kann ein guter Ansatz für pädagogische Hilfeleistung sein.

### Fallbeispiel

#### »Holger«

Der 9-jährige Holger besucht die 3. Klasse. Seinem Lehrer fällt Holger vor allem durch seine Unzuverlässigkeit beim Erledigen der Hausaufgaben auf. Auch während des Unterrichts ist er desinteressiert und oftmals fehlt er unentschuldigt. Seine Sportsachen hat Holger immer »vergessen«, anderen Kindern gegenüber äußerte er jedoch, dass er gar keine besitze. Seine Mitschüler wollen mit Holger nichts zu tun haben. Sein ungepflegtes Äußeres und seine oft heftigen Aggressionen verhindern, dass er in der Schulklasse Freunde besitzt. Als dem Lehrer von verschiedenen Schülern Klagen über Holger zu Ohren kommen, worin er des Diebstahls und der Erpressung beschuldigt wird, beschließt er, mit Holgers Eltern zu sprechen. Seine Mutter erscheint erst bei der 3. Aufforderung. Sie erzählt, sie müsse, da ihr Mann sie verlassen habe, ganztags arbeiten und könne sich um Holger nicht kümmern. Er sei ja alt genug, um alleine zurechtzukommen. Außerdem habe er im Nachbarhaus ältere Freunde, die auf ihn aufpassen. Holger war durch diese älteren Freunde in einer Bande Mitglied geworden, die umherstreunte und bei der es Pflicht war, jede Woche einen bestimmten Betrag in die Gemeinschaftskasse zu zahlen. So »nahm« er Geld einfach an sich oder erpresste Mitschüler.

### 6.3.4 Misshandlung

#### Definition

Von Kindesmisshandlung spricht man im juristischen Sinn dann, wenn die Schädigung eines Kindes durch Personen erfolgt, zu denen es in einem Schutzverhältnis steht (Eltern; Erziehungsberechtigte). In diesem Zusammenhang ist Kindesmisshandlung dann gegeben, wenn ein Kind »durch Zutun oder Unterlassung eines anderen Menschen einen Schaden davonträgt« [877]. Vom Ansatz der Situation des Kindes wäre Kindesmisshandlung zu definieren als die Gesamtheit der Lebensbedingungen, der Handlungen und Unterlassungen, die dazu führen, dass die körperliche und psychische Gesundheit eines Kindes in der Familie oder in Institutionen (Kindergarten; Schule; Heim; Klinik) bewusst verletzt wird und es dadurch zu einer Beeinträchtigung und Bedrohung des Wohles und der Rechte dieses Kindes (z. B.

Verletzungen; Entwicklungshemmungen; Tod) kommt. Von Kindesmisshandlung spricht man in der Regel, wenn es sich um Wiederholungsdelikte, nicht um Einzeltaten handelt. Misshandlung von Kindern kann sich in verschiedenen Variationsbreiten und Intensitätsgraden vollziehen. Sie ist sowohl körperlich wie auch psychisch zu verstehen [878]. Doch sind beide Formen in der Praxis schlecht voneinander zu trennen, da vor allem Körperverletzungen immer auch psychische Schädigungen (z. B. Angst; Depressivität; Aggressionsstau) zur Folge haben.

Grundsätzlich unterscheidet man folgende Formen der Kindesmisshandlung [879]:
- *Körperliche Misshandlung.* Sie beinhaltet alle gewaltsamen Handlungen, die körperliche Beeinträchtigungen bzw. Verletzungen beim Kind hervorrufen können.
- *Psychische Misshandlung.* Darunter sind alle Äußerungen oder Verhaltensweisen zu verstehen, die Kinder ängstigen, herabsetzen oder überfordern bzw. ihnen das Gefühl eigener Wertlosigkeit vermitteln.
- *Vernachlässigung.* Kinder sind auf Pflege, Ernährung, Unterstützung und schützende Fürsorge angewiesen. Erhalten dies die Kinder von den betreuenden Erwachsenen nicht bzw. nicht im ausreichenden Maße und werden so in ihrer Entwicklung beeinträchtigt, spricht man von Vernachlässigung.
- *Sexueller Missbrauch* (siehe 6.3.5).

### Beschreibung und Symptomatik

Die verschiedensten im Raum der Schule an Kindern beobachtbaren psychischen Störungen können bei gegebenen Umständen ihre Ursache in leichteren bis schwereren Graden von Kindesmisshandlung haben. Vor allem ängstliche, schreckhafte, depressiv oder aggressiv reagierende Kinder sind nicht selten unter außerschulischen Bedingungen so geworden.

Fast das gesamte Spektrum der Verhaltensschwierigkeiten kann in seiner einzelnen Symptomatik im Zusammenhang mit körperlichen und psychischen Misshandlungen stehen, also zum Beispiel auch Einnässen, Nägelkauen, Haarereißen usw. Folge von Misshandlung können ebenfalls geistige und körperliche Entwicklungsstörungen, Störungen in der Sprachentwicklung und Defizite im Lernen bzw. hinsichtlich der Intelligenz sein. Als Folgeerscheinungen sind vor allem körperliche Verletzungen (z. B. Blutergüsse; Platzwunden; Weichteilwunden; Striemen; Bißspuren; Würgemale; frische und geheilte Knochenbrüche; »Battered-child-Syndrom« [880]), psychische Verletzungen (Angst; Verschlossenheit; Misstrauen; Selbstzerstörung bis zum Suizid; Lern-, Erziehungs-, Verhaltens- und Kontaktschwierigkeiten), Entwicklungshemmungen (körperliche und seelische Retardierung), Regressionen oder Blockierungen im altersgemäßen Wachstum feststellbar. Misshandlungen unterworfene Kinder fehlen öfters in der Schule.

Systematische, über einen längeren Zeitraum erfasste Angaben von Gewaltkriminalität sind nur auf der Basis kriminalstatistischer Daten möglich. Die Aussagekraft dieser Daten wird allerdings stark eingeschränkt: Es ist zu berücksichtigen, dass sich die Anzeigebereitschaft auf Straftaten im öffentlichen und halböffentlichen Raum beschränkt und dass bei der Gewalt im sozialen Nahraum (Familie) eine äußerst geringe Anzeigebereitschaft und damit eine erhebliche Dunkelziffer festzustellen ist. Ferner ist zu bedenken, dass grundsätzlich nur physische Gewalt erfasst werden kann, psychische Misshandlung dagegen kaum nachzuweisen ist. Die polizeiliche Kriminalstatistik weist außerdem nur angezeigte Fälle auf, nicht jedoch solche, die dem Jugendamt gemeldet werden oder die nur der Arzt erfasst.

Nach polizeilichen Angaben rechnet man damit, dass nur ca. 5% der Misshandlungsfälle auch strafrechtlich belangt werden. Schätzungen zufolge sterben in den alten Bundesländern jährlich 600-700 Kinder an den Folgen der Misshandlungen, wobei die Tat oft unentdeckt bleibt. Nach repräsentativen Befragungen[1] kommen Formen der ausufernden körperlichen Bestrafung schichtunabhängig in 10–15% aller deutschen Familien vor [881].

### Ursachen und Hintergründe

Hinter der Kindesmisshandlung steht eine Kombination von Ursachen und Bedingungen, bei der eine Vielzahl von Faktoren, soziokulturelle, sozioökonomische, biographische und familiendynamische Elemente zusammenwirken. Aus Gesprächen mit Personen, die in Kindesmisshandlung verwickelt waren, und aus der Motivationsforschung ergeben sich in der Hauptsache drei Kategorien von Kausalkomplexen, aus denen heraus Kindesmisshandlung passiert [882]:

- Eine Spannung zwischen grundlegenden Bedürfnissen und gegebenen bzw. sichtbar werdenden Handlungs- und Befriedigungsmöglichkeiten kann von den betroffenen Erziehungspersonen offensichtlich nicht mehr bewältigt werden. Kindesmisshandlung ist dabei der zum Teil explosiv sich ereignende »letzte Ausweg«.
- Eine Krisensituation wird von den in der Erziehungsverantwortung stehenden Erwachsenen nicht bewältigt. Durch die gewaltsame Handlungsweise geschieht eine »Befreiung« von einem permanenten Druck.
- Man fühlt sich (z. B. vom Partner) abgelehnt. Kindesmisshandlung ist dann eine Reaktion auf diese Ablehnung und auf damit zusammenhängende Ängste. Dabei wird das Kind oder ein von diesem angemeldetes Bedürfnis (Schreien; Weinen; Äußerungen der Notsituation) nicht mehr »verkraftet«. Solches tritt häufig dann ein, wenn Vater, Mutter oder ein anderer Erziehungsberechtigter das Gefühl hat:
    - »Mein Kind ist anders, als ich es mir vorgestellt habe.« (Geschlecht, Aussehen, Gesundheit, Verhalten, Begabung oder Entwicklung des Kindes werden dabei oft zum äußeren Anlaß.)

---

1 Zum Beispiel des Kriminologischen Forschungsinstituts Niedersachsens (1992).

- »Mein Kind verändert, gefährdet, untergräbt meine Stellung zum Partner bzw. zu den anderen Kindern.«
- »Mein Kind gefährdet, untergräbt meine Stellung in der Gesellschaft.« (Es stört die berufliche Entfaltung. Es belastet Beziehungen zu Nachbarn oder Freunden. Es »blamiert« die Eltern in der Schule, Öffentlichkeit etc.)

Als weitere Ursachen für körperliche und psychische Gewalt gegen Kinder werden in der Forschung [883] genannt:
- unverarbeitete psychische Belastungen in der Schwangerschaft
- wirtschaftliche Krisensituationen (z. B. Arbeitslosigkeit), oft verbunden mit einer hohen Beeinträchtigung des Selbstwertgefühls der Eltern
- unzureichende Wohnbedingungen
- soziale Isolation der Familie
- gesellschaftliches Umfeld mit vielen aggressiven Handlungen
- Billigung von Gewalt als Erziehungsmittel durch das Umfeld

Verschärfend kommt hinzu, dass die Ehe, in denen das Kind aufwächst, häufig zerrüttet ist (lang anhaltende Spannungen und Konflikte zwischen den Eltern) oder dass Elternteile alkohol- medikamenten- oder drogensüchtig sind. Einer Untersuchung[884] zufolge standen zur Tatzeit der Kindesmisshandlung 40 Prozent der Männer und 20 Prozent der Frauen unter Alkoholeinfluß. Die soziale Schicht spielt bei Kindesmisshandlungen keine ausschlaggebende Rolle. Nach Aussagen von Fachleuten kommen diese in allen Gesellschaftsschichten vor.

Letztlich ist jede Kindesmisshandlung eine »soziale Krankheit der Familie«. Eltern, die selbst in einer Erziehungsatmosphäre des Mangels an Liebe und Zärtlichkeit aufgewachsen sind, neigen »eher zu Brutalität als solche, die durch Vertrauen und Geborgenheit in der Familie eine stabile Persönlichkeit entwickeln konnten«. Eine im Auftrag des Europarates erarbeitete Studie ermittelte nach Angaben von Sozialarbeitern, dass etwa jeder zehnte Vater oder jede zehnte Mutter, die wegen Kindesmisshandlung auffiel, »einfach seelisch krank« war. Zehn bis fünfzehn Prozent seien »unheilbare Psychopathen«, doch die weitaus größte Zahl (etwa 75 Prozent) seien einfach »unglücklich« [885].

## Untersuchungsverfahren und Diagnose

Die Untersuchung und diagnostische Beurteilung eines Falles von Kindesmisshandlung obliegen der Zuständigkeit des Arztes und ergänzenden polizeilichen Ermittlungen. Tiefenpsychologische Tests (CAT; Sceno; Aufsatzanalyse; Zeichnungsanalyse) können Hinweise auf mögliche Hintergründe von Verhaltensschwierigkeiten eines Kindes im Zusammenhang mit Misshandlung liefern.

### Pädagogische Hilfen

Um dem Kind wirklich helfen zu können, sind umfangreiche Maßnahmen nötig, die sowohl eine Therapie des Kindes als auch seiner Eltern, also der gesamten Familie, wie auch eine Kooperation zwischen allen Beteiligten (Kind; Eltern; Lehrer; Therapeut; Arzt) erfordern. Bei Verhaltensschwierigkeiten eines Kindes ist neben anderen vielfältigen Ursachen auch an die Möglichkeit körperlicher wie seelischer Misshandlung zu denken. Der Verdacht auf Misshandlung wird vor allem dann erregt, wenn körperliche Auffälligkeiten (z.B. rote und blaue Flecken; Striemen; Schwellungen; Blutergüsse etc.) festgestellt werden. Die überwiegende Mehrzahl der misshandelten Kinder ist verängstigt, zurückgezogen, passiv. Sie verhalten sich ruhig-sichernd-beobachtend und zeigen wenig unmittelbaren Gefühlsausdruck. Ihr typischer Gesichtsausdruck wird treffend als »frozen watchfulness« (»erstarrte Aufmerksamkeit«) bezeichnet. Sie sind ungewöhnlich folgsam, lassen alles über sich ergehen, so als wollten sie um jeden Preis verhindern, den Eltern Ärger zu verursachen. Sie erscheinen oft gleichgültig-passiv auch unangenehmen Maßnahmen, z.B. medizinischen Eingriffen, gegenüber.

Es besteht eine stark ausgeprägte Verschiedenartigkeit zwischen den Gedanken, Gefühlen, Ängsten des Kindes einerseits und dem gezeigten Verhalten andererseits. Das Kind hat ein typisches Verhalten erlernt, um mit beängstigenden Situationen fertig zu werden: Es unterdrückt die eigenen Gefühlsregungen und beobachtet ängstlich die Reaktionen der Eltern bzw. anderer Erwachsener, um deren Erwartungen zu erfassen und ihnen gerecht zu werden.

Davon abweichend gibt es misshandelte Kinder, die ein anderes Verhalten zeigen.[1] Sie sind provokativ, überaktiv, aggressiv und geraten leicht in Konflikt mit allen Bezugspersonen. Diese Kinder haben im Misshandlungsmilieu ein anderes Verhalten entwickelt und gehen anders mit ihren Ängsten um [886]. Nicht selten scheut sich das Kind, über die Ursachen dieser Auffälligkeiten Auskunft zu geben. Es benützt dann vielleicht Ausreden. Im Interesse des Kindes empfiehlt sich ein Vorgehen mit pädagogischem »Fingerspitzengefühl«, jedoch auch mit der nötigen Konsequenz, falls sich der Verdacht auf vorliegende Misshandlung verhärtet.

Im einzelnen können folgende Maßnahmen angebracht sein:

*Hilfen für das Kind:*
- Vertrauen gewinnen
- Intensive Zuwendung
- Gespräch unter vier Augen mit dem Kind
- Gespräch mit den Eltern
- Gespräch mit dem Schulleiter

---

1 Kempe/Kempe 1978. Hier wird von 25 Prozent der Kinder gesprochen.

- Verständigung des Schularztes bzw. des Gesundheitsamtes, die dann weitere Schritte unternehmen können[1]
- kurzfristiger Aufenthalt des Kindes außer Haus
- Heimaufenthalt
- Entzug des Sorgerechtes für die Eltern
- Psychotherapie

*Hilfen für die Eltern:*
- Hilfe durch Organisationen (z. B. Deutscher Kinderschutzbund; Sozialamt)
- Aussprache
- Eltern die Möglichkeit von Selbsthilfegruppen aufzeigen
- Therapie zusammen mit den Eltern
- Familienbetreuung durch Helfer
- Lernhilfen, wie man mit dem Kind Geduld haben kann

## Fallbeispiele[2]

### »Peter« [887]

»Peter wird zu Hause sehr streng erzogen und kann sich deshalb nicht recht in die Klasse einordnen. Als Peter den ersten Tag in die Schule ging, stellte sich die Mutter der Lehrerin vor und sagte ihr: ›Wenn der Peter schlimm ist, dann hauen sie ihm nur gleich ein paar herunter. Zu Hause werde ich auch nicht anders mit ihm fertig. Wenn er nicht folgt, gleich hat er ein paar. Einen Buben können sie nicht anders erziehen!‹ Die Lehrerin erwiderte in freundlichem Ton, dass man Kinder wohl auch ohne Schläge zum Folgen veranlassen könne und Schlagen in der Schule ja auch ver-

---

1 Die wichtigsten rechtlichen Bestimmungen sind: a) *Aus dem Grundgesetz.* Art. 2: 1. Jeder hat das Recht auf die Entfaltung seiner Persönlichkeit, soweit er nicht die Rechte anderer verletzt und nicht gegen die verfassungsmäßige Ordnung oder das Sittengesetz verstößt. 2. Jeder hat das Recht auf Leben und körperliche Unversehrtheit. Art. 6: 1. Ehe und Familie stehen unter dem besonderen Schutze der staatlichen Ordnung. 2. Pflege und Erziehung des Kindes sind das natürliche Recht der Eltern und die zuvörderst ihnen obliegende Pflicht. Über ihre Betätigung wacht die staatliche Gemeinschaft. 3. Gegen den Willen der Erziehungsberechtigten dürfen Kinder nur auf Grund eines Gesetzes von der Familie getrennt werden, wenn die Erziehungsberechtigten versagen oder wenn die Kinder aus anderen Gründen zu verwahrlosen drohen. 4. Jede Mutter hat Anspruch auf den Schutz und die Fürsorge der Gemeinschaft. b) *Aus dem Strafgesetzbuch (StGB):* Wer seine Fürsorge- oder Erziehungspflicht gegenüber einer Person unter sechzehn Jahren gröblich verletzt und dadurch den Schutzbefohlenen in die Gefahr bringt, in seiner körperlichen oder psychischen Entwicklung erheblich geschädigt zu werden, einen kriminellen Lebenswandel zu führen oder der Prostitution nachzugehen, wird mit Freiheitsstrafe bis zu drei Jahren oder mit Geldstrafe bestraft.
2 Die relative Vielzahl der nun folgenden Beispiele soll das breite Spektrum von Kausalität und Motivation bei Kindesmisshandlung verdeutlichen, die in unserer Gesellschaft zusehends häufiger wird.

boten sei. Darauf die Mutter: ›Ich verbiet‹ es Ihnen nicht, von mir haben Sie die Erlaubnis. Ich tät mich wundern, wenn Sie anders mit ihm auskommen würden. Ich hab's schon probiert mit schönen Worten, aber das tut's bei ihm nicht.‹

Die Lehrerin erwartete das Schlimmste, aber vorerst war Peter sehr ruhig. Er war offensichtlich von zu Hause stark eingeschüchtert und wagte weder zu sprechen noch zu lachen. Erst allmählich begann er sich heimlich mit seinen Nachbarn zu unterhalten, und als sich die Lehrerin ihm einmal rasch zuwandte, schnellte sein Arm abwehrend gegen den Kopf. Nach einer Weile klagten die Kinder, dass er ihnen oft ganz heimtückisch und verstohlen etwas zuleide tue. Er stieß vorübergehende Kinder mit dem Fuß ins Schienbein, stach mit Stecknadeln, verschmierte da und dort eine Zeichnung. Wenn er glaubte, dass man ihm nichts nachweisen könne, versuchte er zu leugnen. Andernfalls erwartete er beklommen eine Strafe. Allmählich erkannte er, dass die Strafen in der Schule viel weniger unangenehm waren als zu Hause, und nun entwickelte er sich zu einem hemmungslosen und aggressiven Schüler, der mit den der Schule zur Verfügung stehenden pädagogischen Mitteln nicht zu bändigen war. Wenn die Mutter Klagen hörte, hatte sie nur eine Antwort: ›Schlagen Sie ihn, Sie werden sehen, das wirkt Wunder!‹ Für den Einwand der Lehrerin, dass das Kind nur deshalb so schwierig sei, weil es geschlagen werde und auf andere Erziehungsmittel nicht reagiere, hatte sie kein Verständnis und gab den neuartigen Erziehungsmethoden die Schuld an dem Verhalten ihres Kindes.«

### »Erika« [888]

»Wegen Misshandlung ihrer zehn Jahre alten Tochter, die mit einer Hundeleine gezüchtigt wurde und aus einem Hundenapf essen musste, hat die Polizei eine 36 Jahre alte Mutter festgenommen. Der Richter erließ Haftbefehl gegen die Frau, die vor der Polizei sagte, sie habe ihre Tochter wegen ständigen Bettnässens bestrafen wollen. Das Mädchen wies zahlreiche Narben sowie blutunterlaufene Beulen auf; außerdem waren ihm büschelweise Haare ausgerissen worden. Die vier Geschwister des Kindes – so stellte die Polizei fest – waren von der Mutter dagegen gut behandelt worden.«

### »Ralf« [889]

»Weil ihr siebenjähriger Sohn Ralf sein Frühstücksbrot nicht richtig essen wollte, verlor seine Mutter die Nerven und stopfte ihm mit einem Löffel das Brot mit Gewalt in den Rachen. Zwei Tage später starb der Junge im Krankenhaus. Die Frau hatte noch vergeblich versucht, das Brot mit dem Löffelstiel wieder herauszuholen. Das Kind – so ergab jetzt der erste Tag der Gerichtsverhandlung vor einem Schwurgericht – starb durch Schockeinwirkung.

Im Krankenhaus war es nach dem Vorfall zwar noch gelungen, den Siebenjährigen wiederzubeleben. Zwei Tage später war dann aber jede Hilfe vergeblich. Vor dem Frühstück hatte sich die 24-jährige Frau, die nach ihrer Heirat ihren vier Jahre zuvor unehelich geborenen Sohn zu sich genommen hatte, heftig darüber geärgert, dass der Junge die Toilettenwände mit Kot beschmiert hatte. Nachdem sie den Raum gereinigt hatte, sah sie dann ihren Sohn in der Küche, wie er sein Brot im Mund hatte und nicht schlucken wollte. Dann griff sie zum Löffel.«

## »Petra« [890]

»›Ich hatte nie die Befürchtung, dass das Kind sterben könnte.‹ Das sagte unter Tränen eine 26-jährige Frau, die vor der Strafkammer wegen versuchten Mordes an ihrer nichtehelichen Tochter angeklagt ist. Sie hatte vor 2 Monaten jeden Halt verloren, als ein Freund sich von ihr löste. Nach eigenen Angaben trank sie damals in Lokalen an manchen Tagen 40 bis 50 Schnäpse. Um ihre Tochter, die damals eineinhalb Jahre alt war, kümmerte sie sich fast gar nicht mehr. Schließlich war das Kind so wund und schwach, dass es keine Nahrung mehr annehmen konnte.

Als die Wohnung aufgebrochen wurde, hatte das Kind nach einem ärztlichen Bericht noch eine Überlebens-Chance von vielleicht zwei Stunden. Mit schweren Mangelerscheinungen, Erfrierungen und über vier Pfund Untergewicht kam es in eine Klinik.

Vor der Polizei hatte die Frau noch eingeräumt, dass sie den Zustand der Tochter erkannt habe und aus Angst nicht zum Arzt gegangen sei. ›Erst komme ich, ich will noch was vom Leben haben, alles andere ist mir egal.‹ Das soll die Frau, die aus zerstörten Familienverhältnissen stammt und in Obdachlosenheimen wohnte, in der kritischen Zeit zu einer Bekannten gesagt haben.«

## »Michael« [891]

»Eine 36-jährige Düsseldorferin schlug ihren zweijährigen Pflegesohn mit Kleiderbügel und Bambusstock, trat ihn mit Holzpantinen und ließ ihn fast verhungern. Als der Junge an einer beidseitigen Lungenentzündung starb, wog er nur noch knapp 19 Pfund. Bei der Obduktion des Kindes stellten die Ärzte schlecht verheilte Knochenbrüche fest, die schon einige Monate alt waren. Wie die Düsseldorfer Polizei ermittelte, wurde die Frau wegen Körperverletzung mit Todesfolge in Untersuchungshaft genommen.«

## »Blanche« [892]

»Fortgesetzte Kindesmisshandlung und gefährliche Körperverletzung legte das Nürnberger Amtsgericht einem 35 Jahre alten Handelsvertreter zur Last und verurteilte ihn am Freitag zu 15 Monaten Freiheitsstrafe ohne Bewährung. Der Mann hatte seine fünfjährige Stieftochter Blanche schwer bestraft, wenn sie nicht essen mochte oder nicht gleich parierte.

So stellte er die Kleine in die Badewanne und drehte die kalte Dusche auf. In einem Fall durfte das Kind die durchnässte Kleidung nicht ausziehen, obwohl es am ganzen Körper vor Kälte schlotterte. Wie die Ex-Ehefrau (27) vor dem Richter versicherte, hatte der Angeklagte solche Strafaktionen mehrmals an ihrer Tochter begangen. Weil Blanche die vom Stiefvater gekaufte Kleidung nicht gern anzog, sei sie von ihm mit einer Nähnadel malträtiert worden.

Mehrmals habe der Vertreter in den nackten Körper der Fünfjährigen gestochen, um sich für ihre Abneigung zu rächen. Wenn sie sich in die brutalen Methoden ihres Mannes eingemischt habe, sei er gewalttätig gegen sie geworden, berichtete die Mutter. Nachdem er sie bei einem Ehekrach bis zur Bewusstlosigkeit gewürgt hatte, habe sie sich von ihm getrennt.«

### »Oscar« [893]

»Ein Schwurgericht in der belgischen Stadt Mons hat ein Ehepaar zum Tode verurteilt, das einen zehn Jahre alten Jungen fünf Monate lang in fast unbeschreiblicher Weise zu Tode gequält hat.

Die beiden Angeklagten – Eltern dreier nicht misshandelter eigener Kinder im Alter von zehn, neun und vier Jahren – hatten das Kind in Pflege genommen.

Oscar wurde der Beweisaufnahme zufolge von dem Paar geschlagen. Es quälte ihn auch unter anderem mit brennenden Zigaretten, sperrte ihn einen Monat nackt in den Keller, ließ ihn an Ketten gefesselt hängen, übergoss ihn mit kochendem Wasser, zwang ihn zum Essen der eigenen Exkremente, flößte ihm große Mengen Alkohol ein, ließ ihn ungenießbar scharfe Speisen essen und fügte ihm andere, kaum beschreibbare Qualen zu. Oscar starb. Einer der ihn später untersuchenden Gerichtsmediziner erklärte, er habe in 30 Jahren als Leichenbeschauer nichts Schlimmeres gesehen.

Der Mann, der sich als ehemaliger Söldner im Kongo bezeichnet, und die Frau, die als Kind von ihrem Vater missbraucht und zu pornographischen Fotos gezwungen wurde, wurden von psychiatrischen Sachverständigen als voll schuldfähig bezeichnet. Die Frau sei allerdings in ihrer geistigen Entwicklung erheblich zurückgeblieben. Auf die Frage, warum er das Kind so misshandelt habe, antwortete der Mann: ›Ich weiß nicht. Ich bin durchgedreht. Wenn ich wütend bin, dann schlage ich einfach zu. Ich wollte, dass er verschwindet, koste es, was es wolle, selbst seinen Tod. Ich hasse dieses Kind.‹ Die Frau, nach Ansicht der Psychiater in starkem Abhängigkeitsverhältnis zu ihrem Mann stehend, bedauerte in ihrem Schlußwort die Tat: ›Es tut mir leid, dass ich ein Kind umgebracht habe, das mir nichts getan hat.‹

Die Todesschreie des Jungen verhallten ungehört bei den Nachbarn und bei Bekannten des Ehepaares. Lehrer, Ärzte und selbst Polizisten kümmerten sich nicht um sein Martyrium. Die Leiden des Kindes waren ihnen, wie sich vor Gericht herausstellte, nicht verborgen geblieben, veranlassten sie jedoch nicht zum Handeln. Mehrere Zeugen einzelner Grausamkeiten taten nichts dagegen.«

**Fallzusammenstellungen [894]**

»Das Leben des vierjährigen Peter bestand aus einer Kette grausamster Quälereien. Weil er sich ungeschickt anstellte und schmutzig war, prügelte ihn seine Mutter und sperrte ihn stundenlang ins ungeheizte Badezimmer ein. Einmal übergossen die Eltern sein nacktes Gesäß mit heißem Wasser. Schließlich presste die Mutter den Jungen mit dem entblößten Hinterteil gegen einen glühenden Ofen, verbrühte ihn mit heißem Wasser, schleifte ihn ins Bad und stieß ihn mit dem Kopf so heftig gegen die Wanne, dass er eine Gehirnerschütterung erlitt, sich erbrach und erstickte. Die Nachbarn hatten zwar Verdacht geschöpft, dass im Haus der Familie K. etwas nicht stimmte, doch niemand hatte etwas unternommen.«

»Eine 22jährige Frau brachte ihre Tochter Angelika tot in ein Krankenhaus. Sie behauptete, die Zweijährige sei eine Treppe hinuntergestürzt. Die Obduktion aber ergab Blutergüsse und schwere innere Verletzungen – unter anderem einen Leberriß –, die nicht von einem Sturz herrühren konnten. Wie sich später herausstellte, hatte die geschiedene Frau ihr Kind mit einem Hammer erschlagen, weil es das gewaltsam eingeflößte Essen wieder ausgespuckt hatte.«

»Ein 42jähriger Mann hat seine dreijährige Stieftochter gezwungen, den eigenen Kot zu essen, hatte die Kleine gefesselt und versucht, seinen Schäferhund auf sie zu hetzen. Einmal hatte er eine brennende Zigarette auf ihrem Handrücken ausgedrückt und ihr vor Gästen sogar befehlen wollen, eine tote Maus zu essen.«

»Ein 28jähriger Vater schlug seinen dreijährigen Sohn mit einem Fleischklopfer mitten ins Gesicht, weil dieser ihn mit seinen Fragen beim Fernsehen gestört hatte.«

»Der 17 Monate alte Matthias wurde von seiner Mutter fast zu Tode geprügelt. Nachdem ihr Mann sie verlassen hatte, zog die 27jährige nachts in Kneipen und Diskotheken herum. Kam sie dann übernächtigt nach Hause, so fühlte sie sich vom angstvollen Weinen ihres Kindes um den Schlaf betrogen.«

»›Mama, nicht schlagen, bitte nicht!‹ Tobias, ein stilles Kind, das gern vor sich hin träumte, hatte mal wieder die Zeit vertrödelt. ›Ich muß ihn doch um acht im Kindergarten abliefern und dann pünktlich im Büro sein‹, versuchte die Sekretärin aus Offenburg später zu erklären. ›Als Tobias immer noch rumstand, kam ich in Rage.‹ Die Mutter schlug ihrem Sohn die Lippe blutig und einen Vorderzahn aus.«

»Kathrin schrie. Der Vater nahm seine drei Monate alte Tochter aus dem Kinderbett und trug sie durch die Wohnung. Kathrin schrie weiter. Er versuchte, sie zu füttern, doch sie hörte nicht auf zu schreien. ›Irgendwann hab' ich dann rot gesehen‹, sagte der 36-jährige Angestellte aus Bad Hersfeld vor der Polizei. ›Ich hab' doch alles getan, aber sie wollte nicht still sein.‹ Der Vater hatte den Säugling in die Ecke geschleudert. Kathrin ist seitdem halbseitig gelähmt.«

»Im Alter von vier Jahren war Daniel immer noch nicht sauber. Beim Aufräumen der Wohnung entdeckte die Mutter, dass er wieder ins Bett gemacht hatte. ›Ich hab' nur eins gedacht‹, gab die 24jährige Hausfrau aus Bremen zu Protokoll. ›Der macht das nur, um dich zu ärgern.‹ Sie schlug mit einem Bügel so lange auf das wimmernde Kind ein, bis es still liegenblieb. Daniel starb an einer Hirnblutung.«

> **»Michael«**
>
> Michael war der dreijährige außereheliche Sohn einer 23-jährigen Frau. Ein halbes Jahr vor Michaels Tod hatte sie einen 25-jährigen Mann kennengelernt. Dieser verprügelte von nun an das Kind Tag für Tag. Michaels Mutter ließ ihn gewähren. »Ich wollte ihn (den Freund) nicht verlieren, deshalb habe ich geschwiegen«, so sagte sie. »Ich hielt zu ihm, weil er mich liebte.« Sie hielt auch dann noch zu ihm, als seine Foltermethoden immer heftiger wurden. So tauchte er den Kopf des Jungen in der Badewanne unter Wasser und wartete, bis das Gesicht des Jungen blau anlief. Abschließend prügelte er mit den Fäusten das Wasser aus dem Körper heraus. Auf die Frage, warum sie ihren Freund nicht verlassen habe, schwieg die Mutter und zuckte ratlos mit den Schultern.

### 6.3.5 Sexueller Missbrauch

Die mittels Gewalt, Drohung oder Abhängigkeitverhältnis durchgesetzte körperliche und psychische Verfügbarmachung eines Menschen stellt Missbrauch und Vergewaltigung seiner persönlichen Freiheit und Unversehrtheit dar. Hierzu gehören auch sexuell angesetzte Übergriffe. Diese sind somit dem übergreifenden Bereich »Misshandlung« zuzuordnen. Die Zunahme (sowohl bekanntgewordenen wie auch geheimgehaltenen) sexuellen Missbrauchs in unserer Gesellschaft begründet die Erfordernis, diesem Thema ein eigenes Kapitel zu widmen.

### Definition

Sexueller Missbrauch eines Menschen ist zunächst eine (in verschiedenen Intensitäts- und Schweregraden vorgenommene) Vergewaltigung der Persönlichkeit eines Menschen, seiner allein ihm zustehenden körperlichen und psychischen Intimsphäre. Der sexuell missbrauchte Mensch wird zum Objekt abgewertet, seine personale Würde wird verletzt, seine physische wie psychische Gesundheit (zum Teil gravierend) geschädigt. Diese Art von Misshandlung ist in der Regel von Gewalt, Zwang und Erpressung gekennzeichnet. Der Täter befriedigt seine (in den meisten Fällen von Triebegoismen gespeisten) Wünsche auf Kosten des hilflosen Opfers. Sexuell motivierter und sexuell ausgerichteter Missbrauch umfasst eine breite Palette von Manipulationen und Handlungen. Eine oder mehrere ganz bestimmte davon spielen dabei die dominierende Rolle. Definitorisch ist sexueller Missbrauch dann gegeben, wenn jemand durch sexuell beabsichtigtes Tun (von einfacher Belästigung bis zu Vergewaltigung, Perversität und Mord) eines überlegenen (stärkeren, mächtigeren) anderen Menschen männlichen oder weiblichen Geschlechts eine physische und/oder psychische Schädigung davonträgt. Nehmen Erwachsene sexuelle Handlungen an Kindern zum Zweck der eigenen sexuellen Befriedigung vor, indem sie sich über den Willen des Kindes hinwegsetzen oder dessen Schwäche und Abhängigkeit ausnützen, so liegt sexueller Missbrauch vor [895].

Eine Form des sexuellen Missbrauchs ist der *Inzest*, wobei häufig sexuelle Beziehungen zwischen (Stief-)Vater und (Stief-)Tochter oder zwischen Partnern der Mutter und deren Tochter zu finden sind. Dabei erfährt das Kind nicht nur sexuelle Gewalt, es verliert gleichzeitig auch das Vertrauen in die Familie als Schutzraum und Ort der Geborgenheit. Das Opfer wird einer sexuellen Stimulation ausgesetzt, die in keinerlei Verhältnis zu seinem Alter, seiner psychosexuellen Entwicklung und seiner Rolle in der Familie steht [896]. Sexueller Missbrauch von Kindern ereignet sich immer in einem einseitigen Macht- und Abhängigkeitsverhältnis: der Täter nutzt seine Macht über das Opfer aus, oftmals schamlos und gnadenlos. Dabei kommt es fast immer zur Ausübung erheblichen *psychischen Drucks*[1]. Zudem wird das Kind mit Hilfe *physischer Gewalt* zur Duldung bzw. Durchführung sexueller Manipulationen gezwungen [897]. Sexueller Missbrauch kommt in allen sozialen Schichten vor. Er kann bereits bei Berührungen beginnen und bis zur brutalen Vergewaltigung und Mord gehen. Die Verantwortung für sexuellen Missbrauch wird (juristisch) fast immer dem Erwachsenen zugeschrieben. Man geht davon aus, dass dieser weiß, wann (pädagogisch-menschlich durchaus wichtige) unverfängliche Zärtlichkeiten und Liebesbeweise enden und statt derer eine sexuell gefärbte und motivierte Handlung beginnt.

### Beschreibung und Symptomatik

Kinder, welche durch sexuelle Belästigung und Missbrauch in physische und psychische Not geraten sind, signalisieren dies ihrer Umwelt durch individuell variable Symptome. Beinahe das gesamte Spektrum kindlicher Verhaltensschwierigkeiten kann prinzipiell im Zusammenhang mit sexuellem Missbrauch stehen. Vor allem Angst wird für das Opfer zum zentralen Lebensgefühl:
- Angst vor Offenwerden des »Geheimnisses«
- Angst vor dem Zerfall der Familie
- Angst vor Reaktionen der Umwelt
- Angst vor Liebesverlust
- Angst vor Dunkelheit
- Angst vor der Nähe zu anderen Menschen.

### Psychogramm des Opfers

Das betroffene Kind empfindet die Zuwendung und Bevorzugung durch den Täter oft zunächst als positiv. Bei den ersten Übergriffen ist es verunsichert und fragt sich: »War es Zufall oder Absicht?« Je jünger das Kind ist, um so weniger genau kann es

---

1 Zum Beispiel: »Wenn Du nicht mitmachst/etwas verrätst, hat Dich niemand mehr lieb.«

das Geschehen einordnen. Es spürt aber, dass es das nicht will. So fängt es an, die für den Täter günstigen Situationen zu vermeiden.

Durch ein Schweigeabkommen, das dem Kind aufgenötigt wird, gerät es immer tiefer in ein Abhängigkeitsverhältnis zum Täter. Damit vergrößert sich dessen Handlungsspielraum. Wenn es sich um Inzest handelt, sind die physischen und psychischen Folgen der sexuellen Misshandlung für die betroffenen Kinder besonders gravierend [898]. Hier tut sich ein großer psychischer Konflikt des Opfers auf: Einerseits liebt das Kind den Täter, andererseits will es die Tat nicht und weiß, dass sie nicht richtig ist.

In der Regel bahnt sich ein psychischer Konflikt an: Einerseits entsteht ein Bruch im Verhalten zum (geliebten) Täter, andererseits darf es nicht darüber reden. Angesichts der Unmöglichkeit, das Geschehen zu verstehen und zu verarbeiten, sucht es schließlich die Schuld bei sich selbst. Ein Schuldkomplex bildet sich. In der Folgezeit gerät das Kind immer mehr in ein Abhängigkeitsverhältnis zum Täter. Das Kind überfällt ein Gefühl der Ohnmacht, wenn der Täter den kindlichen Widerstand ignoriert. In einer weiteren Phase des Geschehens ereignet sich möglicherweise eine Identifikation mit dem Täter. Es versucht, seine Handlungsweise zu entschuldigen und zu erklären. Da sexueller Missbrauch häufig keine Spuren hinterlässt, tauchen Wahrnehmungszweifel auf: »Ist das alles wirklich, träume ich, oder mache ich mir etwas vor?« Schärft sich dann doch im Verlaufe der Zeit das Bewusstsein für die Unrechtmäßigkeit dessen, was mit ihm getan wird, beginnt eine weitere quälende Phase der Missbrauchssituation: Dem Kind wird bewusst, dass es (falls der Täter Familienmitglied ist) schweigen muß, um die Familie zu schützen. Es fühlt sich zunehmend isoliert, zum Beispiel von den Geschwistern oder von der Mutter. Ein gravierender Vertrauensverlust zu anderen Menschen stellt sich ein. In seinem Denken setzt sich fest: »Vertrauen haben bedeutet missbraucht werden.« Um sexuellen Missbrauch überhaupt durchstehen zu können, versuchen manche Kinder, welche die Übergriffe auf den eigenen Körper nicht verhindern können, ihren Körper zu etwas »Fremden« zu machen. Sie ziehen sich mit ihrem »Ich« (gewissermaßen ihre letzte Schutzzuflucht) auf ein inneres Reservat zurück, so dass es für den Missbrauch, aber auch für liebevolle Kontakte unerreichbar wird. Das Ich »tritt aus« und lässt den Körper dem Vergewaltiger als »leere Hülle« zur Verfügung.

Oftmals bleibt sexueller Missbrauch an einem Kind lange Zeit unentdeckt, auch weil von den häuslichen Erziehungsberechtigten darüber geschwiegen wird. Es ist daher wichtig, dass Lehrer/innen den gesamten Symptomenkomplex zunächst einmal kennen, um Verdachtsmomente aufgrund ihrer Beobachtung stützen und rechtzeitig Hilfe für ein betroffenes Kind einleiten zu können. Es ist selbstverständlich, dass eingehende und körperliche Untersuchungen ausschließlich dem Arzt vorbehalten sind. Zu beobachtende Symptome sexuellen Missbrauchs sind unter *kurzfristiger* und *langfristiger* Perspektive zu sehen.

## Kurzfristige Folgen

- *Körperliche Symptome.* Blutungen und Einrisse bei den Genitalorganen; Bissspuren und Hämatome im Bereich der erogenen Zonen; Striemen oder striemenartige Spuren an der Innenseite der Oberschenkel; Geschlechtskrankheiten; AIDS.
- *Psychosomatische Symptome.* Konzentrationsstörungen; Haareausreißen; Nägelbeißen; Essstörungen; Sprachstörungen; Stottern; Lähmungen; Verspannungen; Erstickungsanfälle und Asthma; Ohnmachtsanfälle; Kopfschmerzen; Verdauungsstörungen; Bettnässen; Einkoten; Hormonstörungen; Unterleibsbeschwerden; Pilzerkrankungen; Ausfluss; Tablettenabhängigkeit;
- *Psychische Symptome.* Misstrauen; sozialer Rückzug; Beziehungsschwierigkeiten; Suizidgedanken und -versuche; anomale Ängste (z. B. in geschlossenen Räumen); regressives Verhalten; aggressives Verhalten; vertiefte Scham- und Schuldgefühle; starkes Minderwerterleben; Ablehnen der eigenen Sexualität; Wasch- und Duschzwang; Depressionen; überangepasster Gehorsam; Zweifel an der eigenen Wahrnehmung;

## Langfristige Folgen

- *Körperliche Symptome.* Physische Folgen von Verletzungen; körperliche Krankheitserscheinungen, welche sich im Gefolge psychischer Verletzungen im Verlaufe von Vergewaltigungen ergeben;
- *Psychosomatische Symptome.* Psychosomatische Krankheiten; massive Lern- und Leistungsstörungen; ausgeprägtes Oppositionsverhalten; erhöhte Suchtgefahr (Verdrängung von Einsamkeit, Wut und Schmerz durch Einnahme von Suchtmitteln); Selbstzerstörungstendenzen; sich hässlich und unattraktiv für Männer machen; Selbstbestrafungstendenzen; Gefühllosigkeit; Beziehung zum eigenen Körper ist gestört (Der eigene Körper wird abgelehnt, als wertlos empfunden und als schmutzig – z. B. beim Schauen in den Spiegel – abgelehnt); distanzloses Verhalten; Einzelgängertum; Leistungsverweigerung; Streunen; Weglaufen aus dem Elternhaus; extremes Klammern an Bezugspersonen; auffälliges Verhalten gegenüber bestimmten Typen von Männern und Frauen; Prostitution; sexuell aggressives Verhalten (insbesondere bei männlichen Opfern); sadomasochistische Tendenzen; sexuelle Verwahrlosung; Selbstmordversuche; Waschzwang oder Waschverwahrlosung; psychosomatische Prägung (Das Täter-Opfer-Schema setzt sich unter Umständen über Generationen hinweg fort: Missbrauchte Kinder werden zu missbrauchenden Eltern.)
- *Psychische Symptome.* Depressionen; Appetitstörungen; Magersucht/Bulimie; Schlafstörungen; massive Beeinträchtigung des Selbstwertgefühls; Störung der Identitätsentwicklung; im Erwachsenenalter starke Probleme mit der eigenen Sexualität (z. B. Beeinträchtigungen in der sexuellen Befriedigung und in Partnerschaftsbeziehungen); Verdrängung und Abspaltung der entwürdigenden Erlebnisse; Apathie;

Genaue Angaben zur Anzahl der Fälle sexuellen Missbrauchs sind kaum zu erhalten. Gerade bei Inzest ist die Anzeigebereitschaft äußerst gering, und es ist von einer erheblichen Dunkelziffer auszugehen. Man kann davon ausgehen, dass zwischen angezeigten und nicht angezeigten sexuellen Missbrauchsdelikten mit Körperkontakt bei Mädchen »eine Relation von 1:10 besteht« [899]. Etwa 80 Prozent sexuell missbrauchter Kinder sind Mädchen [900]. Der Misshandlungsbeginn bei betroffenen Kindern erfolgt bei 8% der Kinder noch vor ihrem 6. Lebensjahr, bei 17% zwischen 6 und 8 Jahren, bei 22% zwischen 8 und 10 Jahren, und bei 53% zwischen 10 und 14 Jahren.[1] Die zeitliche Dauer sexuellen Missbrauchs kann sich viele Jahre hinziehen. In der Regel sind die Täter dem Kind bekannte Männer im Alter von 25-40 Jahren. Über die Hälfte sexuellen Missbrauchs von Mädchen ereignet sich dabei innerhalb der Familie, über ein Drittel durch bekannte Personen [901].

Ursachen

Neben den Ursachen, die für den Bereich »Misshandlung«[2] gelten, sind im Zusammenhang mit sexuellem Missbrauch insbesondere folgende Hintergründe zu nennen:

**Umwelt**

- *Veränderungen in der Familie.* Die Scheidungs- und Wiederverheiratungszahlen haben zugenommen. Das Risiko inzestuöser Beziehungen steigt, wenn die »Blutschranke« in der Beziehung zwischen Kind und Mann fehlt (Freund der Mutter, Stiefvater).
- *Veränderungen der Sexualnormen.* Bisherige Kontrollinstanzen wie elterliche Autorität, Tradition oder Kirche gehen zunehmend verloren. Die Grenzen (z.B. sadomasochistischer oder gewaltdominierter) sexueller Praktiken verschwimmen. Frauen spielen nicht mehr unterwürfige Sexualrollen. Männer, welche passive und unkritische Unterwerfung suchen, finden diese leichter bei Kindern. Durch Darstellung in den Massenmedien, kommerzielle Interessen, gruppenideologische Forderungen werden gesteigerte Erwartungen hinsichtlich der Sexualbefriedigung geweckt. In Medien publizierte sexuelle Stimulation ist ein gewichtiger Auslösefaktor für ansonsten latente oder beherrschbare Triebstrukturen.
- *Zunehmende Arbeitslosigkeit.* Arbeitslose Männer verbringen mehr Zeit in der Familie. Im Zusammenhang mit Alkoholproblemen kann dies für Kinder zum Risiko werden, besonders wenn die Mutter berufstätig ist.

---

1 Daten des BKA (Bundeskriminalamtes).
2 Vgl. das Kapitel über »Misshandlung«, S. 247.

**Einflüsse innerhalb der Familie**

- *Familie als geschlossenes System.* Familien werden als »geschlossenes System« bewertet, wobei jeder deren Unverletzlichkeit respektiert.
- *Gestörte Mutter-Tochter-Beziehungen und gestörte Ehepartnerbeziehungen.* Wenn sich zum Beispiel die Mutter aus ihrer Rolle als Sexualpartnerin zurückzieht, erhöht sich die Wahrscheinlichkeit für sexuellen Missbrauch am Kind.
- *Schweigen und Passivität der Mutter.* Selbst wenn Mütter eine Ahnung oder ein Wissen vom Inzest innerhalb ihrer Familie haben, bleiben sie oft passiv, da ihre ökonomische und/oder psychische Abhängigkeit vom Täter zu groß ist.

**Erziehungssituation des Kindes**

- *Fehlen von Schutz.* Sexueller Missbrauch wird begünstigt, wenn dem Kind der Schutz durch verantwortliche Bezugspersonen fehlt (z. B. durch häufige Abwesenheit der Mutter).
- *Mangelnde Aufklärung.* Mangelnde oder unsachgemäße sexualpädagogische Aufklärung mindert vom Kind getroffene Schutzmaßnahmen.
- *Defizit an Liebe und Zuwendung.* Bei einem Mangel an pädagogischer Liebe, Zuwendung, Verständnis, Angenommenwerden ist die Wahrscheinlichkeit größer, dass das Kind sexuelle Kontakte zumindest zulässt, weil dies für seine Person die einzige Form der »Liebe und Anerkennung« ist. Gerade dadurch kommt es häufig zu Aussagen der Täter, dass das Kind es selbst gewollt habe.

**Zum Psychogramm des Täters**

- *Geschlecht.* Von der Ausführung sexuellen Missbrauchs her betrachtet sind fast 100 Prozent der Täter Männer. Die Kasuistik zeigt aber auch die (duldende oder aktiv mitorganisierende zeigt) Beteiligung von Frauen.
- *Typologie.* Meist handelt es sich nicht um triebbedingt krankhaft veranlagte Menschen, sondern um ganz »gewöhnliche« Männer, deren Bewusstsein von verschiedenen (auch öffentlich medialen) Einflussfaktoren her von der Meinung infiltriert ist, Frauen und Kinder zum eigenen Lustgewinn »benutzen« zu dürfen. Häufiger und intensiver Medienkonsum (Videos; Zeitschriften; Fernsehsendungen) trägt bei manchen von ihnen zu einem Stau sexueller Nachahmungs- und Ausführungsbereitschaft bei. Das Psychogramm des typischen Täters kann charakterisiert werden als autoritär gegenüber Frau und Kindern, sensibel und ehrerbietig im sozialen Umfeld, jedoch rigide und dominant innerhalb der Familie. Als Vater (Stiefvater oder Freund der Mutter) bedenkt er eine bevorzugte Tochter mit Aufmerksamkeit und Zuneigung, während er sich gegen die übrigen Familienmitglieder gewalttätig verhält. So ergibt sich nach außen hin der Eindruck eines anerkannten und freundlichen Bürgers, während die Familie schwer konfliktbeladen ist.

- *Strategien.* Um sein Handeln zu rechtfertigen und zu vertuschen, arbeitet der Täter meist mit Beschwichtigung, Bestechung oder Bedrohung.
- *Motive.* Der Motivation des Täters liegt zunächst seine individuelle Persönlichkeitsstruktur (genetisches Potenzial; Umwelteinflüsse seit Kindheit an; eventuell selbst missbraucht; mit Minderwertigkeitsgefühlen belastet; extensiver egoistischer Selbstbezug etc.) zu Grunde. Manche Täter wurden von Frauen enttäuscht oder erleben sich deren emanzipierten Dominanz gegenüber in ihrem männlichen Selbstverständnis unterlegen. Sie suchen sich jetzt »Sexualpartner«, denen sie sich an Erfahrung und Kraft überlegen fühlen und die infolge ihrer Vertrauensseligkeit und Abhängigkeit leicht verführt oder gewaltsam gefügig gemacht werden können. Verdrängter aggressiver Hass infolge gravierend demütigender Erlebnisse im Verlauf ihrer kindlichen Entwicklung (z.B. Geschlagenwerden; keine Annahme; keine Geborgenheit; nicht erfülltes kindliches Liebesbedürfnis) oder im Zusammenhang mit sexuellen Kontakten kann dann bis zu sadistischen Quälereien oder Töten führen. Die aktuelle sadomasochistische Tendenz in bestimmten Sendungen des Fernsehens und im Videoangebot tut ein Übriges.

### Untersuchungsverfahren und Diagnose

Ebenso wie die Kindesmisshandlung gehören Untersuchung und diagnostische Beurteilung eines Falles von sexuellem Missbrauch in die Zuständigkeit des Arztes und bedürfen ergänzender polizeilicher Ermittlungen. Hinweise auf mögliche Hintergründe von Verhaltensschwierigkeiten eines Kindes im Zusammenhang mit sexuellem Missbrauch können Gespräche, projektive Testverfahren (Zeichnungsanalyse; Sceno; CAT), Rollenspiele und Spielen mit Puppen[1] liefern.

### Pädagogische Hilfen

Die Notsignale eines sexuell missbrauchten Kindes werden nicht selten erstmals von seinem Lehrer wahrgenommen. Insofern kommt der Schule eine sehr wichtige Aufgabe zu, Verdachtsmomente eines möglichen sexuellen Missbrauch zu registrieren und mit sowohl kritischer wie auch objektiver Distanz zu beurteilen. Da es immer wieder Fälle gibt, wo der Ruf und die Lebensperspektive eines zu Unrecht Angeschuldigten durch voreilig gemutmaßte Verdachtsmomente zerstört wurden, sollten Lehrer und Rektor einer Schule im Interesse eines möglicherweise missbrauchten Kindes konsequent, aber mit der nötigen gewissenhaften Vorselektion und kritischen Beurteilung handeln. Fantasiereichtum und hohe emotional-kognitive Beeinflussbarkeit von Kindern im Grundschulalter zum Beispiel durch Lehr-

---

1 Hierzu gibt es speziell erstellte (männliche wie weibliche) Puppen, welche sowohl für diagnostische wie therapeutische Maßnahmen geeignet sind.

oder Erziehungspersonen machen ein Kind unter Umständen sehr anfällig für suggestiv wirkende Vorgaben und Fragen. Es glaubt schließlich selbst, was ihm eventuell eingeredet wurde, jedoch nicht oder nur in Teilansätzen der Wahrheit entspricht. ==Folgende Beobachtungen können ein Hinweis für sexuelle Belästigung== oder sexuellen Missbrauch sein, welche auf notwendige Hilfsmaßnahmen hinweisen:

- *Verhalten* (habituelles oder mit einem Mal verändertes auffälliges Verhalten wie z. B. Überangepasstheit; Aggressivität; Autoaggressionen; Isolierungstendenzen aus Angst vor Nähe und Berührungen; gesteigertes Interesse an Sexualität; sexualisiertes Verhalten sich und Mitschülern gegenüber; Distanzlosigkeit; Konzentrationsschwierigkeiten; Weinerlichkeit; »Träumen«)
- *Psychosomatische Störungen* (Essstörungen; Schlafstörungen; Einnässen und Einkoten; Bauch- und Unterleibsschmerzen; Kopfschmerzen; Nägelkauen)
- *Zeichnungen* (signifikant häufiges Darstellen von Geschlechtsmerkmalen oder entsprechender Andeutungen; Vorliebe für »aggressive« Farben, z. B. Rot und Schwarz; unerträgliche »Spannungen« in der Grafik, in der Strichführung im Schreibdruck; »Disharmonie« in der Zeichnung als Ausdruck einer in Unordnung geratenen Gefühlswelt)
- *Spiel* (Andeuten sexueller Praktiken z. B. im Spiel mit Puppen und Figuren)

Sexuell missbrauchte Kinder müssen ihr (tabuisiertes oder unter Drohung konditioniertes) Schweigen brechen können, damit ihnen geholfen werden kann. Daher müssen sie ausdrücklich von der Pflicht zur Geheimhaltung, die ihnen der Täter auferlegt hat, entbunden werden. Um den betroffenen Kindern überhaupt die Möglichkeit zu geben, sich ihrem Lehrer anzuvertrauen, ist eine Vertrauensatmosphäre nötig, in welcher das Kind auch über seine sexuell erfahrenen Erlebnisse sprechen kann. Gerade im Interesse der schmerzhaften Sensibilisierung von sexuellem Missbrauch betroffener Kinder muss schulische Sexualerziehung in verantwortungsvoller Inhalts- und Werteorientierung durchgeführt werden. Dann bietet diese für Kinder auch die Chance der Gesprächsmotivierung.

Der Schule kommt vorrangig auch die Aufgabe der Propädeutik zu. Vorbeugende sexuelle Aufklärung und Erziehung ist angesichts zunehmender Sexualdelikte in unserer Gesellschaft eine unverzichtbare pädagogische Aufgabe (im Vor- und Grundschulbereich) geworden. Propädeutische Themen im Rahmen von Unterricht und Erziehung sind zum Beispiel:

- »Gute und schlechte Geheimnisse«,
- »Mein Körper gehört mir«,
- »Ich sag' Nein«,
- »Gefühle«,
- »Typisch Mädchen – typisch Junge« [902]

Weiter empfehlen sich Selbstverteidigung im Sportunterricht, Besprechen von Kinderbüchern zum Thema »Sexueller Missbrauch« oder die Thematisierung des Verhältnisses zwischen Mädchen und Jungen in der Klasse.

Besteht der begründete Verdacht auf sexuellen Missbrauch, ist es vorrangig wichtig, dass eine Vertrauensperson (kann auch die Lehrerin oder Lehrer sein) für das Kind gefunden wird, die ihm das Gefühl vermittelt, dass es in all seinen Wünschen, Bedürfnissen, Sorgen und Ängsten ernst genommen wird, dass sie ihm glaubt und dass es ihr bedingungslos vertrauen kann. Wichtig ist es dabei auch, keine Maßnahmen über den Kopf des Kindes hinweg vorzunehmen [903]. Braecker/Wirtz-Weinrich [904] nennen folgende Interventionsstufen beim sexuellen Missbrauch:

- *Verdacht.* Das Vertrauensverhältnis zum Kind wird verstärkt. Der Verdacht erhärtet sich.
- *Soziales Umfeld prüfen* (Familie des Kindes; Großeltern; Freundesumkreis; Eltern von Mitschüler/innen)
- *Informelle Kontaktaufnahme, ohne Namen des Kindes zu nennen* (Schulleitung; Schulpsychologe; Vertrauenskollege; Beratungsstellen; ambulante Kinder- und Jugendpsychiatrie; Kinderschutzbund; Erziehungsberatung; Prüfen von Unterbringungsmöglichkeiten; Möglichkeit einer Strafanzeige erwägen und überprüfen)
- *Einschalten von Institutionen* (Beratungsstellen; Jugendamt; eventuell Strafanzeige)

Die Reihenfolge dieser vier Schritte wird flankiert einerseits durch kontinuierlichen pädagogischen Kontakt zum Kind, andererseits durch Beratungsgespräche mit Kolleg/innen, Beratungsstellen, Schulleitung. Verschwiegenheit und Schweigepflicht sind unaufgebbare pädagogische, psychologische und juristische (strafrechtliche) Notwendigkeiten.

**Wo sind die Grenzen pädagogischer Zuwendung?**

Die Zunahme sexuellen Missbrauchs in unserer Gesellschaft und die dadurch hervorgerufene (sicherlich wichtige) Sensibilisierung der Menschen für entsprechendes Verhalten Erwachsener Kindern gegenüber hat gleichzeitig eine zwischenmenschliche sowie pädagogische Tabu-Situation geschaffen, welche die Gefahr der Übervorsichtigkeit im Körperkontakt mit und in der Zuwendung zu Kindern in sich birgt.[1]

Was den schulisch-pädagogischen Sektor angeht, sind viele Lehrer/innen verunsichert, innerhalb welcher Grenzen sie pädagogische Zuwendung, Annahme und Liebe schenken können, ohne in die Gefahr zu geraten, missverstanden zu werden. Pädagogische Zuwendung und Liebe gehören seit Jahrtausenden zu elementaren und konstitutiven Notwendigkeiten für die Persönlichkeitsentfaltung des Kindes.

---

1 So nehmen zum Beispiel immer mehr Männer davon Abstand, Kinder nach dem Weg zu fragen, sie anzusprechen, ihnen ein Lächeln zu schenken oder ihnen aufmunternd übers Haar zu streichen, weil sie befürchten, missverstanden zu werden und sogar in eine strafrechtliche Situation zu geraten.

Alle bedeutenden Pädagogen stellen sie in den zentralen Ansatz ihrer Konzeption. »Ihr müsst die Menschen lieben, wenn ihr sie ändern wollt«, schreibt Pestalozzi. »Euer Einfluss reicht nur so weit wie euere Liebe.«. Selbstverständlich sind dabei keine sexuell missbräuchlichen Kontakte gemeint. Vielmehr sind sie durch die Respektierung der Intimsphäre des anderen ausgeschlossen. Doch pädagogische Liebe besteht nun einmal wesentlich aus Verständnis, Mitfühlen, Annehmen, Trösten, Ermutigen und Aufrichten. Solches ist in mancher helfenden Situation weniger durch Kundtun rationalen Verstehens oder freundlich verstehender Mimik wirksam zu vermitteln, sondern durch zwischenmenschliche Gesten des Körperkontakts. Lehrer/innen fragen sich heute: Darf ich einem Kind übers Haar streichen, wenn es traurig ist? Darf ich meinen Arm um seine Schulter legen, um ihm Geborgenheit zu vermitteln? Darf ich ihm seine Tränen aus den Augen wischen? Sind Liebe zum Kind, mütterliche und väterliche Schutzinstinkte, Mitleid, liebendes Helfenwollen Ansätze sexueller Annäherung? Wo bleiben da die für Kinder so wichtigen (und oftmals im Elternhaus nicht mehr erfahrbaren) Urerlebnisse der Geborgenheit, der Zärtlichkeit, der Zuwendung, des Verstehens, menschlicher Wärme oder des Erlebens echter Liebe, die alle auch von körperlicher Nähe und Wärme getragen werden? Manchen mögen diese Fragen überspitzt erscheinen. Dahinter steht jedoch das Problem (und die human-soziale Gefahr) der Reduzierung erziehlichen Helfens im Sinne eines menschlich ganzheitlichen pädagogischen Ethos zu Gunsten zunehmender Wahrnehmung des Lehrerberufes in unterrichtlich-leistungsorientierter Distanz zum Kind.

### Fallbeispiele

#### »Beate« [905]

Über zwei Jahre lang wurde die elfjährige Beate sexuell missbraucht. Sie wurde von ihrer Mutter an Verwandte und Bekannte für Geld verkuppelt. Das Kind musste auch ihrem Vater und ihrem Onkel zu Willen sein. Nachbarn schilderten Beate als liebes und aufgewecktes Kind. Dass sie die Sonderschule besuchen musste, schoben alle auf das soziale Milieu, in dem sie bei ihrer Mutter aufwuchs. Keiner sah ihr an, dass sie bereits verschiedene Arten sexueller Perversionen erlebt hatte. Die Polizei hatte den Hinweis bekommen, dass das Mädchen aus einem Pferdestall ein Zaumzeug mitgenommen hatte. Beim Verhör erzählte das Mädchen, dass sie das Zaumzeug zum »Doktorspielen und Fesseln« gebraucht habe. Es kam heraus, dass Beate gerade 9 Jahre alt war, als ihre Mutter ihr den ersten Mann zuführte. Es war der Bruder der Mutter. Als Grund, warum er sich an dem Mädchen vergangen hatte, gab er an, »dass es ihm so kalt war«. Da habe er die Neunjährige zu sich ins Bett genommen. Für 14 Mark verkuppelte die Mutter ihre Tochter an jeden, der Lust auf das Kind hatte. Zwei Nachbarn (61 Jahre und 46 Jahre alt) kamen regelmäßig zu Besuch. Die Mutter bot ihr Kind auch Jungen an. Der 16-jährige Stiefbruder und der

12-jährige Cousin brauchten nur jeweils 7 Mark zu bezahlen. Der leibliche Vater von Beate erhielt den Missbrauch seiner Tochter kostenlos. Die Mutter zeigte sich auch nach der gerichtlichen Verhandlung ungerührt.

**Fallzusammenstellungen [906]**

Die folgenden Kurzschilderungen geben nur einen punktuellen Einblick in das breite Spektrum der Möglichkeiten sexuellen Missbrauchs[1].

»Lena, 5 Jahre alt, lebt gemeinsam mit ihrer Mutter im Obergeschoss des Hauses ihrer Großeltern. Den Großeltern gehört die Metzgerei im Untergeschoss. Nachmittags, wenn Lena aus dem Kindergarten nach Hause kommt, hält sie häufig mit ihrem Großvater Mittagsschlaf. In den Weihnachtsferien hat der Großvater ihr erstmals seinen ›Tannenzapfen‹ gezeigt und sie aufgefordert, seinen Penis zu berühren. Seitdem wiederholt sich dieses Geschehen immer häufiger während des Mittagsschlafs. Der Opa zwingt Lena nun auch, ihn mit der Hand zu befriedigen.«

»Tanja ist 16 Jahre alt, besucht die 10. Klasse eines Gymnasiums und wird seit ihrem 6. Lebensjahr von ihrem Stiefvater sexuell missbraucht. Zu Anfang hat er ihr beim gemeinsamen Bad häufig zwischen die Beine gefasst mit der Absicht, sich sexuell zu erregen. Im Laufe der Jahre steigert sich das Ausmaß sexueller Ausbeutung, das Tanja erfahren muss. Ihr Stiefvater dringt mit dem Finger in ihre Scheide ein, später vergewaltigt er sie.«

»Markus, 11 Jahre alt, fährt in den Pfingst- und Sommerferien mit dem Jugendverband ins Zeltlager. Nachts schlüpft der 18 Jahre alte Gruppenleiter oft zu ihm in den Schlafsack. Dabei bekommt er regelmäßig eine Erektion.«

»Miriam und Tim, beide 7 Jahre, sind gute Freunde. Nachmittags spielen sie manchmal im Garten der Nachbarn, die freundlich zu ihnen sind und sie in ihre Wohnung einladen. Eines Tages überredet sie die Frau, sich auszuziehen und ›Krankenhaus‹ zu spielen. Der Mann macht Fotoaufnahmen von den Kindern.«

*6.3.6 Bedrohung und Gewaltanwendung durch Mitschüler*

Definition

Bedrohung und Gewaltanwendung kennzeichnen ein Verhalten von Schülern, bei dem Mitschülern körperlicher oder seelischer Schaden zugefügt wird. Die Skala solcher oftmals krimineller Handlungen reicht von Sachbeschädigung über körperliche Rohheitsdelikte bis hin zu Erpressung und Terrorisierung schwächerer Mitschüler.

1 Die Tagespresse kann diese wenigen Beispiele beinahe täglich durch Berichte über familieninternen, kommerziellen, pornographischen, sadistischen und satanistischen sexuellen Missbrauch von Kindern ergänzen. Kinder sind heute mehr denn je durch solche üble Machenschaften gefährdet.

## Beschreibung und Symptomatik

Reibereien und kleine Raufereien unter Kindern gab es schon immer. Solche kleineren Konflikte sind selbstverständlich nicht als »Gewalttätigkeit« zu bezeichnen. Wenn aber ein oder mehrere Schüler wiederholt einen anderen über einen längeren Zeitraum quälen, ist dies als Gewaltanwendung anzusehen. In den letzten Jahren nahmen solche kriminellen Vorfälle innerhalb des Schullebens ständig zu. Beklagt werden Terrorisierung von Schülern durch Mitschüler und Rohheitsdelikte, bei denen die Missachtung der Gesundheit des Mitschülers zu Tage tritt. Allein 27% aller Schülerunfälle sind die Folge gewalttätiger Auseinandersetzungen [907]. Nicht selten sind in diesem Zusammenhang ärztliche Behandlung und Krankenhausaufenthalt für die verletzten Kinder notwendig.

In der Öffentlichkeit herrscht vielfach die Meinung vor, dass Gewalttätigkeiten nur bei älteren Jugendlichen (etwa mit 15 und 16 Jahren) vorkommen. Doch sind heute derartige Praktiken nach Ortner [908] durchaus bereits »bei 20 bis 30 Prozent der Kinder im Grundschulalter« anzutreffen.

Nach Olweus [909] schikanieren 7 bis 8 Prozent der Grundschüler andere. 10 Prozent der Opfer sind insbesondere Kinder, die sich aufgrund ihrer körperlichen Unterlegenheit kaum zur Wehr setzen können. Nach einer amerikanischen Untersuchung [910] gibt es in jedem dritten Klassenzimmer einen Fall von Quälerei. Nach Ortner [911] sind Bedrohung und Gewaltanwendung Grundschulkindern gegenüber besonders im Zusammenhang mit dem Schulbusfahren gegeben. Die Ängste, von denen manche Kinder täglich überwältigt werden, und die psychisch belastenden Auswirkungen dieses Bedrohtwerdens durch Mitschüler auf das körperliche und psychische Befinden des betroffenen Kindes bleiben Eltern und Lehrern häufig verborgen, da das Kind aus Angst vor der Rache des Mitschülers, oder weil es erpresst wird, schweigt. Erziehungsverantwortliche sollten deshalb sorgfältig auf Veränderungen im Verhalten und in der Grundstimmung des Kindes achten.

Auffällige Symptome in diesem Zusammenhang sind:
- Angst, den Schulweg allein gehen zu müssen
- Angst vor dem Schulbusfahren
- Diebstahl (bei Erpressungen)
- Depressivität (betrachtet sich als wertlos, unattraktiv, erfolglos)
- Meiden des Zusammentreffens mit bestimmten Mitschülern

Hinsichtlich der Symptomatik bei Schülern, von denen Bedrohung und Gewalt ausgehen, ist auf körperliche (stoßen, schlagen, schubsen, beißen, treten, zwicken, bespucken) und verbale (verspotten, nachäffen, Spitznamen geben, bloßstellen) Äußerungen zu achten.

## Ursachen und Hintergründe

Es besteht offensichtlich ein Zusammenhang zwischen außerschulischer Gewaltkriminalität und deren Übergreifen auf den schulischen Bereich. So ist zum Beispiel in den letzten Jahrzehnten eine kontinuierliche Zunahme der Gewaltkriminalität zu beobachten.[1] Die Darstellung (und zum Teil Verherrlichung) von Gewalt in den öffentlichen Medien ist sicherlich ein wesentlicher Mitfaktor bei der zunehmenden Gewaltkriminalität bei Kindern. Verhaltensschwierigkeiten, so auch die Gewaltanwendung durch Mitschüler, sind jedoch meist Ausdruck psychischer Nöte. Hier muss zum einen die wachsende Zahl von nicht mehr intakten Ehen und Familien (mangelnde Zuwendung und Geborgenheit für Kinder) in unserer Gesellschaft angeführt werden ebenso wie ambivalentes Erzieherverhalten, bei dem die negative Seite überwiegt. Andererseits kann auch die Schule durch übertriebene, einseitige Leistungsforderungen und Konkurrenzsituationen die Entstehung aggressiver Verhaltensweisen begünstigen [912]. Auch die hohe Technisierung der Gesellschaft, durch die intensive soziale Bindungen oft zu kurz kommen, trägt Anteil am Anstieg gewalttätigen Verhaltens [913]. Dieses scheint zudem in einen Erziehungskreislauf eingebunden zu sein. Nach einer Untersuchung von Eron [914] (zeitliche Längsschnittuntersuchung über 20 Jahre hinweg) werden zum Beispiel 8-jährige Kinder, die Gewalttätigkeiten praktizieren, mit 19 Jahren häufiger straffällig. Und mit 30 Jahren haben sie selbst wieder Kinder, die gewalttätiges Verhalten praktizieren.

Im Einzelnen kann das Ursachengeflecht bei Gewaltanwendung unter Schülern wie folgt präzisiert werden:
- Vorbilder (Eltern; Fernsehen), die Gewalt als Konfliktlösung aufzeigen
- Erprobung der Macht des Stärkeren, die das Kind aus der Welt der Erwachsenen erlebt hat
- Erfolgserlebnis durch Gewalttätigkeit bei sonst spärlich vorhandenen Erfolgen
- Autoritäre und einengende Erziehung (Aggression löst Gegenaggression aus; Einengung der Aktivität und des Bewegungsdranges)
- In der Erziehung wurde versäumt, aggressives Verhalten mit klaren Regeln in Schranken zu halten.
- Mangelnde Zuwendung durch Bezugspersonen (schlechte Beziehung zwischen Eltern und Kind; Eltern kümmern sich wenig um das Kind; Mangel an Liebe und Anerkennung)
- Das Kind will Aufmerksamkeit erregen, wenn es sich stark vernachlässigt, zurückgesetzt und unbeachtet fühlt.
- Infolge ständig strafenden Verhaltens von Erwachsenen ohne Ausgleich durch Anerkennung und Geborgenheit kann der Wunsch entstehen, etwas gerade deshalb zu tun, weil es als böse und verboten gilt (Rache) [915].
- Pädagogische Fehler in der Trotzphase

---

1 Vgl. die entsprechenden statistischen Zahlen in staatlichen Publikationen der letzten Jahre.

## Untersuchungsverfahren und Diagnose

Hier bieten sich in erster Linie Beobachtungen und Gespräche (Kinder; Eltern; Kollegen; Hausmeister) an, um mögliche Fälle von Gewaltanwendung und Bedrohung überhaupt zu erkennen. Zur Untersuchung der Ursachenfrage bei gewaltanwendenden Schülern ist je nach individuellem Fall eine gezielte Auswahl von diagnostischen Verfahren vorzunehmen. Neben zentralen Untersuchungsmöglichkeiten wie Gespräch, Lebenslaufanalyse, Einbeziehung des soziologischen Umfeldes bieten sich insbesondere Aufsatzanalyse, Zeichnungsanalyse, Sceno-Test, PF-Test (Rosenzweig) oder CAT an.

## Pädagogische Hilfen

Wenn im Folgenden pädagogische Maßnahmen vorgeschlagen werden, um der zunehmenden Kriminalität an den Schulen zu begegnen, so müssen diese weniger als präventive, sondern mehr als reagierende sowie therapeutische Ansätze gesehen werden. Beim Problem »Bedrohung und Gewaltanwendung durch Mitschüler« hat der Schutz des bedrohten Kindes unbedingt Priorität. Neben dem pädagogischen bzw. auch strafrechtlichen Einwirken auf gewalttätige und aggressive Schüler müssen vor allem bedrohte Kinder vor körperlichem und psychischem Schaden geschützt werden.

Es ist deshalb zunächst einmal Wachsamkeit geboten, um bei etwa auftretenden Fällen eingreifen zu können.

Aspekte diesbezüglicher Hilfeleistung sind:
- Bereitschaft zum vertrauensvollen Gespräch, damit das betroffene Kind es wagt, über etwaige Vorkommnisse zu sprechen
- Gespräche mit den Eltern der Kinder, mit den Schülern, mit dem Schulbusfahrer
- Aufgreifen der Thematik »Bedrohung und Gewaltanwendung« im Unterricht als einen Ansatz zur Analyse eventuell vorhandener negativer Bezüge und Vorkommnisse
- Vorfälle weder dramatisieren noch bagatellisieren, aber im Interesse und zum Schutz betroffener Kinder unverzüglich aufgreifen
- Eltern von Opfern sollten mit anderen Eltern zusammenarbeiten und ihre Kinder in Kontakt mit anderen bringen (Familienausflug; zum Essen einladen; übernachten).

Neben pädagogischen Hilfen für bedrohte und in ihrer körperlichen wie psychischen Gesundheit gefährdete Kinder gilt es selbstverständlich auch, Schüler, von denen Gewaltanwendung ausgeht, erziehlich richtig zu beeinflussen. Disziplinarmaßnahmen sind dabei nicht immer die primäre Lösung. Bestrafungsaktionen haben oftmals keinen tief wirkenden Erfolg. Wichtig ist eine gezielte, systematische Beeinflussung verbunden mit Belohnung erwünschten Verhaltens, um von unerwünschtem abzubringen [916]. In den Blick zu nehmen wäre hierbei eine möglichst breite Palette pädagogischer Ansätze.

Dies sind zum Beispiel:
- Kritische Analysen von Gewaltdarstellungen im Unterricht, um beginnenden Fehlhaltungen vorbeugen zu können
- Erkennen lassen, dass es andere und bessere Wege gibt, um Probleme zu lösen (Aufzeigen gewaltloser Problemlösungsmodelle)
- Techniken erlernen, die zur Fähigkeit führen, sich auszusprechen
- Interpersonaler Kontakt und persönliche Zuwendung gerade zum verhaltensschwierigen Schüler sind wichtige Grundvoraussetzungen zum Abbau von Fehlentwicklungen.
- Verstärkung erwünschten Verhaltens durch Lob und Anerkennung
- Dem Kind zugestehen, dass es seine Aggressionen direkt und ehrlich gegenüber Eltern, Lehrern und Erziehern äußern darf
- Möglichkeiten schaffen, um aufgestaute Aggressionen zu kanalisieren (Sport; sinnvolle Beschäftigung; Fördern von Hobbys; Aktivitäten auf erwünschte positive Ziele lenken)
- Regeln in der Schule und Familie aufstellen, um ein möglichst gewaltloses Verhalten zu erzielen. Kinder müssen dabei gelobt und bestätigt werden, wenn sie diese Regeln einhalten (nichtkörperliche Strafen, wenn die Regeln nicht eingehalten werden)
- Der Lehrer muss deutlich machen, dass Quälen und Schikanieren im Zusammenleben negativ und daher nicht erlaubt sind. Entsprechende Sanktionen verhindern, dass solches Verhalten bagatellisiert wird.
- Anbieten positiver Vorbilder
- Einsatz von autogenem Training mit dem Ziel, beim aggressiven Kind Ruhe und Entspannung zu erreichen
- Trotz des aggressiven Verhaltens dem Kind Zuwendung, Gespräch und Verständnis zeigen
- Es sollte für eine ausreichende Pausenaufsicht gesorgt werden (Übersicht über das Geschehen auf dem Schulhof).
- Möglichkeiten zu selbstbestimmtem Arbeiten und Bewegungsräume innerhalb des Unterrichts ebenso wie eine schülerfreundliche Ausgestaltung des Pausenhofes mit Zonen für Aktivität und Ruhe schaffen den nötigen Ausgleich (Langeweile bzw. Eintönigkeit fördern Aggressivität).
- Ein Beratungstelefon könnte eingerichtet werden, bei dem Eltern ebenso wie Schüler anrufen können (Schulpsychologe; Beratungslehrer).
- Eltern sollten sich viel um ihr Kind kümmern und gemeinsame Unternehmungen durchführen.
- Überbehütung ebenso vermeiden wie Orientierungslosigkeit im Verhalten

## Fallbeispiele

### »Marco«

Marco war 8 Jahre alt, als er den 2. Schülerjahrgang einer Zentralschule besuchte, in die er täglich mit dem Schulbus gebracht wurde. Der Junge stammte aus einer italienischen Gastarbeiterfamilie, die in einem kleineren Ort im ländlichen Umfeld der Kreisstadt wohnte. Marco zeigte ein eher schüchternes und zurückhaltendes Wesen im Umgang mit seiner Umwelt. Stets korrekt, sorgfältig und sauber gekleidet, stach er von seinem äußeren Erscheinungsbild her von seinen Mitschülern ab. In Markos Familie galten Fleiß, Pünktlichkeit, Ehrlichkeit und Gehorsam als Grundtugenden. Und so hatte der Junge auch stets sämtliche Hausaufgaben sorgfältig erledigt. Der Lehrerin des Jungen fiel seit einiger Zeit auf, dass sich Marco nach dem Unterricht im Klassenzimmer herumdrückte und erst kurz vor der Abfahrt des Schulbusses daraus entfernte. Auch schien ihr der Junge auf einmal scheu, unsicher und ängstlich zu sein. Während der Pause beobachtete sie einmal, dass Marco von einer kleinen Gruppe älterer Schüler umringt wurde. Und als er sich aus dem Kreis der ihn Umstehenden entfernen wollte, festgehalten wurde. Hernach lief er ins Schulgebäude und sperrte sich ins WC. Die Lehrerin nahm ihn beiseite und fragte ihn, ob er Probleme hätte. Doch dies verneinte er mit niedergeschlagenen Augen. »Marco, sieh mich einmal an«, forderte sie ihn auf, »irgendetwas ist mit dir los!« Marco sah sie an, und Tränen schossen ihm in die Augen. Aber er war zu keiner Antwort zu bewegen. Die Lehrerin bestellte die Eltern zu sich. Eine Aussprache ergab, dass auch die Eltern das veränderte Verhalten ihres Kindes registriert hatten, es sich aber nicht erklären konnten. Schließlich rückte die Mutter damit heraus, dass Marco bei der Entnahme von Geld aus der Geldbörse der Eltern erwischt worden war.

Die Lehrerin beschloss, der Sache auf den Grund zu gehen und befragte mehrere Mitschüler Marcos nach ihren Beobachtungen im Schulbus. Es stellte sich folgendes heraus: Marco wurde täglich von einer kleineren Gruppe älterer Mitschüler im Schulbus belästigt. Besonders einer davon tat sich hervor, um den wesentlich schwächeren Jungen zu schikanieren und zu quälen. Stoßen, Zwicken, in die Ecke drängen, die Mütze vom Kopf ziehen oder ihn vom Sitzplatz schubsen war noch der harmlosere Teil der Quälereien, wie sich herausstellte. Als Marco endlich bereit war, unter Tränen alles zu erzählen, ergab sich eine erschreckende Handlungskette. Wiederholt war Marco vor dem Schulbusfahren, aber auch im Bus selbst brutal an den Haaren gezogen, getreten und mit den Ellbogen in den Hals geboxt worden. Einmal wurde er gezwungen, Hagebutten mitsamt den Kernen zu essen. Ein anderes Mal wurde er in Hundekot geschubst. Dazu kamen verbale Quälereien und Verhöhnungen wie »Italo-Stinker«, »Mutterbubi«, oder »Spitzratte«. Vor kurzem hatte einer aus der Gruppe der quälenden Schüler Marco angeboten, ihn »in Ruhe zu lassen«, falls er ihm eine Mark gebe. Von da an musste der Junge täglich Erpressergeld zahlen, um sich von den Quälereien loskaufen zu können. Im Falle eines »Verpetzens«

wurde ihm angedroht, ihn in einen Felsenkeller zu sperren und niemandem zu sagen, wo er sei.

In Zusammenarbeit mit den Eltern, dem Lehrerkollegium und den Schulkameraden Markos wurde der Bedrohung ein Ende bereitet. Erziehlich-unterrichtliche Gespräche in den betroffenen Klassen, persönliche Gespräche mit jedem Einzelnen der quälenden Schüler, Instruktionen für den Busfahrer und ein von Eltern und Lehrern gemeinsam organisierter Mitfahrdienst auf dem Schul- und Nachhauseweg des Busses entschärften zunächst die für Marco so schmerzhafte Situation. Häufigere Kontakte (Spiel; Sport) Marcos mit Gleichaltrigen (von Lehrerin und Eltern gefördert) sorgten für eine Integration des Jungen in eine feste soziale Gruppe und für den dort bezogenen Rückhalt möglichen Widersachern gegenüber. Die häuslichen Diebstähle hörten auf. Marco hatte sich in seiner Not damit Erpressergeld besorgt. Eine andere Angelegenheit, die hier nicht näher erörtert wird, waren die Hintergründe für das Verhalten der älteren Schüler, die Marco über Wochen hinweg gequält hatten. Im ersten Gespräch äußerten sie sich dahingehend, dass sie dies alles getan hätten, weil es »lustig« war.

### Exemplarische Vorfälle [917]

»Ein stiller Junge wurde dauernd von Klassenkameraden drangsaliert. Sie schlugen ihn regelmäßig und zwangen ihn, Unkraut und mit Waschmittel vermischte Milch zu trinken. Sie legten ihm eine Schlinge um den Hals und führten ihn wie ein Haustier umher. Schließlich erhängte sich der Junge aus Verzweiflung. Als seine Widersacher festgenommen wurden, sagten sie, sie hätten ihr Opfer ›aus Spaß‹ verfolgt.«

»Ein Neunjähriger wurde von einer älteren Schülergruppe in ein Klosett gesperrt, sein Kopf in die Schüssel gesteckt und an der Kette gezogen, sodass er verzweifelt nach Luft rang.«

»Am Stadtrand kommt der zehnjährige Peter aus der Schule und schwingt sich auf das Fahrrad. Zwei Gleichaltrige stürzen hinter einem Busch hervor und stoßen ihn zu Boden. Einer schlägt ihm die Brille herunter, der andere dreht ihm den Arm auf den Rücken und droht, seine Trompete, die er bei sich hat, zu demolieren. Als ein Lehrer vorbeikommt, laufen sie davon. Peter schluchzt und bleibt wie ein Häufchen Elend liegen.«

»Einer zehnjährigen Schülerin wird auf dem Rücksitz des Schulbusses von älteren Mitschülern unter Johlen und Pfeifen der Schlüpfer ausgezogen. Das Mädchen rennt beschämt und weinend zum Busfahrer, um ihn um Hilfe zu bitten.«[1]

---

1 Aussage eines Busfahrers (Ortner/Stork 1980)

## 6.3.7 Kriminelle Brandmarkung

### Definition

Kriminalität ist eine besondere Form des normabweichenden Verhaltens, welches zugleich strafrechtlich missbilligt (Rechtsbruch) wird [918]. Ein Kind, das einmal oder mehrere Male in kriminelles Verhalten verstrickt, mit dem Gesetz in Konflikt geraten und in strafrechtliche Verfahren verwickelt war, trägt eine »Hypothek« sozialer Brandmarkung mit sich. Das solchermaßen kriminell gebrandmarkte Kind ist leicht Verdächtigungen, Ablehnung und Abwertung ausgesetzt und in Gefahr, in eine Außenseiterposition zu geraten.

### Beschreibung und Symptomatik

Kinder geraten in unserer Gesellschaft zunehmend in Verhaltensweisen, die an den Rand oder schon direkt in die Tatsache der Kriminalität reichen. Diebstahl steht dabei an der Spitze der Statistik. Aber auch Sachbeschädigung, Erpressung und Verleumdung sind zu erwähnen. Solchermaßen kriminelles Verhalten geschieht häufig in Verbindung mit Bandenbildung unter Beteiligung und Anführung älterer Jugendlicher. Gelegentlich tritt es aber auch als individuelles Einzelverhalten auf. Kriminelles Tun von Kindern bleibt Eltern und Lehrern meist längere Zeit verborgen. Es gibt hierfür keine spezielle Symptomatik. Doch kann man davon ausgehen, dass es in den meisten Fällen Ausdruck einer Fehlentwicklung ist. Das mitmenschliche und situative Umfeld solcher Kinder ist daher in vielen Fällen negativ geprägt und hat über kürzere oder längere Zeit hinweg eine psychosoziale Fehlentwicklung eingeleitet. Kommt strafrechtliches Verhalten eines Kindes an die Öffentlichkeit, ist damit meist eine gewisse Brandmarkung verbunden (Gerede über das Kind und seine Familie; Warnungen vor Freundschaften mit diesem Kind; vorschnelle Verdächtigungen; ablehnendes Verhalten). Das solchermaßen kriminell gebrandmarkte Kind gerät leicht in einen Teufelskreis der Erfüllung weiterer negativen von ihm »erwarteten« Tuns (»Von dem kann man ja nichts anderes erwarten.«)

### Ursachen und Hintergründe

Kriminelles Verhalten bei Kindern geschieht fast immer aus geringer oder nicht vorhandener Einsicht in ethische oder strafrechtliche Grundbedingungen und Folgen. Selbstverständlich ist Kindern schon bewusst, dass zum Beispiel Diebstahl oder Sachbeschädigung »verbotene« Handlungen sind. Aber Überblick und Bewusstsein hinsichtlich tatsächlicher Konsequenzen sind dabei zumindest vage. Das Strafrecht berücksichtigt demnach auch Alter und Reife eines mit dem Strafrecht in Konflikt gekommenen Menschen.

Kriminelles Verhalten entspringt in der Mehrzahl aller Fälle nicht tatsächlicher materieller Not (etwa Hunger oder finanzielle Armut), sondern unbewusst psychischen Nöten. Hierbei ist ein ganzes Bündel möglicher Ursachen in Erwägung zu ziehen. Diese können in der frühen Kindheit liegen, wenn Kindern die nötige psychische Zuwendung (Geborgenheitserlebnisse durch Hautkontakt; Stillen; Verständnisbereitschaft und Liebe) vorenthalten wurde [919].

Aber auch andere soziale Störfaktoren, zum Beispiel Familien- und Eheschwierigkeiten der Eltern, Alleingelassensein, überzogener autoritärer Erziehungsstil bewirken psychische Nöte des Kindes, die dann in unbewusste Ersatzhandlungen münden. Druck durch die Gruppe (so genannte Mutproben, um sich Geltung und Position in der Gruppe zu verschaffen) können der erste Auslöser für kriminelles Verhalten sein (»Wer entwendet am geschicktesten einen bestimmten Gegenstand aus dem Kaufhaus?«). Kriminelle Brandmarkung erscheint immer erst im Gefolge einer aufgedeckten Straftat (im täglichen Leben oder in der Schule). Je intensiver diese sich auf das betroffene Kind auswirkt, desto höher ist die Gefahr des Rückfalls (»Die denken ja sowieso nichts anderes von mir.«).

### Untersuchungsverfahren und Diagnose

Zur Aufdeckung möglicher innerpsychischer und umweltbedingter Ursachen für kriminelles Verhalten bedarf es spezifischer psychologischer Untersuchungsverfahren (z. B. Motivations-Tests). Die für das kriminell gebrandmarkte Kind wichtige Feststellung der sozialen Stellung innerhalb der Gruppe (Außenseitergefahr) kann mithilfe eines Soziogramms und mittels Beobachtung erfolgen.

### Pädagogische Hilfen

Das betroffene Kind braucht neben der Bewusstmachung der strafrechtlichen Folgen seines Verhaltens vor allem persönliches Verständnis vonseiten seiner engeren Bezugspersonen. Ständige Vorhaltungen, »Aufwärmen« seines in der Vergangenheit zurückliegenden Tuns oder Abwertung seiner Person sollten unbedingt vermieden werden. Wichtiger ist es, den tiefer liegenden Ursachen seines Verhaltens auf den Grund zu gehen und von daher Ansätze ausgleichend-heilender (Geborgenheitsbedürfnis; Annahme; Verständnis) und helfender (Rehabilitierung vor der Umwelt; Integration in die Gruppe; Verstärkung positiven Verhaltens) Maßnahmen zu machen. Dies wird ohne Mittun des Elternhauses und der engeren Bezugsperson nicht leicht sein. Daher sind gerade in Richtung dieser Personengruppe pädagogische Gespräche, Kooperationsangebote und Verständnisbereitschaft notwendig.

Fallbeispiel

**»Richard«**

Richard (10 Jahre) ist das einzige Kind einer wohlhabenden Akademikerfamilie (der Vater ist Zahnarzt). Der Junge ist bei seinen Mitschülern verhältnismäßig beliebt. Er bringt immer die neuesten Spielsachen mit in die Schule. Auch lädt er im Sommer seinen Freundeskreis häufig zum Eis ein. Seine Schulleistungen sind durchschnittlich gut. Richard fällt das Lernen leicht, seine Intelligenz ist überdurchschnittlich. Richard fertigt regelmäßig seine Hausaufgaben, meldet sich in der Schule geschickt zu Wort und erbringt akzeptable Leistungen.

Eines Tages steht in der Lokalzeitung, dass eine Gruppe von Jugendlichen, darunter auch der 10-jährige R. schon seit Monaten Ladendiebstähle, Autoeinbrüche und Entwendung von Mofas betrieben habe. Richard, um den es sich handelt, kommt an diesem Tag nicht zur Schule. Dafür bittet seine Mutter den Lehrer um ein Gespräch. Hierbei stellt sich heraus, dass die Eltern angesichts der Verwicklung ihres Jungen in kriminelle Taten schockiert sind. »Niemand«, so die Mutter, »hätte das von unserem Richard gedacht. Er hat doch alles, was er braucht, Taschengeld, Kleider, Spielsachen, Urlaub.« Bald spricht man in der Ortschaft (eine Kleinstadt) von den aufgedeckten Straftaten, tuschelt über die Familie Richards und wirft bedeutungsvolle Blicke, wenn der Junge auf der Straße gesehen wird.

Auch die Situation in der Schule hat sich geändert. Offensichtlich haben manche Eltern ihre Kinder davor gewarnt, mit Richard Freundschaft zu pflegen oder mit ihm zu spielen. Einige seiner Mitschüler berührt dies zwar wenig, andere wiederum lassen deutlich Distanz spüren. Der Lehrer versucht in wochenlangem Bemühen, Richard aus der Gefahr einer Außenseiterrolle herauszuholen und das soziale Klassenklima wieder ins Lot zu bringen. Mithilfe eines Films (»Teufelskerle«), daran anschließender Aussprache und dadurch vermittelter Einsichten wird auch der »Fall« Richard entschärft, ohne auf die Vorkommnisse, an denen der Junge beteiligt war, konkret einzugehen. Das pädagogisch geschickte Verhalten des Lehrers bewahrt Richard vor krimineller Brandmarkung schlimmerer Art.

Die psychologische Untersuchung des Falls ergibt, dass Richard seit früher Kindheit Nestwärme und liebevolle Zuwendung seitens der Eltern vermissen musste. Da die Mutter in der Praxis mithalf und die Eltern viele gesellschaftliche Verpflichtungen (Abende; Veranstaltungen; Reisen) wahrnahmen, war der Junge lange Zeiten seines Lebens auf sich selbst gestellt. Materielle Zuwendung ersetzte nicht den tiefgreifend erlebten Mangel an Liebe, Zuwendung und Geborgenheit. Zur Zeit, als Richard mit dem Stehlen begann, kriselte es schon länger in der Ehe. Der Vater hatte eine Freundin und wollte sich von seiner Frau und dem Jungen trennen. Offensichtlich war dies der Auslöser für das Verhalten des Jungen, der sich einerseits Anerkennung bei älteren Jungen in einer Bande suchte, andererseits ein (unbewusstes) Notsignal angesichts der Gefährdung seiner existenziellen Situation (Zerbrechen der Familie; Verlust einer Bezugsperson) aussandte.

# 7. Besondere (komplexe) schulische Problemfälle

## 7.1 Der Klassenkasper (Clownerie)

### Definition

Klassenkasperei oder Clownerie ist eine Verhaltensauffälligkeit, bei der das Kind sich bewusst demonstrativer, aus der Rolle fallender und Aufmerksamkeit erregender Mittel und Verhaltensweisen bedient, um wenigstens zeitweise im Mittelpunkt des Gruppeninteresses zu stehen. Clownerie zählt zu den schulischen Einordnungsschwierigkeiten.

### Beschreibung und Symptomatik

Das Kind fällt dadurch auf, dass es während des Unterrichts, aber auch in den verschiedenen Situationen des Schullebens vor allem in Sprache und Gestik komische Verhaltensformen an den Tag legt. Großsprecherische Reden, zum Lachen reizende Bemerkungen, Grimassieren, Weinen oder Schreien sind nur einige Ausdrucksformen eines Verhaltens, das mit dem Ziel verbunden ist, Aufmerksamkeit, vordergründiges Ansehen und gruppeninterne Anerkennung zu erreichen. Das Bemühen, Beachtung zu finden, ist meist gepaart mit Geltungsstreben, Machtstreben, ungebührlichem Drängen in den Mittelpunkt des Gruppengeschehens. Trotzdem oder gerade deswegen ist der Klassenkasper bei seinen Mitschülern mehr oder weniger unbeliebt und nimmt eine Außenseiterposition ein. Durch sein unangepasstes und übertriebenes Verhalten macht er nicht nur sich selbst, sondern auch anderen das Leben schwer [920]. Die psychische Konstitution ist oft gekennzeichnet durch Nervosität und Labilität.

### Ursachen und Hintergründe

Klassenkasperei ist in der Regel auf Überkompensation von Mangelerlebnissen (z. B. Minderwertigkeitsgefühle; Selbstunsicherheit; Liebesentzug durch Erwachsene; andere psychische Defizite) zurückzuführen. Das Kind leidet an diesen Mangelerlebnissen, versucht aber, diese »nach außen hin zu vertuschen und nicht deutlich werden zu lassen« [921]. Das auffällige, unangepasste Verhalten dient einerseits

»als Verteidigungshaltung gegenüber tatsächlichen oder auch nur eingebildeten Angriffen auf die eigene Person« [922], andererseits als Minderung bzw. Behebung des vermeintlichen Selbstwertverlusts dadurch, dass das betroffene Kind Aufmerksamkeit, Anerkennung und Bewunderung seitens der Mitschüler erfährt. Mangels anderer Mittel (z. B. persönliche Leistungen; soziales Prestige) flüchtet es sich in die Rolle eines »negativen« Stars. Dadurch gelingt es ihm tatsächlich, Staunen und bewundernde Zuwendung zu erreichen. Dies wiederum wirkt sich verstärkend auf sein Verhalten aus. Neben der Überkompensation von psychischen Mangelerlebnissen können auch Über- und Unterforderung im schulischen Leistungsbereich (nicht selten z. B. im Sport) den Hintergrund für Clownverhalten bilden. Nach Schlegel [923] ist auch an ein Vermeidungsverhalten in Bezug auf den Unterricht zu denken. Der Schüler stört dann durch sein Clownverhalten (witzige Bemerkungen; unangepasste und unerwartete Aktivitäten) das Unterrichtsgeschehen, um ihm unangenehme Leistungsforderungen zu unterbrechen und zu vermeiden. Das Aufwachsen in einem vernachlässigenden oder zu lockeren Erziehungsmilieu (Verwahrlosung; Verwöhnung) kann dieses Verhalten begünstigen ebenso wie der Mangel an angemessener Selbstkritik [924].

Untersuchungsverfahren und Diagnose

Zur Feststellung der gruppensoziologischen Position des Kindes in der Schulklasse empfiehlt sich die Anfertigung eines Soziogramms, nachdem Beobachtungen ergeben haben, dass das auffällige Verhalten offensichtlich die Symptomatik der Clownerie trägt. Weiterführende diagnostische Verfahren zur Erhellung der Ursachen für möglicherweise vorhandene psychische Mangelerlebnisse empfehlen sich ebenso wie die eigenkritische Überprüfung der Unterrichtsanforderungen durch den Lehrer.

Pädagogische Hilfen

Eine rechtzeitige und verständige Behandlung dieser Verhaltensauffälligkeit führt in vielen Fällen zum Erfolg. Wichtig dabei ist, dass das Clown-Verhalten nicht über Schuljahre hinweg unbehandelt bleibt und sich so zur eingeschliffenen Gewohnheit festigt. Ansatz für jede Hilfeleistung ist der auslösende Ursachenkomplex. Dieser wird in vielen Fällen von psychischen Mangelerlebnissen gekennzeichnet sein. Deren Behebung ist meist nur in einem längerdauernden Prozess der Selbstbestätigung, der Hebung des Selbstwertes, der Anerkennung und positiven Zuwendung durch die Bezugspersonen, die soziale Gruppe und den Lehrer zu erreichen. Im Einzelnen können folgende Hilfen infrage kommen:

- Das Verhalten der Clownerie verliert seinen beabsichtigten Zweck, wenn es unbeachtet bleibt. Verständlicher Ärger oder gegenaggressive Reaktionen des Leh-

rers bestätigen den erwarteten »Erfolg« des Schülers und wirken sich auf zukünftiges ähnliches Verhalten verstärkend aus. Der erste Behandlungsansatz sollte daher von weitgehender Nichtbeachtung der Kaspereien ausgehen.
- Ist die Frage nach der Ursache dieses Verhaltens geklärt und hat sich herausgestellt, dass Minderwertigkeitsgefühle oder Selbstwertdefizite den Hintergrund bilden, sind alle Formen der Selbstbestätigung und der Erfolgserlebnisse angebracht (z. B. häufigeres Lob für erbrachte anderweitige Erfolge; Entschärfung eines körperlich oder psychisch bedingten Defizit-Problems).
- Der Versuch, den Schüler in eine Kleingruppe zu integrieren (Arbeits- und Lerngruppen unter gruppensoziologischem Aspekt), verhindert das Entstehen einer Außenseiterposition. Die Notwendigkeit gegenseitiger Hilfeleistung in der Gruppe fördert Partnerschaft, Verantwortungsfreudigkeit und das Gefühl, einen positiven sozialen Stellenwert zu besitzen [925].
- Das im Clown-Verhalten negative »Sich Produzieren« vor der Klasse könnte man in eine positive Komponente überführen, indem der Schüler die Möglichkeit erhält, im Rollenspiel seine Fähigkeiten darzustellen.
- Verstärkung erwünschten Verhaltens (z. B. produktive Mitarbeit; Vermeiden von Clownereien) ist ein außerordentlich gutes Mittel der Hilfeleistung bei diesem auffälligen Verhalten. Verstärkung und Belohnung können vom Lehrer spontan und aus der aktuellen Situation heraus erfolgen, jedoch auch in Absprache mit dem betreffenden Kind (Festlegung der Bedingungen) oder im »Kontingenzvertrag« [926] (ratenweise Reduzierung des störenden Verhaltens) erfolgen.
- Beruht das Clownverhalten auf Unterforderung des Schülers, müssen (pädagogisch-didaktisch sowieso notwendige) Differenzierungsmaßnahmen ergriffen werden. Zusätzliche Aufgaben, im Schwierigkeitsgrad erhöhte Forderungen oder auch Übertragungen von Helferfunktion und Verantwortung für schwächere Schüler bieten sich an.
- Ist das Verhalten wesentlich auf Überforderung zurückzuführen, so sind neben differenzierenden Maßnahmen Möglichkeiten zusätzlichen Förderunterrichts (Verminderung von Wissenslücken; Verringerung der Angst vor Leistungsversagen) zu erwägen. Kompensatorische Ansätze zur Stärkung des Selbstwertgefühls (Herausstellen persönlicher Begabungsschwerpunkte; Abbau oder Entschärfung von Versagensgefühlen in bestimmten Bereichen) ergänzen diesen persönlichkeitstherapierenden Ansatz.
- Ein auf Vertrauensbasis geführtes Gespräch mit dem Schüler unter vier Augen empfiehlt sich ebenso wie ein situationsentschärfendes und interpersonal aufbauendes Gespräch mit der Klasse oder die kontinuierliche Kontaktaufnahme mit den Eltern.

## Fallbeispiel

### »Niki«

Niki (10 Jahre) ist größer als seine Klassenkameraden. Sein sehr schlanker Körper, seine verhältnismäßig langen Beine und Arme lassen ihn »schlaksig« wirken. Wenn er beim Sport oder in der Pause läuft, wirken seine Bewegungen leicht disharmonisch und unbeholfen. Seine Mitschüler reizt dies zum Lachen, besonders wenn Niki beim Geräteturnen nicht mithalten kann. Von seiner psychischen Konstitution her ist der Junge zappelig, unkonzentriert und offensichtlich auch etwas gehemmt. Seine sonstigen schulischen Leistungen reichen nicht über den Durchschnitt hinaus. Er ist aber begabt in Musik, hat eine klare Stimme und spielt Klavier.

Niki hat bereits im vorhergehenden Schuljahr begonnen, mit Klassenkaspereien aufzufallen. Seine besondere Vorliebe gilt dabei dem Vortäuschen von Ungeschicklichkeit. Soll er an der Tafel etwas anschreiben, »passiert« ihm meist ein Missgeschick. Er stößt einen Stuhl um, stolpert, lässt die Kreide fallen oder drückt so auf, dass quietschende Geräusche entstehen. Soll er in sein Heft schreiben, dreht er es dauernd im Kreis. Gelegentlich erregt er dann wieder Aufmerksamkeit, indem er während der Stillarbeit laut »wau-wau« ruft oder unmotiviert vor sich hin schnattert. Die Klasse gibt sich auf dieses Verhalten »eingespielt«. Kaum wird Niki aufgerufen, drehen sich seine Mitschüler erwartungsvoll um, grinsen und fordern damit geradezu wieder irgendeinen komischen »Gag« heraus. Ist dieser gelungen, lacht die Klasse. Dies ist für Niki die »Belohnung«. Sichtlich zufrieden und selbst grinsend setzt er sich wieder. Nur sein unsicherer Blick verrät, dass er innerlich spürt, letztlich doch die falsche Anerkennung bezogen zu haben. Aber hat er einen anderen Ausweg, um sich Bestätigung und Beachtung zu verschaffen?

Der Junge kommt aus schwierigen familiären Verhältnissen. Die geschiedene, wohlhabende Mutter hat zu wenig Zeit oder Lust, sich um das Kind zu kümmern. So war Niki lange Zeit seines Lebens mehr oder minder sich selbst überlassen. Ihm fehlten liebende Zuwendung, Geborgenheit, Anerkennung, Selbstbestätigung durch soziale Bezugspersonen. Mit diesem psychischen Defizit kam der Junge bereits in die Schule, in der er sich recht und schlecht behauptete. Erst sein überproportionales Wachstum etwa ab dem neunten Lebensjahr machte ihn langsam zur Spottfigur seiner Kameraden. Niki versuchte, diese für ihn schmerzhafte Situation ins Positive zu wenden. Lachen, Beachtung und vordergründige Bewunderung seitens seiner Mitschüler gaben seither eine Ersatzbestätigung für sein stark angeschlagenes Selbstwertgefühl. Obwohl er im Innern spürte, dass dies letztlich seine Außenseiterposition bewirkte, blieb er bei seinem Clown-Verhalten, einfach, weil er in seiner Not sonst keinen anderen Weg sah. Nichts ist für einen Menschen psychisch schmerzender, als die eigene Person als minderwertig, weit reichend ohne Selbstwert zu erleben. Anerkennung, bestätigende Zuwendung, sozialer Stellenwert, Erfolgserlebnisse und damit Selbstbestätigung sind Vorbedingungen für psychisch stabilisierende Entfaltung. Niki musste eine Menge davon entbehren.

## 7.2 Anpassung

### Definition

Anpassung ist zunächst ein normaler, wünschenswerter Verhaltensprozess, sofern durch gegenseitig regulierende Einflussnahme ein relativ konfliktfreier Gleichgewichtszustand im menschlichen Miteinander erreicht wird. Dies darf jedoch »realisierbare und zum Kompromiss bereite Methoden zur Durchsetzung berechtigter Ansprüche« [927] des Einzelnen an die Gemeinschaft nicht ausschließen. Anpassung (besser: Überanpassung) als persönlichkeitsnivellierende Verhaltensweise betrifft die Unterdrückung individuell-persönlicher Denk- und Handlungsansätze zu Gunsten der Übernahme anderer Ansätze aus konformistischen Beweggründen.

### Beschreibung und Symptomatik [928]

Ein Kind, das sich überwiegend nur anpasst, tut meist nur das, was anderen gefällt. Es ist im Gespräch selten anderer Meinung, da es nicht anstoßen möchte. Zugleich ist es bemüht, seine Aktivitäten vorzugsweise auf Bereiche zu beschränken, bei denen es sicher ist, Anerkennung zu finden. Daraus ergibt sich eine bestimmte Unselbstständigkeit im schulischen Arbeiten. Meist braucht es eine Anweisung für die Ausführung eines Vorhabens und hat Schwierigkeiten, selbst Entscheidungen zu treffen. Von daher ist es wenig in der Lage, einen eigenen Beitrag (z. B. in der Diskussion; in der selbstständigen Gruppenarbeit) zu leisten oder kreativ zu sein. In der Regel ist ein solches Kind in seinem Verhalten ordentlich, pünktlich, höflich und freundlich. Anordnungen werden zuverlässig erledigt. In seinem Selbstbewusstsein ist es stolz auf sein Verhalten, wohl weil es die Erfahrung gemacht hat, dass Anpassung von der Umwelt durch positive Beantwortung honoriert wird. Ein Kind, das sich in seinem Verhalten aber immer wieder nur anpasst, läuft Gefahr, die Entwicklung zu einer eigenen ausgeprägten Persönlichkeit zu versäumen. Überanpassung ist pädagogisch ebenso negativ zu sehen wie etwa fortwährendes egoistisch-oppositionelles Verhalten.

### Ursachen und Hintergründe

Die grundlegende Ursache für Anpassung ist sicherlich im häuslichen Erziehungsmilieu zu suchen. Vielleicht haben die Eltern in der Entwicklung des Kindes schon immer ein solches Verhalten belohnt oder betrachten eine Abweichung von einer vorgesetzten Norm als negativ. Nicht selten bestehen Eltern darauf, dass ihr Kind vorgegebene Verhaltensmuster ohne Widerrede akzeptiert. Handelt es sich um ein Einzelkind, kann sich eine solche Erziehung noch deutlicher in Bezug auf Einstellungen und Verhalten einprägen. Auch das Vorbild der engeren Bezugspersonen ist in die Ursachenfrage miteinzubeziehen. Praktiziert z. B. der Vater eine Lebenshaltung nach dem Motto »Der Weg, um Erfolg zu haben, ist Anpassung«, wird das Kind in seiner eigenen Lebenseinstellung davon nicht unwesentlich berührt. Als Ursachenhintergrund kommen aber auch eigene Erfahrungen im Umgang mit der Gruppe Gleichaltriger infrage. Ein Kind, das öfter negative Erfahrungen (Misserfolge durch eigenen Handlungsstil; Verlacht- oder Geschlagenwerden) durch unangepasstes Verhalten gemacht hat und dabei sogar tief greifende emotionale Schäden erlitten hat (z. B. Außenseitererfahrung; Abfuhr in der sozialen Kontaktnahme; Verspottung), wird sich möglicherweise hinter die Fassade der Anpassung an gruppenkonformes Denken, Reden und Tun zurückziehen.

Da Überanpassung bei nicht wenigen Lehrern als »brav«, »ordentlich«, »freundlich« und »zuverlässig« honoriert wird, weil mit solchen Kindern wenig disziplinäre Schwierigkeiten entstehen, ist auch der Erziehungsstil der Schule und das pädagogische Verständnis vom Ziel personaler Entfaltung in die Überlegungen zur Auffindung der Ursachen für anpassendes Verhalten miteinzubeziehen.

Untersuchungsverfahren und Diagnose

Um die Hintergründe für Anpassung zu erfassen, empfiehlt sich neben der regulären Beobachtung im Unterricht und im außerunterrichtlichen Verhalten eine Analyse der Erziehungsansichten des Elternhauses. Motivations-Tests und Tests zur Diagnose (gegenteiligen) aggressiven Verhaltens fördern die Erkenntnisse des Gesamtbildes der jeweiligen individuellen Persönlichkeitsprägung des Kindes.

Pädagogische Hilfen

Eine pädagogisch verantwortliche Förderung der personalen Entfaltung des Kindes muss auf einen gesunden Ausgleich zwischen persönlicher Selbstbehauptung (Verwirklichen eigener Persönlichkeitswerte; Erreichen eines eigenen Persönlichkeitsprofils) und sozialer Integration (Anpassung an Rechte und Bedürfnisse der Gemeinschaft; Kompromissfähigkeit; Verzichtleistung auf egoistische Ansprüche im Interesse des Nächsten) abzielen. (Überzogene) Anpassung allein wird diesem Ziel nicht gerecht. Es empfehlen sich daher folgende Hilfen:
- das Kind (mit gezielter Unterstützung des Lehrers) erleben lassen, dass auch Nichtanpassung Erfolg bringen kann
- Ermutigung und Unterstützung, wenn das Kind eine eigene Entscheidung getroffen hat und diese durchsetzen möchte
- Anbieten von Lesestoff über Personen, die konsequent ihren eigenen Weg gingen (Forscher; Erfinder; historische Persönlichkeiten)
- Ermutigung und subtile Unterstützung, gelegentlich etwas »Waghalsiges« zu unternehmen (z. B. konsequentes Vertreten des eigenen Standpunkts der Klasse

gegenüber; Argumentatives Eintreten für einen Mitschüler, der von der Klasse nicht für ein Klassenamt akzeptiert wird) und Anbieten einer nachfolgenden Aussprache mit dem Lehrer (Bestätigung; Lob; Anerkennung) [929]
- Das Kind nach und nach schwierigen Situationen gegenüberstellen, in denen eigene Entscheidungen getroffen werden müssen
- Das Kind immer wieder erfahren lassen, dass auch die eigene Meinung und das selbst überdachte Handeln anerkannt und bestätigt werden

Fallbeispiel

»Tom« [930]

Tom war ein freundlicher, angenehmer Junge, den seine Mitschüler gut leiden konnten. Er war kein Anführer, aber er wurde immer wieder in Schülergremien gewählt, nicht so sehr wegen seiner nützlichen Beiträge, sondern weil es so angenehm war, mit ihm zu arbeiten. Tatsächlich war er bei Streitigkeiten so freundlich und zurückhaltend, dass er kaum in Verlegenheit kam, in das Schussfeld der Auseinandersetzungen zu geraten.

Als eine neue Familie in die Nachbarschaft von Tom zog, deren Junge körperlich behindert war, bat die Lehrerin Tom, sich dieses Jungen anzunehmen. Tom blieb höflich, aber dieser Idee gegenüber gleichgültig. Offensichtlich fürchtete er, dass diese Sonderaufgabe ihn der Gruppe gegenüber profilieren würde und dass damit seine eigene Stellung innerhalb der Gruppe gefährdet sei. Trotz wiederholten Drängens der Lehrerin half Tom nur widerstrebend.

Hätten alle anderen Mitschüler eine ähnliche Aufgabe übernommen, wäre es auch Tom leicht gefallen, dasselbe zu tun. Eine aus dem allgemeinen Gruppenverhalten herausfallende und herausragende (noch dazu selbstständiges Handeln erfordernde) Tätigkeit aber passte offensichtlich nicht in Toms Grundverhaltensmuster der Anpassung.

## 7.3 Konzentrationsschwierigkeiten

Wenn man von Konzentrationsschwierigkeiten spricht, so ist damit zunächst ein ganzes Bündel ähnlicher Verhaltensweisen mit zum Teil recht unterschiedlicher Genese gemeint. Die gemeinsame Erscheinungsweise ist dadurch gekennzeichnet, dass das betroffene Kind nicht oder wenig in der Lage ist, sich über einen dem Alter entsprechenden angemessenen Zeitraum hinweg auf eine schulisch geforderte Aktivität zu konzentrieren [931]. Geringe Ausdauer, hohe Ablenkbarkeit, motorische Unruhe, rasche Ermüdbarkeit und schwankende Leistungen sind nur einige Kennzeichen des Verhaltens konzentrationsschwacher Kinder. Innerhalb des Spektrums verschieden ausgeprägter und von der Ursachenfrage her zu differenzierender Konzentrationsschwierigkeiten nimmt die Hyperaktivität (Hyperkinetisches Syndrom; ADS = Aufmerksamkeits-Defizit-Störung) vor allem vom medizinischen Ansatz her eine Sonderstellung ein. Im Folgenden wird daher bei der Erörterung von Konzentrationsschwierigkeiten zwischen »Konzentrationsschwäche (allgemein)« und »Hyperkinetischem Syndrom« unterschieden.

### 7.3.1 Konzentrationsschwäche (allgemein)

#### Definition

Konzentration ist vom lateinischen Wort »concentrare« (in einem Punkt vereinigen; auf einen Mittelpunkt beziehen; verdichten) abgeleitet und bedeutet zunächst die »Sammlung der Aufmerksamkeit auf einen bestimmten Gegenstand« [932] bzw. auf eng umgrenzte Sachverhalte [933]. Im psychologischen Verständnis wird *Konzentration* meistens vom Begriff »*Aufmerksamkeit*« abgesetzt. Nach Rapp [934] ist Aufmerksamkeit ein »Prozess der Auseinandersetzung mit realen und vorgestellten Objekten«, welcher die »Funktion der Auswahl (aus dem Reizangebot)« und der »Intensivierung der realen und kognitiven Tätigkeiten« hat. Berg [935] und Ettrich [936] setzen Aufmerksamkeitsleistungen von Konzentrationsleistungen durch den gesteigerten Intensitätsaspekt und den verstärkten strukturellen Ausprägungsgrad der Intentionalität, Absichtlichkeit und willentlichen Steuerung ab. Bei der *Konzentration* handelt es sich damit um eine Gipfelform, um eine »hohe und gebündelte« [937] Aufmerksamkeit. Unter Konzentration als geistig-psychischem Vorgang versteht man somit eine »Sammlung und Bündelung der Sinne, des Fühlens und Denkens auf einen eng begrenzten Bereich außerhalb oder innerhalb der eigenen Person« [938]. Bei Konzentrationsleistungen ist die Motivationskomponente zu beachten. Auch die Beteiligung von Willensleistungen ist als gesichert anzusehen. Man spricht zum Beispiel von einer Höchstform der Konzentration, wenn jemand von seinem Willen her in der Lage ist, sich auch mit Dingen zu beschäftigen, die nicht primär aus intrinsischer Motivation angegangen werden, wenn er sich gestellten Aufgaben zuwendet, die für ihn keinen primären Aufforderungscharakter haben, und wenn er trotz alledem fähig ist, mithilfe von Energie, Vitalität [939] und Willensleistung diese Aufgaben in Angriff zu nehmen.

*Konzentrationsschwäche* ist die deutlich schwankende Fähigkeit bzw. die anhaltend oder chronisch ausgeprägte Beeinträchtigung der Fähigkeit, seine Aufmerksamkeit zu steuern. In Absetzung von *Konzentrationsstörung*, bei der es sich um eine partielle, teil- und zeitweise in Erscheinung tretende und prinzipiell behebbare (therapierbare) Beeinträchtigung der Konzentration handelt[1], ist Konzentrations-

---

1 *Konzentrationsstörungen* hängen zusammen mit Ermüdung, schlechtem Befinden, Jahres- und Tageszeiten sowie leichter Ablenkbarkeit. Konzentrationsgestörte Personen erscheinen zerstreut, sind aber durchaus in der Lage sich auf einen Gegenstand ihres Interesses scharf einzustellen (vgl. auch Knehr/Krüger 1989, S. 10).

schwäche eine nicht zeitweilig sondern durchgehend sich bemerkbar machende Schwierigkeit in verschiedenen Schweregraden, die angeboren ist oder durch schwere Schädigung (z. B. andauernde negative Erziehungseinflüsse oder prä-, peri- und postnatale Komplikationen) herbeigeführt wurde [940]. Um die jeweils *individuelle* Problemlage bezüglich der Konzentrationsfähigkeit eines Kindes herauszustellen, wird im Folgenden auch von Konzentrations*problemen* gesprochen.

Ist ein Kind unkonzentriert so muss es nicht unbedingt konzentrationsschwach sein, denn *Unkonzentriertheit* »ist auch eine höchst normale Erscheinung bei höchst normalen Kindern, die einfach abgelenkt sein mögen, mit ihren Gedanken woanders, in Gedanken oder Tagträumen versunken, versponnen, zerstreut oder auch traurig« [941] sind.

### Beschreibung und Symptomatik

Beobachtungen und Untersuchungen bestätigen ein Ansteigen von Konzentrationsschwierigkeiten bei Schülern, auch bereits in Schulanfängerklassen. Schon in den 60er-Jahren nannte Mierke [942] Konzentrationsprobleme geradezu als »Zeitübel«. Gaupp [943] bezeichnete 30 Prozent der Jungen und 20 Prozent der Mädchen an Volksschulen als typisch konzentrationsschwach. Diese Zahlen dürften sich bis heute deutlich erhöht haben. Konzentrationsschwäche ist durch eine variable Gruppe von Symptomen gekennzeichnet, die sich in der Art eines variablen Syndroms verketten. Dabei handelt es sich um Primär- und Sekundärsymptome, deren Reihenfolge jedoch von Fall zu Fall wechseln kann.

Das konzentrationsschwache Kind kann recht unterschiedliche Verhaltenssymptome zeigen. Meist fällt es dadurch auf, dass es entweder von motorischer Unruhe getrieben oder (vom entgegengesetzten Verhalten her) in depressiver Passivität verharrt. Hinzu kommen geringe Ausdauer, rasche Ermüdbarkeit, verstärkte Ablenkbarkeit, schwankendes Arbeitstempo, schwankende Leistungen, Sprunghaftigkeit, Zerstreutheit und Verspieltheit. Das Kind kann einem Problem oder Gedanken nur mit Anstrengung folgen. Es schweift leicht ab, wirkt unsicher, zappelig und nervös und zeigt Widerwillen gegen schulische Arbeit. Während das eine Kind infantile, verspielte, verträumte und passive Arbeitshaltungen zeigt, zum Teil auch regressive Tendenz (Rückzug in sich; Kontaktscheue; Ängstlichkeit in der Gruppe), ist das Verhalten des anderen konzentrationsschwachen Kindes durch Aggressivität, Nervosität und erhöhte Störbereitschaft nach außen gerichtet. Schweißausbrüche beim Aufrufen, Tränen bei Tadel und schnelle Ermüdbarkeit bis hin zu Erschöpfungssymptomen stehen in engem Zusammenhang mit konstitutionell bedingter vegetativer Labilität. Zu Unrecht wird das konzentrationsschwache Kind vom Lehrer manchmal als »faul«, »verstockt«, »unwillig« oder »asozial« bezeichnet. In den meisten Fällen kann es sein Verhalten aus eigener Kraft kaum ändern. Es leidet darunter und flüchtet in weitere Verhaltensauffälligkeiten, durch die es schließlich in eine Außenseiterposition gerät.

## Ursachen und Hintergründe

Schwächung des Konzentrationsvermögens ist von hauptsächlich drei Ursachenkomplexen her erklärbar, nämlich durch
- somatische Ursachen,
- Erziehungsbedingungen und
- umweltbedingte Schädigungen.[1]

### Somatische Ursachen

Zu den somatischen Ursachen sind zunächst die anlagebedingten Faktoren zu zählen. Die anlagebedingte Konzentrationsschwäche wird allgemein als die schwer wiegendste Form angesehen, da auf Grund somatisch-physiologischer Defekte Heilerfolge äußerst selten sind. Vom sonderpädagogischen bzw. medizinischen Ansatz her unterscheidet man hier eine »erethische« (mit Gereiztsein, Fahrigkeit und Antriebsüberschuss verbundene) und eine »torpide« (mit Regungslosigkeit, Schlaffheit, Antriebsarmut und Erregungsmattigkeit verbundene) Konzentrationsschwäche.[2] So befindet sich z.B. der erethisch Konzentrationsschwache in einem dauernden Zustand der Unruhe und Erregung und wechselt dabei von einem Aufmerksamkeitsobjekt zum anderen. Torpide Konzentrationsschwäche ist gekennzeichnet durch extreme Passivität des Kindes, mangelndes Interesse, starke Ermüdbarkeit und teilweise Apathie.

Somatische Ursachen sind auch konstitutionelle Bedingtheiten des vegetativen Nervensystems, zerebrale Erkrankungen oder Dysregulationen im Stoffwechselhaushalt des Organismus. Im Einzelnen ist an folgende somatische Ursachen zu denken:
- vegetative Labilität
- Nervosität
- innere Beunruhigung [944]
- Sensibilität, Übererregbarkeit und Ängstlichkeit
- Störungen im Hormonhaushalt (z.B. Unterentwicklung der Hypophyse; Überfunktion der Schilddrüse)
- Infektionskrankheiten (z.B. Masern; Scharlach; Tbc; Gehirnhautentzündungen [945])

---

1 Diese drei Ursachenkomplexe lassen sich nicht scharf voneinander trennen. Gerade durch die psychosomatische Verflochtenheit der Ursachen von Konzentrationsleistungen und -schwächen und durch das Ineinandergreifen von (intentionalen) Erziehungseinwirkungen und sonstigen Umwelteinflüssen ergeben sich Überschneidungen und Überlagerungen in der hier vorgenommenen begrifflich-kategorialen Einteilung.

2 Der *Erethiker* neigt zu Neurasthenie (Nervenschwäche), Aggression, ist fahrig, zappelig, ablenkbar, hat einen Mangel an Selbstbeherrschung und ein Bedürfnis nach steter Abwechslung. Der *torpide Mensch* ist geprägt durch Apathie, Regression, Passivität, Antriebsmattigkeit, Eigenbrötlertum, Stumpfheit, Trägheit und Interessenlosigkeit.

- Schädelverletzungen (Geburtstraumen; Unfälle)
- organische Entwicklungshemmungen
- Mangel an intaktem Leistungsvermögen der Intelligenz [946]
- sensomotorische Mängel (z. B. Seh- und Hörfehler)
- aktuelle Erkrankungen (Ermüdung; Sauerstoffmangel; Kreislaufstörungen)
- aktuelle körperliche Ursachen (Sauerstoffmangel; Ermüdung; Fieber; Wetterfühligkeit; Allergien gegen Lärm)
- Entwicklungskrisen (z. B. psychische Begleiterscheinungen der Wachstumsvorgänge der Frühpubertät) [947]

**Erziehungsbedingungen**

Hierbei handelt es sich um (oft von früher Kindheit an) unangemessene bis schädigende Erziehungsmaßnahmen und -einflüsse [948] und um Umweltkonstellationen, die sich negativ auf die gesamte Erziehungsatmosphäre auswirken. Außerdem sind soziale Vernachlässigung, Fehlen familiärer Bindungen oder milieubedingte Verwahrlosung in diesen Ursachenkomplex miteinzubeziehen. Solche Schädigungen führen dazu, dass das Kind diejenigen emotionalen, sozialen und motivational bewirkten intellektuellen Funktionen nur ungenügend ausbildete, welche die Konzentrationsfähigkeit mitbedingen. Weiter ist an unterrichtshygienische Bedingungen [949] zu denken wie physikalische Faktoren (Temperatur, Luftfeuchtigkeit, Luftdruck, Schall und Lärm), tageszeitliche Leistungsmaxima und -minima (Tages-, Wochen-, Jahresleistungskurve) oder Dauer und Intensität der vom Kind geforderten Konzentrationsleistungen. Im Einzelnen sind folgende Ursachenfaktoren hervorzuheben:

- extreme Erziehungsstile (zu streng; zu nachgiebig)
- inkonsequente Erziehung [950]
- Überforderung und Unterforderung
- erziehliche Vernachlässigung
- ehrgeizige Forderungen der Eltern und Erzieher [951]
- zerrüttete Ehe der Eltern
- Scheidung der Eltern
- schwierige Stellung innerhalb der Geschwisterreihe
- ungünstige Wohnverhältnisse
- Leiden unter Milieukonflikten [952]
- unruhiges Zuhause [953]
- negative Einstellung der Lehrpersonen
- Schul- und Methodenwechsel [954]
- mangelnde oder falsche Motivation [955]
- seelische Erschütterung
- Fehlen familiärer Bindungen
- Beunruhigung durch Sexualproblematik
- körperlicher und psychischer Missbrauch

- verfrühte oder verspätete Einschulung
- fehlende pädagogische Fähigkeit der Eltern, ihren Kindern bei der Bewältigung der vielfältigen Umwelteindrücke zu helfen [956]
- zu große Schulsysteme
- zu große Klassen
- Akustische Störfaktoren [957]
- wenig individuelles Eingehen auf die Schüler
- Leistungsdruck und Lehrstoffüberlastung
- Nichtangesprochenwerden durch das Unterrichtsgeschehen [958]

**Umweltbedingte Schädigungen**

Verflochten mit Erziehungsfehlern und ungünstigen Erziehungsbedingungen können zusätzlich umweltbedingte Schädigungen Konzentrationsschwächen hervorrufen bzw. verstärken. Immer ist es wichtig, festzustellen, ob bei einem Kind bereits ererbte oder erworbene konstitutionelle Dispositionen vorhanden sind, welche das Auftreten von Konzentrationsschwäche begünstigen. Trifft beides zusammen (dispositionelle Bereitschaften und umweltbedingte Negativeinwirkungen), dann ist das Aufkommen von Konzentrationsschwächen und -störungen gleichsam programmiert. Umweltbedingte Schädigungsfaktoren können sein:

- nichtbewältigte Reizüberflutung (Massenmedien; Stadtleben; Spielzeugüberhäufung)
- Störung des Spiel- und Arbeitsverhaltens [959]
- psychische Erschütterung durch ein familiäres Ereignis (z.B. Geborgenheitsverlust)
- Unfallnachwirkungen
- milieubedingte Verwahrlosung
- aktuelle psychische Ursachen (Aufregung; Ärger; Furcht; Angst [960]; Langeweile)
- extrem ärmliche oder luxuriöse Familienverhältnisse
- Entwicklungsstörungen (Retardation; Haften an kleinkindhaften Aufmerksamkeits- und Leistungsverhalten)
- übergroße Dauerbelastung

Jede Konzentrationsproblematik ist, was das Erscheinungsbild und die Ursachen angeht, individuell. Es handelt sich jeweils um einen spezifischen Kausalitätskomplex, der sich aus der persönlich-individuellen Konstitution und den darauf einwirkenden Erziehungs- und Umweltfaktoren herausgebildet hat. Es gilt also, von der pädagogischen Hilfeleistung her zunächst ein möglichst genaues Ursachenbild zu erstellen.

## Untersuchungsverfahren und Diagnose

Die Diagnose einer Konzentrationsproblematik und ihres Ursachengeflechtes ist meist recht schwierig, da man es einerseits mit verschiedenen Abstufungen zu tun hat, andererseits die Verflochtenheit mit mannigfaltigen Wirkursachen in Erwägung gezogen werden muss. Da gerade bei der Konzentrationsschwäche somatische (anlagebedingte und erworbene) Ursachen mitbeteiligt sind, ist eine ärztliche Untersuchung und Diagnosestellung fast immer erforderlich. Aufmerksamkeits- und Konzentrationsdiagnostik vor allem mittels Testverfahren bedürfen der weiterführenden wissenschaftlichen Aufklärung. Das Hauptproblem ist es, die Variabilität und Komplexität der Ursachen in der Diagnostik zu differenzieren, um Fehldiagnosen auszuschließen [961].

Für den pädagogisch-psychologischen Bereich können vorrangig folgende Untersuchungsverfahren angesetzt werden:
- Verhaltensbeobachtung[1]
- Gespräch mit dem Kind und mit den Eltern
- Analyse außerschulischer und familiärer Einflussbedingungen
- Konzentrationstests[2]

## Pädagogische Hilfen

Die Fähigkeit zu Konzentration und Aufmerksamkeit hängt beim Grundschulkind wesentlich davon ab, welche *Einflüsse im vorschulischen Bereich* wirksam waren. Was diesbezüglich an positiven Einflüssen (Erziehungsmaßnahmen; Umweltgestaltung; Milieueinflüsse) versäumt wurde, ist womöglich nur mehr unter großen Schwierigkeiten aufzuholen. Diese Art der Konzentrationsschwäche wurde durch Umwelteinflüsse verursacht [962]. Es wäre aber falsch anzunehmen, dass die Entwicklung und Herausbildung der Konzentrationsfähigkeit bis zum Grundschulalter bereits abgeschlossen sei. Vielmehr ist dieser Abschnitt im Leben eines Kindes ein weiteres wichtiges Stadium zur Förderung und Festigung dieser Fähigkeit. Aufgabe des Pädagogen ist es dabei weniger »zur Konzentration zu erziehen, als die Voraussetzungen für ihre Entwicklung nicht zu verhindern« [963]. Gezielte pädagogische

---

1 Barchmann/Kinze/Roth (a.a.O., S. 118) sehen in der *Beobachtung* »ein ideales Prozess-Maß der Konzentration«, da sie auf diese Weise direkt erfasst wird und nicht aus Resultaten (z.B. bei Tests) erschlossen werden muss. Die Validität (Gültigkeit) der Beobachtungen ist ihrer Meinung nach jedoch eingeschränkt, da »Aufmerksamkeit und Konzentration intern ablaufende Prozesse sind«.

2 Zum Beispiel Durchstreichtests (Bourdon; Pauli) und für spezielle Altersstufen entwickelte Konzentrationstests (z.B. Konzentrationstest für Schulanfänger). Nach Barchmann/Kinze/Roth (a.a.O., S. 185) bedeuten Leistungen in Konzentrationstests jedoch nur selten etwas, »wenn Kinder in der Schule sogenannte ›Konzentrationsprobleme‹ haben«. Die Kinder sind in den Tests nämlich entweder »recht gut, oder sie haben keine Lust gehabt, und negative Ergebnisse können diagnostisch nicht verwertet werden«.

Maßnahmen können hier, sofern beim Kind keine schwerwiegenden Krankheitsgründe oder negativ vorgegebene konstitutionelle Bedingungen vorliegen, viel erreichen.

Ist die Konzentrationsschwäche dagegen *anlagebedingt*, kann man »nur versuchen, durch intensives Ansprechen von elementaren Interessen und Neigungen ein gewisses Maß an Zuwendung zu den angebotenen Objekten zu erreichen« [964]; heilen lässt sie sich allerdings nicht.

Beim Eintritt in die Grundschule ist die Aufmerksamkeit des Kindes noch nicht ausgereift. Sein Verhalten ist noch stark von seinen Bedürfnissen, Affekten, Neigungen und zufälligen Interessen getragen. Die fluktuierende Aufmerksamkeit dominiert noch. Das Kind wird dabei weitgehend von den Anregungen und Reizen in Beschlag genommen, die auf seine Sinne wirken, während unanschauliche Denkanregungen Schwierigkeiten bereiten und kaum über einen längeren Zeitraum hinweg verarbeitet werden können.

Der Grundschule fällt die Aufgabe zu, die Aufmerksamkeit des Kindes aus der Drang- und Neigungsgebundenheit zu lösen und es nach und nach dazu zu bringen, seine Aufmerksamkeit auch weniger interessanten, weniger beliebten und unanschaulicheren Lerninhalten zuzuwenden. Dazu gehören neben einer beharrlichen und kontinuierlichen Ausweitung des Interessenbereichs des Kindes auch ganz bestimmte Konzentrationsübungen, differenzierendes Eingehen auf individuelle Reifegrade der Konzentrationsfähigkeit und entsprechende organisatorische und unterrichtshygienische Maßnahmen. Kompensatorische Hilfen, therapierende Ansätze und konzentrationsstärkendes Training greifen dabei ineinander. Dies bedeutet auch, dass propädeutische und intervenierende Hilfen sich in der Regel im Schulalltag überlagern. Um einem betroffenen Kind nachhaltig zu helfen, ist eine breit gefächerte interdisziplinäre Zusammenarbeit (Lehrer; Arzt; Psychologe; Bewegungstherapeut; Erziehungspersonen) zu fördern.[1]

Hilfen zur Besserung einer vorhandenen Konzentrationsproblematik und Hilfen zur Stärkung der Konzentrationsfähigkeit gehen von *allgemein pädagogischen Ansätzen, unterrichtshygienischen Maßnahmen* und von *Übungen und Spielen zum Konzentrationstraining* aus. Hinzu kommen *ärztliche und psychologische Therapie* und der Versuch eines milieupädagogischen Ansatzes.

### Allgemeine pädagogische Ansätze

Die Erwartungen an die Konzentrationsfähigkeit einer Klasse müssen sich am Alter der Kinder orientieren und dürfen im Hinblick auf konzentrationsschwächere Schüler nicht zu hoch angesetzt werden. Die Anforderungen brauchen aber nicht über das ganze Schuljahr hindurch gleich zu bleiben, sondern sollten von Zeit zu Zeit erhöht werden, denn Konzentration ist eine Fähigkeit, die man schulen und

---

1 Damit könnte auch das Problem des »Aufgeriebenwerdens« im pädagogischen Beruf angegangen werden. (Hörmann; Leitner 1995, S. 62).

verbessern kann. Für Kinder mit Konzentrationsproblemen kann es eine psychisch schmerzliche Erfahrung werden, wenn sich ihnen die Schule als Konflikt- und Frustrationssituation darstellt, in die sie persönlich schuldlos geraten sind und der sie nicht ausweichen können. Ihre psychische Weiterentwicklung kann dadurch Schaden erleiden. Die notwendige und entscheidende Hilfe wird solchen Kindern vom Lehrer nur dann zuteil, wenn dieser in echtem pädagogischen Engagement Geduld, Einfühlungsvermögen und Hilfsbereitschaft einzubringen bereit ist.

Diesbezügliche pädagogische Hilfen sind:

- Anerkennung, Lob und Bestätigung
- Bemühen um eine innere Ausgeglichenheit des Kindes [965]
- Konsequenz und Eindeutigkeit des Erzieherverhaltens [966]
- positives Erziehungsklima [967]
- rechtzeitiges Gespräch mit den Eltern (ärztliche Untersuchung; Einbeziehung des Umfeldes der Familie)
- allmähliches Vergrößern des Interessenbereiches des Kindes über die Schule hinaus [968]
- aktive Einstellung gegenüber Problemen fördern [969]
- Zuweisung eines vom Kind zu bewältigenden Klassenamtes
- Sorge für einen kindgemäßen und störungsfreien Arbeitsplatz zu Hause sowie für ausreichend Schlaf [970] (Gespräch mit den Eltern)
- gelegentliche Stichproben über den abendlichen Fernsehkonsum
- Schutz vor einem Überangebot an Reizen [971]

**Unterrichtshygienische Maßnahmen**

Zur Förderung und Stärkung der Konzentrationsfähigkeit sollte der Lehrer einen steten Wechsel von straffer Unterrichtsführung (Belastungsspannen der Konzentration beachten) und gelockertem Unterrichtsstil praktizieren. Schlecht geplanter Unterricht, unzureichende oder unkindgemäße Motivation, mangelnde Anschaulichkeit und unpräzise Zielsetzung müssen sich allgemein negativ auf die Konzentrationsbereitschaft und Durchhaltefähigkeit der Aufmerksamkeit bei Kindern auswirken. Der Lehrer sollte die Ursache für mangelnde Konzentration nicht von vornherein nur beim Kind, sondern auch bei der Qualität seiner unterrichtlichen Maßnahmen suchen.

Schule und Unterrichtsräume sollten so gut wie möglich gegen Störfaktoren von außen (Lärm; Straßenverkehr; blendendes Licht; unangenehmes Raumklima) abgeschirmt sein [972]. Die Stundenplangestaltung muss altersstufengemäße Konzentrationsphasen ebenso berücksichtigen wie die Tagesleistungskurve. Leider bringt die zwangsnotwendige Berücksichtigung von Schulbusplänen, Fachlehrerwechsel und die Fünftagewoche eine Ballung von stark konzentrationsfordernden Fächern und eine Ausdehnung des Unterrichts auf Tageszeiten, zu denen die Konzentrationsfähigkeit des Kindes naturgemäß gering ist [973].

Meist können sich Erwachsene auch nicht in die Situation eines Kindes, das sich konzentrieren soll, hineinversetzen. Da ist einmal die Tatsache, dass für ein Kind die Zeit subjektiv wesentlich langsamer verstreicht als für einen Erwachsenen. Je jünger das Kind ist, umso länger kommt ihm eine (objektiv immer gleich lange) Zeitspanne vor. Auch die altersstufengemäßen Zeitspannen, welche der kindlichen Belastungszeit eine Grenze setzen, sind von denen des Erwachsenen verschieden. Ein Kind von 5–7 Jahren kann durchschnittlich nur etwa 15 Minuten konzentriert mitmachen, ein 7- bis 10-jähriges Kind etwa 20 Minuten. Regelmäßiges Einblenden von Pausen nach solchen Konzentrationsphasen ist daher eine notwendige unterrichtshygienische Forderung.

Sonstige unterrichtshygienische Überlegungen zur Berücksichtigung von konzentrationsschwachen Kindern und zum Vermeiden von Konzentrationsmängeln sind:

- Lockerungsübungen (z.B. Bewegungslieder; Fingerspiele; Kinder dürfen unter dem Tisch Grimassen schneiden, zappeln, sich dehnen, sich strecken) [974]
- vielseitige Veranschaulichungs- und Arbeitsmöglichkeiten im Unterricht
- selbstständiges Arbeiten fördern [975]
- Überforderung vermeiden [976]
- deutliches Herausstellen von Unterrichtsergebnissen
- Rhythmisierung des Unterrichts (Wechsel zwischen Phasen der Anspannung und Phasen der Entspannung)
- zu einer bewussten Zeiteinteilung anregen [977]
- altersspezifische Pausenhäufigkeit, Pausenlängen und Erholungsgestaltung [978]
- leichter Sport am Morgen (Er bringt erfahrungsgemäß bessere Ergebnisse bei den nachfolgenden Fächern. Sonst muss gelten: Sportstunden *nicht* in den ersten Stunden.)
- entspannende und meditative Phasen im Unterricht (ruhige Körperhaltung im Stehen, Sitzen, Liegen; Atemübungen; Übungen zum Stillsein; »stille Minute«)

**Übungen und Spiele zum Konzentrationstraining**

Im Individualtraining und in der Kleingruppe, zu Hause und in der Schule haben sich abwechslungsreiche Übungen und Spiele zum Konzentrationstraining bewährt.

Von diesen Übungen und Spielen gibt es eine beträchtliche Anzahl. Einige davon seien hier empfohlen:
- Kim-Spiele (Eine bestimmte Anzahl von Gegenständen wird etwa eine Minute gezeigt und dann zugedeckt. Die Kinder schreiben auf, was sie sich gemerkt haben.)
- Denktraining (Eine Detektivgeschichte wird erzählt. Die Kinder sollen herausfinden, wer der Täter ist.)

- Memory (Paarweise vorhandene Kärtchen liegen umgedreht auf dem Tisch und werden aufgedeckt. Das Kind muss sich merken, an welcher Stelle ein bestimmtes Bild liegt.)
- Bildbetrachtung (anschließend Gespräch)
- Zuhören lassen (Hören von Tönen, Geräuschen, Stimmen)
- Geschichte mit Fehlern erzählen (Fehler müssen herausgefunden werden)
- Gedichte lernen
- Kopfrechnen in verschiedenen Formen
- Anschauungs- und Ordnungsübungen (Beobachten, Analysieren, Planen und Gestalten in den Fächern Deutsch, Mathematik oder Sachunterricht)
- Durchstreichübungen (bestimmte Buchstaben oder Zahlen)
- Figurennachlegen (mithilfe des Tageslichtprojektors werden kurz Strichbilder gezeigt. Die Kinder legen diese mit Stäbchen nach.)
- Puzzle-Spiele
- Tachistoskopische [1] Übungen
- optisch-visuelle und akustisch-auditive Wortunterscheidungsübungen im Rahmen von Leseübungen
- Spannungsübungen (Die Kinder versuchen, einige Sekunden lang den Stuhl »in den Boden zu pressen« und lassen dann wieder locker. Abwechselndes Anspannen der Arm- und Beinmuskeln im Stehen und dann wieder Lockern.) [979]
- »Schildkröten-Verhalten« (Der Lehrer erzählt den Kindern die Geschichte von der kleinen Schildkröte, die immer, wenn sie Kummer oder Ärger hatte, sich unter ihren Panzer verkroch und dort blieb, bis sie wieder ganz ruhig war. Auch Kinder könnten sich so verhalten, indem sie die Arme an den Körper ziehen, den Kopf hängen lassen und sich vorstellen, dass sie nun ganz sicher und geborgen unter einem Panzer seien. Die Kinder lernen mit diesem Verhalten, wie man sich entspannt und neue Kräfte zur Konzentration sammelt.)

### Ärztliche und psychologische Therapie

Pädagogische Maßnahmen zur Verbesserung der Konzentrationsfähigkeit müssen vor allem in schwerwiegenden Fällen von ärztlichen und psychologischen Therapiemaßnahmen gestützt werden. Je nach ärztlicher Entscheidung können medikamentöse Behandlung, autogenes Training, Erholungs- oder Kuraufenthalt oder psychotherapeutische Maßnahmen angesetzt werden. Psychologische Hilfen sind Gesprächstherapie, verhaltensverändernde Maßnahmen, meditatives Training, autosuggestive Ansätze und Einflussnahme auf milieubedingte Einwirkungen (Familienatmosphäre; Arbeitsplatz; Schlafgewohnheiten; häusliche Erziehungsmaßnahmen; Freizeitgestaltung; Fernsehkonsum).

---

1 Tachistoskop = Prüf- und Übungsgerät für optische Aufmerksamkeitsübungen.

## Fallbeispiele [980]

### »Monika«

Monika (6 Jahre) besucht die Schulanfängerklasse einer ländlichen Grundschule. Beobachtungen ihres Verhaltens während des Unterrichts erbringen folgende Ergebnisse: Es fällt zunächst auf, dass Monika sehr auf ihren eigenen Körper konzentriert ist. Die meiste Zeit lutscht sie entweder am Finger, leckt etwas ab (Hand; Finger; Bleistift; Federmäppchen) oder bohrt in der Nase. Manchmal sitzt sie auch da, hat den Mund halb geöffnet und kaut auf ihrer Zunge. Zwischendurch kratzt sie sich am Kopf, am Bauch oder an den Armen. Dauert ihr eine Unterrichtsphase zu lange, streckt sie sich, gähnt oder legt sich mit dem Oberkörper auf die Schulbank.

Monikas Mitarbeit im Unterricht ist recht dürftig. Lehrerfragen und Impulse werden kaum beachtet. Blickkontakt mit der Lehrerin nimmt sie nur selten auf, hauptsächlich dann, wenn sie persönlich etwas gefragt wird. Sonst blickt sie im Raum umher, starrt vor sich hin, schaukelt und wackelt auf dem Stuhl, spielt mit einem Bleistift oder sucht irgendetwas unter der Bank oder in der Schultasche.

Das Mädchen ist in der Klasse unbeliebt. Trotzdem oder gerade deshalb versucht Monika, Aufmerksamkeit auf sich zu ziehen. Relativ oft schaut sie ihre Banknachbarin an oder redet mit ihr. Diese ignoriert fast immer diese Kontaktversuche, indem sie einfach nicht antwortet. Doch Monika gibt nicht auf. Wenn sie keine Reaktion erhält, dann redet sie still vor sich hin. Bisweilen lacht sie – wie es scheint völlig grundlos – und zieht dadurch einige Blicke auf sich.

Als die Klasse sich um einen Tisch stellt und mit der Lehrerin ein Unterrichtsgespräch führt, steht Monika abseits und versucht, mit den Kindern, die neben ihr stehen, herumzualbern. Die Lehrerin bemerkt dies, holt das Mädchen zu sich und richtet direkte Fragen an sie. Monika beantwortet die Fragen allesamt richtig.

Bei Beginn der großen Pause braucht das Mädchen länger als die anderen, um sich anzuziehen. Nach Auskunft der Lehrerin konnte Monika bei Schuljahresbeginn weder Schuhe binden, noch Knöpfe oder den Reißverschluss schließen. In der Pause läuft sie recht tollpatschig hinter den anderen Kindern her, setzt sich schließlich auf eine Schaukel und gibt sich gelangweilt.

Monikas Schrift ist wackelig und unregelmäßig. Sie drückt mit dem Stift zu fest auf. Auch ist das Schreibtempo sehr langsam. Als die Klasse den Auftrag erhält, Eier anzumalen, braucht Monika sehr viel länger, bis sie mit dem Malen beginnt. Anstatt ein Ei gründlich anzumalen und fertig zu stellen, bepinselt sie vier Eier mit verwässerter Farbe. Während der ganzen Zeit wackelt sie auf ihrem Stuhl herum, bewegt die Beine und singt leise vor sich hin.

Das Mädchen leistet eigentlich nur etwas, wenn sich die Lehrerin direkt um sie kümmert. Meist »schaltet« es in der ersten Unterrichtsphase »ab«. Dann legt es sich auf die Bank oder schaut umher. Zum Stundenende oder am Schluss eines Schultages wird Monika grobmotorisch recht unruhig, wobei sie mit dem Oberkörper wackelt, mit den Beinen zappelt, sich kratzt oder vor sich hinredet.

Monika ist das dickste Kind der Klasse. Ihre Kleidung ist unattraktiv und hebt sich so unvorteilhaft ab. Obwohl sie unmittelbar neben dem Schulhaus wohnt, kommt sie täglich zu spät. Sie hat noch einen 12-jährigen Bruder und einen 2 1/2 Jahre alten kleineren Bruder.

Letzterer spricht noch nicht und soll deshalb in einem Förderkindergarten ein Sprachtraining erhalten. Der Vater ist Alkoholiker und lebt nicht bei der Familie. Kommt er gelegentlich heim, schimpft er mit den Kindern und schlägt sie. Die Mutter kann sich selbst wenig um die Kinder kümmern. Sie ist körperlich und seelisch überlastet und in Behandlung bei einem Nervenarzt. Da der Vater unregelmäßig zahlt, ist die Familie schlecht gestellt. Die Erziehung der Kinder hat die Oma übernommen, eine einfache Bauersfrau, die sich schon öfter bei der Lehrerin beklagt hat, dass die Kinder zu viel und zu Schwieriges lernen müssten. Außerdem stellt sie fest, dass Monika daheim so zappelig sei und wenig Freunde und Spielgefährten habe.

Nach Auskunft der Lehrerin wurde mit Monika ein Intelligenztest durchgeführt, der einen IQ von 115 ergab. Sie glaubte jedoch nicht, dass das Kind so intelligent sei. Insgesamt sei Monika eine »schwache Schülerin«, die auch von zu Hause keinerlei Förderung erhalte. Man könne davon ausgehen, dass sie nicht schulreif und daher überfordert ist. Es ist geplant, Monika im nächsten Schuljahr in ein Internat zu schicken, das besonderen Wert auf Sprachförderung legt.

Dort wird sie die erste Klasse nochmals wiederholen. Die Lehrerin schätzt dies als gute Chance für das Kind ein, denn innerhalb der Regelklasse sei Monika eine Behinderung für die übrige Klasse. Man müsse sie zurzeit »halt so mitschleppen«, und um sie gezielter fördern zu können, müsse man die Mitschüler so vernachlässigen, dass dies nicht zu verantworten sei.

Das Fallbeispiel »Monika« zeigt, wie vielfältig verflochten die Ursachenfrage bei einem Verhalten sein kann, das sich als Konzentrationsschwäche zeigt. Offensichtlich greifen im Verhalten Monikas mehrere Kausalfaktoren ineinander. Schwierige Umweltbedingungen (gestörte Familiensituation) gehen einher mit wahrscheinlich ererbten Dispositionen (»nervöse« Störungen der Mutter) mit Reifeverzögerungen, welche wahrscheinlich das Ergebnis eines Wechselwirkungsprozesses zwischen genetischer Veranlagung und mangelnder frühkindlicher Förderung sind.

Nicht verarbeitete psychische Belastungen, anregungsarmes Milieu und daraus resultierendes Motivationsdefizit ergeben ein Überforderungssyndrom als Antwort auf schulische Leistungsforderung. Der »circulus vitiosus« schließt sich damit, dass Monika gerade wegen der vordergründig als Konzentrationsschwäche sich artikulierenden Verhaltensschwierigkeit auch soziale Kontaktschwierigkeiten bekommt und sie dadurch in eine Außenseiterposition gedrängt wird. Soziale Kontaktnöte, Stigmatisierung durch wechselndes hyperaktives und desinteressiert-passives Verhalten, Überforderung durch partielle Entwicklungsverzögerungen, wenig häusliche Geborgenheit und daraus resultierendes mangelndes Selbstwertgefühl führten schließlich bei Monika zu einem negativen Konstellationsgeflecht, bei dem Konzentrationsschwäche nur der Teilausdruck einer komplexeren Verhaltensauffälligkeit ist. Diese zu mildern, kann nur mit einem umfassenden Therapieplan angegangen werden, bei dem die häusliche Umwelt ebenso wie die schulische Situation, ärztliche Maßnahmen ebenso wie pädagogisch-psychologisches Verhaltenstraining einzubeziehen sind. Ob der Besuch des Sprachförderungs-Internats Monikas Konzentrationsschwierigkeiten nachhaltig verbessern kann, darf bezweifelt werden.

## »Michael«

Michael, 10 Jahre alt, besucht zusammen mit seinem neunjährigen Bruder eine dritte Grundschulklasse. Er ist normal groß, kräftig und körperlich gesund. Nach außen hin macht er einen ungepflegten Eindruck. Seine Haare sind meist ungekämmt, Gesicht, Hände und Fingernägel sind schmutzig. Michael kommt fast täglich zu spät. Seine Hausaufgaben sind nur selten vollständig. Vor allem aber fällt seine Unruhe während des Unterrichts auf. So kippelt er ständig mit dem Stuhl, ruft dazwischen oder führt über mehrere Tische hinweg Gespräche. Dazwischen knallt er seine Bücher auf den Tisch. Es vergeht kaum eine Rechenstunde, in der nicht sein Rechenkasten zu Boden »fällt«. Beim Aufheben des verstreuten Inhalts gibt er Albernheiten von sich, schneidet Grimassen oder kichert. Auch sonst versucht Michael, mit verbalen oder nonverbalen Clownereien die Mitschüler auf sich aufmerksam zu machen. Immer ist er in Bewegung, kramt unter dem Tisch oder hantiert mit Schulmappe oder Jacke. Mit seinen Nachbarn streitet sich der Junge immer wieder während des Unterrichts, und auch in den Pausen zeigt er sich rauflustig. Seine Mitschüler beschweren sich über seine Grobheiten.

Den schulischen Leistungen nach gehört Michael zu den benachteiligsten der Klasse, obwohl er den 2. Schülerjahrgang bereits wiederholt hat. Er überrascht aber immer wieder beim Unterrichtsgespräch durch seine passenden und guten Beiträge, selbst wenn er gerade mit anderen Dingen beschäftigt ist. Auf Ermahnungen der Lehrerin reagiert Michael meist sofort. Seine Anpassungsbemühungen halten aber kaum länger als zehn Minuten an. Für Lob ist er sehr empfänglich. Er kommentiert es durch Imponiergehabe (Klopfen an die Brust; Hände hochreißen etc.). Die Heftführung des Jungen ist unordentlich (Tintenkleckse; verknittert; herausgerissene Seiten), seine Schrift ist schwerfällig, fahrig und oft kaum lesbar.

Michaels Vater ist Alkoholiker. Er schlägt Frau und Kinder, wenn er betrunken nach Hause kommt. Einmal erhielt der Junge bei einer Probearbeit eine Sechs. Als er das Blatt unterschrieben zurückbrachte, hatte er aus der Sechs eine Vier gemacht. Zur Rede gestellt, sagte er: »Sonst haut mich mein Papa wieder.«

In seiner Freizeit macht Michael in einer Clique von Jungen mit, die andere Kinder überfallen, aus Verstecken auf Leute mit Steinen werfen oder sich sonst wie herumtreiben. Hier findet er offensichtlich seinen sozialen Stellenwert. Gelegentlich ist er sogar der »Boss«.

Schon von früher Kindheit an wächst Michael in einer negativ belasteten häuslichen Atmosphäre auf. Brutalitäten des Vaters, Ängste, unterbrochener Schlaf, kaum Geborgenheit, wenig Interesse der Eltern an schulischen Dingen, dies alles brachte

Michael dazu, seine Selbstbestätigung außerhalb der Familie zu suchen. Häufiger abendlicher Fernsehkonsum und wenig Motivation für schulische Hausaufgaben lassen bei ihm bereits bei Schulbeginn Misserfolge entstehen, die dann schließlich zum allgemeinen Desinteresse an der Schule überhaupt werden. Dieses Desinteresse wiederum, gepaart mit erheblichen Lücken im Wissens- und Könnensstand wichtiger Lernbereiche, veranlassen Michael zu einem Verhalten, mit dem er sich (wenigstens äußerlich) von großen Teilen des Schulgeschehens distanziert, indem er sich während des Unterrichts »unkonzentriert« verhält.

Es ist schwierig, Michaels Verhalten entscheidend zu ändern. Schon die ungünstigen Familienverhältnisse lassen wenig Einflussmöglichkeiten zu. Versäumnisse der frühen Kindheit, Lerndefizite in den vorausgegangenen Schuljahren und das Eingefahrensein auf eine Außenseiterposition (Sitzenbleiber; Unruheverbreiter; »Störenfried«) verschärfen die Situation. Man darf davon ausgehen, dass Michaels »Konzentrationsschwierigkeiten« weitgehend milieubedingt sind und kaum einen krankheitsbedingten organischen Hintergrund haben. Solange die häusliche Situation so gravierend negativ bleibt, werden pädagogische und gegebenenfalls psychologische verhaltensändernde Maßnahmen nur einen Teilerfolg bringen.

### 7.3.2 Das hyperkinetische Syndrom (ADS) Aufmerksamkeitsstörung mit/ohne Hyperaktivität

Das aus der klinischen wie pädagogisch-psychologischen Forschung gesammelte Wissen im Problembereich »hyperkinetisches Syndrom (ADS)« ist während der letzten Jahre erheblich angewachsen. Diagnostische Unterscheidungsvorgaben zur besseren Abklärung einer solchen Störung sind nach Zametkin/Liotta [981] jedoch noch keineswegs zufrieden stellend. Die Instrumentarien, ob sie nun genetische Identifizierung, Messungen von Gehirnstrukturen oder physiologische Bedingungen betreffen, stehen allerdings schon zur Verfügung und können in absehbarer Zeit eingesetzt werden. Gemeinsame Forschungsansätze weisen diesbezüglich auf baldige Erfolge hin.

#### Definition

Unter Hyperkinese (Hyperkinesie; Hyperkinesis) versteht man allgemein eine »neurologisch übermäßige Bewegungsaktivität« [982]. Die daraus hervorgehende Verhaltensauffälligkeit ist gekennzeichnet durch fortwährende Ruhelosigkeit und Defizite in der Konzentrationsleistung. Der Begriff »hyperkinetisches Syndrom« ist im deutschen Sprachraum erst seit einigen Jahren gebräuchlich. Die Symptome dieses Syndroms (Unruhe; Konzentrationsschwäche; »Nervosität«) fasste man zuvor weitgehend unter dem komplexen Überbegriff »Konzentrationsstörungen« zusammen. Demgegenüber hat sich heute die Auffassung durchgesetzt, dass es sich beim »hyperkinetischen Syndrom« um eine spezifische Konzentrationsproblematik handelt. Früher gebrauchte Ausdrücke wie »Hyperkinesie« oder »minimale cerebrale Dysfunktion« werden in der aktuellen Diskussion nicht mehr häufig verwendet. [983] In der Literatur finden sich keine einheitlich verbindliche Definition und keine einheitlich verbindliche Terminologie [984]. Die Bezeichnung »ADS« (»Aufmerksamkeits-Defizit-Störung«) [985] überträgt für den deutschsprachigen Raum die von der »American Psychiatric Assoziation« verwendete Bezeichnung »ADD« (»Attention Deficit Disorder« [986]) oder »ADHD« (»Attention-Defizit-Hyperactivity Dysorder«). Inzwischen unterscheidet man einen Plustyp von einem Minustyp, je nachdem, ob bei der vorhandenen Aufmerksamkeitsstörung Hyperaktivität dabei ist oder nicht. Von Skrodzki wurde die Bezeichnung *Aufmerksamkeitsstörung mit/ ohne Hyperaktivität* eingeführt. Man spricht heute auch von drei Untergruppen [987], dem vorwiegend aufmerksamkeitsgestörten Typ »Träumer«, dem vorwiegend impulsiven hyperaktiven Typ »Zappler« und einem »Mischtyp«.

Die ADS (ADHD) kann definiert werden als eine (hauptsächlich durch Neurotransmitter-Probleme verursachte) spezifische neurophysiologisch bedingte Verhaltens- bzw. Aufmerksamkeitsstörung, bei welcher ein Plustyp (gleichzeitiges Auftreten von Hyperaktivität) und ein Minustyp (weitgehendes Fehlen von Hyperaktivität) unterschieden wird. Auf Grund individuell variabler Ursachenkomplexität (hirnorganische, hirnfunktionelle, neurochemische, genetische, entwicklungsbedingte, durch Umwelt oder Ernährung verursachte Zusammenhänge) ist sie von typischer, jedoch dabei auch wechselnder Begleitsymptomatik (z.B. starke motorische Unruhe; Affektlabilität; mangelnde Frustrationstoleranz) mitgeprägt.

Entgegen der früheren Annahme, dass das ADS-Problem im Verlaufe der Pubertät abklingt, weiß man heute, dass dies nicht immer so ist. Zwar gibt es keine oder selten hyperaktive Erwachsene. Die Probleme der Aufmerksamkeits- und Motivationsstörung können jedoch durchaus im Erwachsenenalter weiterbestehen [988].

## Beschreibung und Symptomatik

Charakteristisch für diese Störung ist ihr früher Beginn in der Vorschulzeit [989]. Die von ADS betroffenen Kinder fallen Eltern und Lehrern vor allem dadurch auf, dass sie zu Hause und in der Schule auf verschiedenen Gebieten Schwierigkeiten machen oder versagen. Die Symptomatik dieser Schwierigkeiten ist gekennzeichnet durch Konzentrationsschwäche, starke Leistungsschwankungen, geringe Ausdauer, Vergesslichkeit, motorische Unruhe, Wutausbrüche, geringes Selbstbewusstsein, dauerndes Zappeln und leichte Ablenkbarkeit. Bei schriftlichen Arbeiten kann es vorkommen, dass das Kind zunächst gut vorwärts kommt. Dann aber häufen sich die Fehler, und das Kind schreibt schließlich überhaupt nicht mehr weiter. Wird es aufgerufen, kann es zu Schweißausbrüchen kommen, oder es bringt kein Wort hervor.

Solche Lernschwierigkeiten zeigen sich nicht nur in der Schule, sondern auch zu Hause. Oft benötigt das Kind den ganzen Nachmittag zur Erledigung der Hausaufgabe, weil es häufig abbricht und auf Anmahnung hin nur gequält bei seiner Arbeit bleiben kann. Auch lässt es sich leicht ablenken und bricht nicht selten in Tränen aus, wenn es zur Weiterarbeit gedrängt wird. Während der Freizeit sind solche Kinder häufig leicht reizbar, impulsiv, vertragen sich schlecht mit den Geschwistern und wissen wenig mit sich selbst anzufangen. Kennzeichnend ist auch die motorische Unruhe. Nicht einmal beim Fernsehen können sich manche Kinder ruhig verhalten. Häufig werden sie von den Eltern und Lehrern als »zappelig«, »fipsig«, »wepsig« und »fahrig« charakterisiert.

Die Reihe dieser Symptome kennzeichnet bereits das Typische des hyperkinetischen Syndroms. Selbstverständlich tritt die Gesamtzahl möglicher Symptome nicht bei jedem von ADS betroffenen Kind auf. Die Symptome variieren von Fall zu Fall. Auch bei gesunden Kindern trifft man immer wieder ähnliche Verhaltensweisen an. Aber diese treten mehr punktuell auf und unterscheiden sich auch hinsichtlich der Gesamtkonstellation des Verhaltens deutlich vom Verhalten hyperkinetischer Kinder, sodass sie der erfahrene Arzt deutlich auseinander halten kann [990].

Wird das Krankheitsbild nicht erkannt, keine grundlegende Therapie eingeleitet, und verhält sich die Umwelt des von ADS betroffenen Kindes in Unkenntnis der vorliegenden Krankheit falsch und unangemessen, wächst die Gefahr eines weiteren, das ursprüngliche Krankheitsbild überlagernden Fehlverhaltens (Sekundärsymptomatik). Es treten dann Verhaltensweisen auf, die das Resultat aus der Reaktion des betroffenen Kindes auf das negative Verhalten der Umwelt ihm gegenüber sind. Eltern, Geschwister, Freunde und schulische Umwelt reagieren auf das Verhalten des hyperkinetischen Kindes von seiner Warte aus »ungerecht«, weil es feststellen muss, dass es auch bei gutem Willen sich nicht von seinen Verhaltensschwierigkeiten lösen kann. Andererseits ist der Umgang mit solchen Kindern so aufreibend, dass die meisten Eltern und Lehrer trotz der Bereitschaft, dem Kind immer verständnisvoll entgegenzutreten, allmählich die Geduld verlieren, schließlich entnervt, gereizt, ärgerlich und wütend reagieren und damit das Kind zusätzlich in das Frustrationserleben drängen.

Das Kind fühlt sich dabei fast immer ungerecht behandelt und unverstanden. Es wird sich selbst zur Qual und muss resigniert feststellen, dass es ihm trotz größten Bemühens einfach nicht gelingt, so zu sein, wie man es von ihm haben möchte. Aus solcher Enttäuschung können leicht Aggressivität, Schuldgefühle, depressive Minderwertigkeitsgefühle und anderes Fehlverhalten resultieren. Kinder versuchen dann aus ihrer Not heraus mit allen Mitteln, die Liebe, Beachtung und Bestätigung ihrer Mitwelt wiederzugewinnen, die sie angesichts des ihnen entgegengebrachten Verhaltens verloren zu haben glauben.[1] So geraten die Kinder in einen

---

1 Eichlseder (a.a.O., S. 3) schildert die bedrängende Situation dieser Kinder so: »Ich wundere mich oft, wie geduldig Kinder im Ertragen all der Unbill sind, die ihnen täglich von innen und außen her widerfährt – angesichts dauernder Misserfolge. Obwohl sie sich immer wieder von neuem vornehmen, es nun besser zu machen, gelingt es ihnen nicht. Und dafür werden sie noch geschimpft und bestraft und müssen dauernd in der Angst leben, die Eltern entziehen ihnen ihre Liebe, die Freunde die Achtung und die Lehrer das Interesse an ihnen.«

»Circulus vitiosus« von Versagen, Enttäuschung, Erfolglosigkeit, Entmutigung, Resignation und Rebellion, aus dem sie mit eigener Hilfe kaum mehr herausfinden [991].

Versucht man eine Übersicht über die Gesamtsymptomatik beim Vorliegen eines hyperkinetischen Syndroms (ADS) zu geben, so können folgende Auffälligkeiten besonders herausgestellt werden:

- Das ADS-Kind hat vorwiegend Probleme in der Bewältigung vorgegebener Aufgaben, welche eine ausdauernde Aufmerksamkeit erfordern, beim Erbringen von konstanten Leistungen, Stillsitzen im Unterricht und selbstständigen Arbeiten. Es ist motorisch unruhig, sprunghaft, fahrig, zappelig, nervös, leicht ablenkbar und wenig ausdauernd.
- Es liegt häufig eine offenkundige Diskrepanz zwischen Intelligenz und Leistungsverhalten vor [992].
- Es zeigt schwankende Leistungen, gelegentliche Wutausbrüche, geringes Selbstbewusstsein, schnellen Stimmungswechsel mit Neigung zu Weinerlichkeit und hat Schwierigkeiten, seine Zappeligkeit zu kontrollieren.
- Bei einigen ADS-Kindern steht eine depressive Verstimmung im Vordergrund. Es herrscht eine »unglückliche« Grundstimmung vor.
- Die geringe Belastungsfähigkeit beim Ertragen von Enttäuschungen (mangelnde Frustrationstoleranz) führt zu Ausbrüchen in Jähzorn oder zu ruppigem Benehmen.
- Bei der Mehrzahl hyperaktiver Kinder kann ein verzögerter Ablauf von körperlichen, psychischen und geistigen Entwicklungsvorgängen beobachtet werden [993].
- Oftmals werden hyperaktive Kinder von ihrer Umwelt gerade wegen ihres nur schwer zu ertragenden Verhaltens abgelehnt [994]. Dabei sind diese Kinder durchaus eifrig um soziale Kontakte bemüht. Allerdings zeigt sich ihr hohes soziales Engagement oft in abträglichem Verhalten, welches dann meist mit dem Abgedrängtwerden in eine Außenseiterposition verbunden ist [995]. Dies stellt für die betroffenen Kinder ein psychisch schmerzhaftes Erlebnis dar.
- Kontinuierliche Erlebnisse des Abgelehntwerdens, des Unverständnisses, des Versagens in der Schule und die Erfolglosigkeit ihres eigenen Bemühens um soziale Anerkennung führen schnell zu einer Beeinträchtigung des Selbstwertgefühls, zu Mutlosigkeit und zu einem wachsenden Unwillen, neu gestellte Anforderungen zu bewältigen.
- Die kurze Aufmerksamkeitsspanne und eine auffallende Langsamkeit bei der Aufgabenlösung führen dazu, dass es ADS-Kindern nur schlecht gelingt, bei der Sache zu bleiben. Dies wird nicht selten als »schlechter Wille« oder Desinteressiertheit missverstanden.
- Hyperkinetische Kinder zeigen eine »Unersättlichkeit des Anspruchs« [996]. Nach Douglas haben sie ein ungewöhnlich starkes Bedürfnis nach sofortiger Befriedigung von Wünschen, eine deutlich schwache Neigung, Aufmerksamkeit

und Anstrengung aufrechtzuerhalten und eine abgeschwächte Fähigkeit, impulsive Reaktionen zu bremsen [997].
- Sie haben häufig mit Regelverletzungen zu tun, weil sie die Regeln entweder nicht einsehen oder nicht einhalten können. Dies hat eine Konfrontation mit disziplinarischen Maßnahmen durch Eltern oder Lehrer zur Folge [998].
- Eine desorganisierte, mangelhaft gesteuerte und übermäßige motorische Aktivität zeigt sich nicht nur im grobmotorischen Bereich (ständiges Herumlaufen, Aufstehen, Platzveränderung), sondern auch im feinmotorischen Bereich in Form von Koordinationsproblemen. Der Schreibvorgang ist mit großer Anspannung und Überwindung verbunden. Verkrampfte Schrift, großer Schreibdruck und schnelle Ermüdung beim Schreiben kennzeichnen das schriftliche Arbeiten des ADS-Kindes. Es hat Probleme bei allen zeichnerischen Tätigkeiten, beim Malen und allgemein in der Heftführung [999]. Ein unharmonischer Bewegungsablauf ist nicht nur bei der Schrift, sondern auch im sonstigen Bewegungsbild des Kindes feststellbar.
- Als Sekundärsymptome können Schlafstörungen (spätes Einschlafenkönnen und morgendliche Unausgeschlafenheit), Resignation (»Wenn ich mich bemühe, hilft es ja doch nichts«.) und Aggressivität (mangelnde Frustrationstoleranz) vorkommen.
- Ausdruck eines hyperkinetischen Verhaltens ist unter anderem Trommeln mit den Fingern, Klopfen mit den Füßen, Schaukeln mit dem Stuhl, abruptes Aufstehen, unangebrachtes Sprechen, Singen, Nörgeln, Necken, Stoßen und Ärgern der Mitschüler, Materialien durch die Luft werfen, sich ausziehen, unter dem Tisch liegen oder anhaltendes Tagträumen [1000].
- ADS wird häufig in Verbindung mit dem Legasthenie-Syndrom gebracht. Nach Eichlseder [1001] leidet die »große Mehrzahl der legasthenischen Kinder« auch an ADS-Symptomen, und eine Behandlung der ADS bewirkt nicht selten auch eine Verminderung von Lese-Rechtschreibschwierigkeiten.

Ursachen und Hintergründe

Dem Problem des »motorisch unruhigen«, des »hypermotorischen«, des »nervösen«, »unsteten und fahrigen«, »unausgeglichenen und sprunghaften« oder »zappeligen« Kindes wurde in der pädagogischen Literatur schon immer große Bedeutung geschenkt. Einer Untersuchung von Padan [1002] zufolge handelt es sich beim hyperkinetischen Syndrom nicht etwa um eine moderne Krankheit. Vielmehr gibt es bereits aus der zweiten Hälfte des 19. Jahrhunderts Verhaltensbeschreibungen von Schulkindern, die genau auf die ADS zutreffen. Die Methoden der pädagogischen Behandlung solcher hyperaktiver Kinder reichen im Verlaufe der Geschichte des Schulwesens von strengen Strafmaßnahmen oder Einweisung in eine Sonderschule bis hin zur pädagogischen Betreuung in »Freiluftschulen« (Stern) und zu »Meditationsübungen« (Geiger) [1003].

Eine exakte Determinierung der Ursachen für das Auftreten des hyperkinetischen Syndroms ist bis heute noch nicht gelungen [1004]. Doch gibt es eine Reihe von Hypothesen, die heute diskutiert werden:

- *Hirnorganische Genese*
  ADS kann einen hirnorganischen Hintergrund in einer Verkleinerung des rechten präfontalen Kortex, des Thalamus [1005], haben. Zusammenhänge mit schädigenden Einflüssen pränataler Art auf das Gehirn oder zentrale Nervensystem sind nach heutigen Erkenntnissen mit Einschränkung auf Alkoholeinflüsse (hoher Alkoholkonsum während der Schwangerschaft; Alkoholismus der Mutter)[1] zurückzuführen. Einflüsse perinataler Art stehen möglicherweise in Zusammenhang mit einer extremen Frühgeburt.
- *Hirnfunktionelle Genese*
  Im Zusammenhang mit einer hirnfunktionellen Andersartigkeit ergeben sich mangelnde Durchblutung im Bereich von Striatum, insbesondere der rechten Seite und zu geringe Zuckerversorgung des Frontalhirns im rechten präfontalen Kortex [1006].
- *Neurochemische Genese*
  Neuere Untersuchungen favorisieren die Auffassung, dass für eine vorhandene ADS eine gestörte Reizübertragung durch Neurotransmitter[2] im zentralen Nervensystem schuld ist, wobei eine nicht angemessene Konzentration der Neurotransmitter Dopamin und Noradrenalin im Synapsenspalt anzunehmen ist. Infolge eines solchermaßen entstandenen Stoffwechsel-Ungleichgewichts entstehen Fehlfunktionen in der Reizübertragung. Dies führt wahrscheinlich »zu einer Dysbalance von erregenden und hemmenden Zentren im Gehirn«, wobei die hemmenden Zentren »weniger aktiv sind und dadurch die erregenden Zentren ein Übergewicht bekommen«, was sich schließlich als Hyperaktivität auswirkt. [1007]
- *Genetische Bedingungen*
  Das Krankheitsbild des hyperkinetischen Syndroms kann auch auf Vererbung zurückgeführt werden. So konnten Untersuchungen eine Häufung hyperaktiver Personen in der Familie, bei Großeltern, Onkeln oder Tanten feststellen [1008]. Genetisch bedingt [1009] können Veränderungen und schließlich Störungen im

---

1 Nach Eichlseder (a.a.O., S. 117) wird die Theorie des frühkindlichen psychischen Traumas als Ursache für ADS heute mehr und mehr infrage gestellt (vgl. auch Innerhofer 1988).
2 Diese Neurotransmitter (Überträgersubstanzen) sitzen nach Eichlseder, in kleinen Bläschen aufbewahrt, am Ende eines Nervs, ganz nahe am Synapsenspalt, dem Zwischenraum zwischen zwei Nervenenden. An dieser Kontaktstelle wird ein Reiz, ein Befehl, von einem Nerv an den anderen übertragen. Die Übertragung geschieht dadurch, dass sich, sobald ein Impuls an der Nervenendigung ankommt, die Bläschen voll Transmitterstoff in Blitzgeschwindigkeit zur Zellwand hinbewegen und ihren Inhalt, den Neurotransmitter, in den Synapsenspalt entleeren. Auf der anderen Seite des Spaltes erwarten ihn Rezeptoren, spezielle Aufnahmeorgane der angesprochenen Nervenzelle, die den Befehl weiterleiten soll (vgl. Eichlseder a.a.O., S. 86).

Hemmungsanteil des Regelkreises zwischen präfontalem Kortex und Basalganglien [1010] sein. Demnach ist ADS möglicherweise eine erblich bedingte biologische Störung, wobei nicht eine Bereitschaft zur ADS vererbt wird, sondern die ADS selbst. Nach Innerhofer [1011] muss allerdings diese genetische Hypothese auf eine begrenzte Wahrscheinlichkeit reduziert werden.

- *Umweltfaktoren als Ursache*
  Umweltfaktoren müssen zwar nicht direkt als Auslöser wirken, doch haben sie bei negativer Einwirkung eine verstärkende Wirkung. Nach Innerhofer gibt es signifikante Zusammenhänge zwischen familiärer Instabilität und hyperaktivem Verhalten des Kindes [1012]. Solche verschärfende Umwelteinflüsse als Sekundärursachen sind zum Beispiel einengende Erziehungsmaßnahmen, autoritärer Lehrstil, große Klassen, lärmexponierte Umgebung, überforderte Eltern, chronische Konflikt- und Spannungszustände [1013], zu wenig Bewegungsmöglichkeit oder verständnislose Erziehung (Schelte; körperliche Strafen; deprimierende Demütigungen).

- *Lerntheoretische Erklärungen*
  Dabei wird hyperaktives Verhalten als Ergebnis von Lernprozessen angesehen, wobei das Verhalten der Eltern und Geschwister ein entsprechendes Modell darstellt. Weiterhin kann »Hyperaktivität durch die Beachtung, die sie hervorruft, einen Verstärkungseffekt erfahren (Operante Konditionierung)« [1014].

- *Entwicklungsstörungen*
  Nach Barkley [1015] handelt es sich bei der Aufmerksamkeitsstörung vorwiegend um ein sekundäres Problem. Dahinter stehe eine Entwicklungsstörung der Selbstkontrolle, die sich besonders in gestörter Motivation zeigt. Nach Skrodzki [1016] können sich betroffene Kinder gelegentlich sehr gut und ausdauernd konzentrieren, wenn es sich um eine selbstgewählte Aufgabe mit hohem Motivationsgehalt handelt.

- *Ernährungsbedingte Faktoren*
  In neuerer Zeit erstreckt sich die Ursachenforschung auch auf Ernährungsfragen. Die Vermutung, dass Kinder phosphatgeschädigt sein können (»Phosphatis« als Bezeichnung für hyperaktive Kinder), wird in der medizinischen Diagnose und Therapie zwar diskutiert, jedoch auf Einzelfälle beschränkt. Die Hypothese der »Phosphatstörung« (Hafer) oder »Salicylatstörung« (Feingold) gilt als wissenschaftlich widerlegt. [1017] Doch dürfte feststehen, dass Reduzieren oder Vermeiden einer Ernährung, die zum Beispiel Phosphate enthält, bisweilen zu bemerkenswerten Erfolgen führen kann.[1] Nach Skrodzki stellt dies keinen Widerspruch dar, wenn man an den Zusammenhang mit allergischer Genese, Migräne, Neurodermitis und Asthma denkt. [1018]

---

1 Siehe hierzu das Beispiel »Lucas« in diesem Buch, S. 309.

## Untersuchungsverfahren und Diagnose

Eine genaue Diagnose der ADS kann nur der Facharzt vornehmen. Dieser ist jedoch in hohem Maße auf genaue Informationen des Elternhauses und nach Möglichkeit auch des Lehrers angewiesen. Es sollten klare Hinweise dafür vorhanden sein, dass die Störung nicht nur in einer Art von Umgebung zu beobachten ist [1019]. In die Erhebung der Krankengeschichte müssen auch vorschulische Beobachtungen einbezogen werden, da der Beginn der Störung meist in der frühen Kindheit liegt. Gute Hilfe kann ein Eltern- und Lehrerfragebogen leisten, den Conners/Skrodzki entwickelten[1], ebenso das Diagnoseverfahren DSM IV [1020]. Dabei sollten die Symptome mindestens sechs Monate vorhanden sein. Von den meisten Fachleuten wird ein Intelligenztest für die Diagnose von ADS als unnötig angesehen, da ADS-Kinder innerhalb der gesamten Intelligenz-Streubreite anzutreffen sind.

## Pädagogische Hilfen

Die Lern- und Verhaltensstörung ADS ist primär ein physiologisch-neurologisches Problem und muss daher vom grundlegenden Therapieansatz her medizinisch angegangen werden. Die bei ADS ärztlicherseits empfohlene Behandlung mit Stimulanzien[2] bringt in vielen Fällen eine rasche Besserung des vorliegenden ADS-Störkomplexes. Die Kinder werden »ruhiger, besonnener, umsichtiger, entspannter, genauer, aufmerksamer und zufriedener« [1021]. Dieses Ergebnis ist kein Dämpfungseffekt, wie es oft missdeutet wird, sondern eine »Ermächtigung des Kindes, Kontrolle über sich auszuüben« [1022]. Dies hat zum Ergebnis, dass das Kind jetzt zu tun in der Lage ist, was es schon immer tun wollte, aber infolge seiner Störung immer davon abgehalten wurde. Die ärztliche Behandlung der ADS bedarf einer verständnisvollen und kooperativen Unterstützung durch Elternhaus und Schule. Das heisst, Eltern und Lehrer sollten in Beratungskontakt mit dem Arzt bleiben und pädagogische Maßnahmen auf die Situation des Kindes abstimmen.

Es wäre eine Fehlinterpretation der Behandlungserfolge der ADS mithilfe von Medikamenten, wenn man den gesamten Problemkomplex der Konzentrationsstörungen in Zukunft für gelöst halten würde. Hier muss die spezifisch diagnostizierte ADS deutlich vom breiten Bereich allgemeiner Konzentrationsprobleme abgesetzt

---

1 Vgl. den abgebildeten Fragebogen auf S. 302.
2 Es handelt sich um Medikamente, die das Gehirn stimulieren und die Hemmungszentren aktivieren. Als Folge lassen sie den Patienten wesentlich ruhiger werden. Durch Dopamin werden Kontrollzentren im präfontalen Cortex aktiviert. Stimulantien sorgen durch Blockade des Transportsystems für höhere Dopamin-Konzentrationen. »Ritalin« z. B. blockiert das Transportsystem für die Wiederaufnahme von Dopamin in den Nervenendknopf, »Amphetamin« fördert die Ausschüttung und bremst die Wiederaufnahme von Dopamin in den Nervenendknopf. (Vgl. Bundesverband der Elterninitiativen zur Förderung Hyperaktiver: Aufmerksamkeits-Defizit-Syndrom aus medizinischer Sicht 1998)

# Fragebogen für Lehrer

*Sehr geehrte Lehrerin! Sehr geehrter Lehrer!*
Die Eltern dieser Schülerin/dieses Schülers haben Ihnen einen Fragebogen gegeben, weil es Schwierigkeiten bei ihrem Kind gibt. Für die Einschätzung der Probleme in der Schule brauchen wir Ihre Hilfe. Bitte füllen Sie den Bogen sorgfältig aus. Dankbar sind wir für zusätzliche Informationen, differenzierte Beobachtungen und Anmerkungen. Für telefonische Rückfragen stehen wir gerne zur Verfügung.

Name des Schüler/der Schülerin:
Datum:                          Schule:                              Klasse:
Name des Lehrers/der Lehrerin:                            Tel.:

1. Wie lange kennen sie den Schüler/die Schülerin? In welchen Fächern unterrichten Sie ihn/sie?
2. In welchen Situationen zeigen sich die Verhaltensschwierigkeiten besonders?
3. Wie sind die Leistungen? Hauptfächer und entsprechende Noten eintragen (soweit Noten erteilen werden)

   ...................................... 1 2 3 4 5 6 ...................................... 1 2 3 4 5 6
   ...................................... 1 2 3 4 5 6 ...................................... 1 2 3 4 5 6
   ...................................... 1 2 3 4 5 6 ...................................... 1 2 3 4 5 6

4. Bei den folgenden beschreibenden Begriffen kreuzen Sie bitte die Antwort an, die dem Verhalten des Schülers/der Schülerin am nächsten kommt.

| Folgende Aussage trifft zu: | überhaupt nicht | ein wenig | ziemlich stark | sehr stark | in welchen Situationen |
|---|---|---|---|---|---|
| 1. unaufmerksam, leicht abgelenkt | 0 | 1 | 2 | 3 | .................. |
| 2. bringt angefangene Dinge nicht zu Ende, kurze Aufmerksamkeitsspanne | 0 | 1 | 2 | 3 | .................. |
| 3. Tagträumen | 0 | 1 | 2 | 3 | .................. |
| 4. ständig zappelig, ruhelos, überaktiv | 0 | 1 | 2 | 3 | .................. |
| 5. summt vor sich hin, macht ständig Geräusche, redet dauernd | 0 | 1 | 2 | 3 | .................. |
| 6. erregbar, impulsiv | 0 | 1 | 2 | 3 | .................. |
| 7. Wutausbrüche, unvorhersehbares Verhalten | 0 | 1 | 2 | 3 | .................. |
| 8. schneller, ausgeprägter Stimmungswechsel | 0 | 1 | 2 | 3 | .................. |
| 9. weint oft und leicht | 0 | 1 | 2 | 3 | .................. |
| 10. Forderungen muß sofort entsprochen werden, schnell frustriert | 0 | 1 | 2 | 3 | .................. |
| 11. wirkt verdrossen, bockig, mißmutig | 0 | 1 | 2 | 3 | .................. |
| 12. lügt häufig | 0 | 1 | 2 | 3 | .................. |
| 13. stört, neckt, ärgert andere Kinder | 0 | 1 | 2 | 3 | .................. |
| 14. isoliert sich von anderen Kindern | 0 | 1 | 2 | 3 | .................. |
| 15. von der Gruppe wenig akzeptiert | 0 | 1 | 2 | 3 | .................. |
| 16. läßt sich leicht beeinflussen | 0 | 1 | 2 | 3 | .................. |
| 17. kein Gefühl für Fairplay | 0 | 1 | 2 | 3 | .................. |
| 18. unkooperativ, stur | 0 | 1 | 2 | 3 | .................. |
| 19. Verhalten: unpassender als das von Gleichaltrigen | 0 | 1 | 2 | 3 | .................. |
| 20. übermäßige Beanspruchung der Aufmerksamkeit der Lehrkraft | 0 | 1 | 2 | 3 | .................. |

Welche Maßnahmen haben Sie schon ausprobiert? Worauf hat der Schüler angesprochen? In welchen Situationen erscheint das Kind unauffällig? Welche positiven Verhaltensweisen und Eigenschaften können Sie beschreiben? Bitte füllen Sie den Bogen innerhalb der nächsten 3 Wochen aus. Danach bitte den Eltern mitgeben oder direkt zurückzuschicken. Vielen Dank für Ihre Mühe.

(Eltern- bzw. Lehrerfragebogen zur Diagnose der ADS. Dieser von Conners entwickelte und von Skrodzki revidierte Fragebogen dient dem Arzt zur Hilfe bei der Diagnose.)[1]

---

[1] Conners 1969, S. 884–888.). Die hier abgebildete Erweiterung des Fragebogens wurde von Skrodzki vorgenommen (Skrodzki 1998, S. 26f.).

werden. Zunächst vordergründig als Konzentrationsschwäche, motorische Unruhe (Hyperaktivität) und »komplexe Verhaltensstörung« diagnostizierte Erscheinungsweisen bei Kindern bedürfen daher einer genauen diagnostischen Unterscheidung und dürfen nicht voreilig mit Medikamenten behandelt werden.

Im Falle des Vorliegens eines hyperkinetischen Syndroms (ADS) ist im Einzelnen an folgende pädagogische Hilfen zu denken:

- Der Lehrer darf die motorische Unruhe eines Kindes niemals etwa als »beabsichtigtes«, »desinteressiertes« oder »böswilliges« Verhalten auslegen. Fast immer ist das Kind nicht in der Lage, sich anders zu verhalten.
- Man muss dem Kind glauben, dass es wirklich mitmachen will. Kein Kind ist absichtlich zappelig, erfolglos oder in der Schule »schlecht«. Kein Kind will unbeliebt sein und viele Fehler machen. Meist weiß es genau, was es im Verhältnis zur Mitwelt falsch macht, aber es gelingt ihm nicht, sich anders zu verhalten.
- Gerade ADS-Kinder brauchen seitens des Erziehers eine große Portion Verständnis und Geduld. Finden sie diese nicht, besteht die Gefahr eines Abgleitens in sekundäres Fehlverhalten oder in soziale Stigmatisierung. Der Lehrer sollte versuchen, das Kind bedingungslos als Person anzunehmen. Das hyperaktive Kind benötigt »den Lehrer als ›Hilfs-Ich‹, der Sicherheit und Orientierung solange und in dem Ausmaß gibt«, bis es seine Steuerung selbst übernehmen kann [1023].
- In der Beratung der Eltern kann der Lehrer den (wichtigen) ersten Anstoß zu einer ärztlichen Untersuchung und darauf folgenden Behandlung eines Kindes geben, bei dem eine ADS vorliegt. Die Diagnose des Arztes wird durch Beobachtungen des Lehrers erleichtert.[1]
- Anforderungen an das Kind sollten gut den jeweils individuellen (ADS-bedingten) Möglichkeiten angepasst werden.
- Das Kind braucht feste Regeln für den täglichen Umgang mit seiner mitmenschlichen Umgebung. Diese festgelegten Gepflogenheiten bilden einen überschaubaren und geordneten Rahmen, innerhalb dessen es sich besser zurechtfindet.
- Hyperaktive Kinder sollten während des Unterrichts bevorzugt mit verschiedenen Tätigkeiten betraut werden (Tafelanschrift; Hilfe bei Experimenten; Vorlesen; freiere Gruppenbetätigung).
- Die Schrift von ADS-Kindern ist meist nicht »schön«. Der Lehrer sollte die Gründe hierfür kennen und nicht durch ständigen Tadel die »Versagenssituation« im Schreiben verschärfen.
- Ein mit Hyperkinese belastetes Kind tut sich schwer, Sozialverhalten zu begreifen und zu erlernen [1024]. Seine Umgebung sollte diesbezüglich sozial-positive Modellwirkung abgeben, also konsequent selbst Verhaltensweisen praktizieren, an denen sich das Kind orientieren kann.
- Lob, Bestätigung, positive Beachtung, Anerkennung bis hin zur Belohnung für Verhalten und Leistung sollten das Erziehungsgeschehen begleiten. Erwünschtes Verhalten bedarf einer unmittelbaren Belohnung und Verstärkung [1025].

---

1 Der Beobachtungsbogen nach Conners ist ein hilfreiches Beobachtungsverfahren.

- Nach und nach ist beim Kind ein Problembewusstsein (wie, warum, wann störe ich mit meinem Verhalten die anderen) anzubahnen [1026]. Sieht man die Probleme der Selbstregulation als das übergreifende Charakteristikum des hyperkinetischen Syndroms, so muss konsequenterweise die Intervention darauf abzielen, »dem hyperaktiven Kind zu aktiverer Selbststeuerung zu verhelfen – es zum Promotor seines schulischen und sozialen Lernens zu machen« [1027]. Die Selbstwahrnehmung der Probleme, die sich das Kind mit seinem eigenen Verhalten schafft, ist unabdingbare Voraussetzung dafür, dass das ADS-Kind aktiv und Mühe auf sich nehmend mitarbeiten kann, um gegen seine Schwierigkeiten anzugehen [1028].
- Verhaltenstherapeutische Maßnahmen können begrenzt eingeplant werden. Dabei besteht die Schwierigkeit, dass bei ADS-Kindern ein bestimmtes Fehlverhalten nur isoliert angegangen wird und dass allein durch Verhaltenstherapie die gesamte Breite des hyperkinetischen Verhaltenskomplexes nicht abgedeckt werden kann. Die klassische Einzeltherapie für ADS-Kinder wird heute nur mehr mit Einschränkung empfohlen.[1] Eine angemessene Förderung dagegen muss den ganzen Menschen mit all seinen Fähigkeiten und Bezügen umfassen, damit es dem Kind möglich wird, sich angemessen zu verhalten [1029]. Gelegentlich wird die Anwendung bewusster Autosuggestion angeraten [1030].
- Hilfen zur Besserung der Ablenkbarkeit können folgende Maßnahmen sein: Das ADS-Kind wird neben einen ruhigen Mitschüler oder zeitweise alleine an einen Tisch gesetzt. Dies darf aber nicht als »Bestrafung« oder diskriminierende Isolation aufgefasst werden. Der Platz des Kindes sollte so gelegen sein, dass es nicht die ganze Klasse vor sich hat. Ein straff und gut strukturierter Unterricht hilft mit seiner äußeren festen Ordnung, die beim Kind fehlende innere Ordnung und Denkstruktur aufzubauen. Leitgedanken des »Strukturierten Unterrichts« sind »emotionale Wärme, Ruhe, Gelassenheit, Überschaubarkeit, klare, einfache Strukturen sowie Beständigkeit und Konsequenz« [1031]. Der Einsatz von Medien, welche mehrere Sinne ansprechen, regt die Aufmerksamkeit an.
- Arbeitsanweisungen sollten klar und deutlich mit wenigen Worten gegeben werden.
- Das ADS-Kind sollte nach Möglichkeit im Klassenzimmer vorne oder an einer Eckposition sitzen [1032]. Es ist so im Blickfeld des Lehrers und hat auch selbst leichten Blickkontakt mit ihm. Gemeinsame Vereinbarungen (z.B. stilles Zeichen für eine bestimmte Abmachung) sind rascher (und von den anderen Schülern unbeobachtet) umsetzbar.
- Hilfen gegen rasche Ermüdung sind die Beachtung der Tagesleistungskurve [1033] und die abwechslungsreiche Gestaltung des Unterrichts.

---

1 Eichlseder a.a.O., S. 168. Ein verhaltenstherapeutischer Ansatz wäre z.B. folgende Reihenfolge der Hilfen: Wissensvermittlung; Stärkung des positiven Selbstbildes; materielle und soziale Verstärkung; Erlernen von Selbstbeurteilung.

- Die bei ADS-Kindern häufig auftretende Leistungsinkonsistenz bedarf an Tiefpunkten verstärkter Aufmunterung, Tröstung und Motivation.
- Das Wecken des Verständnisses bei Mitschülern für das Verhalten des hyperkinetischen Kindes ist eine wichtige propädeutische Maßnahme, um Ablehnung und Abdrängen auf Außenseiterpositionen zu verhindern. Wertfreie Kommentare (z.B. »Die anderen Kinder ärgern sich, wenn du dich so verhältst«.) entschärfen die durch Störverhalten hervorgerufene gespannte intersoziale Situation.
- Spezielle Unterrichtsmodelle (z.B. das der »Raumreduzierung« von Cruickshank [1034], das »Stützprogramm« von Ebersole/Kephart/Ebersole[1] oder spezieller Förderunterricht) lassen sich in vollem Umfang womöglich nur in Sonderschulen durchführen.
- Funktionelle Entspannungsübungen (Lernen, den Körper wahrzunehmen, seine Funktionen zu kennen und ihn zu beherrschen; sich durch tiefes Atmen entspannen; zur Ruhe kommen; Halt in sich selber finden) sind am besten zu Hause oder in besonderen Behandlungszeiten angebracht [1035].
- Besonders bei ADS-Kindern gilt für den Lehrer der pädagogische Grundsatz, dass sie für einen Mangel (hier eine Aufmerksamkeits-Defizit-Störung), den sie nicht zu verantworten haben, weder bloßgestellt, abgewertet noch bestraft werden dürfen. So wäre es falsch, einem betroffenen Kind Strafarbeiten und ständig schlechte Zensuren zu geben, in der Meinung, »dann würde es sich besser anstrengen und zusammennehmen«. Fehlverhalten und Leiden würden dadurch nur noch verschärft.
- Zu den psychologischen Behandlungsmöglichkeiten zählen verschiedene Formen einer Kombination von Bewegungs-, Beschäftigungs- und Verhaltenstherapie [1036]. Als medizinisch grundlegende und begleitende Therapien gelten medikamentöse Therapie [1037], die Behandlung spezieller Teilleistungsstörungen, das »Coaching«[2] und (in selteneren Fällen als zusätzliche Maßnahme) Diät. Bei medikamentöser Therapie werden Stimulantien angewendet, welche im Neurotransmittersystem (Dopaminsystem) eingreifen und dort die Informationsübertragung, Informationsleistung und Informationsverarbeitung verbessern (z.B. Blockade im Transportsystem = Reuptake-Hemmung). Es kommt dann als Folgewirkung zu einer besseren Aufmerksamkeit, gesteuertem und ruhigerem Bewegungsverhalten, zu überlegten Handlungen anstatt ungezielter Impulsivität.
- Eine gute Information über die Gesamtproblematik von ADS-Kindern bietet der Video-Film »Aufmerksamkeitsgestörte hyperaktive Kinder im Unterricht« [1038].

---

1 Erwähnt in: Konrad 1984, S. 160.
2 Coaching = Eltern-/Lehrertraining, um klare Regeln und konsequenten Umgang zu fördern.

Fallbeispiele

**»Antonie«** [1039]

Antonie, 10 Jahre alt, war von körperlich kleiner und zierlicher Gestalt. Sie war das dritte von insgesamt fünf Kindern und wuchs unter geordneten und familiär harmonischen Verhältnissen auf. Der Vater war Akademiker, die Mutter sorgte unter Aufopferung aller Kräfte für die Familie. Antonie hatte ein herzliches Verhältnis zu den Eltern, besonders zum Vater. Außer den notwendigen Auseinandersetzungen zur Behauptung der eigenen Position innerhalb der Geschwister war auch in dieser Beziehung die Familienatmosphäre nicht belastet. Außergewöhnliche familiäre Schwierigkeiten waren im Falle der kleinen Antonie also auszuschließen. Antonie wurde von den Lehrern als »schwieriges« Kind bezeichnet. Sie könne kaum ruhig sitzen bleiben. Irgendetwas an ihr sei dauernd in Bewegung. Einmal spiele sie mit den Händen, dann zappeln ihre Beine, oder ihr Blick schweife ständig umher. Werde sie darauf angesprochen, so sei sie schrecklich empfindlich und fange sofort zu weinen an. Sie könne sich nicht auf das konzentrieren, was der Lehrer sage oder was gerade auf der Tafel geschehe. Werde sie aufgerufen, so wisse sie aber meist Bescheid. Dies zeige an, dass sie trotzdem mitmache. Aber durch ihre Unruhe störe sie auch die Mitschüler. Werde sie zur Ordnung gerufen, so verharre sie zunächst in einer ängstlich-trotzigen Haltung, breche aber bald darauf in Tränen aus und brauche verhältnismäßig lange Zeit, bis sie wieder ihr Gleichgewicht gefunden habe. Weder durch Güte noch durch Strenge könne man das Mädchen zu einer anderen Arbeitshaltung in der Schule bewegen. Ihre schriftlichen Leistungen in der Schule seien sehr gut bis gut. In Mathematik und Deutsch seien ihre Erfolge mit 1 = sehr gut zu bewerten. Ihre Mitarbeit in der Schule müsse aber als nicht zufrieden stellend bezeichnet werden. Aus diesem Grund fielen auch die Zeugnisnoten schlechter aus.

Die Eltern machten zu Hause mit Antonie ähnliche Erfahrungen. Das Mädchen sei sehr sensibel. Ein barsches oder hartes Wort sei bei ihr völlig fehl am Platze. Sie breche dann sofort in Tränen aus und reagiere ängstlich und leicht trotzig. Bei ihren schulischen Hausarbeiten sei sie übergewissenhaft. Alles müsse ordentlich und sauber aussehen. Ihre Zensuren in »Schrift« bestätigen dies (Bewertung: »sehr gut«). Antonie könne sich aber kaum 10 Minuten lang intensiv mit ihrer Hausarbeit beschäftigen. Immer fange sie zwischendurch an zu spielen, tändeln oder sich vom Stuhl zu entfernen und umherzuspringen. Es gebe immer wieder Tage, an denen das Mädchen während der Hausaufgaben entmutigt reagiere. Sie sage, es sei ihr zu viel, und beginne zu weinen. Manches Mal gehe so der ganze Nachmittag vorbei, bis die Hausaufgaben erledigt seien. Antonie stürme danach direkt erleichtert und gelöst ins Freie, um zu spielen. Die Eltern waren sehr in Sorge wegen der weiteren Schullaufbahn des Mädchens, vor allem wenn es auf das Gymnasium komme, wo »man in der Regel nicht so viel pädagogisches Verständnis aufbringe«. Da Antonie aber recht intelligent sei, wolle man den Versuch mit dem Gymnasium auf jeden Fall machen.

Aus der psychologischen Untersuchung waren folgende Ergebnisse festzuhalten: Die Verhaltensbeobachtung bestätigte im Wesentlichen das, was Lehrer und Eltern über Antonie berichteten. Antonie zeigte sich als aufgewecktes und interessiertes Mädchen. Sie erledigte bereitwillig die gestellten Aufgaben, hatte aber offensichtlich Schwierigkeiten, still zu sitzen und sich über längere Zeit zu konzentrieren. Der Intelligenztest (HAWIK) ergab einen IQ von 120 (Verbalteil: 116; Handlungsteil: 118). Antonie zeigt vor allem ein ausgezeichnetes Abstraktionsvermögen und eine hohe Kombinationsfähigkeit und Handgeschicklichkeit. Tiefenpsychologische Verfahren (Sceno; CAT; Gespräch; Exploration) ließen milieubedingte oder familiär neurotische Störfaktoren mit hoher Wahrscheinlichkeit ausschließen.

Antonies Lebens- und Krankheitsgeschichte erbrachte einige bedeutsame Feststellungen. Der Vater und die Großtante des Mädchens litten immer wieder an Dysregulationen des vegetativen Nervensystems. Auch sie waren sehr sensibel und hatten Beschwerden, die von leichteren Depressionen bis hin zu Schwindelerscheinungen beinahe die ganze Skala vegetativer Dysregulationen anzeigten. Antonie war allem Anschein nach bereits in gewissem Umfang erblich vorbelastet. Gegen Ende des ersten Lebensjahres hatte das Kind eine schwere Mittelohrvereiterung mitgemacht, die der Arzt zu spät erkannte, sodass das Trommelfell vom Eiter durchbrochen wurde. Das bis dahin relativ ruhige und gut gediehene Kind sei daraufhin sehr geschwächt und in seiner Entwicklung vorübergehend sichtbar beeinträchtigt gewesen. Im darauf folgenden zweiten und dritten Lebensjahr habe Antonie sehr unruhig geschlafen. Dauernd habe sich das Kind nachts im Schlafe gedreht, sich aufgesetzt und in anderer Stellung wieder weitergeschlafen. Außer einigen anderen Kinderkrankheiten war das Mädchen relativ gesund aufgewachsen. Der Arzt konnte keinerlei organische oder körperliche Störungen feststellen. Antonie war, was den Zahnwechsel anging, ein Spätentwickler. Mit 10 Jahren war sie auch noch sehr verspielt. Sie litt sichtlich unter ihrem eigenen Verhalten, das ihr vor allem in der Schule immer wieder negative Reaktionen seitens der Lehrer einbrachte. Es gab Zeiten, in denen sie regelrecht Schulangst zeigte.

Antonies Lebensgeschichte, ihr Krankheitsbild und ihr Verhalten ergaben mit hoher Wahrscheinlichkeit, dass hier ein »hyperkinetisches Syndrom« vorlag. Pädagogisch-psychologische Maßnahmen konnten hier höchstens als Unterstützung angesetzt werden. Den Eltern wurde empfohlen, einen Kinderarzt aufzusuchen. Zum gegenwärtigen Zeitpunkt steht Antonie in ärztlicher Behandlung. Sie besucht die Anfangsklasse eines Gymnasiums. Den Lehrern wurde ein kurzes schriftliches psychologisches Gutachten übermittelt, in dem die Schwierigkeiten des Mädchens hinsichtlich seines Verhaltens erklärt waren. Wie die Eltern mitteilten, haben dieses Gutachten und eine Aussprache mit den Lehrern sehr positive Ergebnisse hinsichtlich der Verständnisbereitschaft gebracht. Es bleibt abzuwarten, wie sich die erfreuliche Zusammenarbeit Eltern – Arzt – Schule auf die Persönlichkeitsentwicklung von Antonie auswirkt.

**»Roland«**

(Beobachtungsprotokoll eines ADS-Kindes während einer Unterrichtsstunde)

8.00 Uhr  Der Unterricht hat begonnen. Roland baumelt mit den Beinen; bohrt in der Nase; spricht mit dem Nachbarn; dreht sich um; wischt sein Gesicht; spricht laut mit dem Nachbarn; baumelt, kratzt sich; wirft den Bleistift vom Tisch;

8.05 Uhr  baumelt; ruft laut dazwischen; rückt mit dem Stuhl hin und her; baumelt; kratzt sich; kriecht unter den Tisch; stößt den Stuhl um; wird ermahnt; vergräbt seinen Kopf in den Armen; zieht sich an den Haaren; stößt den Nachbarn; ruft laut »au!«;

8.10 Uhr  spricht nach hinten; spricht nach vorne; steht auf; spricht mit dem Nachbarn; setzt sich; wackelt mit dem Stuhl; knallt das Buch auf den Tisch; kratzt sich; klopft sich mit der Faust auf den Kopf; baumelt, wird aufgerufen; weiß die Antwort nicht; wird ermahnt; legt sich mit dem Oberkörper auf den Tisch; meldet sich mit beiden kreisenden Armen; stößt den Nachbarn; schaut zum Fenster hinaus;

8.15 Uhr  wackelt mit dem Stuhl; beißt auf seinen Fingernägeln herum; steht auf; hantiert mit dem Hemd; setzt sich wieder; kramt in seiner Schultasche; hebt sie hoch; lässt sie fallen; baumelt; wackelt mit dem Stuhl; ruft laut eine Antwort dazwischen; dreht sich um; redet mit dem Nachbarn;

8.20 Uhr  die Klasse wird aufgefordert, einen Eintrag zu machen. Roland kramt in der Schultasche; stößt den Nachbarn mit dem Fuß; beginnt zu schreiben; dreht sich um; baumelt mit den Beinen; wirft die Kappe des Füllfederhalters auf den Boden; kriecht unter den Tisch; schreibt;

8.25 Uhr  schaut fortwährend zum Nachbarn; stößt ihn; schreibt; kaut auf dem Füller; schreibt; schaukelt mit dem Stuhl; schnauft laut und gibt Schnarchton von sich; schreibt; legt den Füller weg;

8.30 Uhr  wischt sich im Gesicht; meldet sich; steht auf und geht zum Lehrer; wird zurückgeschickt; setzt sich; lässt sich vom Stuhl fallen; klopft sich mit den Fingern auf den Kopf; schneidet seinem Nachbarn eine Grimasse; legt sich auf die Bank und dreht dabei seinen Kopf nach hinten; wird ermahnt; setzt sich aufrecht; spielt mit dem Radiergummi; wackelt mit den Knien;

8.35 Uhr  kramt in der Schultasche; holt eine Apfelsine heraus; riecht daran; lässt sie zum Nachbarn rollen; wird ermahnt; legt die Apfelsine unter den Tisch; hört dem Lehrer zu; klopft dabei ständig mit beiden Händen auf den Stuhl; ruft dazwischen; bohrt in den Ohren; kratzt sich;

8.40 Uhr  es klopft an der Tür; Lehrer geht zur Tür; die Kinder unterhalten sich; Roland springt auf; nimmt seinem Vordermann das Buch weg; knallt es ihm auf den Tisch; läuft im Zimmer umher; kniet sich auf seinen Stuhl; schaukelt; legt sich mit dem Oberkörper auf den Tisch; stöhnt laut;

## »Lucas« [1]

»Lieber Herr Ortner,
ich habe Ihr Buch gelesen. Um anderen Kindern zu helfen, schildere ich Ihnen die Lebensgeschichte meines Kindes in der Hoffnung, dass Sie diese vielen Menschen weiterberichten. Lucas war von dem Tag seiner Geburt an ein ganz unruhiges Kind. Er hat immer geschrien, fast nie geschlafen, immer sehr (zu) viel gegessen. Für dieses Verhalten gab es keine Gründe. Zuwendung und Sauberkeit, Zeit und Ruhe waren immer gewährleistet. Spätestens mit drei Jahren hat sich immer mehr herauskristallisiert, dass er einfach »böse« und aggressiv ist, immer noch sehr, sehr wenig schläft, aber immer in Aktion ist. Wir haben uns ständig gewundert, woher er überhaupt diese Kraft hat. Jeder Mensch ist ja irgendwann einmal erschöpft und braucht Erholung. Er nicht. Mit fast vier Jahren kam Lucas in den Kindergarten. Wir glaubten damals, jetzt müsse er Freundschaft mit gleichaltrigen Kindern haben. Doch war Lucas offensichtlich im Kindergarten fehl am Platz. Immer wenn dort Vorlesungsstunde war und es um das Stillsitzen ging, bat Lucas, auf die Toilette gehen zu dürfen. Einmal hat er den Waschraum unter Wasser gesetzt, ein anderes Mal mit sämtlichen Zahnpasten die Wände »geputzt«. Nach einem Jahr haben wir ihn wieder aus dem Kindergarten geholt.

Oft habe ich mich bei unserem Hausarzt in der Hoffnung beschwert, von ihm etwas anderes zu hören, außer dass ich Lucas mal richtig übers Knie legen soll. Ansonsten könnte ich von ihm Baldrian bekommen. Das Kind sei rundum gesund, und ich solle mich doch endlich darüber freuen, dass ich ein so pfiffiges Kerlchen habe.

In dieser Zeit hörte ich, dass es in der nahen Stadt eine Selbsthilfegruppe für überaktive Kinder gibt. Da bin ich mit Lucas hingefahren. Aber nur einmal. Fast alle anwesenden Eltern meinten, mit mehr Härte und Disziplin wäre das Problem lösbar. Da wir uns aber immer gegen solche Maßnahmen gesträubt haben, habe ich diese Gruppe sofort wieder für mich gestrichen.

Da Lucas eine 1 Jahr jüngere Schwester hat, wurde er nach einem Jahr Kindergartenpause mit Moni (seine Schwester) in einem anderen Kindergarten untergebracht. Dort wurde alles ganz locker gehandhabt, so dass Lucass Auffälligkeiten nicht ganz so gravierend waren. Aber er wurde trotzdem wesentlich öfter ermahnt als andere Kinder.

Die Einschulung war zunächst problemlos. Lucas wurde ein sehr guter Schüler. Der Unterricht wurde ihm schnell zu langweilig, der Vormittag mit Stillsitzen und Aufpassen zu lange und zu anstrengend. Lucas lief in der Klasse umher, kippelte mit dem Stuhl, setzte sich unter die Bank, warf Papierkugeln in die Klasse. Saß er mal auf seinem Stuhl, schmiss er Bücher vom Tisch, nur um sie wieder aufheben zu können.

---

1 Brief der Mutter eines hyperkinetischen Kindes an den Verfasser (Prof. Ortner). Sie schildert darin, welche Probleme sie mit ihrem Kind Lucas (Name geändert) hatte und wie durch Nahrungsumstellung nach Jahren eine Wende zum Besseren eintrat.

Wieder mussten wir uns von Pädagogen und ausgebildeten Leuten sagen lassen, wie unfähig wir sind, ein Kind zu »erziehen«. Mit unserer Moni hatten wir nie Probleme. Sie ist ein »gut« erzogenes Kind. Lucas und Moni – solche Extreme! Ich verstand die Welt nicht mehr. Zu Hause fing Lucas regelrecht zu randalieren an. Alles, was er in die Finger bekam, machte er kaputt: Tisch, Stühle, Schränke, Spielsachen, Bücher und anderes. Es wurde zerstört »auf Teufel komm raus«. Grundlose Wutausbrüche und Schlägereien häuften sich. Es fiel uns immer schwerer, lieb zu dem Kind zu sein. Wir konnten mit ihm nirgends hingehen. Alles was wir erfahren haben war Ablehnung.

Heute bin ich dankbar, dass ich mich immer auf meine Gefühle verlassen habe und die Kinder nie geschlagen habe. Der Schritt zur Kindesmisshandlung wäre nur ein ganz, ganz kleiner gewesen. Zu dieser Zeit bin ich oft einmal ohne Kinder spazieren gegangen, sonst hätte ich Lucas vielleicht doch mal verprügelt. Meine Beherrschung ist fast am Ende.

Drittes und viertes Schuljahr. Die Leistungen werden immer schlechter. Jetzt fängt auch diesbezüglich für uns die Enttäuschung an. Hampelmann turnen, malen mit Wasserfarben, basteln: Wir merken, die Motorik stimmt einfach nicht. Lucas erfüllt zwar seine Aufgaben, ist aber immer als Erster fertig. Das Ergebnis jedoch ist nicht zufrieden stellend. Für den Rest der Unterrichtsstunde hat er Langeweile und stört wieder. Niemand glaubt mir, dass er eventuell eine Verhaltensstörung hat. Nach wie vor der Hinweis auf härtere Strafen.

Jetzt kommt der Schulwechsel in die 5. Klasse Förderstufe. Innerhalb eines halben Jahres hatte Lucas einen Leistungsabfall bis fast auf null. Der durch Test ermittelte Intelligenz-Quotient ist sehr hoch. Lucas ist im November 12 Jahre alt geworden, und er hat nach wie vor große Schwierigkeiten: Neue Schule, neue Lehrer, neue Unterrichtsfächer. Lucas steckt schwer in der Pubertät. Die Lehrer beschweren sich. Ich bin bereit, mit Lucas einen Psychologen aufzusuchen. Unser Hausarzt sagt: »Nein!«

In dieser Zeit lese ich zufällig in einer Apothekenzeitschrift über hyperaktive Kinder und über die »Nahrung als Auslöser«. Jetzt war ich mir sicher. Nur das kann mit meinem Kind los sein. Ich habe mich sofort mit einem Allergologen, der unsere Moni behandelt, in Verbindung gesetzt. Dieser Mann kannte das Problem, konnte mir aber wenig behilflich sein. Er hatte keine Erfahrung. Allerdings bekam ich von ihm das Grundwissen über phosphatreduzierte Ernährung, ebenso Adressen von Selbsthilfegruppen.

Seit der Umstellung der Ernährung kommt jeder mit Lucas bestens zurecht. Leider müssen wir jetzt aber immer öfter feststellen, dass Lucas in seinen ganz jungen Jahren unter diesen Umständen sehr gelitten hat. Er hat fast keine Erinnerung an diese Zeit. Er weiß nicht, dass er wie seine Schwester ganz viele Kuscheltiere hatte. Er weiß nicht, dass wir ihn genau so gern auf dem Arm getragen haben wie seine Schwester. Genau so war es in der Schule. Durch sein Unruhigsein war er nie fähig, etwas geistig aufzunehmen. Lucas konnte nie weinen, nur schreien, also sich gefühlsmäßig nicht verständigen. Seit es ihm gut geht, ist er auch oft sichtbar traurig.

Er lässt uns jetzt auch spüren und kann es auch sagen, wie sehr er unsere Nähe und Zärtlichkeit braucht. Seit der Ernährungsumstellung sind seine Noten innerhalb eines halben Jahres um zwei Stufen besser geworden. Ohne Nachhilfe! Lucas wird nach den Ferien in die Realschule gehen. Trotz dieser positiven Ergebnisse glaubt mir fast niemand, am wenigsten ein Lehrer, den ich um Verständnis bitte. Unglaublich, dass vergiftete Nahrung für so vieles verantwortlich ist!

Lieber Herr Professor Ortner, ich bedanke mich ganz herzlich für Ihren Einsatz für Kinder in Nöten und für Ihre Anteilnahme an der Lebensgeschichte meines Kindes. Ich äußere nochmals die Hoffnung, dass mithilfe dieses meines Briefes ganz, ganz vielen Kindern, denen es so geht wie meinem Lucas, so früh wie möglich geholfen wird.«

## 7.4 Das sportlich schwache Kind

### Definition

Ein sportlich schwaches Kind ist infolge seiner physischen Konstitution oder bewegungsmäßigen Ungeschicklichkeit nicht in der Lage wenigstens durchschnittliches sportliches Können aufzuweisen.

### Beschreibung und Symptomatik

Sportliche Leistungen erfordern körperliche Geschicklichkeit, Kraft und Ausdauer. Nicht alle Kinder erreichen diesbezüglich zumindest einen mittleren (von der Gruppe akzeptierten) Erfolg. Oft leiden solche Kinder vor allem in Jungenklassen unter Prestigeverlust. In einem gesellschaftlichen Meinungsfeld, in welchem sportliche Spitzenleistungen zum bewundernswerten Attribut eines Menschen hochstilisiert werden, hat es das sportlich schwache Kind schwer, sich eine anerkannte Position innerhalb seiner Mitschüler zu erwerben. Es fällt zunächst dadurch auf, dass es möglicherweise körperlich dick oder lang-schlaksig gewachsen ist. So wirken seine Bewegungen ungeschickt oder disharmonisch. Seine sportlichen Fähigkeiten (z.B. beim Geräteturnen oder bei Ballspielen) sind wenig ausgebildet. Bei Gruppen- oder Wettkampfspielen stellt dieses Kind einen »Hemmfaktor« dar. Es wird dann als Letztes in eine Mannschaft gewählt oder nur in die Gruppe aufgenommen, wenn der Lehrer Druck ausübt (»Müssen wir immer den Klaus nehmen? Er verpatzt doch nur alles!«). Das Kind wird durch solche Erfahrungen in seinem Selbstwert getroffen. Es lacht gequält und unsicher, wenn es bei der Spielerwahl als Letztes übrig bleibt. Wird es von anderen wegen seiner Ungeschicklichkeit getadelt, gehänselt oder mit einem Spitznamen belegt, gerät es leicht in eine Außenseiterposition.

### Ursachen und Hintergründe

Entwicklungsbedingte oder konstitutionelle körperliche Bedingungen können sportliche Leistungen mehr oder minder stark beeinträchtigen. Dieser Hintergrundkomplex ist zunächst einfach als gegeben hinzunehmen. Darüber hinaus ist noch eine Reihe anderer möglicher Ursachen zu erwägen:

- In der vorschulischen Entwicklung des Kindes gab es möglicherweise einen deutlichen Mangel an Zuwendung durch die Eltern, verbunden mit einem Mangel an Spiel- und Bewegungsmöglichkeiten. Die Entfaltung notwendiger körperlicher Fähigkeiten wurde so beeinträchtigt.
- Vielleicht waren aber auch die Anforderungen der Eltern unangemessen hoch (»Gregor soll einmal ein Spitzenfußballer werden«). Das Kind konnte von seiner physischen Veranlagung her solche Erwartungen nicht erfüllen, resignierte und entwickelte eine tief greifende Abneigung gegen Sport überhaupt.
- Eine leichte neurologische Störung kann die Ursache für die Ungeschicklichkeit des Kindes in der Koordination seiner Bewegungen sein.
- Es kann eine (nicht erkannte) Sehschwäche vorliegen. So ist es z.B. dem Kind nicht möglich, Entfernungen richtig abzuschätzen.
- Eine ursprünglich vorhandene positive Einstellung zum Sport wurde in der Schule durch anfängliche Misserfolgserlebnisse (Spott; Tadel; Entmutigung) beeinträchtigt. Jetzt ist das Kind überzeugt, eine »Niete« zu sein und auch bei intensivem Üben keine Erfolgschancen zu haben. Es versucht daher gleich gar nicht, geforderte Leistungen zu erbringen und verschanzt sich hinter seinem angeblichen »Nichtkönnen«.

### Untersuchungsverfahren und Diagnose

Beobachtung des Verhaltens beim Sport und bei anderen schulischen Aktivitäten erbringen schnell den Befund vorhandener und angeblicher sportlicher Schwäche. Eine ärztliche Untersuchung kann Hinweise z.B. für Sehschwächen oder neurologische Störungen geben. Das Gespräch mit dem Kind und den Eltern vermag entwicklungsbedingte Fehlprägungen aufzudecken.

### Pädagogische Hilfen

Pädagogische Hilfen für sportlich schwache Kinder sollten vom physischen und vom psychischen Aspekt her angesetzt werden. Körperliche Leistungen sind bis zu einem bestimmten Maß mit gezieltem Training zu erreichen. Es gilt daher, den betreffenden Schüler zu motivieren, sich mehr im sportlichen Bereich zu engagieren (Spiele in der Freizeit; Mitmachen in einem Verein; Bevorzugen einer individuell besser zu bewältigenden Sportart). Hill [1040] berichtet von einem Lehrer, der mit sportlich schwachen Kindern täglich 20 Minuten Training durchführte. Ein vergleichendes Soziogramm zeigte, dass allein durch das damit bewirkte Aufholen sportlicher Fähigkeiten die Rangordnung dieser Kinder innerhalb der Klasse verbessert wurde. Zum andern war infolge der geringeren Könnensunterschiede in der Trainingsgruppe ein Ermutigungseffekt feststellbar. Sportunterricht sollte im Interesse sportlich schwächerer Kinder immer wieder Spiele integrieren, die nicht so sehr körperliches Geschick erfordern. Man kann solche Kinder auch bevorzugt mit Funktionsaufgaben betrauen, die anderweitiges Können erfordern (Schiedsrichter; Erstellen von Tabellen; Kontrolle von Geräten). Auf jeden Fall muss vermieden werden, dass sich auf Grund sportlicher Schwächen Außenseiterpositionen entwickeln. Kompensatorisches Herausstellen bestimmter anderer schulischer Leistungen trägt dazu bei, dass das Kind in seinem Selbstwertgefühl stabil bleibt und sich selbst in seinem individuellen Sosein akzeptiert.

### Fallbeispiel

#### »Klaus«

Klaus (10 Jahre) besuchte den 4. Schülerjahrgang einer Stadtschule. Der Junge war im Verhältnis zu seinen Mitschülern lang gewachsen. Infolge einer frühkindlichen leichten Hirnschädigung waren die Bewegungen des Schülers etwas fahrig und mitunter disharmonisch. Klaus war weder körperlich kräftig (lange dünne Beine; schmaler und lang gezogener Körperbau) noch geschickt in der Bewegungskoordination. Alles dies bedeutete für ihn ein Handikap beim schulischen Sport. Bei Ballspielen gelang es ihm selten, den Ball zu fangen und zu halten. Beim Geräteturnen erntete er laufend Misserfolge. Als die Klasse einmal Bockspringen übte, blieb Klaus jedes Mal vor dem Absprung stehen oder prallte ungeschickt mit dem Körper auf das Gerät. Unter großem Hallo seiner Mitschüler versuchte er es wiederholt, doch ohne Erfolg. Jemand rief: »Der watschelt wie ein Pinguin.« Dieser Spitzname blieb ihm, und man konnte merken, wie ihn diese abwertende Benennung psychisch schmerzte. Zwar überzog ein Grinsen sein Gesicht, wenn sein Spitzname im Zusammenhang mit seinen Misserfolgen auftrat, doch konnte man deutlich erkennen, dass es mehr ein gequältes Lächeln war, mit dem Klaus seine innere Verunsicherung und Demütigung zu übertünchen versuchte.

Da die sonstigen Leistungen des Jungen infolge einer vorhandenen leichten Konzentrationsschwäche keine besonderen Höhepunkte erreichten (nur in Musik fiel Klaus durch Treffsicherheit und eine klare Singstimme auf), hatte er es schwer, sich eine von der Gruppe anerkannte Position zu erwerben. Klaus entwickelte sich zusehends zu einem zurückgezogenen scheuen Kind. In der Pause stand er oft an einen Baum gelehnt und nahm nicht an den Fang- und Geschicklichkeitsspielen seiner Mitschüler teil. Der Junge befand sich offensichtlich bereits in der Gefahrenzone eines Eigenbrötler- und Außenseiterdaseins. Pädagogische Hilfen waren überfällig.

## 7.5 Auffallend überdurchschnittliche Begabung (Hochbegabung)

Definition

Auf die aktuelle Diskussion zur Begabungsproblematik kann hier nicht eingegangen werden. Das Phänomen der Hochbegabung stellt daraus einen Teilbereich dar. In unseren Schulklassen gibt es (häufiger als angenommen und oftmals wenig beachtet) Kinder, die von ihrer jeweiligen Begabungsstruktur und ihrem Begabungsniveau her eine auffallende Spitzenposition einnehmen. Sie erbringen zum Beispiel besonders hervorragende Leistungen in einem bestimmten Wissensbereich (Mathematik; Fremdsprache; musischer Bereich). Insofern stellen sie eine pädagogische Herausforderung für die Schule dar, die angesichts der speziellen Lern- und Fähigkeitsbedürfnisse eines solchen auffallend überdurchschnittlich begabten Kindes dessen Persönlichkeitsförderung nicht vernachlässigen darf [1041].

In der Literatur wurde verschiedentlich versucht, »auffallend überdurchschnittliche Begabung«, für welche es keine allgemein verbindliche Definition gibt, durch zahlenmäßige Werte zu präzisieren. Meist bedient man sich dabei des Intelligenzquotienten. So schlägt zum Beispiel Terman [1042] vor, einen IQ von 140+ als Grenze zu nehmen. Dies würde ungefähr 0,4 Prozent der Bevölkerung entsprechen. Gallagher [1043] und Painter [1044] bezeichnen die obersten 2 Prozent der Gesamtpopulation (gemessen an der Kurve der Intelligenzquotienten) als »auffallend begabt«.[1]

Aus abrundender Sicht kann man auffallend überdurchschnittliche Begabung als die Begabungsstruktur eines Kindes bezeichnen, welche entweder hinsichtlich der *Breite der Begabung* oder im Hinblick auf *isolierte Spitzenbegabungen* den Durchschnitt einer Schulklasse weit übertrifft und damit eine pädagogische Herausforderung an die unterrichtliche und erziehliche Betreuung seitens des Lehrers darstellt. Auffallend überdurchschnittlich Begabte besitzen potenzielle oder bereits verwirklichte Fähigkeiten, die »Ausdruck sind von hohen Leistungsmöglichkeiten auf intellektuellem, kreativem, künstlerischem oder in einem spezifischen akademischen Gebiet« [1045].

Beschreibung und Symptomatik[2]

Kinder mit außergewöhnlichen Fähigkeiten fallen dem Lehrer meist sofort oder nach kurzer Zeit durch erstaunliche Antworten und herausragende Leistungen auf. Oft lassen sie schon durch ihr Verhalten im Unterricht oder durch die Art der Erledigung von Aufgaben und des Lösens von Problemen eine weit überdurchschnittliche kognitive Leistungsfähigkeit erkennen. Eine besonders überdurchschnittliche

---

1 Die NAGC (Nationale Vereinigung für begabte Kinder) in England schließt sich dieser Definition mit einem Wert von 2–3 Prozent der Bevölkerung an (Wade/Moore a.a.O., S. 135).
2 Die folgenden Ausführungen sind angelehnt an: Wade/Moore a.a.O., S. 135–148.

Begabung kann sich allerdings nicht nur in intellektuellen Leistungen zeigen, sondern auch in den Bereichen der Kreativität, Produktivität, Kunst oder auf sozialem Gebiet (Führungsqualitäten) [1046].

Auffallend überdurchschnittlich begabte Kinder weisen dabei unter anderem folgende Eigenschaften auf:
- Sie zeigen große Wiss- und Lernbegierde, stellen viele Fragen, sind vielseitig interessiert und verspüren die Motivation, mehr und schneller zu arbeiten als andere.
- Sie besitzen eine große Aufmerksamkeitsspanne, viel Energie, eine hohe Auffassungsgabe, ein ausgezeichnetes Gedächtnis und können abstrahierend-verallgemeinernd denken.
- Oft ergreifen sie bei schwierigen Aufgaben schnell die Initiative, kommen gut mit ihnen zurecht und können sich durchaus mit mehreren Aufgaben gleichzeitig beschäftigen.
- Sie besitzen einen größeren und besseren Wortschatz als ihre Altersgenossen, sind schnell im Lesen oder besitzen besondere mathematische Fähigkeiten.
- Ihre Arbeiten sind meist konstruktiv und fallen durch Kreativität auf.

Es gibt jedoch auch Kinder, deren herausragende Begabung zunächst nicht erkannt oder auch missgedeutet wird. Nach Freeman [1047] bleiben oftmals die Fähigkeiten solcher Kinder unerkannt, weil sie auf Fragen keine Antworten geben und bei Aufgabenstellungen keine Reaktionsbereitschaft zeigen. Die Kinder entwickeln nicht selten *Verhaltensprobleme*, weil sie sich unterfordert fühlen. Sie wirken dann gelangweilt und abwesend (*Tagträumer*), folgen dem Unterricht nicht, liefern unterdurchschnittliche Leistungen oder werden aus Langeweile zum *Klassenkasper*. Infolge der permanenten Unterforderung können sie sich sozial entweder völlig in sich zurückziehen, oder sie äußern ihre *Frustration* durch gewalttätiges und aggressives Verhalten. Nicht selten verfügen intellektuell gut begabte Kinder über eine nur *geringe motorische Kontrolle*. Dabei sind die Gedanken oft schneller als die (eingeschränkte) Möglichkeit, diese schriftlich auszudrücken. Dies führt unter Umständen zu falschen Buchstabenanordnungen und schlechten Satzkonstruktionen. Das Ergebnis zeigt dann eine unordentliche und *unleserliche schriftliche Leistung*, die im Vergleich gar nicht zu den oft guten mündlichen Unterrichtsbeiträgen passt.

Manche Kinder mit auffallend hohen Fähigkeiten auf einem bestimmten Gebiet haben Angst davor, anders zu sein als ihre Klassenkameraden. Da ihnen die Sicherheit fehlt, innerhalb der Klasse eine Sonderstellung einzunehmen, versuchen sie ihre Fähigkeiten zu verstecken und strengen sich nicht an. Sie passen ihre Leistungen dem Durchschnitt an und sind lieber Zweit- oder Drittbester als Klassenprimus. Um nicht allzu große Erfolge zu erzielen, schreiben sie nach einer sehr guten Arbeit absichtlich eine schlechte. So möchten sie verhindern, innerhalb der Klassengemeinschaft durch fortwährend herausragende Leistungen aufzufallen.

Meissner [1048] stellte fest, dass die Schule nicht einmal die Hälfte der überdurchschnittlich begabten Schüler und Schüler/innen entdeckt. Oftmals ist die Begabung von *Mädchen* noch schwerer zu erkennen, da sie eher zu introvertiertem Verhalten neigen als Jungen. Dabei könnte die auffallend überdurchschnittliche Begabung eines Kindes von ihren Eltern und Erziehern schon im Kleinkindalter bemerkt werden, wenn folgendes beobachtet wird: Das Kind zieht oft die Gesellschaft Erwachsener der von Gleichaltrigen vor und möchte mit den Erwachsenen auf eine gleiche Stufe gestellt werden. Meist lernt es früh lesen, entwickelt bald den Mengen- und Zahlenbegriff sowie eigene Rechenmethoden, erkennt Zusammenhänge, beschäftigt sich mit Zeitungen und Büchern und beweist vielseitiges Interesse an vielfältigen Wissensgebieten. Ein solches Kind spielt und arbeitet selbstständig mit Puzzles, Baukästen und Computern und hat meist eine große Zahl von Hobbies.

### Ursachen und Hintergründe

Das Zustandekommen auffallend herausragender Begabungsphänomene basiert auf besonderen Ausprägungen genetisch bedingter Persönlichkeitsstrukturen in Verbindung mit dem (meist seltenen) Zusammentreffen darauf abgestimmter umweltbedingter Wirkgefüge (Wechselwirkungs-prozesse zwischen genetischem Potenzial und Umweltanregungen).[1]

Nach Mönks kommt auffallend überdurchschnittliche Begabung erst dann zu Stande, wenn die drei Persönlichkeitsmerkmale *überdurchschnittliche intellektuelle Fähigkeiten*, *Aufgabenzuwendung* (Motivation) und *Kreativität* ineinander greifen und das Kind zusätzlich durch die drei Sozialbereiche *Familie*, *Schule* und *Freundeskreis* gefördert wird. Eine wesentliche Voraussetzung für die Entwicklung einer überdurchschnittlichen Begabung ist weiterhin die soziale Kompetenz des Kindes [1049].

### Untersuchungsverfahren und Diagnose

Wie bereits erwähnt, müssen Kinder mit außergewöhnlichen Fähigkeiten in der Schule nicht unbedingt Klassenbeste oder Musterschüler sein. Auch kann sich ihre herausragende Begabung nur auf ein bestimmtes Gebiet erstrecken und unerkannt bleiben. Oder sie möchten einfach nicht innerhalb der Klassengemeinschaft »auffallen«. Um Klarheit zu gewinnen, bietet sich einerseits eine Reihe von Testverfahren an. So erbringt zum Beispiel der HAWIK (Hamburg-Wechsler-Intelligenztest für Kinder) die Möglichkeit, allgemeines Wissen, allgemeines Verständnis, rechnerisches Denken, Wortschatz, Abstraktionsvermögen usw. eines Kindes in Relation zum Durchschnitt seiner Altersgenossen zu setzen. Da IQ-Test-Ergebnisse nur zeitbedingte (ein bestimmter Tag) Hinweise geben, sollten sie nicht verabsolutiert, sondern durch weitere Diagnosemöglichkeiten ergänzt werden. Neben der kontinuier-

---

1  Vgl. Theorien der Begabung in der Fachliteratur.

lichen direkten Beobachtung des kindlichen Verhaltens durch den Lehrer, müssen auch Quellen von außerhalb der Schule herangezogen werden, um ein vollständiges Bild über die Fähigkeiten eines Kindes zu erhalten. Hierzu zählen auch Gespräche mit den Eltern, in denen Hobbies und die frühkindliche Entwicklung des Kindes erfragt werden können. Speziell entwickelte Hochbegabungstests [1050] können zum Beispiel Begabungsaspekte, Persönlichkeits- und Umweltmerkmale überprüfen. Durch Tests nicht erfassbare spontane Kreativität ist einzubeziehen. Mögliche musische Begabungen eines Kindes sollten durch Fachleute beurteilt werden.

Pädagogische Hilfen

Das Hauptproblem in der pädagogischen Betreuung von auffallend überdurchschnittlich begabten Kindern besteht zunächst darin, ihnen individuelle Förderung teilwerden zu lassen, ohne sie von der Gemeinschaft innerhalb der Klasse oder des Schulverbandes auszuschließen. Solche Kinder brauchen dabei nicht unbedingt einen Lehrer, der auf dem Gebiet ihrer jeweiligen Begabung besonders versiert ist. Wichtiger sind Lernerfahrungen, die für Motivation sorgen und persönliche Herausforderung, Anregung und Leistungsbefriedigung beinhalten [1051]. Der Lehrer muss Verständnis für die besonderen Lernbedürfnisse dieses Kindes zeigen. Er sollte deshalb pädagogisch einfühlsam auf Antworten und Bemerkungen des Kindes eingehen, wenn dieses behauptet, etwas sei zu langweilig oder dies könne es schon lange und es nach Möglichkeit durch Zusatzfragen und zusätzliche Aufgaben zu weiterer Mitarbeit motivieren. Es ist gut abzuwägen, inwieweit Differenzierung in zusätzlicher Einzelarbeit zum einen notwendige individuelle Hilfe für das Kind bedeutet, zum anderen aber die Gefahr einer sozialen Isolation mit sich bringt. Isolierende Differenzierung könnte auch zu einer Bewusstseinshaltung führen, »etwas Besonderes« zu sein. Überhebliche Absonderung oder Etikettierung als Außenseiter wären mögliche Folgen.

Eine andere Möglichkeit der Differenzierung ist die Aufgabenerweiterung, bei welcher höhere Denkanforderungen und Leistungsaspekte angesetzt werden. Dies sollte jedoch nicht so geschehen, dass weiterführende Aufgaben einfach an das Normalsoll angehängt werden. Besser ist es, weiterführende Aufgaben in die von der gesamten Schulklasse geforderte Arbeit zu integrieren, indem der begabte Schüler schwierigere oder tieferführende Aufgaben erledigen kann. Zuteilung von Kärtchen mit Arbeitsaufträgen, Quellenarbeit in Büchern, Cassettenanalyse oder ergänzende PC-Arbeiten sind mögliche integrativ-differenzierende Aufgaben.

Mithilfe der äußeren Differenzierung bietet sich eine Förderung überdurchschnittlich begabter Kinder in Form von Neigungsgruppen in bestimmten Fächern an, in welchen Schüler unterschiedlicher Jahrgänge entsprechend ihrem Leistungsstand zusammenarbeiten.

Neben der Anreicherung des normalen Unterrichts, gibt es eine weitere Möglichkeit der pädagogischen Betreuung des Kindes: die Akzeleration. Dazu gehört die frühzeitige Einschulung in die Grundschule, der frühzeitige Übergang in weiterführende Schulen und auch das Vorrücken in den nächsthöheren Schülerjahrgang [1052]. Hierbei könnte man zwar der höheren Leistungsbereitschaft und -fähigkeit Rechnung tragen, würde das betreffende Kind aber von seiner Altersgruppe und von seinen Freunden trennen. Außerdem entsprechen möglicherweise die Interessen und Aktivitäten der älteren Mitschüler nicht dem Entwicklungsstand des Kindes, und die normale Entfaltung des Sozialverhaltens im Kreis Gleichaltriger könnte gestört werden. Es wäre pädagogisch fragwürdig, lediglich die Wissensbedürfnisse eines Kindes zu berücksichtigen, ohne emotionale und soziale Gegebenheiten in die Förderung miteinzubeziehen. Zur Verwirklichung der oben genannten Maßnahmen sind flexible Unterrichtsgestaltung, Vielfalt und Reichhaltigkeit an Lehrmitteln und ein motiviertes Lehrerkollegium wesentliche Voraussetzung [1053].

Im Einzelnen sind folgende Gesichtspunkte zur schulischen Betreuung auffallend überdurchschnittlich begabter Kinder herauszustellen:

- Das Kind darf der Klasse nicht fortwährend als Beispiel für gute Lernerfolge vorgehalten werden.
- Es sollte keinen Sonderstatus bei Klassenämtern oder in der Durchführung interessanter und ungewöhnlicher Aufgaben erhalten.
- Die Möglichkeiten der individuellen Förderung sind so zu gestalten, dass sie stets Integrationsbestandteil innerhalb der Förderung der gesamten Klasse sind. Das Kind sollte mit den anderen arbeiten, sein Wissen mit ihnen teilen und auch Anregungen aus der sozialen Gruppe erhalten.
- Besitzt das Kind eine herausragende Spezialbegabung, ist darauf zu achten, dass es nicht nur auf diesem Gebiet Fortschritte macht oder machen möchte. Die anderen Schulfächer dürfen nicht über Gebühr hintanstehen.
- Gerade ein hoch begabtes Kind muss auch lernen, mit Misserfolgen fertig zu werden, damit es nicht in ein unrealistisches Selbstbewusstsein hineinwächst.
- Die Erledigung von Zusatzprojekten im Rahmen und im Anschluss an den schulischen Unterricht (Beobachtungs-, Forschungs-, Experimentieraufgaben) können das Kind zum Ausbau seiner Fähigkeiten motivieren. Der Lehrer sollte mit dem Kind solche Aufgaben vorbereiten, besprechen und sich Bericht darüber geben lassen.
- Sinnvoll ist es, dass das Kind zu Hause einen Arbeitsplatz besitzt, an dem es seine Projekte, Forschungen und zusätzliche Aufgaben erledigen kann.
- Schulbibliothek und andere Bibliotheken geben Anregungen zur weiteren Beschäftigung mit Wissensfragen.
- Eltern müssen darauf achten, dass das Kind genügend körperlichen Ausgleich (Sport; Spiel) hat.

## Fallbeispiele

**»Patrick«**

Patrick war 9 Jahre alt, als er auf Grund seiner »unterdurchschnittlichen Intelligenz« (ein Schulpsychologe hatte einen IQ von 71 festgestellt) und seiner aggressiven Ausbrüche in eine Sonderschule eingewiesen wurde. Sein Lehrer bezeichnete ihn als für die unterrichtliche und erziehliche Betreuung in einer modernen Schule »ungeeignet«. Patrick gewöhnte sich relativ gut in der Sonderschule ein. Seine Leistungen lagen aber entschieden unter dem Durchschnitt. Und auch sein aggressives Verhalten trat, wenn auch seltener, wieder auf. Während des Unterrichts sah er aus dem Fenster, träumte vor sich hin und war kaum zu bewegen, mitzuarbeiten. Er gab sich gelangweilt und überraschte zeitweilig durch plötzliche heftige Gewaltausbrüche. Mittlerweile waren drei Monate seit Patricks Umschulung vergangen. Der Lehrer, der auch in einem 8. Schülerjahrgang unterrichtete, hatte ein geometrisches Puzzle für diese Altersstufe mitgebracht und versehentlich in Patricks Klasse zurückgelassen. Als er während der Pause zufällig ins Klassenzimmer zurückkam, sah er den Jungen intensiv sich mit diesem Spiel beschäftigen. Der Lehrer war verblüfft über die Leichtigkeit, mit der Patrick die Aufgaben löste. Er ermutigte den Jungen, am kommenden Tag eine Reihe diagnostischer Tests zu bearbeiten, deren Ergebnisse vergleichbar mit der Leistungsfähigkeit auf dem Niveau der 6. Klasse Gymnasium waren. Es stellte sich heraus, dass der Junge 3 Jahre seiner Grundschulzeit in einer starken Unterforderungssituation verbracht hatte. Ständige Frustrationen und Langeweile hatten zu Fehlanpassung, sozialem Sich-zurückziehen und aggressiven Verhaltensweisen geführt. Patrick trat später auf das Gymnasium über und erzielte dort durchweg gute bis erstaunlich herausragende Erfolge.

**»Guy«** [1054]

Guy fiel in seinem Verhalten erstmals im Alter von 9 Jahren auf: Er zeigte sich ängstlich, war blass, dicklich und hatte keine Freunde. Seine Schulleistungen waren jedoch sehr zufrieden stellend. Ein Intelligenztest erbrachte ein weit über dem Durchschnitt liegendes Ergebnis. Guy machte es jedoch keinen Spaß, mit Kindern zu spielen oder Sport zu treiben. Seine Freizeitbeschäftigung bestand ausschließlich darin, zu lesen oder Mathematikaufgaben zu lösen.

Gespräche mit den Eltern wurden geführt. Diesen wurde bewusst, dass die Begabung ihres Kindes ohne Interaktion mit der Umwelt nicht voll zur Entfaltung kommen würde. Der Junge erhielt eine psychotherapeutische Betreuung. Auf Grund dieser kooperativen Maßnahmen (Eltern; Schule; psychologische Führung) wurde aus Guy ein kreativer, abenteuerlustiger, innerlich ausgeglichener Junge. Seine Entwicklung geriet in ganz neue Bahnen: Er ging jetzt nachmittags auf den Spielplatz und machte die Erfahrung, dass ihm trotz einiger Schwächen Fußballspielen mehr Freunde bescherte als sein mathematisches Können. Mit der Zeit wurde ihm bewusst, dass auch andere Kinder Begabungen hatten, die nur auf andere Gebiete konzentriert waren als seine, z. B. Sport. Guy gelang es, trotz seiner punktuell auffallend überdurchschnittlichen Begabung ein Kind zu bleiben und sich »normal« zu entwickeln. Er wurde ein erfolgreicher Wissenschaftler.

### 7.6 Schuleschwänzen

Definition

Schuleschwänzen ist ein unberechtigtes *Zuspätkommen* in die Schule oder ein über längere Zeit hinweg praktiziertes ganzzeitliches oder teilweises *Fernbleiben* vom Unterricht.

Beschreibung und Symptomatik

Die vordergründig feststellbare Symptomatik ist eindeutig: Das betreffende Kind kommt erst einige Zeit nach Unterrichtsbeginn ins Klassenzimmer, wobei dieses Verhalten öfter auftritt, oder das Kind fehlt unentschuldigt über längere Phasen oder Tage hinweg. Dabei kann der Zeitraum des Fernbleibens variieren. Schuleschwänzen ohne Wissen der Eltern ist oftmals verbunden mit Herumstrolchen im Freien. Die vor allem zur Erhellung der Ursachenfrage bedeutsame Begleit- oder Sekundärsymptomatik kann bestehen aus geringem Selbstwertgefühl, Schulangst, Überforderung und Leistungsschwäche [1055], mangelnder sozialer Integration, aber auch nicht oder unvollständig angefertigten Hausaufgaben.

Ursachen und Hintergründe

Die Ursachenfrage für Schuleschwänzen bedarf einer mehrschichtigen Betrachtung und muss immer fallspezifisch angegangen werden. In der Regel unterscheidet man mehrere Ursachenkomplexe: Schuleschwänzen auf Grund der *familiären Situation*, *Schwänzen aus Angst* und *Schulverweigerung wegen »Krankheit«*.

**Schuleschwänzen auf Grund der familiären Situation**

Die Lebensgewohnheiten einer Familie beeinflussen ganz wesentlich die morgendliche Vorphase des Schulbesuchs. So kann es sein, dass die Eltern einfach zu spät aufstehen und das Kind dadurch nicht mehr rechtzeitig aus dem Haus kommt. Vielleicht sehen die Familienmitglieder regelmäßig bis zur letzten Sendung fern, mindern dadurch notwendige Schlafenszeit und vernachlässigen so die notwendige geordnete Aufsteh- und Frühstücksphase. Seltener sind heute die Fälle, bei denen die Eltern vom Kind fordern, erst die jüngeren Geschwister mitzuversorgen, bevor es an die eigenen Bedürfnisse denken kann. In Betracht zu ziehen sind auch materielle Not des Elternhauses, schlechte Wohnverhältnisse, geringe persönliche Zuwendung und Desinteresse an der Lebenswelt des Kindes. Ehezwistigkeiten, Scheidungssituationen oder anderweitige belastende Familiensituationen (Trunkenheit; Krankheit; Arbeitslosigkeit) können ganz wesentlich dazu beitragen, dass der geordnete Schulbesuch leidet.

**Schwänzen aus Angst**

Angst in ihrer Vielfältigkeit des Entstehens ist wohl eine der Hauptursachen für Schuleschwänzen. Ein von Angst gequältes Kind sucht in seiner Ausweglosigkeit den Weg der Flucht aus angstträchtigen Situationen. Schulangst, deren Hintergründe von verschiedenen Möglichkeiten aus untersucht werden muss, führt dann dazu, Schule und Unterricht zu bestimmten Zeiten oder gleich völlig zu meiden, um dadurch der Gefahr neuer Angstbelastung zu entgehen.

Schuleschwänzen aus Angst kann folgende Ursachen haben:

- Schwierigkeiten in bestimmten Schulfächern
- Angst vor Spott, sozialer Zurückweisung, Nichtanerkennung [1056], Ablehnung oder Gewalt seitens der Mitschüler
- Angst vor dem Lehrer (Erziehungsstil; Leistungsanforderung)
- Furcht vor dem eigenen Leistungsversagen (Selbstwert-Belastung)
- Auftretensangst [1057]
- Angst vor Prüfungen
- Misserfolgsangst [1058]
- Nicht oder unvollständig angefertigte Hausaufgaben
- Persönlicher Konflikt zwischen Lehrer und Kind
- Außenseiterposition innerhalb der Klasse
- Umstände des Schulbusfahrens

**Schulverweigerung wegen Krankheit**

Eng verbunden mit Schulangst sind Krankheitssymptome, die sich beim Kind vor allem in der morgendlichen Vorphase des Schultages einstellen. Meist handelt es sich um psycho-vegetative Indispositionen mit subjektiv echtem oder auch nur vorgetäuschtem Krankheitsgefühl. Bauchschmerzen, Appetitlosigkeit, Übelkeit, Durchfall, Schwindel, Kopfweh oder Kältegefühl (»Mir ist so kalt.«) sind bei Schulangst oft Begleiterscheinungen des Allgemeinbefindens. Da die Eltern (aber subjektiv auch das Kind) wirklich glauben, es handle sich um eine echte Krankheit, werden Entschuldigungen oftmals in gutem Glauben gegeben und anerkannt.

Selbstverständlich ist ein Fernbleiben von der Schule aus echten Krankheitsgründen kein Schuleschwänzen. Aber es gibt da sowohl eine Grauzone des »Krankseins«, wie auch ein offensichtliches Vortäuschen von Krankheit (aus Angst, Leistungsflucht oder Bequemlichkeit), bei dem die Eltern nur allzu schnell bereit sind (verwöhnende Erziehung; Überbehütung), eine Entschuldigung für die Schule auszustellen. Hier handelt es sich dann ganz offensichtlich um Schuleschwänzen aus vorgeschobenen Krankheitsgründen. Für den Lehrer ist es schwierig, nachzuweisen, dass die Angaben der Eltern nicht der Realität entsprechen.

### Untersuchungsverfahren und Diagnose

Um die jeweilige Ursachenfrage zu beantworten, empfehlen sich Beobachtungen des Gesamtverhaltens des Kindes, ein Gespräch mit dem Kind unter vier Augen und Gespräche mit den Eltern. Ärztliche Untersuchung (zum Ausschluss organischer Krankheiten) und eine psychologische Analyse (z.B. zur Erhellung eines vorhandenen Angstkomplexes oder der interpersonalen Situation des Elternhauses) sind bei schwierigeren Fällen immer angebracht. Regelmäßige Anwesenheitskontrolle (mit Angaben über Tag und Zeit) können hilfreich für unterrichtsbezogenes (bestimmte Fächer; Prüfungssituationen etc.) Schuleschwänzen sein.[1]

### Pädagogische Hilfen

Hilfeleistung setzt mit einem vertrauensvollen Gespräch zwischen Lehrer und Kind an, vor allem um die Ursachenfrage besser beantworten zu können. Kontakt mit den Eltern, verbunden mit Ratschlägen zur Kooperation, empfiehlt sich ebenso wie eine selbstkritische Überprüfung der Schul- und Unterrichtsatmosphäre durch den Lehrer.

Im Einzelnen ist an folgende Hilfen zu denken:

- Das Kind muss spüren und die Gewissheit erhalten, dass es mit seinen Nöten und Sorgen ernst genommen wird. [1059]
- Nach Möglichkeit Analyse, Entschärfung und Abbau dieser Probleme
- Individualisierende Maßnahmen oder Förderunterricht in den Fächern, die dem Kind Schwierigkeiten bereiten [1060]
- Entlastung des Kindes im Hinblick auf schmerzliche Erfahrungen mit Spott, Ablehnung oder Gewalt durch pädagogische (notfalls auch durch rechtliche) Maßnahmen
- Vorschlag an die Eltern, eine ärztliche oder psychologische Untersuchung vornehmen zu lassen
- Versuch, Einblick in die häusliche Situation des Kindes zu erhalten (Verständnis für häusliche Probleme des Kindes)

---

1 Vgl. das Kapitel über »Schulangst«, S. 139.

- Motivierung der Eltern zur (von Liebe und Zuwendung getragenen) Mithilfe bei der Beseitigung des Schuleschwänzens
- Falls das Elternhaus nicht in der Lage oder nicht willens ist, eine geordnete Vorphase des Schultages zu Gewähr leisten, kann man mit dem Kind einen Plan aufstellen, der ihm zeitliche und organisatorische Hilfen gibt, rechtzeitig aufzustehen, zu frühstücken und rechtzeitig den Schulweg anzutreten.
- Überlegungen, ob es einen eigenen Wecker braucht, wie es am Abend zuvor allzu ausgedehnten Fernsehkonsum vermeidet und rechtzeitig schlafen geht, können diesen Plan ergänzen [1061].
- Es kann sein, dass das Kind unter mangelnden Erfolgserlebnissen leidet. Ermutigung, Selbstbestätigung, Lob[1], Anerkennung, Zuwendung helfen dem Kind, die Schule als positiven Lebensraum zu entdecken.
- Gelegentlich kann es vorkommen, dass ein Kind vor allem deswegen zu spät kommt, um (auch negative) Aufmerksamkeit zu erregen. Hier sollte man an den möglichen Hintergrund von Minderwertigkeitsgefühlen und mangelnder Beachtung durch die soziale Gruppe denken [1062]. Entsprechende pädagogische Hilfen (z. B. soziale Integration; Bestätigen der Begabungsschwerpunkte; Betrauung mit einem Klassenamt oder mit Extraaufträgen) zielen auf die Entwicklung eines sich festigenden Selbstwertgefühls des Kindes.
- Gelegentlich kann die Maßnahme des Nachholens der versäumten Zeit (Nachsitzen) einen heilsamen Effekt erzielen. Doch sollte dies nicht vorgenommen werden, ohne zuerst die persönliche Problematik des Kindes gewissenhaft untersucht zu haben.
- Schulrechtliche Maßnahmen (z. B. Einschalten von Behörden) dürften sich erst bei nicht korrigierbarem und den schulischen Erfolg des Kindes schwer schädigendem Schuleschwänzen empfehlen.
- Erweisen sich die Eltern als schulfeindlich (gleichgültige, aggressive, abwertende Haltung zur Schule), so sollten mit dem Kind verstärkt Gespräche über die Wichtigkeit des Schulbesuchs für das spätere Leben geführt werden. In gravierenden Fällen muss die Schulbehörde eingeschaltet werden.

### Fallbeispiel

#### »Toni« [1063]

Die Klasse des 4. Schülerjahrganges der Grundschule in M. hatte bereits 15 Minuten Mathematik, als sich die Tür öffnete. Alle Augen richteten sich auf Toni, als er das Klassenzimmer betrat. Mit eingezogenem Kopf schlurfte er zu seinem Platz, ordnete seine Schultasche ein und setzte sich. Der Unterrichtsablauf war gestört und wurde ein zweites Mal unterbrochen, als Toni nicht wusste, worum es ging. Lehrer H.

---

1 Lob ermutigt jedoch erst dann, wenn Anstrengungsbereitschaft, Qualität der Ergebnisse und Leistungsfortschritt in Relation gesetzt werden (vgl. Rankl a.a.O., S. 105).

nahm diese Gelegenheit wahr, um die ganze Klasse nochmals wiederholen zu lassen, was vorausgegangen war. Dies kostete natürlich unnötige Zeit, und der Junge hatte trotzdem keinen guten Einstieg in das Unterrichtsthema. Nach Abschluss der Stunde überprüfte Lehrer H. seine Abwesenheitsliste. Toni kam jetzt schon das fünfte Mal innerhalb von zwei Wochen zu spät. »Unsere Uhr geht nicht richtig«, so entschuldigte er sein wiederholtes Zuspätkommen. Aber das war offensichtlich eine Notlüge, um vor der Klasse nicht die Intimsphäre der Familie verletzen zu müssen. Ein Gespräch unter vier Augen ergab nach langem Zögern und mehrfachen Ausflüchten, dass Toni – er lebte bei seinem geschiedenen Vater – an manchen Tagen ganz allein auf sich gestellt war, weil der Vater nachts eine Freundin in deren Wohnung aufsuchte, nicht nach Hause kam und den Jungen sich selbst überließ. Toni verschlief regelmäßig und schaffte ohne Frühstück den Weg zur Schule nur mehr mit Verspätung. Lediglich an Tagen, an denen Vater zu Hause war, wurde er rechtzeitig geweckt. Lehrer H. suchte ein Gespräch mit dem Vater, der sich mehr oder minder einsichtig zeigte. »Toni ist schon groß genug«, so meinte er. »Er muss im Leben bald seine Selbstständigkeit erlernen. Da macht es nichts aus, wenn ich manchmal nicht da bin.« Er versprach aber, besser auf das schulische Fortkommen seines Kindes zu achten. Toni erhielt einen Wecker. Die Vorbereitungen zum Frühstück wurden schon abends erledigt. Lehrer H. stellte Toni einen Zeitplan auf (Aufstehen; Toilette; Getränk wärmen; Essen; Verlassen der Wohnung). Der Junge hatte von nun an keine Probleme mehr mit seinem (sicherlich unbeabsichtigten) »Schuleschwänzen«. Unberührt davon blieb allerdings die pädagogisch durchaus unbefriedigende häusliche Situation des Kindes.

### 7.7 Despektierliches Verhalten

Definition

Despektierliches Verhalten zeigt sich dadurch, dass jemand eine Person, eine Situation oder eine Angelegenheit, die eigentlich respektiert werden sollte, mit betonter Abwertung behandelt.

Beschreibung und Symptomatik

Despektierliches Verhalten ist gekennzeichnet durch abwertendes, teilweise auch beleidigend herabsetzendes Reden über jemanden und durch entsprechendes Tun. Beispiele sind:

- Unhöfliche, abschätzige, respektlose, abwertende Redensarten über eine Person
- Anmalen von beleidigenden Karikaturen (z. B. Lehrer; Rektor; Autoritätsperson) an die Wandtafel

- Bewusstes Ignorieren von Mitmenschen
- Aufbegehren gegen erwünschtes Respektieren einer Person oder Sache
- Beleidigende Manieren und Mangel an Benehmen
- Nichtbeachtung von Regeln oder Bitten
- Provozierendes Unterbrechen einer Unterhaltung
- Aufschreiben von abwertenden Bemerkungen (auf einen Zettel; Heft; z. B. »Frau G. ist eine blöde Ziege«)

## Ursachen und Hintergründe

Despektierlichem Verhalten liegt meist ein Autoritätsprotest zugrunde. Mangels anderweitiger Möglichkeiten, sich mit einer abgelehnten Person kritisch auseinanderzusetzen, greift das Kind zu Praktiken, die es ihm erlauben, aggressive Tendenzen und Insuffizienzgefühle abzureagieren. Abwertung und Beleidigung sollen dabei die abgelehnte Person in ihrem Selbstwert treffen und ihrer Position Abbruch tun. Dahinter können beispielsweise folgende Primärursachen stehen:

- Erleben der eigenen Hilflosigkeit verbunden mit demütigenden Erfahrungen im Zusammenhang mit einer Person
- Angst- und Insuffizienzgefühle größeren, mächtigeren und überlegeneren Personen gegenüber: Da das Kind nicht mit körperlichem Einsatz dagegen opponieren kann, verwendet es sprachliche oder gestische Mittel der Abwertung (und eines darin verborgenen Angriffs).
- Erwachsene (z. B. Schulleiter; Hausmeister; Lehrer; Eltern) haben diese Form despektierlichen Verhaltens durch Missachtung oder Verletzung der Gefühle des Kindes herausgefordert.
- Schwierige häusliche Verhältnisse und ein gestörtes Verhältnis zur sozialen Umwelt (wenig Zuwendung, Liebe, Geborgenheit) haben das Kind in eine Dauer-Abwehrhaltung (»Alle Erwachsenen sind gemein.«) gedrängt, aus der heraus es vor allem Autoritätspersonen mit Beleidigung und Abwertung »bekämpft«.
- Körperlich oder psychisch bedingte Minderwertigkeitsgefühle drängen auf eine Entlastung. Durch ein Minderwertigmachen des andern erhöht sich (scheinbar) der eigene Selbstwert.
- Eine vorhandene Geschwisterrivalität mit aggressiven Tendenzen wird auf Mitschüler übertragen.
- Vielleicht hat das Kind unmotiviert schwankende Disziplinarmaßnahmen erfahren (von rigide bis nachlässig-verzärtelnd). Kinder respektieren Erwachsene nicht, die ihre Erziehungsmaßnahmen auf der Basis beliebig wechselnder Gefühlsbewegungen treffen.
- Wurde das Kind vielleicht mit körperlicher Gewalt erzogen? Wenn ja, hat sich in seinem Bewusstsein die Auffassung festgesetzt, dass nur Personen Respekt gebührt, die in der Lage sind, Wünsche mit dem Nachdruck von Gewalt durchzu-

setzen. Andere Erziehungsmaßnahmen passen nicht in das erlernte Verhaltensmuster.
- Falsch verstandene antiautoritäre Erziehung bestärkt das Kind in der Meinung, dass sein Verhalten völlig »normal« sei.
- Das Vorbild von Gleichaltrigen oder anderen Personen, welche mit despektierlichem Verhalten »Erfolg« hatten (Bewunderung der Gruppe), regt zur Nachahmung an.
- Wurden dem Kind im Verlaufe seiner bisherigen Erziehung ungenügende Grenzen durch Erwachsene gesetzt? Hat es daher nicht gelernt, zwischen akzeptablem und nicht akzeptablem Verhalten zu unterscheiden?
- Kinder respektieren Erwachsene nicht, welchen der Mut fehlt, konsequent etwas zu fordern und auf der Durchführung dieser Forderung zu bestehen.[1]

## Untersuchungsverfahren und Diagnose

Die Klärung der Frage, welchen Personen gegenüber sich das Kind despektierlich verhält und was diese eventuell taten, um ein solches Verhalten zu provozieren, ist ein erster Schritt zum Erkennen der dahinterstehenden Motivation. Gleichermaßen wichtig ist die Kenntnis der familiären Erziehungssituation, welche günstigenfalls im Gespräch mit den Eltern geklärt werden kann. Die Aussprache mit dem Kind und ergänzende projektive Testverfahren lassen erkennen, ob eine leichte Gefühlsverletzbarkeit (z. B. Minderwertigkeitsgefühle; Insuffizienzgefühle; Aggressivität) vorliegt, und welche auslösenden Faktoren mit im Spiel waren. Das Erstellen einer Liste, welche Eigenschaften das Kind gefühlsmäßig akzeptiert und welche es ablehnt, ist empfehlenswert.

## Pädagogische Hilfen

Pädagogische Hilfe bedeutet vor allem, den ernsthaften Versuch zu unternehmen, das Kind zu verstehen. Dabei dürfen die Gefühle nicht ignoriert werden (Vermeiden der Einschätzung des Kindes: »Der versteht mich ja nicht.«).

Hierzu ist es wichtig, unreflektierten und impulsiven Tadel möglichst zu vermeiden und dafür lieber der despektierlichen Verhaltensweise des Kindes mit abwartendem Erstaunen zu begegnen. Es muss fühlen und feststellen können, dass man es auch in seinem provozierenden Verhalten ernst nimmt, und dass die dahinterstehenden Ängste und Nöte Beachtung finden. Pädagogische Hilfen können sein:

---

[1] Nicht wenige Erziehungspersonen sind heute in ihrer Erziehungshaltung verunsichert und getrauen sich nicht mehr, von ihrem Kind etwas (auch Unangenehmes) zu fordern. Ein Cartoon drückt dies treffend so aus: »Ich habe keinen Ärger mit meinem Jungen. Ich tue einfach alles, was er sagt.« Kinder aber wollen gefordert sein und müssen Grenzen gesteckt erhalten.

- Ein Gespräch unter vier Augen, warum das Kind so abschätzig und aggressiv reagiert
- Ein Gespräch mit der betroffenen Person, um eine Basis zu finden, auf der sich Kind und Erwachsener näher kommen
- Arrangieren eines Nachmittags mit der abgelehnten Person, bei dem diese eine führende Position einnimmt oder Können und Fähigkeiten zeigt und vermittelt, die das Interesse und die Bewunderung des Kindes erregen (z. B. Sport; Basteln; Musik; Kochen)
- Klären der Frage, ob das Kind die betroffene Person mit einer anderen aus seiner Umgebung assoziiert und sie nur deswegen ablehnt (negative Bezugsperson und Übertragung negativer Beziehungsgefühle); dem Kind bewusst machen, dass hier nur eine äußere Ähnlichkeit besteht
- Aufzeigen, dass verbales Beleidigen oder despektierliche Bemerkungen wenig bewirken
- Unterscheiden lernen zwischen dem Ausdrücken von Respekt und Zurückhalten von beleidigendem Verhalten
- Analyse des häuslichen und sozialen Umfeldes, um festzustellen, ob hier eine gewohnte Verhaltensweise vorliegt
- Verstärken und Festigen (Lob; Belohnung; Bestätigung) positiver Äußerungen, Aktionen und Reaktionen des Kindes
- Einkleiden des Problems despektierlichen Verhaltens in eine szenische Darstellung
- Gemeinsame Kritik und Lösungsversuche im Unterricht
- Dem Kind Gelegenheit geben, seine Gefühle zu erklären, diese akzeptieren, aber zugleich einsichtig machen, dass auch andere Menschen in ihren Gefühlen berührt werden
- Hilfen zum Abbau von Minderwertigkeitsgefühlen und zur Stärkung des Selbstwertgefühls

### Fallbeispiel

#### »Larry« [1064]

Die Tür zum Klassenzimmer fliegt auf, und der achtjährige Larry steht da. Finster blickend setzt er an: »Ich soll zu Ihnen kommen.« – »Ja, Larry«, erwiderte seine Lehrerin, »das sollst du! Mir kam zu Ohren, dass du vor wenigen Minuten auf dem Spielplatz Ärger gehabt hast.« – »Es war gar nichts, aber die blöde alte Schulleiterin hat mich vom Kletternetz weggejagt. Dabei habe ich überhaupt nichts getan. Die hat es einfach auf mich abgesehen ... die alte, hässliche Kuh ...« – »Nun aber langsam, Larry! Was meinst du mit »alter, hässlicher Kuh? Warum sprichst du so von Frau Hiller, unserer Schulleiterin?« – »Weil sie sich immer bei mir über etwas aufregt. Immer meckert sie an mir herum. Sie kann mich nicht leiden. Doofe Zie ...!«

– »Larry, jetzt ist es aber genug! Komm her, wir wollen die ganze Geschichte einmal in Ruhe besprechen!«

Die Klasse ist voll gespannter Aufmerksamkeit. Erwartungsvoll blicken die Mitschüler auf die Lehrerin und Larry. Wird Frau Hiller, die Schulleiterin davon erfahren? Wird die Lehrerin Larry bestrafen? Oder nicht? Ist das Ganze vielleicht gar nicht so schlimm? Und kann man vielleicht bei nächster Gelegenheit der strengen Schulleiterin ähnlich respektlos begegnen?

Eine wichtige Erziehungssituation (für Larry und die Klasse) ist eingetreten und bedarf einer Lösung. Mit Ruhe, Verständnis und pädagogischem Sachverstand will die Lehrerin allen Beteiligten gerecht werden. Einerseits muss sie Larry's Probleme ernst nehmen, andererseits kann sie die beleidigenden Äußerungen der Schulleiterin gegenüber nicht einfach so hinnehmen. Larry und die Klasse wiederum müssen feststellen und einsehen, dass es im Umgang mit Mitmenschen bestimmte Grenzen und Regeln des Verhaltens gibt.

## 7.8 Schulversagen

### Definition

Wenn ein Kind den Anforderungen der Schule vor allem psychisch und geistig nicht gewachsen ist, wobei es in zentralen Lern- und Verhaltensbereichen weitgehend negative Ergebnisse zeigt, spricht man von Schulversagen. Schulversager kommen dabei im Allgemeinen weder mit den schulspezifischen Verhaltenserwartungen, Verhaltensvorschriften und Sanktionen zurecht, noch »mit den Leistungsanforderungen im Besonderen« [1065]. Während Schulschwäche mangelnde Leistungsdispositionen und mindere Leistungsergebnisse in isolierten Lernbereichen (z. B. Lesen) anzeigt oder durchwegs noch verkraftbare Erfolgsdefizite verschiedener Stärkegrade in mehreren Lernbereichen aufweist, ist Schulversagen als »erwartungsdiskrepantes Schulleistungsverhalten« [1066] von so gravierender Art, dass der betroffene Schüler zurückgestellt (Verlängerung der Vorschulzeit; Wiederholen einer Jahrgangsstufe) oder in eine andere Schulart überwiesen werden muss (z. B. Förderschule) [1067].

### Beschreibung und Symptomatik

Das Wort »Schulversager« hat einen für das betroffene Kind negativ-abwertenden Beigeschmack. Eine solche Assoziation mit minderbewertenden Attributen (»unfähig«; »lebensuntüchtig«; »dumm«; »asozial«) wäre zutiefst unpädagogisch und widerspräche der personalen Würde, Selbstachtung und existenziellen Gleichwertigkeit des in seinem Sosein sich vorfindenden Kindes. Dabei wäre immer noch die Frage zu untersuchen, ob nicht die Schule selbst in ihrem tradierten Selbstverständnis genormter Leistungsanforderung einen Schüler zum Schulversager stempelt, anstatt ihm mit einem individuell angepassten Förderungsangebot entgegenzukommen. Wenn schon von Schulversagen gesprochen wird, dann muss im Bewusstsein das grundsätzliche Schuldlossein eines Kindes an der Versagenssituation im Vordergrund stehen. Rechtzeitiges Aufdecken möglicher Gefahren zukünftigen Schulversagens kann in vielen Fällen die nicht zu rechtfertigende Stigmatisierung eines Menschen verhindern.

Schulversagen ist daran zu erkennen, dass ein Kind sich entweder auf Grund einer Verhaltensunreife (nicht vorhandene soziale Anpassungsfähigkeit; schwache Leistungsmotivation; Unselbstständigkeit) oder auf Grund nicht entwickelter oder blockierter Fähigkeitsdispositionen (genetische Schädigung; Entwicklungsretardierung; vorschulische Lerndefizite) dem fortschreitenden Lernprozess in der Schule nicht gerecht werden kann.

Auffälliges Verhalten und über weite Strecken hinweg mangelhafte Leistungen in zentralen Lernbereichen sind deutliche Symptome von Schulversagen. Der Schulversager hängt in seiner Verständniskapazität, in Wissen, Können und Einsichten im Vergleich zu seinen Mitschülern so weit zurück, dass an ein Aufholen oder an einen Anschluss an den altersstufengemäßen Lernprozess nicht mehr gedacht werden kann.

Ursachen und Hintergründe

Schulversagen kann im Gefolge von Begabungsdefiziten (genetisches Potenzial; umweltbedingte defizitäre Lernanregungen; verzögerte oder retardierte Entwicklung), umwelt- und persönlichkeitsbedingter Verhaltensabweichungen (Konzentrationsschwäche; Hyperaktivität; ichbezogenes Isolationsverhalten; Antriebsarmut) oder aktuell aufgetretener negativer Rahmenbedingungen (Familiensituation; soziale Diskriminierung in der Schule; Misserfolgserlebnisse bei sensiblen Kindern) in Erscheinung treten. Schulversagen eines Kindes kann nicht mit pauschalisierenden Gründen erklärt werden, sondern ist immer Ergebnis einer individuellen Konstellation aus verschieden zusammentreffenden Umständen. Wesentlicher Teilfaktor ist dabei auch die Schule selbst. Deren Anforderungsniveau, vielleicht auch mangelnde Anpassungsfähigkeit an die individuelle Ausgangslage der Kinder (Differenzierung des Lernangebotes), Beurteilungs- und Auslesevorgänge, Überbetonung des kognitiv-sprachlichen Bereichs [1068] und das System der Zensuren (Bewertung eines Kindes mittels Ziffern) stehen in enger Verbindung mit individuell ausgeprägten Nöten und Lernschwierigkeiten von potenziellen Schulversagern.

### Untersuchungsverfahren und Diagnose

Zur Erhellung der Hintergründe eines als Schulversagen bezeichneten Leistungs- und Verhaltensdefizits sind breite und umfassende Untersuchungsverfahren anzusetzen. Da Schulversagen genetische Ursachen ebenso haben kann wie umweltbedingte Persönlichkeitskonstellationen, sind grundsätzlich Analysen der sozialen Umwelt in der Familie wie in der Schule, spezifische Fähigkeits- und Schulleistungstests und vor allem auch ärztlich-medizinische Diagnosemöglichkeiten anzuwenden. Als Antwort auf die Konfrontation des kindlichen Leistungsvermögens mit den schulischen Anforderungen und als Ergebnis des (infolge der Schulpflicht »erzwungenen«) kontinuierlichen Leistungs- und Verhaltensversagens ist Schulversagen immer auch als abhängig von schulischen Rahmenbedingungen zu sehen. Eine Analyse der Schulsituation ist daher ebenso notwendig wie eine Untersuchung der Persönlichkeitsvariablen des Kindes und der außerschulischen Sozialisationsbedingungen.

### Pädagogische Hilfen

Hier ist zunächst grundsätzlich zu fragen, ob bei offensichtlich vorhandenem Schulversagen Aussicht besteht, durch gezielte Hilfen dem Kind den Anschluss an den fortlaufenden Lernprozess innerhalb seiner gegenwärtigen Schulklasse zu ermöglichen, oder ob das Schulversagen als so gravierend einzuschätzen ist, dass Rückstellung (nochmaliger Besuch der Vorschuleinrichtung; Besuch eines vorausgehenden Schülerjahrgangs) oder der Übertritt in eine Sonderschule der persönlichen Entwicklung des Kindes besser entgegenkommen. Sicherlich könnte man davon ausgehen, dass es Aufgabe der Schule sei, einem schulversagenden Kind mit verstärkter Zuwendung und differenzierender Aufgabenstellung weiterzuhelfen, egal wie stark das Schulversagen ist.

Aber es käme einer realitätsmissachtenden Utopie gleich, wolle man um jeden (pädagogischen) Preis (z. B. Hintanstellung der unterrichtlichen Versorgung der übrigen Schüler) Schulversagen in die reguläre unterrichtliche Betreuung integrieren. Die Entscheidung (vor allem auch im Interesse des betroffenen Kindes), ob Zurückstellung, Übertritt in eine Sonderschule oder Versuch des Ausgleichs von Defiziten durch spezifische Lern- und Förderungsangebote infrage kommt, muss am Beginn jeglicher pädagogischer Hilfe für Schulversager stehen. Dass auch bei Rückstellungsmaßnahmen eine fundierte und auf die individuelle Konstellation des Kindes abgestimmte Förderung notwendig ist, ist selbstverständlich.

Hat man es mit Schulversagen zu tun, bei dem ein Verbleib in der bisherigen Klasse unter der Voraussetzung der Erfolgsaussicht bei speziellen Fördermaßnahmen gegeben ist, kann an folgende Hilfen gedacht werden:

- Förderunterricht durch differenzierende und auf das Lernprofil des Kindes abgestimmte Lernangebote
- Verstärkte Veranschaulichung durch vielfältiges Medienangebot
- Unterstützung der sozialen Integration des Kindes in die Gruppe und Stärken seiner Position
- Gruppenunterricht nach verschiedenen Gesichtspunkten (Leistungsniveau; Begabungsschwerpunkte)
- Zeitlich kurze, aber intensive Lehrerhilfe (individualisierende Hilfen)
- Zusammenarbeit mit dem Elternhaus (Ansetzen gemeinsamer Hilfen)
- Zusammenarbeit von Lehrern, Förderlehrern und Sozialpädagogen [1069]
- Ermutigung, Bestätigung, Anerkennung, Lob[1]

## Fallbeispiel

### »Margit«

Bei einem Besuch in einer Dorfschule, den ich vor vielen Jahren durchführte, fiel mir in der 3. Klasse ein Mädchen auf, das in der letzten Bank des Klassenzimmers saß. Körperlich viel weiter entwickelt und viel größer als seine Mitschüler/innen wirkte sie vom Gesamteindruck der Klasse her irgendwie »störend«. Margit, so hieß das Mädchen, träumte die meiste Zeit still vor sich hin, spielte mit dem Bleistift, meldete sich nie und wurde von der Lehrerin auch nicht aufgerufen. Warum saß sie so am »Abstellgleis«? Nach Auskunft der Lehrerin war Margit, obwohl regulär im 3. Schülerjahrgang, schon 12 Jahre alt. Dies kam daher, dass sie schon zweimal sitzen geblieben war und die zweite und dritte Klasse wiederholen musste. Hauptursache hierfür waren ihre »katastrophalen« Leistungen in Deutsch und Mathematik. Außerdem sei Margit ohne Antrieb, träumerisch, dann wieder aggressiv und am Geschehen in der Schule meist desinteressiert. Man könne mit ihr, was den Unterricht angeht, »wenig anfangen«. Wird sie aufgerufen, so weiß sie entweder nicht, worum es gerade geht, oder sie gibt eine einsilbige (meist falsche) Antwort.

Ich beobachtete Margit in der Pause. Hier war sie vom Spiel der Mitschüler/innen weitgehend ausgeschlossen. Sie stand in einer Ecke und aß ihr Pausenbrot. Gelegentlich versuchten einige Jungen und Mädchen, sie zu provozieren, rempelten sie an oder zogen sie am Zopf. Wurde sie endlich wütend, dann stürzte sie auf die anderen los und drosch auf sie ein. Körperlich war sie den anderen überlegen, aber ihre Position war zweifellos die einer Außenseiterin, denn beim Unterricht spielte

---

1 Ermutigend kann es für beide Seiten sein, wenn man sich vor Augen hält, welche geschichtlichen Persönlichkeiten »Schulversager« waren. So war George Bernard Shaw »schlecht in Rechtschreibung«, Paul Gaugin ein »Träumer«, James Watt »schwer von Begriff«, Albert Einstein »geistig träge«. Von der Schule als Schulversager verwiesen wurden Albert Einstein, Edgar Allen Poe und Wilhelm Röntgen. »Schlecht in Mathematik« waren Benjamin Franklin, Pablo Picasso, Alfred Adler und Carl Gustav Jung.

sie deutlich die Versagerrolle und konnte sich angesichts geforderter Leistungen nur »am unteren Ende« behaupten.

Margit hatte offensichtlich längst resigniert. Sie saß ihre Schulzeit nur ab, weil sie musste. Ständige Demütigungen auf Grund ihrer schlechten Leistungen hatten sie abgestumpft, und nur gelegentlich versuchte sie, ihr Selbstbewusstsein zu stärken, indem sie ihre körperliche Überlegenheit ausspielte. Das Mädchen stammte von Eltern ab, die frühzeitig gestorben waren. Schon seit über zehn Jahren wurde Margit von der Großmutter aufgezogen. Sie musste viel für den Lebensunterhalt mit beitragen und war insgesamt mehr praktischen Dingen zugewandt. Jahrelange Misserfolgserlebnisse in der Schule hatten ihr die Motivation genommen, sich leistungsmäßig einzusetzen. Das Stigma der Schulversagerin haftete ihr an, seit sie sitzen geblieben war. An der schulischen Situation von Margit war nicht mehr viel zu ändern. Jahre möglicher individualisierender Zuwendung und Förderung waren vertan. Neuansätze des Lernens, um die vorhandenen Defizite aufzuholen, hätten zum Teil bis in den 1. und 2. Schülerjahrgang zurückverlegt werden müssen. Dies aber konnte man Margit angesichts ihres Alters noch weniger zumuten. Der Übertritt in eine Sonderschule war zu den damaligen Schulbedingungen weder überlegenswert noch Erfolg versprechend. Margit würde wohl für die Umwelt und für sich persönlich die Belastung, eine »Versagerin« zu sein, mit in ihr weiteres Leben nehmen.

### 7.9 Vernachlässigung der Hausaufgaben

#### Definition

Das Anfertigen von vorbereitenden (Sammeln; Erkunden; Beobachten), nachbereitenden (Übung; Festigung; Vertiefung) und weiterführenden Hausaufgaben gehört in der Regel zu einem wesentlichen Bestandteil schulischen Lernens und individuellen Lernerfolgs. Von einer Vernachlässigung der Hausaufgaben spricht man, wenn diese oberflächlich, lückenhaft oder überhaupt nicht angefertigt werden. Dieses Verhalten kann sporadisch oder regelmäßig auftreten.

#### Beschreibung und Symptomatik

Das betreffende Kind hat zum wiederholten Male oder über einen längeren Zeitraum hinweg die angeordneten Hausaufgaben nicht oder nur in Ansätzen angefertigt. Es gibt dafür die verschiedensten Entschuldigungsgründe an, die aber meist den Kern der Ursachenfrage nicht treffen. Oft ist das Kind auch gar nicht in der Lage, die Vernachlässigung der Hausaufgaben zu begründen. Es weiß zwar, dass es z. B. Freizeitaktivitäten vorgezogen oder die Pflicht der mit der Hausaufgabe verbundenen Arbeit vor sich hergeschoben hat, bis es schließlich zu spät war, aber es kann die dahinterstehende Motivation weder reflektieren noch als echte Begründung anführen. So flüchtet es sich in Notlügen oder verbirgt sich schweigend hinter seiner Verunsicherung. Vernachlässigung der Hausaufgaben tritt nicht selten bei Schülern auf, deren schulische Leistungen auch anderweitig zu wünschen übrig lassen.

Ursachen und Hintergründe

Die Frage nach den Ursachen für die Vernachlässigung von Hausaufgaben muss von verschiedenen Seiten her angegangen werden. Neben individuellen persönlichkeitsbezogenen Bedingungen beim Kind (z.B. Konzentrationsschwäche; Begabungs- und Leistungsdefizite; Desinteresse an der Schule) sind auch die familiäre Situation (Ablenkung; störanfälliger Arbeitsplatz; überzogene Mitarbeit) und Fehlverhalten des Lehrers (Schwierigkeitsgrad und Umfang der Aufgaben; keine Differenzierung) zu überdenken.

Im Einzelnen können folgende Ursachen vorliegen:

- Das Kind ist konzentrationslabil und leicht ablenkbar. Die für das Anfertigen der Hausaufgaben notwendige Zeit wird dadurch so in die Länge gezogen, dass sich das Kind in seiner Freizeit beschnitten und in seiner Arbeitswilligkeit überfordert fühlt.
- Infolge einer überbehütenden Erziehung ist das Kind gewohnt, dass ihm Anstrengung und Mühe abgenommen werden. Die subjektiven Schwierigkeiten im Hinblick auf das Gefordertwerden durch eine persönliche Pflicht sind damit zu groß. Das Kind kann sich nicht selbst »in die Hand nehmen«, es zieht sich auf seine Unselbstständigkeit zurück und entzieht sich so seinen Pflichten.
- Der Schüler sieht den Sinn der Hausaufgabe nicht ein, dies vor allem dann, wenn der Lehrer häufig wenig sinnvoll in den Unterricht integrierte Aufgaben stellt oder der Schüler diese langweilig und kreativitätslos findet [1070].
- Der Schwierigkeitsgrad der Hausaufgaben liegt so hoch, dass diese ohne Mithilfe anderer Personen (z.B. Eltern) nicht bewältigt werden können. Stehen diese Personen nicht als Hilfe zur Verfügung, sieht sich das Kind vor einem unlösbaren Problem.
- Die Hausaufgaben werden zu einem Zeitpunkt angefertigt, an dem die physiologische Leistungskurve ihren absoluten Tiefstpunkt im Tagesverlauf erreicht hat (zwischen 14 und 15 Uhr)[1], weshalb sowohl Motivation als auch Ausdauer über die Maßen beansprucht werden. Das Kind ermüdet dadurch schneller und bleibt hinter seinem eigentlichen Leistungsvermögen zurück.

1 Der größte Teil der Schüler (laut Umfragen bis zu 95%) fertigt die Hausaufgaben gemäß dem Motto »Erst die Arbeit, dann das Vergnügen« innerhalb dieser ungünstigen Zeitspanne an (Kocher 1988, S. 66f.).

- Eine mögliche Überfülle der Hausaufgaben (Kumulation von verschiedenen Fächern her; Hausaufgaben als »Strafarbeit«) entmutigt das Kind. Es verliert bisweilen die Übersicht über die verschiedenen Hausaufgaben. Sein Freizeitbedürfnis wird nicht berücksichtigt. Es »bricht« aus diesem Zwang »aus«.
- Fehlendes Interesse seitens der Eltern an Schule und Hausaufgabe kann die notwendige Motivation untergraben.
- Von entscheidender Bedeutung für die Motivation, Hausaufgaben vollständig auszuführen, ist deren Kontrolle durch den Lehrer (verbunden mit Lob, Anerkennung, Bestätigung oder Verbesserungshinweisen). Hausaufgaben, die kaum ein »feed back« mit sich bringen, erscheinen dem Kind als umsonst angefertigt.
- Beim Kind hat sich eine Misserfolgshaltung eingestellt. Es fertigt keine Hausaufgaben mehr an, weil es gerade dadurch Misserfolge produziert. Dahinter steht eine Selbstwertminderung und Unzufriedenheit mit dem eigenen Können.
- In selteneren Fällen kann auch soziale Verwahrlosung (Wohnsituation; gravierende Familienzwistigkeiten; mangelnde Umsorgung des Kindes) ein Hintergrund für das Vernachlässigen häuslicher Schularbeiten sein.

Untersuchungsverfahren und Diagnose

Die Hintergründe für Vernachlässigung der Hausaufgaben lassen sich vorrangig durch Gespräche mit dem Kind, Befragung der Eltern, Erforschen der häuslichen Situation des Kindes, aufmerksame Kontrolle der angefertigten Ergebnisse und selbstkritisches Überprüfen der Aufgabenstellung durch den Lehrer aufdecken. Zusätzliche psychologische Motivationsanalysen (z. B. projektive Tests) können das diagnostische Bild abrunden.[1]

Pädagogische Hilfen

Hausaufgabenprobleme lassen sich am besten mit schulischen und außerschulischen Hilfen unter Beachtung der individuellen Persönlichkeitskonstellation des Kindes angehen. Während erstere weitgehend mittels organisatorischer Maßnahmen und pädagogisch-didaktischer Überlegungen angesetzt werden können, bieten Letztere ein wesentlich schwerer zu bewältigendes Problemfeld, da z. B. individuelle Lernschwächen, Begabungsdefizite oder erschwerende Verhaltensauffälligkeiten bestimmte Grenzen setzen. Schulische und außerschulische Hilfen bieten aber immer eine Erleichterung der Grundsituation des Kindes, um Hausaufgaben mit mehr Motivation, weniger Zeitverlust und sinnbezogen zu bewältigen [1071].

---

[1] Auch Elternfragebögen können (fallweise und mit Einfühlungsvermögen in die Mentalität des Elternhauses) eingesetzt werden (vgl. Winkler o. J., S. 52–53).

Solche Hilfen sind:

- Bemühen um sinnvolle Hausaufgabenformen durch lebensnahe und kreativitätsfördernde Aufgaben (z.B. Sammeln von Gegenständen; Beobachten; Interviews; Einbezug individueller Interessens- und Begabungsschwerpunkte)
- Anknüpfen der schulischen Lernprozesse an (durch Hausaufgaben vorbereitete) Erfahrungen der Kinder [1072]
- Achten auf zeitliche und mengenmäßige Begrenzung der Aufgaben (Absprache mit den Kollegen)
- Gründliche Vorbereitung (genaues Besprechen mit Hinweisen) der Aufgaben im Unterricht
- Differenzierung der Hausaufgaben nach Schwierigkeitsgrad, Aufgabentyps (z.B. praktisch oder schriftlich) und individuellem Bedarf (spezielle Übungen zum Ausgleich von Lerndefiziten)
- Beachtung und Kontrolle der Hausaufgaben mit persönlichem »feed back« (Bewertung; Lob; Bestätigung)
- Berücksichtigung des arbeitsphysiologisch angemessenen zeitlichen Limits für Hausaufgaben (für Grundschulkinder ansteigend von 1/2 Stunde bis 1 Stunde)[1]
- Bemühen um ein günstiges Lernklima zu Hause (Störfaktoren; Arbeitsbedingungen) [1073]
- Rückmeldung durch die Eltern, wie das Kind die Hausaufgaben zeitlich und auffassungsmäßig verkraftet
- Anreize für zügiges Arbeiten (erfrischendes Getränk; Obst; Zwischenmahlzeit; anerkennende Worte) [1074]
- Einrichten von Schülersilentien (Einrichtungen, in denen Schüler unter fachlicher Anleitung und in stiller Umgebung ihre Hausaufgaben anfertigen können) [1075]
- Berücksichtigung eines gesunden Wechsels von Erholung (z.B. Spielen im Freien) und konzentrierter schulischer Aufgabenbewältigung am Nachmittag [1076]
- Sinn und Bedeutung der Hausaufgaben können im Unterricht thematisiert werden
- In schwierigen Fällen von (durch Verhaltensschwierigkeiten bedingter) Hausaufgabenunlust ist an eine ärztliche (mögliche krankheitsbedingte Ursachen) oder schulpsychologische Untersuchung zu denken.

---

[1] Ortner 1979, S. 129f. Jedoch gelten in den einzelnen Bundesländern unterschiedliche Richtlinien, in denen die Belastbarkeit gerade von Grundschülern äußerst diametral eingeschätzt wird (Unterschiede bis zu 300%!). Daher ist fraglich, an welchen Kriterien sich diese ministeriellen Erlasse orientieren (vgl. Schwemmer 1980, S. 52ff.; Eigler/Krumm 1979, S. 88).

## Fallbeispiel

### »Anja«

Frau M. kommt zur schulpsychologischen Beratung. Ihre Tochter Anja (9 Jahre) macht täglich Schwierigkeiten, wenn sie ihre Hausaufgaben anfertigen soll. Dieses Problem ist eigentlich schon seit dem ersten Schuljahr zu beobachten gewesen. Immer aber hat man gehofft, dass das Mädchen vernünftiger werde. Nun ist sie im 3. Schuljahr, und die Mahnungen der Lehrerin häufen sich. Anja aber ist nicht zu bewegen, am Nachmittag ihre Hausaufgaben zu erledigen. Es ist jeden Tag dasselbe »Theater«: Nach dem Mittagessen sagt Anja, dass sie zu müde sei. Dann trifft sie sich mit Kindern zum Spielen. Hernach schaut sie eine Fernsehsendung an, die sie sich meist mit Tränen und Versprechungen ertrotzt. Anschließend kauft sie Süßigkeiten, bemuttert ein Kleinkind in der Nachbarschaft, kommt heim, schlägt auf Ermahnungen hin ein Buch auf, tut so, als ob sie etwas lerne, träumt jedoch vor sich hin und entwischt in einem »unbewachten« Moment wieder ins Freie. Oft kommt es vor, dass sie nachts (nach dem abendlichen Fernsehen) in Tränen ausbricht und der Mutter bekennt, dass sie ihre Hausaufgaben wieder nicht gemacht hat. Gelegentlich schreibt dann die Mutter eine Entschuldigung für das Kind, wobei die Hauptgründe verschiedene Krankheiten (vom Bauchweh bis zu Fieber und Kopfschmerzen) sind. Mit der Zeit fällt dies aber auf, und die Lehrerin bittet die Mutter in die Sprechstunde. Dort muss sich die Mutter sagen lassen, dass die schulischen Leistungen von Anja deutlich zu wünschen übrig ließen, und dass die Schülerin durch ihre Vernachlässigung der Hausaufgaben ein denkbar schlechtes Beispiel für die anderen abgebe. Die Mutter gesteht, dass sie dem Problem ihres Kindes hilflos gegenübersteht. Anja ist weder durch die Schelte des Vaters noch durch gutes Zureden und Versprechungen der Mutter aus ihrer offensichtlichen Hausaufgabenverweigerung herauszubringen.

Das Gespräch mit Frau M. ergibt, dass Anja seit früher Kindheit eine Vorliebe für Fernsehen gezeigt hat. Schon als Vorschulkind saß sie täglich stundenlang vor dem Fernsehschirm und schaute sich wahllos Sendungen an. Dieses Verhalten hat sie bis zum heutigen Tag nicht abgelegt. Bücher interessieren Anja nicht. Sie liest kaum, sitzt aber oft da und träumt. Aufgaben in der Familie brauchte das Mädchen bislang nicht zu übernehmen. Wurde sie dennoch gebeten, z.B. abzutrocknen, beklagte sie sich über Bauchweh und wurde mit Süßigkeiten »getröstet«.

Es erscheint ganz verständlich, dass das Mädchen eigentlich schon seit Beginn der Schulzeit seine Hausaufgaben vernachlässigt. Das schädliche Übermaß an Fernsehkonsum hat Anja zu einer geradezu passiven Informationsaufnahme verleitet. Eigenes produktives Denken und geistiges Verarbeiten von Inhalten (z.B. aus Büchern oder zumindest im Gespräch mit den Eltern) hat sie nicht gelernt. Immer nur versuchte sie, nach ihren Interessen zu leben. Selbstverständliche kindgerechte Pflichten wurden ihr abgenommen. Nur allzu bald konnte Anja registrieren, dass andere die unangenehmen Arbeiten und Aufgaben für sie erledigten. Verwöhnung und Bedauern seitens der Eltern angesichts von Passivität und eigensinniger Bequemlichkeit des Mädchens verstärkten das pflichtverdrängende Verhalten.

Was über Jahre hinweg an notwendigen Erziehungsmaßnahmen seitens des Elternhauses verschleppt wurde, kann selbstverständlich nicht in kurzer Zeit behoben werden. Im Interesse des Kindes muss die verwöhnende Erziehung umgehend in pflichtfordernde Ansätze übergeleitet werden. Der Fernsehkonsum ist einzuschränken. Mithilfe einer festen Tageseinteilung (Plan für den Nachmittag) und in Zusammenarbeit mit der Schule (regelmäßige Kontrolle der Hausaufgaben mit Erfolgsbestätigung) wird versucht, Anja eine von innen und außen kommende Motivation für schulisches Lernen in Form von Hausaufgaben zu vermitteln. Dass der Erfolg auch wesentlich vom Verhalten der Eltern abhängt und nur schrittweise verwirklicht werden kann, ist einsichtig. Der Sprung von der Überbehütung und Verwöhnung ins kalte Wasser selbst zu bewältigender Pflichten ist keine angenehme Sache, wohl aber eine notwendige Vorbereitung auf das Leben.

## 7.10 Disziplinschwierigkeiten

Disziplinschwierigkeiten bei Erziehung und Unterricht stellen wie in allen Schularten auch in der Grundschule heute ein akutes Problem dar. In einer familiären und schulischen Umwelt, in welcher man Autoritätslosigkeit bis hin zu antiautoritärer Erziehung als heute nicht mehr hinterfragbaren pädagogischen Stil pflegt, ist das Wort »Disziplin« zusehends zum »Buh-Wort« geworden. Freiheit nimmt heute einen pädagogischen Spitzenwert ein. Kinder müssen sich möglichst entfalten können. Der Freiheit in der Erziehung einen hohen Stellenwert einzuräumen, ist durchaus in Ordnung, denn Freiheit ist ein konstitutives Merkmal der menschlichen Person. Aber Freiheit in der Erziehung der Kinder darf nicht gleichbedeutend sein mit egozentrischer und selbstunkritischer Beliebigkeit. Echte Freiheit lässt sich nicht ohne Selbstdisziplin verwirklichen. Sie ist weder disziplinloses Ausleben von Egoismen noch unbeherrschtes Beanspruchen sozial kontraproduktiven Verhaltens, sondern zeigt sich in der Fähigkeit, diese in freier Entscheidung zulassen oder nicht zulassen zu können. Damit wird deutlich, dass Selbstdisziplin und soziale Disziplin die Basis für das Verwirklichen menschlicher Freiheit sind. Erlernen und Beachten diszipliniertem Verhaltens bringen dem Kind Gewinn für seine Persönlichkeitsreifung. Das Vorhandensein eines disziplinierten Klassenklimas ist unabdingbare Voraussetzung für geordneten, lerneffektiven Unterricht, erfolgreiche Erziehung und für das gesundheitlich bedeutsame Ruhebedürfnis des Kindes. Rhythmisierung schulischen Unterrichts durch wechselnde Phasen von Anstrengung und Entspannung, lockerer Unruhe und Stille erfordert das Einhalten von Disziplin. Disziplin ist daher weder altmodisch noch autoritär, schon gar nicht unpädagogisch. Warum aber gehören Disziplinschwierigkeiten heute zu den von Lehrern am häufigsten genannten schulischen Problemen? Liegt alles nur an der Zunahme von Verhaltensschwierigkeiten und den damit verbundenen psychischen Nöten der Kinder? Sicherlich nicht allein. Es sind zahlreiche gesellschaftliche, umweltbedingte, aber auch unterrichtshygienische und didaktische Faktoren, welche diesen Problemkomplex mitbestimmen.

Definition

Menschliches Zusammenleben bringt immer spontanes Verhalten und ungeplante Zwischenfälle mit sich. Dies gilt auch für das Schulleben. Es ist niemals steril störungsfrei, kann aber bei gemeinsamem guten Willen auf das pädagogisch notwendige disziplinierte Verhalten eingestellt werden. Was nun aber von dem einen Kind oder einem Lehrer in Bezug auf Disziplinschwierigkeit bereits als störend empfunden wird, gehört für andere zur nicht störenden Normalität. Insofern sind »Disziplinschwierigkeiten« immer auch subjektiv zu sehen, sowohl aus der Sicht des Kindes wie auch seitens des Lehrers. Es ist daher immer schwierig, eine objektive Basis des Verhaltens innerhalb der sozialen Gruppe einer Klassengemeinschaft zu finden. Von Disziplinschwierigkeiten kann man dann sprechen, wenn im gemeinschaftlichen Leben einer Schule die für die persönliche Entfaltung der Kinder notwendigen Erziehungs- und Unterrichtsprozesse (in einer aktuellen Situation oder langandauernd) so beeinträchtigt werden (in ihrer Wirksamkeit gemindert werden; stocken; abgebrochen werden müssen;), dass deren geringer Erfolg auf Grund des störenden Verhaltens eines oder mehrerer Schüler nicht mehr mit der pädagogischen Verantwortung für die anvertrauten Kinder in Einklang gebracht werden kann [1077].

Beschreibung und Symptomatik

Faktorenanalysen[1] von Lehreraussagen über den begrifflichen Gesamtkomplex »Disziplinschwierigkeiten« weisen (in der Reihenfolge der genannten Häufigkeit) auf folgende Bedingungen und Verhaltensweisen bei Kindern hin: Konzentrationsschwierigkeiten, Unruhe, Zappeligkeit, geringe Ausdauer, Aggressivität, geringe Belastbarkeit, geringe Merkfähigkeit, sinkendes oder nicht vorhandenes Wertebewusstsein, Verweigerung der Mitarbeit. Kinder aus ländlichen Schulgegenden schneiden besser bei den Faktoren »Konzentration«, »Aggressivität« und »Unruhe« ab. Im Einzelnen sind folgende von Fall zu Fall variablen Symptome kennzeichnend:

- *Mangel an:* Konzentration, Mitarbeit, Belastbarkeit, Wertebewusstsein, Merkfähigkeit, Ausdauer, Gemeinschaftsgefühl, Leistungsbereitschaft, Anstrengungsbereitschaft, Frustrationstoleranz, Selbstständigkeit, Erziehungsarbeit der Eltern

---

[1] Ergebnisse aus einer bei 100 Grundschullehrer/innen durchgeführten Umfrage des Lehrstuhls für Grundschulpädagogik der Universität Bamberg (1996).

- *Gesteigertes Maß an:* Schulangst, Nervosität, Leistungsdruck, Desinteresse, Unruhe, Aggression (verbal oder tätlich; auf Gegenstände oder Personen gerichtet), Zappeligkeit, Unordentlichkeit, Egozentrizität

Ursachen und Hintergründe

Die Ursachen für Disziplinschwierigkeiten können in verschiedenen Persönlichkeitskonstellationen der beteiligten Kinder und Lehrpersonen, in der Erziehung, in individuellen psychischen Schwierigkeiten und in pädagogisch-didaktischen Maßnahmen wurzeln.

- *Persönlichkeitskonstellation* (z.B. ererbtes Temperament; Lebhaftigkeit; psychovegetative Labilität; gesundheitliche Faktoren; Empfindsamkeit und Verletzlichkeit beim Lehrer)
- *Erziehung* (z.B. Erziehungsstil im Elternhaus und in der Schule; familiäre Probleme; Einflüsse der Medien)
- *Verhaltens- und Lernschwierigkeiten* (z.B. Wunsch, Aufmerksamkeit, Liebe, Anerkennung und Zuwendung zu bekommen [1078]; Integrationsschwierigkeiten; motorische Unruhe; Konzentrationsschwierigkeiten; Aggressivität etc.)
- *Pädagogisch-didaktische Bedingungen* (z.B. nicht kindgemäßer Unterricht; Minderleistungen; Überforderung; Unterforderung; Mitteilungsbedürfnis; negative Vorbildfunktion von Lehrpersonen; Nichbeachten unterrichtshygienischer Bedingungen; negatives Autoritätsverhalten des Lehrers; mangelnde positive Autorität des Lehrers; schlecht vorbereiteter Unterricht; Lehrersprache)

Untersuchungsverfahren und Diagnose

Möglichkeiten, Disziplinschwierigkeiten einer diagnostischen Analyse zu unterziehen, sind:
- *Beobachtung* (Art, Zeit und Häufigkeit der auftretenden Schwierigkeiten; typische Situationen)
- *Spezielle Verhaltens- oder Lernschwierigkeit* bei Kindern in ihrer Bedeutung für Disziplinprobleme
- *Gespräch mit dem Kind* (Wie beurteilt das Kind selbst seine Disziplinprobleme?)
- *Analyse des eigenen Unterrichts* (didaktische Mängel; pädagogisch problematisches Verhalten; Wechsel von Methoden, Arbeitsformen; Medieneinsatz; Hospitation eines Kollegen mit selbstkritischer Aussprache)
- *Diagnosebogen* [1079]

Pädagogische Hilfen

**Berücksichtigung äußerer Bedingungen**

*Schulhygiene*
Beleuchtung; Raumklima; Raumakustik; Schulmöbel; Klassenfrequenz; Erholung und Freizeit; kindorientierte Gestaltung des Klassenraumes; Belastungen durch Schulbusfahren [1080]

*Unterrichtshygiene*
- *Physiologisch-medizinische Aspekte* (Ermüdung; Überforderung; körperliche Arbeitshaltung; Jahres-, Wochen-, Tagesplanung; Einteilung von Schulwoche und Schultag; Pausengestaltung; Abreagieren von angestauter körperlicher Energie durch Pausen und Bewegungsübungen;)
- *Didaktische Aspekte* (Vorbereitung des Unterrichts; Wechsel der Arbeitsweisen; Wechsel der Sozialformen; Unterrichtsprinzipien; Medien; Einsatz differenzierender Maßnahmen in Lernzielsetzung und -erarbeitung; Rhythmisierung des Unterrichts durch Wechsel von Unterrichts- bzw. Sozialformen; Leistungstests und Lernzielkontrollen als Überprüfung des persönlichen Lernstandes; Möglichkeiten der intrinsischen Motivation; Klarheit über Lernziele schaffen; Zeit für ruhiges Lernen und für notwendiges Üben; reichlich Zeit für Wiederholung und Vertiefung; Differenzierung bei den Hausaufgaben)
- *Unterrichtsthemen* behandeln, in denen Disziplinprobleme thematisiert werden.
- *Psychologisch-pädagogische Aspekte* (Fachkenntnisse über vorhandene Verhaltens- und Lernschwierigkeiten besitzen, entsprechende kindliche Nöte verstehen und mögliche Hilfen ansetzen; Vermeiden von Angst- und Überforderungserlebnissen; Wiedereingliederung in das Schulleben nach Versäumnissen; Schaffung und Aufrechterhaltung positiver interpersonaler Begegnung und Beziehung zwischen Lehrer und Schüler; Kindern Handlungsspielraum gewähren; Verständnis signalisieren; erwünschtes Verhalten positiv verstärken; Zusammenarbeit mit dem Elternhaus)
- *Organisatorisches* (Schülerarbeiten kontrollieren; Leerlauf vermeiden; am Schuljahresbeginn eine Verhaltensordnung besprechen und einen Ordnungsrahmen erstellen; Verhalten der Kinder bei Beginn, Ende und während des Unterrichts als gemeinsam verpflichtend festlegen; Sitzordnung pädagogisch erstellen; zu Unterrichtsbeginn und -ende Pünktlichkeit einhalten.

**Berücksichtigung innerer Bedingungen**

*Lehrerpersönlichkeit*
Bemühen um positive Autorität, Vertrauen, Zuwendung, Selbstwertvermittlung, Gerechtigkeit; aufgestellten Forderungen zur konsequenten Durchsetzung verhelfen; Lob und Ermutigung; Sanktionen, wenn sie vorher vereinbart wurden; not-

wendige Distanz einhalten) »Die wenigsten Lehrer sind sich dessen bewusst, wie viel schon die jüngeren Kinder an ihnen hinsichtlich Haltung, Sprache, Gewohnheiten, Wertbewusstsein usw. bemerken und wie sehr diese Beobachtungen eine Rolle für ihr eigenes Verhalten spielen«[1].

*Pädagogische Therapie*
Schwierigkeiten richtig diagnostizieren und beurteilen; Verständnis, Annahme und Geborgenheit vermitteln; Ausdruck pädagogischer Zuwendung und Liebe: »Ich mag dich trotz deiner Probleme.«; Individualisierung; Entspannungsmaßnahmen; Wertorientierung; Schaffen von Erfolgserlebnissen zur Unterbrechung einer Kette von Misserfolgen; tägliche Gespräche mit einzelnen Kindern; lockere, fröhliche und repressionsfreie Arbeitsatmosphäre; Fördern von Freundschaften; Entspannen durch Humor; trösten; Anerkennung, Freude und Dank zeigen.

*Praktische Maßnahmen und Regeln*
Es ist gut, bereits zu Beginn eines Schuljahres gemeinsam mit den Kindern Verhaltensregeln aufzustellen. Hierzu gehören: knappe Formulierungen dieser Ordnung; Begründung und gemeinsame Erarbeitung (Warum sind sie wichtig?); Gemeinsames lautes Lesen; Aushängen der Ordnungsregeln im Klassenzimmer; Gemeinsames Festlegen von Sanktionen bei Übertreten (Beispiel »Verkehrsordnung«). Weitere Hinweise sind:

- Gespräche unter vier Augen
- kooperative Gespräche mit Eltern und Kollegen
- Tokensystem
- die Kinder in eine gemeinsame Verantwortung miteinbeziehen
- konsequente Leistungsforderung in individuellen Grenzen
- Differenzierung
- geschickter Wechsel von Ignorieren und klarem Reagieren
- gespannte Atmosphäre entkrampfen
- Face-to-face-Ermahnung anstatt pauschaler Klassenschelte
- Ruhige Bestimmtheit anstatt nervöser (beleidigter) Aufgeregtheit
- Ruhige (auch betont leise) Stimme anstatt schrillem oder drohendem Schreien
- Leises Sprechen anstatt zunehmendem Überschreien
- Deutliches und artikuliertes Sprechen
- Ruhige, direkte Augenkontakte herstellen
- Wahren einer positiven autoritätsfördernden Distanz anstatt nivellierender Respektlosigkeit
- Meditative Elemente (Morgenkreis; Kerze; Musik; »Reise auf dem Boot«; Spieluhr) einblenden

1 Zitat nach Tumlirz

- Ruhe und Konzentration durch ein bestimmtes Zeichen »Stille« (Gong; Hand heben; Triangel). Dies muss eingeübt und konsequent durchgeführt werden (nicht zu häufig; nicht überstrapazieren)
- Einbeziehen mehrerer Unterrichtsstunden während der ersten Wochen des Schuljahres zum Einüben der Ordnungsregeln. Die hierfür aufgewendete Zeit bringt ein Vielfaches an Früchten einer positiven Klassenatmosphäre und des erziehlichen wie unterrichtlichen Erfolges.

### Die pädagogische Bedeutung der Lehrerpersönlichkeit

Zahlreiche Aussagen bedeutender Erzieher in der Geschichte der Pädagogik und der Schule weisen auf die hohe Bedeutung der Lehrerpersönlichkeit für die personale Entfaltung der ihr anvertrauten Kinder hin. Bei aller fachlichen Kompetenz in Erziehungswissenschaft, Sachwissen und Unterrichtsführung kommt letztlich der Bereitschaft und Fähigkeit, von pädagogischem Ethos getragene Liebe in das berufliche Wirken einzubringen, zentrale Bedeutung zu. Diese darf sich im Interesse und zum Wohl des Kindes weder im Verhätscheln und Anbiedern noch im autoritären Unterdrücken ausdrücken. Sie sollte den erzieherischen Konflikt nicht scheuen. »Der Erzieher«, so E. Spranger, »muss um der Kinder willen in dieser Liebe streng sein können.« Liebe schließt weder Strenge noch Konsequenz noch gesteckte Grenzen aus, nicht einmal pädagogische Strafe. Das Kind wird diese respektieren. Aber es muss immer spüren: Die Lehrerin lehnt mich nicht ab, sie mag mich trotzdem. Sie entzieht mir niemals ihre Zuwendung und Liebe. »Ich mag dich! ist der Schlüssel zum Herzen eines jeden Kindes.« [1081] Eine solche berufliche Haltung bedarf sicherlich langer Jahre beruflicher Erfahrung und persönlicher Reife. Für jeden Lehrer ergibt sich hier auf Grund seiner eigenen Lebensgeschichte eine individuelle Konstellation, die nicht mit allgemeinen Pauschalaussagen abzudecken ist. Es gibt jedoch grundlegende und übergreifende Ratschläge dafür, eine Lehrerpersönlichkeit aus sich zu machen. Einige davon seien hier komprimiert zusammengefasst. Der in einem pädagogischen Beruf Tätige

- muss kontinuierliche Selbstanalyse betreiben, sich selbst kennen lernen (pädagogisch gute und weniger gute Eigenschaften) und darüber nachdenken,
- an der Verbesserung eigener pädagogischer Fähigkeiten arbeiten (Verhaltensabbau; Verhaltensaufbau),
- sich selbst annehmen, seinen Wert als Person festigen und so ein gesundes Selbstwertbewusstsein entwickeln,
- sein »Sosein« (Schwächen und Beeinträchtigungen hat jeder Mensch) nicht zum Wertmaßstab für die eigene Persönlichkeit machen,
- über den Sinn des Lebens reflektieren, nach dem Sinn suchen, den Sinn verwirklichen (Pädagogisches Wirken gewinnt an Tiefgang und Wirksamkeit, wenn es der Pädagoge für sich in eine übergreifende Sinnorientierung des Lebens einzuordnen vermag und damit berufliche Zufriedenheit gewinnt.),

- sein pädagogisches Handeln in den anthropologischen Sinn des menschlichen Daseins der ihm anvertrauten Kinder einordnen (auf ein existenzielles Letztziel hin orientieren),
- berufliche Verantwortung und Freude in sich wachsen lassen und diese vertiefen,
- versuchen, im Hinblick auf Erziehungsziele und Werte selbst Vorbild zu sein (John Locke: »Nichts senkt sich so sanft in das Gemüt des Kindes als das Beispiel.«),
- sich bewusst machen, dass man als Pädagoge das Leben jedes einzelnen Kindes beeinflusst, lenkt und mitprägt,
- Kinder in ihren Nöten annehmen und verstehen (»Im Herzen eines jeden Kindes wartet die Sehnsucht nach Liebe. Dein Herz muss sie suchen, deine Zuwendung wird sie finden.« [1082]),
- objektiv notwendige pädagogische Hilfe leisten (mit überlegtem Lob und abgewogener Strafe Fehlentwicklungen verhindern),
- zurückstehen können, damit das Kind wachsen und sich entfalten kann,
- über sich selbst lachen können (auch zusammen mit seinen Kindern),
- Kindern freundlich und mit echtem Humor begegnen (Der auf ein Kind oft einengend und bedrückend wirkende Ernst schulischen Lernens sollte, wo immer sich die Möglichkeit bietet, von Humor, Fröhlichkeit und Lachen aufgelockert werden. Echter Humor besteht nicht aus blöden Witzen oder lärmendem Chaos. Echter Humor ist frohmachende und herzliche Stille, Fröhlichsein aus einem Erleben von Güte heraus und frohes Lachen aus Freude am Leben.)

### 7.11 Linkshändigkeit

Definition

Unter Linkshändigkeit versteht man den bevorzugten Gebrauch der linken Hand insbesondere bei Tätigkeiten, die Geschicklichkeit, komplizierte Abläufe, Kraft oder besondere Aufmerksamkeit erfordern [1083]. Dies gilt auch für den Schreibvorgang. Die Händigkeit eines Menschen (rechts oder links) steht in engem Zusammenhang mit einer funktionellen Asymmetrie im Gebrauch der Hände, wobei die Bevorzugung der jeweiligen Hand eine diesbezügliche Leistungsüberlegenheit für bestimmte Bewegungsaufgaben [1084] anzeigt. Linkshändigkeit ist ein Teilphänomen der bei den meisten Menschen zu beobachtenden Lateralität, einer »funktionellen (Bevorzugung eines Organs) und/oder morphologischen Verschiedenheit paarig angelegter Organe« [1085] (z. B. Hände, Beine, Augen, Ohren).

### Beschreibung und Symptomatik

Zunächst kann Linkshändigkeit weder als Lernschwäche noch als Verhaltensauffälligkeit im eigentlichen Sinn verstanden und bezeichnet werden. Sie ist vielmehr grundsätzlich als Normalerscheinung anzusehen. Ihren abweichenden Charakter erhält Linkshändigkeit nur dadurch, dass die Bedingungen unseres kulturellen, gesellschaftlichen und technischen Lebens bevorzugt auf den Rechtshänder abgestimmt sind [1086]. Da auch der Erwerb der Kulturtechniken in der Schule weitgehend der Rechtslateralität entspricht (Lese- und Schreibbewegung von links nach rechts), wirft Linkslateralität für davon betroffene Schüler Probleme auf, die bei der pädagogischen und unterrichtlichen Betreuung berücksichtigt werden müssen. Der menschliche Körper ist weitgehend symmetrisch angelegt. Paarig vorhandene Organe und Gliedmaßen sind gleichmäßig auf beide Körperhälften verteilt. Dies bedeutet jedoch nicht, dass sie bei der Erfüllung ihrer organspezifischen Funktionen gleichgewichtig und gleichwertig beteiligt sind. Hier kann man wechselnde Dominanzen beobachten. Ganz deutlich werden solche Unterschiede bei der Funktionsausübung der Hände sichtbar. Ist beim Kleinkind die Händigkeit noch ziemlich indifferent, übernimmt im Verlaufe der weiteren Entwicklung eine Hand die Führung. Auf Grund physiologisch-konstitutioneller Anlage oder auch umweltbedingter Einflüsse (Eingewöhnung durch Erziehung) wird zunehmend eine Hand in den bevorzugten Dienst der täglichen Aktivitäten gestellt. Je nachdem, welche Hand die dominante Rolle übernimmt, sprechen wir von einem Rechtshänder oder von einem Linkshänder.

Dominanz einer Hand bedeutet nun aber nicht, dass der Gebrauch der anderen Hand allzu stark zurückgedrängt wurde. Sofern nicht krankheitsbedingte Schädigungen der Hand vorliegen, und es sich nicht um eine (äußerst seltene) extreme Lateralität handelt, werden beide Hände in den Dienst der täglichen Aktivitäten gestellt. Nur übernimmt bei bestimmten Tätigkeiten die dominante Hand die Führung. Wegener [1087] sah in den 50er-Jahren die »bessere Disposition der linken Hand für komplizierte Bewegungen« als Hauptkriterium an. Stier [1088] bezeichnete es als das wesentlichste Merkmal der Linkshändigkeit, dass die linke Hand eine deutlich bessere »Disposition zur leichteren, besseren und schnelleren Ausführung feinster koordinierter Bewegungen« hat. Kramer [1089] nahm eine noch weitergehende Symptomdifferenzierung vor, wobei sie Linkshändigkeit dann als gegeben ansieht, wenn »bessere Leistungen mit der linken als mit der rechten Hand« erzielt werden und die linke Hand bevorzugt bei Aktivitäten in Erscheinung tritt, die »hohe Präzision und gute Koordination der Bewegungen«, Kraft und beschleunigtes Tempo erforderlich machen. Heute hat es sich in der Fachterminologie eingebürgert, alle Linksschreiber auch als Linkshänder zu bezeichnen. Auf Grund von Überlagerungsvorgängen und Umstellungsversuchen beim Schreiblernprozess, welche eine vorhandene Linkslateralität verdecken, kann man jedoch davon ausgehen, dass es in Wirklichkeit weit mehr Linkshänder als Linksschreiber gibt [1090].

*Häufigkeit des Vorkommens*
Den prozentualen Anteil der Linkshändigkeit an der Gesamtpopulation genau zu ermitteln, ist recht schwierig. Dies liegt einmal an der Definitionsfrage. Da die Ausprägungsgrade der Linkshändigkeit fließende Übergänge zeigen, ist die Abgrenzung zum Rechtshänder schwierig. Es unterliegt daher weitgehend auch subjektiven Auffassungen, vor allem wenn es sich um verdeckte Linkshändigkeit handelt, wie die eingrenzende Definition angesetzt wird. Auch weichen die Untersuchungsmethoden und Testverfahren voneinander ab [1091]. Zuckrigl [1092] zum Beispiel kommt bei literarischen Analysen auf 1 bis 30 Prozent. Nach Kramer [1093] ergibt sich eine Spanne zwischen 1 und 50 Prozent. Ausgehend von Definitionen, wie sie in den USA vorgenommen werden, kommt man dort auf 5 bis 6 Prozent [1094]. Aschmoneit [1095] kommt in einer Querschnittsanalyse von Untersuchungen zu dem Ergebnis, dass man bei uns von durchschnittlich 10 Prozent Linkshändern ausgehen kann.

Bemerkenswert ist auch die geschlechterspezifische Verteilung der Linkshändigkeit, welche offensichtlich bei Jungen überwiegt. Untersuchungen hinsichtlich des Vorkommens in verschiedenen Altersstufen ergaben deutliche Verschiebungen nach unten. Je jünger Kinder sind, desto häufiger ist bei ihnen Linkshändigkeit zusammen mit Rechtshändigkeit anzutreffen. Unter den zwei- bis vierjährigen Kindern sind fast ebenso viele Rechtshänder wie Linkshänder anzutreffen, ebenso eine beachtliche Zahl indifferenter Händigkeit. Kramer [1096] beziffert den Anteil der Linkshänder im ersten Schuljahr auf etwa 15 Prozent, während bei kontinuierlicher Abnahme bis Ende der Schulzeit sich dieser Anteil auf 7 Prozent verringert hat. Ullmann [1097] verlegt die Häufigkeitsspitze in das Alter von 6 bis 7 Jahren.

Es gibt eine Korrelation zwischen Lese- und Rechtschreibschwäche und Linkshändigkeit. Schenk-Danzinger [1098] spricht von einer Kovarianz der »Linkshändigkeit« mit der »Legasthenie«. Umgekehrt dominante oder sich überkreuzende Bewegungsrichtungsvorgänge bei Linkslateralität (also auch Linksäugigkeit) in Bezug auf die beim Schreiben und Lesen notwendige Links-Rechts-Bewegungsrichtung können als Mitursache für diesen Zusammenhang angenommen werden.

*Persönlichkeitsstruktur des Linkshänders*
Es gehört weitgehend der Vergangenheit an, dass Linkshänder mit Vorurteilen »sozialer Untüchtigkeit« oder »intellektueller Zurückgebliebenheit« belegt wurden. Aber immer noch erfährt der Begriff »links« vor allem im Sprachgebrauch negative Assoziation. So lässt man jemanden »links liegen«, ist mit dem »linken Fuß aufgestanden«, zeigt ein »linkisches Verhalten« und muss im Straßenverkehr warten, weil man von links kommt. Solches führt hin und wieder immer noch dazu, dass Linkshänder als Außenseiter betrachtet werden und man ihre Linksdominanz als »nicht vollwertig« ansieht. Solche Vorurteile sind jedoch in keiner Weise gerechtfertigt. Eine von Lynn, J.G./Lynn, D.R. [1099] durchgeführte Studie zur Korrelation von Lateralität und Persönlichkeitsvariable ergab »eine stärker positive und zuversichtliche Grundhaltung« bei Personen mit konsistenter Lateralität.

Auf die durchwegs größere Sensibilität und erhöhte Anpassungs- und Kompensationsfähigkeit von Linkshändern weist Kramer [1100] hin. Weitere Autoren kommen zu dem Ergebnis, dass sich unter Linkshändern auffallend viele überdurchschnittlich Begabte befinden [1101] . Nicht wenige bedeutende Persönlichkeiten der Geschichte waren Linkshänder. Linkshänder sind in ihrem Arbeitsverhalten großenteils geschickt, flink und beweglich[1] und im Leistungsvergleich der Feinmotorik Rechtshändern durchaus ebenbürtig.

*Besondere schulische Schwierigkeiten*
Schreibenlernen und Schreiben bilden für den Linkshänder ein schulisches Problem. Der Ablauf unserer Schreibschrift erfolgt von links nach rechts. Dieser Links-Rechtszug ist bewegungsphysiologisch besser auf die rechte Hand abgestimmt (z.B. Bewegung vom Körper weg). Dem Linkshänder käme analog ein Rechts-Linkszug besser entgegen. Da er sich an die gegebenen schriftkulturellen Bedingungen anpassen muss, ergibt sich eine Reihe von Schwierigkeiten:

- Die Schreibbewegung führt von links außen auf den Körper hin. Dies bringt eine Einengung des Bewegungsspielraumes mit sich.
- Der Linkshänder muss den Schriftfaden »schieben«, während der Rechtshänder diesen »zieht«. Ersteres behindert die Flüssigkeit des Schreibablaufs (gelegentlich »spießt« sich die Feder ins Papier).
- Die vorhandene Linksdominanz (nicht nur der Hand, sondern oftmals auch auf das Auge ausgedehnt) bringt Überlagerungen der Bewegungsrichtung mit sich, bzw. ein Umspringen während des Schreibens in die entgegengesetzte Richtung. Daher neigen Linkshänder zur Spiegelschrift und zur teilweisen Umkehrung von Buchstabenfolgen (Schwierigkeiten beim formgerechten Schreiben von Buchstaben und der orthografisch richtigen Reihenfolge von Buchstaben innerhalb eines Wortes).
- Sitzt der Linkshänder rechts von einem Rechtshänder, so stören sich beide Schreibarme und -hände gegenseitig.
- Infolge der Unkenntnis der physiologischen und psychologischen Sachverhalte bei ausgeprägt linksdominanten Kindern (Dominanz der rechten Hemisphärenhälfte des Gehirns) wird immer wieder von Eltern und Lehrern versucht, davon betroffene Kinder auf Rechtshändigkeit umzustellen (breaking). Als Folge können Verhaltensnöte (z.B. Stottern) oder Lernschwierigkeiten (Absinken der Schreib- und Leseleistungen) auftreten.

---

1 Zahlreiche gute Sportler sind beispielsweise Linkshänder.

## Ursachen und Hintergründe

Linkshändigkeit kann von der Ursachenfrage her als angeborene oder erworbene Bevorzugung der linken Hand erklärt werden [1102]. Ersteres wird heute als die weitaus häufigere Ursache angesehen, wobei man in der Mehrzahl der Fälle von einer ererbten Disposition ausgeht. Die Vererbungshypothese wird untermauert durch die Tatsache, dass Linkshänder in der Regel mehr linkshändige Verwandte haben als Rechtshänder. Zuckrigl [1103] führt in diesem Zusammenhang Untersuchungsergebnisse bei ein- und zweieiigen Zwillingen an. Kramer [1104] verweist auf die große Wahrscheinlichkeit der Linkshändigkeit, wenn bei den Vorfahren häufiger Linkshänder anzutreffen waren und bei diesen der Grad der Ausprägung hoch war. Aschmoneit [1105] nimmt darüber hinaus die Vererbung eines »rezessiven Erbmerkmals« an, wenn z. B. bei Kindern rechtshändiger Eltern Linkshändigkeit auftritt.

Neben der Vererbung können in manchen Fällen Umwelteinflüsse (z. B. Krankheit; schwierige Geburt; abnorme Lageverhältnisse während der Schwangerschaft; Erkrankung des Gehirns) für das Vorhandensein oder die Herausbildung einer Linksdominanz verantwortlich gemacht werden. Kramer [1106] weist in diesem Zusammenhang darauf hin, dass Umformungen des kindlichen Schädels bei der Geburt mit daraus resultierenden leichteren Schädigungen des Gehirns oder auch leichtere bis stärkere Gehirnblutungen im Gebiet der Sprachzentren als Ursache für Lateralitätserscheinungen infrage kommen können. Zuckrigl [1107] stellt fest, dass z. B. viele Epileptiker ihre Linkshändigkeit nicht ererbt, sondern durch »frühkindliche Halbseitlähmungen nach geburtstraumatischen oder entzündlichen Hirnerkrankungen« erworben haben.

Zum Verständnis der Lateralität ist auf die medizinisch-physiologische Erkenntnis zu verweisen, dass sowohl das motorische Bewegungszentrum wie auch das sensorische Sprachzentrum in der jeweils entgegengesetzten Gehirnhälfte lokalisiert sind (beim Rechtshänder in der linken und beim Linkshänder in der rechten Gehirnhälfte). Die von diesen Regionen kommenden Nervenbahnen kreuzen sich im verlängerten Rückenmark, sodass beim Rechtshänder die Bewegungsimpulse von linken Gehirnzentren, beim Linkshänder von rechten Zentren ausgehen. Wir haben es aus diesem Grunde mit einer spiegelbildlichen funktionellen Asymmetrie zu tun, die als neurologisch-physiologisches Unterscheidungsmerkmal zwischen links- und rechtsdominanten Menschen anzusehen ist. Linkshänder, so Zuckrigl, sind demnach Rechtshänder mit vertauschten Seiten [1108].

Lateralität bzw. Linkshändigkeit wird auch in Verbindung mit verzögerter Sprachentwicklung gesehen. So verweisen zum Beispiel Müller [1109], Schenk-Danzinger [1110] und Kramer [1111] auf Zusammenhänge zwischen Dominanzanomalien und Verzögerung der Sprachentwicklung. Auch zwischen Stottern und Linkshändigkeit wurden vereinzelt signifikante Zusammenhänge gefunden. Diese beruhen weniger auf einer anlagebedingten Koppelung zweier Dispositionen. Vielmehr handelt es sich dabei offensichtlich um eine Folgeerscheinung des Versuchs, ausgeprägte Linkshänder auf Rechtshändigkeit umzustellen (breaking) [1112]. Aschmoneit/Strömgren [1113] führen als Erklärung eine Störung der bereits einseitig eingeschliffenen Dominanz an, die dann Auswirkungen auf die Funktion des Sprechablaufes hat. Zugleich weisen auch sie darauf hin, dass beim Stottern neben anderen auslösenden Faktoren (z. B. Schock, repressive Erziehung, Schulangst usw.) die Umstellung des Linkshänders als Mitursache infrage kommen kann.

### Untersuchungsverfahren und Diagnose

Die Diagnose von Linkshändigkeit beruht im Wesentlichen auf der Beobachtung des Schreibverhaltens und sonstiger Aktivitäten, die mit einer Hand ausgeführt werden müssen. Beim Vorhandensein deutlich ausgeprägter Dominanz ist die Händigkeit leicht zu diagnostizieren. Schwieriger ist es bei wenig ausgeprägter Dominanz oder latenter Lateralität. Hier empfehlen sich Handdominanztests[1] eventuell in Kombination mit dem Überprüfen anderweitiger Lateralität.

### Pädagogische Hilfen

Pädagogische Verantwortung und Betreuung in der Frage der möglichen Linksdominanz von Kindern beginnen bereits im Vorschulbereich. Beobachtungen der Erzieher/innen können hierbei dem Lehrer von Schulanfängerklassen bereits wichtige Hinweise weitergeben. Dieser sollte gerade in den Schulanfangswochen sorgfältiges Augenmerk auf die bevorzugte Schreibhand jedes einzelnen Kindes legen. Da erfahrungsgemäß Schulanfänger in relativ erheblichem Umfang auch beidseitig Schreibübungen ausführen können, sollte zunächst die Wahl der bevorzugten Schreibhand freigestellt werden. Beidhändige Übungen (spiegelbildliche und parallele) können der Überführung des Schreibens von der linken Hand in die rechte Hand dienen, wenn es sich bei manchen Kindern um eine nicht ausgeprägte Linkslateralität handelt. Stellt man allerdings eine ausgeprägte Linksdominanz fest, sollten Versuche des Umstellens unterbleiben. Diagnostische Verfahren (z. B. Lateralitäts-Tests) dienen einer zusätzlichen Klärung, inwieweit einem Kind beim Schreiben seine Linkshändigkeit zuzugestehen ist. Ausgeprägte Linkshänder werden beim schulischen Schreiben in jedem Fall mit Schwierigkeiten zu kämpfen haben, ganz gleich, ob sie die linke oder die rechte Hand gebrauchen. Im ersteren Fall entspricht das Schreiben mit der linken Hand nicht der notwendigen Bewegungsfreiheit (Links-Rechtszug), im zweiten Fall wird die linksdominante Veranlagung missachtet. Der Linkshänder benötigt also immer besondere pädagogische und schreibtechnische Hilfen [1114]. Im Einzelnen sind dies:

---

1 Zum Beispiel »Hand-Dominanztest« nach Steingruber; Untersuchungsverfahren nach Kramer; vgl. Ortner 1977, S. 133f.

- Zusammenarbeit mit den Eltern (Einigung auf gemeinsame Hilfen)
- Ausgehen von dem Grundsatz, dass das Kind links schreiben kann, so lange es dies ausdrücklich will.
- Ansetzen von Verständnis und Geduld beim Schreibenlernen
- Kein Herabsetzen oder Lächerlichmachen wegen des Gebrauchs der linken Hand
- Es empfiehlt sich, die Lage des Schreibpapiers so einzurichten, dass die obere linke Ecke höher liegt als die rechte. Das Blatt ist dabei nach rechts geneigt. Der Neigungswinkel richtet sich nach dem individuellen Bedürfnis des Kindes[1]
- Das linkshändig schreibende Kind braucht eine Lichtquelle, die von rechts einfällt (Vermeiden von Schattenbildung).
- Zur Erleichterung der Rechtsorientierung (Bewegungsrichtung von links nach rechts) dient ein gut markierter Strich am Oberrand des Schreibblattes, der zusätzlich mit einem Pfeil versehen ist. Das Kind findet so leichter die Schreibrichtung [1115].
- Der Linkshänder muss links von einem Rechtshänder sitzen. Dadurch lassen sich gegenseitige Behinderungen vermeiden.
- Das Schulanfängerkind mit Linkslateralität benötigt besonders sorgfältige Anleitungen beim Erlernen des Buchstabenschreibens. Ansatz und genaue Reihenfolge von Bewegungsrichtungen der einzelnen Buchstabenelemente müssen richtig erfasst und entsprechend nachvollzogen werden.
- Geläufigkeitsübungen dienen der Erhöhung des Schreibtempos.
- Das Schreibgerät (insbesondere der Füller) sollte von seiner Konstruktion her auf die Erfordernisse des linkshändigen »Schreibens« abgestimmt sein. Die Verwendung von Spezialfüllern für Linkshänder ist sinnvoll.[2]
- Nur wenn die Linksdominanz nicht ausgeprägt ist, darf an die Möglichkeit einer Umstellung gedacht werden. Dies betrifft Kinder mit leichter Linkshändigkeit oder nicht (noch nicht) eingeschliffener Lateralität. Selbstverständlich ist dabei jeglicher Zwang zu vermeiden. Das hierzu notwendige methodische Vorgehen beginnt mit spiegelbildlichen, dann parallelen Übungen und verlagert das Schreiben kontinuierlich auf die rechte Hand.
- Analog sollte man auch verfahren, wenn aus Unverständnis umerzogene Linkshänder wieder in die Linkshändigkeit rückgeführt werden.[3]
- Zu vermeiden ist in jedem Fall das »gewaltsame Umstellen« eines dominanten Linkshänders auf rechtshändiges Schreiben. Die möglichen Folgen einer solchen Umstellung durch »breaking« können Schreibkrämpfe, Trotz, Bettnässen oder vergleichbare Verhaltensauffälligkeiten sein.

---

1 Vgl. hierzu die Abbildungen bei Ortner 1977, S. 151.
2 Solche Füller erhalten heute einen Spezialschliff (Zuckrigl a.a.O., S. 40).
3 Wie Beobachtungen zeigen, kann eine solche Rückerziehung unter Umständen bei Stotterern deren Sprechstörung positiv beeinflussen. Je früher dies geschieht, umso schneller und deutlicher werden die Heilerfolge sein.

## Fallbeispiel

### »Franz«

Franz ist das zweite von zwei Kindern einer Familie, in der sich als nahe Verwandte noch zwei Linkshänder befinden (Bruder der Mutter und dessen Tochter). Bereits im frühen Kindesalter war bei dem Jungen eine deutliche Bevorzugung der linken Hand zu beobachten. Vor allem Tätigkeiten, bei denen es auf Geschicklichkeit ankam (z.B. greifen; malen; hämmern; Ballspielen; essen; grüßen) wurden von ihm mit der linken Hand erledigt. Im Verlaufe seiner Entwicklung versuchten die Eltern durch gelegentliche Aufforderungen, Franz auf Rechtshändigkeit umzugewöhnen (z.B. beim Essen: »Nimm doch einmal die andere Hand! Vielleicht kannst du es mit der auch.«). Der Junge stellte sich mit der rechten Hand jedoch so ungeschickt an, dass die Eltern mit der Zeit ihre Ermahnungen unterließen. Franz blieb weiterhin dominanter Linkshänder.

Beim Eintritt in die Schule gab es dann enorme Schwierigkeiten, als der Lehrer dem Jungen verbot, mit der linken Hand, die er spontan benutzen wollte, zu schreiben. Dieser schulische Zwang führte dazu, dass Franz eine zunehmend verkrampfte Schreibhaltung einnahm. Die Schrift wirkte zittrig und ungelenk. Deutliche Hemmungen des Schreibflusses prägten das Schriftbild. Zum Glück blieben die negativen Auswirkungen dieses »breaking« auf Schreibhaltung und Schrift des Jungen begrenzt. In anderen Unterrichtsfächern zeigten sich bei Franz keine erkennbaren Probleme. Beim Lesen und Rechtschreiben kam es nicht zu Umstellungsfehlern. Am Ende des ersten Schuljahres hielt jedoch die Schrift des Schülers einen Vergleich mit der seiner Mitschüler nicht stand. Die Buchstaben waren ungleichmäßig, das Schriftbild zeigte über weite Strecken schwer lesbare bis unleserliche Textpassagen.

Im Verlaufe des zweiten Schuljahres lösten sich langsam die Verkrampfungen beim Schreiben. Franz gewöhnte sich immer mehr daran, rechts zu schreiben, doch blieb das Schriftbild weiterhin gehemmt, klein und schwer leserlich.

Franz besucht mittlerweile die 12. Klasse des Gymnasiums. Tätigkeiten bei Sport und Spiel sowie Essen, Werken, Malen führt er mit der linken Hand durch. Lediglich das ihm angewöhnte rechtshändige Schreiben hat er beibehalten. Wie viel unnötige Schwierigkeiten bewegungsphysiologischer und psychischer Art dem Jungen durch das Umstellen zugemutet wurden, kann im Nachhinein nur vermutet werden.

# 8. Sprach- und Sprechschwierigkeiten

## 8.1 Sprach- und Sprechschwierigkeiten im Allgemeinen

### Definition

*Sprachschwierigkeiten* sind nicht näher spezifizierte Beeinträchtigungen der Fähigkeit, gedankliche Inhalte mit Mitteln der Sprache zu fassen, zu beschreiben oder zu präzisieren. Es handelt sich um Mängel im Verstehen oder Produzieren morphologischer, syntaktischer oder semantischer Aspekte[1], wobei im Wesentlichen zentral bedingte Defizite als Ursachen anzunehmen sind.

*Sprechschwierigkeiten* dagegen bedeuten Beeinträchtigungen der Fähigkeit bzw. Fertigkeit, Sprachinhalte fließend und gut artikuliert in gesprochene Sprache umzusetzen, wobei vor allem der Lautbildungsapparat und funktionelle Bedingungen Störungen bzw. Schädigungen aufweisen.

### Beschreibung und Symptomatik

Die menschliche Sprache stellt ein komplexes Zusammenspiel vielfältiger Funktionen dar. Dabei sind Sprache und Sprechen eng aufeinander bezogen und bedingen und beeinflussen sich gegenseitig im Sinne von Rückkopplungs- und Assoziationsvorgängen. Das eine kann also nicht unabhängig vom anderen gesehen werden.

Nach Böhme [1116] sind Sprache und Sprechen »eine Summationsleistung komplexer Vorgänge«, die man in fünf Funktions- und Leistungsbereiche einteilen kann [1117]:
- Physiologische und psychologische Leistungen des Gehirns (Denken; Sprechantrieb; Assoziationsleistungen)
- Konstitution (ererbte Anlagen)
- Grob- und Feinmotorik (beim Sprachvollzug)
- Sinnesorgane (vorzugsweise das Hören)
- Umwelt (Anregungen der Umwelt und damit zusammenhängende Lernprozesse)

---

1 Das heißt: der Wortform, der Satzform und des Inhalts (Brack/Volpers 1993, S. 101).

Die am Zustandekommen des Sprechens wesentliche physiologische Grundlage ist der menschliche Lautbildungsapparat. Seine Einteilung erfolgt üblicherweise [1118] in *Windkessel* (Lunge; Bronchien; Trachea), *Tongenerator* (Kehlkopf) und *Ansatzrohr* (Rachen-, Mund- und Nasenhöhle). Im Prinzip ist der Lautbildungsapparat eine Art Blasinstrument, bei dem ein Luftstrom erzeugt wird (Windkessel), der durch einen Spalt austritt. Dieser Spalt wird von den schwingungsfähigen Stimmbändern gebildet. Die hier erzeugten Schwingungen übertragen sich auf den nach außen drängenden Luftstrom und werden im Ansatzrohr nach dem Resonanzprinzip verstärkt. Die Schwingungen der Stimmbänder verursachen ein periodisches Schwanken bzw. eine periodische Unterbrechung des Luftstroms. Durch ihre Frequenz bestimmen sie die Höhe des Grundtons bei stimmhaften Lauten. Für die Obertöne oder Teiltöne des Klanges und damit für den Klangcharakter sind die anschließenden Räume in Form, Größe und Anordnung verantwortlich.

Am Zustandekommen von Sprache und Sprechen sind verschiedene Gehirnzentren beteiligt, deren integratives Zusammenwirken auf der Grundlage komplexer Lernerfahrungen entwickelt wird. Zentrale Funktion für das Sprechen hat das motorische Sprechzentrum, von dem aus die Innervierung des Sprechvorgangs analog konzeptioneller Sprechmuster erfolgt, die unter Beteiligung verschiedener sensorischer Zentren aktualisiert, sprachinhaltlich und sprachlogisch aufbereitet werden.

*Allgemeine Symptome von Sprach- und Sprechschwierigkeiten* sind Mängel im sprachlichen Ausdruck, in der grammatikalischen Formulierung, in der Aussprache (Artikulation) und im Redefluss. Dadurch ist die Sprach- und Sprechfähigkeit mehr oder minder stark beeinflusst oder liegt erheblich unter dem Niveau des altersgemäßen Entwicklungsstandes. Defizite in der akustischen Reizaufnahme und der auditiven Wahrnehmung sind mögliche Begleitsymptome.

Ursachen und Hintergründe

Analog zu den oben angeführten Funktions- und Leistungsbereichen können Sprach- und Sprechschwierigkeiten verschiedene Ursachen haben und auch in verschiedenen Stadien der persönlichen Entwicklung eines Menschen ihre Primärwirkung entfaltet haben. Die individuelle Ursachenforschung muss daher grundsätzlich von folgenden Möglichkeiten ausgehen:
- Hirnorganische Schädigungen
- Konstitution (Erbfaktoren) z. B. familiärer Sprachschwächetypus
- Psychische Faktoren (traumatische Schäden; Störungen der Assoziationsleistungen; Schocks)
- Umwelteinflüsse (spracharmes Milieu; autoritäre Erziehung)
- Sensorische Störungen (Seh- und Hörstörungen)
- Erkrankungen der peripheren Sprechorgane
- Entwicklungsstörungen
- Stoffwechselstörungen

## Untersuchungsverfahren und Diagnose

Es kommt nicht selten vor, dass der Sprach- oder Sprechfehler eines Kindes als nebensächlich abgetan wird. Dadurch wird effiziente Hilfe verspätet oder nicht eingeleitet. Für jede Intervention ist zunächst die genaue Trennung von gestörter Sprache und von gestörtem Sprechen notwendig. Bei Kindern liegen dabei oft Mischungen beider Aspekte vor, vor allem in Form der Verbindung von verzögerter Sprachentwicklung und multiplem Stammeln. Die Therapie der Sprachstörung muss allerdings immer Vorrang vor der Behandlung einer Sprechstörung haben, denn die Sprachstörung ist nicht nur gravierender, ihre Verbesserungsmöglichkeiten sind auch deutlich an die Reifung des Gehirns geknüpft. Sprechstörungen dagegen können selbst noch im Erwachsenenalter erfolgreich behandelt werden [1119].

Kinder mit Sprach- und Sprechschwierigkeiten sind häufig sensibel und leiden psychisch unter ihren Nöten, die ihnen auch eine freie und ungezwungene Kontaktaufnahme zu Mitschülern und Erwachsenen erschweren. Lehrer und alle in der pädagogischen Verantwortung stehenden Personen sollten eine Reihe von Symptomen kennen, die darauf hinweisen, dass bei einem Kind eine Sprach- oder Sprechstörung vorliegen kann. Hierzu stellen sich (unter vorläufiger Zuordnung zu bestimmten Sprach- und Sprechschwierigkeitskategorien) [1120] Fragen:

**Verzögerte Sprachentwicklung**

- Ist die Sprechweise im Verhältnis zu der von Klassenkameraden deutlich zurückgeblieben?
- Ist der Wortschatz für das Alter zu gering?
- Werden häufiger Laute ausgelassen oder ersetzt?
- Werden im Vergleich kürzere und einfachere Sätze gebildet?
- Werden im Vergleich weniger Redewendungen benützt?
- Werden häufig dem Alter nicht entsprechende Satzbildungsfehler gemacht?
- Werden Adjektive und Steigerungsformen altersgemäß verwendet?
- Wird mit dem Plural altersgemäß umgegangen?

**Aussprachefehler**

- Wird ein Laut durch einen anderen ersetzt?
- Werden Laute ausgelassen?
- Werden Laute verzerrt ausgesprochen?
- Ist die Sprache des Kindes schwer zu verstehen?

**Redefluss**

- Ist der Redefluss gestört?
- Werden Laute oder Silben häufiger wiederholt?

- Ist die Sprechweise arhythmisch?
- Ist das Sprechen gehemmt?
- Treten Schwierigkeiten auf, Wörter »aus sich herauszubekommen«?
- Setzt das Kind manchmal zu Antworten an und schweigt dann?

**Stimmschwierigkeiten**

- Ist die Stimme in ihrem Klang auffallend unangenehm?
- Ist die Tonhöhe zu hoch oder zu tief?
- Klingt die Stimme monoton?
- Ist die Stimme »dünn«?
- Ist die Stimme heiser?
- Ist sie zu laut oder zu schwach?
- Kann das Kind im Klassenzimmer schlecht verstanden werden?

**Lippen-, Kiefer-, Gaumenspalten**

- Ist ein Spalt in der Zahnreihe oder am Gaumen bemerkbar?
- Klingt die Stimme ausgeprägt nasal?
- Können die Laute p, b, t, d, g nur ungenau ausgesprochen werden?
- Werden andere Konsonanten undeutlich ausgesprochen?

**Hörschwierigkeiten**

- Hat das Kind häufig Erkältungen und Ohrenschmerzen?
- Lässt es Laute aus oder ersetzt einen Laut durch einen anderen?
- Spricht es zu laut oder zu schwach?
- Bittet es öfter, dass das Gesagte wiederholt wird?
- Dreht es den Kopf zur Seite, wenn gesprochen wird?
- Beobachtet es den Sprechenden mit gespannter Aufmerksamkeit?
- Macht es bei Nachschriften ungewöhnlich viele Fehler?
- Legt es Fragen oder Anweisungen häufig falsch aus?
- Hat es dagegen mehr Erfolg, wenn Anweisungen schriftlich gegeben werden?

Allgemein ist zu überlegen, ob die Behandlung zusätzlicher Probleme zur Durchführung der Sprachtherapie nötig ist. Sprachprobleme sind häufig mit Defiziten der Informationsspeicherung, Sprechprobleme oft mit motorischen Störungen (v.a. Cerebralparesen) verknüpft. Als Beispiele, die zunächst mit Sprach- und Sprechstörungen nicht eng verknüpft werden, aber im Therapiebereich oftmals entscheidend sind, nennen Brack/Volpers [1121] die »Kommunikationsdefizite von Autisten, Aufmerksamkeits- und Hyperaktivitätsphänomene, Epilepsie oder Probleme des Sozialverhaltens«. Eine Ergänzung der Diagnose durch Beobachtung sind Sprachentwicklungstests, zum Beispiel der HSET [1122], der KISTE [1123] oder das SEV [1124].

Pädagogische Hilfen

Fast in jeder Klasse sind Kinder mit leichten Sprech- und Sprachschwierigkeiten zu finden. Die Übergänge zum »Normalbereich« sind fließend. Es kommt nun darauf an, dass betroffenen Kindern neben zum Teil extra erforderlichen Sprachtherapien bestmögliche pädagogische und unterrichtliche Hilfe gegeben wird. Der ideale Lehrer ist der, so meinen Eisenson/Ogilvie [1125], der sowohl die normal sprechenden Kinder als auch die mit einem Sprechfehler fördern kann. Von vorrangiger Bedeutung für das betroffene Kind ist das Gefühl, dass es trotz seines Fehlers akzeptiert wird, vom Lehrer wie von seinen Mitschülern. Freundliche Ermunterung, einige klärende Gespräche und Objektivität allen Kindern gegenüber erleichtern dem betroffenen Kind die Integration in die Gemeinschaft und ermöglichen eine Anhebung seines Selbstwertgefühls.

Wenn eine freundliche Klassenatmosphäre vorherrscht, wenn die Kinder versuchen, sich unvoreingenommen zu akzeptieren, und wenn sie merken, dass sie alle zusammengehören mit ihren Fehlern und Schwächen, dann gelingt die so wichtige soziale Integration, die vor allem dem sprech- und sprachgestörten Kind hilft, einen großen Teil seiner Schwierigkeiten zu überwinden. Im Einzelnen empfehlen sich folgende Hilfeleistungen:

- Rechtzeitiges Gespräch mit den Eltern
- Individuelle Beobachtung des Kindes bei Verdacht auf Sprach- oder Sprechschwierigkeiten
- Hinzuziehen eines Facharztes, Therapeuten oder Logopäden
- Kooperation mit Fachkräften (Abstimmen von Maßnahmen und Übungen)
- Kinder nicht verlachen, verspotten, bloßstellen oder beschämen
- Nicht zur Eile drängen, nicht ungeduldig werden
- Das Kind bevorzugt zu schriftlichen Aufgabenlösungen heranziehen
- Vermeiden von Erregung und Nervosität
- Einwandfreies Sprach- und Sprechvorbild geben
- Bei Sprachschwächen Sprachtrainingsprogramme einsetzen
- Differenzierung im Sprachunterricht und in der Spracherziehung
- Sprachlabortraining (wo sinnvoll)

## 8.2 Sprach- und Sprechschwierigkeiten im Besonderen

### 8.2.1 Verzögerte Sprach- und Sprechentwicklung

Definition

Bei verzögerter Sprach- und Sprechentwicklung weicht das Sprachverhalten eines Kindes (vor allem zwischen dem 18. Lebensmonat und dem 4. Lebensjahr) erheblich von der Norm altersstufenspezifischer Entwicklung ab. Allein das verspätete

Einsetzen des Sprechens bedeutet noch keine verzögerte Sprach- und Sprechentwicklung, da die »sensitive Phase der Sprachentwicklung zwischen 9 Monaten und 3 Jahren« [1126] liegt.

### Beschreibung und Symptomatik

Als »Norm« entwicklungsgemäßer Sprach- und Sprechentfaltung gilt, dass zwischen dem 13. und 18. Lebensmonat die ersten Einwortsätze gebildet werden und zwischen dem 3. und 4. Lebensjahr die Bildung von Mehrwortsätzen abgeschlossen ist, wobei es zur eigentlichen Satzentwicklung kommt. Eine verzögerte Sprachentwicklung weicht negativ von dieser Norm ab, man kann ganz allgemein eine Diskrepanz zwischen dem Sprachverständnis des Kindes und seiner Fähigkeit, sich altersgemäß zu äußern, feststellen. Frühsymptome können Verspätung der Umweltlautnachahmung (ab zweitem Lebenshalbjahr), des Lallens, des spontanen Lächelns (im 2. Lebensmonat) oder des Sprachverständnisses [1127] sein. Variable Begleitsymptome sind auditive Gliederungsschwäche, zeitliche und funktionelle Überdehnung des physiologischen (entwicklungsnormalen) Stammelns, fehlerhafte Lautbildung [1128], eingeschränkter Wortschatz, fehlende Sprechmotivation und eingeschränkte Musikalität. Ein Hinweis auf verzögerte Sprach- und Sprechentwicklung kann auch der verspätete oder fehlende Einsatz der Grammatisierung oder der Bildung umfangreicherer und komplexerer Satzstrukturen sein. Unter Umständen ist der zögernde Einsatz der Handdominanz ein Begleitsymptom [1129]. Auf Grund der Komplexität und Variabilität des Krankheitsbildes spricht Wirth von ›Leitsymptomen‹ (Störung des phonologischen, morphologisch-syntaktischen oder semantischen Systems) und ›fakultativen Symptomen‹ (Entwicklungsstottern; spätes Durchbrechen der Zähne; Verständigung mit Gebärden) [1130]. Fachleute warnen vor der Annahme, dass es eine breit gestreute Möglichkeit im genetisch bedingten Zeitplan der Entwicklung der Sprache gebe, auf den dann ein normaler Verlauf folge. Spätentwickler, die eine hochleistungsfähige Sprache erreichen, sind »Raritäten« [1131].

### Ursachen und Hintergründe

Neben genetisch bedingten sind bei Sprachentwicklungsverzögerung auch erworbene (umweltbedingte) Ursachen anzuführen. So weist Böhme [1132] darauf hin, dass die Sprache in der Phase ihrer kindlichen Entwicklung »sehr anfällig gegenüber exogenen Noxen« reagieren kann. Verflochten mit ererbten Bedingungen ergibt sich meist ein ineinander verflochtener Ursachenkomplex, der zunächst medizinisch, psychologisch und soziologisch untersucht werden muss, um die Gewichtigkeit der einzelnen Ursachenkomponenten gegeneinander abzuwägen.

Zu den *ererbten Ursachen* zählen »konstitutionelle Sprachschwäche« [1133], die im Zusammenhang mit einem »familiären Sprachschwächetypus« (andere Mitglieder der Familie hatten bereits ähnliche Schwierigkeiten) zu sehen ist, nicht ausreichendes Hörvermögen, Defizite im Frequenzbereich des Hörvermögens und (gelegentlich) frühkindlicher Autismus [1134]. Zahnstellungsanomalien und Missbildungen im Mund- und Rachenraum können die Entstehung von Sprachbehinderungen begünstigen. *Erworbene Ursachen* sind frühkindliche Hirnschädigungen (vor-, mit- oder nachgeburtlich) im Zusammenhang mit einer Schädigung sensomotorischer Regulationen, »geistige Entwicklungsstörungen«[1], Stoffwechselstörungen, körperliche Entwicklungsverzögerungen oder Erkrankungen der Sprechorgane. Im sozialen Umfeld des Kindes können als Ursachen eine sprachlich oder sozial anregungsarme Situation (z. B. Heimkinder), ein negatives psychosoziales Klima, die Stellung des Kindes in der Geschwisterreihe (mangelnde elterliche Zuwendung) und fehlende Nachahmungsmöglichkeiten (bei Eltern, die selbst hörgeschädigt sind) gefunden werden.

## Untersuchungsverfahren und Diagnose

Entsprechend der Komplexität des Erscheinungsbildes der verzögerten Sprach- und Sprechentwicklung müssen sich medizinische, psychologische und pädagogische diagnostische Verfahren ergänzen. Hierzu gehören Überprüfung der Sprechorgane, des Sehvermögens [1135], audiometrische Untersuchungen (Hörprüfung), Intelligenztest, Überprüfung der sozialen Umfeldwirkungen, kinderärztliche Vorsorgeuntersuchungen und die pädagogische Beobachtung (Sprachentwicklungsvergleich).

## Pädagogische Hilfen

Hier ist vor allem die frühzeitige Erkennung von sprachlichen Rückständen wichtig. Je eher die Sprachschwierigkeit erkannt ist und je früher Betreuung und Förderung durch Eltern und Fachkräfte erfolgen, desto besser sind die Aussichten auf Heilung [1136]. Gezielte pädagogische Hilfen sind logopädische Beratung, Sprechspiele, viel elterliche Zuwendung, Annahme und soziale Integration des Kindes. Wichtig ist es auch, dass dem Kind Freude am Sprechen vermittelt wird und sich ihm ein sprachlich anregendes und aufbauendes Milieu bietet.[2] In schwerwiegenderen Fällen ist an den Besuch einer Sprachheilschule zu denken. Einzeltherapie durch Sprachheillehrer ergänzt die von Familie und Schule angebotenen Hilfen.

1 Böhme a.a.O. Hierzu kann auch die minimale zerebrale Dysfunktion gezählt werden.
2 Dies bedeutet, dass gerade die Eltern gute Zuhörer sind und so mit ihrem Interesse zum Sprechen anregen. Desweiteren ist zwar artikulatorisches, semantisches und grammatikalisches Feed-back nötig, jedoch soll das Kind nicht dazu gezwungen werden, jedes falsche Wort bzw. jeden falschen Satz selbstständig zu verbessern. Es genügt, wenn der Zuhörer nach Herstellung eines Blickkontakts bestätigend das richtige Wort bzw. den richtigen Satz nennt (Wirth a.a.O., S. 270).

Fallbeispiel

**»Sabine«** [1137]

Sabine fiel mir bei einem Besuch einer Schulanfängerklasse infolge ihrer offensichtlichen Integrationsschwierigkeiten auf. Sie trug eine Brille, war größer als ihre Mitschüler/innen, wirkte älter und zeigte sich als besonders ruhiges Kind, was im Gegensatz zu der extrem lebhaften Klasse stand. Ihre Mitarbeit im Unterricht war als passiv zu bezeichnen. Es entstand oft der Eindruck, dass sie gar nicht bei der Sache war. Bei näherem Beobachten zeigte sich, dass alle körperlichen Bewegungen vorwiegend auf die linke Körperhälfte beschränkt blieben, die rechte Körperhälfte dagegen relativ starr und unbewegt blieb. Aus dieser leichten motorischen Behinderung resultierte offensichtlich auch die Linkshändigkeit des Mädchens. Sabine wirkte sehr schüchtern und nervös. Wurde sie aufgerufen, fing sie öfter am ganzen Körper zu zittern an. Ihre Aussprache war undeutlich und stimmlos. Sie äußerte sich kaum in ganzen Sätzen.

Sabine wurde bei Erreichen der Schulpflicht um ein Jahr zurückgestellt. Dies erfolgte auf Antrag der Eltern und Anraten des Kinderarztes, dessen Diagnose »verzögerte sprachliche, motorische und psychische Entwicklung« lautete. Da beide Elternteile des Mädchens berufstätig waren, wurde dieses von seiner Großmutter betreut, die sich fürsorglich um ihr Enkelkind kümmerte.

Trotz aller Bemühungen seitens der Familie und der Lehrerin konnte Sabine ihre Entwicklungsdefizite nicht ausgleichen. Bereits im ersten Halbjahr zeigten sich Rückstände zu den im Lehrplan gestellten Anforderungen und deutliche Unterschiede zur übrigen Klasse. Es erfolgte die Antragstellung zur Überprüfung der Sonderschulbedürftigkeit. Die Vorgeschichte der Entwicklung des Mädchens ergab, dass sie im Alter von 4 Jahren nervenärztlich untersucht wurde. Die Diagnose ergab eine »geschädigte Stelle« in der rechten Gehirnhälfte, die so groß wie eine Fingerspitze sei. Diese Stelle verändere sich nicht und sei daher als »gutartig« zu bezeichnen. Offensichtlich sind die Störungen im Sprach- und Sprechbereich auf diese Schädigung zurückzuführen.

Aufgrund dieser Feststellungen wurde Sabine im Alter von 4–5 Jahren einer Schulvorbereitenden Einrichtung (SVE) der Gehörlosenschule zugewiesen. Von der Kinderärztin wurden Heilgymnastikübungen verordnet. Bei Erreichen der Schulpflicht wurde Sabine, wie bereits erwähnt, zurückgestellt und für ein weiteres Jahr in die SVE überwiesen.

Die Ergebnisse des Sonderschulgutachtens zeigen im Bereich der Sprache ein partielles Stammeln (g, k) und eine Retardierung der allgemeinen Ausdrucksfähigkeit und Begriffsbildung. Bei der Satzbildung treten meist Einwort- und Zweiwortsätze auf. Das Mädchen ist jedoch in der Lage, Vier- und Fünfwortsätze zu bilden. Im Bereich der Motorik werden Störungen und Retardierungen der Grob- und Feinmotorik festgestellt. Im Schreiben hat Sabine größte Schwierigkeiten. Im Lesen liegt sie weit hinter der Altersnorm. Ein Intelligenztest ergibt eine deutliche Minderbegabung und einen beträchtlichen Rückstand gegenüber Gleichaltrigen. Die Retardierung im sprachlichen und motorischen Bereich ist so gravierend, dass eine Förderung in der Normalschule mit »unlösbaren Schwierigkeiten« verbunden und das Kind stark überfordert wäre.

Aufgrund des Sonderschulgutachtens wird Sabine jetzt in die 1. Lernstufe der Sondervolksschule für Lernbehinderte umgeschult. Zwei Jahre Förderung in der SVE der Gehörlosenschule und Übungen in Heilgymnastik waren offensichtlich nicht ausreichend, dem Kind einen befriedigenden schulischen Lernfortschritt zu ermöglichen.

## 8.2.2 Dysgrammatismus

### Definition

Unter Dysgrammatismus versteht man die Schwierigkeit bzw. Unfähigkeit, einen gedachten Sachverhalt in syntaktischer (Wortfügung; Wortfolge; Satzfügung; Satzfolge) und grammatikalischer (Deklination; Konjugation; Wortarten) Strukturierung einwandfrei zu formulieren und sprachlich oder schriftlich mitzuteilen.

### Beschreibung und Symptomatik

Kinder mit dysgrammatischen Schwierigkeiten machen in einem Alter, in dem dies normalerweise nicht mehr vorkommt, syntaktische und grammatikalische Fehler im sprachlichen Ausdruck. Benutzung von Einwortsätzen, Gebrauch der Infinitivsprache, Beugungs- und Steigerungsfehler, Wortvertauschungen im Satz und insgesamt verminderte Ausdrucksfähigkeit bei einem begrenzten Wortschatz sind die hauptsächlichen Symptome dieser Sprachstörung. Als Begleitsymptomatik zeigen sich bei betroffenen Kindern Gehemmtheit, Sprechscheu, Schüchternheit, Unaufmerksamkeit, leichte Ablenkbarkeit und motorische Ungeschicklichkeit. Dysgrammatismus tritt häufig in Verbindung mit Stammeln auf.

In der Fachliteratur werden verschiedene Schweregrade des Dysgrammatismus unterschieden [1138]. In der »hochgradigen« Form findet man die Unfähigkeit, weder selbstständig noch im Nachvollzug Sätze zu sprechen. Das betroffene Kind verwendet nur Einwortsätze oder reiht die Wörter zusammenhanglos aneinander (Telegrammstil). »Mittelgradiger« Dysgrammatismus ist eine Stufe, bei der das Kind zwar nicht selbst Sätze bilden kann, jedoch in der Lage ist, diese nachzusprechen. Dabei werden Wörter nicht gebeugt und Zeitwörter vorzugsweise im Infinitiv verwendet. Meist fehlt die Ichform (z.B. »Peter essen« anstatt »ich esse«) [1139]. Bei der »leichtgradigen« Form ist die Spontansprache im Aufbau weitgehend richtig. Lediglich beim Deklinieren und Konjugieren treten Fehler auf (z.B. ich »schläfe« oder »ich esse die Brot«) [1140].

### Ursachen und Hintergründe

Dysgrammatismus wird heute überwiegend als mehrdimensionale Störung bezeichnet. Seine Erscheinungsformen treten zunächst bei den meisten Kindern im Verlaufe der normalen Sprachentwicklung auf. Diese »normale Entwicklungsstufe« [1141] sollte spätestens bis zum 5. Lebensjahr verschwunden sein. Eine Verlängerung über das vierte Lebensjahr hinaus erfordert möglicherweise bereits gezielte Therapieansätze. Ursächlich könnte eine *verzögerte Sprachentwicklung* sein. Auch hierbei ist an multikausale Faktoren zu denken. Verspätung der Reifung des ZNS, frühkindliche Hirnschädigungen, geistige Entwicklungsstörungen, lückenhafte Wahrnehmung, mindere Gedächtnisleistungen, herabgesetzte Lernfähigkeit oder leichte zerebrale Dysfunktion [1142] können biologisch bedingte Ursachen im Zusammenhang mit einer »Regression zum Infantilismus« [1143] darstellen, welche die Sprachentwicklung beeinträchtigen. *Sozial bedingte Ursachen* sind Hospitalismus, falsche oder mangelnde Sprechvorbilder (z.B. Dialekt), unzureichende Stimulation zum Sprechen [1144], vernachlässigtes Korrigieren des Sprechens und auch »Protestreaktionen und negativistisches Verhalten« seitens des Kindes [1145]. Nicht selten ist die Ursache eine *erbliche Sprachschwäche*. In einer Zeit multikultureller Fluktuation ist auch an die Mehrsprachigkeit in der Umgebung des Kindes oder an abrupte Milieuwechsel zu denken. Dysgrammatismus tritt im pathologischen Bereich als Begleitung anderer Grundstörungen auf (z.B. Aphasie, manisch-depressive Psychose, Epilepsie und Sprechstörungen wie Poltern und Stottern) [1146]. Aber auch konstitutionelle Persönlichkeitsbedingungen wie Kontaktstörungen, Gefühle der Insuffizienz (Selbstunsicherheit), soziale Anpassungsschwierigkeiten oder Hemmungen können als Sekundärursachen für Erscheinungsweisen des Dysgrammatismus in Erwägung gezogen werden.

### Untersuchungsverfahren und Diagnose

Die spezifische Diagnose gehört in den Aufgabenbereich des Arztes und Spezialisten. Fachärztliche und logopädische Untersuchungen, z.B. nach der »Profilanalyse« [1147], beinhalten differenzierte diagnostische Möglichkeiten. Die Ausgangssituation ist hierbei eine freie Spielsituation zwischen Kind und Bezugsperson. Im Rahmen der Schule ist die pädagogische Beobachtung des Sprach- und Sprechverhaltens eines Kindes ein wichtiger Ansatz zur weiteren Hilfeleistung.

## Pädagogische Hilfen

Neben heute bewährten medizinisch-therapeutischen Ansätzen[1], zu denen unter anderem Rhythmisierung des Lebens, Schaffen einer angenehmen Lebensumwelt oder Badekuren gehören, kann die Schule folgende unterstützende pädagogische Hilfeleistungen ansetzen:

- Wecken der Redefreudigkeit
- Fördern des Spontansprechens
- Erleben- und Fühlenlassen von Sprache
- Schaffen von Spielsituationen, welche Sprachbeteiligung erfordern
- Vermehrung des Wortschatzes des Kindes (z. B. Bilderfolgen einprägen, nacherzählen und nachsprechen lassen)
- Häufiges Vorsprechen anhand konkreter Beispiele (Spielzeug)
- Sprachgestaltungsübungen in den Unterricht integrieren (Gespräche; Rollenspiele)
- Arbeit an Sprachformgerüsten im Deutschunterricht (Kurztexte; Nacherzählungen; Lückentexte)
- Gut artikulierte Sprachvorbilder der Lehrersprache prägen sich dem Kind als Sprachmuster ein. Damit wächst die Fähigkeit, die gleichen grammatikalischen Formen selbst zu gebrauchen und sie auf andere Inhalte zu übertragen.
- Ansetzen kleiner Sprech- und Sprachübungen (Ein Sprachmuster wird vorgegeben, z. B. »Das Buch liegt auf dem Tisch«. Der Schüler tauscht im Nachsprechen Begriffe aus, z. B. Schrank, Boden, Stuhl. So prägen sich im aktiven Sprachgebrauch Sprachformen ein.)
- Akustische und rhythmische Hilfen zum Sprechen (Musik; Trommeln; Klatschen; Wiegen; Tanzen) erleichtern dem Kind das Aneignen grammatisch und syntaktisch einwandfreier Sprechformen.
- Differenzierende Maßnahmen (Einzel-, Gruppenarbeit; Hausaufgaben)

### Fallbeispiel

#### »Markus« [1148]

Markus fiel nach seinem Eintritt in die Grundschule dadurch auf, dass er immer wieder einmal dysgrammatische Formulierungen beim Spontansprechen gebrauchte. Auch noch im 2. Schuljahr hatte er entsprechende Schwierigkeiten. Ein Gespräch mit den Eltern ergab, dass der Junge offensichtlich im Zusammenhang mit verzögerter Sprachentwicklung in frühen Jahren seiner Entwicklung die Symptomatik von Dysgrammatismus zeigte. Markus war schon als Kleinkind häufig krank. Noch im Alter von 3 Jahren sprach er nur wenige Worte wie »Mama«, »Pa-

---

[1] Zum Beispiel das »Interaktive Sprachentwicklungstraining«, entwickelt von Lee, Königsknecht und Mulhern. Beispiele hierzu sind zu finden in: Wagner 1985, S. 112ff.

pa«, »Andi« (sein eineinhalb Jahre jüngerer Bruder). Die Kommunikation mit der Familie lief für ihn vorwiegend über Zeichensprache und eingespielte »Riten«.

Mit 3;3 Jahren verschlechterte sich sein gesundheitlicher Zustand merklich. Nachdem er schon lange mit Husten zu kämpfen hatte, aß er nun auch schlecht, erbrach sich oft und bekam schließlich hohes Fieber. Mit 3;4 Jahren wurde er mit einer erneut aufgebrochenen Lungenentzündung ins Krankenhaus eingeliefert. Während dieser Zeit (nach etwa einer Woche) lernte er aufgrund intensivster Betreuung durch seine Mutter sein erstes dreisilbiges Wort »Trompete« (»Hompete«). Nach dem Krankenhausaufenthalt stabilisierte sich sein Zustand zusehends. Er aß nunmehr auch deutlich besser und zeigte sich insgesamt fröhlicher. Mit 3;6 Jahren lernte er einige Begriffe dazu (Namen der Geschwister; »Teller«, »Messer«, »Kindergarten« = »Dinderdaten«). Er begann erste Sätze zu bilden, die aber häufig eine Verbenverstellung aufwiesen, z.B. »ich das nicht mag/weiß«. Diese Satzstruktur behielt er teilweise noch mit 4 Jahren bei.

Nach dem Einsetzen einer logopädischen Behandlung lernte Markus erste kurze Sätze, sprach schnell vieles richtig nach, blieb aber noch lange im spontanen Sprechen bei ungebräuchlichen Satzkonstruktionen. Auch durch den Besuch des Kindergartens entwickelte sich nur sehr allmählich eine grammatikalisch richtigere Sprache. Beugungen von Verben blieben weitgehend aus. Markus sprach weiter in Infinitivsätzen.

Im weiteren Verlauf seiner Entwicklung, vor allem auf Grund andauernder logopädischer Behandlung, begann der Junge, weitgehend verständlich zu sprechen. Fehlkonstruktionen tauchten noch auf, z.B. »Ich das gesehen hab ich« oder »ich gestern weggefahrt«. Im Alter von 4–5 Jahren begann er, erste Nebensätze zu bilden.

Ein Intelligenztest ergab bei Markus einen relativ hohen IQ im kognitiven Bereich. Im sprachlichen Bereich lag er weit hinter Gleichaltrigen. Die Diagnose im Hinblick auf Dysgrammatismus ergab vor allem fehlerhafte Bildungen im syntaktischen Bereich, ohne dass von Verstehensschwierigkeiten auszugehen war.

Die Entwicklung bis zum Schulalter zeigte, dass Markus parallel zu einem steigenden gesundheitlichen Allgemeinbefinden auch große Fortschritte im sprachlichen Bereich erzielte. Die Defizite, welche im Zusammenhang mit angeschlagener Gesundheit und Sprachentwicklungsverzögerungen auftraten, konnten allmählich abgebaut werden. Sporadische »Rückfälle« leichterer Art kennzeichneten sein Sprachverhalten noch in der Grundschulzeit.

### 8.2.3 Näseln

#### Definition

Unter Näseln (Rhinophonie; Rhinolalie) versteht man eine vom normalen Sprachklang abweichende Sprechweise, bei der eine »auffällige Klangfärbung der Phonation« [1149] auftritt. Hierbei werden die suprapalatinalen Räume des Ansatzrohres an der Lautbildung zu intensiv (offenes Näseln; Rhinolalia aperta) oder in zu geringem Maße (geschlossenes Näseln; Rhinolalia clausa) beteiligt [1150]. Beim (seltener vorkommenden) »gemischten Näseln« sind die beiden genannten Faktoren kombiniert. Bei der Verwendung des Begriffs »Rhinolalie« steht eine Störung der Artikulation im Vordergrund, bei der Verwendung des Begriffs »Rhinophonie« eine Störung des Stimmklanges und der Lautgebung.

## Beschreibung und Symptomatik

Beim Näseln ist ganz allgemein der Stimmklang des Kindes gestört. Nach Kussmaul ist dabei die »Nase offen, wenn sie geschlossen sein sollte und geschlossen, wenn sie offen sein sollte« [1151]. Offenes Näseln ist gekennzeichnet dadurch, dass Laute mit nasalem Beiklang gesprochen werden, bei denen dies der normale Sprachgebrauch nicht vorsieht (alle Laute außer m, n, ng). Beim geschlossenen Näseln klingen die Laute m, g, ng nicht nasal, wie es richtig wäre. Oft ist dabei die Nasenatmung behindert. Daher fehlt jegliche Resonanz in den Nasenräumen (»Stockschnupfensprachklang«).

## Ursachen und Hintergründe

Bei der Frage nach den Ursachen für Näseln muss zunächst eine Unterscheidung zwischen organischen und funktionellen bzw. gewohnheitsmäßigen Gründen vorgenommen werden.

### Organische Ursachen

Für angeborenes Näseln sind meist Kiefer- und Gaumenspaltenformen verantwortlich (z. B. Hasenscharte; Wolfsrachen). Aber auch eine organisch bedingte Leistungsschwäche des Gaumensegels kann die Entstehung des offenen Näselns begünstigen [1152]. Hierbei ist auch an Gaumenlähmungen infolge von Infektionskrankheiten oder Verletzungen zu denken [1153].

### Funktionelle Ursachen

Nachlässige Artikulation, unökonomische Sprachhygiene, aber auch durch Nachahmung und schlechtes Vorbild entstandene Sprechweise können bei näselndem Sprechen als mögliche Ursache angesehen werden. Näseln kann aber auch als funktionelle Störung bei »motorisch ungeschickten Kindern« [1154] angetroffen werden. Manchmal ist eine entsprechende Angewohnheit auch darauf zurückzuführen, dass bei abgeklungenen Gaumensegelschwächen (z. B. Lähmungen) die dadurch ursprünglich bedingte Sprechweise beibehalten wird [1155]. Verstopfungen der Nase

(Nasenpolypen) oder Schwellung der Nasenmuscheln verhindern den Luftstrom und können so, da die Resonanz ausbleibt, zu näselnder Sprechweise führen.

### Untersuchungsverfahren und Diagnose

Im Wesentlichen sind hier medizinische Untersuchungsverfahren gefordert, die aus dem pädagogischen Bereich auszugrenzen sind. Beobachtung und akustische Sprechproben geben bereits deutliche Hinweise auf das mögliche Vorliegen dieser Sprechschwierigkeit. Spiegelprobe (Spiegel beschlägt bei geschlossenen Lauten) und »Taktile Methode« (Vibration der Nasenflügel ist bei falscher Aussprache fühlbar) können eine vorläufige Diagnose ergänzen.

### Pädagogische Hilfen

Therapeutische Behandlung des Näselns gehört in das Aufgabengebiet des Facharztes. Hierzu zählen z.B. operative Eingriffe und Sprachheiltherapie. Die Sprachheilbehandlung umfasst vorbereitende Übungen (z.B. Kräftigung der Muskulatur; Bewusstmachen der Atemwege; Blasübungen) »bewusstes Gähnen« [1156] und Sprechübungen (Silbenübungen; Wort- und Satzübungen). Jussen [1157] empfiehlt »psychologisch stimulierte Übungstherapien«, bei denen man vom Einzellaut oder Bestandteil eines Einzellautes ausgeht, kindertümliche Einkleidungen der Ausdrucksphonik verwendet mit dem Ziel, die »falschen Sprechbewegungs-Innervationsmuster gegen richtige Lautmotorik auszutauschen« [1158]. Die Aufgabe des Lehrers in der pädagogischen Hilfeleistung besteht im Wesentlichen in der Kooperation mit den Eltern und in ergänzenden (nach Möglichkeit) kurzen Übungen der Lautformung.

### 8.2.4  *Poltern*

### Definition

Poltern (tumultus sermonis; cluttering) lässt sich als sprachliche Gestaltungsschwäche [1159] definieren, bei der infolge einer Überstürzung der Rede [1160] und impulsübersteigerter Artikulationsmotorik [1161] das Sprechen unbeherrscht, überhastet und undeutlich wird.

## Beschreibung und Symptomatik

Polterer können kurze Wörter und kurze Sätze in der Regel ohne Schwierigkeit aussprechen. Je länger aber die Sätze und je schwieriger die Wörter werden, umso unkontrollierter läuft der Sprechvorgang ab. Poltern tritt bereits im Kindesalter auf. Besonders betroffen sind auch Jugendliche in der Pubertät.

Wesentliches Kennzeichen des Polterns sind eine »Überhastung der Sprache« [1162], Verschlucken von Wörtern, Auslassen, Verschleifen und Verwaschen von Wortteilen, Entstellen von Lauten, Verdrehen von Lauten und Silben, Wiederholen von Silben, Wörtern und Satzteilen. Beim Polterer geht der Denkprozess schneller vor sich als das Gedachte in Worte gefasst werden kann [1163]. Daher ist das Sprechtempo rasch und überhastet. Dies führt zu Vorwegnahme von Wörtern, zu Rhythmusunregelmäßigkeiten in Wort und Satz und zum Fehlen logischer Pausen innerhalb der Satzstrukturen.

Man unterscheidet »ideogenes« (überreichliche Gedankeninhalte können nicht schnell genug in Sprache umgesetzt werden), »paraphrasisches« (im Vordergrund steht eine Formulierungsschwäche) Poltern, »Entwicklungspoltern« (phasentypische Nichtkoordination zwischen Denkgeschwindigkeit und Sprechfähigkeit) und »physiologisches Poltern« (wird bis zum Alter von 3 Jahren als normal angesehen).

Als Begleitsymptomatik des Polterns gelten (unter stets variablen individuellen Bedingungen) Hyperaktivität, Hast, Sprunghaftigkeit, unkontrolliertes Temperament, Aggressivität, Impulsivität, Extrovertiertheit, Nervosität, Unaufmerksamkeit und leichte Erregbarkeit. Polternde Kinder wirken manchmal überproduktiv, lebhaft, konzentrationsschwach und oberflächlich. Ihre Bewegungen sind ungeschickt, hastig und dysrhythmisch. Die Schrift wirkt »fahrig« (mangelhafte Ausführung der Buchstaben; Verkürzungen am Wortende). Zugleich schleichen sich auf Grund von Unsorgfältigkeit und geringer Konzentration Fehler in der Orthographie ein. Poltern tritt öfter im Zusammenhang mit Stottern und Stammeln auf. In Absetzung vom Stotterer, der unter seiner Störung leidet, ist sich das polternde Kind häufig seiner Störung nicht bewusst [1164]. Bei konzentrierter Aufmerksamkeit spricht der Stotterer schlechter, der Polterer besser. Letzterer besitzt oft auch nicht die Musikalität des Stotterers. Vielmehr fällt er durch Unmusikalität, Rhythmusstörungen und monotone Sprachmelodie auf. Der Polterer kann sich daher musikalische Elemente der Sprachgestaltung nicht oder nur schlecht zu Nutze machen. Gelegentlich trifft man Poltern im Zusammenhang mit verspätetem Sprachbeginn oder verzögerter Sprachentwicklung an.

## Ursachen und Hintergründe

Infolge eines »propulsiven Rededranges, der zur steigenden Beschleunigung des Sprechens führt« [1165], können bei einem Polterer die Sprechwerkzeuge dem »durch einen Affekt beherrschten Gedankenablauf« [1166] nicht mehr in der richtigen Koordinierung folgen oder eilen der jeweils beabsichtigten Sprachgestaltung und dem dazugehörigen Sprechablauf voraus. Poltern ist vorwiegend erblich bedingt. Insgesamt aber kann man sowohl von somatischen wie auch von psychischen und habituellen Ursachenfaktoren ausgehen [1167]. Neurologische Untersuchungen deuten auf »hirnphysiologische Veränderungen« [1168] hin, die entweder von perinatalen Schäden herrühren oder als »konstitutionelle Besonderheiten« vererbt werden. Nach Böhme [1169] sind bei 50–90 Prozent der untersuchten Polterer Abnormitäten im EEG anzutreffen. Auch Göllnitz [1170] weist darauf hin, dass man bei dieser Sprechstörung häufig Enzephalopathen antrifft.

Man muss davon ausgehen, dass beim Poltern die Störung nicht im Sprechvorgang, sondern in dessen gedanklicher Vorbereitung [1171] liegt. So fehlt eine angemessene Koordination und Integration der verschiedenen Sprachelemente, was letztlich zu einer »zentralen Gleichgewichtsstörung der Sprache« [1172] führt, bei welcher die Erregungsprozesse gegenüber den Hemmungsprozessen überwiegen [1173]. Poltern kann aber auch eine Art »Sprachfaulheit« zu Grunde liegen. Mangelnde Sprechvorbilder, Defizite in motorischer Aufmerksamkeit, Gedächtnisschwäche und unzureichend vorgenommene Sprecherziehung können solches begünstigen.

### Untersuchungsverfahren und Diagnose

Zur Diagnostizierung des Polterns und Untersuchung der Ursachen bieten sich Anamnese, Gespräch und Beobachtung an. Hinzu kommt eine Überprüfung der Sprache der Familienmitglieder. In jedem Fall sollten neurologische Untersuchungen eventuell vorliegende zerebrale Schädigungen aufzudecken versuchen. Vorlesen von Texten, Nachsprechenlassen, Überprüfung der Musikalität und der Atemtechnik (polternde Kinder atmen hastig ein und aus) erleichtern die Diagnose, ebenso eine Verwendung spezieller Erfassungsbögen.[1] Wichtig ist eine sorgfältige Unterscheidung zwischen Poltern und Stottern. Da polternde und stotternde Kinder fast gegensätzliche Charaktereigenschaften und Wesensmerkmale besitzen, könnte eine falsche Diagnose und eine darauf folgende unqualifizierte Behandlung schnell zur Verstärkung der Schwierigkeiten führen.

### Pädagogische Hilfen

Eine gezielte Therapie muss beim Poltern vorrangig Störungen im Sprechvollzug, Schwierigkeiten in der Kommunikation, Fehler in der schriftlichen Sprachgestaltung, Mängel in der Selbststeuerung und Defizite im musikalisch-rhythmischen Erleben und im entsprechenden Ausdruck angehen. Hierzu bieten sich folgende Maßnahmen und Hilfen an:

---

1   Zum Beispiel Erfassungsbogen nach Grundmann (vgl. Becker a.a.O., S. 216f.)

- Atmungs- und Artikulationsübungen
- Bewusstmachen der Sprechschwierigkeit (z. B. Tonbandaufnahmen)
- Rhythmisches Klopfen zur Steuerung des Sprechablaufs
- Langsames und gut artikuliertes Vorsprechen
- Gymnastik (beruhigende und ausgleichende Übungen)
- Nachsprechen kurzer Aussagen
- Rollenspiel (Erlernen von Kontaktgesprächen)
- Spezielle Konzentrationsübungen
- Hilfen zur Selbststeuerung (interdisziplinäre Kooperation zwischen Arzt, Logopäden, Eltern und Lehrern)
- Medikamentöse Behandlung (fallweise Entscheidung)
- Je früher pädagogische Hilfen einsetzen und je mehr die Umwelt mithilft, desto größer ist die Erfolgschance.

Poltern ist eine Sprechschwierigkeit, auf die auch der Lehrer positiven Einfluss ausüben kann, abgesehen davon, dass es wichtig für den außerschulischen Therapieerfolg ist, dass die Schule hierbei ergänzend-substitutiv wirkt. Ratschläge für den Lehrer sind:
- Ein polterndes Kind darf nicht zur Eile gedrängt werden (Gefahr der Verstärkung von Überhastung und emotionaler Erregung).
- Bei Sprecherziehungsübungen beginnt man mit kurzen, einfachen Sätzen und erweitert diese später durch einfachere Satzfolgen.
- Eine gute allgemeine Sprecherziehung (gutes Sprechvorbild von Lehrer und Mitschülern) kommt der Verbesserung des Polterns zugute.
- Der Lesekasten kann zur gezielten Konzentration auf Wortaufbau und Reihenfolge der zu sprechenden Laute verwendet werden.
- Zur Verbesserung der Schrift eignen sich Großschwungübungen unter Musik- und Rhythmusbegleitung (vgl. Erstschreibunterricht).
- Das polternde Kind benötigt Selbstsicherheit und das Gefühl, auch ohne Poltern sprechen zu können, wenn es sich bemüht. Sobald das sichere Gefühl »ich kann sprechen ohne zu poltern« da ist, hat sich bereits der erste Erfolg eingestellt [1174].
- Differenzierende Sprecherziehung (Nebenraum; Sprachlabor) kann die Selbstsicherheit fördern und individuelle Sprechhilfen vermitteln.
- Pädagogische Grundregeln wie Lob, Anerkennung, Ermutigung, Vermitteln von positiven Verstärkern, Geduld und Vermeiden von Tadel sind bei dieser Sprechschwierigkeit besonders bedeutsam.

> **Fallbeispiel**
>
> **»Karsten«** [1175]
>
> Karsten besucht den 5. Schülerjahrgang einer Hauptschule in einer kleineren Stadt. Er weist erhebliche Sprechstörungen auf, »überhaspelt« sich, wenn er in freier Rede einen Gesprächsbeitrag liefert, verschluckt Wörter, wiederholt Silben, Wörter und Satzteile. Insgesamt ist sein Sprechen hastig und unkontrolliert. Karsten ist nach Auskunft der Lehrerin ein »nervöser« Junge, der oft nicht »bei der Sache« ist und auch im Lesen und Rechtschreiben viele Flüchtigkeitsfehler« macht. Auf Rückfragen stellt sich heraus, dass Karsten schon in der Schulanfängerklasse durch seine Sprechschwierigkeit aufgefallen war, es aber sowohl seitens der Eltern wie seitens der Schule offensichtlich versäumt wurde, den Jungen einer gezielten Therapie zu unterziehen. Nach Aussagen der Mutter, die wohl feststellte, »dass Karsten so eine dumme Angewohnheit beim Sprechen« hat, erhielt der Junge vom Hausarzt jahrelang Medikamente, um seine Hyperaktivität zu stoppen. Diese wurde ihm auf Betreiben der Eltern deswegen verordnet, weil die Lehrerin mitgeteilt hatte, dass Karsten in eine Sonderschule müsse, wenn seine Unruhe nicht in erträgliche Bahnen gelenkt würde. Diese Medikamente führten auf Grund einer weiteren Diagnose zu einem verringerten Wachstum und wurden dann wieder abgesetzt. Leider wurde jahrelang versäumt, dem Jungen mit einer gezielten und auf seine Schwierigkeiten abgestimmten Therapie zu helfen. So weist er mit elf Jahren immer noch starke Symptome des Polterns auf, die sich teilweise schon eingeschliffen und verfestigt haben. Schule und Eltern wurden darauf hingewiesen, dass Karsten dringend umfassende sprechtherapeutische Hilfe benötigt.

*8.2.5 Stammeln*

Definition

Stammeln (Dyslalie) ist eine Störung der Artikulation, bei der einzelne Laute oder Lautverbindungen fehlen, nicht richtig ausgesprochen oder durch andere Phoneme ersetzt werden. Spezifische Formen des Stammelns sind z.B. (unter Benennung des griechischen Lautes für die entsprechende Artikulationsstörung) Sigmatismus (»s«), Kappazismus (»k«), Lambdazismus (»l«) und Rhotazismus (»r«).

## Beschreibung und Symptomatik

### Stammeln als übergreifende Sprechschwierigkeit

Während der normalen Sprachentwicklung beginnt das Kind im 2. und 3. Lebensjahr mit der Ausbildung seiner Fähigkeit, Sprache zu bilden und anzuwenden. Im Verlaufe dieses Spracherwerbs gelingt es dem Kind nicht auf Anhieb, alle Laute richtig auszusprechen. Es lässt manche Laute aus oder ersetzt diese durch andere. In diesem (Normal-)Fall spricht man von »physiologischem Stammeln« oder »Entwicklungsstammeln«. Man hat es bei dieser entwicklungsbedingten Unfähigkeit der Lautbildung mit einer normalen Erscheinungsform zu tun. Wird Stammeln allerdings bis ins 5. Lebensjahr oder länger beibehalten, kann man von einer pathologischen Erscheinungsweise ausgehen [1176].

Man unterscheidet verschiedene Arten des Stammelns. Beim *partiellen Stammeln* erstreckt sich die Sprechschwierigkeit auf einen bestimmten Laut (häufig s, r oder k). Hierbei unterscheidet man wiederum zwischen *Vokal- und Konsonantenstammeln*. Beim *Silbenstammeln* vermag das Kind zwar die Laute auszusprechen, macht aber Fehler bei Lautverbindungen (z.B. »Bume« anstatt »Blume«). *Wortstammeln* ist dadurch gekennzeichnet, dass sowohl Laut (z.B. »g«) wie auch Silbe (z.B. »ga«) richtig ausgesprochen werden, jedoch im Wort Fehlbildungen auftreten (»Dabel« anstatt »Gabel«; »baben« anstatt »baden«) [1177]. Von *Satzstammeln* spricht man, wenn Wörter zwar einzeln, aber nicht im zusammenhängenden Satz fehlerfrei ausgesprochen werden können. Beim *multiplen Stammeln* sind zahlreiche Laute und Lautverbindungen betroffen. Das Sprechen des Kindes ist nur schwer verstehbar, weil mehrere Einzellaute oder Lautverbindungen falsch artikuliert, weggelassen oder ersetzt werden. Dieses Stammeln mit geringem Lautbestand und weitgehender Unverständlichkeit ist als schwere Form zu bezeichnen, ist aber »beim Fehlen zusätzlicher organisch-funktioneller Befunde« therapeutisch gut zu beeinflussen [1178]. In der Literatur findet man auch eine Einteilung in »Mogilalie« (Erschwerung der Aussprache bestimmter Laute), »Paralalie« (ein Ersatzlaut wird gebildet) und »Dyslalie« (Ersatzlaut ist ein Lautgebilde, das es in der Muttersprache nicht gibt) [1179]. Unter Umständen kann die Sprache eines stark stammelnden Kindes bis zur Unkenntlichkeit entstellt sein (hochgradiges universelles Stammeln). Es spricht dann beispielsweise »Unne Tatte tit Tutta« (»Unsere Katze frisst Futter«) [1180] oder »ei-au-o« (»ein Auto«) [1181].

Als *Begleitsymptomatik* können beim stammelnden Kind mangelhafter Sprechantrieb, ungenügender Nachahmungstrieb, Konzentrationsmängel, emotionale Hemmungen (Schüchternheit; Sprechunlust; Sprechscheu; Apathie; Teilnahmslosigkeit) Unruhe oder Unsicherheit festgestellt werden. Nach Arnold [1182] kommt Stammeln im Vergleich zu musikalischen Kindern bei unmusikalischen doppelt so oft vor.

### Spezifische Gruppen des Stammelns

Als isolierte Störungen der Artikulation im Bereich der Sprechschwierigkeit »Stammeln« gelten Sigmatismus, Rhotazismus, Kappazismus, Lambdazismus u.a. Deren Bezeichnung ist aus den griechischen Buchstaben abgeleitet, bei denen die Aussprachestörung auftritt.

*Sigmatismus* ist als Aussprachefehler der verschiedenen Zischlaute zu bezeichnen. Betroffen davon sind vor allem die Laute »s«, »sch«, »ch« und »z«. Werden diese Laute falsch ausgesprochen (Lispeln; Anstoßen mit der Zunge) so spricht man von Sigmatismus. Werden sie durch andere Laute ersetzt (z.B. »Füden« anstatt »Süden«), bezeichnet man dies als Parasigmatismus. Bei falscher Zungenlage spricht man von »oralem Sigmatismus«, bei falscher Gaumenlage von »nasalem Sigmatismus«.

Beim *Rhotazismus* unterscheidet man zwei Aussprachemöglichkeiten des »r«: Zungenspitzen-R und Zäpfchen-r. In der deutschen Sprache werden beide nebeneinander verwendet, im Italienischen oder in den slawischen Sprachen herrscht das »rollende« Zungenspitzen-R vor. Fehlt die sprachentypische Fähigkeit der Aussprache des »r«, so spricht man von Rhotazismus, im Falle des Ersetzens durch andere Laute von Pararhotazismus.

*Kappazismus* bedeutet die Fehlbildung des Lautes »k«, der ausgelassen oder durch »t« bzw. »d« ersetzt wird.

*Lambdazismus* ist gekennzeichnet von der Schwierigkeit, den »L«-Laut zu artikulieren. Das »l« wird ausgelassen oder oft durch »n« (»Fanne« anstatt »Falle«) ersetzt.

### Ursachen und Hintergründe

Die Ursachen für das Stammeln können von Fall zu Fall variieren. Böhme [1183] bezeichnet Stammeln geradezu als »Sammeltopf zahlreicher Krankheitsbilder«. Eine Einteilung in verschiedene Ursachenkategorien lässt sich wie folgt vornehmen:

### Erbliche Ursachen

Diese liegen bei etwa 10 Prozent aller Fälle des Stammelns vor [1184]. In der Familie kann oft ein »kongenitaler Sprachschwächetypus« festgestellt werden, d.h. auch beim Vater, bei der Mutter oder deren Familien sind sprachliche Entwicklungsstörungen aufgetreten. Vererbte Bedingungen können Eigentümlichkeiten der sprachlichen Begabung oder Schwächen der auditiven Klanggestaltauffassung und -speicherung (Schwäche der auditiven Gedächtnisspanne) sein.

### Anomalien der Sprechwerkzeuge

Durch Anomalien der Lippen, der Zunge, der Zähne, des Gaumens und des Kiefers, aber auch infolge von Missbildungen (Spaltung der Lippen, des Kiefers oder des Gaumens) bzw. von Verletzungen und Lähmungen kann die Lautbildung mehr oder minder behindert und erschwert werden.

### Audiogen bedingtes Stammeln

Audiogene Dyslalie ist auf Behinderungen des Hörens zurückzuführen, deren physiologische Ursachen verschieden sein können. In diesem Ursachenkomplex sind Störungen in der zentralen Verarbeitung durch frühkindliche Hörstörungen, Schwächen in der auditiven Diskrimination, auditive Agnosie oder »klinisch und audiometrisch nachweisbare Schallleitungs- und Schallempfindungsschwerhörigkeit« [1185] zu finden.

### Ungünstige Milieueinflüsse

Mangelnde Sprech- und Sprachanregung aus der (vor allem frühkindlichen) Umgebung des Kindes hinterlässt Defizite in der sprachlichen Vorbildleistung und entsprechenden Nachahmung. Die Sprach- und Sprechentfaltung ist daher in wichtigen Bereichen blockiert. Ebenso bewirken mangelhafte sprachliche Vorbilder hinsichtlich der Artikulation entsprechende Nachahmung [1186]. Erfahrungen zeigen, dass Stammeln gelegentlich auch durch Nachahmung (»Ansteckung« durch Verwandte oder Lehrer) entstehen kann.

### Sonstige Persönlichkeitsbedingungen

Verschiedene Persönlichkeitsbedingungen eines Kindes können Stammeln begünstigen. Hierzu gehören Konzentrationsschwäche mit »auditiver Unaufmerksamkeit«, mangelhafte psychische Verarbeitung der Höreindrücke und andere psychische Gründe (Angst; mangelhaftes Selbstvertrauen; Minderwertigkeitsgefühle; Trotz). Bedeutung ist auch etwa vorhandenen motorischen Schwächen zuzumessen. So weisen stammelnde Kinder oftmals eine sprechmotorische Ungeschicklichkeit auf, die mit anderweitigen unbeholfenen grob- und feinmotorischen Bewegungen gekoppelt ist. Nach Seemann [1187] gibt es Korrelationen zwischen dem Grad der Verzögerung der Sprache oder der Schwere der Aussprache und dem Grad der motorischen Rückständigkeit in der Entwicklung.

## Untersuchungsverfahren und Diagnose

Entsprechend der Differenziertheit des Erscheinungs- und Ursachenbildes des Stammelns fordert man heute eine »multidisziplinäre Sprachdiagnostik« [1188], bei welcher deutlich zwischen funktionalen Störungen und deren Ätiologie unterschieden wird. Ärztliche, logopädische und pädagogische Diagnose zusammen bringen sicherlich das beste Ergebnis hinsichtlich aller möglichen beteiligten Ursachenfaktoren. Ärztliche und logopädische Diagnose erstrecken sich hierbei auf Überprüfung des allgemeinen körperlichen Gesundheitszustandes, Untersuchung der Sprechwerkzeuge, Motoskopie (Überprüfung hinsichtlich einer Hirnleistungsschwäche), Hörprüfung, Untersuchung der Grob- und Feinmotorik, insbesondere der Mundmotorik, Prüfung der visuellen (Frostig-Test) und der auditiven Wahrnehmung, der Artikulationsfähigkeit, der Lautproduktion (z.B. »Lauttreppe«) und der auditiven, taktilen, visuellen und kinästhetischen Wahrnehmung. Beobachtung, Untersuchung des Verhaltens und Elternbefragung sind mögliche pädagogisch-psychologisch diagnostische Ergänzungen.

## Pädagogische Hilfen

Pädagogische Hilfen im schulischen oder häuslichen Bereich ergänzen bei der Sprechtherapie fachspezifische (ärztliche wie logopädische) Hilfen. Letztere erstrecken sich vorwiegend auf audiopädische und/oder logopädische Maßnahmen. Audiopädische Maßnahmen beziehen sich auf Identifizierung und Diskriminierung der Laute und Lautverbindungen. Außerdem dienen sie der Reaktivierung des Eigenhörens. Logopädische Maßnahmen im Sinne der klassischen Sprechübungsbehandlung sind von folgenden Grundsätzen bestimmt: Wiederholte kurze Übungen, Verwendung der eigenen Hörkontrolle, Anwendung von Hilfslauten (z.B. blasen, pfeifen etc.) und minimale Aktion (Aussprache soll so leise wie möglich geübt werden) [1189]. Im übrigen umfasst die Fachliteratur eine Fülle bewährter Therapiemaßnahmen und -modelle. Ergänzende pädagogische Hilfen in Familie und Schule sind wie folgt zu kennzeichnen:
- Gutes sprachliches Vorbild durch Eltern und Lehrer
- Zusammenarbeit mit dem behandelnden Fachmann, um an die jeweiligen Übungen anschließen zu können
- Kinder zwischendurch in ihrer Mundart reden lassen (gewohnte Sprache) und erst allmählich auf Schriftsprache umstellen
- Vorübungen als Auflockerung (Atemübungen; Lippenübungen zur Stärkung der Lippenmuskulatur)
- Zwanglose Gespräche über Dinge, die das Kind interessieren, heben die Sprechfreude, auch einfache und lustige Texte
- Zunächst leises, dann lautes Üben von Konsonant- und Vokalverbindungen
- Mit dem Kind langsam und deutlich sprechen (aber nicht überkünstelt)

- Texte zum Lesen vorbereiten, in denen die Vokale und Konsonanten farbig gekennzeichnet sind
- Nie ungeduldig werden
- Das Kind niemals bloßstellen oder von Mitschülern hänseln lassen

Fallbeispiel

**»Marko«**

Beim Eintritt in die Schulanfängerklasse fällt der 6-jährige Marko dadurch auf, dass er mehrere Laute, vor allem »k« und »r« beim Sprechen stark vernachlässigt bzw. durch andere Laute ersetzt. Hinzu kommt ein geringer Wortschatz, der zudem stark dialektgeprägt ist. Regelfehler in der Deklination und im Satzbau bestimmen eine Ausdrucksweise, die nicht altersgemäß ist. Marko stammt aus einer Familie, bei der der Vater schon lange Zeit bei einer Firma im Ausland arbeitet. Die Mutter verdient sich Geld in einem nahe gelegenen Altersheim. Die Familie spricht starken Dialekt. Der Junge war lange Zeit immer sich selbst überlassen. Eine Tante nahm ihn gelegentlich zu sich. Er besuchte auch keinen Kindergarten. So blieb seine Sprachschwierigkeit weitgehend unentdeckt. Die Eltern »dachten sich nichts dabei«, zumal das innerfamiliäre Gespräch sich recht sprachanregungsarm gestaltete. Kurz nach Schuleintritt wurde Marko einem Facharzt vorgestellt, dessen Diagnose »Sprachentwicklungsverzögerung aus psychosozialer Ursache, verbunden mit einer offensichtlich erebten Sprachschwäche« lautete. Eine sprachtherapeutische Behandlung, das neue Sprachmilieu in der Schule, gezielte artikulatorische Leseübungen im Leselernprozess und von der Lehrerin individualisierend vorgenommene Sprachschulung ergaben schon nach 10 Monaten deutliche Verbesserungen im Sprechen des Jungen. Obwohl er im Vergleich zu seinen Mitschülern immer noch Defizite im Wortschatz, in Sprechbereitschaft und Artikulation aufweist, ist er jetzt auf einem guten Weg, seine Sprach- und Sprechentfaltung voranzubringen.

### 8.2.6 Stottern

Definition

Stottern (Balbuties)[1] ist eine krampfartige Unterbrechung des Redeflusses mit gestörter Koordination des Funktionsablaufes der Atmungs-, Stimm- und Sprechmuskulatur. Als »zeitweise auftretende, willensunabhängige« [1190], meist aber situationsabhängige »Störung des fließenden Redestromes« [1191] stellt Stottern eine »umfassende Kommunikationsbehinderung« [1192] dar.

---

1 = Römischer Beiname für Stotterer (balbutire = stammeln, lallen).

## Beschreibung und Symptomatik

Das stotternde Kind hat besonders dann Sprechschwierigkeiten, wenn es in einer aktuellen Situation anderen Menschen etwas mitteilen soll, vor allem, wenn es sich dabei um »Autoritätspersonen« handelt. Im Selbstgespräch oder beim Singen stottert das Kind kaum. Schon diese Erfahrung zeigt an, dass es sich beim Stottern nicht um eine Beeinträchtigung der Lautbildung handelt. Hier wie auch in anderen Situationen beweist der Stotterer immer wieder, dass er durchaus in der Lage ist, deutlich und einwandfrei zu artikulieren. Es liegt also beim Stottern nicht an mangelnder Artikulation, sondern an Fehlspannungen in der Sprechmuskulatur, die das beabsichtigte Sprechen gewissermaßen »abblocken« und an unregelmäßiger und falscher Atmung, die ihrerseits wieder einen harmonischen und ausgeglichenen Redefluss verhindert. Solche Fehlspannungen treten bei Aufregungen oder anderen Gefühlsbelastungen verstärkt auf (z. B. bei Prüfungen; Sprechen vor größerem Publikum). Bei Kindern, die sich ihrer Sprechschwierigkeit bewusst sind, kommt häufig die Angst vor dem Bloßgestelltwerden und Versagen hinzu. Dadurch werden Fehlspannungen und falsche Atmung noch verschlimmert. Ist das Kind allein, fehlen solche Ängste. Hanselmann [1193] spricht in diesem Zusammenhang davon, dass jeder Stotterer zwei Sprachen spreche. »So unausweichlich er vor anderen und im Verkehr mit anderen Menschen stottert, so sicher kann er völlig einwandfrei sprechen, wenn er sich ganz allein und unbeobachtet glaubt« [1194]. Diese verstärkte Sprechangst (Logophobie) ist ebenso kennzeichnend für die Sprechschwierigkeit des Stotterns wie erkennbare Anzeichen von Atemnot, deutlich hörbares Ein- und Ausatmen und Einziehen des Zwerchfells. Stotternde Kinder fürchten sich vor Situationen, in denen es auf Sprechen ankommt, und versuchen, solche Situationen wo immer möglich zu vermeiden. Meist sind sie sensibel und gefühlstief. Daher schämen sie sich ihres Stotterns und blicken bei Sprechaufforderung zu Boden. Individuell symptomatisch für ein stotterndes Kind kann es sein, dass es vor bestimmten Wörtern, Wortanfängen oder Lauten Angst hat. Diese Wörter werden dann durch andere weniger »gefährliche« ersetzt. Wörter mit entsprechenden Lautanfängen werden vermieden oder sprachlich umschrieben (Notlösungsverhalten). Grundsätzlich kann man davon ausgehen, dass der Symptomenkomplex des Stotterns bei jedem Kind anders ausgeprägt ist und auch ein individuelles Ursachengeflecht hat.

Man unterscheidet hauptsächlich zwei Arten des Stotterns, nämlich das klonische und das tonische Stottern.

### Klonisches Stottern

Beim klonischen Stottern handelt es sich um rasche Phonem-, Silben- und Wortwiederholungen, bevor weitergesprochen wird.

**Tonisches Stottern**

Die Zentralsymptomatik des tonischen Stotterns ist eine »Diskoordination und Verkrampfung der Artikulations-, Phonations- und Respirationsmotorik« [1195]. Hierbei treten Schwierigkeiten beim Anfangslaut eines Wortes auf. Oder der Anfangslaut wird zunächst lang gedehnt gesprochen, bevor der Übergang zum Wort gefunden wird. In seinem krampfartigen Festhalten an diesem Laut lässt das stotternde Kind häufig Lippen und Zunge fest zusammengepresst, sodass der Laut gar nicht zu Stande kommen kann. Inzwischen geht ihm dann der zum Sprechen notwendige Luftstrom aus, was wiederum den nachfolgenden Sprechablauf beeinträchtigt.

Als *Begleitsymptomatik* des Stotterns sind im wesentlichen Wortkargheit, Sprechscheu, Menschenscheu, Ängstlichkeit, erhöhte Reizbarkeit des Nervensystems [1196] und Minderwertigkeitsgefühle] zu nennen. Auch ist die vegetative Steuerung in Mitleidenschaft gezogen [1197].

Kinder werden bei Sprechanlässen oft blass oder rot, schwitzen vor Angst und verkrampfen sich. Symptomatisch sind auch motorische Auffälligkeiten, die sich in Begleitbewegungen beim Sprechen zeigen (Kopfrücken, Gesichterschneiden, Augenzwinkern, Lippenbewegungen, Schlucken, Stoßen, Schlagen mit Armen und Beinen) [1198]. Bei vielen Kindern erweitern sich vor dem Stottern die Nasenflügel [1199].

Ursachen und Hintergründe

In der Literatur erscheint die Ursachenproblematik auf Grund ihrer Komplexität noch nicht befriedigend abgeklärt. So bezeichnet man Stottern als »Entwicklungsphänomen« [1200], als »Sprachneurose« [1201] oder »Kommunikationsstörung« [1202]. Böhme spricht von einem »Stotter-Syndrom« [1203], dessen Auslösefaktoren teilweise noch unbekannt sind. So weist das komplexe Krankheitsbild des Stottersyndroms darauf hin, dass bei jedem Stotterer »andere kausale Faktoren in den Vordergrund treten« [1204]. Es ist anzunehmen, dass häufig eine ungünstige Konstellation als eigentlicher Ursachenhintergrund für Stottern anzusehen ist, wenn beispielsweise zu einer bestimmten ererbten Disposition oder zu einer frühkindlichen Hirnschädigung negative Umwelteinflüsse hinzukommen. Am besten wird man der Erhellung der Ursachenfrage gerecht, wenn man im Wesentlichen von drei Ursachenkomplexen ausgeht, nämlich von ererbten Dispositionen, von frühkindlichen Hirnschädigungen und von psychogenen Faktoren, die durch Umwelteinflüsse hervorgerufen wurden.

Hinsichtlich der *ererbten Dispositionen* ist vor allem eine anlagebedingte erhöhte Reizbarkeit des Nervensystems zu nennen, welche ihrerseits erhöhte Disponiertheit zu unkoordinierter Innervierung der Sprechmuskulatur (Atmungs-, Stimm- und Artikulationsmuskulatur) und Verkrampfung derselben begünstigt. Auch eine ausgeprägte Sensibilität stotternder Kinder mit schwankender Gefühlslage kann im Gesamtkomplex ererbter Dispositionen eine Rolle spielen. Warum Jungen unter Stotterern häufiger zu finden sind als Mädchen[1] scheint vom Ursachenzusammenhang noch nicht geklärt zu sein.

Infolge *frühkindlicher Hirnschädigung* (z.B. minimale zerebrale Schädigung) kann es zu vergleichsweise ähnlichen Folgewirkungen (erhöhte Reizbarkeit des vegetativen Nervensystems) kommen wie bei den ursächlichen Wirkungen ererbter Dispositionen. Frühkindliche Hirnschädigung[2] bildet damit einen möglichen Kausalfaktor, der bei entsprechenden ungünstigen Umwelteinwirkungen verschärfend zum Auslösen des Stotterns beitragen kann.

Von Umwelteinflüssen hervorgerufene *psychogene Faktoren* finden sich beispielsweise in einer überstrengen Erziehung, in einer Lebensatmosphäre der Angst und Furcht oder in einer von der sozialen Umwelt verursachten Minderung des Selbstwertgefühls. Davon betroffene Kinder neigen zu Unsicherheit und Ängstlichkeit. Auch anderweitige psychische Belastungen oder Aufregungen, z.B. Stress, Ablehnung, Spott kann man zu den negativen Umweltfaktoren zählen.

Der von diesen drei Hauptfaktoren bestimmte Ursachenkomplex stellt grundsätzlich die jeweils individuelle Basis für das Zustandekommen der Stottersymptomatik dar. Sind Kinder entsprechend vorbelastet, wird meist eine bestimmte Situation zum »Auslöser« für das Stottern. So kennt man Fälle, bei denen schreckhafte Erlebnisse (z.B. Kriegsereignisse; Brand; Vergewaltigung) den Beginn des Stotterns markierten. Aber auch der Eintritt in einen Kindergarten, die Einschulung, Schulangst oder negativ herausragende Eltern- oder Lehrerreaktionen [1205] stellen Auslösersituationen dar.

Stotternde Kinder leiden mitunter tief unter ihrer Sprechschwierigkeit, mit der sie sich vor der Umwelt bloßstellen. Im Bemühen, eine solche Bloßstellung zu vermeiden, werden sie sprechscheu und zurückhaltend. Summieren sich die negativen Erfahrungen mit ihrer Umwelt (z.B. Verlachtwerden; Spott; Nachäffen; unvernünftiges Korrigieren), weitet sich mitunter die vorhandene »Sprachneurose« zur Persönlichkeitsneurose aus. Unter solchen negativ belastenden Umständen stellt Stottern auch eine »Disposition zu asozialer Entwicklung«[3] dar, wenn die Umwelt anstatt verständnisvoller Hilfeleistung den Betroffenen in eine Außenseiterposition drängt.

In der frühen Kindheit kann Stottern auch als Entwicklungsphänomen auftreten. Dieses so genannte »Physiologische Stottern« (z.B. »ich-ich-ich ...«) stellt eine bestimmte »Phase der Sprachentwicklung« [1206] dar, in welcher manche Kinder bevorzugt zu stotternder Sprechweise neigen. In der Regel wird diese Phase bald wieder überwunden.

1 Böhme (a.a.O., S. 227) führt ein Verhältnis von 4:1, Göllnitz (a.a.O., S. 448) ein solches von 3:1 an.
2 Vgl. hierzu das Kapitel über »Frühkindliche Hirnschädigung«, S. 82ff.
3 Hanselmann (a.a.O., S. 230ff.) führt hierzu auch ein sehr nachdenklich machendes Beispiel an.

Der Zusammenhang des Stotterns mit Linkshändigkeit [1207] ist noch nicht zufrieden stellend erforscht. Vielfach wurde bei Kindern das Auftreten von Stottern nach der Umstellung von linkshändigem Schreiben (bei ausgeprägter Linkshändigkeit) auf rechtshändiges Schreiben (»breaking«) beobachtet.[1]

## Untersuchungsverfahren und Diagnose

Die Diagnose des Stotterns, die vor allem im Hinblick auf die Ursachenfrage wichtig ist, erfordert ebenso fachärztliche Untersuchungen (z.B. neurologische) wie psychologische (Persönlichkeitsprofil; Umwelteinflüsse) und logopädische (z.B. Atmungsverhalten). Beobachtung des Kindes und Gespräche mit den Eltern ergänzen die hinsichtlich der Symptomatik meist recht eindeutige Diagnose. Wichtig ist eine deutliche Unterscheidungsdiagnose in der Abgrenzung zum Poltern, welches andere therapeutische Maßnahmen erfordert.

## Pädagogische Hilfen

Entsprechend der Häufigkeit, mit der Stottern innerhalb der Gesamtpopulation aller Kinder vorkommt, sind mit dieser Sprechschwierigkeit behaftete Schüler etwa in jeder dritten Schulklasse (insbesondere in den Jahrgangsstufen 1 und 2) anzutreffen. Im Vergleich zu anderen Sprech- und Sprachschwächen, kann der Lehrer gerade beim stotternden Kind recht viel zur pädagogisch-therapeutischen Hilfe beitragen. Durch Stottern belastete Kinder sind meist recht intelligent und sensibel. Sie machen sich daher besorgte Gedanken über ihre Sprechschwierigkeit und geben sich sprachlich gehemmt und zurückhaltend. Dies gleichen sie in der Regel aber durch ihre schriftlichen Arbeiten und Leistungen wieder aus. Schulischerseits sollte man für diese sprachliche Befangenheit Verständnis aufbringen und die im Unterricht häufig überbewertete »mündliche Mitarbeit« weniger gewichten. Stellt man fest, dass in der Klasse ein Kind stottert, ist eine umgehende Aussprache mit den Eltern erforderlich. Die Möglichkeit einer ärztlichen Untersuchung, logopädischen Behandlung oder (in schwereren Fällen) einer zeitlich begrenzten Überweisung in eine Förderschule ist zu überlegen. Je früher Stottern therapeutisch angegangen wird, umso höher ist die Chance einer dauernden Besserung bzw. Heilung. Dies gilt selbstverständlich auch für den Vorschulbereich. Verbleibt das Kind bei leichteren Fällen des Stotterns in seiner bisherigen Klasse, sollte der Lehrer im Gesprächskontakt mit den Eltern und der therapierenden Stelle bleiben, um schulisch-pädagogische Maßnahmen damit koordinieren zu können.[2] Zur pädagogischen Hilfeleistung für ein stotterndes Kind sind daher vor allem auch kontinuierlich beratende

---

1 Vgl. das Kapitel über »Linkshändigkeit« in diesem Buch, S. 343ff.
2 In den USA wird zum Beispiel in Schulkliniken und Schulen bevorzugt Team-Arbeit angewendet.

Gespräche zwischen Schule und häuslichen Erziehungspersonen wichtig. Für beide Lebensbereiche des Kindes gibt es eine Reihe übergreifender wie spezieller Maßnahmen.

**Pädagogische Beratung der Eltern**

Die Erfahrung zeigt, dass es eine Anzahl typischer pädagogischer Fehler gibt, die von Eltern und nahen Erziehungspersonen bezüglich des Stotterns eines Kindes gemacht werden. Oftmals reagieren sie hilflos und ängstlich. Solches Verhalten ist dazu angetan, das Problem eher noch zu verschärfen. Zur Vermeidung pädagogischen Fehlverhaltens und zur Verbesserung helfender und heilender Maßnahmen sind folgende Ratschläge grundlegend:

- Jeder Stotterer beherrscht in der Regel die Lautbildung und deren Technik, die für das Sprechen notwendig ist. Jegliche »technische Sprechübung« ist daher sinn- und zwecklos.
- Das Kind sollte keine korrigierenden Anweisungen wie z.B. »Sprich schneller!«, »Sprich langsamer!«, »Überlege, bevor du sprichst!«, »Fange nochmals an!« erhalten. Es sollte nicht ermahnt werden, über sein Sprechen nachzudenken. Dies würde die beunruhigende Feststellung, nicht gut zu sprechen, akzentuieren und verhärten.
- Eltern sollten es vermeiden, Besorgnis und Angst vor dem Kind zu zeigen, wenn dieses zu stottern beginnt. Solches führt zu vermehrter Verunsicherung und noch größerer Sprechangst.
- Grundsätzlich sollte vor dem Kind das Wort »Stottern« im Zusammenhang mit seinem Sprechen nicht auftauchen. Jedoch kann eine ruhig-verständnisvolle Aussprache mit dem Kind den Begriff »Stottern« durchaus verwenden, um es von einer für das Kind negativen Besetzung her (Angst; Spott) zu entschärfen.
- Erziehungspersonen dürfen niemals Ungeduld zeigen, wenn das Kind stockt, zögert oder wiederholt. Diesbezüglich ist auch eine ruhige und ausgeglichene häusliche Atmosphäre therapeutisch bedeutsam. Hektik, Streit, autoritärer Zwang, Abwertung und Angst wirken verschärfend auf die Sprechhemmung und verschlechtern die Ausgangslage für eine Besserung.
- Ein stotterndes Kind sollte zum Sprechen ermutigt und motiviert werden (Situationen schaffen, in denen das Sprechen Freude macht; interessante und lustige Begebenheiten aus dem Alltag des Kindes erzählen lassen; selbst erzählen oder vorlesen). Ruhiges, freundliches und geduldiges Sprechen und aufmerksames Zuhören des Erziehers entspannen die Dialogsituation und fördern die Sprechbereitschaft. Andererseits darf das Kind nicht in Sprechsituationen gebracht werden, in denen es aller Voraussicht nach gehemmt ist.
- Wer ein stotterndes Kind eine Weile beobachtet und seine Nöte verstehen lernt, kommt ganz von selbst zu einer individuell abgestimmten Einstellung zu dessen Sprechschwierigkeit und kann daher auch entsprechende Hilfen anbieten. Erzählt das Kind beispielsweise, dass es Schwierigkeiten hat, bestimmte Wörter

oder Silben »herauszubringen«, kann man es beruhigen und ihm versichern, dass jeder Mensch hin und wieder solche Schwierigkeiten hat und dass überhaupt kein Anlass zur Sorge besteht. Diese Versicherung sollte aber auch nicht überstrapaziert werden, da das Kind dann leicht hellhörig wird.
- Man muss damit rechnen, dass das Kind etwas sagen möchte, was es nicht beenden kann. Wenn es nach einem bestimmten Ausdruck sucht, sollte man ihm diesen unbefangen anbieten. Nicht gut ist es, dem Kind einen ganzen Gedankengang vorwegzunehmen.
- Stottern kann zeitweise verstärkt auftreten und dann wieder abklingen. Dies hängt mit der Komplexität der Ursachen zusammen, deren psychogene Faktoren temporär verschärfend oder entspannend wirken können. Auch der körperliche Gesundheitszustand hat hier seine Bedeutung. Sportliche Betätigung und sinnvolle Ernährung können stabilisierend wirken [1208].
- Wichtig ist die Behandlung der Atemtechnik [1209]. Eltern sollten sich fachlich beraten lassen und dann z.B. Atemübungen in Verbindung mit rhythmischen Bewegungen zusammen mit dem Kind vornehmen. Auch Schwimmen verbindet Atmung mit rhythmischer Bewegung. Blockflötenspiel fördert die wichtige Koordination zwischen Atmung, Rhythmus und Konzentration.
- Konflikte zwischen Eltern und Kind sowie der Eltern untereinander gehören zu den umweltbedingten Ursachen des Stotterns. Stellt die häusliche Atmosphäre einen gravierenden Störfaktor dar, sind Eltern oder Erziehungspersonen gefordert, eine Änderung herbeizuführen (z.B. familienzentrierte therapeutische Ansätze). Gelingt dies nicht, wäre in schwerwiegenden Fällen die vorübergehende Aufnahme in eine Sprachheilschule oder in ein Sprachheilinstitut (Milieuwechsel) zu überlegen.
- Eltern sollten wissen, dass Stottern meist nicht rasch und vollständig verschwindet, dass es Rückfälle geben kann und deshalb unbedingt Geduld notwendig ist. Überkommene Vorurteile, dass Stottern eine »schlechte Angewohnheit«, ein »Zeichen von Dummheit« oder »ansteckend« sei, gehören ins pädagogische Abseits.

**Ratschläge für die schulische Betreuung des Kindes**

Es stellt eine menschliche Notsituation dar, etwas sagen zu wollen und es nicht fertig zu bringen. Dies ist die Situation eines stotternden Kindes. Zugleich stellt sich das Gefühl des Versagens ein. Die Erfahrung zahlreicher negativer Umweltreaktionen führt beim stotternden Kind nach und nach dazu, dass es seine Sprechschwierigkeit mit Scham und Peinlichkeit verbindet. Westrich [1210] legte mehreren hundert jugendlichen Stotterern die Frage vor, ob sie auch stottern würden, wenn sie plötzlich um Hilfe rufen müssten, weil sie am Ertrinken wären. Fast alle erklärten, dass sie dann nicht stottern würden, und zwar deshalb nicht, »weil ihnen in diesem Augenblick gleichgültig sei, was die Umwelt von ihnen denke« [1211]. Diese Aussagen zeigen deutlich die gruppensoziale Verflechtung des Stotterns und seine Mitbedingtheit durch zwischenmenschliche Rückkopplungserfahrung. Das Verhalten der Mitmenschen als Reaktion oder Antwort auf das Stottern eines Kindes stellt im negativen Fall immer verschärfend Frustration dar. Gerade in der Schule aber ist der Stotterer leicht verletzendem Spott und Unverständnis ausgesetzt. Eine der vorrangigen Aufgaben des Lehrers ist daher das sachliche Gespräch mit den Mitschülern. Behinderungen, Sprachschwächen und Sprechschwierigkeiten im Besonderen gehören heute zum pädagogisch und zwischenmenschlich notwendigen Unterrichts- und Erziehungsgegenstand aller Altersstufen. Ein erster Schritt zur Hilfe für betroffene Kinder ist die Akzeptanz ihrer Mitwelt, dass stotternde Menschen sich in einer anderen Art und Weise sprachlich mittteilen als Menschen, die nicht stottern[1]. Mitschüler können Verhaltensregeln im Umgang mit einem stotternden Menschen insbesondere auch am Beispiel des Lehrers erlernen. Diesbezügliche Grundregeln sind:

- Ein stotterndes Kind darf nicht verlacht, bloßgestellt und nachgeäfft werden. Für sensible Kinder genügt oft schon ein leichtes Grinsen, um sie zu verunsichern.
- Während des Unterrichtsgeschehens warten Lehrer und Mitschüler ruhig ab, bis das betroffene Kind Antwort gegeben oder seinen sprachlichen Beitrag geliefert hat. Das stotternde Kind benötigt wenig korrigierende Anweisungen. Solche tragen nur zur Verunsicherung bei.
- Stotternde Kinder geben mitunter oft bewusst dem Lehrer zu erkennen, auf eine Frage keine Antwort zu wissen, obwohl sie diese einwandfrei parat haben. Die Befürchtung vor öffentlich sprachlichem Versagen hat größeres Gewicht als eine schlechte Zensur in mündlicher Mitarbeit.
- Mit dem Kind muss immer wieder zwanglos über seine Sprechschwierigkeit gesprochen werden, damit diese nicht tabuisiert oder zum Komplex verschärft wird. Gemeinsame Maßnahmen können überlegt und klare Absprachen getroffen werden (zum Beispiel: »Ich rufe dich nur dann auf, wenn du selbst etwas sagen möchtest und dich meldest.«).
- Das Wort »Stottern« sollte nicht in abwertend-negativer Weise auftauchen. Wenn es benützt wird, bedarf es zuvor innerhalb der Klasse einer objektiven und sachlichen Erklärung und Entschärfung.
- Im Allgemeinen empfiehlt es sich, in der Schule ein stotterndes Kind nicht anzustarren, während es spricht. Ein *unbefangenes* Wegsehen des Lehrers, indem er sich kurz mit einem anderen Schüler beschäftigt, gibt dem Kind die Möglichkeit, seinen Sprechansatz zu beruhigen und zu ordnen. Grundsätzlich aber verletzt es Stotterer, wenn der Gesprächspartner dauernd zur Seite sieht.
- Ein Stotterer darf nicht zusammen mit anderen Schülern zur Beantwortung einer Frage aufgerufen werden. Er kommt dadurch in Zeitdruck und Angst, mit seiner Antwort hintan zu bleiben. Dies verstärkt seine Sprechschwierigkeiten. Viele stotternde Kinder haben bereits Ängste, wenn sie daran denken, dass sie in der Schule »drankommen«.

---

1 Bundesvereinigung Stotterer-Selbsthilfe e.V.: Infoblatt.

- Vorzugsweise schriftliches Arbeiten, Experimentieren, handelndes Umgehen mit dem Lerngegenstand verschaffen dem Kind die Chance, immer wieder auch ohne Sprechen Leistungsergebnisse zu erzielen.
- Gut und flüssig gesprochene Antworten sollten positiv verstärkt werden (Lob; aufmunterndes Kopfnicken). Gestottertes ist ruhig und gelassen aufzunehmen.
- Aus dem bereits Gesagten wird erkennbar, dass eine in der Schule vorherrschende Atmosphäre, die durch überstarken Leistungsdruck, Angst oder autoritären Erziehungsstil geprägt ist, das Leiden eines stotternden Kindes verschlechtert. Freiraum, offene Unterrichtsgestaltung, Gelöstheit und Humor sind wichtige Aspekte pädagogischer Hilfeleistung.
- Beim Singen haben stotternde Kinder selten Schwierigkeiten. Der Liedtext kann fließend gesungen werden. Offensichtlich stellt sich das stotternde Kind beim Singen vorrangig auf die Tonfolgen des Liedes und auf den musikalischen Ablauf ein. Damit wird das »Sprechen« des Textes zweitrangig oder neben dem Rhythmus sogar drittrangig. Es wird dann einfach weniger beachtet und gelingt im Singen ohne die gefürchteten Hemmungen und Verkrampfungen.[1] Bei leichtem Stottern kann man auch feststellen, dass die Sprechschwierigkeit geringer wird, wenn das Kind laut vorliest. Die Sicherheit, dass dabei »niemand einem auf den Mund schaut« und die Übernahme eines mehr »singenden« Vorlesetons tragen hierbei offensichtlich zur deutlichen Besserung des Stotterns bei. Ähnliches ist beim gemeinsamen Lesen im Chor festzustellen. Auch dabei fällt das Kind nicht auf oder fühlt sich von der Gemeinschaft »getragen«. Auch flüsterndes Sprechen löst häufig die Verkrampfung des Stotterns.
- »Stottern vermeiden, heißt Stottern festigen.« [1212] Das stotternde Kind muss während des Unterrichts und auch sonst im Schulleben die (selbstverständliche) Möglichkeit haben, uneingeschränkt stottern zu dürfen.
- Die Kooperation der Lehrer des Kindes mit Eltern und Therapeuten ist eine selbstverständliche Notwendigkeit, da die gerade beim Stottern so wichtige psychisch-soziale Hilfeleistung »nicht nur vom Arzt, sondern auch vom besonders gebildeten und begabten Pädagogen besorgt werden kann« [1213]. Dies trifft insbesondere für den Klassenlehrer zu. Er stellt in der heute recht ausgedehnten Zeit von Unterricht und Schulleben für das Kind eine wichtige Bezugsperson dar, die im therapeutischen Kooperationskonzept eine ausschlaggebende Funktion erfüllt.
- Gibt es an einer Schule mehrere stotternde Kinder, könnte der Beratungslehrer oder Förderlehrer einen Arbeitskreis für stotternde Kinder einrichten.

---

1 Verschiedene Sprachtherapeuten bedienen sich dieser Tatsache, indem sie Stotterer »singend« sprechen lassen und sie nach und nach wieder zum normalen Sprechen zurückkehren lassen. Sinn des »singenden Sprechens« ist eine Vertrauensstärkung des Stotterers im Bewusstwerden, dass er »eigentlich doch sprechen kann«.

Fallbeispiel

**»Hans«** [1214]

Hans war ein schmächtiger, schüchterner und recht sensibler Junge von 9 Jahren. Seine schulischen Leistungen waren als gut bis sehr gut einzustufen. Während des Unterrichts meldete er sich verhältnismäßig wenig, bei seinen schriftlichen Arbeiten dagegen zeigte er Fleiß und Gewissenhaftigkeit. Er war stets freundlich, ging aber fast niemals aus sich heraus. Lieber wartete er, bis man ihn ansprach.

Hans hatte einen leichten bis mittleren Sprechfehler. Er stotterte häufig, wenn er während des Unterrichts aufgerufen wurde. Besonders einige Buchstaben machten ihm Schwierigkeiten. Unter ihnen war vor allem das »G« am Anfang eines Wortes. Besonders bei diesem Laut versuchte er krampfhaft, den Wortanfang ohne Stottern herauszubekommen. Meist gelang ihm dies aber nicht. Zuerst presste er mit angehaltener Luft, dann ließ er sie ausströmen, konnte aber immer noch kein G sprechen. Er wurde rot, schaute hilflos um sich und stotterte einige Male »G«, bis er dann wieder fließend weitersprechen konnte.

Wenn Hans während der Pause mit seinen Kameraden spielte, mit ihnen sprach oder ihnen laut etwas zurief, stotterte er wenig. Er redete dann allerdings im Dialekt und hatte bei dieser Art »Primärsprache« anscheinend keinerlei Hemmungen oder sprachliche Schwierigkeiten. Nur wenn er Schriftdeutsch sprach, vor allem Autoritätspersonen oder anderen Erwachsenen gegenüber, litt er an seiner Sprechschwierigkeit.

Hans war sehr musikalisch. Er sang gerne und hatte dabei überhaupt keine sprachlichen Schwierigkeiten. Auch wenn er aus dem Buch vorlas, kamen nur hin und wieder stotternde Ansätze vor, hauptsächlich bei »G«, »B« und »P«.

In mehreren Gesprächen und mithilfe projektiver Testverfahren (CAT/TAT; Sceno-Test) ergab sich folgendes Bild von Hans: Der Junge hatte einen sehr strengen Vater, der ihn häufig anschrie oder ihm mit Schlägen drohte. Er ließ ihn wenig zu Wort kommen, wenn er etwas zu seiner Verteidigung sagen wollte. Sehr wütend wurde der Vater immer dann, wenn Hans zu stottern anfing. Dann brüllte er ihn an, er solle gefälligst nicht so »gazzen« (Dialektausdruck für »gackern«).

Hans bekam immer gewaltiges Herzklopfen, wenn er mit Autoritätspersonen sprechen musste. Solche Personen waren außer dem Vater beinahe alle Erwachsenen, vorzugsweise aber Männer, z.B. der Lehrer, der Nachbar, der Kaufmann. Er war dann sehr aufgeregt und fing unausweichlich zu stottern an. Musste er beim Kaufmann etwas einkaufen, so übte er zuerst an der Ecke die Sätze, die er sagen sollte, und wiederholte sie auf dem Weg. Meist aber half dies nichts, da er, sobald er vom Kaufmann nach seinem Wunsch gefragt wurde, sich verkrampfte, aufgeregt wurde und zu stottern anfing.

In der Schule »fürchtete« er sich besonders vor Worten, die mit »G« anfingen. Er legte sich in Gedanken alle möglichen Wörter bereit, die nicht mit »G« anfingen, wenn der Lehrer von den Schülern verlangte, dass sie bestimmte Begriffe zu einem

Thema beitragen sollten. Statt »Gans« sagte er »Schwimmvogel« oder statt »gut« verwendete er »prima«. Einmal kam es vor, dass er berichtete, er habe zum Geburtstag »zwei halbe Kuchen« bekommen. Er hatte Angst davor zu sagen, dass er einen »ganzen« Kuchen für sich allein erhalten habe. So war Hans also immer auf der Suche nach für ihn »harmlosen« Wörtern.

Hans wollte es zwar nicht zugeben, aber er litt sehr unter seinem Sprechfehler. Er schämte sich jedes Mal tief vor den anderen, wenn »es wieder nicht herauswollte«. Ja er hatte regelrechte Angstträume, in denen er mitten auf dem Marktplatz stand, umgeben von einer großen Menge Menschen. Er sollte etwas sagen, konnte aber nur immer »ga-ga-ga-ga« rufen. Die Leute lachten ihn aus, verfolgten ihn und riefen hinter ihm her: »Gazzer!«

Es waren auch Aggressionen gegen den Vater vorhanden, die verdrängt wurden. Aus diesem Konflikt resultierten die Unsicherheit und Ängstlichkeit des Jungen, wenn er mit Erwachsenen sprach. Im Unterricht wurde diese Unsicherheit auch seinen Kameraden gegenüber deutlich. In den vorangegangenen Schuljahren war er wegen seines Stotterns von Mitschülern immer wieder ausgelacht worden. So hatte sich bei Hans im Laufe der Zeit ein regelrechter Komplex gebildet, dessen Kern die Angst vor dem Sprechen mit Erwachsenen darstellte. Er versuchte, diesen ihm als übergewöhnlich beschämend vorkommenden »Makel« so gut er konnte zu verheimlichen und züchtete damit seinen Komplex nur noch größer. Er vermied, wo er nur konnte, mit Autoritätspersonen und Erwachsenen zu sprechen, wurde zurückhaltend, meldete sich in der Schule nicht, obwohl er meist Bescheid wusste, und legte sich einen beachtlichen Wortschatz an »Ersatzwörtern« zurecht, die nicht mit »G«, »B« oder »P« anfingen. In letzter Zeit kam es auch häufiger vor, dass er auf eine Frage in der Schule keine Antwort gab. Einige seiner Lehrer werteten dies als »Unaufmerksamkeit« oder auch als »Nichtkönnen«, und so erhielt er in »Mitarbeit« und in einigen Schulfächern schlechte Zensuren. Wie Hans im Gespräch versicherte, hätte er meist nur deshalb keine Antworten gegeben, weil er sich vielleicht durch sein Stottern blamiert hätte. Lieber habe er in Kauf genommen, dass man ihn für unaufmerksam oder faul hielt.

Zusammen mit den Eltern und dem Lehrer wurde ein Beratungsgespräch angesetzt, das sehr erfreulich verlief. Die Eltern versicherten, dass sie gar nicht wussten, wie ihr Sohn unter seiner Situation leidet. Das Stottern hätten sie als dumme Angewohnheit angesehen. Der Lehrer hatte wohl öfter die Not des Jungen wahrgenommen, aber nicht gewusst, was man in einem solchen Fall machen könne. Unter den Kollegen sei nicht darüber gesprochen worden. Wir gingen gemeinsam daran, Hans zu helfen. Die Eltern versprachen, ihr Bestes zu tun, um durch ihr Verhalten die Not des Jungen nicht noch zu verstärken. Sie erhielten einige Verhaltensregeln für das Gespräch mit Hans. Der Vater wollte sich bemühen, sein negatives Erzieherverhalten zu korrigieren. Der Klassenlehrer ging daran, die Thematik »Behinderung« und in deren Rahmen »Sprechfehler« altersgemäß in der Klasse zu behandeln. Auch er akzeptierte Verhaltensregeln im Umgang mit Hans. Die bei dem Jungen begonnene psychologische Untersuchung wurde mit Beratungsgesprächen fortgesetzt, in deren

Verlauf Hans zusehends »auftaute«, fröhlicher und gesprächsbereiter wurde. Wir taten ein Zusätzliches und schickten ihn zu einer Gymnastiklehrerin, die eine Gruppe Kinder mit rhythmischen Übungen bei Musik betreute. Hans machte dort sehr gerne mit. Hier wurde auch festgestellt, dass der Junge eine falsche Atemtechnik hatte. Er zog beim Sprechen das Zwerchfell ein (anscheinend aus einem früher erworbenen Angstreflex heraus), anstatt ruhig und voll bei vorgewölbter Bauchdecke zu atmen. Der Arzt stellte bei Hans eine körperlich gute Gesundheit fest. Allerdings seien Anzeichen von Neurasthenie und vegetativer Labilität aufzufinden.

Hans lernte bald, anders zu atmen. Gemeinsam bauten wir seinen Komplex ab, indem er sich im Gespräch von seinen bislang sorgsam gehüteten Ängsten löste. Auch die Atmosphäre in der Schule stellte sich für den Jungen auf einmal positiver dar, dank der Mitarbeit des Klassenlehrers von Hans. Lediglich zu Hause gab es immer wieder Schwierigkeiten, da der Vater sich nicht so schnell ändern konnte. Er bemühte sich aber nach Kräften. Dies schien Hans mehr gefühlsmäßig zu spüren als zu erkennen. Jedenfalls besserte sich der Sprechfehler langsam und stetig. Es gab zwar immer wieder Rückfälle, aber insgesamt gesehen war das Ergebnis sehr erfreulich. Hans besucht heute ein Gymnasium und ist in allen Fächern ein guter Schüler. In einem Gespräch nach Jahren versicherte er, dass er wahrscheinlich niemals eine weiterführende Schule besucht hätte, wenn er nicht von seinem Stottern befreit worden wäre.

# 9. Besondere (komplexe) Lernschwächen

## 9.1 Rechenschwäche

### Definition

Rechenschwäche ist gekennzeichnet durch anhaltende Schwierigkeiten im Erfassen rechnerischer Sachverhalte, im Umgang mit Zahlen und in der Bewältigung von Rechentechniken. Dabei kann man unterscheiden zwischen einer Rechenschwäche im Rahmen einer vorhandenen allgemeinen Schulleistungsschwäche und einer »isolierten« bzw. speziellen Rechenschwäche (Dyskalkulie) bei sonst durchschnittlicher bis überdurchschnittlicher Begabung und entsprechenden Leistungen [1215]. Im Folgenden wird bei der Verwendung des Begriffs »Rechenschwäche« diesbezüglich keine Trennung vorgenommen.

### Beschreibung und Symptomatik

Die Symptomatik der Rechenschwäche kann schwerpunktmäßige Häufungen aufweisen. Fast immer ist sie aber auch Ausdruck einer ätiologischen Verflochtenheit innerhalb komplexer Vorgänge.

Nach Lobeck sind die zu beobachtenden Symptome folgenden wichtigen Bereichen zuzuordnen, welche für die rechnerischen Fähigkeiten bedeutsam sind:
- Sprach- und Symbolverständnis
- Quantitatives Denken
- Einige Aspekte des Zahlbegriffs
- Umgang mit Operationen [1216]

Im Einzelnen lassen sich folgende Symptome unterscheiden:
- Schwierigkeiten beim Zählen (Zählschwäche; Unfähigkeit, eine Eins zu Eins-Entsprechung zu erfassen; Schwierigkeiten beim Erfassen von Kardinal- und Ordnungszahlen) [1217]
- Nichterkennen unterschiedlicher oder gleichmächtiger Mengen
- Mangelnde Mengenbegriffe
- fehlende simultane Mengenerfassung (von bis zu 5 Elementen) [1218]
- Schwierigkeiten beim Addieren, Subtrahieren, Multiplizieren, Dividieren
- Schwierigkeiten beim Zuordnen von Zahlwörtern zu vorgegebenen Zahlzeichen

- Schwierigkeiten beim Erkennen von Ordnungsrelationen (z. B. die größere von zwei Zahlen wird nicht erkannt)
- Falsches Niederschreiben von Zahlen und Symbolen beim Diktat
- Falsches Abschreiben von Zahlen und Symbolen
- Mangelnde Gedächtnisleistungen (z. B. beim Kopfrechnen)
- Fehler vorwiegend bei Textaufgaben
- Schwierigkeiten beim Klassifizieren von Gegenständen
- Ungenügende Festigung von Rechenautomatismen (z. B. Einmaleinszahlen)
- Defizite im Vorstellungsvermögen
- Visuelle und auditive Wahrnehmungsfehler
- Fehlerhafte Strategieanwendung (z. B. im Planen und Abrufen einer Lösungsstrategie)
- Flüchtigkeitsfehler

Ursachen und Hintergründe

Rechenschwäche ist eine Lernschwäche, welche meist auf komplexe Ursachenverflechtungen bei individueller Konstellation zurückzuführen ist. Geht man von der oben vorgenommenen Definition im übergreifenden Sinne aus, so wird noch deutlicher, wie vielgestaltig die Ursachenanalyse von Fall zu Fall zu sehen ist. Beim Rechnen sind zunächst weit verzweigte Hirnstrukturen beteiligt. So geht man davon aus, dass in der rechten Hemisphäre vorwiegend konkrete Wahrnehmungen lokalisiert und kodiert werden (Zeit; Raum; Form; Struktur; Bewegung), in der linken hingegen abstrakte Inhalte sprachliche Kodierung erhalten (Benennungen; Ordnungen). So stellen sich Grundleistungsprozesse beim Rechnen im Grundschulalter im Umsetzen von rechtshemisphärischen Leistungen in linkshemisphärische und umgekehrt (Wechselwirkungsvorgänge) dar. Solche komplexen Vorgänge können durch faktorielle Defizite unter Umständen erheblich gestört sein. Dies verkompliziert die Ursachenforschung nicht unerheblich.

Legt man den Rechenleistungen die vier Phasen des Aufbaus der Verinnerlichung einer Operation nach Aebli [1219] zu Grunde, so können Störfaktoren im »effektiven Vollzug einer Handlung«, in der »bildlichen Darstellung einer Operation«, in der »zeichenmäßigen Darstellung in Form der Zifferngleichung« und in der »Automatisierung« auftreten und Rechenschwäche in verschiedenen Graden mitverursachen [1220]. Als mögliche Ursachen (primärer oder sekundärer Art) kämen daher infrage:

- Defizite im anschauungsgebundenen Denken beim Erfassen quantitativer Strukturen
- Mangelnde Abstraktionsfähigkeit
- Mangelndes räumliches Vorstellungsvermögen
- Schwächen in der Knüpfung logisch-abstrakter Beziehungen
- Visuelle Gliederungs- und Gestaltschwächen

- Zähl- bzw. Zahlbegriffsschwäche
- »Mangelnde Einsicht in das dekadische Positionssystem« (Grissemann)
- Haften des Denkens am konkreten Gegenst#and
- Visuelle und auditive Speicherschwächen
- Schwäche in der Raum-Lage-Orientierung (Richtungsstörungen im Ziffernumgang)
- Konzentrationsschwäche
- Defizite bei motorischen Fähigkeiten (z.B. fein- und graphomotorische Fähigkeiten)
- Mängel in der Fähigkeit sprachlicher Dekodierung (z.B. Textaufgaben)
- Ängstlichkeit, Aufgeregtheit, depressive Blockierungen, Angstabwehrmechanismen etc. müssen (von einem persönlichkeitsorientierten ätiologischen Ansatz her) in die Ursachenfrage miteinbezogen werden.

Untersuchungsverfahren und Diagnose

Im Hinblick auf die Komplexität der Ursachenfrage beim Vorliegen einer Rechenschwäche muss die Diagnose versuchen, sowohl kausale Teilfaktoren als auch die individuelle Konstellation zu ergründen. Neben »die Erfassung und Beurteilung der Rechenleistung einerseits (Leistungsdiagnostik) und die Erfassung sowie Beurteilung des Schülers (Lerndiagnostik) andererseits« muss die »Diagnostik des schulisch-sozialen Lernumfeldes« [1221] treten. Es empfehlen sich daher folgende diagnostische Aspekte:

**Psychiatrisch-neurologische Untersuchung**

(neurologische Untersuchung; motoskopische Untersuchung; EEG; Abklärung, ob eventuell eine MCD vorliegt) [1222]

**Analyse des sozialen Umfeldes**

(ererbte Dispositionen; familiäre Situation; Verhältnis der Bezugspersonen zum Kind; Geschwisterkonstellation etc.)

**Analyse der Entwicklung des Kindes**

(Leichtere prä-, peri- oder postnatale Schädigungen; Krankheiten; Sprachentwicklung; Entwicklungsverzögerung; Verhaltensschwierigkeiten)

### Überprüfung kognitiver und psychomotorischer Fähigkeiten

(Sinnestüchtigkeit; visuelle Gliederungsfähigkeit und Speicherfähigkeit; auditive Gliederungs- und Speicherfähigkeit; Raum-Lage-Orientierung; Hemisphärendominanz; anschauungsgebundenes Denken; »Rechnerisches Denken« (Hawik); Konzentrationsfähigkeit; Lesefähigkeit; Motivation; Graphomotorik; Intelligenz)

### Überprüfung durch Testverfahren

Die Beurteilung elementarer Rechenfähigkeiten (z. B. Fähigkeiten der Addition und Subtraktion) durch Testverfahren kann eine sinnvolle Ergänzung der Diagnose sein. Das »Diagnostikum: Basisfähigkeiten im Zahlenraum 0 bis 20 (DBZ 1)« [1223] stellt ein Verfahren dar, das zum Beispiel im 1. Schülerjahrgang nach der Behandung des Zahlenraumes 0 bis 20 eingesetzt werden kann.

### Schulleistungsanalyse

(Lernprozessdiagnostik; Leistungsdiagnostik als Lernkontrolle und allgemeine Leistungsdiagnostik) [1224]
Bei der diagnostischen Analyse der Schulleistungen ist neben den anfallenden Arbeitsergebnissen auch die gezielte Beobachtung des Kindes durch den Lehrer bedeutsam (Prozessdiagnostik über längere Zeiträume hinweg).

### Pädagogische Hilfen

Bei der pädagogischen Hilfeleistung muss zunächst die individuelle Persönlichkeitskonstellation des Kindes im Mittelpunkt stehen. Das heißt, dass es nicht damit getan wäre, einfach nur mathematisch-kognitive Trainingsverfahren anzusetzen. Vielmehr können interpersonale Hilfen, Einbezug des sozialen Umfeldes, Verbesserung des sozialen Klimas innerhalb der Schulklasse, sozialintegrative Maßnahmen oder Psychotherapie unter Umständen noch wichtiger sein, »um nicht schwere Krisen im Selbstwerterleben und in der weiteren Persönlichkeitsentwicklung zu provozieren.« [1225] Darüber hinaus bietet sich ein lernprofilorientiertes Training an, welches in jedem individuellen Fall ein genau auf die jeweilige Diagnose abgestimmtes Übungsprogramm enthält. Hiermit wird versucht, vorrangig spezielle Defizite anzugehen. Die einschlägige Literatur bietet dafür eine Fülle von Materialien, Spielen und bewährten Übungen an [1226].

Im Einzelnen sei auf folgende pädagogische Hilfen verwiesen, die zur Förderung und Vertiefung mathematischen Lernens bedeutsam sind:
- Individualisierung der Lehr- und Lernverfahren (z. B. variabler Medieneinsatz; Veranschaulichung; handelndes Lernen)
- Anpassung der Lernanforderungen an den Lernentwicklungsstand des Kindes (»Passung«)

- Gut durchdachte didaktische Reduktion
- Beachtung der Aufbaustufen von Abstraktionsleistungen (nach Piaget; nach Bruner)
- Aufbau von mathematischen Begriffen und Denkoperationen durch die operative Methode; Abstraktion von der enaktiven zur ikonischen zur symbolischen Ebene (EIS-Theorie) [1227]
- Artikulation des Unterrichts (klarer und durchschaubarer Aufbau und aufbauendes Weitergehen in Schritten)
- Präzise Zielangaben
- Einbeziehen möglichst vielgestaltiger Sinneserfahrungen (visuell; auditiv; haptisch)
- Vielfältige und motivierend gestaltete Übungsangebote (z.B. zusätzliches mathematisches Üben mit den Kindern bekannten konkreten Gegenständen wie Knöpfen, Legobausteinen, Naturfrüchten etc. zur Veranschaulichung von Größenrelationen, Klassifikationen, Eigenschaften, Gesetzmäßigkeiten)
- Flexibles Abwandeln und Wiederholen von Unterrichtsteilen bei Nichtverstehen oder bei auftretenden Schwierigkeiten (z.B. »Rückschaltprinzip« auf eine geringere Abstraktionsebene)
- Integration von Rechenvorgängen in fächerübergreifenden Unterrichtseinheiten (Motivation; Erleben des Sinns mathematischen Lernens)
- Hinterfragen eines mathematischen Lösungsweges (Förderung der Kreativität im Finden anderer Wege; »genetisch-entwickelnder Unterricht«; forschend-entdeckender Unterricht)
- Vergleich der Geschichte der Mathematik mit der individuellen Rechenleistung eines Kindes (Kinder sind oftmals froh erstaunt, wenn man ihnen sagt, dass sie entwicklungs- und lernpsychologisch im Rechnen auf einer Stufe mit gebildeten Erwachsenen stehen, die vor tausend Jahren lebten.)
- Vertiefen und Automatisieren brauchen kein unpädagogischer Drill zu sein. Richtig integriert fördern sie die Rechensicherheit des Kindes.

## Fallbeispiel

### »Mathias« [1228]

»Mathias wurde wegen Verhaltensschwierigkeiten in die Klinik für Kinder- und Jugendpsychiatrie eingewiesen. Eine Lebenslaufanalyse ergab, dass die Mutter des Jungen starb, als dieser 7 Jahre alt war. Der Vater heiratete zum 2. Mal. Mathias hat eine Schwester von 13 Jahren und einen Stiefbruder von 2;5 Jahren. Nach einer komplikationslosen Schwangerschaft und Geburt verlief die frühkindliche Entwicklung des Jungen normal. Mathias war 4 Jahre alt, als er sich im Kindergarten erstmals erziehungsschwierig zeigte. Dieses Verhalten setzte sich in die Grundschulzeit fort. Der Junge krabbelte während des Unterrichts durch das Klassenzimmer, zeigte

Aggressionen und stritt sich mit Mitschülern. Auf Grund der Zunahme der Erziehungsschwierigkeiten kam Mathias in ein Heim. Auch dort fand er keinen sozialen Kontakt zu Mitschülern. Auffälligkeiten (wie Albern und Grimmassieren) deuteten seine Not des Minderbeachtetseins an. Die Eltern nahmen ihn wieder aus dem Heim. Fortan besuchte er eine Sonderschule. Gute Mitarbeit und kaum disziplinarische Schwierigkeiten kennzeichneten diesen Schulaufenthalt. Allerdings wurde er vom Lehrer als »geltungssüchtig« bezeichnet.

Bald begann Mathias damit, nach Schulschluss nicht nach Hause zu gehen. Er streunte umher, lief mehrere Male von zu Hause fort, wurde in anderen Landkreisen und Großstädten aufgegriffen und von der Polizei nach Hause gebracht. Er kam wiederum in ein Heim, lief daraus weg, wurde aber wieder zurückgebracht. Nach seinen Worten gefiel es ihm aber im Heim gut.

Die internistische und neurologische Untersuchung ergab keine erwähnenswerten Abweichungen von der Norm. Man stellte fest, dass der Junge Ambidexter ist (isst, schreibt, hämmert rechts, trägt aber links). Es wurden keine Anzeichen einer Hirnschädigung gefunden. Der Intelligenztest ergab einen durchschnittlichen IQ (IQ = 96; Verbalteil: 96; Handlungsteil: 97). Die Leistungen im Lesen und Rechtschreiben hielten sich im Durchschnitt. Die Prüfungen im Rechnen ergaben dagegen erhebliche Ausfälle. Der Junge konnte zählen, hatte Zahlbegriffe und auch ein Vorstellungsvermögen gegenständlicher Bedeutungen der Zahlbegriffe.

Eine familienzentrierte Analyse (Exploration von Mathias) ergab, dass der Junge zu seiner Stiefmutter nicht das Verhältnis gewonnen hatte wie zu seiner verstorbenen Mutter. Er sei von zu Hause fortgelaufen, weil er es »satt gehabt« habe, immer herumkommandiert zu werden. In der Klinik verhielt sich der Junge kleinkindhaft verspielt, zeigte sich anlehnungsbedürftig und besonders dankbar, wenn ein Erwachsener sich ihm besonders widmete. Übertragene Aufträge führte er sofort und zur Zufriedenheit aus.

Bei Mathias handelte es sich um einen organisch gesunden Jungen. Psychische Fehlentwicklung infolge von Milieuschädigungen hatten »neurotische Valenz«. An und für sich besaß der Junge alle Voraussetzungen, Rechenoperationen gut durchzuführen. Die bei ihm festgestellte Rechenschwierigkeit musste daher offensichtlich psychogener Natur sein. Insbesondere seine kleinkindhafte Verspieltheit und unterdurchschnittliche Ausdauer führten zu zahlreichen Flüchtigkeitsfehlern.«

## 9.2 Lese- und Rechtschreibschwierigkeiten

Definition

Unter dem Überbegriff »Leseschwierigkeiten« lassen sich im Hinblick auf die fachliche Diskussion mehrere synonyme Begriffe finden, die jedoch teilweise ihren eigenen speziellen Definitionsakzent besitzen. Unter *Leseschwäche* ist eine (zunächst nicht näher präzisierte) Schwäche (oder eine Konstellation von Schwächen) in Bezug auf Voraussetzungen und Fähigkeiten zu verstehen, die für das Erlernen des Lesens notwendig sind. Eine solche Schwäche kann im Verbund mit allgemeiner verminderter Intelligenz bzw. Leistungsfähigkeit stehen oder sich speziell auf das Lesenlernen beziehen. Leseschwächen können vorübergehend, also grundsätzlich behebbar, oder (meist bei bestimmten ererbten oder erworbenen Schädigungen) von Dauer sein. Im ersteren Fall bietet sich auch die Bezeichnung *Lesestörung* an.

*Lese-Rechtschreibschwäche* ist die erweiterte Bezeichnung für Leseschwäche, bei der man in Diagnose und Therapie die fast immer in Verbindung mit dieser Schwäche auftretenden Schwierigkeiten im Rechtschreiben einbezieht. Auch hier hebt man in der Literatur die isolierte Form (bei sonst mindestens durchschnittlich guten Leistungen in anderen Lernbereichen) von einer übergreifenden Leistungsschwäche eines Schülers ab. Diese »isolierte Lese-Rechtschreibschwäche« wird häufig identisch gesetzt mit dem Begriff »Legasthenie«, bei dem allerdings die wissenschaftliche Fragestellung sich überwiegend auf den Leseaspekt zentriert. Das Wort *Legasthenie* setzt sich zusammen aus »legere« (lateinisch = lesen) und »asthenia« (griechisch = Schwäche). Dieser Begriff wurde in der Fachdiskussion erstmals von dem Budapester Psychiater Ranschburg eingeführt. In der Folgezeit erlebte in den letzten Jahrzehnten die wissenschaftliche Auseinandersetzung um Legasthenie eine sehr kontrovers geführte Diskussion, die vor allem von der Ursachenfrage her geführt wurde. Die verschiedenen Auffassungen lassen sich einmal als vorwiegend durch Vererbung bedingte Lernbehinderung (Hermann; Hallgren; Weinschenk), als vorzugsweise auf eine Entwicklungs- und Reifeverzögerung zurückführende Schwäche (Critchley; Kirchhoff) und schließlich als Unterscheidung in eine »literale« und »verbale« Legasthenie (Schenk-Danzinger) zusammenfassen.

Weitgehend einer Auffassung ist man bei der Verwendung des Begriffs »Legasthenie«, dass es sich dabei um eine (isolierte) Schwäche im Lesen und Rechtschreiben handelt, die bei gleichzeitiger mittlerer (IQ ab 90) bis hoher Intelligenz und vergleichsweise überdurchschnittlichen Leistungen in anderen Schulfächern auftritt.

Beim Vorhandensein von Legasthenie[1] tritt das Symptom Lese-Rechtschreibschwäche (LRS) zusammen mit anderen charakteristischen Symptomen (Primär- und Sekundärsymptome) in einer Konstellation auf, die nach Zusammensetzung und Wirkungsintensität von Fall zu Fall verschieden ist. Insofern lässt sich Legasthenie definieren als eine »Schwäche im Erlernen des Lesens und Rechtschreibens, die deutlich negativ vom sonstigen durchschnittlichen Grad der Schulleistung und der mindestens als durchschnittlich einzustufenden Intelligenz eines Kindes abweicht«[2] oder als »variables Syndrom mit multipler Verursachung« (Klasen) [1229].

Der hier verwendete Begriff »*Lese- und Rechtschreibschwierigkeiten*«[3] möchte in bewusster Absetzung von der bisweilen sehr kontrovers und vielfach von differenzierten Standorten aus geführten Diskussion zur Ursachen- und daher auch Defini-

1 Verwiesen wird auf die sehr umfangreiche Fachliteratur zum Fragenkomplex Legasthenie.
2 Die Grundlage zu dieser Definition geht auf Linder (1951) zurück.
3 Vgl. hierzu das Kapitel »Definitionsproblematik«, S. 14ff.

tionsproblematik als übergreifender Ausdruck verstanden werden. Desweiteren soll mit dem Begriff der ›Schwierigkeit‹ nicht ein bestimmter Endzustand der Entwicklung (vgl. Legasthenie-Begriff) festgehalten werden, sondern darauf hingewiesen werden, »dass ein Versagen im Lesen und / oder Rechtschreiben eine ›Eskalation und Fixierung von schriftsprachlichen Lernschwierigkeiten‹ bedeutet.« [1230] Lese- und Rechtschreibschwierigkeiten umfassen damit alle (vereinzelt oder variabel im Verbund auftretenden; im Vergleich zu anderen Schulleistungen isoliert oder nicht isoliert feststellbaren) individuell sich zeigenden Schwächen und Minderleistungen hinsichtlich grundlegender Fähigkeiten, die für das Erlernen des Lesens und Rechtschreibens notwendige Voraussetzung sind und welche in ihrer Erscheinungsweise vorübergehend (z. B. Entwicklungsverzögerung oder umweltbedingte Störung) oder dauerhaft (z. B. irreparable genetische oder umweltbedingte Schädigung) sein können. Sie beinhalten damit die relativ häufigen Anfangsschwierigkeiten beim Erlernen der Schriftsprache »auf Grund der unzulänglichen Lernsituation in der Schule«, ebenso »schwere und dauerhafte Ausfälle beim Erwerb der Schriftsprache« und eine allgemeine Lernschwäche beim Erlernen des Lesens, Schreibens und Rechtschreibens [1231].

Beschreibung und Symptomatik

Zum problemlosen Vollzug des Leselernprozesses müssen beim Kind Voraussetzungen vorhanden sein, die sich in eine ganze Reihe von Grundbedingungen, Fähigkeiten und Fertigkeiten aufschlüsseln lassen. Eine Faktorenanalyse führt zu folgender Beschreibung der Einzelaspekte:

**Voraussetzungen für den Lese- und Schreiblernprozess**

*Physiologisch-organische Voraussetzungen*
- Funktionstüchtigkeit der Augen (optischer Perzeptionsvorgang)
- Funktionstüchtigkeit des Gehörorgans (akustischer Perzeptionsvorgang)
- Funktionsfähigkeit des Tastsinns (haptischer Perzeptionsvorgang)
- Funktionstüchtigkeit des Sprechapparates

*Voraussetzungen zentraler Funktionen und Verstehensleistungen*
*Visuelle Fähigkeiten*
- Erkennen und Unterscheiden von Buchstaben (Formauffassung und Formdifferenzierung)
- Erkennen und Merken von Reihenfolgen; Analysieren und Synthetisieren von Buchstaben, Silben, Wörtern, Sätzen; (visuelle Durchgliederungsfähigkeit)
- Unterscheiden von links und rechts, oben und unten (Raumorientierung)
- Einprägen und gedächtnismäßiges Abrufen von Buchstaben-, Wort- und Satzbildern (Speicherung visueller Wahrnehmungen)

*Auditive Fähigkeiten*
- Erkennen und Unterscheiden von Lauten (Klanggestaltauffassung und -differenzierung)
- Erkennen und Merken von akustischen Reihenfolgen; Analysieren und Synthetisieren von Lauten, Silben, Wörtern und Satzteilen; (auditive Durchgliederungsfähigkeit)
- Einprägen und gedächtnismäßiges Abrufen von Laut-, Wort- und Satzbildern (Speicherung auditiver Wahrnehmungen)

*Sprechtechnische und sprachliche Fähigkeiten*
- Beherrschen eines bestimmten Wortschatzes
- Vertrautheit mit dem Gebrauch einfacher Satzformen
- Kenntnis und Verständnis der wichtigsten Beugungsformen von Wörtern
- Freies und ungestörtes Sprechenkönnen
- Sprachverständnis (Sinnerfassung durch Verstehen des Inhaltes gesprochener und allgemein geschriebener Sprache)

*Stabilisierte Hemisphärendominanz*
- Festlegung und Eingewöhnung auf den Gebrauch der rechten oder linken Hand
- Ausprägung der Dominanzfunktion der linken oder rechten Gehirnhälfte (Hand; Fuß; Auge)

*Raum-Lage-Identifizierung und -koordination*
- Fähigkeit der Koordination von Auge und Hand
- Gesicherte Orientierung der Bewegungsrichtung nach links und rechts (Seitensicherheit)

*Sonstige Grundbedingungen*
- Fähigkeit, sich über altersspezifische Zeitspannen hinweg auf Lerninhalte konzentrieren zu können (Konzentrationsfähigkeit)
- Interesse an der Auseinandersetzung mit Leselernprozessen (intrinsische Motivation)
- Fähigkeit zu relativ selbstständigem Lernen und Bereitschaft zu sozialer Integration und Kooperation (Psychisch-sozialer Entwicklungsstand im Sinne von Schulfähigkeit)

**Symptome von Lese- und Rechtschreibschwierigkeiten**

Da an der Verursachung von Lese- und Rechtschreibschwierigkeiten verschiedene Defizite beteiligt sein können, die sich insgesamt auf die oben beschriebenen Grundbedingungen, Fähigkeiten und Fertigkeiten beziehen, gibt es auch ein entsprechendes Bündel von Symptomen, die vereinzelt (singuläre Defizite) oder im Verbund (für solche Schwierigkeiten typische Syndrome variabler Art) auftreten können. Prinzipiell kann man das Spektrum der möglichen Symptome in solche primärer und sekundärer Art einteilen. Letztere kommen in der Regel als Folge des Lese-Rechtschreibversagens erst nach einiger Zeit hinzu (Verhaltensnöte als Antwort auf Versagen; dauernder Motivationsverlust durch häufige Misserfolge und Blamagen [1232]).

*Primäre Symptome*
- *Reversionen* (Umdrehung spiegelbildlich gleicher Buchstaben in der Horizontalen, z. B. b-d oder p-q)
- *Inversionen* (Umkehrung spiegelbildlich gleicher Buchstaben in der Vertikalen, z. B. M-W oder b-p)
- *Umstellungen* (Buchstaben innerhalb eines Wortes werden umgestellt, z. B. »graben« – »garben«)
- *Formauffassungsfehler* (Schwierigkeiten im Erkennen und Zuordnen von Buchstaben und Lauten)
- *Differenzierungsfehler* (Schwierigkeiten bei der Unterscheidung formähnlicher Buchstaben oder klangähnlicher Laute; Verwechslung ähnlicher Buchstaben und Laute; Ersetzen von Vokalen durch Konsonanten; erschwerte Merkfähigkeit in Bezug auf einzelne Buchstaben, Laute, Wort- und Klangbilder; Artikulationsschwächen)
- *Durchgliederungsfehler* (Auslassungen; Hinzufügungen; erratendes Lesen; Schwierigkeiten, die richtige Reihenfolge der Buchstaben eines Wortes wiederzugeben; erschwerte Analyse und Synthese; Schwierigkeiten beim Zusammenschleifen von Lauten und Lautkomplexen; stark verzögertes Lesetempo)

*Sekundäre Symptome*
- *Verhaltensveränderungen* (infolge der Misserfolgserlebnisse im Lesen und Schreiben werden beim Kind Abwehr- und Ausweichreaktionen ausgelöst, wie z. B. Schuleschwänzen, Nichtanfertigen der Hausaufgabe, gesteigertes Bedürfnis nach Selbstbestätigung oder anderweitige Kompensationsmechanismen)
- *Leistungsversagen* (Schwierigkeiten auf dem Gebiet des Lesens und Rechtschreibens wirken sich auch auf andere Schulfächer aus, z. B. im Sachunterricht oder in einer Fremdsprache. Ein anfangs isoliertes Leseversagen kann sich zum umfassenderen Leistungsversagen ausweiten.)
- *Gegen die Umwelt gerichtete auffällige Verhaltensweisen* (Sie stellen verschärfte Formen der Verhaltensänderung als Anwort auf Leistungsversagen, Abwertung und Überforderung dar. Hierher gehören z. B. Diebstahl; Lügen; Aggressivität)
- *Auf das Selbst gerichtete auffällige Verhaltensweisen* (Sie stellen Notsignale angesichts bestimmter persönlicher Auswegslosigkeiten im Zusammenhang mit Versagenserlebnissen im Lesen und Schreiben dar. Hierher gehören z. B. Nägelkauen; Daumenlutschen; Angst; Reizbarkeit; Unsicherheit; vegetative Dysregulationen)
- *Sprechhemmungen* (Misserfolge im Lesen bewirken eine negative Ausstrahlung auf das Sprach- und Sprechverhalten des Kindes).

## Ursachen und Hintergründe

Die Ursachenfrage erweist sich gerade bei der Differenziertheit des Gesamtkomplexes »Lese- und Rechtschreibschwierigkeiten« als recht vielschichtig. Es gibt nicht *die* »Lese-Rechtschreibschwäche« oder *die* »Legasthenie«. Die Symptomatik (und damit auch die Ursachenfrage) ist bei jedem Kind individuell. Von daher gibt es auch keine einheitliche Ursache, sondern immer (von Fall zu Fall) ein variables Zusammentreffen verschiedener Hauptursachen, in deren Gefolge wiederum eine Reihe von Sekundärursachen steht. Es ist somit immer wichtig, in der Diagnose den jeweils vorherrschenden Ursachenkomplex herauszufinden, um von daher gezielte und tief greifende Therapie und Hilfeleistung ansetzen zu können. Die Variabilität und Diagnosebedürftigkeit der Ursachen ist insbesondere bei den umweltbedingten negativen Einwirkungen bedeutsam. Man kann also immer davon ausgehen, dass die bei einem Kind vorhandenen Lese- und Rechtschreibschwierigkeiten auf ein individuell zu sehendes Ursachengeflecht zurückzuführen sind [1233]. Im Wesentlichen kommen dafür folgende grundlegende Defizite und Funktionsschwächen infrage:

### Grundlegende Defizite im körperlichen und psychisch-geistigen Bereich

Als Defizite im körperlichen Bereich sind zunächst einmal Seh- und Hörschädigungen verschiedener Grade, organische Schwächen des Sprechapparates und organisch (bisweilen auch funktionell) bedingte Minderleistungen des Gehirns infolge prä-, peri- oder postnataler Schädigungen[1] zu nennen. Hinsichtlich der Defizite im psychisch-geistigen Bereich wären vor allem eine angeborene Linksdominanz, psychisch-geistige Unreife, eine Schwäche bestimmter kognitiver Funktionen und auch basal belastende Milieuschädigungen anzuführen. Kinder mit angeborener Linksdominanz leiden (nicht zuletzt auf Grund unserer auf Rechtsdominanz eingestellten kulturellen Umwelt) häufig an einer Raumorientierungsschwäche bzw. Raumorientierungsverunsicherung. Ein Entwicklungsschaden oder eine Entwicklungsverzögerung bringen einen bestimmten Grad psychisch-geistiger Unreife mit sich, die sich erschwerend auf kognitive Auffassung, soziales Miteinander und Lernbereitschaft auswirkt. Davon ist auch der Lese- und Schreiblernprozess betroffen. Defizite in den Wahrnehmungs- und Denkfunktionen stellen als Schwächung kognitiver Funktionen einen weiteren grundlegenden Ursachenaspekt dar. Weiter müssen auch Milieuschädigungen in Betracht gezogen werden. Hierher gehören Belastungen und psychische Beeinträchtigungen des Kindes durch Konflikte, Liebesentzug, Bedrohung und sonstige gravierende Erziehungsfehler.

Als Folge anlagebedingter Grundgegebenheiten eines Kindes sind neben der schon erwähnten Linksdominanz auch Dominanzanomalien in Betracht zu ziehen. Bei der »*Nichtstabilisierten Hemisphärendominanz*« dominiert weder die rechte

---

1 Vgl. hierzu die Kapitel über »Frühkindliche Hirnschädigungen und Minimale zerebrale Dysfunktion«, S. 82ff.

noch die linke Gehirnhälfte. Ein dadurch immer wieder mögliches Umspringen in der Links-Rechts-Orientierung und im Bewegungssehen kann zu »Konfusionen, Verwechslungen von Symbolen und zu Reversionen« [1234] führen. Von *Dominanzüberkreuzungen* spricht man, wenn nicht alle zum Lesen und Schreiben notwendigen Funktionen in derselben Gehirnhälfte dominant sind. Dabei überkreuzen sich die Dominanzen (Händigkeit; Füßigkeit; Äugigkeit)[1]

**Funktionsschwächen**

Funktionsschwächen stehen in der Regel in engem Zusammenhang mit ererbten oder erworbenen grundlegenden Defiziten oder Schädigungen im körperlichen und psychisch-geistigen Bereich. Genetisch bedingte leichtere bis schwerere Schwächen in der zerebralen Funktionsleistung verschiedener Gehirnzentren (z. B. visuelle, auditive und sprechmotorische Zentren) stehen hierbei im Mittelpunkt der Ursachenfrage.

Im Einzelnen sind folgende Funktionsschwächen zu nennen:

- *Wahrnehmungsschwächen* (Sie umfassen Schwächen in der visuellen und auditiven Wahrnehmung, sind also zentral, nicht peripher bedingt.)
- *Gestaltschwächen* (Schwächen im Auffassen, Unterscheiden, Durchgliedern und Aufbauen optischer Figuren und akustischer Klanggestalten)
- *Speicherschwächen* (Schwächen der Merk- und Behaltensfähigkeit von optischen und akustischen Gestalten mindern die Fähigkeit, z. B. Buchstaben, Laute und Wörter in ihrer Charakteristik von Figur und Symbolkombination präzise zu speichern und ebenso wieder ins Gedächtnis zu rufen.)
- *Sprachliche Schwächen* (Sprach- und Sprechschwierigkeiten; Artikulationsschwierigkeiten; verzögerte Sprachentwicklung)[2]
- *Konzentrationsschwäche* (auf Grund konstitutioneller Veranlagung, erworbener Schädigungen, z. B. MCD, oder umweltbedingter Negativeinflüsse entstanden)
- *Raumlagelabilität* (als »ungenügende Koordination von Hand und Auge« [1235] oder »Seitenunsicherheit« [1236] führt sie bevorzugt zu Reversionen, Inversionen und Umstellungen)

**Untersuchungsverfahren und Diagnose**

Die Diagnose von Lese- und Rechtschreibschwierigkeiten muss auf Grund des oben Gesagten differenziert vorgehen, um bei den darauf folgenden pädagogischen Hilfen und Lese-Rechtschreibtrainings individuelle Defizite im spezifischen Ansatz angehen zu können. Empfehlenswert ist es, ein *Leselernprofil* zu erstellen. Zur Erstel-

---

1 In der Literatur findet man auch die Ausdrücke gekreuzte Lateralisation, gekreuzte Körperdominanz oder gemischte Dominanz.
2 Vgl. das Kapitel über »Sprach- und Sprechschwierigkeiten«, S. 356ff.

lung des Leselernprofils geht man so vor, dass möglichst alle Fähigkeiten und Fertigkeiten, die für den Vollzug des Lesenlernens notwendig sind, mithilfe geeigneter Verfahren untersucht werden. Als Ergebnis erhält man das jeweils für den betroffenen Schüler individuell in Bezug auf alle diese Fähigkeiten erstellte Profil, aus dem insbesondere Detailschwächen (Defizite bei einzelnen Fähigkeiten) ersichtlich sind. Für eine solche Individualdiagnose kann man umfassende Lesetests (sie geben in ihren Subtests die wichtigsten Einzelfähigkeiten an) oder speziell auf einzelne Persönlichkeitsmerkmale abzielende Tests ansetzen [1237]. Weiterhin fordern sowohl Diagnose als auch Betreuung der Lese- und Rechtschreibschwäche interdisziplinäre Zusammenarbeit der einzelnen Fachkräfte [1238].

**Umfassende Lesetests**

In der Literatur vorhandene Lesetests zielen auf eine mehr oder minder umfassende Diagnose der Lesefähigkeit einschließlich seiner konstitutiven Faktoren. Solche Tests[1] sind zum Beispiel:
- »Zürcher Lesetest« (Linder/Grissemann)
- »Lesetest-Serie« (Biglmeier)
- »Lesetest für 2. Klassen« (LT2) (Samtleben/Biglmeier/Ingenkamp)
- »Wiener Leseprobe« (Schenk-Danzinger)
- »Würzburger Leise Leseprobe (WLLP)«
- »Hamburger Lesetest für 3. und 4. Klassen (HAMLET 3–4)«
- »Der Salzburger Lese- und Rechtschreibtest (SLRT)«

**Tests zur Überprüfung von Einzelmerkmalen**

Sie dienen der gründlicheren und aussagedetaillierteren Überprüfung von Persönlichkeitsmerkmalen und Fähigkeiten, die für den Gesamtprozess des Lesen- und Rechtschreibenlernens wesentlich sind. Unter Zuordnung auf einzelne Persönlichkeitsbereiche lassen sich folgende Verfahren herausstellen:

*Überprüfung der Funktionstüchtigkeit von Auge, Ohr und Sprechapparat*

*Auge* (Optische Perzeptionsleistungen)
- Sehprobentafel (Zahlenreihen oder E-Markierung für Vorschulkinder)
- Beobachtung

*Ohr* (Akustische Perzeptionsleistung)
- Flüstersprache
- Beobachtung

---

1 Aus der relativ großen Zahl von Untersuchungsverfahren wird hier exemplarisch eine Auswahl getroffen. Es empfiehlt sich, aus dem Gesamtangebot von diesbezüglichen Verfahren eine Testbatterie zusammenzustellen, die dem persönlichen Diagnosestil und Erfahrungsbereich des Begutachters am besten entspricht.

*Sprechapparat* (Sprechvollzug)
- Lauttreppe
- Beobachtung

*Visuelle Fähigkeiten*
Benton-Test; Bender-Gestalt-Test; Visueller Test nach Monroe; Frostigs Entwicklungstest der visuellen Wahrnehmung (FEW) [1239], Prüfungs optischer Differenzierungsleistungen (POD), Material für gezieltes Rechtschreibtraining MGR nach Müller; Diagnostische Rechtschreibtests (DRT 1; DRT 2; DRT 3; DRT 4) (Hrsg. Ingenkamp); Subtests des Hamburg-Wechsler-Intelligenztests für Kinder/Hawik

*Auditive Fähigkeiten*
Überprüfung der akustischen Differenzierungs- und Merkfähigkeit nach Mottier; Bremer Lautdiskriminationstest/BLDT; Hörverstehenstest (HVT 4–7); Vorsprechen von Wortpaaren mit gleichen oder ähnlichen Wörtern; Aufgaben zum Lautieren; Aufgaben zur Lautverschmelzung; Nachsprechen sinnloser Silben

*Sprachliche Fähigkeiten*
Bremer Artikulationstest/BAT nach Niemeyer; Wortschatztest für Schulanfänger/WSS 1 nach Kamratowski; Psycholinguistischer Entwicklungstest/PET nach Angermeier

*Lateralität*
Hand (Bürstenprobe nach Schenk-Danzinger; Hand-Dominanz-Test/HDT nach Steingruber/Lienert; Werfen; Fangen; Ausschneiden; Hämmern; Malen)
Fuß (Hüpfen; Kastensteigen; Ballstoß)
Auge (Papprohr-Probe nach Meyer; Kaleidoskop-Probe nach Schenk-Danzinger; Ente-Hase-Abbildung; Blick durch das Schlüsselloch; Blick ins Mikroskop)

*Koordination von Auge und Hand*
Punktiertest für Kinder/PTK; Hand-Dominanz-Test/HDT nach Steingruber/Lienert; Bender Visual-Motor-Gestalttest nach Bender; Benton-Test

*Konzentrationsfähigkeit*
Konzentrationstest für das 1. Schuljahr nach Möhling und Raatz; Differenzieller Leistungstest-Konzentration in der Grundschule/DL-KE nach Kleber

*Intelligenz*
Bildertest 1–2/BT 1–2 nach Mellone & Thomson; Mann-Zeichen-Test/MZT nach Ziller; Hamburg-Wechsler-Intelligenztest für Kinder/Hawik

*Rechtschreiben*
Rechtschreibtest/RST 1; Diagnostischer Rechtschreibtest/DRT 2 nach Müller; Ma-

terial für gezieltes Rechtschreibtraining/MGR nach Müller; Weingartener Grundwortschatz Rechtschreib-Test für 1. und 2. Klassen (WRT 1+), für 2. und 3. Klassen (WRT 2+) und für 3. und 4. Klassen (WRT 3+).

**Untersuchungsverfahren zur Erfassung psychischer Auffälligkeiten**

Da meistens auch die psychosoziale Persönlichkeitskonstellation eines leseschwachen Kindes an der vorhandenen Lese- und Rechtschreibschwierigkeit beteiligt ist, muss auch an diesbezügliche Untersuchungen gedacht werden.

## Pädagogische Hilfen

Lese- und Rechtschreibunterricht trifft bei den Kindern auf individuell geprägte Entwicklungsstände hinsichtlich der für das Lesen- und Schreibenlernen notwendigen Fähigkeiten und Fertigkeiten. Ein nach bestimmten methodischen Vorgaben konzipierter Unterricht kann erst dann mit Erfolgen rechnen, wenn beim Kind die entsprechenden Voraussetzungen in Bezug auf die verschiedenen für den Vollzug des Leselernprozesses notwendigen Fähigkeiten und Fertigkeiten vorhanden sind. Daher ist es vorrangige Aufgabe des Lehrers, mögliche Defizite im Leselernprofil des Kindes zu erkennen, deren Ausprägung zu diagnostizieren und von dieser Ausgangslage her gezielte Hilfen und Fördermaßnahmen anzusetzen. Zwar wird in der Praxis des Erstlese- und Erstschreibunterrichts nach wie vor ein bestimmter methodisch-systematischer Aufbau (möglicherweise nach einer Fibel) von Bedeutung sein, wenn er bewährte methodisch aufeinander aufbauende Lernschritte im Leselernprozess berücksichtigt. Für einen modernen Unterricht im Lesen und Rechtschreiben genügt es aber nicht mehr, allen Kindern ein bestimmtes standardisiertes Verfahren einfach »überzustülpen« und dieses zum Maßstab für die Leseleistung eines Kindes zu machen. Kindorientierter Unterricht muss in jedem Fall einem zusätzlichen individualisierenden Förderansatz Raum geben, der im Wesentlichen auf einer Diagnose möglicher Teilschwächen beim einzelnen Kind aufbaut und diese Diagnose zur Grundlage der den Leselernprozess begleitenden, fördernden, stützenden, ausgleichenden und therapierenden Maßnahmen macht. Da man davon ausgehen kann, dass vor allem beim leseschwachen Kind der Leselernprozess unter individuellen Schwierigkeiten (je nach Struktur seines Lernprofils) verläuft, ist es notwendig, gerade im Falle von Lese-Rechtschreibschwäche lernprofilorientierte Begleit- und Stützmaßnahmen anzusetzen. Ein solcher Förderansatz ist grundsätzlich methodenunabhängig und kann als substitutive Maßnahme in jede Methode als jeweils individuell begleitende Hilfe integriert werden. Grundlegend ist jedoch zunächst der Aufbau neuer (Lese-)Motivation (durch kompensatorische Tätigkeiten über Erfolgserlebnisse zu Selbstvertrauen und Selbstwertgefühl), da bis zum Zeitpunkt der Intervention die Frustrationstoleranz des betroffenen Kindes durch Versagen, Angst und Selbstzweifel ständig tiefer gesunken ist [1240]. Im Folgenden werden exemplarisch mögliche pädagogische wie therapeutische Hilfen einzelnen Schwächen zugeordnet. Darüber hinaus gibt es in der Literatur und im Angebot pädagogisch empfehlenswerter Computerspiele[1] eine Fülle weiterer guter Hilfen.

**Grundlegende Defizite im körperlichen und psychisch-geistigen Bereich**

*Seh- und Hörschädigungen*, organische *Schwächen des Sprechapparates* und organisch bedingte *Minderleistungen des Gehirns* gehören in die Behandlung durch den Facharzt (z. B. Kinderarzt; Augenarzt; Ohrenarzt; Neurologe). Angeborene *Linksdominanz* sollte so belassen und nicht umgestellt werden. *Psychisch-geistige Unreife* bedarf eines individuell abgestellten therapeutischen Konzepts, das insbesondere interpersonalen Kontakt einschließt und auf das Voranbringen von Reifungsprozessen baut. Bei einer *Schwäche kognitiver Funktionen*, insbesondere wenn diese auf zerebrale Schädigungen zurückzuführen ist, kann in der Regel mit begrenzter Besserung gerechnet werden. Gezielte Lernanregungen (z. B. Denkanstöße; Beobachtungsspiele) können positiven Einfluss haben. Ist ein Kind basal belastenden *Milieuschädigungen* ausgesetzt, ergibt sich zunächst die Schwierigkeit, Kooperationswilligkeit der Eltern oder Erziehungspersonen zu erreichen. Familienzentrierte Therapieformen (in schweren Fällen auch psychotherapeutische oder sonderpädagogische Behandlung des Kindes) können ein positiver Ansatz sein. In jedem Fall ist es für den pädagogischen Erfolg bedeutsam, dass belastende Milieueinflüsse gemildert oder behoben werden. Bei *nichtstabilisierter Hemisphärendominanz* (oftmals bei Schulanfängern in Bezug auf die Schreibhand festzustellen) empfiehlt es sich, eine bestimmte Dominanz zu stärken. Gezieltes Training zur Betonung der rechten oder linken Seite (Sport; Fördertraining; Gewöhnung an eine bestimmte Schreibhand) kann hierfür nützlich sein. *Dominanzüberkreuzungen* sind zunächst wenig beeinflussbar. Bei beidseitigem Training (Hände; Füße; Augen; Ohren) lässt sich möglicherweise eine einheitliche Dominanz anbahnen.

**Funktionsschwächen**

In der Literatur gibt es eine Fülle von Anregungen für Lese-Rechtschreibtraining und Hilfen zur Besserung bzw. Behebung von Funktionsschwächen, welche den Leselernprozess erschweren. Im Folgenden werden (in Auswahl) Fördermaßnahmen einzelnen Funktionsschwächen zugeordnet. Dies sollte den Blick nicht dafür verstellen, dass angesichts der Komplexität und Verflochtenheit lesetypischer Schwächen fließende Übergänge auch bei diesen Hilfen stattfinden.

---

1 Das vielfältige Angebot von altersstufenspezifischen (auch schon für den Vorschulbereich) Computerspielen hinsichtlich leserelevanter Grundfähigkeiten und -fertigkeiten kann sowohl zu Hause wie auch in der Schule sinnvoll für propädeutisches und therapeutisches Training eingesetzt werden.

*Wahrnehmungsschwächen*
Beobachtungsaufgaben in der Natur, bei Bildern, bei technischen Vorgängen, im Straßenverkehr, bei Tonbandaufnahmen; Gegenstände einem bestimmten Anfangslaut des Wortes zuordnen; Gesprochene Wörter hinsichtlich ihres Anfangs- und Endlautes identifizieren; Ertasten und Identifzieren von Gegenständen in einem Beutel

*Gestaltschwächen*
Puzzlespiele; Bilder-Domino; Raumlage eines Gegenstandes benennen; Muster stecken; Mosaik legen; Muster fortsetzen; Übungen mit Positionsbildern; Fehler auf Bildern finden; Fehler in einer Fortsetzungsreihe finden; Erkennen und Markieren eines Buchstabens im »Buchstabensalat«; Lesekastenarbeit zur Förderung der Durchgliederungsfähigkeit und der Formdifferenzierung; Arbeit mit Holz- oder Styroporbuchstaben; Geräusche identifizieren; Hörübungen mithilfe von Instrumenten; Wortpaare bei gleichen und ähnlich klingenden Wörtern identifizieren; Heraushören von gleichen Wortteilen; Heraushören von Lauten aus Versen; Analyse- und Syntheseübungen bei Wörtern und Sätzen; Wortauf und -abbau; »Zaubermühle«; Übungen mit der Leseuhr, mit dem Druckkasten und mit der Schreibmaschine; Gestaltmarkierungshilfen (z. B. »d« = rot und »b« = blau).

*Sprachliche Schwächen*
Nachsprechübungen; Lautbildungsübungen; Sprech- und Atemtraining; Übungen zur Erweiterung des Wortschatzes; Satzstrukturübungen; Gesprächskreis am Morgen; Malen von Bildern zu einer Geschichte zur Schulung des Sinnverständnisses.

*Speicherschwäche*
Übungen zur Steigerung der Merkfähigkeit; Memory; »Kofferpacken«, wobei in einen imaginären Koffer gesteckte Gegenstände der Reihe nach wieder von vorne aufgezählt werden müssen; »Beobachtungskim« (gedächtnismäßiges Einprägen einer Anordnung von Gegenständen und das Erkennen einer vorgenommenen Änderung); Vor- und Nachsprechen einzeln oder im Chor; Nachklatschen eines bestimmten Rhythmus.

*Konzentrationsschwäche*
Ärztliche und fachärztliche Behandlung möglicher organischer Ursachen; Beheben konzentrationsstörender Umweltbedingungen z. B. am häuslichen Arbeitsplatz, in der Schule, bei psychisch belastender häuslicher Atmosphäre, bei zu großem Fernsehkonsum oder zu wenig Schlaf; Trainingsmöglichkeiten sind: Zeichen zuordnen; Zahlen addieren; Muster fortsetzen; Ordnungsübungen mithilfe von farbigen Holzplättchen, Lottokarten, Bildergeschichten; Geräusche identifizieren; Mikado-Spiel; »Eine Minute ohne Bewegung« (eine kurze Zeit eine bestimmte Haltung beibehalten); Puzzle; Vor- und Nachsprechen längerer Sätze; Gegenstandraten.

*Raumlagelabilität*
Gymnastische Übungen unter Einbeziehung von Lagebezeichnungen; Positionsordnen durch Übungen mit Fähnchen; Übungen zur Raumlage-Bezeichnung; Muster stecken; Steck-Diktate; Mosaiklegen; Durchstreichübungen bei Symbolreihen; Labyrinthdurchgang nach Diktat der einzuschlagenden Richtungen.

**Formen der Betreuung**

Es bieten sich Individualbetreuung, innere und äußere Differenzierungsformen, Fördergruppen oder Betreuung in einer »Leseklinik« an.

*Individualbetreuung*
Sie stellt vom individuellen Förderangebot her ein Optimum der Betreuungsform dar, da gezielt auf Defizite im Lernprofil des Kindes eingegangen werden kann. Individualbetreuung kann (in begrenztem Umfang) während der Unterrichtszeit, in Förderstunden oder durch außerschulische Betreuung (Team aus Arzt, Sonderpädagoge, Lehrer, Psychotherapeut) stattfinden. Auch Einzelbeschäftigung (Stillarbeit) mithilfe spezieller Materialien oder abgestimmter Arbeitsblätter, Freiarbeit (Beispiel: Montessori-Pädagogik) und Kooperation mit den Eltern (auf Teildefizite abgestimmte Übungen und Lernspiele zu Hause) sind bewährte Möglichkeiten.

*Innere und äußere Differenzierung*
Als Differenzierungsformen bieten sich Gruppierung nach speziellen Defiziten, Bildung von homogenen Leistungsgruppen und Variierung der Hausaufgaben nach Form und Zielrichtung des Lese- und Rechtschreibtrainings an. Differenzierung im Medieneinsatz und durch Methodenvariation und -integration gehören zum grundlegenden Unterrichtsstil im Leselernprozess. Weitere Formen sind klasseninterne Differenzierungsbetreuung (z. B. durch Förderlehrer) und klassenübergreifende Kooperation (Bilden spezieller Fördergruppen).

*Fördergruppen*
Kinder verschiedener Klassen werden zu einer schulinternen Fördergruppe zusammengefasst, die dann zusätzliche Betreuung (Randstunden; nachmittags) erhalten. Je nach Möglichkeit werden zusätzlich zu den Übungen im Lesen und Rechtschreiben auch Bewegungstherapie, motopädagogische Übungen, körperliches Training oder musikalisch-rhythmische Übungen integriert.

*Leseklinik*
Besonders in den USA kennt man auch die Förderung lese- und rechtschreibschwacher Kinder in speziellen Lesekliniken.[1] Ein Team von Spezialisten versucht in ge-

---

1 So können zum Beispiel die Erfahrungen des Ellen-K.-Raskob-Instituts in Oakland als wegbereitend in der Förderung von LRS-Kindern angesehen werden (Klasen 1970).

meinsamer Diagnose, Therapie und Betreuung, die jeweils individuellen Defizite eines Kindes anzugehen.[1] Die Leseklinik wird von den Kindern außerhalb der Schulzeit (ca. 3–4 Stunden pro Woche) aufgesucht.

## Fallbeispiel

### »Stefan« [1241]

Die nicht allzu selten auftretende komplizierte Verflochtenheit des Ursachenkomplexes für Rechtschreibschwierigkeiten zeigt folgender Fall:

Stefan, ein 9-jähriger Junge, wurde von seinen Eltern zur psychologischen Untersuchung gebracht, weil ihm seine Schwäche im Rechtschreiben in der Schule zunehmend größere Schwierigkeiten bereitete. Bereits im 3. Schülerjahrgang wurde eine Häufung der Schulschwierigkeiten erkennbar. Nach Auskunft des Lehrers gelang es Stefan vor allem nicht, sich zu konzentrieren. Schon nach wenigen Minuten machte er bei schriftlichen Arbeiten einen gequälten Eindruck. Er wollte entweder nicht mehr weiterschreiben, oder er schrieb so »krakelig« und fehlerhaft, dass seine Leistungen mit »ungenügend« bewertet werden mussten. Überraschend für den Lehrer war es, dass Stefan durchwegs gute Leistungen in Mathematik, im Sachunterricht und auch im mündlichen deutschen Sprachgebrauch erbrachte. Offenkundig schlecht dagegen waren seine Ergebnisse im Rechtschreiben. Mit fortlaufendem Schuljahr häuften sich die Misserfolge für den Jungen. Er klagte zunehmend über nervöse Beschwerden, wie z.B. Kopfweh, Erbrechen, Appetitlosigkeit. Gegen Ende des Schuljahres stellte sich am Morgen Schulangst ein. Stefan wollte nicht mehr in die Schule.

Zu Beginn des 4. Schülerjahrganges zeigte sich keine Besserung der Situation für den Jungen. Seine Leistungen fielen sogar in den Fächern rapide ab, in denen er bislang gute bis sehr gute Ergebnisse erzielt hatte. Die zentrale Schwierigkeit aber blieb das Rechtschreiben. Dies war die Situation zur Zeit der Untersuchung.

Stefan zeigte sich als recht aufgeweckter Junge. Er begriff gestellte Aufgaben sofort und ging willig und zielgerichtet an die Ausführung. Im Gespräch verwendete er einen relativ reichen Wortschatz. Dabei war er freundlich, sprechbereit und kaum gehemmt. Im HAWIK erreichte der Junge einen IQ von 137 (Verbalteil: IQ = 128; Handlungsteil: IQ = 138). Seine Lernfähigkeit konnte als relativ überdurchschnittlich eingestuft werden.

Beeinträchtigt wurden seine Ergebnisse durch erhebliche Konzentrationsschwierigkeiten, vor allem dann, wenn er sich über einen längeren Zeitraum hinweg mit einer (vor allem schriftlichen) Arbeit beschäftigen sollte. Immer häufiger blickte er dann gequält und etwas hilflos um sich. Während er beispielsweise am Be-

---

1 Ein solches Team setzt sich variabel zusammen z.B. aus: Direktorin, Psychologe, Neurologe, Psychiater, Sozialarbeitern, Child-Guidance-Fachkraft, Tanz- und Gymnastik-Lehrerin, Sportlehrer, Lesetherapeut, Bibliothekarin, Angestellten und freiwilligen Hilfskräften

ginn schriftlicher Arbeiten zügig, logisch denkend und zielstrebig vorging, gelang ihm die Durchführung schon nach geringer Zeit nur mehr unter psychischer Anstrengung. Mitunter verfiel er sogar in planlose Ausführungshandlungen. Befragt, warum er nicht mehr schreiben könne, erwiderte Stefan, dass er beim Schreiben einen »Krampf« bekomme, dass dann das Schreiben nicht mehr richtig weiterlaufe, und dass er dann auch nicht mehr richtig denken könne, wie das Wort geschrieben werde.

Den Eltern wurde geraten, mit ihrem Jungen zunächst einen Arzt aufzusuchen. Dabei stellte sich heraus, dass Stefan relativ stark beschädigte Gehörorgane hatte. Schon seit früher Kindheit hatte er nach Auskunft der Mutter Schwierigkeiten mit den Ohren (beidseitige Trommelfellverletzung; Nacheitern). Nun zeigten sich die Gehörwerkzeuge infolge dieser Verletzungen angegriffen. Der Ohrenarzt diagnostizierte eine verminderte Hörfähigkeit, die starken Schwankungen unterworfen war. Die Untersuchung durch einen Neurologen ergab eine leichtere frühkindliche Hirnschädigung, möglicherweise zurückzuführen auf dieselben entzündlichen Vorgänge. Stefans Konzentrationsssschwierigkeiten ließen sich von daher erklären.

Im ersten Schuljahr lernte der Junge das Lesen mit einer Fibel, die nach streng ganzheitlicher Ausrichtung konzipiert war. Es war offensichtlich, dass gerade die für ihn so notwendige akustisch-auditive Übung in der »Synthetischen Phase« zu kurz gekommen war. Damit war eine für das Erlernen des Rechtschreibens recht negative Konstellation gegeben, von der sich der Junge aus eigenen Kräften gar nicht zu lösen vermochte. Anfangs noch leichte Mängel im 1. und 2. Schuljahr vergrößerten sich zu unüberwindbaren Lücken, die für Stefan wiederum eine Quelle ständiger Misserfolgserlebnisse darstellten. Der Junge wurde mutlos und flüchtete sich schließlich in die Krankheit. In der Angst, beim Diktat-Schreiben zurückzubleiben, geriet er schon nach kurzer Zeit in eine Art Bewegungspanik, die den flüssigen, lockeren Schreibablauf verhinderte, seine vorhandene Konzentrationsschwäche noch mehr verschlechterte und ihn schließlich bei nahezu jeder Schreibleistung im »Aus« landen ließ. Und so war es nur mehr eine Frage der Zeit, bis Stefan auch in anderen schulischen Lernbereichen resignierte. Das mithilfe verschiedener diagnostischer Verfahren erstellte Leselernprofil zeigte bei Stefan deutliche Defizite in der akustischen Perzeption, in der visuellen Wahrnehmung (insbesondere im Erkennen und Merken von Reihenfolgen und in der Durchgliederungsfähigkeit), in der Raumorientierung und in der Konzentrationsfähigkeit. Besonders Letztere erwies sich als temporär auftretende gravierende Schwäche. In Zusammenarbeit mit dem Arzt, den Eltern und dem Lehrer wurde für Stefan ein Therapie- und Förderplan aufgestellt, der zunächst neben der Einnahme leichter Medikamente vor allem Gymnastik, viel Bewegung in frischer Luft, rhythmische Bewegungsübungen und pädagogische Maßnahmen vorsah, die dem Jungen sein angeschlagenes Selbstbewusstsein zurückvermitteln sollten. Da jetzt bekannt war, dass Stefan Schwierigkeiten im Hören hatte, gab der Lehrer ihm einen Platz im Klassenzimmer, von dem aus Stefan den Lehrer gut beobachten und verstehen konnte. Als anschließende Fördermaßnahmen wurden Spiele und Übungen zur Verbesserung der visuellen Wahrnehmung (Spiele zu Hause; spezielles Lese-Rechtschreibtraining bei Einzeldifferenzierung in der Schule), der Raumorientierung und der Konzentrationsfähigkeit (Stefan erhielt z. B. in der Familie einen störungsfreien Arbeitsplatz) geplant.

In den darauf folgenden Wochen und Monaten zeigte dieser Plan langsam Erfolge, die immer wieder von einem Auf und Ab begleitet waren. Am ehesten kehrte bei Stefan die Selbstsicherheit wieder ein, offensichtlich ein Ergebnis beständiger und gezielter Ermunterung. Erfolge im Rechtschreiben zeigten sich auch, wenn die Aufgabe mit der Schreibmaschine geschrieben wurde. Am hartnäckigsten hielt sich der »Schreibkrampf«. Insgesamt betrachtet aber konnte nach etwa einem Jahr festgestellt werden, dass Stefan den »circulus vitiosus« des Misserfolgs endgültig verlassen hatte und sich auf dem Weg positiver Entfaltung befand.

# Literaturverzeichnis

Aebli, H.: Grundformen des Lernens. Stuttgart 1976.
Aepli-Jomini, A.-M./Peter-Lang, H.: Psychosoziale Störungen beim Kind. Stuttgart 1975.
American-Psychiatric-Association (Hrsg.): Diagnostic and Statistic Manual (DSM-IV). Weinheim 1997.
Angor, S.: Schulpsychologischer Dienst. In: Deutscher Verein für öffentliche und private Fürsorge (Hrsg.): Fachlexikon der sozialen Arbeit . Frankfurt a.M. [4]1997.
Arm, B./Fay, E.: Die leichte frühkindliche Hirnschädigung. Bern 1977.
Aschenbrenner, H./Rieder, K. (Hrsg.): Sprachheilpädagogische Praxis. Wien 1983.
Aschmoneit, W.: Zur Pädagogik der Lateralität. Limburg 1972.
Atzesberger, M./Frey, H.: Verhaltensstörungen in der Schule. Stuttgart [2]1980.
Atzesberger, M.: Minimale zerebrale Dysfunktion als psychologisch-pädagogisches Problem. In: Bayerische Schule, H. 11, 1988, S. 15.
Atzesberger, M.: Sprachaufbau, Sprachbehinderungen, pädagogische Hilfen. Stuttgart 1978.
Axline, V.M.: Kinder-Spieltherapie im nicht-direktiven Verfahren. München/Basel 1974.
Axline, V.M.: Spieltherapie im nicht-direktiven Verfahren. In: Biermann, G.: Handbuch der Kinderpsychotherapie. Bd. 1. München/Basel 1969, S. 185–192.
Bach, H. (Hrsg.): Handbuch der Sonderpädagogik. Bd. 6. Berlin 1989.
Bach, H.: Verhaltensbehinderten- und Verhaltensgestörtenpädagogik. In: Ders.: Sonderpädagogik im Grundriß. Berlin 1985.
Bandura, A./Walters, R.H.: Social learning and personality development. New York 1963.
Bandura, A.: Sozial-kognitive Lerntheorie. Stuttgart 1979
Barchmann, H./Kinze, W./Roth, N.: Aufmerksamkeit und Konzentration im Kindesalter, interdisziplinäre Aspekte. Berlin 1991.
Barkey, P.: Verhaltensauffälligkeit. In: Deutscher Verein für öffentliche und private Fürsorge (Hrsg.): Fachlexikon der sozialen Arbeit. Frankfurt [4]1997, S. 992.
Barkey, P.: Verhaltenstherapie. In: Deutscher Verein für öffentliche und private Fürsorge (Hrsg.): Fachlexikon der sozialen Arbeit. Frankfurt [4]1997, S. 997.
Barkley, R.E. et al.: Frontal lobe functions in attention deficit disorder with or without hyperactivity. A review and research report. In: Journal of Abnorm Child Psychology, 20, S. 163–188.
Barkley, R.E.: Attention-Deficit Hyperactivity Disorder and the nature of self-controll. 1997.
Barkley, R.E.: Attention-Deficit Hyperactivity Disorder. A Handbook for Diagnosis and Treatment. [2]1998.
Bärsch, W.: Das schwierige Kind in der Schule. Esslingen 1968.
Barsig, W./Berkmüller, H./Sauter, H. (Hrsg.): Lernstörungen und Verhaltensauffälligkeiten. Donauwörth 1984.
Barth, H.: Psychoanalyse. In: Fachlexikon der sozialen Arbeit. Frankfurt a.M. [4]1997, S. 745.
Bartsch, N./Knigge-Illner, H. (Hrsg.): Sucht und Schule. Weinheim 1987.
Bayerisches Staatsministerium für Unterricht, Kultus, Wissenschaft und Kunst (Hrsg.): Jugend und Gewalt. Kinder und Jugendliche als Opfer und Täter, Situation, Ursachen, Maßnahmen. München 1994, S. 13f.
Bayerisches Staatsministerium für Unterricht, Kultus, Wissenschaft und Kunst (Hrsg.): Jugend

und Gewalt. Kinder und Jugendliche als Opfer und Täter. Situation, Ursachen, Maßnahmen. München 1994.
Becker, G.E./Kohler, B.: Hausaufgaben kritisch sehen und die Praxis sinnvoll gestalten. Weinheim und Basel 1988.
Becker, K.-P./Sovak, M.: Lehrbuch der Logopädie. Königstein ³1983.
Becker, U./Cronemeyer, K.: Referat. In: Hilfe für das autistische Kind e.V. (Hrsg.): Tagungsberichte 1972. Lüdenscheid 1973, S. 105–110.
Behler, W.: Das Kind. Freiburg 1971.
Behr, H.: Die heilpädagogische Betreung schwerstgeschädigter anfallskranker Kinder und Jugendlicher. In: Behr, H. u.a.: Die epileptischen Anfallskrankheiten. Heidelberg 1969, S. 115–118.
Belschner, W.: Das Lernen aggressiven Verhaltens. In: Selg, H. (Hrsg.): Zur Aggression verdammt? Stuttgart 1978⁵, S. 54ff.
Berg, D.: Konzentrationsschwierigkeiten bei Schulkindern. In: Horn, R. u.a.: Tests und Trends 6. München 1987, S. 65–102.
Bernart, E.: Das pädagogische Problem der gemeinschaftsschwierigen Kinder im Spiegel einer Erhebung. In: Zeitschrift für Heilpädagogik. H. 10/11, 1956.
Bielefeld, J.: Bewegungserziehung. In: Heckt, D.H./Sandfuchs, U. (Hrsg.): Grundschule von A bis Z. Braunschweig 1993.
Biermann, G. (Hrsg.): Handbuch der Kinderpsychotherapie. Bd. IV. München 1981.
Biesalski, P.: Ärztlicher Rat bei Sprachstörungen im Kindesalter. Stuttgart 1978.
Biesenkamp, R.: Pränatale Phase. In: Fachlexikon der sozialen Arbeit. Frankfurt a.M. ⁴1997, S. 730.
Biller, K.: Unterrichtsstörungen. Stuttgart 21981.
Birkel, P.: Weingartener Grundwortschatz Rechtschreib-Test für erste und zweite, zweite und dritte, dritte und vierte Klassen (WRT 1+, WRT 2+, WRT 3+). Göttingen 1994, 1995.
Bittner, G.: Die Angst des Kindes. In: Grundschule, H. 6, 1982, S. 257.
Bittner, G.: Verhaltensstörungen. In: Neuhaus-Siemon, E.: Taschenlexikon Grundschule. Königstein 1979, S. 518.
Blackham, G.J.: Der auffällige Schüler. Weinheim ⁶1979.
Blattert, W.: Bewältigung von Aggressionen. Frankfurt a.M. 1979.
Bleidick, U.: Über Beziehungen zwischen Milieuschädigung, Erziehungsschwierigkeiten und Lernbehinderung. In: Zeitschrift für Heilpädagogik. 19. Jg., H. 5, 1968, S. 225ff.
Bloch, R./Meier, U./Schmid, P.: Mehrdimensionaler Zeichentest. Bern 1971.
Bohlein, I.: Zur Problematik der Integration behinderter bzw. von Behinderung bedrohter Kinder in der Grundschule. Wissenschaftliche Examensarbeit am Lehrstuhl für Grundschulpädagogik der Universität Bamberg. Bamberg 1988.
Böhme, G.: Stimm-, Sprech- und Sprachstörungen. Ätiologie – Diagnostik – Therapie. Stuttgart 1974.
Bonfranchi, R.: Sport als erziehungstherapeutisches Mittel für verhaltensauffällige Kinder und Jugendliche. Berlin 1980.
Brack, U./Volpers, F.: Sprach- und Sprechstörungen. In: Steinhausen, H.-C./von Aster, M. (Hrsg.): Handbuch Verhaltenstherapie und Verhaltensmedizin bei Kindern und Jugendlichen. Weinheim 1993, S. 101.
Brack, U.B. (Hrsg.): Frühdiagnostik und Frühtherapie, psychologische Behandlung von entwicklungs- und verhaltensgestörten Kindern. Weinheim 1993, S. 348
Braecker, S./Wirtz-Weinrich, W.: Sexueller Mißbrauch an Mädchen und Jungen. Weinheim ³1992.
Braun, D.: Individualpsychologie. In: Fachlexikon der sozialen Arbeit. Frankfurt a.M. ⁴1997, S. 481f.
Brickenkamp, R.: Handbuch psychologischer und pädagogischer Tests. Göttingen 1997.

Brickenkamp, R.: Test d2. Aufmerksamkeits-Belastungs-Test. Göttingen 1994.

Brunner, R./Zeltner, W. (Hrsg.): Lexikon zur Pädagogischen Psychologie und Schulpädagogik. München 1980.

Buchalik, O.: Unterrichtsstörungen an einem Gymnasium. Bestandsaufnahme und Lösungsversuche. In: Pädagogik, H. 12, 1991, S. 29.

Budjuhn, A.: Die psychosomatischen Verfahren, konzentrative Bewegungstherapie und Gestaltungstherapie in Theorie und Praxis. Dortmund 1992.

Bühler, C.: Kindheitsprobleme und der Lehrer. Heidelberg 1958.

Bührle, M.: Die sozialerzieherische Funktion des Sports. Schriftenreihe für Sportwissenschaft und Sportpraxis. Ahrensburg 1971.

Bundesminister für Jugend, Familie und Gesundheit (Hrsg.): Kindesmißhandlung – Kinderschutz. Bonn 1980.

Bundesminister für Jugend, Familie und Gesundheit (Hrsg.): Mißhandlung von Säuglingen und Kleinkindern. Bonn 1979.

Bundesminister für Jugend, Familie und Gesundheit: Menschen wie wir. Köln o.J.

Burow, O./Scherpp, K.: Lernziel: Menschlichkeit – eine Chance für Schule und Erziehung. München 1981.

Busemann, A.: Krisenjahre im Ablauf der menschlichen Jugend. Ratingen $^2$1959.

BVdE (Hrsg.): Aufmerksamkeits-Defizit-Syndrom. Forchheim o.J. (Bundesverband der Elterninitiativen zur Förderung hyperaktiver Kinder e.V. Postfach 60. 91291 Forchheim)

Castellanos, F.X. et al.: Toward a Pathophysiology of Attention-Deficit/Hyperactivity Disorder. In: Clinical Pediatrics, 1997, S. 381–393.

Clahsen, H./Mohnhaupt, B.: Die Profilanalyse – Einsatzmöglichkeiten und erste Ergebnisse. In: Füssenich, I./Gläß, B. (Hrsg.): Dysgrammatismus. Heidelberg $^2$1987, S. 76ff.

Clauß, G. u.a.: Wörterbuch der Psychologie. Leipzig 1976.

Clinebell, H.J. u. C.: Kinder in Entwicklungskrisen: Was können Eltern tun? München $^2$1979.

Cloer, E.: Disziplinieren und Erziehen. Das Disziplinproblem in pädagogisch-anthropologischer Sicht. Bad Heilbrunn 1982.

Conners, C.K.: A teacher rating scale for use in drug studies with children. In: American Psychiat. H. 126, 1969, S. 884–888.

Correll, W.: Lernstörungen beim Schulkind – Ursachen, Formen, Überwindungsmöglichkeiten. Donauwörth 1976.

Cowley, D.: Schulrowdys: Was Eltern und Lehrer tun können. In: Das Beste, H. 5, 1988, S. 10.

Cruickshank, W.M.: Schwierige Kinder in Schule und Elternhaus. Förderung verhaltensgestörter, hirngeschädigter Kinder. Dortmund 1973.

Czerwenka, K.: Lern- und Verhaltensstörungen in der Schule. Donauwörth 1986.

Czerwenka, K.: Unterrichtsstörungen, ihre Hintergründe und Begegnungsmöglichkeiten. In: Barsig, W./Berkmüller, H./Sauter, H. (Hrsg.): Lernstörungen und Verhaltensauffälligkeiten. Donauwörth 1984, S. 9.

Das große Reader's Digest Gesundheitsbuch. Stuttgart o.J.

Denk, K.: Pädagogik bei verhaltensgestörten Kindern. In: Jussen, H. (Hrsg.): Handbuch der Heilpädagogik in Schule und Jugendhilfe. München 1967, S. 382.

Deusinger, I.: Intelligenz. In: Fachlexikon der sozialen Arbeit. Frankfurt a.M. $^4$1997, S. 494f.

Dobson, J.: Minderwertigkeitsgefühle – eine Epidemie. Lahr-Dinglingen 1983, S. 24

Dohrmann, P.: Heilpädagogisches Werken. Berlin 1957

Domke, H.: Lehrer und abweichendes Schülerverhalten. Donauwörth $^6$1983.

Döpfner, M./Schürmann, S./Frölich, J.: Therapieprogramm für Kinder mit hyperkinetischem und oppositionellem Problemverhalten (THOP). Weinheim 1997.

Drees, A.: Psychopharmaka. In: Deutscher Verein für öffentliche und private Fürsorge (Hrsg.): Fachlexikon der sozialen Arbeit. Frankfurt a.M. $^4$1997, S. 748f.

Droll, W.: Aufmerksamkeitsdefizit/Hyperaktivitätsstörung. Ein weithin verkanntes Störungsbild bei Kindern, Jugendlichen und Erwachsenen. In: Neurotransmitter, H. 34, 1998.
dtv Wörterbuch zur Psychologie. München $^{20}$1994.
Dührssen, A.: Psychogene Erkrankungen von Kindern und Jugendlichen. Göttingen $^{15}$1992.
Dührssen, A.: Psychotherapie bei Kindern und Jugendlichen. Göttingen $^{15}$1992.
Dzikowski, S./Arens, C. (Hrsg.): Autismus heute. Bd. 2. Dortmund 1990.
Dzikowski, S./Vogel, C.: Störungen der sensorischen Integration bei autistischen Kindern. Probleme von Diagnose, Therapie und Erfolgskontrolle. Weinheim $^{2}$1993.
Eberlein, G.: Ängste gesunder Kinder. Düsseldorf 1979.
Eckert, S.: Probleme des Schulanfangs. Schriftliche Examensarbeit am Lehrstuhl für Grundschulpädagogik und Grundschuldidaktik der Universität Bamberg 1986.
Edelmann, W.: Lernpsychologie, eine Einführung. Weinheim $^{4}$1994.
Egger, J.: Das Hyperkinetische Syndrom. In: Zeitschrift für Allergologie: H. 7, 1991, S. 263–268.
Eggers, C./Lempp, R./Nissen, G./Strunk, P.: Kinder- und Jugendpsychiatrie. Berlin $^{7}$1994.
Eggert, D.: Theorie und Praxis der psychomotorischen Förderung. Dortmund 1994.
Eggert, D.: Zur Ätiologie der Legasthenie. In: Arbeitskreis Grundschule (Hrsg.): Legasthenie – ein pädagogisches Problem. Frankfurt a.M. 1971, S. 24.
Eichhorn, M.: Verhaltensstörungen bei Grundschulkindern. Examensarbeit am Lehrstuhl für Grundschulpädagogik und Grundschuldidaktik der Universität Bamberg 1979.
Eichlseder, W.: Hyperkinetisches Syndrom (Merkblatt). München 1976.
Eichlseder, W.: Unkonzentriert. München 1985.
Eichlseder, W.: Zur Behandlung konzentrationsgestörter hyperaktiver Kinder mit DL-Amphetamin. In: tägliche praxis. H. 16, 1975, S. 564.
Eigler, G./Krumm, V.: Zur Problematik der Hausaufgaben. Weinheim / Basel $^{2}$1979.
Eisenson, J./Ogilvie, M.: Speech Correction in the Schools. New York 1971.
Eisert, H.G. u.a.: Stimulantientherapie und kognitive Verhaltensmodifikation bei hyperaktiven Kindern. In: Zeitschrift für Kinder- und Jugendpsychiatrie. H. 3, 1982, S. 201.
Ekmann, P.: Warum Kinder lügen. Hamburg 1990.
Erath, P.: Kooperation zwischen Grund- und Sonderschullehrern. In: Grundschule. H. 1, 1989, S. 32f.
Erdmann, R.: Hans stört ständig den Unterricht. In: unterrichten/erziehen. H. 3, 1982, S. 26.
Ernst, H.: Das Schreibmaterial für Schulanfänger. In: Lehrmittel aktuell. H. 3, 1974, S. 18–19.
Esser, G./Schmidt, M.: Minimale Cerebrale Dysfunktion – Leerformel oder Syndrom?. Stuttgart 1998.
Ettrich, K.U.: Zur Entwicklung von Konzentrationsleistungen im Kleinkind- und Vorschulalter. In: Barchmann, H. u.a.: Aufmerksamkeit und Konzentration im Kindesalter. Berlin 1991, S. 81–88.
Eysenck, H.J.: Learning theory and behavior therapy. In: Journal of Mental Science. H. 105, 1959, S. 61–65.
Fatke, R.: Verhaltensauffälligkeit. In: Schwarzer, R. (Hrsg.): Beraterlexikon. München 1977, S. 238–241.
Faust, V.: Depressionen. Kurzgefaßte Diagnose und Therapie. Stuttgart 1988.
Feinbier, R.J.: Verhaltensauffälligkeiten bei Kindern im Grundschulalter im Bild der Klientel einer Erziehungsberatungsstelle – Eine hypothesengenerierende Analyse des Einflusses somatogener, psycho-sozialer und sozio-kultureller Faktoren auf die Entstehung von Verhaltensstörungen im Grundschulalter. Freiburg 1981.
Feldheim, W.: Ernährung und Überaktivität bei Kindern: Kein Zusammenhang nachweisbar!. In: Jatros Päd. H. 14, 1998.
Feuser, G.: Grundlagen zur Pädagogik autistischer Kinder. Weinheim 1979.

Finger, U.D.: Sprachlos. Überlegungen zur Welt des autistischen Kindes. In: Kindheit. H. 2, 1982, S. 29.
Fischer, H./Kohenof, M.: Untersuchung der Körperdominanz. In: Praxis der Kinderpsychologie. H. 5, 1964, S. 173.
Flosdorf, P.: Spieltherapie. In: Fachlexikon der sozialen Arbeit. Frankfurt a.M. $^4$1997, S. 911f.
Frank, R.: Kindesmißhandlung. Definitionen und Epidemiologie. In: Olbing, H./Bachmann, K.D./Gross, R.: Kindesmißhandlung. Köln 1989, S. 20.
Franke, U. (Hrsg.): Aggressive und hyperaktive Kinder in der Therapie. Berlin 1988.
Franke, U.: Logopädisches Handlexikon. München $^2$1984.
Fraßa, H.J.: Gestalttherapie. In: Deutscher Verein für öffentliche und private Fürsorge (Hrsg.): Fachlexikon der sozialen Arbeit. Frankfurt a.M. $^4$1997, S. 409.
Freeman, J.: Giftet Children. Their Identification and Development in a Social Context. Lancaster 1979.
Fritz, A.: Kognitive und motivationale Ursachen der Lernschwäche von Kindern mit einer minimalen cerebralen Dysfunktion. Berlin 1984.
Frühwirth, I.: Das Näseln und seine Behandlung. In: Aschenbrenner, H. (Hrsg.): Sprachheilpädagogik. Wien 1975, S. 66.
Füssenich, I./Gläß, B. (Hrsg.): Dysgrammatismus. Theoretische und praktische Probleme bei der interdisziplinären Beschreibung gestörter Kindersprache. Heidelberg $^2$1987.
Gage, N.L./Berliner, D.C.: Pädagogische Psychologie. Weinheim $^5$1996.
Gallagher, J.S.: Teaching the Giftet Child. Boston 1964.
Gamper, H.: Rechenschwäche – Dyskalkulie. In: Schweizer Schule. H. 14, 1984, S. 552.
Garlichs, A.: Wie brauchbar sind unsere Schulreifetests. In: Arbeitskreis Grundschule (Hrsg.): Modell »Erstes Schuljahr«. Frankfurt a.M. 1975, S. 72–90.
Gassmann, L.: Gruppendynamik. Neuhausen-Stuttgart 1984.
Gauda, G.: Therapie für Kinder. München 1994.
Gaupp, A.: Die Konzentrationsschwäche unserer Schüler. In: Die Schulwarte. H.16, 1956.
Geiger, H.: Meditationskurse mit Kindern. In: Begegnung und Gespräch. H. 26, 1975.
Gemeinnützige Gesellschaft Gesamtschule e.V. (GGG) (Hrsg.): Zur integrativen Förderung von Schülern mit abweichendem Lern- und Sozialverhalten. Bochum 1975.
Gil, E.: Die heilende Kraft des Spiels. Mainz 1993.
Glöckel, H.: Schreiben lernen – Schreiben lehren. Donauwörth 1972.
Goetze, H./Neukäter, H. (Hrsg.): Disziplinkonflikte und Verhaltensstörungen in der Schule. Oldenburg 1991.
Goetze, H./Neukäter, H. (Hrsg.): Pädagogik bei Verhaltensstörungen. Handbuch der Sozialpädagogik. Bd. 6. Berlin 1989.
Göllnitz, G.: Neuropsychiatrie der Kindes- und Jugendalters. Stuttgart $^5$1992.
Görke, W.: Die minimale cerebrale Dysfunktion. In: Bayerische Schule. H. 16, 1983, S. 14.
Gräff, P./Fucks, W./Pelz, G.: Praxis der Verhaltensmodifikation in Sonder-, Grund- und Hauptschulen. Berlin 1976.
Grimm, H./Schröler, H.: Heidelberger Sprachentwicklungstests HSET. Göttingen 1991.
Grissemann, H./Weber, A.: Spezielle Rechenstörungen. Ursachen und Therapie: Psychologische und kinderpsychiatrische Grundlagen der pädagogisch-therapeutischen Interventionen bei Kindern mit Dyskalkulie. Bern 1982.
Grissemann, H.: Förderdiagnostik von Lernstörungen. Zusammenarbeit zwischen kinderpsychiatrischen, psychologischen und pädagogisch-therapeutischen Fachkräften am Beispiel Legasthenie. Bern 1990.
Grivner, A./Graubard, P. S.: Pädagogische Verhaltensmodifikation. Bochum 1979.
Groß, C.: Vom Sinn menschlicher Existenz. Padova 1995.
Gross, W.: Was ist das Süchtige an der Sucht?. Geesthacht 1992.

Grosse, S.: Bettnässen: Möglichkeiten für Beratung und Behandlung. Frankfurt a.M. 1980.

Grosse, S.: Enuresis. In: Steinhausen, H.-C./Aster von, M.: Handbuch Verhaltenstherapie und Verhaltensmedizin bei Kindern und Jugendlichen, Weinheim 1993, S. 433.

Grossmann, G./Schmitz, W.: Sonderpädagogik verhaltensgestörter Kinder. Berlin 1969.

Grundwald, A.: Sprachtherapie. Hamburg 1983.

Gunzenheimer, S.: Poltern. Wissenschaftliche Seminararbeit am Lehrstuhl für Grundschulpädagogik der Universität Bamberg. Bamberg 1989.

Gwerder, F.: Das Syndrom der leichten frühkindlichen Hirnschädigung. Bern 1976.

Haase, H.-J.: Therapie mit Psychopharmaka und anderen seelisches Befinden beeinflussenden Medikamenten. Stuttgart 1982.

Häcker, H./Stapf, K.H. (Hrsg.): Dorsch Pschologisches Wörterbuch. Bern $^{13}$1998.

Hacker, H.: Vom Kindergarten zur Grundschule: Theorie und Praxis eines kindgerechten Übergangs. Bad Heilbrunn 1992.

Hallen, O.: Epilepsien im Erwachsenenalter. In: Behr, H. u.a.: Die epileptischen Anfallskrankheiten. Heidelberg 1969, S. 68.

Hallowell, E.M./Ratey, J.J.: Zwanghaft zerstreut / ADD – Die Unfähigkeit aufmerksam zu sein. o.O. 1998.

Hanke, B./Huber, G. L./Mandl, H.: Aggressiv und unaufmerksam. München 1976.

Hanselmann, H.: Einführung in die Heilpädagogik. Zürich 1970.

Harbauer, H./Lempp, R./Nissen, G./Strunk, P.: Lehrbuch der speziellen Kinder- und Jugendpsychiatrie. Heidelberg/Berlin/New York $^4$1980.

Harbauer, H./Richtberg, W.: Retardierung. In: Fachlexikon der sozialen Arbeit. Frankfurt $^4$1997, S. 784.

Harbauer, H.: Einführung in die Kinder- und Jugendpsychiatrie. Köln 1975.

Hardmeier-Hauser, S.: Kinder mit Sprachentwicklungsstörungen. Ein sprachtherapeutisches Konzept für die Arbeit mit Kind, Familie und Umfeld. Luzern 1993.

Harnack, G.-A. von: Nervöse Verhaltensstörungen beim Schulkind. Eine medizinisch soziologische Untersuchung. Stuttgart 1958.

Harnack, G.-A. von: Ärztliche und pädagogische Probleme beim Schulkind. In: Deutsche Medizin. Wochenschrift. H. 1, 1959, S. 16.

Harnisch, G.: Schulstreß. Düsseldorf 1984.

Harrer, G. (Hrsg.): Grundlagen der Musiktherapie und Musikpsychologie. Stuttgart 1975.

Hartung, K.: Schulfähigkeit ist ein komplexes Problem. In: Bayerische Schule. H. 2, 1976, S. 17.

Hasler, H./Schwartz, E.: Haben Kinder Ängste vor, in und nach der Schule?. In: Grundschule. H. 6, 1982, S. 275.

Häuder, D./Kasielke, E./Scheidereiter, U.: Kindersprachtest für das Vorschulalter (bis 6;11 Jahre) (KISTE). Göttingen 1994.

Haug, H.: Das überforderte Kind. Bern 1970.

Haug-Schnabel, G.: Schwachpunkte der Blasenkontrolle. Ein Verhaltensvergleich zwischen Enuretikerkindern und Kindern mit altersgemäßer Blasenbeherrschung. In: Zeitschrift für Kinder- und Jugendpsychiatrie. H. 2, 1983, S. 155.

Hechtmann, L.: Genetic and neurobiological aspects of attention deficit hyperactive disorder: a review. In: J. Psychiatry-Neuroscience. H. 19, 1994, S. 193–201.

Hehlmann, Wilhelm: Wörterbuch der Psychologie. Stuttgart $^{11}$1974.

Heinelt, G.: Umgang mit aggressiven Schülern. Freiburg 1982.

Heinemann, M./Höpfner, C.: Screeningverfahren zur Erfassung von Sprachentwicklungsverzögerungen (SEV). Göttingen 1993.

Held, F.: Das schulschwierige Kind. München 1975.

Heller, K./Nickel, H. (Hrsg.): Psychologie in der Erziehungswissenschaft. Ein Studienprogramm. Bd. 4. Beurteilen und Beraten. Stuttgart 1978.

Heller, K.A./Perleth, C.(Hrsg.): Münchner Hochbegabungstestsystem (MHBT). Göttingen/Bern 1999.

Hennig, W.: Beiträge zur Erforschung des Stotterns. München 1967.

Hilfe für das autistische Kind e.V. (Hrsg.): Tagungsberichte 1972. Lüdenscheid 1973.

Heese, G. (Hrsg.): Enzyklopädisches Handbuch der Sonderpädagogik und ihrer Grenzgebiete. Bd. 2. Berlin 1969.

Hetzer, H./Tent, L./Ingenkamp, K. (Hrsg.): Weilburger Testaufgaben für Schulanfänger (WTA). Göppingen 1994.

Hey, H.: Ein Kind näßt ein. Wiss. Arbeit am Lehrstuhl für Grundschulpädagogik der Universität Bamberg (Prof. Dr. R. Ortner). Bamberg 1979.

Hill, P.: Solving behavior problems. Dansville 1973.

Hoeltzel, E. und G.: Das Bettnässen: Ursachen und Heilung. Zürich 1967.

Höltershinken, D.: Spiel und Spieltheorien. In: Hierdeis, H. und Hug, T. (Hrsg.): Taschenbuch der Pädagogik. Bd. 3. Baltmannsweiler 1978, S. 775.

Hörmann, G./Leitner, W.G.: Lehrersein zwischen Orientierungssuche und Burnout. In: Pädagogik. H. 3, 1995, S. 62.

Hoffmann-La Roche AG/Urban & Schwarzenberg (Hrsg.): Roche Lexikon Medizin. München $^4$1998.

Hurrelmann, K.: Aggression und Gewalt in der Schule – Ursachen, Erscheinungsformen und Gegenmaßnahmen. In: Pädagogisches Forum. H. 5, 1992, S. 65.

Hußlein, E.: Verhaltensauffällige Kinder in der Grundschule. In: Katzenberger, L. F.: Hygiene in der Schule. Ansbach 1976, S. 121.

Hußlein, E.: Verhaltensauffällige Kinder in der Grundschule. Sie brauchen besondere Aufmerksamkeit und gezielte Hilfen. In: Bayerische Schule. H. 6, 1976, S. 13–16.

Innerhofer, P. u.a. (Hrsg.): Psychische Auffälligkeiten und Probleme im Schulalter. Wien 1988.

Innerhofer, P./Klicpera, Ch./Rotering-Steinberg, S./Weber, G. (Hrsg.): Psychische Auffälligkeiten im Kleinkindalter. Wien $^2$1989.

Innerhofer, P./Klicpera, Ch.: Die Welt des frühkindlichen Autismus. Befunde, Analysen, Anstöße. München 1988.

Irmischer, T.: Lehrbrief: Grundzüge der Motopädagogik. Lemgo 1987.

ISB München (Hrsg.): Aufmerksamkeitsgestörte hyperaktive Kinder im Unterricht. München 1999.

Jäger, R.S./Beetz, E./Erler, R./Walter, R.: Mannheimer Schuleingangsdidagnostikum (MSD). Göppingen $^4$1994.

Janz, D.: Was bedeutet Epilepsie? In: Behr, H. u.a.: Die epileptischen Anfallskrankheiten. Heidelberg 1969, S. 33ff.

Janz, G.: Funktionelle Entspannung bei Kindern mit Konzentrationsstörungen. In: Praxis der Kinderpsychologie und Kinderpsychiatrie. H. 6, 1978, S. 201–205.

Jawad, S.: Medikamente bei schwierigen Kindern. In: Bayerische Schule. H. 9, 1988, S. 15–18.

Jensen, G.B.: Autismus. In: Ehrenwirth Grundschulmagazin. H. 8, 1980, S. 3.

Johnson/Mykleburst: Lernschwächen. Stuttgart $^3$1980.

Jussen, H.: Handbuch der Heilpädagogik in Schule und Jugendhilfe. München 1967.

Kaluza, B. (Hrsg.): Herder Lexikon Pädagogik. Freiburg $^4$1981.

Kanter, G.O.: Lern- und Verhaltensstörungen. In: Roth, L. (Hrsg.): Handbuch zur Erziehungswissenschaft. München 1976, S. 290.

Katzenberger, L.F. (Hrsg.): Hygiene in der Schule. Ansbach 1976.

Katzenberger, L.F.: Begabungstheorien sind nicht folgenlos. In: Bayerische Schule. H. 3, 1982, S. 14f.

Kempe, R.S./Kempe, C. H.: Child Abuse. London 1978.

Kessel, W./Göth, N. (Hrsg.): Lern- und Verhaltensstörungen bei Schülern. Berlin 1984.

von Kiele, R. : Fremdwörter Lexikon. Hamburg 1982.
Kiphard, E.J.: Psychomotorische Entwicklungsförderung. Bd. 1: Motopädagogik. Dortmund 1979.
Klasen, E.: Das Syndrom der Legasthenie. Bern 1970.
Klicpera, C./Gasteiger-Klicpera, B.: Lesen und Schreiben. Entwicklung und Schwierigkeiten. Bern 1993.
Klicpera, C.: Die medikamentöse Behandlung von Hyperaktivität, Aufmerksamkeits- und Lernstörungen bei Kindern: Eine Übersicht. In: Steinhausen, H.-C. (Hrsg.): Das konzentrationsgestörte und hyperaktive Kind. Stuttgart 1982, S. 88.
Klimt, F.: Unterrichtsmedizin. In: Katzenberger, L. F.: Hygiene in der Schule. Ansbach 1976, S. 33ff.
Kloehn, E.: Verhaltensstörungen – eine neue Kinderkrankheit?. München 1977.
Kluge, G.: Mutismus. In: Heese, G. und Wegener, H. (Hrsg.): Enzyklopädisches Handbuch der Sonderpädagogik und ihrer Grenzgebiete. Berlin 1969, Sp. 2267.
Kluge, K.-J. (Hrsg.): Dokumentation. Verhaltensauffällige – Verhaltensgestörte. H. 1–4, 1973/1974.
Kluge, K.-J./Kleuters, G.: Begriffswörterbuch der Verhaltensauffälligenpädagogik. Berlin 1984.
KM-Erlaß: Bekanntmachung des Bayerischen Staatsministeriums für Unterricht, Kultus, Wissenschaft und Kunst vom 2.9.1991 »Suchtprävention an den bayerischen Schulen« In: schulreport. H. 1, 1992, S. 17.
Knehr, E./Krüger, K.: Konzentrationsstörungen bei Kindern, Verhütung und Überwindung. Stuttgart $^6$1989.
Kobi, E./Roth, H.: Kinder von aggressiv bis zerstreut. Zürich $^2$1981.
Kochan, B./Neuhaus-Siemon, E. (Hrsg.): Taschenlexikon Grundschule. Königstein 1979.
Kocher, M.: Hausaufgaben sinnvoll gestellt. In: Landesinstitut Schleswig-Holstein für Praxis und Theorie der Schule (IPTS) (Hrsg.): Die pädagogische Konferenz. Kiel 1988.
Köck, P./Ott, H.: Wörterbuch für Erziehung und Unterricht. Donauwörth $^5$1994.
Kohler, B.: Elternratgeber Hausaufgaben. Weinheim / Basel $^3$1992.
Konrad, J.: Das konzentrationsschwache Kind. Examensarbeit am Lehrstuhl für Grundschulpädagogik und Grundschuldidaktik der Universität Bamberg. Bamberg 1984.
Kopp, B.: Sport mit verhaltensgestörten Kindern. Schorndorf 1976.
Kramer, E.: Kunst als Therapie mit Kindern. München/Basel 1975.
Kramer, J.: Linkshändigkeit. Solothurn 1970.
Krampen, G./Freilinger, J./Willems, L.: Kreativitätstest für Vorschul- und Schulkinder (KVS-P). Göppingen 1996.
Krause, K-H./Krause, J./Trott, G.E.: Das Hyperkinetische Syndrom des Erwachsenenalters. In: Der Nervenarzt. H. 7, 1998, S. 543–556.
Krauß, W.: Entstehungsgeschichte der Gestaltpädagogik. In: Prengel, A. (Hrsg.): Gestaltpädagogik. Weinheim/Basel 1983, S. 40.
Kucharz, E.: Depressionen bei Kindern. In: medizin heute. H. 3, 1986, S. 27.
Kusche, M.: Bewegungstherapie. In: Deutscher Verein für öffentliche und private Fürsorge (Hrsg.): Fachlexikon der sozialen Arbeit. Frankfurt a.M. $^4$1997, S. 153.
Lamprecht, I.: Epilepsie – Schule – Beruf: Eine empirische Untersuchung der Einstellung von Lehrern und Lehramtsstudenten zur Epilepsie und zu Epilepsiekranken sowie von Ärzten in bezug auf mögliche Schularten für epilepsiekranke Schüler. Frankfurt a.M. 1990.
Landau, E.: Mut zur Begabung. München 1990.
Lauth, G.W./Schlottke, P. F.: Training mit aufmerksamkeitsgestörten Kindern, Diagnostik und Therapie. Weinheim 1993.
Layman: In: Egger, K.: Lernübertragungen in der Sportpädagogik. Wissenschaftliche Schriftenrei-

he des Forschungsinstitutes der Eidgenössischen Turn- und Sportschule Magglingen. Nr. 8. Basel 1975, S. 139.

Leinhofer, G.: Verhalten als Botschaft, Auffälliges Verhalten von Kindern als Problem und Appell. Donauwörth 1991.

Leitner, W.G.: Interventionsgeleitete Einzelfallhilfe im Rahmen einer Beratung im Schulbereich. Bezugsrahmen und theoretische Grundlegung. Regensburg 1994.

Leitner, W.G.: Diskrepanzkontrollierte d2-GZ-F-Werte unter Ruhe-, Musik- und Lärmbedingungen. In: Schmidt, H.J. (Hrsg.): Grundschulforschung in Deutschland. Rostock 1995, S. 60.

Leitner, W.G.: Interventionsgeleitete Einzelfallhilfe im Rahmen einer Beratung im Schulbereich. Regensburg 1999.

Leitner, W.G.: Konzentrationsleistung und Aufmerksamkeitsverhalten. Begriff, Einflußfaktoren, Entwicklung. Prävention und Intervention. Bamberg 1998.

Leitner, W.G.: Pädagogisch-psychologische Diagnostik. Interventionsgeleitete Befunderstellung im exemplarischen Einzelfall. Bamberg 1995.

Leitner, W.G.: Zur Diskussion um die Hauptgütekriterien bei Konzentrationsmessungen. Mögliche Fehldiagnosen mit dem Aufmerksamkeits-Belastungstest: Ein Problem des Tests oder des Diagnostikers? Konsequenzen einer mathematischen Beweisführung für Einzelfalldiagnosen und empirische Forschungsarbeit. Bamberg 1995.

Lempp, R.: Lernerfolg und Schulversagen. München $^3$1978.

Lennhoff, F.G.: Problemkinder. München 1967.

Liebel, H.J.: Einführung in die Verhaltensmodifikation. Eine Anleitung zum Verhaltenstraining. Weinheim 1992.

Linder M.: Über die Legasthenie. In: Zeitschrift für Kinderpsychiatrie. H. 4, 1951, S. 97–143.

Lobeck, A.: Rechenschwäche. Geschichtlicher Rückblick, Theorie und Therapie. Luzern 1992.

Lohmann, B.: Müssen Legastheniker Schulversager sein?. München $^2$1989.

Lohmann, J./Bittlinger, L./Minsel, B. (Hrsg.): Störungen im Schulalltag. München 1978.

Luchsinger, R.: Poltern. Berlin 1963.

Marcus, E. H.: Weiße Indianer. Hamburg 1981.

Matthes, A./Freudenberg, D.: Die geistig seelische Entwicklung anfallskranker Kinder. In: Deutsche Sektion der Internationalen Liga gegen Epilepsie (Hrsg.): Die epileptischen Anfallskrankheiten. Heidelberg 1969, S. 38.

Meiers/Rechenberger/Rechenberger: Der Hautarzt. o.O. 1973.

Meinertz, F.: Heilpädagogik. Eine Einführung in pädagogisches Sehen und Verstehen. Bad Heilbrunn/Obb. 1992.

Meissner, T.: Wunderkinder. Schicksal und Chance Hochbegabter. Berlin 1991.

Melchers, P./Preuß, U.: K-ABC: Kaufmann Assessment Battery for Children. Frankfurt a.M. $^3$1998.

Merkens, L.: Aggressivität im Kindes- und Jugendalter. Entstehung, Ausdrucksformen, Intervention. München 1989.

Meves, C.: Heimatlos in der Gesellschaft. In: Rheinischer Merkur. H.39, 1978, S. 4.

Meves, C.: Verhaltensstörungen bei Kindern. München $^{10}$1991.

Meyer-Willner, G.: Disziplin. In: Heckt, D.H./Sandfuchs, U. (Hrsg.): Grundschule von A bis Z. Braunschweig 1993.

Mierke, K.: Konzentrationsfähigkeit und Konzentrationsschwäche. Stuttgart 1957.

Mierke, K.: Psychohygiene im Schulalltag. Bern 1967.

Milhoffer, P.: Lernstörungen. In: Neuhaus-Siemon, E. und Kochan, B. (Hrsg.): Taschenlexikon Grundschule. Königstein 1979, S. 281.

Milz, I.: Rechenschwächen erkennen und behandeln. Teilleistungsstörungen im mathematischen Denken. Dortmund 1993.

Ministerium für Arbeit, Gesundheit und Soziales des Landes Nordrhein-Westfalen (Hrsg.): Was stimmt da nicht? Sexueller Mißbrauch: Wahrnehmen und Handeln. Düsseldorf 1991.
Moll, H.-O.: Musiktherapie. In: Deutscher Verein für öffentliche und private Fürsorge (Hrsg.): Fachlexikon der sozialen Arbeit. Frankfurt a.M. $^4$1997, S. 657f.
Mönks, F. J./Ypenburg, I. H.: Unser Kind ist hochbegabt. München 1993.
Mönks, F.J.: Ein interaktionales Modell der Hochbegabung. In: Hany, E. A./Nickel, H. (Hrsg.): Begabung und Hochbegabung. Bern 1992, S. 20.
Moog, H.: Zum Gegenstand der Musikpsychologie. In: Psychologische Rundschau. 1977, S. 110ff.
Müllensiefen, O.: Diagnose. In: Deutscher Verein für öffentliche und private Fürsorge (Hrsg.): Fachlexikon der sozialen Arbeit. Frankfurt a.M. $^4$1997, S. 217.
Müller, R.: Das erziehungsschwierige Schulkind. München 1962.
Müller, R.: Diagnostisches Soziogramm (DSO). Göttingen 1980.
Müller, R.: Leseschwäche-Leseversagen-Legasthenie. Bd. 2. Weinheim 1971.
Müller, R.G.E.: Verhaltensstörungen bei Schulkindern. München $^3$1976.
Mutzeck, W.: Verhaltensmodifikation in der Schule. In: Seiß, R.: Beratung und Therapie im Raum der Schule. Bad Heilbrunn 1976, S. 173ff.
Myschker, N.: Schulleistungsentlastende und leistungsmotivierende Methoden in Erziehung und Unterricht verhaltensgestörter Kinder. – Zum Beispiel: Musikmalen. In: Richter, H.-G.: Therapeutischer Kunstunterricht. Düsseldorf 1977, S. 115.
Myschker, N.: Verhaltensstörungen bei Kindern und Jugendlichen. Erscheinungsformen, Ursachen, Hilfreiche Maßnahmen. Stuttgart $^2$1996.
Neffe, F.-J.: Behandlung eines hyperaktiven Schülers durch Autosuggestion. In: Zeitschrift für Heilpädagogik. H. 7, 1983, S. 474.
Neuhaus, C.: ... und noch ein paar Stichworte für den Unterricht mit dem Kind mit dem Aufmerksamkeitssyndrom mit und ohne Hyperaktivität. In: Bundesverband der Elterninitiativen zur Förderung hyperaktiver Kinder e.V. (Hrsg.): Unser Kind ist hyperaktiv. Forchheim 1998, S. 118.
Neukäter, H. (Hrsg.): Verhaltensstörungen verhindern – Prävention als pädagogische Aufgabe. Oldenburg 1991.
Neundlinger, H.: Dyslalie. In: Aschenbrenner, H./Rieder, K. (Hrsg.): Sprachheilpädagogische Praxis. Wien 1983, S. 39.
Neundorfer, E.: Dysgrammatismus. Wissenschaftliche Seminararbeit am Lehrstuhl für Grundschulpädagogik der Universität Bamberg. Bamberg 1989.
Nicklis, W. (Hrsg.): Handwörterbuch der Schulpädagogik. Bad Heilbrunn 1973.
Nissen, G.: Daumenlutschen. In: Harbauer, H./Lempp, R./Nissen, G./Strunk, P.: Lehrbuch der speziellen Kinder- und Jugendpsychiatrie. $^4$Berlin 1980, S. 20–21.
Nissen, G.: Nägelbeißen. In: Harbauer, H./Lempp, R./Nissen, G./Strunk, P.: Lehrbuch der speziellen Kinder- und Jugendpsychiatrie. Berlin $^4$1980, S. 21f.
Oestreich, G.: Akzeleration. In: Deutscher Verein für öffentliche und private Fürsorge (Hrsg.): Fachlexikon der sozialen Arbeit. Frankfurt a.M. $^4$1997, S. 13.
O'Gormann, G.: Der Autismus in früher Kindheit. München 1976.
Orff, G.: Die Orff Musiktherapie. München 1974.
Orthmann, W./Scholz, H.-J.: Stottern. Kompendium ausgewählter Theorien für Studierende und Angehörige heilpädagogischer Berufe. Berlin 1975.
Ortner, R./Stork, B.: Zur Frage der gesundheitlichen Belastung von Grundschulkindern durch das Schulbusfahren. Bamberg 1980.
Ortner, R.: Erziehen in der Grundschule. Universität Bamberg 1992.
Ortner, R.: Kinder in psychischen Nöten: Wie können Eltern, Lehrer und Erzieher helfen?. Nettetal $^3$1996.

Ortner, R.: Kind–Schule–Gesundheit. Donauwörth 1979.
Ortner, R.: Konzentrationsschwierigkeiten klären – Konzentration fördern. In: Pädagogik. H. 3, 1996, S. 6–11.
Ortner, R.: Lernbehinderungen und Lernstörungen bei Grundschulkindern. Donauwörth 1977.
Ortner, R.: Lernplanung und Unterrichtsgestaltung unter dem Aspekt biorhythmischer und arbeitsphysiologischer Bedingungen. In: Pädagogische Welt. H. 10, 1987, S. 434–437.
Ortner, R.: Pädagogik in der Grundschule. Scriptum am Lehrstuhl für Grundschulpädagogik und Grundschuldidaktik der Universität Bamberg. Bamberg 1986.
Ortner, R.: Schulbusfahren als pädagogisches Problem: Schlaf- und Frühstücksverhalten 6–10jähriger Kinder. In: Guth, K./Korth, Th. (Hrsg.): Lebendige Volkskultur. Bamberg 1980, S. 47–54.
Ortner, R.: Schulbusfahren für Grundschüler nicht problemlos. In: Die Scholle. H. 1, 1980, S. 60–61.
Ortner, R.: Zahngesundheitserziehung in der Grundschule. Erprobung eines pädagogischen Kooperationsmodells. In: unterrichten/erziehen. H. 6, 1987, S. 58–60.
Ortner, R.: Zur Frage der gesundheitlichen Belastung von Grundschulkindern durch Schulbusfahren. In: Sozialpädiatrie in Praxis und Klinik. H. 8, 1980, S. 296–298.
Painter, F.: Who Are the Giftet? Definition and Identification. Knebworth 1980.
Palmowski, W.: Musiktherapie bei verhaltensauffälligen Schülern. In: Zeitschrift für Heilpädagogik. H. 8, 1979, S. 546ff.
Passolt, M. (Hrsg.): Hyperaktive Kinder, psychomotorische Therapie. München 1993.
Pekny, L: Fingermalen als diagnostisches und therapeutisches Hilfsmittel in der Heilpädagogik. Luzern 1963.
Peres, E.: In: Elbel, V. (Hrsg.): Legasthenie – Ursache, Diagnose, Behandlung, rechtliche und gesellschaftliche Problematik. Koblenz 1977, S. 123.
Perls, F.: Das Ich, der Hunger und die Aggression. Stuttgart 1985.
Petermann, F./Petermann, U.: EAS. Braunschweig 1980.
Petermann, F./Petermann, U.: Erfassung aggressiven Verhaltens in konkreten Situationen bei Kindern; Überlegungen zur Aggression. Braunschweig 1980.
Petermann, F./Petermann, U.: Training mit aggressiven Kindern. München [2]1984.
Petermann, U.: Aggression und Gewalt, Prävention und Intervention. In: Bayerische Schule. H. 10, 1995, S. 20.
Peters, U.H.: Wörterbuch der Psychiatrie und medizinischen Psychologie. München [4]1990.
Petillon, H.: Soziale Beziehungen in Schulklassen. Weinheim/Basel 1980.
Pietrowiecz, B.: Auffällige Kinder. Bochum [10]1972.
Pinkert, E.: Schulversagen und Verhaltensstörungen in der Leistungsgesellschaft. Neuwied 1974.
Pischner, E.: Prävention schriftsprachlicher Lernschwierigkeiten im Vorschul- und Grundschulalter. Bonn 1990.
Poerschke, J.: Duisburger Vorschul- und Einschulungstest (DVET).. Göttingen [3]1997.
Pöggeler, F.: Hausaufgaben. Freiburg 1978.
Preuschoff, G./Preuschoff, A.: Gewalt an Schulen. Und was dagegen zu tun ist. Köln 1992.
Preuß, U.; Landsberg, W.: Gep: Geschichten-Erzählen projektiv. Frankfurt a.M. 1998.
Prins, H.: Verzögerte Sprachentwicklung. München 1984 (FWU).
Puckhaber, H.: Epilepsie im Kindesalter: Eine interdisziplinäre Aufgabe. Eschborn bei Frankfurt a.M. 1992.
Rambert, M.: Das Puppenspiel in der Kinderpsychotherapie. München/Basel 1969.
Rankl, G.: Schulangst. In: Pädagogische Welt. H. 3, 1994, S. 102–106.
Rapp, G.: Aufmerksamkeit und Konzentration. Bad Heilbrunn 1982.
Raven, J.C.: Standard Progressive Matrices. London 1979.

Reinartz, A./Sander, A. (Hrsg.): Schulschwache Kinder in der Grundschule. Weinheim/Basel 1982.
Reiser, H.: Aggressive Kinder. In: Iben, G.: Heil- und Sonderpädagogik. Einführung in Problembereiche und Studien. Kronberg 1975, S. 32.
Remschmidt, H. (Hrsg.): Psychotherapie mit Kindern, Jugendlichen und Familien. Bd. 1. Stuttgart 1984.
Remschmidt, H./Schmidt, M. H. (Hrsg.): Kinder- und Jugendpsychiatrie in Klinik und Praxis. Bd. 1. Stuttgart/ Berlin 1988.
Remschmidt, H.: Autismus. In: Deutscher Verein für öffentliche und private Fürsorge (Hrsg.): Fachlexikon der sozialen Arbeit. Frankfurt a.M. [4]1997, S. 98.
Remschmidt, H.: Frühkindliche Hirnschädigung. In: Deutscher Verein für öffentliche und private Fürsorge (Hrsg.): Fachlexikon der sozialen Arbeit. Frankfurt a.M. [4]1997, S. 364.
Rieder, H.: Sport als Therapie. Berlin 1971.
Rist, M.C.: Crack Babies in School. In: Education Digest. May, 1990, S. 30–33.
Ritter, H.: Reform der Schuleingangsstufe. Bad Heilbrunn 1975.
Rombach, H. (Hrsg.): Lexikon der Pädagogik. Bd. 1. Freiburg [3]1974.
Rombach, H. (Hrsg.): Lexikon der Pädagogik. Bd. 3. Freiburg [3]1974.
Rosemann, H.: Arbeitshefte für Psychologie. Bd. 14. Schülerbeurteilung. Berlin 1975.
Rosemann, H.: Lern- und Verhaltensstörungen. Berlin 1975.
Rosenzweig, S.: Rosenzweig Picture Frustration Test (PFT). Göttingen 1957.
Ross, A.O.: Psychische Störungen bei Kindern: Ihre Erforschung, Diagnostizierung und Behandlung. Stuttgart 1982.
Rost, D.H.: Schulangst. In: unterrichten/erziehen. H. 3, 1982, S. 52.
Ruch, F.L./Zimbardo, P. G.: Lehrbuch der Psychologie. Eine Einführung für Studenten der Psychologie, Medizin und Pädagogik. Berlin 1975.
Russ, H.-J.: Legasthenie und Hochbegabung, kritische Analyse der Theorien, Erlasse und Rechtsprechung zur LRS. Berlin 1992.
Ruth, M.: Sind Hausaufgaben familienfeindlich?. Stuttgart [2]1978.
Sander, E.: Lernstörungen: Ursachen, Prophylaxe, Einzelfallhilfe. Stuttgart 1981.
Sauter, H.: Erzieherische Handlungsmöglichkeiten bei Verhaltensauffälligkeiten. In: Barsig, W./Berkmüller, H./Sauter, H. (Hrsg.): Lernstörungen und Verhaltensauffälligkeiten. Donauwörth 1984, S. 40–54.
Scheiner, P.: Wie du mir …: Aggressionen und Konflikte im Alltag. Weinheim 1977.
Schenk-Danzinger L.: Entwicklungspsychologie. Wien o.J.
Schenk-Danzinger, L.: Handbuch der Legasthenie im Kindesalter. Weinheim [5]1975.
Schenk-Danzinger, L.: Mögliche Verursachungen von Lern- und Verhaltensstörungen. München 1976.
Schilling, F.: Grundlagen der Motopädagogik. In: Hessischer Sozialminister Armin Clauss (Hrsg.): Beiträge zur Sportmedizin. Bd. 12. Erlangen 1981, S. 190.
Schlee, J.: Verhaltensauffälligkeiten der Schüler sind in pädagogischen Handlungen des Lehrers begründet. In: Psychologie in der Schule. Bochum 1975, S. 170–184.
Schlegel, H.: Auch gehemmte Schüler brauchen Hilfe. In: Pädagogische Welt. 1982, S. 82.
Schlegel, H.: Der Klassenkasperl – nur ein Erziehungsproblem? In: Pädagogische Welt. H.12, 1982, S. 716ff.
Schmid, P.: Verhaltensstörungen aus anthropologischer Sicht. Bern 1985.
Schmidtchen, S.: Kinderpsychotherapie: Grundlagen, Ziele, Methoden. Stuttgart 1989.
Schmidtchen, S.: Klientenzentrierte Spiel- und Familientherapie. Weinheim 1991.
Schmidtchen, S.: Psychologische Tests für Kinder und Jugendliche. Eine Sammlung von Informationen über Tests für Studium und Praxis. Göttingen 1975.

Schmidtchen, S.: Spieltherapie mit Kindern – Ziele, Erfolge, Wirkweise. In: Erler, L./Lachmann, R./Selg, H.: Spiel. Bamberg 1986, S. 85.
Schneider, M.: Erziehung der Erzieher? Psychologische und politische Verhaltensbeeinflussung bei Lehrern und Eltern. In: Deutscher Verein für öffentliche und private Fürsorge (Hrsg.): Fachlexikon der sozialen Arbeit . Frankfurt a.M. $^{4}$1997, S. 407.
Schnöring, M.: Schulpsychologe. In: Kochan, B./Neuhaus-Siemon, E.: Taschenlexikon Grundschule. Königstein 1979, S. 422.
Scholz, W. (Hrsg.): Verhaltensprobleme in der Schulklasse. München 1977.
Schraag, M. u.a.: Kooperation von Förderschule und Grund- und Hauptschule. In: Zeitschrift für Heilpädagogik. H. 6, 1994, S. 146–150.
Schriftenreihe der Akademie für öffentliches Gesundheitswesen in Düsseldorf (Hrsg.): Verhaltensauffälligkeiten und Sprachstörungen bei Kindern und Jugendlichen. Bd. 11. Düsseldorf 1981.
Schröder, U.: Schüler mit Lernbeeinträchtigungen. In: Twellmann, W. (Hrsg.): Handbuch Schule und Unterricht. Bd. 1. Düsseldorf 1981.
Schuhmacher, K.: Musiktherapie mit autistischen Kindern. Musik-, Bewegungs- und Sprachspiele zur Integration gestörter Sinneswahrnehmung. Stuttgart 1994.
Schultz, J.H.: Das autogene Training. Stuttgart $^{12}$1966.
Schumacher, G.: Verhaltensgestörte Kinder. Bonn $^{2}$1974.
Schumacher, G.: Neues Lernen mit Verhaltensgestörten und Lernbehinderten. Der durchstrukturierte Klassenraum. Berlin $^{2}$1979.
von Schumann, H.J.: Umgang mit schwierigen Kindern und Jugendlichen. München 1973.
Schwarz, M.: Stottern ist heilbar. Düsseldorf 1977.
Schwarzer, R.: Schulangst und Lernerfolg. Düsseldorf 1975.
Schwemmer, H.: Was Hausaufgaben anrichten. Von der Fragwürdigkeit eines durch Jahrhunderte verewigten Tabus in der Hausaufgabenschule unserer Zeit. Paderborn 1980.
Seeman, M.: Sprachstörungen bei Kindern. Berlin 1974.
Seiß, R.: Beratung und Therapie im Raum der Schule. Praxis der Einzelfallhilfe im Bereich der Lern- und Verhaltensstörung. Bad Heilbrunn 1976.
Seitz, M.: Das überforderte Kind in der Grundschule. Examensarbeit am Lehrstuhl für Grundschulpädagogik der Universität Bamberg. Bamberg 1979.
Selg, H./Mees, U.: Menschliche Aggressivität. Hogrefe Göttingen 1974.
Sieber, M.: Das leicht hirngeschädigte und das psychoreaktiv gestörte Kind. Bern 1978.
Sieber, M.: Drogenkonsum: Einstieg und Konsequenzen. Bern 1993.
Siegfried, K.: Insuffizienz. In: Deutscher Verein für öffentliche und private Fürsorge (Hrsg.): Fachlexikon der sozialen Arbeit. Frankfurt a.M. $^{4}$1997, S. 492.
Skrodzki, K.: Das Hyperkinetische Syndrom. In: Bundesverband der Elterninitiativen zur Förderung hyperaktiver Kinder e.V. (Hrsg.): Unser Kind ist hyperaktiv. Forchheim 1998, S. 4, S. 26–27.
Snijders, J.T./Snijders-Oomen, N./Laros, J.A./Huijnen, M.A.H./Tellegen, P.J.: Snijders-Oomen Non-verbaler Intelligenztest. Frankfurt a.M. 1988.
Sörensen, M.: Einführung in die Angstpsychologie – Ein Einblick für Psychologen, Pädagogen, Soziologen und Mediziner. Weinheim 1992.
Sovak, M.: Randbemerkungen zum Tagesthema. In: Vorstand der Landesgruppe Baden-Württemberg der Deutschen Gesellschaft für Sprachheilpädagogik (Hrsg.): Zentral bedingte Kommunikationsstörungen. Ravensburg 1985, S. 346.
Sowa, M./Metzler, H.H. (Hrsg.): Der therapeutisch richtige Umgang mit behinderten Menschen. Grundlagen und praktische Hinweise. Dortmund 1989.
Speichert, H.: Hausaufgaben sinnvoll machen. Reinbek 1980.
Spitzhüttl, R.: Kindesmißhandlung. In: Frankfurter Rundschau, 22.1.1978.

Stegat; H.: Enuresis. In: Grosse, S.: Bettnässen: Möglichkeiten für Beratung und Behandlung. Frankfurt a.M. 1980, S. 1f.
Steinhausen, H.-C. (Hrsg.): Das Jugendalter. Bern 1990.
Steinhausen, H.-C./von Aster, M.G. (Hrsg.): Handbuch Verhaltenstherapie und Verhaltensmedizin bei Kindern und Jugendlichen. Weinheim 1993.
Steinhausen, H.-C.: Das konzentrationsgestörte und hyperaktive Kind – eine klinische Einführung. Stuttgart 1982.
Steinhausen, H.-C.: Psychische Störungen bei Kindern und Jugendlichen. Lehrbuch der Kinder- und Jugendpsychiatrie. München $^3$1996.
Stengel, I.: Sprachschwierigkeiten bei Kindern. Stuttgart $^8$1993.
Stern, E.: Die Tests in der klinischen Psychologie. Zürich 1975.
Stern, E.: Tiefenpsychologie und Erziehung. München 1959.
Stevens, J.O.: Die Kunst der Wahrnehmung. Übungen der Gestalt-Therapie. München $^7$1983.
Stone, L.J./Church, J.: Kindheit und Jugend. Einführung in die Entwicklungspsychologie. Bd. 2: Vorschulkind, Mittlere Kindheit, der Jugendliche, Heranbildung der erwachsenen Persönlichkeit, Störungen der Entwicklung. Stuttgart 1978.
Straßer, U.: Schulschwierigkeiten, Entstehungsbedingungen, pädagogische Ansätze, Handlungsmöglichkeiten. Luzern 1987f.
Ströhlein, L.: Konzentration – schwach bis gestört. In: unterrichten/erziehen. H. 3, 1982, S. 21.
Strunk, P.: Enuresis. In: Harbauer, H./Lempp, R./Nissen, G./Strunk, P.: Lehrbuch der speziellen Kinder- und Jugendpsychiatrie. Berlin $^4$1980, S. 185.
Strunk, P.: Ist phosphatreduzierte Kost eine Hilfe für Kinder mit hyperkinetischem Syndrom?. In: Deutsches Ärzteblatt. H. 14, 1987, S. 84.
Susteck, H.: Bedingungen für Störungen und Aggressionen in der Schule und das Verhalten des Lehrers. In: Pädagogische Welt. H. 11, 1980, S. 687.
Thalmann, H.C.: Verhaltensstörungen bei Kindern im Grundschulalter. Stuttgart $^3$1976.
Theunissen, G.: Ästhetische Erziehung bei Behinderten. Ravensburg 1980.
Theunissen, G.: Heilpädagogik und Soziale Arbeit mit verhaltensauffälligen Kindern und Jugendlichen. Freiburg 1992.
Thoma, P.: Schulische Sondereinrichtungen für lern- und verhaltensauffällige Schüler. Struktur, pädagogische Aufgaben und Möglichkeiten – aufgezeigt am Beispiel der Privaten Heimschule beim Kinderkrankenhaus Josefinum / Kinderzentrum Augsburg. Frankfurt a.M. 1991.
Thorndike, E.L.: The Psychology of learning. New York 1913.
Thurner, F./Tewes, U.: Kinder-Angst-Test. Göttingen 1972.
Trapmann, H./Liebetrau, G./Rotthaus W.: Auffälliges Verhalten im Kindesalter, Bedeutung, Ursache, Korrektur. Dortmund $^7$1990.
Trattner, H. P.: Wenn Schüler stören. In: Erziehung und Unterricht. H. 1, 1983, S. 22.
Trübswetter, E.: Gehemmtes Sprechen. München o.J.
Ullmann, J.F.: Psychologie der Lateralität. Bern 1974.
Urban, K.K.: Hörverstehenstest für 4. bis 7. Klassen. Göttingen 1986.
Vaitl, D./Petermann, F. (Hrsg.): Handbuch der Entspannungsverfahren. Weinheim 1993.
Vernooij, M.A.: Hampelliese-Zappelhans: Problemkinder mit hyperkinetischem Syndrom. Bern/Stuttgart 1992.
Vierlinger, R.: Gestörte Disziplin. In: Haarmann, D. (Hrsg.): Handbuch Grundschule. Bd. 1. Weinheim $^2$1994, S. 178.
Vogel, E.: Körperliche Behinderungen bei Schulkindern und ihre seelischen Auswirkungen. In: Pädagogische Welt. H. 6, 1982, S. 323.
Volkamer, U.: Leibesübungen als psychotherapeutisches Mittel bei verhaltensauffälligen Kindern. In: Eggert, D./Kiphard, J. E.: Die Bedeutung der Motorik für die Entwicklung normaler und behinderter Kinder. Schorndorf $^3$1976, S. 44ff.

Vorel, W.: Musiktherapie bei verhaltensgestörten Kindern, Musik als Möglichkeit der Kontaktaufnahme und Kontaktentwicklung. Lilienthal/Bremen 1993.
Wade, B./Moore, M.: Special Children – Special Needs. London 1987.
Wagner, H.-J./Born C.: Diagnostikum: Basisfähigkeiten im Zahlenraum 0 bis 20 (DBZ 1). Göttingen 1994.
Wagner, I.: Darstellung der Diagnostik und Therapie des Dysgrammatismus anhand eines Fallbeispiels unter Verwendung des Interaktiven Sprachentwicklungstrainings. In: Rothe, M. u. a. (Hrsg.): Zentralbedingte Kommunikationsstörungen: Ursachen und Therapie von Dysgrammatismus, Aphasie, Dysphasie. Hamburg 1985, S. 112ff.
Wallace, B.: Teaching the Very Able Child. London 1983.
Walper, S.: Kinderlügen. In: Fatke, R.: Ausdrucksformen des Kinderlebens. Phantasie, Spiele, Wünsche, Freundschaft, Lügen, Humor, Staunen. Bad Heilbrunn 1994, S. 69.
Wegener, H.: Linkshändigkeit und psychische Struktur. Kiel 1949.
Weihs, T.: Das entwicklungsgestörte Kind. Stuttgart ²1980.
Weingarten, A./Willms, S.: Umgang mit aggressiven Verhaltensweisen. Stuttgart 1978.
Weinschenk, C.: Rechenstörungen. Ihre Diagnostik und Therapie. Bern 1975.
Wellhöfer, P.R.: Grundstudium allgemeine Psychologie. Stuttgart ²1990.
Werner, G.: Das behinderte Kind – Vorsorge, Früherkennung, Hilfe, Ausbildung. Stuttgart 1973.
Werning, R.: Das sozial auffällige Kind. Lebensweltprobleme von Kindern und Jugendlichen als interdisziplinäre Herausforderung. Münster/New York 1989.
Westrich, E.: Der Stotterer. Bonn-Bad Godesberg 1971.
Wieczerkowski, W./Nickel, H./Janowski, A./Fittkau, B./Rauer, W.: Angstfragebogen für Schüler. Braunschweig 1975.
Wiemer, B.: Schulversagen. In: Ehrenwirth Grundschulmagazin. München. H. 9, 1982, S. 5.
Wing, J.K. (Hrsg.): Frühkindlicher Autismus. Weinheim 1973.
Wing, L.: Das autistische Kind. Ravensburg 1973.
Winkel, R.: Angst in der Schule. Essen 1979.
Winkel, R.: Hilfen bei der Bewältigung von Unterrichtsstörungen. In: Moll-Strobel, H.: Die Problematik der Disziplinschwierigkeiten im Unterricht. Darmstadt 1983, S. 354, S. 356–357.
Winkler, R.: Hausaufgaben – Materialien. o.O.; o.J.
Wirth, G.: Sprachstörungen, Sprechstörungen, kindliche Hörstörungen. Köln 41994.
Wocken, H.: Schulschwäche, Schulversagen, Schulbehinderung. In: Sonderpädagogik. H. 2, 1980, S. 70.
Wolff, G.: Kindliche Verhaltensstörungen als sinnvolles Signalverhalten. In: Zeitschrift für Heilpädagogik. H. 3, 1978, S. 145–155.
Wolfram, H./Neumann, J./Wiezorek, V.: Psychologische Leistungstests in der Neurologie und Psychiatrie. Methoden, Normwerte. Leipzig 1986.
Wulff, H.: Rhinophonie (Näseln). In: Aschenbrenner, H./Rieder, K. (Hrsg.): Sprachheilpädagogische Praxis. Wien 1983, S. 55.
Wulff, H.: Rhinophonie. In: Aschenbrenner, H./Rieder, K. (Hrsg.): Sprachheilpädagogik. Wien 1983, S. 135.
Wyatt, G.L.: Entwicklungsstörungen der Sprachbildung und ihre Behandlung. Stuttgart 1973.
Zametkin, A.J. et al.: Brainmetabolism in teenagers with attention-deficit-hyperactivity disorder. In: Archives of General Psychiatry. H. 50, 1993, S. 333–340.
Zametkin, A.J./Liotta, W.: The Neurobiology of Attention-Deficit/Hyperactivity Disorder. In: J. Clin. Psychiatry. H. 59, 1998. S. 17–23.
Zech, F.: Der Aufbau von mathematischen Begriffen und Denkleistungen durch die operative Methode. In: Blätter für Lehrerfortbildung. H. 9, 1978, S. 399.
Ziehe, T./Winkel, R.: Außer Rand und Band?. In: Pädagogik. H. 12, 1991, S. 7.
Zuckrigl, A.: Linkshändige Kinder in Familie und Schule. München ⁵1995.

Zulliger, H.: Heilende Kräfte im kindlichen Spiel. Stuttgart 1967.
Zulliger, H.: Schwierige Kinder. Stuttgart $^6$1970.
Zung, W.: Self-Rating Depression Scale. Weinheim 1965.

# Quellenhinweise

1. Domke ⁶1983
2. Kluge 1973/1974; Heft 1–4
3. Gemeinnützige Gesellschaft Gesamtschule e.V. (GGG) 1975
4. Schumann 1973
5. Bärsch 1968
6. Held 1975
7. Vgl. Straßer 1987, S. 14f.
8. Straßer a.a.O.
9. Straßer a.a.O.
10. Straßer a.a.O.
11. Bleidick 1968, S. 225ff.
12. Vgl. Thoma 1991, S. 20f.
13. Meyer-Willner 1993, S. 37
14. Bernart 1956; H. 10/11
15. Busemann ²1959
16. Hanselmann 1970
17. Aepli-Jomini/Peter-Lang 1975
18. Bernart a.a.O.
19. von Harnack 1958
20. Denk 1967, S. 382
21. Grossmann/Schmitz 1969
22. Meves ¹⁰1991
23. Schumacher 1974; ²1979
24. Deutscher Bildungsrat, zit. bei: Kanter 1976, S. 290
25. Kloehn 1977
26. Wolff 1978, S. 145–155
27. Blackham ⁶1979, S. 110
28. Köck/Ott 51994, S. 774–775
29. Kessel/Göth 1984
30. Czerwenka 1986
31. Thoma 1991, S. 20f.
32. Clinebell 1979, S. 34
33. Kloehn 1977, S. 33
34. Deutscher Bildungsrat 1976, S. 290
35. Kessel/Göth 1984, S. 80; Thoma 1991, S. 20f.
36. Grossmann/Schmitz 1969, S. 15
37. Vgl. Lohmann/Bittlinger/Minsel 1978, S. 57
38. Vgl. Czerwenka 1984, S. 9
39. Vgl. Lohmann/Bittlinger/Minsel 1978, S. 57ff.
40. Schlee 1975, S. 170–184
41. Hußlein 1976
42. Fatke 1977, S. 238–241
43. Sauter, in: Barsig/Berkmüller/Sauter 1984, S. 40–54
44. Thoma, P. a.a.O., S. 20f.
45. Bielefeld 1993, S. 25
46. Barkey. In: Deutscher Verein für öffentliche und private Fürsorge ⁴1997, S. 992
47. Barkey a.a.O.
48. Thoma 1991, S. 20f.
49. Bittner 1979 S. 518
50. Milhoffer 1979, S. 281
51. Bach, zitiert in: Barsig/Berkmüller/Sauter 1984, S. 9
52. Ortner 1979, S. 45
53. Sander 1981, S. 11
54. Barkey ⁴1997, S. 624
55. Milhoffer 1979
56. Köck/Ott 51994, S. 444
57. Sander 1981, S. 11ff.
58. Bach a.a.O., S. 9
59. Ortner 1979
60. Milhoffer 1979, S. 281
61. Schröder 1981, S. 378ff.
62. Bach a.a.O.
63. Reinartz/Sander 1982, S. 13
64. Straßer 1987, S. 14f.
65. Meinertz 1992, S. 32f.
66. Schenk-Danzinger 1976, S. 7
67. Nach: Werner 1973, S. 22
68. Remschmidt ⁴1997, S. 98
69. Atzesberger/Frey 1978, S. 17f.
70. Das große Reader's Digest Gesundheitsbuch. o.J., S. 625
71. Werner 1973, S. 22
72. Biesenkamp ⁴1997, S. 730

| | | | |
|---|---|---|---|
| 73 | Leinhofer 1991, S. 43f. | 115 | Braun [4]1997, S. 481f. |
| 74 | Leinhofer a.a.O. | 116 | Rosemann a.a.O., S. 36ff. |
| 75 | Feinbier 1981, S. 147f. | 117 | Thorndike 1913 |
| 76 | Leinhofer 1991, S. 45. | 118 | Bandura/Walters 1963 |
| 77 | Leinhofer a.a.O., S. 43f. | 119 | Edelmann [2]1986, S. 245 |
| 78 | Werner a.a.O., S. 22f. | 120 | Müllensiefen [4]1997, S. 217 |
| 79 | Vgl. Leinhofer a.a.O., S. 43f. | 121 | a.a.O. |
| 80 | Feinbier, R.J. 1981, S. 148; Müller, R.G.E. [3]1976, S. 79 | 122 | Leitner 1994 |
| 81 | Müller, R.G.E. [3]1976, S. 79 | 123 | Bach 1989 |
| 82 | Harbauer/Richtberg [4]1997, S. 784 | 124 | Müller [3]1976, S. 70 |
| 83 | Harbauer/Richtberg a.a.O. | 125 | Blackham [6]1979, S. 103 |
| 84 | Müller 1976, S. 84ff. | 126 | Müller a.a.O., S. 68 |
| 85 | Oestreich 1974, S. 13 | 127 | Köck/Ott [5]1994, S. 279 |
| 86 | Müller a.a.O., S. 84 | 128 | Seiß 1976, S. 22 |
| 87 | Nach: Correll 1976, S. 140ff. | 129 | Köck/Ott a.a.O., S. 569 |
| 88 | Häcker/Stapf [13]1998, S. 434 | 130 | Heller/Nickel 1978, S. 53 |
| 89 | Correll a.a.O., S. 140ff. | 131 | a.a.O., S. 55 |
| 90 | Schenk-Danzinger a.a.O., S. 22 | 132 | Schneider [4]1997, S. 407 |
| 91 | Leinhofer 1991, S. 18 | 133 | Reis [4]1997 S. 123 |
| 92 | Werning 1989, S. 125ff. | 134 | dtv Wörterbuch zur Psychologie [6]1972, S. 63f. |
| 93 | Rosemann 1975, S. 130 | 135 | Köck/Ott [5]1994, S. 74 |
| 94 | Atzesberger/Frey 1978, S. 28f. | 136 | Heller/Nickel a.a.O., S. 35 |
| 95 | a.a.O., S. 29 | 137 | Köck/Ott a.a.O., S. 75 |
| 96 | a.a.O. | 138 | Heller/Nickel a.a.O., S. 36ff. |
| 97 | Atzesberger/Frey 1978, S. 30 | 139 | a.a.O., S. 39 |
| 98 | Werning a.a.O., S. 125ff.; Leinhofer a.a.O., S. 17 | 140 | a.a.O., S. 54, S. 526 |
| 99 | Rosemann a.a.O., S. 159; Schenk-Danzinger a.a.O., S. 36f.; Schumacher [2]1974, S. 32f. | 141 | Nicklis 1973, S. 156 |
| | | 142 | Seiß 1976, S. 68 |
| | | 143 | Köck/Ott a.a.O., S. 675 |
| 100 | Thalmann [3]1976, S. 137 | 144 | Seiß a.a.O., S. 68 |
| 101 | Atzesberger/Frey a.a.O., S. 33 | 145 | Petillon 1980 |
| 102 | a.a.O. | 146 | Verwiesen sei auf: Müller, R. 1980 (Klassenstufen 1–9) |
| 103 | Hanke/Huber/Mandl 1976, S. 10 | 147 | Gliederung nach Ortner 1977, S. 154 |
| 104 | Ortner 1979, S. 64; Ortner/Stork 1980, S. 32ff. | 148 | Rosemann 1975, S. 219 |
| 105 | Dührssen [15]1992, S. 112 | 149 | Heller/Nickel a.a.O., S. 108 |
| 106 | Werning a.a.O., S. 128ff. | 150 | Rosemann a.a.O., S. 75 |
| 107 | Werning a.a.O. | 151 | von Kienle 1982, S. 313 |
| 108 | Gage/Berliner [5]1996, S. 464f., S. 506f. | 152 | Ruch/Zimbardo 1975, S. 388 |
| 109 | Blackham [6]1979, S. 131 | 153 | Stern 1975, S. 650 |
| 110 | Schenk-Danzinger a.a.O., S. 30f. | 154 | Stern a.a.O., S. 652 |
| 111 | Schenk-Danzinger a.a.O., S. 32 | 155 | Köck/Ott a.a.O., S. 562 |
| 112 | Rosemann 1975, S. 23f. | 156 | Stern a.a.O., S. 485ff. |
| 113 | Barth [4]1997, S. 745 | 157 | Preuß/Landsberg 1998 |
| 114 | Rosemann a.a.O., S. 32f. – Näheres zu den einzelnen Abwehrmechanismen bei: Blackham, G.J. 1979[6], S. 24–35; Hußlein, E. 1976, S. 121 | 158 | Köck/Ott a.a.O., S. 562 |
| | | 159 | Schmidtchen 1975, S. 180ff. |
| | | 160 | a.a.O., S. 183 |
| | | 161 | Brickenkamp 1997, S 503ff.; Leitner 1995, S. 28ff. |

| | | | |
|---|---|---|---|
| 162 | Nähere Beschreibung bei Leitner a.a.O., S. 29 | 201 | dtv Wörterbuch zur Psychologie a.a.O., S. 358 |
| 163 | Leitner a.a.O. S. 32ff. | 202 | Goetze/Neukäter 1991, S. 841 |
| 164 | Gliederung nach Ortner 1977, S. 154 | 203 | Goetze/Neukäter a.a.O., S. 841 |
| 165 | a.a.O., S. 155 | 204 | Goetze/Neukäter a.a.O. |
| 166 | Ritter 1975, S. 10 | 205 | Goetze/Neukäter a.a.O. |
| 167 | Köck/Ott a.a.O., S. 631 | 206 | Mutzeck 1976, S. 173ff. |
| 168 | a.a.O. | 207 | Edelmann [4]1994, S. 142f. |
| 169 | Schmidtchen a.a.O., S. 117 | 208 | dtv Wörterbuch zur Psychologie [17]1990, S. 357; vgl. auch Schmidtchen 1989, S. 137f. |
| 170 | Poerschke 1997 | | |
| 171 | Krampen/Freilinger/Willems 1996 | | |
| 172 | Jäger/Beetz/Erler/Walter [4]1994 | 209 | Edelmann a.a.O., S. 142f.; Mutzeck a.a.O., S. 176 |
| 173 | Hetzer/Tent 1994 | | |
| 174 | Rosemann a.a.O., S. 165 | 210 | Goetze/Neukäter a.a.O., S. 841; Edelmann a.a.O., S. 142f. |
| 175 | Kochan/Neuhaus-Siemon 1979, S. 404 | | |
| 176 | Zusammenstellung nach Ortner a.a.O., S. 155; Leitner 1995 | 211 | Edelmann a.a.O., S. 168 |
| | | 212 | Mutzeck a.a.O., S. 179f. |
| 177 | Deusinger [4]1997, S. 494f. | 213 | Scholz 1977, S. 106f. |
| 178 | Köck/Ott a.a.O., S. 332 | 214 | Liebel a.a.O., S. 43f. |
| 179 | Melchers/Preuß 1998 | 215 | Rosemann 1975, S. 215 |
| 180 | Leitner 1995, S. 18 | 216 | Grivner/Graubard 1979, S. 31 |
| 181 | Leitner a.a.O. S. 22f. | 217 | Gräff/Fucks/Pelz 1976, S. 64 |
| 182 | Weitere Informationen zur deutschen Fassung bei Brickenkamp 1997, S. 194ff. | 218 | Eggers/Lempp/Nissen/Strunk [7]1994, S. 81 |
| | | 219 | Liebel a.a.O., S. 49 |
| 183 | Snijders/Snijders-Oomen/Laros/Huijnen/Tellegen 1988 | 220 | Goetze/Neukäter a.a.O., S. 843 |
| | | 221 | Goetze/Neukäter a.a.O., S. 843 |
| 184 | Schmidtchen a.a.O., S. 155ff. | 222 | Liebel a.a.O., S. 49 |
| 185 | Brickenkamp 1994 | 223 | Liebel a.a.O., S. 55f. |
| 186 | Übersicht über nähere Daten bei Leitner 1995 | 224 | Goetze/Neukäter a.a.O., S. 842f. |
| | | 225 | Liebel a.a.O., S. 55ff. |
| 187 | Zur Frage der Verwendung von Konzentrationstests siehe auch Leitner 1998 | 226 | Mutzeck a.a.O., S. 183 |
| | | 227 | Grundregeln von Homme, u.a. zitiert bei Mutzeck a.a.O., S. 185 |
| 188 | Wolfram/Neumann/Wiezorek 1986, S. 188ff. | 228 | Schmidtchen 1991, S. 12; Schmidtchen 1989, S. 185 |
| 189 | Schmidtchen a.a.O., S. 141 | 229 | Flosdorf [4]1997, S. 911f. |
| 190 | Wolfram/Neumann/Wiezorek a.a.O., S. 190ff. | 230 | Schmidtchen 1986, S. 84f.; Schmidtchen 1989, S. 187, S. 193f. |
| 191 | Köck/Ott a.a.O., S. 638 | 231 | Dührssen [15]1992, S. 314f. |
| 192 | Rosemann a.a.O., S. 159 | 232 | Gauda 1994, S. 91 |
| 193 | Schmidtchen a.a.O., S. 146–154 | 233 | Höltershinken 1978, Bd. 3, S. 775 |
| 194 | Rosemann a.a.O., S. 166ff. | 234 | Schmidtchen 1991, S. 7 |
| 195 | Köck/Ott a.a.O., S. 638 | 235 | Gauda a.a.O., S. 90 |
| 196 | Myschker [2]1996, S. 182f. | 236 | Gil 1993, S. 43f. |
| 197 | Myschker a.a.O., S. 182ff. | 237 | Schmidtchen 1991, S. 9 |
| 198 | Eysenck 1959, S. 61–65 | 238 | Atzesberger/Frey 21980, S. 79 |
| 199 | dtv Wörterbuch zur Psychologie [17]1990, S. 358 | 239 | Dührssen [15]1992, S. 314f. |
| | | 240 | Dührssen, zit. bei Schumacher [2]1974, S. 125 |
| 200 | Barkey [2]1986 | | |

| | | | |
|---|---|---|---|
| 241 | Zulliger [6]1970, S. 201f. | 282 | Bonfranchi a.a.O., S. 72 |
| 242 | Zullinger a.a.O., S. 95 | 283 | a.a.O., S. 71; Eggers/Lempp/Nissen/Strunk a.a.O., S. 86–87 |
| 243 | Flosdorf a.a.O., S. 811 | 284 | Layman, in: Egger a.a.O., S. 139 |
| 244 | Gauda a.a.O., S. 92 | 285 | Kiphard 1979, S. 22. |
| 245 | Flosdorf a.a.O., S. 811 | 286 | Vgl. die Unterscheidung von Schilling in Eggert 1994; Kiphard a.a.O., S. 10 |
| 246 | Theunissen 1980, S. 279 | 287 | Kiphard a.a.O., S. 10 |
| 247 | Budjuhn 1992, S. 175 | 288 | Enzyklopädisches Handbuch der Sonderpädagogik und ihrer Grenzgebiete 1969, S. 2210ff.; vgl. Untersuchungen Piagets. |
| 248 | Axline 1974, S. 56 | | |
| 249 | Theunissen a.a.O., S. 280 | | |
| 250 | Zulliger 1967, S. 86ff. | | |
| 251 | Theunissen a.a.O., S. 281 | 289 | Schilling 1981, S. 190. |
| 252 | Kramer 1975, S. 62ff. | 290 | Irmischer a.a.O. |
| 253 | Theunissen a.a.O., S. 278 | 291 | Eggert a.a.O.; Irmischer a.a.O. |
| 254 | Myschker, in: Richter 1977, S. 115 | 292 | Perls 1985, S. 10. |
| 255 | Pekny 1963, zit. in: Myschker a.a.O., S. 115f. | 293 | Fraßa [4]1997, S. 409 |
| 256 | Pekny a.a.O., S. 116 | 294 | Burow/Scherpp 1981, S. 18, S. 40ff. |
| 257 | Rambert 1969, S. 154 | 295 | Fraßa a.a.O. S. 409 |
| 258 | Rambert a.a.O. | 296 | Krauß 1983, S. 40. |
| 259 | Myschker a.a.O., S. 114 | 297 | Stevens [7]1983, S. 5. |
| 260 | Myschker a.a.O., S. 118 | 298 | Stevens a.a.O., S. 22. |
| 261 | Dohrmann 1957 | 299 | Remschmidt 1984, S. 190f. |
| 262 | Harrer 1975, S. 1 | 300 | Burow/Scherpp a.a.O., S. 90ff. |
| 263 | In Anlehnung an Moll 41997, S. 657f. | 301 | Gauda 1994, S. 92f. |
| 264 | Vorel 1993, S. 12 | 302 | Zum Teil in engerer Anlehnung an Atzesberger/Frey 1978, S. 87–90 |
| 265 | Harrer a.a.O., S. 1 | | |
| 266 | Orff 1974, S. 101–114; Goetze/Neukäter 1989, S. 685 | 303 | Eggers/Lempp/Nissen/Strunk a.a.O., S. 85–86 |
| 267 | Moog 1977, S. 110ff.; Eggers/Lempp/Nissen/Strunk 71994, S. 84–85; vgl. hierzu auch »Musik- und Bewegungserziehung« im Lehrplan der Grundschule (Bayern) | 304 | Remschmidt/Schmidt a.a.O., S. 669f. |
| | | 305 | Schultz 196612 |
| | | 306 | Eggers/Lempp/Nissen/Strunk a.a.O., S. S. 76. |
| 268 | Moog a.a.O. | 307 | Eggers/Lempp/Nissen/Strunk a.a.O., S. 76; Remschmidt/Schmidt a.a.O., S. 669f. |
| 269 | Palmowski 1979, S. 546ff. | | |
| 270 | In Anlehnung an Kusche [4]1997, S. 153 | 308 | Köck/Ott [5]1994, S. 63 |
| 271 | Eggers/Lempp/Nissen/Strunk [7]1994, S. 87 | 309 | dtv Wörterbuch zur Psychologie [20]1994, S. 65 |
| 272 | Eggers/Lempp/Nissen/Strunk a.a.O., S. 84ff. | 310 | Atzesberger/Frey a.a.O., S. 90. |
| 273 | Kusche a.a.O., S. 146 | 311 | Köck/Ott 1994[5], S. 63. |
| 274 | Schumacher [2]1974, S. 128 | 312 | Vaitl/Petermann a.a.O., S. 169. |
| 275 | Kusche a.a.O., S. 146 | 313 | Remschmidt/Schmidt a.a.O., S. 669f. |
| 276 | Schumacher a.a.O., S. 128 | 314 | Atzesberger/Frey a.a.O., S. 90. |
| 277 | Bührle 1971, S. 119 | 315 | Vgl. dazu Jawad 1988/9, S. 15–18. |
| 278 | Kopp 1976, S. 23ff. | 316 | Haase 1982. |
| 279 | a.a.O., S. 9; Layman, in: Egger 1975, S. 139 | 317 | Nach Delay, zit. in: Jawad a.a.O., S. 17. |
| 280 | Rieder 1971, S. 214f. | 318 | Drees [4]1997, S. 748f.; Jawad a.a.O., S. 17. |
| 281 | Volkamer [3]1976, S. 44ff. | 319 | Drees a.a.O., S. 748f. |

| | | | |
|---|---|---|---|
| 320 | Katzenberger 1976, S. 5 | 362 | Kessel/Göth a.a.O., S. 117 |
| 321 | Ortner 1977, S. 14 | 363 | Remschmidt a.a.O., S. 364 |
| 322 | a.a.O. | 364 | Kessel/Göth a.a.O., S. 120 |
| 323 | Ortner a.a.O., S. 15 | 365 | Blackham a.a.O., S. 173 |
| 324 | Mierke 1967 | 366 | Remschmidt a.a.O., S. 364 |
| 325 | Ortner a.a.O., S. 15 | 367 | Blackham a.a.O., S. 174 |
| 326 | Ortner a.a.O., S. 16 | 368 | Blackham a.a.O. |
| 327 | Auszugsweise nach Ortner 1977, S. 18 | 369 | Remschmidt a.a.O., S. 364 |
| 328 | Ortner 1979, S. 142 | 370 | Peres 1977, S. 123 |
| 329 | Katzenberger 1976 | 371 | Roche Lexikon Medizin [4]1998, S. 457 |
| 330 | Ortner 1979; Ortner [10]1987, S. 434–437 | 372 | Kessel/Göth a.a.O., S. 118 |
| 331 | Ortner [6]1987, S. 58–60 | 373 | Blackham a.a.O., S. 173 |
| 332 | Angor [4]1997, S. 801f. | 374 | Vgl. Göllnitz 1992 |
| 333 | Schnöring 1979, S. 422; Köck/Ott [5]1994, S. 642 | 375 | Sieber 1978, S. 31ff. |
| 334 | Schnöring a.a.O., S. 422 | 376 | Blackham a.a.O., S. 173 |
| 335 | Hacker 1992 | 377 | Kessel/Göth a.a.O., S. 118 |
| 336 | Ortner 1977, S. 160 | 378 | Kessel/Göth a.a.O.; Feinbier 1981, S. 147f. |
| 337 | a.a.O. | 379 | Atzesberger [11]1988, S. 15 |
| 338 | Schenk-Danzinger, L 1976, S. 69f. | 380 | Kessel/Göth a.a.O., S. 119 |
| 339 | Schraag u.a. [6]1994, S. 146–150; Erath 1989, S. 32f. | 381 | Steinhausen a.a.O., S. 102 |
| 340 | Bundesminister für Jugend, Familie und Gesundheit o.J., S. 12 | 382 | Steinhausen a.a.O. |
| 341 | Vogel [6]1982, S. 323 | 383 | Kessel/Göth a.a.O., S. 119 |
| 342 | Ortner 1977, S. 46–47 | 384 | Remschmidt a.a.O., S. 329 |
| 343 | Aus: Ortner a.a.O., S. 47–48 | 385 | Atzesberger a.a.O., S. 17 |
| 344 | Hanselmann 1976, S. 97ff. | 386 | Remschmidt a.a.O., S. 329 |
| 345 | Hanselmann 1976, S. 98f. | 387 | Blackham a.a.O., S. 178 |
| 346 | Eisenson/Ogilvie 1971, S. 379 | 388 | Remschmidt a.a.O., S. 329 |
| 347 | Hanselmann a.a.O., S. 99 | 389 | Atzesberger a.a.O., S. 17 |
| 348 | Hartung 1976/2/S. 17 | 390 | Vgl. Blackham a.a.O., S. 177 |
| 349 | Hartung [2]1976, S. 17 | 391 | Kessel/Göth a.a.O., S. 121f. |
| 350 | Kessel/Göth 1984, S. 118 | 392 | Gekürzt aus: Arm/Fay 1977, S. 10ff. |
| 351 | Steinhausen 1993, S. 101 | 393 | Fritz 1984, S. 4 |
| 352 | Gwerder 1976, S. 23 | 394 | Fritz a.a.O., S. 4 |
| 353 | Roche Lexikon Medizin [4]1998, S. 1823; Herder Lexikon Pädagogik [4]1981, S. 207 | 395 | Görke [16]1983, S. 14 |
| | | 396 | Fritz a.a.O., S. 4 |
| | | 397 | Görke a.a.O. |
| | | 398 | Görke a.a.O. |
| | | 399 | Görke a.a.O. |
| 354 | Häcker/Stapf [13]1998, S. 357–358 | 400 | Fritz a.a.O., S. 4–5 |
| 355 | Häcker/Stapf [13]1998, S. 963 | 401 | Görke a.a.O., S. 15 |
| 356 | Häcker/Stapf [13]1998, S. 74 | 402 | Görke a.a.O., S. 14 |
| 357 | Herder Lexikon Pädagogik a.a.O., S. 207 | 403 | Görke a.a.O., S. 15 |
| | | 404 | Görke a.a.O. |
| | | 405 | Aus: Konrad 1984 |
| 358 | Roche Lexikon Medizin [4]1998, S. 1823 | 406 | Häcker/Stapf [13]1998, S. 233 |
| 359 | Remschmidt [4]1994, S. 364; Kessel/ Göth a.a.O., S. 117–121 | 407 | Herder Lexikon Pädagogik [4]1981, S. 55 |
| | | 408 | Wirth [4]1994, S. 677 |
| 360 | Blackham [6]1979, S. 174 | 409 | Häcker/Stapf [13]1998, S. 233 |
| 361 | Blackham a.a.O. | 410 | Sowa/Metzler 1989, S. 126 |

411 Lamprecht 1990, S. 17f.
412 Häcker/Stapf [13] 1998, S. 233; Sowa/Metzler a.a.O., S. 126
413 Lamprecht a.a.O., S. 17f.
414 Herder Lexikon Pädagogik a.a.O., S. 55
415 Häcker/Stapf [13] 1998, S. 233
416 Herder Lexikon a.a.O., S. 55
417 Häcker/Stapf [13] 1998, S. 233
418 Matthes a.a.O., S. 29
419 Sowa/Metzler a.a.O., S. 127ff.
420 Matthes a.a.O., S. 30
421 Sowa/Metzler a.a.O., S. 127ff.
422 Matthes a.a.O., S. 31
423 Sowa/Metzler a.a.O., S. 127ff.)
424 Sowa/Metzler a.a.O., S. 131f.
425 Matthes/Freudenberg a.a.O., S. 38
426 Herder Lexikon a.a.O., S. 56
427 Behr o.J., S. 115–118
428 Behr a.a.O.
429 Behr a.a.O.
430 Janz o.J., S. 33ff.
431 Kobi/Roth [2] 1981, S. 21
432 Häcker/Stapf [13] 1998, S. 233; Sowa/Metzler a.a.O., S. 126
433 Matthes a.a.O., S. 34
434 Lamprecht a.a.O., S. 18
435 Lamprecht a.a.O., S. 17f.
436 Häcker/Stapf a.a.O. S. 233
437 Hallen o.J., S. 68
438 Puckhaber 1992, S. 47f.
439 Matthes a.a.O., S. 27
440 Matthes a.a.O., S. 29
441 Sowa/Metzler a.a.O., S. 131f.
442 Kobi/Roth a.a.O., S. 22
443 Sowa/Metzler a.a.O., S. 131f.
444 Kobi/Roth a.a.O., S. 22
445 Matthes/Freudenberg a.a.O., S. 58
446 Matthes/Freudenberg a.a.O., S. 58–60
447 Aus: Matthes a.a.O., S. 31
448 Aus: Matthes/Freudenberg a.a.O., S. 44f.
449 Aus: Lamprecht a.a.O., S. 31
450 Häcker/Stapf [13] 1998, S. 376; Herder-Lexikon Medizin 1974, S. 102
451 Roche Lexikon Medizin [4] 1998, S. 794
452 Innerhofer u.a. 1988, S. 136
453 Herder Lexikon Pädagogik 41981, S. 65
454 Clauß u.a. 1976
455 Innerhofer a.a.O., S. 136
456 Harnack 1959/1, S. 16.
457 Harnack a.a.O.
458 Nissen [4] 1980, S. 20–21; Eggers/Lempp/Nissen/Strunk [5] 1989, S. 25
459 Eggers/Lempp/Nissen/Strunk [7] 1994, S. 29
460 Eggers/Lempp/Nissen/Strunk a.a.O., S. 29f.
461 Eggers/Lempp/Nissen/Strunk a.a.O., S. 29f.; Innerhofer a.a.O., S. 138
462 Dührssen [15] 1992, S. 176
463 Dührssen a.a.O., S. 176
464 Dührssen a.a.O.
465 Nissen a.a.O., S. 21
466 Nissen a.a.O., S. 21
467 Zitiert bei: Nissen a.a.O., S. 21
468 Nissen a.a.O., S. 21
469 Trapmann/Liebetrau/Rotthaus [7] 1990, S. 37
470 Innerhofer a.a.O., S. 138
471 Hanselmann 1970, S. 442
472 Thalmann [3] 1976, S. 92
473 Dührssen a.a.O., S. 177
474 Dührssen a.a.O. S. 178
475 Trapmann/Liebetrau/Rotthaus a.a.O., S. 37
476 Rombach 31974, S. 470
477 Eggers/Lempp/Nissen/Strunk a.a.O., S. 29
478 Eggers/Lempp/Nissen/Strunk a.a.O.; Göllnitz [5] 1992, S. 30; Innerhofer a.a.O., S. 140
479 Trapmann/Liebetrau/Rotthaus a.a.O., S. 38
480 Trapmann/Liebetrau/Rotthaus a.a.O.
481 Trapmann/Liebetrau/Rotthaus a.a.O., S. 39
482 Trapmann/Liebetrau/Rotthaus a.a.O., S. 38
483 Trapmann/Liebetrau/Rotthaus a.a.O.
484 Dührssen a.a.O., S. 179
485 Entnommen in Auszügen aus: Dührssen [15] 1992, S. 178–179
486 Nissen [4] 1980, S. 21f.
487 Nissen a.a.O.
488 Nissen a.a.O.
489 Harnack 1959, S. 16
490 Hanselmann 1976, S. 442
491 Harnack a.a.O., S. 16
492 Nissen a.a.O., S. 22

| | | | |
|---|---|---|---|
| 493 | Dührssen [15]1992, S. 177 | 530 | Köck/Ott [5]1994, S. 179 |
| 494 | Dührssen a.a.O., S. 177 | 531 | Harbauer a.a.O., S. 107 |
| 495 | Nissen a.a.O., S. 23 | 532 | Roche Lexikon Medizin a.a.O., S. 480 |
| 496 | Peters [4]1990, S. 342; Harnack a.a.O., S. 16 | 533 | Kluge/Kleuters a.a.O., S. 24 |
| 497 | Thalmann [2]1974, S. 93 | 534 | Harbauer a.a.O., S. 106 |
| 498 | Trapmann/Liebetrau/Rotthaus [7]1990, S. 119 | 535 | Häcker/Stapf [13]1998, S. 231 |
| | | 536 | Häcker/Stapf a.a.O.; Dührssen a.a.O., S. 299 |
| 499 | Trapmann/Liebetrau/Rotthaus a.a.O., S. 119 | 537 | Dührssen a.a.O., S. 299 |
| 500 | Trapmann/Liebetrau/Rotthaus a.a.O. | 538 | Dührssen a.a.O., S. 301 |
| 501 | Hanselmann 1970, S. 442 | 539 | Hoeltzel/Hoeltzel 1967, S. 54ff. |
| 502 | Dührssen a.a.O., S. 180 | 540 | Hoeltzel/Hoeltzel a.a.O. |
| 503 | Trapmann/Liebetrau/Rotthaus 1990, S. 119 | 541 | HoeltzelHoeltzel a.a.O. |
| | | 542 | Ross 1982, S. 351 |
| 504 | Aus: Haug 1970, S. 26–27 | 543 | Grosse 1980, S. 6; Strunk a.a.O., S. 191 |
| 505 | Innerhofer u.a. 1988 | 544 | Aepli-Jomini/Peter Lang 1975, S. 48 |
| 506 | Trapmann/Liebetrau/Rotthaus [7]1990, S. 89 | 545 | Harbauer a.a.O., S. 111 |
| | | 546 | Harbauer a.a.O., S. 109 |
| 507 | Trapmann/Liebetrau/Rotthaus a.a.O. | 547 | Harbauer a.a.O. |
| 508 | Dührssen [15]1992, S. 181 | 548 | Hoeltzel/Hoeltzel a.a.O., S. 124 |
| 509 | Dührssen [15]1992, S. 183 | 549 | Grosse a.a.O., S. 442 |
| 510 | Dührssen a.a.O., S. 183 | 550 | Ortner 1979, S. 191ff.; Katzenberger 1976, S. 61ff. |
| 511 | Dührssen a.a.O., S. 178 | 551 | Ortner 1977, S. 91 |
| 512 | Trapmann, H./Liebetrau, G./Rotthaus, W. a.a.O., S. 89 | 552 | Haug-Schnabel a.a.O., S. 157 |
| | | 553 | Dührssen a.a.O., S. 300 |
| 513 | Trapmann/Liebetrau/Rotthaus a.a.O. | 554 | Dührssen a.a.O., S. 300; Haug-Schnabel a.a.O., S. 157 |
| 514 | Entnommen (mit leichten Abänderungen) aus: Biermann 1981, S. 857 | 555 | Aus: Hey 1979 |
| 515 | Entnommen (unter Abänderung des Namens des Jungen) aus: Meiers/Rechenberger/Rechenberger 1973, S. 249f. | 556 | Häcker/Stapf [13]1998, S. 376; Roche Lexikon Medizin [4]1998, S. 794 |
| | | 557 | Siegfried [4]1997, S. 492 |
| | | 558 | Herder Lexikon Pädagogik [4]1981, S. 126 |
| 516 | Dührssen [15]1992, S. 296; Häcker/Stapf [13]1998, S. 231 | 559 | Braun 1997, S. 649 |
| 517 | Grosse 1993, S. 433 | 560 | Braun a.a.O., S. 649 |
| 518 | Grosse a.a.O., S. 434 | 561 | a.a.O., S. 649 |
| 519 | Grosse a.a.O., S. 434 | 562 | Köck/Ott [5]1994, S. 481 |
| 520 | Strunk 41980, S. 185 | 563 | Dobson 1983, S. 24 |
| 521 | Harbauer 1975, S. 107; Aepli-Jomini/Peter-Lang 1975. Diese Autoren sprechen von etwa 4,5 Prozent. | 564 | Braun a.a.O., S. 649 |
| | | 565 | Steinhausen 1990, S. 58 |
| | | 566 | Faust 1988, S. 51 |
| 522 | Pinkert 1974, S. 93 | 567 | Kucharz 1986, S. 27 |
| 523 | Pinkert a.a.O. | 568 | Kucharz a.a.O. |
| 524 | Grosse 1993, S. 433 | 569 | Dührssen [15]1992, S. 217 |
| 525 | Kluge/Kleuters 1984, S. 24 | 570 | Kucharz 1986, S. 27 |
| 526 | Harbauer a.a.O., S. 106 | 571 | Dührssen a.a.O. |
| 527 | Pinkert a.a.O., S. 91 | 572 | Dührssen a.a.O., S. 218 |
| 528 | Strunk a.a.O., S. 186ff. | 573 | Test nach Lienert und Kohnen (1978) |
| 529 | Eberlein 1979, S. 108 | 574 | Kucharz a.a.O., S. 27 |

| | | | |
|---|---|---|---|
| 575 | Kurcharz a.a.O., S. 28 | 621 | Gross 1992, S. 15–16 |
| 576 | Aus: Bühler 1958, S. 131f. | 622 | Bartsch/Knigge-Illner 1987 |
| 577 | Sörensen 1992, S. 3. | 623 | KM-Erlass »Suchtprävention an den bayerischen Schulen« in: schulreport 1/1992, S. 17 |
| 578 | Sörensen a.a.O., S. 6 | | |
| 579 | Häcker/Stapf [13]1998, S. 40 | | |
| 580 | Roche Lexikon Medizin [4]1998, S. 72; Sörensen a.a.O., S. 4 | 624 | Roche Lexikon Medizin [4]1998, S. 74 |
| | | 625 | Roche Lexikon Medizin [4]1998, S. 243 |
| 581 | Häcker/Stapf [13]1998, S. 40–41 | 626 | Roche Lexikon Medizin [4]1998, S. 74 |
| 582 | Auchter, zitiert in Sörensen a.a.O., S. 81f. | 627 | Häcker/Stapf [13]1998, S. 51 |
| | | 628 | Häcker/Stapf a.a.O. S. 52 |
| 583 | Selg [2]1980, S. 1–2 | 629 | Kluge/Kleuters 1984, S. 8 |
| 584 | Rost [3]1982, S. 52 | 630 | Kluge/Kleuters a.a.O., S. 7–8 |
| 585 | Sörensen a.a.O., S. 33 | 631 | Ortner, R. 1979, S. 142ff.; Katzenberger, L.F. 1976 |
| 586 | Ortner/Stork 1980, S. 52f. | | |
| 587 | Sörensen a.a.O., S. 33 | 632 | Häcker/Stapf [13]1998, S. 859–860 |
| 588 | Sörensen a.a.O. | 633 | Kobi/Roth [2]1981, S. 59 |
| 589 | Bittner [6]1982, S. 257 | 634 | Schmid 1985, S. 159 |
| 590 | Kobi/Roth [2]1981, S. 12 | 635 | Kobi/Roth a.a.O., S. 59 |
| 591 | Kobi/Roth a.a.O., S. 12 | 636 | Kobi/Roth a.a.O., S. 59 |
| 592 | Kobi/Roth a.a.O. | 637 | Kobi/Roth a.a.O., S. 59 |
| 593 | Bittner a.a.O., S. 257 | 638 | Hill 1973, S. 32 |
| 594 | Kobi/Roth a.a.O., S. 13 | 639 | Aus: Hill a.a.O., S. 32 |
| 595 | Bittner a.a.O., S. 256 | 640 | Blattert 1979, S. 13 |
| 596 | Aus: Hill 1973 | 641 | Blattert a.a.O., S. 14 |
| 597 | Aus: Eckert, S. 1986 | 642 | Heinelt [3]1982, S. 22 |
| 598 | Schwarzer 1975, S. 9f. | 643 | Köck/Ott [5]1994, S. 16 |
| 599 | Rost a.a.O., S. 52 | 644 | Selg/Mees 1974, S. 15f. |
| 600 | Häcker/Stapf [13]1998, S. 765 | 645 | Häcker/Stapf [13]1998, S. 14 |
| 601 | Häcker/Stapf a.a.O. | 646 | Steinhausen/von Aster 1993, S. 319 |
| 602 | Rost a.a.O., S. 52 | 647 | Steinhausen/von Aster a.a.O. |
| 603 | Ortner/Stork a.a.O., S. 50ff. | 648 | Heinelt a.a.O., S. 24; Myschker [2]1996, S. 321/354 |
| 604 | Rost a.a.O., S. 52 | | |
| 605 | In enger Anlehnung an: Winkel, R. 1979, S. 48 | 649 | Heinelt a.a.O., S. 25f. |
| | | 650 | Häcker/Stapf [13]1998, S. 14; Merkens 1989, S. 40 |
| 606 | Bittner a.a.O., S. 32; Hasler/Schwartz 1982, S. 275 | | |
| | | 651 | Heinelt a.a.O., S. 31 |
| 607 | Bittner a.a.O., S. 256 | 652 | Merkens a.a.O., S. 21f. |
| 608 | Häcker/Stapf [13]1998, S. 765 | 653 | Myschker a.a.O., S. 321 |
| 609 | Rost a.a.O., S. 53 | 654 | Bayerisches Staatsministerium 1994, S. 13f. |
| 610 | Harnisch 1984, S. 33 | | |
| 611 | Hill a.a.O., S. 22f. | 655 | Heinelt a.a.O., S. 82–85. |
| 612 | Harnisch a.a.O., S. 33 | 656 | Bayerisches Staatsministerium a.a.O., S. 13 |
| 613 | Rost a.a.O., S. 53 | | |
| 614 | Rost a.a.O., S. 53 | 657 | Petermann/Petermann 1980, S. 8 |
| 615 | Aus: Ortner 1977, S. 96–97 | 658 | Wellhöfer 19902, S. 196f. |
| 616 | Aus: Ortner 1977, S. 96 | 659 | Heinelt a.a.O., S. 34 |
| 617 | Gross 1992, S. 13 | 660 | Scheiner 1977, S. 56 |
| 618 | Definition nach WHO | 661 | Wellhöfer a.a.O., S. 198f. |
| 619 | Sieber 1993, S. 27f. | 662 | Wellhöfer a.a.O., S. 197 |
| 620 | Rist 1990, S. 30–33 | 663 | Petermann/Petermann 21984, S. 8f. |

| | | | |
|---|---|---|---|
| 664 | Belschner [5]1978, S. 54ff. | 707 | Göllnitz [5]1992, S. 487 |
| 665 | Weingarten 1978, S. 48; Steinhausen/ von Aster a.a.O., S. 324f. | 708 | Eggers/Lempp/Nissen/Strunk [7]1994, S. 121 |
| 666 | Bayerisches Staatsministerium a.a.O., S. 16f. | 709 | Hanselmann [8]1970, S. 424 |
| 667 | Bayerisches Staatsministerium a.a.O., S. 17 | 710 | Hanselmann a.a.O., S. 419 |
| | | 711 | Eggers/Lempp/Nissen/Strunk a.a.O., S. 122f. |
| 668 | Bayerisches Staatsministerium a.a.O. | 712 | Walper 1994, S. 69 |
| 669 | Heinelt a.a.O., S. 83ff. | 713 | Trapmann/Liebetrau/Rotthaus [7]1990, S. 110ff. |
| 670 | Reiser 1975, S. 32 | | |
| 671 | Susteck 1980, S. 687) | 714 | Trapmann/Liebetrau/Rotthaus a.a.O. |
| 672 | a.a.O. | 715 | Göllnitz a.a.O., S. 489 |
| 673 | Vgl. Petermann/Petermann 1993, S. 10 | 716 | Eggers/Lempp/Nissen/Strunk a.a.O., S. 108; Trapmann/Liebetrau/Rotthaus a.a.O., S. 110ff. |
| 674 | Brack 1993, S. 348 | | |
| 675 | Petermann/Petermann 1980 | | |
| 676 | Rosenzweig 1957 | 717 | Göllnitz a.a.O., S. 488 |
| 677 | Merkens a.a.O., S. 107 | 718 | Göllnitz a.a.O. |
| 678 | Petermann 1995, S. 20 | 719 | Trapmann/Liebetrau/Rotthaus a.a.O., S. 110ff. |
| 679 | Weingarten a.a.O., S. 48 | | |
| 680 | Petermann a.a.O., S. 19f. | 720 | Eggers/Lempp/Nissen/Strunk a.a.O., S. 122 |
| 681 | Weingarten a.a.O., S. 53 | | |
| 682 | Heinelt a.a.O., S. 137ff. | 721 | Dührssen 151992, S. 113 |
| 683 | Petermann a.a.O., S. 19. | 722 | Trapmann/Liebetrau/Rotthaus a.a.O., S. 110ff. |
| 684 | Petermann a.a.O., S. 20 | | |
| 685 | Petermann a.a.O. | 723 | Eggers/Lempp/Nissen/Strunk a.a.O., S. 122 |
| 686 | Petermann a.a.O. | | |
| 687 | Gekürzt aus: Weingarten/Willms 1978, S. 71f. | 724 | Müller 1962, S. 74 |
| | | 725 | Trapmann/Liebetrau/Rotthaus a.a.O., S. 110ff. |
| 688 | Herder Lexikon Pädagogik [4]1981, S. 190 | | |
| | | 726 | Hanselmann a.a.O., S. 420 |
| 689 | Thalmann [3]1976, S. 97 | 727 | Dührssen a.a.O., S. 164 |
| 690 | Häcker, H./Stapf, K.H. [13]1998, S. 893 | 728 | Dührssen a.a.O., S. 165 |
| 691 | Pietrowiecz [10]1972, S. 39 | 729 | Eggers/Lempp/Nissen/Strunk a.a.O., S. 122f. |
| 692 | Köck/Ott [5]1994, S. 731 | | |
| 693 | a.a.O., S. 531f. | 730 | Dührssen a.a.O., S. 164 |
| 694 | Trapmann/Liebetrau/Rotthaus 1973, S. 184 | 731 | Rombach [3]1974, S. 123–124 |
| | | 732 | Rombach a.a.O., S. 124 |
| 695 | Kessel/Göth 1984, S. 103 | 733 | Lennhoff 1967, S. 128 |
| 696 | Kobi/Roth [2]1981, S. 57 | 734 | Trapmann/Liebetrau/Rotthaus a.a.O., S. 114ff. |
| 697 | a.a.O. | | |
| 698 | Kessel/Göth a.a.O., S. 103 | 735 | Hanselmann a.a.O., S. 421 |
| 699 | a.a.O. | 736 | Trapmann/Liebetrau/Rotthaus a.a.O., S. 117 |
| 700 | Kobi/Roth a.a.O., S. 57 | | |
| 701 | Herder Lexikon Pädagogik [4]1981, S. 190 | 737 | Trapmann/Liebetrau/Rotthaus a.a.O., S. 114ff. |
| | | 738 | Trapmann/Liebetrau/Rotthaus a.a.O., S. 115 |
| 702 | Kobi/Roth a.a.O., S. 57 | | |
| 703 | Kessel/Göth a.a.O., S. 103f.. | 739 | Aus: Ortner 1977, S. 94 |
| 704 | a.a.O. | 740 | Aus: Ortner a.a.O., S. 94 |
| 705 | Kobi/Roth a.a.O., S. 58. | 741 | Aus: Hanselmann a.a.O., S. 421 |
| 706 | Ortner 1992, S. 52ff. | | |

742 Aus: Eichhorn 1979
743 Blackham ⁶1979, S. 165
744 Hanselmann ⁸1970, S. 425
745 Stone/Church 1978
746 Hanselmann a.a.O., S. 425
747 Stone/Church a.a.O.
748 Dührssen ¹⁵1992, S. 159
749 Blackham ⁵1979, S. 167
750 Trapmann/Liebetrau/Rotthaus 1976, S. 163
751 Trapmann/Liebetrau/Rotthaus a.a.O., S. 163
752 Aus: Hanselmann a.a.O., S. 427–428
753 Aus: Blackham ⁵1979, S. 171–172
754 Biller ²1981, S. 28
755 a.a.O., S. 29
756 Pinkert 1974, S. 74
757 Trattner 1983; H. 1, S. 22
758 a.a.O.. S. 18
759 a.a.O., S. 20
760 Winkel 1983, S. 356–357
761 Erdmann 1982, S. 26
762 Winkel a.a.O., S. 367
763 Trattner a.a.O., S. 22
764 a.a.O., S. 19–20
765 Lempp ³1978, S. 57
766 Herder Lexikon Pädagogik ⁴1981, S. 162
767 Hehlmann ¹¹1974, S. 468
768 Hehlmann a.a.O., S. 468
769 Hehlmann a.a.O., S. 468
770 Trapmann/Liebetrau/Rotthaus ⁵1976, S. 84
771 Trapmann/Liebetrau/Rotthaus a.a.O., S. 82–83
772 Trapmann/Liebetrau/Rotthaus a.a.O., S. 83
773 Trapmann/Liebetrau/Rotthaus a.a.O.
774 Blackham 19795, S. 211
775 Schlegel 1982, S. 82
776 Schlegel a.a.O., S. 84
777 Blackham a.a.O., S. 216
778 Blackham a.a.O., S. 216
779 Schlegel a.a.O., S. 84
780 Harbauer/Lempp/Nissen/Strunk ⁴1980, S. 156
781 Brack 1993, S. 341
782 Kluge 1969, Sp. 2267
783 Brack a.a.O., S. 338f.
784 Strunk, in: Harbauer/Lempp/Nissen/Strunk a.a.O., S. 156
785 Strunk a.a.O., S. 156–157
786 Strunk a.a.O., S. 157
787 Brack a.a.O., S. 338f.
788 Wirth ⁴1994 S. 735
789 Dührssen ¹⁵1992, S. 184
790 Dührssen a.a.O., S. 184
791 Dührssen a.a.O., S. 186
792 Wirth a.a.O.
793 Brack a.a.O., S. 341f.
794 Brunner/Zeltner 1980, S. 25
795 Roche Lexikon Medizin ⁴1998, S. 142
796 Jensen 1980, S. 3
797 Bach 1989, S. 905
798 Häcker/Stapf ¹³1998, S. 91
799 In Anlehnung an: Wing 1973; Wing 1973; O'Gorman 1976
800 Bach (Hrsg.) a.a.O., S. 905; Steinhausen/von Aster 1993, S. 14f.
801 Innerhofer/Klicpera 1988, S. 76ff.
802 Steinhausen/von Aster a.a.O., S. 14f.
803 Steinhausen/von Aster a.a.O.
804 Weihs 19802, S. 76
805 Bach a.a.O., S. 905
806 Weihs a.a.O., S. 76
807 Innerhofer/Klicpera a.a.O., S. 54
808 Innerhofer/Klicpera a.a.O., S. 115ff.
809 Innerhofer/Klicpera a.a.O., S. 54
810 Bach a.a.O., S. 905
811 Innerhofer/Klicpera a.a.O., S. 54
812 Bach a.a.O., S. 905; Innerhofer/Klicpera a.a.O., S. 129ff.
813 Innerhofer/Klicpera a.a.O., S. 134ff.
814 Innerhofer/Klicpera a.a.O., S. 73.
815 Bach a.a.O., S. 905
816 Hilfe für das autistische Kind e.V. 1973
817 Innerhofer/Klicpera a.a.O., S. 51
818 Innerhofer/Klicpera a.a.O.
819 Innerhofer/Klicpera a.a.O.
820 O'Gorman 1976, S. 48
821 Jensen a.a.O., S. 3
822 Schuhmacher 1994, S. 2f.
823 Schuhmacher a.a.O., S. 2f.
824 Feuser 1979, S. 74
825 Jensen a.a.O., S. 3
826 Feuser 1979, S. 75
827 Becker/Cronemeyer 1973, S. 105–110
828 Atzesberger/Frey ²1980, S. 19
829 Atzesberger, M./Frey, H. a.a.O., S. 19
830 Wing, L. 1973, S. 175
831 Finger 1982/2, S. 29

832 Dzikowski/Arens 1990, S. 274
833 Dzikowski/Arens a.a.O., S. 274
834 Dzikowski/Arens a.a.O., S. 274
835 Entnommen aus: Tagungsberichte 1972, S. 83
836 Entnommen aus: Bühler 1958, S. 134f.
837 Blackham [6]1979, S. 80f.
838 Köck/Ott [5]1994, S. 732
839 Köck/Ott [5]1994, S. 732
840 Atzesberger/Frey [2]1980
841 Hill (overprotection) 1973
842 Aus: Seitz 1979
843 Häcker/Stapf [13]1998, S. 372; Köck/Ott [5]1994, S. 302
844 Herder Lexikon Pädagogik [4]1981, S. 87
845 Häcker/Stapf [13]1998, S. 372
846 Eggers/Lempp/Nissen/Strunk a.a.O., S. 111ff.
847 Eggers/Lempp/Nissen/Strunk a.a.O.
848 Eggers/Lempp/Nissen/Strunk a.a.O., S. 111ff.; Innerhofer/Klicpera/Rotering-Steinberg/Weber a.a.O., S. 294
849 Köck/Ott [5]1994, S. 303
850 Innerhofer/Klicpera/Rotering-Steinberg/Weber a.a.O., S. 298f.
851 Eggers/Lempp/Nissen/Strunk a.a.O., S. 111
852 Häcker/Stapf [13]1998, S. 372
853 Eggers, C./Lempp, R./Nissen, G./Strunk, P. a.a.O., S. 111
854 Remschmidt/Schmidt 1988, S. 50
855 Herder
856 Köck/Ott [5]1994, S. 302
857 Steinhausen [3]1996, S. 253
858 Steinhausen a.a.O.
859 Innerhofer/Klicpera/Rotering-Steinberg/Weber a.a.O., S. 301f.
860 Eggers/Lempp/Nissen/Strunk a.a.O., S. 115
861 Innerhofer/Klicpera/Rotering-Steinberg/Weber a.a.O., S. 303
862 Schenk-Danzinger L. o.J.
863 Atzesberger/Frey [2]1980, S. 25
864 Atzesberger/Frey a.a.O.
865 Herder Lexikon Pädagogik [4]1981, S. 198
866 Köck/Ott [5]1994, S. 781
867 Häcker/Stapf [13]1998, S. 932
868 Mollenhauer, zit. in: Herder Lexikon a.a.O., S. 198
869 Dührssen [15]1992, S. 153
870 Kessel/Göth 1984, S. 97
871 Atzesberger/Frey [2]1980, S. 26
872 Meves 1978, S. 4
873 Köck/Ott [5]1994, S. 781
874 Atzesberger/Frey a.a.O., S. 26
875 Köck/Ott [5]1994, S. 781
876 Atzesberger/Frey a.a.O., S. 26
877 Bundesminister für Jugend, Familie und Gesundheit 1980, S. 5f.
878 Roche Lexikon Medizin [4]1998, S. 907
879 Bayerisches Staatsministerium für Unterricht, Kultus, Wissenschaft und Kunst 1994, S. 8
880 Roche Lexikon Medizin [4]1998, S. 907
881 Bayerisches Staatsministerium für Unterricht, Kultus, Wissenschaft und Kunst a.a.O., S. 7ff.
882 Bundesminister für Jugend, Familie und Gesundheit a.a.O., S. 13–15
883 Bayerisches Staatsministerium für Unterricht, Kultus, Wissenschaft und Kunst a.a.O., S. 9f.
884 Staak (Institut für gerichtliche Medizin in Tübingen)
885 Spitzhüttl 1978
886 Bundesministerium für Jugend, Familie und Gesundheit 1979
887 Aus: Bühler 1958, S. 240–241
888 FAZ 1978
889 Der Tagesspiegel, 29. 5. 1978
890 Der Tagesspiegel, 18. 7. 1978
891 Fränkischer Tag ,12. 2. 1985
892 Fränkischer Tag, 7. 8. 1986
893 Fränkischer Tag, 1. 3. 1985
894 Aus: Reader's Digest 1980 und 1986
895 Bayerisches Staatsministerium für Unterricht, Kultus, Wissenschaft und Kunst 1994. S. 8
896 Frank, R. 1989, S. 20
897 Remschmidt 1989, S. 71f.
898 Remschmidt a.a.O., S. 73f.
899 Bayerisches Staatsministerium für Unterricht, Kultus, Wissenschaft und Kunst, a.a.O.
900 Remschmidt a.a.O., S. 71
901 Remschmidt a.a.O., S. 71f.
902 Ministerium für Arbeit, Gesundheit und Soziales des Landes Nordrhein-Westfalen 1991, S. 20f.

| | |
|---|---|
| 903 | Ministerium für Arbeit, Gesundheit und Soziales des Landes Nordrhein-Westfalen a.a.O., S. 21ff. |
| 904 | In enger Anlehnung an: Braecker/Wirtz-Weinrich [3]1992, S. 150 |
| 905 | Aus: auf einen blick 1988, S. 19 |
| 906 | Aus: Ministerium für Arbeit, Gesundheit und Soziales des Landes Nordrhein-Westfalen a.a.O., S. 7 |
| 907 | Preuschoff/Preuschoff 1992, S. 19 |
| 908 | Ortner [3]1996, S. 68; Petermann/Petermann 1993, S. 14 |
| 909 | Cowley 1988, S. 10 |
| 910 | Cowley a.a.O. |
| 911 | Ortner/Stork 1980, S. 32ff. |
| 912 | Vierlinger 1994[2], S. 178 |
| 913 | Hurrelmann 1992, S. 65 |
| 914 | Cowley a.a.O., S. 10 |
| 915 | Cowley a.a.O., S. 15 |
| 916 | Hurrelmann a.a.O., S. 71 |
| 917 | Cowley a.a.O., S. 6–12 |
| 918 | Häcker/Stapf [13]1998, S. 470 |
| 919 | Meves 1978, S. 4; Dührssen [15]1992, S. 56f. |
| 920 | Trapmann/Liebetrau/Rotthaus [7]1990, S. 16 |
| 921 | Trapmann/Liebetrau/Rotthaus a.a.O., S. 17ff. |
| 922 | Trapmann/Liebetrau/Rotthaus a.a.O. |
| 923 | Schlegel 1982, S. 718ff. |
| 924 | Trapmann/Liebetrau/Rotthaus a.a.O., S. 17ff. |
| 925 | Trapmann/Liebetrau/Rotthaus a.a.O., S. 20f. |
| 926 | Schlegel a.a.O., S. 719 |
| 927 | Köck/Ott [5]1994, S. 33 |
| 928 | Hill 1973 (Stichwort »Conformity«) |
| 929 | Hill a.a.O., S. 27 |
| 930 | Aus: Hill 1973, S. 26 |
| 931 | Ortner 1996, S. 6–11 |
| 932 | Herder Lexikon Pädagogik [4]1981, S. 109 |
| 933 | Häcker/Stapf [13]1998 S. 460–461 |
| 934 | Rapp 1982, S. 21 |
| 935 | Berg 1987, S. 65–102 |
| 936 | Ettrich 1991, S. 81–88 |
| 937 | Köck/Ott [5]1994, S. 388 |
| 938 | Ortner 1977, S. 99–100 |
| 939 | Häcker/Stapf [13]1998, S. 461 |
| 940 | Knehr/Krüger [6]1989, S. 10 |
| 941 | Barchmann/Kinze/Roth 1991, S. 184 |
| 942 | Mierke 1967, S. 171 |
| 943 | Gaupp 1956 |
| 944 | Trapmann/Liebetrau/Rotthaus [7]1990, S. 91f. |
| 945 | Knehr/Krüger a.a.O., S. 10 |
| 946 | Knehr/Krüger a.a.O. |
| 947 | Knehr/Krüger a.a.O., S. 32 |
| 948 | Knehr/Krüger a.a.O., S. 12 |
| 949 | Ortner 1979 |
| 950 | Trapmann/Liebetrau/Rotthaus a.a.O., S. 91f. |
| 951 | Trapmann/Liebetrau/Rotthaus a.a.O. |
| 952 | Knehr/Krüger a.a.O., S. 46 |
| 953 | Trapmann/Liebetrau/Rotthaus a.a.O., S. 91f. |
| 954 | Voigt, zitiert bei Mierke 1957, S. 100ff. |
| 955 | Knehr/Krüger a.a.O., S. 24 |
| 956 | Thalmann 1974[2], S. 101 |
| 957 | Leitner 1995, S. 60 |
| 958 | Ströhlein 1982, S. 21 |
| 959 | Trapmann/Liebetrau/Rotthaus a.a.O., S. 91f. |
| 960 | Knehr/Krüger a.a.O., S. 16 |
| 961 | Leitner 1995; Leitner 1998 |
| 962 | Knehr/Krüger a.a.O., S. 10 |
| 963 | Knehr/Krüger a.a.O., S. 10 |
| 964 | Knehr/Krüger a.a.O. |
| 965 | Trapmann/Liebetrau/Rotthaus a.a.O., S. 95 |
| 966 | Trapmann/Liebetrau/Rotthaus a.a.O. |
| 967 | Knehr/Krüger a.a.O., S. 10 |
| 968 | Trapmann/Liebetrau/Rotthaus a.a.O., S. 95 |
| 969 | Trapmann/Liebetrau/Rotthaus a.a.O. |
| 970 | Knehr/Krüger a.a.O., S. 10 |
| 971 | Knehr/Krüger a.a.O. |
| 972 | Ortner 1979, S. 142ff. |
| 973 | Ortner a.a.O., S. 184ff. |
| 974 | Ströhlein a.a.O., S. 22 |
| 975 | Trapmann/Liebetrau/Rotthaus a.a.O., S. 95 |
| 976 | Trapmann/Liebetrau/Rotthaus a.a.O. |
| 977 | Trapmann/Liebetrau/Rotthaus a.a.O. |
| 978 | Trapmann/Liebetrau/Rotthaus a.a.O. |
| 979 | Ströhlein a.a.O., S. 22 |
| 980 | Aus: Konrad 1984 |
| 981 | Zametkin/Liotta 1998, S. 17–23 |
| 982 | Roche Lexikon Medizin [4]1998, S. 790 |
| 983 | Esser/Schmidt 1998 |

| | | | |
|---|---|---|---|
| 984 | Vernooij 1992, S. 15 | 1027 | Steinhausen/von Aster a.a.O., S. 147 |
| 985 | BVdE o.J.; Eichlseder 1985, S. 9/58 | 1028 | Steinhausen/von Aster a.a.O. |
| 986 | Diagnostic and Statistic Manual: DSM-IV. Weinheim 1997 | 1029 | Neukäter a.a.O., S. 385f. |
| 987 | Siehe Diagnostic and Statistic Manual: DSM-IV. Weinheim 1997) | 1030 | Neffe 1983, S. 474 |
| | | 1031 | Neukäter a.a.O. |
| 988 | Droll 1998; Krause/Krause/Trott 1998, S. 543–556 | 1032 | Neuhaus 1998, S. 118 |
| | | 1033 | Ortner 1979, S. 189–190 |
| 989 | Passolt 1993, S. 11 | 1034 | Cruickshank 1973 |
| 990 | Eichlseder 1976, S. 2 | 1035 | Janz 1978, S. 201–205 |
| 991 | Eichlseder 1975, S. 564 | 1036 | Siehe auch: Döpfner/Schürmann/Frölich |
| 992 | Skrodzki 1998, S. 4 | 1037 | Skrodzki, K. a.a.O., S. 19 |
| 993 | Eichlseder a.a.O., S. 44 | 1038 | ISB München 1999 |
| 994 | Eichlseder a.a.O., S. 14 | 1039 | Aus: Ortner 1977, S. 104/115–116 |
| 995 | Steinhausen/von Aster 1993, S. 132 | 1040 | Hill 1973, S. 39 |
| 996 | Skrodzki a.a.O., S. 12 | 1041 | Wade/Moore 1987, S. 135 |
| 997 | Virginia Douglas, zitiert in: Eichlseder a.a.O., S. 85 | 1042 | Wade/Moore a.a.O. |
| | | 1043 | In: Gallagher 1964 |
| 998 | Passolt a.a.O., S. 11f. | 1044 | In: Painter 1980 |
| 999 | Passolt a.a.O. | 1045 | Mönks/Ypenburg 1993, S. 16f. |
| 1000 | Steinhausen/von Aster a.a.O., S. 132 | 1046 | Mönks/Ypenburg a.a.O., S. 26 |
| 1001 | Eichlseder a.a.O., S. 123 | 1047 | Freeman 1979 |
| 1002 | Padan, zitiert bei: Eichlseder a.a.O., S. 106 | 1048 | Meissner 1991, S. 247 |
| | | 1049 | Mönks a.a.O. |
| 1003 | Stern 1959, S. 34; Geiger 1975 | 1050 | Zum Beispiel: Heller/Perleth (Hrsg.) 1999 |
| 1004 | Häcker/Stapf [13] 1998, S. 375 | | |
| 1005 | Barkley et al. 19982 | 1051 | In: Wallace 1983 |
| 1006 | Zametkin et al. 1993, S. 333–340 | 1052 | Mönks/Ypenburg a.a.O., S. 52ff. |
| 1007 | Passolt a.a.O., S. 15f. | 1053 | Mönks/Ypenburg a.a.O. |
| 1008 | Eichlseder a.a.O., S. 94 | 1054 | Frei nacherzählt nach: Landau 1990, S. 73ff. |
| 1009 | Hechtmann 1994, S. 193–201 | | |
| 1010 | Castellanos et al. 1997, S. 381–393 | 1055 | Neukäter 1991 |
| 1011 | Innerhofer a.a.O. | 1056 | Rankl 1994, S. 102–106 |
| 1012 | Innerhofer a.a.O. | 1057 | Rankl a.a.O. |
| 1013 | Steinhausen 1982, S. 18 | 1058 | Rankl a.a.O. |
| 1014 | Innerhofer a.a.O. | 1059 | Rankl 1994, S. 104 |
| 1015 | Barkley 1997/1998 | 1060 | Theunissen 1992, S. 123f. |
| 1016 | Skrodzki (Schriftliche Mitteilung) | 1061 | Hill 1973, S. 36 |
| 1017 | Strunk 1987, S. 84; Feldheim 1998 | 1062 | Hill a.a.O., S. 36 |
| 1018 | Skrodzki (mündliche Auskunft); Egger 1991, S. 263–268 | 1063 | Hill a.a.O. |
| | | 1064 | Aus: Hill 1973, S. 10 |
| 1019 | Vgl. Franke (Hrsg.) 1988, S. 12 | 1065 | Häcker/Stapf [13] 1998, S. 767 |
| 1020 | Diagnostic and Statistic Manual: DSM-IV. Weinheim 1997 | 1066 | Wocken 1980, S. 70 |
| | | 1067 | Wiemer 1982, S. 5 |
| 1021 | Eichlseder a.a.O., S. 129–130 | 1068 | Wiemer a.a.O., S. 6 |
| 1022 | Eichlseder a.a.O. | 1069 | Wiemer a.a.O., S. 7 |
| 1023 | Neukäter 1991, S. 385f. | 1070 | Ruth [2] 1978, S. 22 |
| 1024 | Eichlseder a.a.O., S. 111 | 1071 | Kohler [3] 1992;; Becker/Kohler a.a.O. |
| 1025 | Klicpera 1982, S. 88 | 1072 | Speichert 1980, S. 36 |
| 1026 | Eisert u.a. 1982, S. 201 | 1073 | Klimt 1976, S. 33ff. |

| | | | |
|---|---|---|---|
| 1074 | Pöggeler 1978, S. 46–47 | 1117 | Göllnitz 1973, S. 277 |
| 1075 | Pöggeler a.a.O., S. 13 | 1118 | Böhme a.a.O., S. 15 |
| 1076 | Ortner a.a.O., S. 189 | 1119 | Brack/Volpers a.a.O., S. 101 |
| 1077 | Buchalik [12]1991, S. 29; Winkel 1983, S. 354 | 1120 | In Anlehnung an: Eisenson/Ogilvie 1971, S. 10–12 |
| 1078 | Ziehe, T.; Winkel, R. 1991, S. 7; Minderwertigkeitserleben | 1121 | Brack/Volpers a.a.O., S. 111 |
| | | 1122 | Grimm/Schröler 1991 |
| 1079 | Vgl. Diagnosebogen bei Unterrichtsstörungen bei: Cloer 1982, S. 141 | 1123 | Häuser/Kasielke/Scheidereiter 1994 |
| | | 1124 | Heinemann/Höpfner 1993 |
| 1080 | Ortner 1980, S. 47–54; 1980, S. 60–61; [8]1980, S. 296–298. | 1125 | Eisenson/Ogilvie a.a.O., S. 10–12 |
| | | 1126 | Wirth [4]1994, S. 173 |
| 1081 | Ortner, in: Groß 1995, S. 63 | 1127 | Atzesberger 1978 |
| 1082 | Ortner, in: Groß a.a.O., S. 65 | 1128 | Hardmeier-Hauser 1993, S. 37f. |
| 1083 | Ortner 1977, S. 146 | 1129 | Prins 1984 (FWU) |
| 1084 | Häcker/Stapf [13]1998, S. 348 | 1130 | Wirth a.a.O., S. 174f. |
| 1085 | Häcker/Stapf [13]1998, S. 484 | 1131 | Häcker/Stapf [13]1998, S. 822 |
| 1086 | Ortner a.a.O., S. 146 | 1132 | Böhme 1974, S. 169 |
| 1087 | Wegener 1949, S. 9 | 1133 | Seemann 1965 |
| 1088 | Stier, zitiert bei Ullmann 1974, S. 30 | 1134 | Böhme a.a.O., S. 170 |
| 1089 | Kramer 1970, S. 24 | 1135 | Böhme a.a.O. |
| 1090 | Kramer a.a.O., S. 8 | 1136 | Stängel [8]1993 |
| 1091 | Kramer a.a.O., S. 17ff. | 1137 | Aus: Bohlein 1988, S. 4–12 |
| 1092 | Zuckrigl [5]1995, S. 18 | 1138 | Stängel [8]1993, S. 39f. |
| 1093 | Kramer a.a.O. | 1139 | Stängel a.a.O., S. 39–40 |
| 1094 | Fischer/Kohenof 1964 | 1140 | Stängel a.a.O. |
| 1095 | Aschmoneit 1972 (vgl. auch die Linkshänderstatistiken bei Kramer a.a.O., S. 37ff.) | 1141 | Stängel a.a.O. |
| | | 1142 | Sovak 1985, S. 346 |
| | | 1143 | Sovak a.a.O., S. 346 |
| 1096 | Kramer a.a.O. | 1144 | Sovak a.a.O., S. 346 |
| 1097 | Ullmann 1974, S. 116 | 1145 | Sovak a.a.O. |
| 1098 | Schenk-Danzinger 1975[5], S. 219 | 1146 | Häcker/Stapf [13]1998, S. 201; Sovak a.a.O., S. 346 |
| 1099 | Zitiert bei Ullmann a.a.O., S. 305 | | |
| 1100 | Kramer a.a.O., S. 104–105 | 1147 | Clahsen/Mohnhaupt [2]1987, S. 76ff. |
| 1101 | Zuckrigl a.a.O., S. 46; Kramer a.a.O., S. 102; Ullmann a.a.O., S. 304 | 1148 | Nach: Neundorfer 1989, S. 42f. |
| | | 1149 | Wulff 1983, S. 55 |
| 1102 | Roche Lexikon Medizin [4]1998, S. 1010 | 1150 | Wirth [4]1994, S. 418 |
| | | 1151 | Böhme 1974, S. 207 |
| 1103 | Zuckrigl [5]1995 | 1152 | Frühwirth 1975, S. 66 |
| 1104 | Kramer a.a.O., S. 26 | 1153 | Frühwirth, I. a.a.O. |
| 1105 | Aschmoneit 1972 | 1154 | Jussen 1967, S. 291f. |
| 1106 | Kramer a.a.O., S. 28 | 1155 | Böhme a.a.O., S. 215; Frühwirth a.a.O., S. 66 |
| 1107 | Zuckrigl a.a.O., S. 14 | | |
| 1108 | Zuckrigl a.a.O., S. 12f.. | 1156 | Böhme a.a.O., S. 215 |
| 1109 | Müller 1971, S. 200 | 1157 | Jussen a.a.O., S. 292 |
| 1110 | Schenk-Danzinger 1971, S. 220 | 1158 | Jussen a.a.O., S. 292 |
| 1111 | Kramer a.a.O., S. 108 | 1159 | Wirth [4]1994, S. 562; Wulff, H. 1983, S. 135 |
| 1112 | Hennig 1967, S. 29 | | |
| 1113 | Aschmoneit a.a.O., S. 39 | 1160 | Stängel [8]1993, S. 46 |
| 1114 | Glöckel 1972, S. 140 | 1161 | Franke [2]1984, S. 129 |
| 1115 | Ernst [4]1974, S. 18–19 | 1162 | Wulff a.a.O., S. 135 |
| 1116 | Böhme 1974, S. 160 | | |

| | | | |
|---|---|---|---|
| 1163 | Luchsinger 1963, S. 5 | 1205 | Orthmann/Scholz a.a.O., S. 134 |
| 1164 | Häcker/Stapf [13] 1998, S. 649 | 1206 | Stängel a.a.O., S. 44f. |
| 1165 | Wyatt 1973, S. 267 | 1207 | Trübswetter o.J., S. 50 |
| 1166 | Hanselmann 1976, S. 224 | 1208 | Becker a.a.O., S. 130 |
| 1167 | Becker/Sovak [3] 1983, S. 214f.; Wirth a.a.O., S. 397 | 1209 | Trübswetter a.a.O., S. 53 |
| 1168 | Becker/Sovak a.a.O., S. 214f. | 1210 | Westrich 1971 |
| 1169 | Böhme 1974, S. 247 | 1211 | Westrich a.a.O., S. 74 |
| 1170 | Göllnitz 1973, S. 293 | 1212 | Bundesvereinigung Stotterer-Selbsthilfe |
| 1171 | Wirth a.a.O., S. 562 | 1213 | Hanselmann a.a.O., S. 235 |
| 1172 | Wirth a.a.O. | 1214 | Aus: Ortner, R. 1977, S. 84–86 |
| 1173 | Becker/Sovak a.a.O., S. 215 | 1215 | Grissemann/Weber 1982, S. 14ff.; Gamper 1984, S. 552; Lexikon der Pädagogik 1981, S. 389; Lobeck 1992, S. 88 |
| 1174 | Hanselmann a.a.O., S. 226 | | |
| 1175 | Aus: Gunzenheimer 1989, S. 27f. | | |
| 1176 | Stängel [8] 1993, S. 34; Neundlinger 1983, S. 39 | 1216 | Lobeck a.a.O., S. 58 |
| 1177 | Stängel a.a.O., S. 34 | 1217 | Johnson/Mykleburst [3] 1980, S. 301f. |
| 1178 | Biesalski 1978, S. 39 | 1218 | Milz 1993, S. 87ff. |
| 1179 | Neundlinger a.a.O., S. 42; Wirth [2] 1983, S. 224–226 | 1219 | Aebli 1976, S. 135f.; Grissemann/Weber a.a.O., S. 42f. |
| 1180 | Grundwald 1983, S. 31 | 1220 | Grissemann a.a.O., S. 44–59 |
| 1181 | Biesalski a.a.O., S. 39 | 1221 | Lobeck a.a.O., S. 195f. |
| 1182 | Arnold, zitiert in: Seemann 1974, S. 112 | 1222 | Grissemann a.a.O., S. 85–90 |
| 1183 | Böhme 1974, S. 182 | 1223 | Wagner/Born 1994 |
| 1184 | Böhme a.a.O., S. 183 | 1224 | Grissemann a.a.O., S. 81–85 |
| 1185 | Böhme a.a.O., S. 183 | 1225 | Göllnitz [5] 1992, S. 459 |
| 1186 | Häcker/Stapf [13] 1998, S. 833 | 1226 | Verwiesen sei auf: Grissemann a.a.O., S. 98ff./104ff. |
| 1187 | Seemann 1974, S. 112 | 1227 | Zech 1978, S. 399 |
| 1188 | Häcker/Stapf a.a.O. S. 832 | 1228 | Verkürzt übernommen aus: Weinschenk. 1975, S. 90–92 |
| 1189 | Nach: Seemann a.a.O. | | |
| 1190 | Wirth [4] 1994, S. 475 | 1229 | Ortner 1977, S. 118 |
| 1191 | Stängel [8] 1993, S. 46 | 1230 | Pischner 1990, S. 6 |
| 1192 | Wulff 1983, S. 92 | 1231 | Russ 1992, S. 23 |
| 1193 | Hanselmann 1976 | 1232 | Lohmann, B. 19892, S. 39ff. |
| 1194 | Hanselmann a.a.O., S. 230 | 1233 | Klicpera/Gasteiger-Klicpera 1993, S. 285 |
| 1195 | Häcker/Stapf [13] 1998, S. 840 | | |
| 1196 | Orthmann/Scholz 1975, S. 89 | 1234 | Eggert 1971, S. 24 |
| 1197 | Göllnitz [5] 1992, S. 448 | 1235 | Linder 1951, S. 97–143 |
| 1198 | Orthmann, W./Scholz, H.-J. a.a.O., S. 46 | 1236 | Eggert a.a.O., S. 33 |
| 1199 | Schwarz 1977, S. 18 | 1237 | . Grissemann 1990, S. 91; Pischner a.a.O., S. 36. |
| 1200 | Wulff a.a.O., S. 92 | 1238 | Lohmann a.a.O., S. 52f. |
| 1201 | Göllnitz a.a.O., S. 448 | 1239 | Bearbeitet von Lockowandt [8] 1996 |
| 1202 | Wulff a.a.O., S. 92 | 1240 | Lohmann a.a.O., S. 45ff.; Pischner a.a.O., S. 37 |
| 1203 | Böhme 1974, S. 228 | | |
| 1204 | Böhme a.a.O., S. 228 | 1241 | Aus: Ortner 1977, S. 140–142 |

# Personenregister

Adler, A.   30
Aebli, H.   386
Aepli-Jomini, A.   15
Angermeier, M.   398
Angor, S.   64
Arnold, W.   369
Aschmoneit, W.   345ff. 348
Axline, V.M.   51, 55
Bach, H.   16, 225
Bandura, A.   46, 171, 172
Barchmann, H.   286
Barkey, P.   15
Barkley, R.   300
Bärsch, W.   14
Bäumler, G.   43
Becker, K.-P.   366
Behler, W.   189
Bellak, L.   38
Bender, L.   398
Benton, A.C.   44, 163, 398
Berg, D.   281
Bernart, E.   14, 15
Bielefeld, J.   15
Biglmeier, F.   397
Binet-Simon, A.   42
Binswanger, L.   225
Bittner, G.   16, 137
Blackham, G.J.   15, 195, 212
Blattert, W.   168
Bleidick, U.   14
Bleuler, E.   225
Bloch, R.   130
Böhme, G.   351, 356, 357, 366, 370, 375, 376
Bonfranchi, R.   55
Bourdon, B.   286
Brack, U.   351, 354
Braecker, S.   262
Brickenkamp, R.   43
Bühler, C.   42, 232
Bundesverband der Elterninitiativen zur Förderung Hyperaktiver   301

Busemann, A.   14
Church, J.   193
Clinebell, H.J. u. C.   15
Cohn, R.C.   57
Conners, C.K.   301, 302
Creak   225
Critchley   391
Cruickshank, W.M.   305
Czerwenka, K.   15
Denk, K.   14, 15
Deutscher Bildungsrat   15
Dohrmann, P.   53
Dollard, J.   171
Domke, H.   14
Döpfner, M.s   305
Dorsch, F.   229
Douglas, V.   297
Dührssen, A.   51, 103, 108, 111, 129, 195, 242
Dzikowski, S.   230
Eberlein, G.   115
Ebersole, A.V.   305
Edelmann, W.   47
Eggers, C.   58, 185, 238
Eichlseder, W.   296, 298, 299
Eisenson, J.   77, 353, 355
Ekmann, P.   183
Eron, L.D.   266
Ertle, C.   16
Ettrich, K.U.   281
Eysenck, H.J.   46
Fatke, R.   15
Finger, U.D.   231
Fischel, W.   102
Fittkau, B.   130
Flosdorf, P.   51
Freeman, J.   315
Freud, A.   51
Freud, S.   30, 57, 171
Fritz, A.   89
Frölich, J.   305
Frostig, M.   55, 85, 372

Gallagher, J. S.  314
Gassmann, L.  58
Gaupp, A.  282
Gebsattel, V.E. von  133
Geiger, H.  298
GGG  14
Goetze, H.  48
Goldstein, J.  57
Göllnitz, G.  102–103, 184, 185, 366, 376
Görke, W.  88, 89
Göth, N.  15, 123
Grissemann, H.  44, 387, 397
Grosse, S.  114, 118
Grossmann, G.  15
Häcker, H.  135, 162, 168, 183
Haerdtle, R.  102
Haferkamp, W.  141
Hallgren, B.  391
Hanselmann, H.  15, 77, 103, 107, 183, 184, 217, 374, 376
Harbauer, H.  115, 117
Harnack, G.-A.  15, 101, 107
Haug, H.  115
Havers, N.  14
Heidegger, M.  133
Heinelt, G.  168, 173
Held, F.  14
Hermann, G.  391
Hetzer, H.  42
Hilfe für das autistische Kind e.V.  230
Hill, P.  312
Hoeltzel, E.  118
Hörmann, G.  287
Hußlein, E.  15, 65
Ingenkamp, K.  397–398
Innerhofer, P.  104, 227, 238, 299, 300
Irmischer, T.  55
Janowski, A.  130
Jasper, H.H.  133
Jensen, G.B.  229
Jussen, H.  364
Kamratowski, J.  398
Kanner, L.  225
Katzenberger, L.F.  60, 61
Kephart, N.C.  305
Kessel, W.  15, 123
Kinze, W.  286
Kirchhoff, H.  391
Klages, W.  133
Klasen, E.  391, 402

Kleber, E.  398
Klein, M.  51
Kleuters, G.  115, 162
Klicpera, C.  227, 238
Kloehn, E.  15
Kluge, K.-J.  14, 15, 115, 162
Knehr, E.  281
Kobi, E.  14
Kocher, M.  333
Köck, P.  15, 48, 168
Konrad, J.  305
Kramer, J.  42, 344ff.
Krüger, K.  281
Kussmaul, A.  363
Lamberti, G.  44
Lamprecht, I.  96
Landau, E.  319
Lauth, G.W.  48
Leitner, W. G.  43, 287
Lempp, R.  58, 185, 238
Lewin, K.  57
Liebel, H. J.  48
Liebetrau, G.  112, 185, 188
Lienert, G.A.  398
Linder, M.  44, 391, 397
Liotta, W.  294
Lobeck, A.  385
Lorenz, K.  171
Lützenkirchen, J.  15
Lynn, D.R.  345
Lynn, J.G.  345
Marcus, E.H.  57
Meier, U.  130
Meissner, T.  315
Mellone, M.A.  398
Metzler, H.H.  96, 97
Meves, C.  15
Meyer-Willner G.  14, 398
Mierke, K.  61, 282
Milhoffer, P.  16
Miller, N.E.  171
Möhling, R.  398
Mönks, F.J.  316
Monroe, W.S.  398
Moog, H.  54
Moore, M.  314
Morgan, H.G.  38
Mottier, G.  398
Müller, R.  44, 347, 398
Murray, H.A.  38

Myschker, N. 46
Neukäter, H. 48
Nickel, H. 130
Niemeyer, W. 398
Nissen, G. 58, 101, 106, 108, 185, 238
O'Gorman, G. 229
Ogilvie, M. 77, 353, 355
Olweus, D. 265
Ortner, R. 26, 60, 61, 265, 270, 335, 348, 349
Ott, H. 15, 48, 168
Padan, J. 298
Painter, F. 314
Palmowski, W. 54
Pauli, R. 43, 286
Pekny, L. 52
Perls, F. 56, 57
Peter-Lang, H. 15
Petermann, F. 58, 168, 175
Petermann, U. 175
Petillon, H. 36
Pinkert, E. 114
Puckett, C.R. 35
Raatz, U. 398
Rambert, M. 53
Rankl, G. 323
Ranschburg, P. 391
Rapp, G. 281
Rauer, W. 130
Raven, J.C. 42
Reich, W. 57
Reiser, H. 174
Remschmidt, H. 57, 58
Rieder, H. 55
Rist, M.C. 151
Rogers, C.R. 51, 57
Rorschach, H. 38, 130
Rosenzweig, S. 39, 175, 205, 213, 267
Ross, A.O. 168
Rost, D.H. 141
Roth, N. 286
Rotthaus, W 112, 185, 188
Rutter, M. 225
Samtleben, E. 397
Sander, E. 14, 16
Sauter, H. 15
Scheiblauer, M. 55
Schenk-Danzinger 345, 347, 391, 397
Schlee, J. 15
Schlegel, H. 275
Schlottke, P.F. 48

Schmid, P. 130, 165
Schmid, V. 16
Schmidt, M.H. 58
Schmidtchen, S. 50
Schmitz, W. 15
Schröder, U. 16
Schuhmacher, K. 231
Schultz, J.H. 58
Schumacher, G. 15, 54
Schumann, H. J. 14
Schwarzer, R. 132, 136
Schwemmer, H. 335
Seemann, M. 371
Selg, H. 168
Skinner, B.F. 172
Skrodzki, K. 295, 300ff.
Sörensen, M. 132, 136, 141
Sowa, M. 96, 97
Speck, J. 15
Spitz, R. 102
Staabs, G. von 38
Stapf, K.H. 135, 162, 168
Stegat, H. 114
Steingruber, H.-J. 348, 398
Steinhausen, H.-C. 84, 226ff., 230, 231
Stern, E. 38, 298
Stier 344
Stone, L.J. 193
Stork, B. 270
Strömgren, E. 348
Strunk, P. 58, 185, 217, 238
Sturny, G. 14
Terman, L.M. 314
Tewes, U. 39, 130, 136, 144
Thalmann, H. 25, 108
Theunissen, G. 52
Thomson, G.H. 398
Thurner, F. 39, 130, 136, 144
Tramer, M. 217
Trapmann, H. 112, 185, 188, 212
Ullmann, J.F. 345
Vaitl, D. 58
Vogel, C. 230
Volkamer, U. 55
Volpers, F. 351, 354
von Aster, M.G. 226ff., 230, 231
Wade, B. 314
Wagner, I. 361
Wartegg, E. 39
Weber, G. 238

Wechsler, D.   42, 43, 316, 398
Wegener, H.   344
Weidlich, S.   44
Weinschenk, C.   391
Westrich, E.   379
Wieczerkowski, W.   130, 136, 144
Wing, J.K.   229
Wing, L.   229, 231
Winkel, R.   202, 208

Wirth, G.   356f.
Wirtz-Weinrich, W.   262
Wolff, G.   15
Yarrow, M.R.   102
Zametkin, A.J.   294
Ziller, H.   398
Zuckrigl, A.   217, 345, 347, 349
Zulliger, H.   51
Zung, W.   130

# Sachregister

Ablehnung:soziale 173
Ablenkbarkeit 83, 91, 280ff., 295, 304, 359
Absencen 94
Absonderung 68, 208, 209, 238, 317
Abstraktionsfähigkeit 83, 386
Affektausbruch 180
Affektentladung 83
Affektentzugssyndrom 238
Affektlabilität 295
Affektstauung 104
Affektverarmung 83
Aggression 23, 30, 108, 110ff., 120, 134, 161, 168, 169, 172, 173, 175, 178, 191, 196, 207, 215, 228, 234, 242, 244, 266, 268, 339, 383, 390
Aggressivität 22, 28, 70, 115, 168ff., 173, 174, 177, 242, 261, 268, 282, 296, 298, 326, 338, 339, 365, 394
Agnosie:auditive 371
Aktivität 95, 96, 121, 122, 125, 145, 171, 178, 181, 212, 266, 268, 280, 298
Akzeleration 21, 317
Anamnese 33, 41, 85, 163, 240, 241, 366
Anfälle:epileptische 93
Anfälle:psychomotorische 94
Angst 23, 29, 52, 59, 71, 87, 93, 95, 98, 101, 112, 116, 120, 127, 130ff., 136, 137, 139ff., 148, 149, 155ff., 173, 183, 185, 186, 188, 190, 196, 200, 210, 213, 214, 216, 218, 223, 228, 233, 234, 237, 239, 245, 246, 251, 255, 257, 261, 265, 276, 293, 315, 320, 321, 325, 326, 340, 371, 374ff., 378, 380, 383, 394, 399, 404
Angst:dispositionelle 132, 139
Angst:existenzielle 133, 145
Angst:neurotische 141, 143
Angst:objektbezogene 132
Ängstlichkeit 23, 24, 39, 114, 123, 138, 140, 142, 144, 183, 211, 218, 223, 233, 234, 236, 282, 283, 375, 376, 383, 387
Angstneurose 133, 147

Anlageanomalie 89
Anpassung 24, 34, 56, 79, 83, 89, 107, 163, 169, 278, 388
Anpassungsfähigkeit:soziale 329
Anpassungsschwierigkeiten 23, 131, 174, 239, 360
Antiepileptika 97
Antriebsarmut 21, 162, 283, 329
Antriebsstörung 162
Antriebsüberschuss 283
Apathie 257, 283, 369
Aphasie 217, 360
Apperzeptionsstörung 95
Appetitstörung 127, 134, 257
Arbeitstempo 36
Arbeitstempo:schwankendes 282
Artikulation 61, 83, 178, 352, 363, 368, 370, 373, 374, 389
Artikulationsstörung 368
Ataxie 82
Atemtechnik 366, 379, 384
Atmung 40, 93, 98, 374, 379
Außenseiter 24, 25, 35, 72, 76, 87, 91, 95, 102, 141, 165, 174, 191, 192, 210, 217, 234, 237, 271, 273, 274, 276, 277, 282, 292, 294, 297, 305, 311, 313, 317, 321, 345, 376
Auffälligkeiten 83, 108, 124, 141, 158, 201, 225ff., 239, 248, 297, 375, 390, 399
Auffälligkeiten: körperliche 69
Auffälligkeiten:körperliche 68ff., 213, 214, 248
Aufmerksamkeit 23, 31, 74, 75, 80, 87, 91, 92, 95, 110, 118, 120, 127, 154, 162, 165, 202, 215, 216, 225, 227, 228, 233, 248, 259, 266, 274, 275, 277, 281, 286ff., 291, 297, 304, 305, 323, 328, 339, 343, 354, 365, 366
Aufmerksamkeits-Defizit-Störung (ADS) 281, 294ff., 300ff., 305, 308
Aufmerksamkeitsstörung 58, 83, 88, 294, 295, 300

Aufsatzanalyse  37, 136, 166, 205, 213, 247, 267
Ausdauer  19, 43, 54, 95, 98, 280, 282, 295, 311, 333, 338, 390
Aussprachefehler  37, 353, 370
Autismus  19, 225, 229, 230
Autismus:frühkindlicher  357
Autogenes Training  58, 138, 290
Autoritätslosigkeit  337
Autoritätsprotest  325
Autosuggestion  58, 304
Autosuggestive Ansätze  290
Balbuties  373
Bandenbildung  170, 197, 242, 271
Befragung  33, 37, 39, 41, 144, 169, 175, 246, 334
Begabung  44, 141, 165, 166, 185, 214, 225, 246, 316, 317, 319, 370, 385
Begabung:herausragende  315, 316
Begabung:überdurchschnittliche  314ff., 320
Begabungsdefizite  141, 329, 334
Begabungstests  41
Begriffsbildung  83, 358
Behandlung:medikamentöse  46, 59, 92, 99, 147, 290, 367
Behinderung  16, 18, 19, 54, 68ff., 74, 83, 85, 173, 292, 349, 358, 371, 380, 383
Behinderung:geistige  82
Behinderung:körperliche  20, 69, 72, 73
Belastungsfähigkeit:geringe  297
Beobachtung  34, 36, 39, 41, 42, 55, 62, 65, 70, 76, 80, 90, 96, 97, 104, 108, 116, 130, 136, 137, 143, 144, 163, 166, 175, 187, 188, 196, 202, 205, 209, 213, 230, 233, 235, 240, 256, 261, 269, 272, 275, 279, 282, 291, 301, 312, 317, 322, 339, 341, 348, 354, 355, 357, 360, 364, 366, 372, 377, 388, 397, 398
Beobachtung:situative  219
Beobachtung:wissenschaftliche  34
Beobachtungsbögen  35, 163, 202, 303
Besondere (komplexe) Lernschwäche  385
Bettnässen  58, 114, 116, 119, 120, 127, 250, 257, 349
Beunruhigung:innere  283
Bewegungsablauf:unharmonischer  298
Bewegungsaktivität  294
Bewegungsausgleich  108
Bewegungsdrang  90, 95, 103, 178, 201ff., 213, 215, 266
Bewegungstherapie  54, 112, 231, 402

Beziehungsarmut  225, 242
Bezug:interpersonaler  137, 205
Bezugsperson  22, 25, 26, 98, 107, 129, 130, 136, 142, 153, 165, 231, 239, 240, 243, 248, 257, 259, 266, 272, 273, 275, 277, 278, 327, 360, 381, 387
Blindenschule  80
Brandmarkung:kriminelle  271ff.
Brandmarkung:soziale  271
breaking  346, 348ff., 377
Bulimie  154
Circulus vitiosus  107, 297
Clownerie  201, 274, 276, 293
cluttering  364
crack babies  19
Darmbeschwerden  127
Dauerbelastung  285
Daumenlutschen  101ff., 106, 107, 111, 239, 394
Defizit:psychisches  274, 277
Demenz  93
Depression  59, 126, 128, 130ff., 138, 139, 155, 238, 257, 307
Depressivität  70, 127, 129, 130, 155, 245, 265
Deprivation  238
Desensibilisierung  48, 172
Desinteresse  170, 174, 229, 294, 321, 333, 339
Despektierliches Verhalten  324, 326
Diagnose  32, 34ff., 38, 40, 52, 64, 68, 70, 76, 80, 85, 89, 96, 100, 104, 108, 112, 116, 121, 124, 130, 136, 144, 152, 158, 163, 166, 175, 181, 186, 188, 193, 196, 202, 205, 209, 213, 219, 230, 235, 240, 243, 247, 260, 267, 272, 275, 279, 286, 300, 301, 303, 312, 316, 322, 326, 330, 334, 339, 348, 353, 354, 357, 358, 360, 362, 364, 366, 372, 373, 377, 387, 391, 395, 396
Diagnoseverfahren  39, 64, 301
Dialekt  25, 221, 360, 373, 382
Diebstahl  170, 191, 193ff., 197, 199, 265, 271, 394
Diebstahl:neurotischer  193
Diebstahl:sozialisierter  193
Differenzierung  47, 83, 87, 317, 329, 333, 335, 340, 341, 355, 402
Differenzierungsfähigkeit  41, 86
Diskrimination:auditive  371
Diskriminationsfähigkeit  76
Diskriminierung:soziale  329

Disziplinarmaßnahmen   267, 325
Disziplinschwierigkeiten   337, 339
Disziplinstörungen   200
Dominanzanomalie   347, 395
Dominanzüberkreuzung   396, 400
Drogenpropädeutik   152
Durchgliederungsfähigkeit:auditive   393
Durchgliederungsfähigkeit:visuelle   392
Durchsetzungsfähigkeit   26, 194, 195, 197, 218
Dysfunktion: zerebrale   88
Dysfunktion:zerebrale   360
Dysgrammatismus   359, 361, 362
Dyskalkulie   385
Dyslalie   368, 369, 371
Dysregulation   283, 307, 394
Echolalie   226
Egoismus   23, 28, 235
Egozentrizität   339
Ehe:zerrüttete   284
Eifersucht   111, 114, 115, 119, 173, 183, 186
Einnässen   106, 114ff., 127, 239, 245, 261
Einnässen:sekundäres   114, 115
Einordnungsschwierigkeit   274
Einsamkeitsgefühl   165
Einschulung   25, 101, 114, 116, 148, 203, 222, 241, 285, 318, 376
Einzelgänger   165
Einzelkindsituation   23
Einzeltherapie   105, 304, 357
Elektroencephalographie (EEG)   88, 96, 163, 229, 366, 387
enechetisch   95
Entschlusslosigkeit   162
Entspannungsübungen   90, 112, 305
Entwicklung:sprachliche   183
Entwicklungsretardierung   329
Entwicklungsstörung   19, 21, 103, 225, 239, 245, 285, 300, 352, 357, 360, 370
Entwicklungsverzögerung   50, 82, 184, 241, 292, 357, 387, 392, 395
Enuresis   106, 114, 115, 117
Epilepsie   93, 96, 99, 354, 360
Epilepsie:idiopathische   93
Epilepsie:symptomatische   93
Erbrechen   94, 139, 403
erethisch   98, 283
Erklärungsmodelle:lerntheoretische   31
Erkrankungen:zerebrale   283
Ermüdung   61, 102, 202, 280ff., 298, 304, 340

Ernährungsschwierigkeiten   103
Erpressung   116, 143, 244, 254, 264, 271
Erregbarkeit   100, 365
Erregung   59, 111, 132, 148, 171, 283, 355, 367
Erregungsmattigkeit   283
Erziehung:inkonsequente   23, 212, 243, 284
Erziehung:wirklichkeitsfremde   23, 24
Erziehungsbedingungen   283ff.
Erziehungsfehler   184, 285, 395
Erziehungshärte   23, 24, 181, 182
Erziehungsmaßnahmen   14, 32, 128, 141, 153, 155, 163, 284, 286, 290, 300, 325, 326, 337
Erziehungssituation   22, 28, 115, 192, 195, 259, 326, 328
Erziehungsstil   22, 23, 60, 103, 135, 143, 157, 174, 176, 178, 195, 201, 212, 272, 279, 284, 321, 339, 381
Essstörung   154, 257, 261
Exploration   33, 40, 104, 112, 176, 209, 307, 390
Extinktion   48
Extrovertiertheit   36, 365
Fähigkeitsdispositionen   329
Fahrigkeit   94, 283
Familie   22, 25, 36, 63, 73, 115, 120, 131, 137, 138, 149, 153, 154, 164, 188, 194, 199, 201, 205, 206, 219, 231, 235, 238, 239, 244, 248, 253, 255, 256, 258, 259, 262, 266, 268, 269, 271ff., 288, 292, 294, 299, 306, 316, 320, 324, 330, 336, 350, 357, 358, 362, 370, 372, 373
Familie:Atmosphäre   159, 209, 240, 290, 306
Familie:Situation   23, 73, 120, 205, 208, 223, 292, 329
Familie:Strukturen   173
Familie:Verhältnisse   129, 235, 239, 240, 243, 285, 294
Fantasie   164, 165, 183, 184, 188, 189
Feinmotorik   41, 83, 86, 88, 162, 228, 346, 351, 358, 372
Fernsehen   31, 172, 253, 266, 296, 336
Fernsehkonsum   166, 288, 290, 294, 323, 336, 337, 401
Fingerlutschen   101, 102, 104, 106, 107, 111, 239
Fördergruppen   66, 402
Formauffassung   392
Formdifferenzierung   392, 401

Fragebogenverfahren 39
Freiarbeit 26, 77, 402
Frustration 70, 149, 171, 315, 380
Frustrationstoleranz 151, 173, 175ff., 239, 242, 295, 297, 298, 338, 399
Führungsstil 27
Funktionsdefizit 75, 79
Funktionsschwäche 395, 396, 400
Gaumenlähmungen 363
Gaumenspalte 354
Geborgenheit 22, 28, 87, 105, 112, 115, 116, 118, 131, 133, 143, 151, 152, 156, 158, 159, 197, 205, 224, 247, 255, 260, 263, 266, 272, 273, 277, 292, 293, 325, 341
Geburt 20, 73, 82, 84, 89, 96, 207, 347
Geburtstrauma 85
Gedächtnisleistung 41, 43
Gedächtnistest 43
Gedrücktheit 126, 127
Gefühlsmangelkrankheit 238
Gefühlsverletzbarkeit 326
Gehbehinderungen 70
Gehemmtheit 102, 138, 186, 211, 217, 218, 236, 359
Geltungsbedürfnis 21, 183, 184
Geltungsdrang 114, 116
Genese:hirnfunktionelle 299
Genese:hirnorganische 299
Genese:neurochemische 299
Gereiztheit 27, 127
Geschwisterrivalität 325
Geschwisterzahl 23
Gespräch 29, 33, 36, 46, 51, 62, 70, 71, 73, 85, 96, 97, 104, 105, 108, 116, 118, 130, 136, 137, 144, 146, 148, 149, 163, 166, 175, 178, 181, 187, 192, 194, 196, 197, 205, 206, 209, 213, 214, 216, 219, 224, 232, 235, 236, 240, 241, 243, 248, 260, 267, 268, 270, 272, 273, 276, 278, 286, 293, 307, 312, 317, 319, 322ff., 326, 327, 334, 336, 339, 341, 355, 361, 366, 372, 373, 377, 380, 383
Gestalt-Therapie 56
Gestaltauffassung 83, 85, 86
Gestaltschwächen 386, 396, 401
Gestaltungstherapie 46, 52
Gewalt:physische 246, 255
Gewalt:sexuelle 209, 255
Gewaltanwendung 26, 143, 173, 264, 266, 267

Gewaltanwendung:durch Mitschüler 264, 266, 267
Gewaltkriminalität 245, 266
Gliederungsschwäche:auditive 356
Grammatisierung 356
Grübelzwang 127
Gruppentherapie 45, 53, 57, 138
Haareausreißen 102, 107, 111, 114, 169, 239, 257
Haltungsschäden 56, 69
Handdominanz 356
Handdominanztest 348
Händigkeit 343ff., 348
Hausaufgaben 25, 62, 87, 90, 92, 110, 137, 140, 147, 150, 188, 204, 206, 214, 237, 241, 244, 269, 273, 293, 294, 296, 306, 320, 321, 332, 334ff., 340, 394, 402
Hausaufgaben:Vernachlässigung 332, 334, 336
Hausaufgabenunlust 335
Heilgymnastik 359
Heimkinder 357
Hemisphärendominanz 388, 393, 395, 400
Herzstörungen 100
Hirnfunktionsstörung 82, 84, 88
Hirnschädigungen 15, 20, 82, 84, 93, 96, 313, 390, 395
Hirnschädigungen:frühkindliche 82, 84, 357, 360, 375, 376, 404
Hirnstörung 82, 85, 229
Hochbegabung 314
Hochbegabungstest 317
Hörfähigkeit 75, 76, 404
Hörschwierigkeiten 74, 75, 89, 352, 354, 357, 371, 395, 400
Hospitalismus 84, 229, 238, 241, 360
Hyperaktivität 88, 281, 294, 295, 300, 303, 329, 365, 368
Hyperkinese 86, 92, 294, 303
Hyperkinetisches Syndrom 59, 88, 192, 281, 294, 296, 298, 299, 303, 304, 307
Hyperthymie 121
Hyperthyreose 99, 100
Hypophyse 21, 283
Identitätsprobleme 156
Impulsivität 83, 305, 365
Individualbetreuung 402
Individualpsychologie 30, 122
Infektionskrankheit 89, 283, 363
Institutionsangst 141, 143

Insuffizienz 122, 325, 326, 360
Integration 54, 137, 209, 210, 238, 270, 272, 355, 366, 389
Integration: soziale 168
Integration:soziale 25, 51, 177, 198, 216, 279, 320, 323, 331, 339, 355, 357, 358, 393
Intelligenz 41, 54, 56, 89, 94, 95, 229, 245, 273, 297, 301, 319, 388, 391, 398
Intelligenztests 38, 41, 87
Intoxikation 96
Inversionen 394, 396
Inzest 255, 256, 258, 259
Isolation 25, 26, 76, 127, 209, 216, 231, 247, 304, 317
Isolation:autistische 228
Isolationsverhalten 329
Isolierungstendenzen 155, 261
Jähzorn 297
Kappazismus 368, 370
Kasparei 276
Kategoriensystem 35
Kinderlähmung:zerebrale 82
Klanggestaltauffassung 370, 393
Klassenfrequenz 25, 61, 145, 174, 340
Kleptomanie 192, 193
Konflikt:intrapersonal 27
Konformität 212
Konsumgesellschaft 28
Kontaktscheu 208, 241
Kontaktschwierigkeit 70, 93, 95, 211, 225, 245, 292
Kontaktstörung 127, 242, 360
Kontingenzvertrag 276
Konzentrationsdiagnostik 286
Konzentrationsfähigkeit 41, 43, 60, 98, 107, 191, 282, 284, 286ff., 290, 388, 393, 398, 404
Konzentrationsleistung 294
Konzentrationsprobleme 282, 285ff., 295, 301
Konzentrationsschwäche 95, 155, 281ff., 285ff., 292, 294, 295, 303, 313, 329, 333, 371, 387, 396, 401, 404
Konzentrationsschwierigkeit 56, 79, 150, 261, 280, 282, 293, 294, 338, 339, 403
Konzentrationsstörung 257, 281, 294, 301
Konzentrationstest 43, 163, 286, 398
Konzentrationstraining 90, 287, 289
Kooperation 19, 45, 61, 62, 64ff., 68, 86, 89, 90, 116, 119, 138, 145, 153, 187, 215, 248, 322, 355, 364, 367, 381, 393, 402
Kooperation:externe 62
Kooperation:schulinterne 62
Koordinationsprobleme 298
Kopfschmerzen 78, 94, 111, 139, 140, 257, 261, 336
Körperfunktion:Einschränkung 69
Körperkontakt 102, 103, 157, 258, 262
Körperverletzung 245, 251
Krämpfe 93
Krankheit 18ff., 32, 40, 63, 69, 85, 95ff., 118, 139, 146, 158, 163, 215, 236, 257, 296, 298, 320, 321, 336, 347, 387
Kreislaufstörungen 19, 94, 139, 284
Kriminalität 95, 267, 271
Labilität 21, 28, 70, 100, 134, 155, 162, 242, 274, 282, 283, 339, 384
Lambdazismus 368, 370
Lateralität 343ff., 347ff., 398
Lautbildung 356, 363, 369, 371, 374, 378
Lautbildungsapparat 351, 352
Lauttreppe 76, 372, 398
Lebenslaufanalyse 36, 267, 389
Legasthenie 79, 298, 345, 391, 395
Lehrerfragebogen 301
Lehrerpersönlichkeit 340, 342
Lehrerverhalten 25, 27, 118, 135, 174
Lehrstoffüberlastung 285
Leistungsanforderungen 26, 239, 328
Leistungsdiagnostik 387, 388
Leistungsdispositionen 328
Leistungsdruck 25, 26, 116, 135, 138, 140, 144, 174, 285, 339, 381
Leistungsmotivation 66, 329
Leistungsschwäche 207, 236, 320, 363, 391
Leistungsschwankungen 295
Leistungsüberlegenheit 343
Leistungsversagen 276, 321, 394
Lernbehinderung 16, 65, 89, 391
Lerndefizite 294, 329
Lerndiagnostik 387
Lernen am Erfolg 31, 173, 175
Lernen am Modell 172
Lernen:instrumentelles 31
Lernen:operantes 230
Lernprobleme 59
Lernschwäche 68, 88, 89, 93, 98, 334, 344, 385, 386, 392
Lernschwierigkeit 14, 16, 18, 20, 27, 34, 40,

45, 65, 68, 98, 115, 183, 295, 329, 339, 340, 346, 392
Lernspiele 86, 215, 402
Lernstörung 16, 65
Lernverweigerung 200
Lese- und Rechtschreibschwierigkeiten 390, 393, 395, 396
Lese-Rechtschreibschwäche 391, 395, 399
Lese-Rechtschreibschwäche (LRS) 402
Lesefähigkeit 80, 229, 388, 397
Leseklinik 402
Leselernprofil 396, 399, 404
Leseschwäche 206, 390
Leseschwierigkeiten 76, 79, 390
Lesestörung 391
Lesetests 44, 397
Linksdominanz 345ff., 395, 400
Linkshändigkeit 191, 343ff., 350, 358, 377
Lispeln 370
Logophobie 374
Lügen 28, 182, 184ff., 189, 192, 394
Maßnahmen:schulorganisatorische 46, 60
Maßnahmen:schulpädagogische 146
Magenbeschwerden 134, 139, 141
Magersucht 154, 257
Mangelerlebnisse 102, 104, 157, 194, 196, 197, 219, 274, 275
Mangelsituation 28, 238
Masochismus 116, 169
Medien 29, 35, 57, 135, 224, 258, 266, 304, 339, 340
Medikamente 19, 59, 84, 86, 122, 130, 149, 153, 163, 224, 301, 368, 404
Merkfähigkeit 77, 162, 338, 394, 398, 401
Milieueinflüsse 219, 286, 371, 390, 395, 400
Mimik 37, 51, 169, 211, 263
Minderwertigkeitsgefühle 30, 37, 66, 70, 77, 87, 99, 114, 122, 125ff., 135, 146, 156, 160, 161, 165, 166, 183, 185, 189, 207, 209, 233, 260, 274, 276, 296, 323, 325ff., 339, 371, 375
Minderwertigkeitskomplex 122, 124, 125
minimale zerebrale Dysfunktion (MCD) 83, 88, 89, 295
Missbrauch 284
Missbrauch:sexueller 29, 135, 156, 158, 219, 245, 254, 258ff., 264
Misserfolgsängstlichkeit 123
Misserfolgserlebnisse 312, 329, 332, 394, 404
Misshandlung 213, 243ff., 250, 254, 256, 258

Mogilalie 369
Motivation:intrinsische 281, 340, 393
Motivationsdefizit 292
Motivationsdiagnose 158
Motopädagogik 55
Motorik 19, 37, 54ff., 83, 85, 238, 358
Müdigkeit 79, 155, 166
Musikalität 44, 75, 356, 365, 366
Musikmalen 53
Musiktherapie 46, 53, 85
Muskelatonie 82
Mutismus 216ff., 220
Nägelbeißen 102, 106ff., 111, 112, 114, 127, 169, 239, 245, 257, 261, 394
Näseln 362, 364
Negativismus 180
Nervosität 22, 36, 58, 94, 274, 282, 283, 294, 339, 355, 365
Nestwärme 84, 115, 273
Neuropathie 19
Notsituation:existentielle 116
Notsituation:existenzielle 110
Ohnmachtsanfälle 257
Pantomimik 37
Paralalie 369
Parasigmatismus 370
Passivität 200, 228, 259, 282, 283, 337
pavor nocturnus 59, 127
Perseveration 83
Personenangst 141, 143
Perzeptionsleistungen:akustische 397
Perzeptionsleistungen:optische 397
Perzeptionstraining 55
Perzeptionsvorgang:akustischer 392
Perzeptionsvorgang:haptischer 392
Perzeptionsvorgang:optischer 392
Pharmakotherapie 86
Phonation 362
Physiognomik 37
Poltern 360, 364, 366, 368, 377
Prahlerei 183ff.
Protokoll 35
Psychoanalyse 30, 57, 230
Psychodiagnostik 36
Psychohygiene 60
psychoorganisches Syndrom 82, 88
Psychopathie 19
Psychose 163, 218, 360
Psychosyndrom:exogenes 82, 88
Psychosyndrom:organisches 82

Psychotherapie   52, 56, 130, 206, 215, 219,
    249, 290, 388
Pyknolepsie   94
Raumlagelabilität   396, 402
Raumorientierung   86, 392, 404
Raumorientierungsschwäche   395
Rechenschwäche   385ff.
Rechtschreibschwäche   207, 345
Rechtschreibschwierigkeiten   206, 298, 403
Redefluss   352, 353, 374
Reflexanomalie   82
Regression   30, 103, 237, 360
Regungslosigkeit   283
Reifeverzögerung   391
Reizaufnahme   352
Reizbarkeit   19, 94, 375, 394
Reizüberempfindlichkeit   83
Reizüberflutung   227, 285
Resignation   22, 24, 70, 162, 164, 209, 219,
    297, 298
Respekt   325, 327
Retardierung   21, 104, 226, 229, 245, 285, 358
Reversionen   394, 396
Rhinolalie   362
Rhinophonie   362
Rhotazismus   368, 370
Ruhelosigkeit   121, 155, 294
Sachbeschädigung   169, 264, 271
Satzbildungsfehler   353
Schädigung:psychische   245, 254
Schädigung:umweltbedingte   283, 285
Schilddrüse   99, 100, 283
Schizophrenie   225, 232
Schlaffheit   82, 283
Schlafstörung   26, 58, 59, 100, 127, 149, 257,
    261, 298
Schockerlebnis   129, 158, 165
Schrift:unleserliche   315
Schüchternheit   36, 123, 211ff., 215ff., 218,
    359, 369
Schulanfang   25, 137, 236
Schulangst   26, 46, 73, 133, 139, 142ff., 146,
    148, 149, 213, 214, 307, 320, 321, 339, 348,
    376, 403
Schulbus   26, 140, 147, 170, 269
Schuldgefühle   135, 257, 296
Schuldkomplex   113, 160, 256
Schülerkartei   35
Schuleschwänzen   127, 134, 140, 150, 183,
    242, 320, 322ff., 394

Schulfähigkeit   39, 41, 65, 393
Schulhygiene   60, 340
Schulleistungsschwäche   385
Schulleistungstest   44
Schulleistungsverhalten   328
Schulmutismus   217
Schulphobie   147
Schulpsychologe   61, 64, 179, 262, 268, 319
schulpsychologischer Dienst   64
Schulschwäche   16, 328
Schulsituation   25, 26, 166, 194, 217, 330
Schulsozialberater   63
Schulversagen   39, 58, 110, 239, 328, 330
Schulverweigerung   320, 321
Schulweg   140, 144, 170, 208, 265, 323
Schweigen   180, 216, 218, 241, 259, 261
Schweigen:freiwilliges   217
Schwermut   126ff.
Sehfehler   78, 80
Sehförderschule   80
Sehschwäche   312
Sehschwierigkeiten   78ff.
Sehstörungen   83
Selbstachtung   152, 328
Selbstbehauptung   279
Selbstbestätigung   47, 71, 99, 118, 156, 195,
    198, 204, 208, 275ff., 294, 323, 394
Selbstbestrafung   108, 158, 191, 228, 257
Selbstbewusstsein   72, 73, 98, 160, 176, 197,
    211, 278, 295, 297, 318, 332, 404
Selbstdisziplin   54, 55, 337
Selbsthass   123, 158, 160, 228
Selbstmord   123, 169
Selbstmordgedanken   127, 257
Selbstregulation   304
Selbstsicherheit   27, 108, 137, 176, 188, 213,
    367, 405
Selbstständigkeit   105, 135, 157, 233, 236,
    324, 338
Selbststeuerung   56, 212, 304, 366, 367
Selbstüberschätzung   121, 165
Selbstvertrauen   55, 102, 156, 189, 211, 233,
    235, 236, 238, 371, 399
Selbstwertdefizit   276
Selbstwertgefühl   22, 27, 31, 55, 58, 66, 70, 83,
    86, 118, 123ff., 140, 142, 144, 146, 148,
    150ff., 156, 160, 173, 176, 188, 189, 194,
    195, 197, 205ff., 213, 231, 247, 257, 276,
    277, 292, 297, 313, 320, 323, 327, 355, 376,
    388, 399

Selbstwertminderung 334
Selbstwertverlust 275
Sensibilität 135, 172, 203, 219, 227, 283, 346, 376
shaping 47
Sigmatismus 368, 370
Sinnesorgane 40, 74, 351
Sonderschullehrer 66
soziales Lernen 171
Soziogramm 35, 70, 205, 214, 272, 275, 313
Speicherschwäche 387, 396, 401
Spieltechnik 51
Spieltherapie 32, 46, 50, 52, 138, 146, 220, 222, 224, 230, 240
Sportliche Schwäche 311, 312
Sporttherapie 46, 54
Sprachablaufstörungen 134
Sprachentwicklung 37, 76, 216, 217, 222, 223, 225, 226, 241, 245, 347, 353, 356, 360, 361, 365, 369, 376, 387
Sprachentwicklung:verzögerte 353, 396
Sprachheiltherapie 364
Sprachlabortraining 355
Sprachmelodie:monotone 365
Sprachschwäche 356, 360, 373
Sprachschwierigkeiten 16, 226, 351, 354, 355, 357
Sprachstörung 353, 359
Sprachverständnis 226, 356, 393
Sprechangst 374, 378
Sprechapparat 398
Sprechentwicklung 238, 355, 357
Sprechentwicklung:verzögerte 356, 360
Sprechfehler 353, 355, 382, 383
Sprechhemmung 378, 394
Sprechmotivation 356
Sprechorgane 352, 357
Sprechscheu 218, 359, 369, 375
Sprechschwierigkeiten 68, 351, 353, 355, 364, 367ff., 373, 374, 376ff., 396
Sprechstörung 82, 213, 353, 354, 360, 366, 368
Sprechunlust 75, 369
Sprechverweigerung 217, 218, 220, 221
Sprechweise 37, 353, 354, 362, 363, 376
Sprechwerkzeuge 365, 371, 372
Sprechzentrum:motorisches 352
Sprunghaftigkeit 282, 365
Stammeln 353, 356, 358, 359, 365, 368, 370ff.

status epilepticus 94
Stehlen 28, 192, 195ff., 199, 273
Stigmatisierung 14, 65, 70, 292, 303, 329
Stigmatisierungsangst 141
Stimmschwierigkeiten 37, 354
Stimmungsschwankungen 83, 128, 155, 228, 297
Stoffwechselerkrankung 229
Stoffwechselstörung 352, 357
Stören des Unterrichts 170, 200, 203, 282, 305
Störfaktoren:akustische 285
Störfaktoren:soziale 272
Störungen:neurologische 312
Stottern 134, 257, 346, 347, 360, 365, 366, 373, 377ff., 381, 382
Stottern:klonisches 374
Stottern:tonisches 375
Strafangst 107, 141, 142, 190
Strafe 31, 48, 72, 90, 112, 115, 116, 129, 140, 142, 144, 163, 176, 185, 187ff., 195, 197, 204, 220, 228, 242, 246, 250, 304, 342, 343
Stützgruppen 65
Sucht 149
Tagebuchaufzeichnungen 34
Tagträumen 164, 166, 183, 187, 282, 295, 298, 315
Teilleistungsstörungen 89, 305
Test:projektiver 38, 39, 70, 181, 209, 260, 334
Tests:tiefenpsychologische 187, 219, 247
Testverfahren 33, 39, 116, 163, 175, 176, 196, 286, 316, 345, 382, 388
Therapie 45, 52, 54, 55, 58, 60, 64, 65, 68, 73, 90, 104, 130, 138, 144, 146, 159, 176, 231, 240, 248, 249, 287, 290, 296, 300, 305, 341, 353, 366, 368, 391, 395, 404
Thymus 121
Tic 58, 239
time sampling 35
Token 48, 105, 109, 112, 341
torpid 283
Trauma 218
Traurigkeit 126, 127
Tremor 83
Trennungsangst 141, 142
Trichotillomanie 111, 113
Triebtheorie:psychoanalytische 171
Trotz 23, 102, 170, 180, 218, 234, 349, 371
Trotzphase 21, 173, 180, 239, 266
Tumor 96

tumultus sermonis 364
Überanpassung 278, 279
Überbehütung 22ff., 95, 98, 216, 233ff., 268, 322, 337
Übererregbarkeit 21, 99, 100, 283
Überforderung 24, 61, 86, 110, 156, 162, 163, 165, 174, 182, 201, 224, 229, 237, 276, 284, 289, 292, 320, 339, 340, 394
Übersexualisierung 29
Übersteuerung 23
Unaufmerksamkeit 94, 203, 359, 365, 371, 383
Ungeschicklichkeit:bewegungsmäßige 359
Unkonzentriertheit 100, 282
Unordentlichkeit 339
Unruhe 56, 58, 59, 91ff., 95, 100, 122, 134, 201, 202, 238, 280, 282, 283, 293ff., 303, 306, 337ff., 368, 369
Unselbständigkeit 24
Unselbstständigkeit 95, 104, 142, 150, 237, 278, 329, 333
Unterforderung 163, 201, 275, 276, 284, 315, 319, 339
Unterrichtsgestaltung 26, 61, 77, 318, 381
Unterrichtshygiene 60, 61, 340
Unterrichtsstil 25, 26, 60, 288, 402
Unterrichtsstörungen 65, 200, 202
Untersteuerung 23, 24
Untersuchung 77, 85, 110, 186, 199, 223, 247, 260, 298, 303, 330, 335, 366, 372, 387, 390
Untersuchung:ärztliche 40, 90, 100, 116, 130, 136, 166, 219, 286, 288, 312, 322
Untersuchung:neurologische 89
Untersuchung:psychologische 36, 120, 144, 149, 163, 219, 236, 241, 273, 307, 322, 383, 403
Untersuchung:schulische 40, 43
Ursachen:endogene 18
Ursachen:exogene 18, 22
Ursachen:somatische 283
Vergesslichkeit 295
Vergewaltigung 129, 213, 254, 255, 257, 376
Verhalten:aggressives 108, 111, 168ff., 174, 175, 177, 180, 182, 239, 257, 266, 268, 279, 315, 319
Verhalten:anpassendes 279
Verhalten:diszipliniertes 337, 338
Verhalten:gewalttätiges 266
Verhalten:kriminelles 271, 272

Verhalten:soziales 205, 207, 213, 231
Verhalten:übertriebenes 274
Verhalten:unangepasstes 274, 279
Verhaltensabbau 48, 342
Verhaltensaufbau 47, 342
Verhaltensauffälligkeit 15, 17, 26, 32, 85, 111, 112, 114, 116, 118, 119, 129, 133ff., 180ff., 226, 228, 257, 261, 274, 275, 282, 292, 294, 329, 334, 344, 349
Verhaltensbeobachtung 34, 35, 158, 175, 286, 307
Verhaltensformung 47
Verhaltensmodifikation 47, 48, 177, 178, 202
Verhaltensprobleme 26, 169, 192, 315
Verhaltensproblemen 50
Verhaltensschwierigkeit 14, 19ff., 23, 25, 27ff., 31, 32, 36, 37, 39, 45, 46, 53, 54, 59, 61, 64, 66, 68, 86, 93, 112, 118, 120, 128, 139, 154, 159, 189, 191, 245, 247, 248, 255, 260, 266, 292, 296, 335, 337, 387, 389
Verhaltensstörung 15, 107, 113, 176, 179, 225, 301, 303
Verhaltenstherapie 46, 112, 230, 304, 305
Verhaltenstraining 230, 293
Verhaltensveränderungen 129, 394
Verhältnisse:sozioökonomische 24
Verletzung:psychische 50, 70, 245, 257
Verleumdung 182, 186, 192, 271
Verlustangst 133
Vernachlässigung 84, 173, 230, 238, 239, 242, 243, 245, 284
Versagensangst 133, 141
Versagenserlebnis 98, 174
Versagensgefühl 276
Verschlossenheit 187, 218, 228, 245
Verspieltheit 282, 390
Verstärker 47ff.
Verstärkung 36, 47, 48, 98, 136, 144, 172, 175, 213, 231, 268, 272, 276, 366, 367
Verwahrlosung 22, 116, 242, 257, 275, 284, 285, 334
Verwöhnung 23, 95, 118, 135, 165, 235, 238, 275, 336, 337
Video 172, 259
Vorstellungsvermögen 95, 386, 390
Wachträumen 164
Wahrnehmung 34, 83, 174, 226, 257, 263, 360, 404
Wahrnehmung:auditive 227, 352, 372
Wahrnehmung:visuelle 227

Wahrnehmungsfehler 386
Wahrnehmungsschwäche 396, 401
Wahrnehmungsstörung 88
Wahrnehmungszweifel 256
Weinerlichkeit 83, 127, 134, 142, 239, 261, 297
Wirbelsäulenverkrümmung 69
Wortschatz 42, 232, 315ff., 353, 356, 359, 373, 383, 403
Wutausbrüche 295, 297
Zahlbegriffsschwäche 387

Zählschwäche 385
Zahnstellungsanomalie 357
Zappeligkeit 94, 297, 338, 339
Zappeln 200, 295
Zärtlichkeitsbedürfnis 102, 106
Zeichentest 39
Zeitgeist 28
Zerstörung 169, 170
Zerstreutheit 282
Zuspätkommen 320, 324
Zwergwuchs:hypophysärer 21

# Handbuch Grundschule

Herausgegeben von Dieter Haarmann

Das »Handbuch Grundschule« informiert über die aktuelle Situation der Grundschule und den gegenwärtigen Stand der Grundschulpädagogik. Man wird feststellen: In den letzten zwanzig Jahren haben sich Theorie und Praxis der Grundschule nicht weniger verändert als in den bewegten Reformjahren der Sechziger – unauffälliger wohl, aber offenbar unaufhaltsam in Richtung einer »Schule für Kinder« und zwar immer schwierig werdender Kinder.

## Band 1
**Allgemeine Didaktik: Voraussetzungen und Formen grundlegener Bildung**

(Beltz Praxis) 3. Auflage 1996.
290 Seiten. Gebunden.
ISBN 3-407-62146-9

Band 1 zeigt die Veränderung ihrer gesellschaftlichen und theoretischen Grundlagen auf (Wandel der Kindheit, Öffnung von Schule und Unterricht, neues Lern- und Leistungsverständnis u.a.).

## Band 2
**Fachdidaktik: Inhalte und Bereiche grundlegender Bildung**

(Beltz Handbuch.)
3., aktualisierte Auflage 1997.
358 Seiten. Broschiert.
ISBN 3-407-83141-2

Der fachdidaktisch ausgerichtete Band 2 behandelt die jüngste Entwicklung der Inhalte und Lernbereiche des Grundschulunterrichts mit einer Analyse der neuesten Lehrpläne in den alten wie den neuen Bundesländern, der Beschreibung gegenwärtiger Reformtendenzen und einer Klärung des leitenden Prinzips »Grundlegender Bildung«. Für die Praxis werden konkrete didaktische Konzepte dargestellt, die ein ebenso kind- wie sachorientiertes Lernen ermöglichen:

- in der Muttersprache, beim Schriftspracherwerb und in der interkulturellen Kommunikation
- in Mathematik, Sachrechnen und Geometrie
- im Sachunterricht (inkl. praktisches Lernen und Umwelterziehung) sowie
- im ästhetisch-motorischen Bereich (fächerübergreifend und fachspezifisch für Kunst, Musik, Sport).

Beltz Verlag · Postfach 100154 · 69441 Weinheim · http://www.beltz.de

# Reihe »Beltz Handbuch«

Marianne Wiedenmann (Hrsg.)
**Handbuch Sprachförderung mit allen Sinnen**

Basiswissen – integrative Ansätze – Praxishilfen. Spiel- und Übungsblätter für den Unterricht.
1997. 320 Seiten, zahlr. Abb. Gebunden.
ISBN 3-407-83138-2

Dass nichts im Verstand ist, was nicht vorher in den Sinnen war, ist eine alte Pädagogenweisheit (Locke, Comenius). Inzwischen wissen wir genauer, welche Rolle die Sinne insbesondere bei der Sprachentwicklung der Kinder spielen, wie ihre Funktionen gefördert werden müssen und wie sie in vielfältiger Weise zusammenwirken. Hilfen bei Schwierigkeiten des Sprachlernens können daher nie »einsinnig« oder »einkanalig« ansetzen, können sich nicht im Trainieren isolierter Teilfunktionen erschöpfen, sondern müssen ganzheitlich-integrativ das Kind ansprechen: über Auge und Ohr, Nase und Mund, den Tast-, Gleichgewichts- und Bewegungssinn bis hin zur Selbstwahrnehmung und zum Selbstwertgefühl. So wie an der Erforschung des Problems zahlreiche Wissenschaftsdisziplinen zusammenwirken, so sind auch in der Praxis der Sprachförderung Schul- und Sprachheilpädagogen zur Kooperation aufgerufen – wobei Erfahrung und Kompetenz der Grundschullehrer/innen nicht zu unterschätzen sind und die integrative Förderung sprachauffälliger Kinder erleichtern. Aus überregionalen Kontakten von Sprachheilpädagogen hat sich die Idee verdichtet, Erfahrungen aus Unterricht, Therapie und Lehrerbildung auszutauschen und weiterzuvermitteln. Dieses Handbuch weist erprobte Wege zu einer kooperativen Förderung und zeigt Modellsituationen theoriegeleiteter Praxis. Zahlreiche im Schulalltag entwickelte Sprachspiele und Wahrnehmungsübungen, Mund-, Hör- und Fingerspiele und systematische Spielfolgen bieten ein breites Repertoire abwechslungsreicher und individuell einsetzbarer Arbeitshilfen.

Beltz Verlag · Postfach 100154 · 69441 Weinheim · http://www.beltz.de

# Reihe »Beltz Handbuch«

Hans Eberwein (Hrsg.)
**Handbuch
Lernen und Lern-Behinderungen**

Aneignungsprobleme – Neues Verständnis von Lernen – Integrationspädagogische Lösungsansätze.
1996. 416 Seiten. Gebunden.
ISBN 3-407-83135-8

Seit 20 Jahren liegen entwicklungspsychologische, lern- und sozialisationstheoretische Erkenntnisse vor, die es nicht länger zulassen, den bisherigen Lernbehinderungs-Begriff aufrechtzuerhalten und Kinder in Schulen für Lernbehinderte auszusondern. Das Handbuch setzt sich deshalb kritisch mit der sogenannten Lernbehinderten-Pädagogik auseinander.
Im ersten Teil des Handbuchs erfolgt eine Auseinandersetzung mit dem System der Lernbehindertenpädagogik. Der zweite Teil enthält Beiträge zu einem veränderten Verständnis von Lernen, zu alternativen Organisationsformen und Lernkonzepten, die als Lernhilfen Lernschwierigkeiten und Aussonderung vermeiden können. Schließlich wird dargelegt, daß Lernprobleme als Aneignungsschwierigkeiten mit dem Lernen inhärent gegeben sind, also Allgemeinheitscharakter haben.
Den Schluss bildet die Forderung nach Überwindung der Ausgrenzung von Kindern, die bisher in Schulen für Lernbehinderte eingewiesen wurden und künftig in Regelschulen integrativ unterrichtet werden sollten.

Beltz Verlag · Postfach 100154 · 69441 Weinheim · http://www.beltz.de

# Reihe »Beltz Handbuch«

Hans Eberwein (Hrsg.)
**Handbuch Integrationspädagogik**

Kinder mit und ohne Behinderung lernen gemeinsam.
5., ergänzte und neu ausgestattete Auflage 1999.
452 Seiten. Gebunden.
ISBN 3-407-83146-3

Das »Handbuch Integrationspädagogik« kennzeichnet den Beginn einer neuen historischen Epoche in dem Bemühen um Erziehung, Unterricht und Eingliederung von Kindern und Jugendlichen mit Behinderungen sowohl in Vorschule und Schule als auch im nachschulischen Bereich. Der Allgemeinen Pädagogik stellt sich in diesem Zusammenhang die Aufgabe, Zuständigkeit und Verantwortung für soziale Randgruppen zu übernehmen, die von ihr jahrzehntelang ausgegrenzt wurden. Ziel muss die Überwindung der Trennung von Allgemeiner Pädagogik und Sonderpädagogik in Theorie und Praxis sein. In dem Handbuch werden die bei der Verwirklichung von Integration im In- und Ausland bisher gesammelten Erfahrungen dokumentiert. Darüber hinaus werden Perspektiven für die weitere pädagogische sowie bildungspolitische und schulrechtliche Durchsetzung der Forderung nach Integration entwickelt. Das Handbuch wird für alle, die sich mit Integration auseinandersetzen, zu einem wichtigen Nachschlagewerk, das grundlegende Informationen liefert sowie neue Forschungsergebnisse und -methoden vermittelt. Es zeigt Wege für inhaltliche und organisatorische Veränderungen sowie kooperatives Handeln auf und gibt Hilfestellungen für die pädagogische Arbeit in integrativen Einrichtungen; außerdem werden die Rolle des eigenständigen Sonderschulwesens und die sonderpädagogische Begriffsausbildung kritisch analysiert.

**BELTZ**

Beltz Verlag · Postfach 100154 · 69441 Weinheim · http://www.beltz.de

# Reihe »Beltz Handbuch«

zunehmend durch Förderausschussverfahren ersetzt. Diese Änderung basiert auf einem grundsätzlichen Umdenken von einer zuschreibenden und damit stigmatisierenden zu einer ökologischen, fähigkeits- und förderorientierten pädagogischen Diagnostik. Dem Kind-Umfeld, der Selbstorganisation und dem Prozesscharakter von Lernen wird sowohl bei der Eingangs-, als auch durch die Lernprozessanalyse Rechnung getragen. Herkömmliche Testverfahren werden in den Hintergrund gedrängt. Eine ganzheitliche Sicht wird Schüler/innen gerechter. Die Begriffe »Normalität«, »Förderbedarf« und »Diagnostik« stehen auf dem Prüfstand.

Hans Eberwein / Sabine Knauer (Hrsg.)
**Handbuch**
**Lernprozesse verstehen**

Wege einer neuen
(sonder-)pädagogischen Diagnostik.
1998. 288 Seiten. Gebunden.
ISBN 3-407-83144-7

Die meisten Bundesländer haben auf die Änderung der pädagogischen Diagnostik u.a. mit schulrechtlichen Innovationen reagiert: die herkömmliche Sonderschulüberprüfung wird

**BELTZ**

Beltz Verlag · Postfach 100154 · 69441 Weinheim · http://www.beltz.de

# Reihe »Beltz Handbuch«

Christoph Wulf (Hrsg.)
**Vom Menschen**

Handbuch Historische Anthropologie
1997. 1160 Seiten. Gebunden.
ISBN 3-407-83136-6

Ambivalenz und Verunsicherung, Vielfalt und Komplexität bestimmen menschliches Leben am Ende des 20. Jahrhunderts. Immer schwieriger wird es, sich in der Welt, der Gesellschaft und in sich selbst zu orientieren. In dieser Situation drängt sich die Frage auf, was man vom Menschen, und seinen Grundverhältnissen wissen könne. Normative Anthropologien haben ihre Überzeugungskraft verloren. Nicht mehr dem universellen Menschen, der männlich, europäisch und abstrakt gedacht wurde, sondern dem Partikularen und der Vielgestaltigkeit menschlicher Erscheinungen gilt das Interesse. Die Erkenntnissuche richtet sich auf ein anthropologisches Wissen, das sich seiner Geschichtlichkeit und kulturellen Bedingtheit bewusst ist.

Die etwa neunzig Artikel dieses Handbuchs Historischer Anthropologie gliedern sich in sieben Abschnitte:
– Kosmologie
– Welt und Dinge
– Genealogie und Geschlecht
– Körper
– Medien und Bildung
– Zufall und Geschick
– Kultur

Das Handbuch wird unterstützt vom Interdisziplinären Zentrum für Historische Anthropologie der Freien Universität Berlin und der Gesellschaft für Historische Anthropologie.

**BELTZ**

Beltz Verlag · Postfach 100154 · 69441 Weinheim · http://www.beltz.de